思政殿訓義

譯註 資治通鑑綱目 8

漢 光武帝 建武 28년~漢 順帝 永和 6년

編著 朱熹
책임번역 成百曉
공동번역 尹銀淑

전통문화연구회

國譯委員

責任飜譯　成百曉
共同飜譯　尹銀淑
潤　　文　南賢熙
校　　訂　李孝宰 郭成龍 咸明淑
出　　版　金曉東 郭成龍 金主賢
管　　理　咸明淑
普　　及　徐源英

思政殿訓義 資治通鑑綱目을 발간하며

본회가 東洋古典의 飜譯과 敎育, 情報化 등 古典現代化 사업을 시작한 지 어느덧 25년이 지났다. 그간 많은 어려움이 있었으나 1988년 본회가 발족한 뒤 동양고전 번역사업에 착수하여 四書三經을 註까지 懸吐完譯함으로써 東洋學과 韓國學 전공자들의 필독서가 되어 敎育界와 文化界까지 많은 영향을 주었다.

본회에서는 四書三經, 十三經 등 儒家의 핵심 경전을 번역하는 동시에 동양고전의 한 축인 歷史 고전에도 눈을 돌려 ≪通鑑節要≫, ≪國語≫, ≪戰國策≫뿐만 아니라, 동양 역사 철학의 진수가 담긴 ≪春秋左氏傳≫을 완역함으로써 東洋學과 韓國學 연구에 礎石과 架橋를 마련하였다. 이러한 성과를 바탕으로 經史一體의 모범인 ≪資治通鑑綱目≫ 완역을 기획하여 번역에 착수하였다.

'經史一體'란 經典과 歷史가 하나라는 동양의 독특한 관념인데, 이는 기록을 통해 인물과 사건을 도덕적으로 평가하는 풍토를 낳았다. 이러한 기록문화의 중시는 다른 문화권에서는 엄두도 못 낼 막대한 역사 기록을 남기게 하는 배경이 되었다. 굳이 중국 역사서를 언급할 것 없이 ≪朝鮮王朝實錄≫, ≪承政院日記≫, ≪日省錄≫ 같은 방대한 우리의 역사문헌은 이를 잘 보여준다. 이러한 우리 선조들의 역사 서술에 큰 영향을 미친 책이 바로 朱熹의 ≪資治通鑑綱目≫이다.

≪資治通鑑綱目≫은 조선시대 經筵에서 가장 많이 읽은 역사서이자 우리나라 역사 서술에 가장 큰 영향을 미쳤다는 점에서 현재 韓國學 硏究에 필수적인 동양 역사 고전이라 할 수 있다. 비록 중국의 역사서이지만, 우리 先學들이 중국의 性理學을 독자적으로 계승 발전시킨 것처럼 ≪資治通鑑綱目≫ 역시 우리의 입장에서 보다 정밀하고 종합적으로 읽고자 하였다. 그 결실이 바로 世宗朝 때 간행된 思政殿訓義本 ≪資治通鑑綱目≫이다.

동양의 대표적 역사서는 紀傳體의 ≪史記≫, 編年體의 ≪資治通鑑≫, 綱目體의 ≪資治通鑑綱目≫으로 대변된다. 北宋 때의 司馬光은 帝王이 여가에 친람하여 정치에 도움이 되게 할 목적으로 ≪資治通鑑≫을 편찬하였고, 朱熹는 ≪資治通鑑≫을 바탕으로 이를 압축적으로 정리하여 보다 읽기 쉽게 하면서 유교적 褒貶을 엄정히 내렸다는 점에서, 이 책들은 제왕의 정치교과서 역할을 하였다. 이런 ≪資治通鑑≫과 ≪資治通鑑綱目≫에 대해 조선조 문화군주였던 세종의 주도하에 연구가 진행되었으며, 그 결과물이 바로 思政殿訓義本 ≪資治通鑑≫과 ≪資治通鑑綱目≫이다.

思政殿은 景福宮의 便殿으로, 세종이 이곳에서 당대 뛰어난 문신들을 참여시켜 ≪資治通鑑≫과 ≪資治通鑑綱目≫에 대한 訓義의 편찬을 주도하였다. 訓義는 의미를 해석한다는 뜻으로, 思政殿訓義는 기존 중국에서 이루어진 ≪資治通鑑≫과 ≪資治通鑑綱目≫의 주석을 集大成하고 군주와 신하들이 읽기 쉽도록 우리만의 주석서를 만든 것이다. 중국 이외 나라에서 ≪資治通鑑≫과 ≪資治通鑑綱目≫ 전체에 주석을 단 것은 조선이 처음일 것이다.

현재까지도 ≪資治通鑑≫과 ≪資治通鑑綱目≫을 원전으로 읽기 위해서는 중국의 연구 성과에 의지하여야 했다. 비록 ≪資治通鑑≫은 중국, 일본, 한국에서 번역되었으나 주석까지 완역되지 못하였고, ≪資治通鑑綱目≫도 중국에서 본문만 번역된 상황이다. 이번 우리나라의 독자적인 주석서인 思政殿訓義本 ≪資治通鑑綱目≫의 완역을 통해 기존에 잊혔던 세종 시기의 ≪資治通鑑綱目≫에 대한 연구 성과를 알리는 동시에, 이를 동양학과 한국학 연구에 활용할 수 있는 기반을 마련하고자 한다. 아울러 이를 통해 古典現代化의 水準을 높이고 融合的이고 自生的인 학문연구가 이루어질 수 있기를 바라는 바이다.

끝으로 이번 思政殿訓義本 ≪資治通鑑綱目≫의 번역에 참여하여 헌신하시는 모든 분들께 무한한 감사를 드린다. 또한 고전현대화에 대한 政府의 지대한 關心과 支援에 감사를 드리며, 그간 직간접으로 지도편달하여 주신 학계와 교육계 및 문화계 인사 여러분께 심심한 謝意를 표하며, 앞으로도 따뜻한 관심과 엄정한 叱正을 부탁드리며 내내 평강과 행복을 기원한다.

社團法人 傳統文化研究會 會長 李啓晃

凡 例

1. 본서는 南宋 때 朱熹가 編著하고, 朝鮮 世宗 때 思政殿에서 訓義한 ≪資治通鑑綱目≫을 번역한 것으로 ≪譯註 思政殿訓義 資治通鑑綱目≫ 제8책이다.
2. 본서의 底本은 서울대학교 규장각 소장본(奎7500, 藍書 口訣)이며, 규장각(奎7512, 朱書 口訣)과 국립중앙도서관(한古朝50-5, 墨書 口訣) 소장본을 참조하였다. 이들은 모두 木版本으로, 大字(綱)는 晉陽大君(世祖)이 써서 鑄造한 丙辰字, 中小字(目, 訓義 등)는 甲寅字로 되어 있다.

   이 밖에도 嚴文儒와 顧宏義가 校點한 ≪資治通鑑綱目≫(≪朱子全書≫ 8~11, 上海古籍出版社・安徽教育出版社, 2002), 文淵閣四庫全書 ≪御批資治通鑑綱目≫, 朝鮮 世宗 때 간행된 思政殿訓義 ≪資治通鑑≫(국립중앙도서관 일산古221-43), 標點資治通鑑小組에서 標點한 ≪資治通鑑≫(中華書局, 1992(제5판)) 등을 참고하였다.
3. 綱과 目의 원문에는 규장각(奎7500, 奎7512)과 국립중앙도서관(한古朝50-5)의 口訣本을 참조하여 懸吐하였고, 訓義는 한국에서 재래로 사용해오던 표점방식을 보완하여 文理의 이해를 돕는 수준에서 간략히 標點하였다.
4. '綱'과 '目'을 구분하기 위해 각각 번역문 앞에 【綱】과 【目】을 표기하였다. 目은 단락이 길 경우 의미 단락별로 分節하였다. 訓義는 저본의 해당 위치에 ①, ②, ③ 등으로 표기하고 綱이나 目 아래에 번역문과 원문을 배치하였다.

예 【綱】 여름 6월에 沛太后 郭氏가 薨하였다. — 綱

夏六月에 沛太后郭氏薨①하다

① 앞의 建武 17년(41)에는…… — 訓義

上十七年,……

【目】 처음에 馬援의 형의 사위인 王磐은…… — 目

初에 馬援兄子壻王磐①

① 子石은 王磐의 자이다. — 訓義

子石, 王磐字.

5. 번역문은 한글과 한자를 혼용하였으며, 맞춤법과 띄어쓰기는 한글 맞춤법과 표준어 규정을 따랐다.
6. 원문이나 번역문의 한자 중에 僻字나 讀音이 특수한 글자는 한글로 音을 달아주었다.
7. 譯註는 校勘, 人物, 制度, 官職, 역사적 사건, 인용문의 出典, 異說, 故事, 전문용어, 難解語 등에 관한 사항을 밝혔다.
8. 校勘은 원문의 誤字, 脫字, 衍文, 倒文 등을 대상으로 하였다.
9. 附錄에 실린 年表는 綱을 중심으로 ① 君王의 즉위와 사망, 年號, 改元 ② 정치, 경제, 사회, 문화의 주요 사건 ③ 주요 인물의 행적과 사망 등을 서술하되, 東洋史 학술 연표들을 참고하였다(參考書目 年表 관련 자료 참조).
10. 본서의 校勘에 사용된 符號는 다음과 같다.

( )〔 〕: (저본의 誤字)〔교감한 正字〕
〔 〕: 저본의 脫字 보충
( ): 저본의 衍字 표시

11. 본서에 사용한 주요 부호는 다음과 같다.

" ": 인용
' ': " " 안의 재인용
「 」: ' ' 안의 재인용
『 』: 「 」 안의 재인용
( ): 원문의 讀音 및 번역문의 間註
〔 〕: 번역문에서 뜻은 같으나 音이 다른 漢字, 원문의 漢字나 句節 표기
譯註에서 인용한 원문표기
≪ ≫: 書名
〈 〉: 篇章名, 作品名, 補充譯
【 】: 綱과 目의 표시
◑, ○ : 저본에 사용된 부호 遵用

12. 본서 訓義에 사용한 標點은 다음과 같다.

. : 문장의 종결
, : 한 문장 안에서 句나 節의 구분이 필요한 곳
· : 대등한 명사나 구절의 병렬
" ": 인용
' ': " " 안의 재인용
「 」: ' ' 안의 재인용
『 』: 「 」 안의 재인용

參考書目

◇ 底本

• ≪資治通鑑綱目≫, 朱熹(宋) 撰, 思政殿 訓義, 규장각 소장본.(奎7500)

◇ 底本 관련자료

• ≪資治通鑑綱目≫, 朱熹(宋) 撰, 思政殿 訓義, 규장각 소장본.(奎7512)
• ≪資治通鑑綱目≫, 朱熹(宋) 撰, 思政殿 訓義, 국립중앙도서관 소장본.(한古朝50-5)
• ≪資治通鑑綱目≫(≪朱子全書≫ 8~11), 朱熹(宋) 撰, 嚴文儒・顧宏義 校點, 上海古籍出版社・安徽教育出版社, 2002.
• ≪御批資治通鑑綱目≫, 朱熹(宋) 撰, 聖祖(淸) 批, 文淵閣四庫全書, 제689~692책 史部447-450, 臺灣商務印書館, 1983~1986.
• ≪資治通鑑≫, 司馬光(北宋) 撰, 思政殿 訓義, 국립중앙도서관 소장본.(일산古221-43)
• ≪資治通鑑≫, 司馬光(北宋) 撰, 胡三省(元) 音註, 中華書局, 1992.(제5판)

◇ 經 部

• ≪論語集註大全≫, 朱熹(宋) 集註, 胡廣(明) 等 編, 朝鮮 內閣本, 影印本, 學民文化社.
• ≪孟子集註大全≫, 朱熹(宋) 集註, 胡廣(明) 等 編, 朝鮮 內閣本, 影印本, 學民文化社.
• ≪書傳大全≫, 蔡沈(宋) 集傳, 胡廣(明) 等 編, 朝鮮 內閣本, 影印本, 學民文化社.
• ≪詩傳大全≫, 朱熹(宋) 集傳, 胡廣(明) 等 編, 朝鮮 內閣本, 影印本, 學民文化社.
• ≪周禮注疏≫, 十三經注疏整理委員會 整理, 北京大學出版社, 2000.
• ≪周易傳義大全≫, 程頤(宋) 傳, 朱熹(宋) 本義, 胡廣(明) 等 編, 朝鮮 內閣本, 影印本, 學民文化社.
• ≪春秋經傳集解≫, 左丘明(周) 傳, 杜預(晉) 註, 林堯叟(宋)・朱申(宋・元) 附註, 朝鮮 金屬活字本(戊申字), 影印本, 保景文化社.

- ≪春秋尊王發微≫, 孫復(宋) 撰, 文淵閣四庫全書 제147책 經部141, 臺灣商務印書館, 1983~1986.

◇ 史 部

- ≪綱目訂誤≫, 陳景雲(淸) 撰, 文淵閣四庫全書, 제323책 史部81, 臺灣商務印書館, 1983~1986.
- ≪東觀漢記≫, 班固(後漢) 等 撰, 文淵閣四庫全書, 제370책 史部128, 臺灣商務印書館, 1983~1986.
- ≪史記≫, 司馬遷(漢) 撰, 中華書局, 1999.
- ≪史記索隱≫, 司馬貞(唐) 編, 文淵閣四庫全書 제246책 史部4, 臺灣商務印書館, 1983~1986.
- ≪史記正義≫, 張守節(唐) 編, 文淵閣四庫全書 제247~248책 史部5~6, 臺灣商務印書館, 1983~1986.
- ≪史記集解≫, 裴駰(南朝 宋) 編, 文淵閣四庫全書 제245~246책 史部3~4, 臺灣商務印書館, 1983~1986.
- ≪逸周書≫, 孔晁(晉) 注, 文淵閣四庫全書, 제370책 史部128, 臺灣商務印書館, 1983~1986.
- ≪資治通鑑釋文≫, 史炤(宋) 撰, 臺灣商務印書館, 1980.
- ≪通鑑釋文辯誤≫, 胡三省(元) 撰, 文淵閣四庫全書 제312책 史部70, 臺灣商務印書館, 1983~1986.
- ≪通鑑五十卷詳節要解≫, 九淵禪師(朝鮮) 著, 국립중앙도서관 소장본.
- ≪通鑑地理通釋≫, 王應麟(宋) 撰, 文淵閣四庫全書 제312책 史部70, 臺灣商務印書館, 1983~1986.
- ≪漢書≫, 班固(後漢) 撰, 中華書局, 2002.
- ≪漢書補註≫, 王先謙(淸) 補注, 王雲五 主編, 臺灣商務印書館, 1968.
- ≪後漢書≫, 范曄(南朝 宋) 撰, 中華書局, 1996.
- ≪後漢書集解≫, 王先謙(淸) 集解, 臺灣商務印書館, 1968.

◇ 子 部

- ≪老子道德經≫, 王弼(魏) 注, 文淵閣四庫全書 제1055책 子部361, 臺灣商務印書館,

1983~1986.

- ≪荀子≫, 荀況(周) 撰, 文淵閣四庫全書 제695책 子部1, 臺灣商務印書館, 1983~1986.
- ≪呂氏春秋≫, 呂不韋(秦) 撰, 文淵閣四庫全書 제848책 子部154, 臺灣商務印書館, 1983~1986.

◇ 硏究論著 및 飜譯書

- 加藤繁·公田連太, ≪國譯 資治通鑑≫, 景仁文化社, 1996.
- 權重達, ≪資治通鑑≫ 1~32, 삼화, 2007~2010.
- 金都鍊 編註, ≪集註 通鑑節要≫ 1~2, 亞細亞文化史, 1982, 1986.
- 김유철·하원수, ≪史記 外國傳 譯註≫, 동북아역사재단, 2009.
- ―――――――, ≪漢書 外國傳 譯註≫ 上·下, 동북아역사재단, 2009.
- ―――――――, ≪後漢書 外國傳 譯註≫ 上·下, 동북아역사재단, 2009.
- 金忠烈, ≪通鑑節要≫ 天·地·人, 三省出版社, 1987.
- 馬建石 主編, ≪文白對照 資治通鑑輯覽≫ 1~36, 國際文化出版公司, 2002.
- 大庭脩, ≪秦漢法制史の硏究≫, 倉文社, 1982.
- 渡邊義浩 等, ≪全譯後漢書≫, 汲古書院, 2001~2016.
- 成百曉 譯註, ≪譯註 通鑑節要≫1~9, 傳統文化硏究會, 2005~2011.
- 孫通海·李巨泰 主編, ≪文白對照 資治通鑑綱目≫ 1~5, 長征出版社, 1996.
- 安作璋, 熊鐵器, ≪秦漢官制史稿≫, 齊魯書社, 1984.
- 柏楊 編譯, ≪柏楊白話版 資治通鑑≫, 北岳文藝出版社, 2006.
- 李國祥 等, ≪資治通鑑全譯≫, 貴州人民出版社, 1994.
- 李宗侗, 夏德儀 等 校註, ≪資治通鑑今註≫ 1~15, 臺灣商務印書館, 1985.
- 資治通鑒新注編纂委員會 編, ≪資治通鑒新注≫ 1~10, 陝西人民出版社, 1998.
- 池松旭, ≪詳密註釋 通鑑諺解≫, 學民文化社, 1992.
- 張宏儒·沈志華 主編, ≪文白對照全譯 資治通鑑≫ 1~3, 改革出版社, 1991.
- 許嘉璐 主編, ≪後漢書全譯≫(二十四史全譯) 1~3, 漢語大詞典出版社, 2004.

◇ 사전 및 공구서

- 施丁·沈志華 共譯, ≪資治通鑑大辭典≫ 上·下, 吉林人民出版社, 1994.
- 梁玉繩 撰, ≪漢書人表考≫, 臺灣商務印書館, 1968.

- 呂宗力 主編, ≪中國歷代官制大辭典≫, 北京出版社, 1994.
- 魏連科 編, ≪漢書人名索引≫, 中華書局, 1979.
- 李波・趙惜微・李曉光 主編, ≪後漢書索引≫, 中國廣播電視出版社, 2006.
- 李曉光・李波 主編, ≪史記索引≫, 中國廣播電視出版社, 1989.
- 中國大百科全書總編輯委員會 編, ≪中國大百科全書≫, 中國大百科全書出版社, 2009.
- 中國歷史大辭典編纂委員會 編, ≪中國歷史大辭典≫, 上海辭書出版社, 2000.
- 鍾華 編, ≪史記人名索引≫, 中華書局, 1977.
- 陳厚耀(淸) 撰, ≪春秋戰國異辭≫, 文淵閣四庫全書 제403책 史部161, 臺灣商務印書館, 1984.
- 倉修良 主編, ≪史記辭典≫, 山東教育出版社, 1991.
- ――――――, ≪漢書辭典≫, 山東教育出版社, 1996.
- 貝塚茂樹 等 編, ≪アジア歷史事典≫, 平凡社, 1952~1962.
- 洪業 等 編, ≪漢書及補注綜合引得≫, 上海古籍出版社, 1988.

◇ 데이터베이스(DB) 자료

- 한국고전종합DB(http://db.itkc.or.kr)
- 동양고전종합DB(http://db.cyberseodang.or.kr)
- 電子版 文淵閣四庫全書, 上海古籍出版社.
- 상우천고(http://www.s-sangwoo.kr)

◇ 年表 관련 자료

- 松丸道雄 等 編, ≪中國史 1≫, 山川出版社, 2003.
- 沈起煒, ≪中國歷史大事年表≫, 上海辭書出版社, 2001.
- 柏楊, ≪中國歷史年表 上・下≫, 南海出版社, 2006.
- 鶴間和幸, ≪中國の歷史 3－ファーストインペラーの遺産≫, 講談社, 2005.

目 次

思政殿訓義 資治通鑑綱目을 발간하며
凡 例
參考書目

思政殿訓義 資治通鑑綱目 제9권 하
漢 光武帝 建武 28년(52)~漢 明帝 永平 18년(75) / 13

思政殿訓義 資治通鑑綱目 제10권 상
漢 章帝 建初 원년(76)~漢 和帝 永元 원년(89) / 121

思政殿訓義 資治通鑑綱目 제10권 중
漢 和帝 永元 2년(90)~漢 安帝 永初 3년(109) / 206

思政殿訓義 資治通鑑綱目 제10권 하
漢 安帝 永初 4년(110)~漢 安帝 延光 4년(125) / 280

思政殿訓義 資治通鑑綱目 제11권 상
漢 順帝 永建 원년(126)~漢 順帝 永和 6년(141) / 361

附 錄
思政殿訓義 資治通鑑綱目 8 年表 / 435
思政殿訓義 資治通鑑綱目 8 地圖 / 453
思政殿訓義 資治通鑑綱目 8 後漢 世系表 / 463
思政殿訓義 資治通鑑綱目 8 圖版目錄 및 參考資料 / 464

思政殿訓義 資治通鑑綱目 제9권 하

漢 光武帝 建武 28년(52)~漢 明帝 永平 18년(75)

壬子年(52)

【綱】漢나라 世祖 光武皇帝 建武 28년이다. 봄에 魯나라 땅을 東海王에게 보태주었다.

二十八年이라 春에 以魯益東海[1)]하다

【目】魯王 劉興을 옮겨 北海王으로 삼고 魯나라 땅을 東海王에게 보태주었다. 황제는 東海王 劉彊이 거취에 禮가 있다고 생각하였으므로 큰 封地로 우대하여 29개의 縣을 식읍으로 주었으며, 虎賁과 旄頭[2)]를 하사하고 鍾虡(종거)[3)]의 음악을 진설하여 황제에 버금가게 하였다.

徙魯王興하여 爲北海王하고 以魯益東海하다 帝以東海王彊이 去就有禮①라 故로 優以大封하여

---

1) 以魯益東海 : "〈太子를〉 폐출하고 세우는 시기에는 〈거동에〉 어려운 점이 있는데, 劉彊이 자식 노릇을 잘 행하고 황제가 아버지 노릇을 잘 행하였기 때문에 특별히 써서 찬미한 것이다.〔廢興之際 難矣 彊能爲子 帝能爲父 故特書美之〕《書法》

東海王 劉彊은 원래 太子였는데, 그의 어머니인 郭氏가 투기를 하여 皇后의 자리에서 쫓겨났다. 이에 유강이 이를 혐의하여 스스로 태자의 자리에서 물러났다. 곽씨가 폐위된 것은 光武帝 建武 17년(41), 유강이 폐위된 것은 건무 19년(43)에 보인다.

書法은 '筆法'이란 말과 같다. 朱子는 《資治通鑑綱目》을 편찬할 적에 孔子의 《春秋》 筆法을 따라 綱과 目으로 나누었는바, 綱은 《春秋》의 經文을, 目은 《春秋左氏傳》 傳文을 따랐다. 《자치통감강목》의 筆法을 밝힌 것으로는 劉友益(宋)의 《綱目書法》, 尹起莘(宋)의 《綱目發明》이 그 대표작이라 할 수 있는데, 이 두 책은 현재 淸나라 聖祖(康熙帝)가 엮은 《御批資治通鑑綱目》에 모두 수록되어 있다. 이 필법은 綱에 주안점이 맞춰져 있는데, 우리나라 학자들이 특별히 이 《자치통감강목》을 愛讀한 이유는 바로 이 필법에 있다. 《어비자치통감강목》에는 이외에도 汪克寬(元)의 《綱目凡例考異》 등 많은 내용이 수록되어 있으나, 본서에서 다 소개하지 못하고 《강목서법》과 《강목발명》의 중요한 것만을 발췌하여 수록하였다. 또한 陳濟(明)의 《資治通鑑綱目集覽正誤》를 인용하여 오류를 바로잡기도 하였다. 본고에서는 각각 《書法》, 《發明》, 《正誤》로 요약하여 표기하였다.

2) 虎賁과 旄頭 : 虎賁은 官名으로 國君을 侍衛하거나 궁궐과 궁문을 守衛하는 임무를 맡았으며, 旄頭는 騎士의 이름으로 제왕의 행차에 선봉의 역할을 하였다.

3) 鍾虡(종거) : 종묘의 예악에 쓰이는 종과 북을 매다는 틀로, 종묘사직의 권위를 상징한다.

食二十九縣하고 賜虎賁, 旄頭하고 設鍾簴之樂하여 擬於乘輿러라

① 〈"去就有禮"는〉 劉彊이 天下를 사양함을 이른다.
謂以天下讓.

【目】 延平 陳氏(陳瓘)가 다음과 같이 평하였다.
"그가 禮가 있음을 사랑하여 참람한 禮로 상을 준 것은 잘못이다."

延平陳氏曰 愛其有禮하여 而以僭禮賞之는 過矣라

【綱】 여름 6월에 沛太后 郭氏가 薨하였다.

夏六月에 沛太后郭氏薨①[4]하다

① 앞의 建武 17년(41)에는 郭后를 폐하여 中山王 太后로 삼았었고, 20년(44)에는 中山王 劉輔를 옮겨 沛王으로 봉하고 太后를 沛太后로 삼았다.
上十七年, 廢郭后爲中山王太后. 二十年, 中山王輔徙封沛王, 后爲沛太后.

【綱】 가을 8월에 여러 王을 보내 封國으로 나아가게 하였다.

◑秋八月에 遣諸王就國하다

【目】 이보다 앞서 上이 趙憙에게 장구한 계책을 묻자, 조희가 여러 왕을 내보내 封國으로 나아가게 할 것을 청하니, 上이 마침내 魯王 劉興과 齊王 劉石을 내보내 봉국으로 나아가게 하였다.

先是에 上이 問趙憙以久長之計한대 憙請遣諸王就國하니 上이 遂遣魯王興과 齊王石就國①하다

---

4) 沛太后郭氏薨 : "諸侯王의 太后가 죽을 적에 쓰지 않았는데, 여기에서 쓴 것은 어째서인가. 廢后이기 때문이다. 廢后 중에 끝을 잘 마친 자가 드무니, 光武帝는 후한 情을 보존했다고 이를 만하고, 郭后는 폐위에 잘 대처했다고 이를 만하다. 그러므로 '薨'이라고 써서 모두 인정한 것이다. ≪資治通鑑綱目≫의 凡例에 의하면, 戰國時代에 한 지역의 왕의 경우를 제외하고 薨이라고 쓴 자는, 不成君(정통을 승계하였으나 공을 이루지 못한 자)과 廢帝와 廢后가 아니면 시호를 帝라 하고 后라고 한 자이다. 그렇지 않으면 황제의 어머니요 공주 중에 큰 공이 있는 자이니, 이 경우가 아니면 薨이라고 쓰는 道가 없다. 唐나라 會昌(841~846) 이후로 宰相과 節度使 중에 薨이라고 쓴 경우가 있는데, 이는 잘못된 것이다.〔王太后卒 未有書者 此其書 何 廢后也 廢后以善終者鮮矣 帝可謂能存厚 后可爲善處廢 故書薨交予之 綱目之例 自戰國分王外 其書薨者 非不成君廢帝廢后 則諡爲帝爲后者也 不然則帝母也 公主有大功者也 非是 無薨道矣 唐會昌以後 宰相節鎭有書薨者 誤也〕" ≪書法≫

① 劉石은 劉章의 아들이고 劉縯의 嫡孫이다.
石, 章之子, 縯之嫡孫也.

【目】처음에 馬援의 조카사위인 王磐은 平阿侯 王仁의 아들인데, 王莽이 패망하자 왕반은 부귀를 믿고 游俠을 하여 江淮 지역에서 명성이 있었다. 왕반이 京師에 와서 여러 귀척들과 사귀어 친하게 지내니, 마원이 누이의 아들 曹訓에게 말하기를 "王氏는 멸망한 姓氏이다. 子石이 마땅히 물러나 은거하여 스스로 지켜야 하는데, 도리어 경사의 長者들과 교유하면서 힘을 쓰고 멋대로 행동하여 남을 능멸하고 무시하는 일이 많으니, 실패할 것이 틀림없다." 하였다.

初에 馬援兄子壻王磐은 平阿侯仁之子也라 王莽敗에 磐이 擁富貲爲游俠하여 有名江淮間이러니 游京師하여 與諸貴戚友善하니 援이 謂姊子曹訓曰 王氏는 廢姓也라 子石이 當屛居自守어늘 而反游京師長者하여 用氣自行하여 多所陵折하니 其敗必也[①]라하니라

① 子石은 王磐의 자이다. 長者는 여러 貴戚들을 가리킨다.
子石, 王磐字. 長者, 指諸貴戚也.

【目】1년 남짓 지난 뒤에 王磐이 일에 연좌되어 죽었는데, 왕반의 아들 王肅이 또다시 王侯의 저택에 출입하였다. 이때에 法網이 아직 엉성하여 여러 왕들이 모두 京師에 있으면서 다투어 명예를 닦고 游俠하는 선비들을 초치하였다.

馬援은 그의 行軍司馬인 呂种(여충)에게 이르기를 "建武 초기에는 천하를 새롭게 여는 것을 명분으로 삼았으니, 지금 이후로는 海內가 날마다 편안해질 것이다. 다만 국가(황제)의 여러 아들들이 모두 건장한데 예전의 禁令이 아직 확립되지 못하였으니, 만약 이들이 빈객들과 많이 통한다면 큰 옥사가 일어날까 근심스럽다. 卿들은 부디 경계하고 삼가라." 하였다.

이때에, 왕숙 등 주벌을 받은 집안의 자제들이 諸王의 賓客이 되니, 일을 인하여 난을 일으킬까 염려된다고 上書하여 고발한 자가 있었다.

後歲餘에 磐이 坐事死러니 磐子肅이 復出入王侯邸第라 時에 禁罔尙疏하여 諸王이 皆在京師하여 競修名譽하고 招游士라 馬援이 謂司馬呂种曰[①] 建武之元이 名爲天下重開하니 自今以往으로 海內日當安耳라 但憂國家諸子竝壯而舊防未立하니 若多通賓客이면 則大獄起矣리니 卿曹戒愼之[②]하라하더니 至是에 有上書告肅等受誅之家爲諸王賓客하니 慮因事生亂이라하다

① 呂种은 馬援의 行軍司馬이다.
种, 援行軍之司馬也.

② 예전 禁令에는 諸侯의 王子들이 빈객과 교통하는 것을 허락하지 않았다.
舊防, 諸侯王子不許交通賓客.

【目】 마침 更始(劉玄)의 아들 壽光侯 劉鯉가 沛王에게 총애를 받고 있었는데, 그는 劉盆子를 원망하고 빈객들과 결탁하여 故式侯 劉恭을 살해하였다.[5)] 황제가 노하니, 沛王은 이 죄에 연좌되어 詔獄에 갇혀 있다가 3일 만에 석방되었다. 황제는 인하여 郡縣에 詔令을 내려서 여러 왕의 빈객들을 체포하게 하니, 번갈아 서로 끌어들여서 죽은 자가 천 명으로 헤아려졌다. 呂种 또한 이 옥사에 걸렸는데, 죽을 때에 탄식하기를 "馬將軍은 신령스러운 사람이다." 하였다.

會에 更始子壽光侯鯉 得幸於沛王①이러니 怨劉盆子하고 結客하여 殺故式侯恭②한대 帝怒하니 沛王이 坐繫詔獄이라가 三日에 乃得出하다 因詔郡縣하여 收捕諸王賓客하니 更(경)相牽引하여 死者以千數라 呂种이 亦與(예)其禍하니 臨命에 歎曰 馬將軍은 神人也③라하다

① 壽光縣은 北海郡에 속하였다.
壽光縣, 屬北海郡.

② ≪後漢書≫ 〈沛獻王劉輔傳〉에 "劉鯉는 劉盆子가 자신의 아버지를 살해한 것을 원망하여 劉輔를 통해 빈객들과 결탁하고 유분자의 형인 故式侯 劉恭을 보복하여 죽였다." 하였다.
沛王傳 "鯉怨劉盆子害其父, 因輔結客, 報殺盆子兄故式侯恭."

③ "臨命"은 막 숨을 거두려 할 때를 당한 것이다.
臨命, 臨將終命之時.

【目】 가을 8월 戊寅日에 東海王 劉彊, 沛王 劉輔, 楚王 劉英, 濟南王 劉康, 淮南王 劉延이 처음으로 봉국에 나아갔다.

秋八月戊寅에 東海王彊과 沛王輔와 楚王英과 濟南王康과 淮南王延이 始就國①하다

① 劉英, 劉康, 劉延 역시 皇子이다.
英·康·延, 亦皇子也.

---

5) 마침……살해하였다 : 更始는 更始帝 劉玄으로, 新나라 王莽 때 綠林兵과 春陵兵 등의 연합세력이 新나라 군대를 격파하고 황제로 세운 사람이며, 또 다른 반란 세력인 赤眉兵이 세운 황제가 劉盆子이다. 경시제는 적미병에게 핍박을 받다가 부하에게 살해되었고 유분자는 光武帝에게 항복하였다. 劉恭은 유분자의 형이며 조부가 元帝 때에 式侯에 봉해졌기 때문에 '故式侯'라 한 것이다.

桓榮(≪古聖賢像傳略≫)

【綱】 張佚을 太子太傅로 삼고, 桓榮을 太子少傅로 삼았다.

以張佚爲太子太傅하고 桓榮爲少傅하다

【目】 上이 신하들을 크게 모아놓고 누가 太子의 사부가 될 만한 자인가를 물으니, 여러 신하들이 上의 뜻을 받들려고 모두 태자의 외숙인 執金吾 原鹿侯 陰識(음지)가 적임자라고 말하였다. 이에 博士 張佚이 정색하고 말하기를 "지금 폐하께서 태자를 세우는 것은 陰氏를 위해서입니까, 천하를 위해서입니까. 음씨를 위해서라면 陰侯를 사부로 두어도 되지만, 천하를 위해서라면 진실로 마땅히 천하의 賢才를 써야 합니다." 하였다. 황제가 좋은 말이라며 칭찬하고 말하기를 "사부를 두고자 하는 것은 태자를 보필하기 위해서이다. 지금 박사가 朕을 바로잡는 것을 어려워하지 않으니, 하물며 태자이겠는가." 하고는 당일로 장일을 太子太傅로 임명하고 博士 桓榮을 太子少傅로 삼고서 輜車와 乘馬를 하사하였다.

환영이 諸生들을 크게 모아놓고서 하사받은 車馬와 印綬를 진열하고 말하기를 "오늘 내가 입은 은혜는 옛 경전을 상고한 덕이니, 제생들은 학문을 힘쓰지 않을 수 있겠는가." 하였다.

上이 大會群臣하고 問誰可傅太子者오한대 群臣이 承望上意하여 皆言太子舅執金吾原鹿侯陰識(지)可①라하다 博士張佚이 正色曰 今陛下立太子는 爲陰氏乎잇가 爲天下乎잇가 卽爲陰氏인댄 則陰侯可어니와 爲天下인댄 則固宜用天下之賢才니이다 帝稱善하고 曰 欲置傅者는 以輔太子也라 今博士不難正朕하니 況太子乎②아하고 卽拜佚爲太子太傅하고 以博士桓榮爲少傅하여 賜以輜車乘馬③하다 榮이 大會諸生하여 陳其車馬印綬하고 曰 今日所蒙은 稽古之力也니 可不勉哉아하니라

① 原鹿縣은 汝南郡에 속하였다. 可는 맡길 만한 적임자임을 말한 것이다.
原鹿縣, 屬汝南郡. 可, 言可任也.

② "不難正朕"은 張佚이 朕을 바로잡는 것도 어려워하지 않음을 이른다.

不難正朕, 謂佚正救我, 猶且不難.

③ 輜車는 衣車(휘장을 친 수레)이니, 軿車 중에 휘장을 둘러 가리고 뒤에 끌채가 없는 것을 輜車라 한다.

輜車, 衣車也, 軿車有衣蔽, 無後轅者, 謂之輜車.

【綱】 北匈奴가 화친을 애걸하자, 이를 허락하였다.

北匈奴乞和親[6]이어늘 **許之**하다

【目】 北匈奴가 사신을 보내어 말과 갖옷을 바치면서 다시 화친을 애걸하고 아울러 음악을 청하였으며, 또 西域 여러 나라의 오랑캐 客人(사절)을 거느리고 와서 함께 공물을 바치고 皇帝를 알현할 것을 청하였다. 황제가 三府에 회부하여 알맞게 답례할 바를 의논하게 하니, 司徒掾 班彪가 다음과 같이 아뢰었다.

"臣이 듣건대, 孝宣皇帝께서 변방의 守와 尉에게 신칙하시기를 '匈奴는 큰 나라로 변화와 속임수가 많으니, 그들을 상대하여 그들의 실정을 알면 적을 물리치고 제압할 수 있지만, 응대하다가 그들의 술수에 넘어가면 도리어 무시와 속임을 당할 것이다.'라고 하셨습니다. 지금 北匈奴는 南單于가 來附한 것을 보고 자기 나라를 도모할까 두려워하기 때문에 자주 화친을 애걸하고, 또 멀리 소와 말을 몰고 와서 우리 漢나라와 교역하고 거듭 名王[7]들을 보내서 공물을 바친 것이 많습니다. 이는 모두 밖으로 자기들의 부강함을 과시하여 상대를 속이려는 술책입니다. 臣이 보건대, 그들이 바친 공물이 중할수록 더욱 그들 나라의 재정이 고갈되었음을 알 수 있고, 귀의하여 친근히 하려는 일이 잦을수록 더욱 그들의 두려움이 많아짐을 알 수 있습니다. 그러나 지금 우리가 남선우를 도와서 북흉노를 칠 수 없다면 북흉노를 끊어서도 안 됩니다. 羈縻(기미)[8]의 의리

6) 乞和親 : "'求和親(화친을 요구하다.)'이라고는 썼으나 '乞和親(화친을 애걸하다.)'이라고 쓴 적은 없으니, '乞'은 자신을 낮추는 말이고, 또 '求'라고 쓴 것보다 간절하다. 이보다 앞서 北匈奴가 일찍이 화친을 구했으나 황제가 허락하지 않았는데, 이때에 다시 화친을 哀乞하였으므로 특별히 '乞'이라고 쓴 것이다. ≪資治通鑑綱目≫이 끝날 때까지 화친을 쓴 경우가 16번인데, '乞和親'이라고 쓴 것보다 더 좋은 것이 없고, '結和親(화친을 맺다.)'이라고 쓴 것보다 더 나쁜 것이 없으니, '乞和親'이라고 쓴 것은 한 번뿐이다.〔書求和親矣 未有書乞和親者 乞 卑辭也 又切於書求者矣 先是北匈奴嘗求和親 不許 於是更乞和親 故特書乞 終綱目書和親十六 莫善於乞和親 莫不善於結和親 書乞和親 一而已〕" ≪書法≫

7) 名王 : 匈奴의 여러 왕 중에 신분이나 지위가 높은 자를 말한다.

8) 羈縻(기미) : 말의 머리를 싼 것을 羈라 하고, 소의 고삐를 縻라 한다. 천자국(중국)이 먼 나라를 직접 통치하지 않고 그 나라의 우두머리에게 관직과 물품을 주고 중국의 종주권을 인정하게 하는 외교 방식을 말한다.

상, 禮에 답하지 않아서는 안 되니, 생각건대 두둑하게 상을 하사하여 그들이 바친 바와 대략 상당하게 하고 보답하는 말도 반드시 여기에 맞게 하여야 합니다.

北匈奴遣使하여 貢馬及裘하고 更乞和親하고 幷請音樂하며 又求率西域諸國胡客하여 俱獻見(현)①이어늘 帝下三府하여 議酬答之宜②하니 司徒掾班彪曰 臣聞孝宣帝 勅邊守尉曰 匈奴는 大國이라 多變詐하니 交接得其情이면 則却敵折衝이요 應對入其數면 則反爲輕欺③라하시니이다 今北匈奴見南單于來附하고 懼謀其國이라 故로 數(삭)乞和親하고 又遠驅牛馬하여 與漢合市하고 重遣名王하여 多所貢獻④하니 斯皆外示富彊以相欺誕也니이다 臣이 見其獻益重에 知其國益虛요 歸親愈數에 爲懼愈多라 然이나 今旣未獲助南이면 則亦不宜絶北이니 羈縻之義 禮無不答이라 謂可頗加賞賜하여 略與所獻相當하고 報答之辭를 令必有適⑤이니이다

① 見(알현하다)은 賢遍의 切[9])이다.
　見, 賢遍切.
② 三府는 太尉府, 司徒府, 司空府를 이른다.
　三府, 謂太尉·司徒·司空府也.
③ 數는 술수이니, "入其數"는 그들의 술수에 넘어감을 말한다.
　數, 術數也. 入其數, 言入其術中也.
④ "合市"는 漢나라와 화친하여 교역을 하는 것이다. 重은 柱用의 切이니 거듭함이다.
　合市, 與漢和合爲市也. 重, 柱用切, 再也.
⑤ 適은 마땅함이니, 〈"報答之辭 令必有適"은〉 보답하는 글이 마땅히 사정에 합당해야 함을 말한 것이다.
　適, 當也. 言報答之辭, 必有當乎事情也.

【目】 지금 당장 草稿를 써서 함께 올리니, 그 내용은 다음과 같습니다.

'單于가 漢나라의 은혜를 잊지 않고 先祖의 옛 약속을 추념하여 화친을 청해서 몸을 보호하고 나라를 편안히 하고자 하니, 계책과 의논이 매우 훌륭하다. 선우를 위하여 가상히 여기노라. 지난번 匈奴에 자주 變亂이 있어서 呼韓邪單于와 郅支單于가 서로 원수가 되어 틈이 벌어졌는데, 모두 孝宣皇帝께서 내려주신 은혜와 救護를 받았으므로 각각 侍子를 보내고 藩臣을 칭하여 변경을 보호하였다.[10]) 그 뒤에 질지선우가 분노하여 스스로 황제의 은택을 끊은 데 반해, 호한야선우는 귀부하고 친히 따라서 충성과 효도가

---

9) 切 : 反切音을 표시한 것이다. '反(번)'은 뒤집는다(되치다)는 뜻으로 번역을 의미하고, '切'은 자른다는 의미이다. 앞 글자의 初聲을 따고 뒷글자의 中聲과 終聲을 따서 읽는다.

10) 각각……보호하였다 : 呼韓邪單于와 郅支單于가 각자의 아들을 漢나라에 보내고 스스로 藩臣을 칭한 내용은 ≪資治通鑑綱目≫ 제6권 상 甘露 원년(B.C. 53)과 2년(B.C. 52) 조에 보인다.

더욱 드러났었는데, 漢나라가 질지선우를 멸망시킨 뒤로[11] 호한야선우가 마침내 나라를 보존하고 후사에게 지위를 전하여 자손이 서로 이어져왔다. 지금 南單于가 여러 사람들을 데리고 남쪽을 향하여 변경에 와서 귀순하겠다 하고, 스스로가 호한야의 嫡長孫이므로 마땅히 즉위해야 할 차례인데도 선우의 지위를 빼앗겨 잃었다 해서, 시기하고 의심하여 서로 배반해서 자주 漢나라의 군대와 장수를 청하여 돌아가 北匈奴의 王庭을 소탕하려 하니, 계책이 분분하여 이르지 못하는 바가 없다.

생각건대 이 말을 전적으로 들어줄 수 없고, 또 北單于가 해마다 공물을 바쳐서 화친을 닦고자 하므로 〈남선우의 요청을〉 거절하고 허락하지 않았으니, 이는 장차 북선우의 忠孝하는 의리를 이루고자 해서였다. 漢나라가 위엄과 신의를 갖고서 萬國을 통솔하니, 해와 달이 비추는 곳은 모두 臣妾이 된다. 풍속이 다른 여러 오랑캐들은 의리상 親疎의 구분이 없어서 복종하여 따르는 자에게는 포상을 내리고 반역하는 자에게는 주벌을 내리니, 善惡의 효험은 호한야선우와 질지선우가 이 경우이다.

今立藁草并上①하오니 曰 單于不忘漢恩하고 追念先祖舊約하여 欲求和親하여 以輔身安國하니 計議甚高라 爲單于嘉之②하노라 往者에 匈奴數(삭)有乖亂하여 呼韓邪, 郅(文)〔支〕[12]自相讐隙이러니 竝蒙孝宣皇帝垂恩救護라 故로 各遣侍子하고 稱藩保塞라 其後에 郅支忿戾하여 自絶皇澤이로되 而呼韓附親하여 忠孝彌著러니 及漢滅郅支에 遂保國傳嗣하여 子孫相繼라 今南單于攜(휴)衆向南하여 款塞歸命하고 自以呼韓嫡長으로 次第當立이어늘 而侵奪失職이라하여 猜疑相背하여 數請兵將하여 歸掃北庭하니 策謀紛紜하여 無所不至라 惟念斯言을 不可獨聽③이요 又以北單于比年貢獻하여 欲修和親이라 故로 拒而未許하니 將以成單于忠孝之義라 漢秉威信하여 總率萬國하니 日月所照 皆爲臣妾이라 殊俗百蠻이 義無親疎하여 服順者褒賞하고 畔逆者誅罰하니 善惡之效는 呼韓, 郅支是也라

① 立은 처음 만듦을 이른다. 글을 초한 것을 藁라 한다.
立, 謂創制也. 文草曰藁.
② "先祖舊約"은 呼韓邪와의 옛 약속을 이른다.
先祖舊約, 謂呼韓邪舊約也.
③ 惟는 생각함이다.
惟, 思也.

11) 漢나라가……뒤로 : 漢나라가 郅支單于를 공격하여 멸망시킨 내용은 ≪資治通鑑綱目≫ 제6권 중 建昭 3년(B.C. 34) 조에 보인다.

12) (文)〔支〕: 저본에는 '文'으로 되어 있으나, ≪資治通鑑≫에 의거하여 '支'로 바로잡았다.

【目】지금 單于가 화친을 닦고자 하여 정성이 이미 드러났는데, 무엇을 혐의하여 西域의 여러 나라를 거느리고 함께 와서 공물을 바치고 황제를 알현하려 하는가. 서역의 여러 나라가 匈奴에 소속되는 것이 漢나라에 소속되는 것과 어찌 다르겠는가. 선우는 수년 동안 병란이 이어져서 나라 안이 텅 비었을 터이니, 공물을 줄여서 禮를 통해야 할 것이다. 어찌 말과 갖옷을 바칠 필요가 있겠는가. 이제 雜繒 500匹, 활과 활집, 화살통 한 개와 화살 네 發을 가져다가 선우에게 주고, 또 말을 바친 左骨都侯와 右谷蠡王에게 각각 雜繒 400匹과 斬馬劍을 하나씩 하사하노라.

선우가 지난번에 「先帝 때에 呼韓邪單于에게 하사한 竽와 瑟과 空侯가 모두 오래되어 망가졌다.」 하면서 다시 재량하여 하사하기를 원하였으나, 내 생각건대 선우의 나라가 아직 안정되지 못해서 한창 무력을 숭상하여 전쟁과 공격의 일에 힘쓰고 있으니, 竽와 瑟의 용도가 좋은 활과 예리한 검만 못할 듯하다. 그러므로 이것을 주지 않노라. 朕은 작은 물건을 아끼지 않노니, 선우가 원하는 바를 편의에 따라 파발마를 보내 알리라.' 하소서."

황제가 그의 말을 모두 받아들여 따랐다.

今單于欲修和親하여 款誠已達하니 何嫌而欲率西域諸國하여 俱來獻見(현)고 西域國이 屬匈奴는 與屬漢何異리오 單于數連兵亂하여 國內虛耗하니 貢物을 裁以通禮니 何必獻馬裘리오 今齎雜繒五百匹과 弓, 鞬(건), 韇(독)丸一과 矢四發하여 遺單于[①]하고 又賜獻馬左骨都侯, 右谷蠡王雜繒各四百匹과 斬馬劍各一하노라 單于前言先帝時所賜呼韓邪竽(우), 瑟, 空侯皆敗라하여 願復裁賜[②]호되 念單于國尙未安하여 方厲武節하여 以戰攻爲務하니 竽瑟之用이 不如良弓利劍이라 故로 未以齎[③]하노라 朕은 不愛小物하노니 於單于便宜所欲에 遣驛以聞하라한대 帝悉納從之하다

① 鞬은 居言의 切이니 활집이다. 韇은 徒谷의 切이니, "韇丸"은 화살통이다. 發은 12개의 화살이다. 활 쏘는 禮는 3번에 그치니, 매번 활을 쏠 때마다 4발의 화살을 사용하므로 화살 12개를 한 發이라 한다. 일설에 "4개의 화살이 한 發이다." 하였다.
鞬, 居言切, 弓衣也. 韇, 徒谷切. 韇丸, 箭筩也. 發, 十二矢也. 射禮三而止, 每射四矢, 故以十二矢爲一發也. 一說"四矢爲一發."

② 竽은 女媧氏가 만든 것이니, 笙보다 크다. 36개의 管을 박〔匏〕 안에 진열하고 관의 끝에 簧(진동판)을 달아서 분다. 空侯는 글자가 혹 竹 변을 따르기도 하니, 악기이다. 그 모습이 비파와 비슷하나 작으니, 絃이 일곱 줄로 활을 사용해 타는 것이 비파와 같다. ≪世本≫에는 "空國侯가 만든 것이다." 하였고, 劉昫(유후)는 "漢나라 武帝가 樂人 侯調로 하여금 만들게 하였는데, 이것을 太廟에 연주하여 제사했다." 하였다. 혹자는 "侯輝가 만든 것이니, 그 소리가 땅땅 절도에 맞아 坎侯라 했었는데, 음이 잘못되어 箜篌가 되었다." 하였다. 裁는 헤

아림(재량)이니, "裁賜"는 많고 적음을 헤아려 하사함을 이른다.
竽, 女媧氏所作, 大於笙. 列管三十六於匏內, 施簧管端而吹之. 空侯, 字或從竹, 樂器也. 其形似瑟而小, 七絃, 用撥彈之, 如琵琶. 世本云 "空國侯所造." 劉昫曰 "漢武帝使樂人侯調所作, 以祠太廟." 或曰 "侯輝所作, 其聲, 坎坎應節, 謂之坎侯, 聲訛爲箜篌." 裁, 量也, 裁賜, 謂量多少以賜也.

③ 〈"未以齎"는〉 가지고 가서 주지 않음을 말한다.
言不齎持往遺也.

癸丑年(53)

【綱】 漢나라 世祖 光武皇帝 建武 29년이다. 봄 2월 초하루에 일식이 있었다.

二十九年이라 春二月朔에 日食하다

甲寅年(54)

【綱】 漢나라 世祖 光武皇帝 建武 30년이다. 봄 2월에 황제가 동쪽 지역으로 순행하였다.

三十年이라 春二月에 帝東巡하다

【目】 여러 신하들이, 황제가 즉위한 지 30년이니 마땅히 泰山에 封禪을 해야 한다고 上言하자, 황제는 詔令을 내리기를 "내가 즉위한 지 30년에 백성들의 怨氣가 뱃속에 가득하니, 내 누구를 속이겠는가? 하늘을 속이는 것이다. 일찍이 泰山의 산신령이 林放만 못하다고 생각하는가.[13] 어찌 72代에 걸쳐 〈泰山에서 봉선한〉 기록을 더럽히겠는가.

13) 내……생각하는가 : ≪論語≫ 〈子罕〉에는 "孔子의 병환이 위독하자, 子路가 문인으로 하여금 家臣을 삼아 喪을 치르려 하였다. 공자의 병환이 조금 덜하자, 공자는 '오래되었구나, 子路가 거짓을 행함이여! 나는 가신이 없는데 가신을 두었으니, 내 누구를 속였는가? 하늘을 속였구나!' 하셨다.〔子疾病 子路使門人爲臣 病間曰 久矣哉 由之行詐也 無臣而爲有臣 吾誰欺 欺天乎〕"라고 하였으며, 〈八佾〉 4장에는 "林放이 禮의 근본을 묻자, 공자는 '훌륭하다, 너의 질문이여. 禮는 사치하기보다는 차라리 검소하여야 하고, 喪은 형식적으로 잘 다스려지기보다는 차라리 슬퍼하여야 한다.'라고 대답하셨다.〔林放問禮之本 子曰 大哉問 禮與其奢也 寧儉 喪與其易也 寧戚〕" 하였고, 6장에는 "이때 마침 季氏가 참람하게 泰山에 旅 제사를 지내려 하자, 공자가 계씨의 가신인 冉有에게 '네가 그것을 바로잡을 수 없느냐?'고 하시니, 염유는 '불가능합니다.'라고 대답하였다. 이에 공자는 '아, 일찍이 泰山의 신령이

만약 郡縣에서 멀리 관리를 보내 祝壽하고 헛된 아름다움을 지나치게 찬양하면 반드시 그를 머리 깎아서 屯田을 시키겠다." 하니, 이에 여러 신하들이 감히 다시 말하지 못하였다.

群臣이 上言호되 卽位三十年이니 宜封禪泰山이라한대 詔曰 卽位三十年에 百姓怨氣滿腹하니 吾誰欺오 欺天乎인저 曾謂泰山不如林放乎아 何事汙七十二代之編錄①이리오 若郡縣이 遠遣吏上壽하고 盛稱虛美하면 必髡(곤)하여 令屯田호리라하니 於是에 群臣이 不敢復言이러라

① ≪史記≫ 〈封禪書〉에 "管仲이 말하기를 '옛날 泰山에서 封하고 梁父山(양보산)에서 禪한 자가 72명이다.' 하였는데, 夷吾(管仲)가 기록한 것은 12명뿐이니, 옛날 無懷氏, 伏羲, 神農, 炎帝, 黃帝, 顓頊, 帝嚳, 帝堯와 帝舜, 禹王과 湯王, 成王이 모두 천명을 받은 뒤에 封禪을 했다." 하였다.
封禪書 "管仲曰 '古者, 封泰山, 禪梁父者, 七十二君.' 而夷吾所記者, 十有二焉, 昔無懷氏・伏羲・神農・炎帝・黃帝・顓頊・帝嚳・堯・舜・禹・湯・成王皆受命, 然後得封禪."

【綱】 윤달에 〈魯지역에서〉 환궁하였다.

閏月에 還宮하다

【綱】 孛星이 紫微宮에 나타났다.

◑有星孛于紫宮하다

【綱】 여름에 홍수가 졌다.

◑夏에 大水하다

【綱】 膠東侯 賈復이 卒하였다.

◑膠東侯賈復이 卒하다

【目】 賈復은 황제를 따라 정벌할 적에 일찍이 패전한 적이 없었고, 번번이 장수들과 포

임방만도 못하다고 생각하느냐.' 하셨다.〔季氏旅於泰山 子謂冉有曰 女弗能救與 對曰 不能 子曰 嗚呼 曾謂泰山 不如林放乎〕"라고 하였는바, 황제가 ≪論語≫를 인용하여 참람되게 封禪을 행해서는 안 됨을 말한 것이다.

위망을 뚫어 위급함에서 벗어나곤 하였다. 황제는 가복이 용감하게 적진에 깊이 침투한다 해서 그로 하여금 遠征하게 하는 일이 드물었으나 그의 용맹과 충절을 장하게 여겨 항상 자신을 수행하게 하였으므로, 가복은 특정 지역〔方面〕에 대한 功이 적었다.

여러 장수들이 매번 공로를 논할 적에 가복은 일찍이 말하지 못하니, 황제가 번번이 말하기를 "賈君의 功은 내 스스로 안다." 하였다.

復이 從征伐에 未嘗喪敗하고 數(삭)與諸將으로 潰圍解急하니 帝以復敢深入이라하여 希令遠征이로되 而壯其勇節하여 常自從之라 故로 少方面之勳[①]이라 諸將이 每論功伐에 復이 未嘗有言하니 帝輒曰 賈君之功은 我自知之라하다

① "常自從之"는 항상 賈復을 수행시킴을 이른다.
常自從之, 謂常以復自從也.

乙卯年(55)

【綱】漢나라 世祖 光武皇帝 建武 31년이다. 여름 5월에 홍수가 졌다.

三十一年이라 夏五月에 大水하다

【綱】그믐에 일식이 있었다.

◑晦에 日食하다

【綱】蝗蟲의 재해가 있었다.

◑蝗하다

丙辰年(56)

【綱】漢나라 世祖 光武皇帝 建武中元 원년이다. 봄 정월에 第五倫을 會稽太守로 삼았다.

建武中元元年이라 春正月에 以第五倫爲會稽太守하다

【目】京兆掾 第五倫이 長安縣의 司市를 관장하였는데, 공평하고 청렴하고 지조가 있어서 시장에 간사함과 부정함이 없었다. 매번 황제의 詔書를 읽을 때마다 탄식하기를 "이분은 聖主이시니 한 번만 보면 大事를 결정할 수 있다." 하였다.

뒤에 淮陽王(劉延)의 醫工長에 보임되었는데, 회양왕이 入朝할 적에 제오륜도 관속들을 따라 황제를 뵙게 되었다. 황제가 그에게 정사를 묻자, 제오륜이 이를 계기로 응대하니, 황제가 크게 기뻐하여 다음 날 특별히 다시 불러들여서 함께 밤늦도록 말하였다. 제오륜을 扶夷의 長으로 삼았다가 임지에 도착하기 전에 뒤따라 會稽太守에 임명하였는데, 제오륜은 정사를 다스림이 깨끗하면서 은혜가 있으니 백성들이 그를 사랑하였다.

京兆掾第五倫이 領長安市①하니 公平廉介하여 市無姦枉이라 每讀詔書에 歎息曰 此는 聖主也니 一見決矣라하니라 後補淮陽王醫工長②이러니 王入朝에 倫이 隨官屬得會見이라 帝問以政事한대 倫이 因此酬對하니 帝大悅하여 明日에 復特召入하여 與語至夕하다 以倫爲扶夷長③이라가 未到官에 追拜會稽太守러니 爲政이 淸而有惠하니 百姓이 愛之하니라

① 第五는 複姓이고, 倫은 그의 이름이다. 長安市는 長安縣의 司市를 이른다. ≪周禮≫〈地官〉에 "司市는 시장의 다스림과 가르침, 정사와 형벌, 量과 度, 禁令을 관장한다." 하였다.
第五, 複姓. 倫, 其名也. 長安市, 謂長安縣之司市也. 周禮地官"司市, 掌市之治敎政刑量度禁令."

② 王國의 관원에 醫工長이 있으니, 의약을 주관하였다.
王國官, 有醫工長, 主醫藥.

③ 扶夷縣은 零陵郡에 속하였다.
扶夷縣, 屬零陵郡.

【綱】2월에 황제가 동쪽 지방을 순행하여 泰山에 封하고 梁父山의 북쪽에서 禪하였다.

二月에 帝東巡하여 封泰山하고 禪梁陰[14]하다

14) 帝東巡……禪梁陰 : "앞서 여러 신하들이 封禪을 청하였으나 황제가 허락하지 않았는데, 이때에는 河圖의 글에 감동하여 마침내 봉선을 행하였으니, 황제가 또한 이에 대해서 定見이 있지 못하였다. 이것을 써서 비판한 것이다.〔先是群臣請封禪 不許 至是感河圖文 遂行之 帝於是亦不得爲有定見矣 書譏之〕" ≪書法≫

"唐나라 貞觀 연간에 여러 신하들이 封禪을 청하였으나 太宗이 허락하지 않은 것을 ≪資治通鑑綱目≫에서 책에 빠짐없이 썼는데, 지금 建武 30년(54)에도 여러 신하들이 봉선을 청했으나 光武帝가 허락하지 않은 것을 ≪자치통감강목≫에서 어찌하여 삭제하고 쓰지 않았는가. 태종의 이른바 허락하지 않은 것은 그 뒤에 끝내 행하지 않았고, 광무제의 이른바 허락하지 않은 것은 얼마 되지 아니하여 시행하였으니, 이것이 書法이 다른 이유이다. 그렇다면 封禪이 옳은가, 옳지 않은가. 先儒들의

【目】 上이 ≪河圖會昌符≫를 읽어보니, 그 글에 이르기를 "赤劉의 9世에 命이 岱宗에서 만난다." 하였다. 上은 이 글에 감동하여 마침내 虎賁中郎將 梁松 등에게 詔令을 내려 河圖와 洛書에 관한 讖文 중에 9世에 마땅히 封禪해야 한다고 한 것을 찾게 하니, 모두 36건이었다.

이에 張純 등이 다시 봉선할 것을 주청하자, 上이 마침내 허락하고 有司에게 조령을 내려 元封 연간의 故事[15]를 찾게 하니, 마땅히 네모진 돌을 두 겹으로 쌓고 玉檢과 金泥를 써야 한다고 하였다. 上은 돌을 다듬기가 어렵다고 생각하여 孝武帝가 예전에 봉선할 때 만들었던 돌을 이용하여 玉牒을 그 안에 두고자 하니, 양송이 불가하다고 간쟁하였다. 이에 마침내 石工에게 명해서 완전한 푸른 돌을 취하고 굳이 五色으로 하지는 말라고 하였다.

上이 讀河圖會昌符하니 曰 赤劉之九 會命岱宗①이라한대 上이 感此文하여 乃詔虎賁中郎將梁松等하여 按索河洛讖文言九世當封禪者하니 凡三十六事②라 於是에 張純等이 復奏請封禪한대 上이 乃許焉하고 詔有司하여 求元封故事하니 當用方石再累 玉檢金泥③라 上以石功難就라하여 欲因孝武故封石하여 置玉牒其中하니 梁松이 爭以爲不可한대 乃命石工하여 取完青石하고 無必五色④하라하다

① 符는 도참이 기록된 책이니, 會昌은 그 책의 이름이다. 赤은 火의 색깔이고, 漢나라는 國姓이 劉氏이다. 火德으로 왕 노릇 하였으므로 적색을 숭상하였으니, 赤劉는 炎正이라고 말한 것과 같다.[16] 九는 世數이니, 光武帝가 高帝(劉邦)의 9세손이므로 말한 것이다. 岱宗은 泰山이다.
符者, 讖記之書也. 會昌, 其書之名. 赤, 火色. 漢姓劉. 以火德王, 故尙赤. 赤劉, 猶言炎正

변론이 이미 자세하다. 秦 始皇과 漢 武帝의 사치한 마음을 어찌 굳이 기술할 것이 있겠는가. 그러나 태종이 봉선하지 않은 것도 확고하게 의혹이 없던 것이 아닌데, ≪자치통감강목≫에서는 남이 선행을 한 것을 기꺼이 인정하였으므로 태종의 허락하지 않은 것을 다행으로 여기고 크게 써서 찬미하였다. 世祖(光武帝)로 말하면 이미 그 잘못을 저질렀으니, ≪자치통감강목≫에 비록 인정하고자 하나 그럴 수가 없었다. 그러므로 무릇 '봉선을 허락하지 않았다.〔不許封禪〕'고 쓴 것은 모두 다행으로 여기고 인정해준 것이요, '封禪을 하였다.'라고 쓴 것은 모두 비판하고 폄하한 것이다.〔唐貞觀間 群臣有請封禪 太宗不許 綱目備書于冊 今此建武三十年 群臣亦請封禪 光武不許 綱目何爲削而不書 蓋太宗之所謂不許 其後終於不行 光武之所謂不許 曾未幾而行之 此書法之所以異也 然則封禪 是耶否耶 先儒辯論 旣已詳矣 秦皇漢武之侈心 何足多述 然太宗之不封禪 亦非確然不惑者 惟綱目樂予人爲善 故幸其不許 大書以美之 若世祖 旣蹈其失 綱目雖欲予之 不可得也 故凡書不許封禪者 皆幸之予之也 其書封禪者 皆譏之貶之也〕" ≪發明≫

15) 元封……故事 : 元封은 漢 武帝가 B.C. 110년에서 B.C.105년까지 사용한 연호로, 처음으로 泰山에 封하였기 때문에 '元封'이라 하였다.

16) 赤劉는……같다 : 赤劉는 火德으로 왕 노릇 하는 劉氏란 뜻으로 漢王朝를 가리키며, 炎正의 炎은 불꽃이므로 火德을 가리킨다.

也. 九, 世數也, 帝, 高帝九世孫故云. 岱宗, 泰山也.

② ≪河圖≫는 9편으로 되어 있고, ≪洛書≫는 6편으로 되어 있다.[17]
河圖有九篇, 洛書有六篇.

③ "元封故事"는 武帝가 元封 연간에 封禪한 故事이다. 네모진 돌을 겹으로 포개어서 壇 가운데에 두되 모두 사방의 길이가 5尺이고 두께가 1尺이다. 玉牒의 글을 네모진 돌에 보관하였는데, 옥첩의 두께는 5寸이고 길이는 1尺 3寸이고 너비는 5寸이다. 玉檢이 있고, 또 石檢 10枚를 돌 옆에 나란히 놓아두었는데 동쪽과 서쪽에 각각 3枚, 남쪽과 북쪽에 각각 2枚를 두되, 모두 길이가 5尺이고 너비가 3尺이고 두께가 7寸이다. 檢 안에 세 곳을 조각하였는데, 깊이가 4寸이고 사방이 5寸이고 뚜껑이 있었다. 檢은 金縷(금실)를 사용하여 다섯 번 두르고 水銀을 금가루와 섞어 발라 봉인하였다.
元封故事, 武帝封禪故事也. 用方石再累, 置壇中, 皆方五尺, 厚一尺. 用玉牒書, 藏方石, 牒厚(玉)〔五〕[18]寸, 長尺三寸, 廣五寸. 有玉檢, 又有石檢十枚, 列於石旁, 東西各三, 南北各二, 皆長五尺, 廣三尺, 厚七寸. 檢中刻三處, 深四寸, 方五寸, 有蓋. 檢用金縷五周, 以水銀和金, 以爲泥.

④ 옛 제도에, 돌을 사용하여 덮되 각각 방위의 색깔[19]을 따랐다.
舊制, 用石蓋, 各依方色也.

【目】 丁卯日에 황제의 車駕가 동쪽으로 순행하여 2월 己卯日에 魯 지역에 가서 泰山에 행차하고, 辛卯日 새벽에 불을 피워 태산 아래 南方에서 하늘에 제사하였는데, 여러 神을 모두 從祀(배향)하고 음악을 연주하기를 南郊와 같이 하였다.

일이 끝나자, 아침 식사 무렵(오전 7시~9시)에 이르러서 천자가 輦을 타고 산에 올랐는데, 정오가 지나 산의 정상에 올라 옷을 바꾸어 입었다. 저녁 식사 무렵(오후 3시~5시)에 壇에 올라 北面을 하니, 尙書令이 玉牒과 玉檢을 받들어 올리자, 천자가 1寸 2分 크기의 옥새를 사용하여 친히 봉함하였다.

丁卯에 車駕東巡하여 二月己卯에 幸魯하여 進幸泰山하고 辛卯晨에 燎하여 祭天於泰山下南方하되 群神皆從①하고 用樂如南郊하다 事畢에 至食時하여 天子御輦登山이러니 日中後에 到山上②하여 更(경)衣하다 晡(포)時에 升壇北面하니 尙書令이 奉玉牒檢이어늘 天子以寸二分璽로 親封之하다

① 從은 才用의 切로 從祀함이니, 아래도 같다.

---

17) 河圖는……있다 : 河圖와 洛書는 간단한 그림이나 여기에 '篇'이라 한 것으로 보아 緯書인 듯하다.

18) (玉)〔五〕 : 저본에는 '玉'으로 되어 있으나, ≪資治通鑑≫ 註에 의거하여 '五'로 바로잡았다.

19) 방위의 색깔 : 동쪽은 청색, 남쪽은 적색, 서쪽은 백색, 북쪽은 흑색, 중앙은 황색인바, 이것을 五方의 색깔이라 하였다.

從, 才用切, 從祀也, 下同.

② 泰山은 산 아래서부터 정상까지가 48리 200보이다.
泰山, 從山下至頭, 四十八里二百步.

【目】 봉함이 끝나자, 太常이 2천여 명의 騶騎에게 명하여 祭壇 위의 네모진 돌을 들어올리게 하고 尙書令이 玉牒을 그 속에 보관한 뒤에 다시 돌로 덮게 하였으며, 尙書令이 5寸 크기의 印으로 石檢을 봉함하였다. 일이 끝나자 天子가 再拜를 하니, 여러 신하들이 만세를 부르고 마침내 옛길을 따라 산에서 내려왔다. 한밤중이 지난 뒤에야 上이 산 아래에 이르렀고, 百官들은 다음 날 아침이 되어서야 마쳤다.

甲午日에 梁父山 북쪽에서 땅에 禪 제사를 하면서 高后(呂后)를 配享하고 산천의 여러 神들을 從祀하여 元始 연간의 北郊 故事[20]와 똑같게 하였다.

訖에 太常이 命騶騎二千餘人하여 發壇上方石하고 尙書令이 藏玉牒已에 復(부)石覆訖①이어늘 尙書令이 以五寸印으로 封石檢하다 事畢에 天子再拜하니 群臣稱萬歲하고 乃復(복)道下②하여 夜半後에 上은 乃到山下하고 百官은 明旦乃訖하다 甲午에 禪祭地于梁陰하여 以高后配하고 山川群神從하여 如元始中北郊故事③하다

① 覆(덮다)는 敷救의 切이다.
覆, 敷救切.

② 〈"復道下"는〉 옛길을 따라 산에서 내려옴을 이른다.
謂復古道而下山也.

③ "梁陰"은 梁父山의 북쪽을 이른다.
梁陰, 謂梁父山之北也.

【目】 胡氏(胡寅)가 다음과 같이 평하였다.

"72명의 군주가 封禪한 기록이 ≪詩經≫, ≪書經≫과 禮典의 경문에 조금도 보이지 않으니, 진실로 이 일이 있었다면 이는 바로 天下와 國家의 거룩한 일이다. 堯와 舜, 禹와 湯, 周나라의 武王과 成王, 康王과 昭王, 宣王이 모두 몸소 태평성세를 이룩하였는데, 어찌 이 제도를 빠뜨리고 강구하지 않았겠는가. 그러므로 전대에 태산에 올라가 봉하는 일을 논한 자는 許懋(허무)보다 더 잘한 자가 없으니, 애석하다. 世祖의 신하들이 지혜가 여기에 미치지 못해서 그 군주를 잘못된 일에 빠뜨리면서도 이것을 아뢰지 못하

20) 元始……故事 : '元始'는 漢 平帝가 A.D. 1년에서 5년까지 사용한 연호이다. 北郊는 冬至에 북쪽 교외에서 지내던 제사이다.

였도다."

胡氏曰 七十二君之編錄이 詩, 書, 禮典에 略不經見하니 審有是事면 乃天下國家之盛擧라 堯, 舜, 禹, 湯, 周武, 成, 康, 昭, 宣이 皆身致太平하니 安得闕而弗講이리오 故로 前世論登封者 莫善於許懋①하니 惜乎라 世祖之臣이 智不及此하여 陷其君於過擧而不得聞也로다

① 梁 武帝 때에 會稽山에 封을 하고 國山에 禪을 할 것을 청한 자가 있었는데, 許懋가 이를 간하여 중지하였다.
梁武帝時, 有請封會稽禪國山者, 許懋諫之而止.

【目】 延平 陳氏(陳瓘)가 다음과 같이 평하였다.

"建武 30년(54)에 여러 신하들이 封禪을 행할 것을 청하였는데, 詔令에 '하늘을 속이겠는가.'와 '林放만 못하다.'고 한 말[21]을 인용하여 중지시켰다. 그러나 聖人(孔子)의 말씀을 믿은 것이 圖讖을 믿은 것만큼 돈독하지는 못하였다."

延平陳氏曰 三十年에 群臣請封禪한대 詔引欺天林放之語以止之라 然而信聖人之言이 不如信圖讖之篤也로다

【綱】 3월에 司空 張純이 卒하였다.

三月에 司空純이 卒하다

【綱】 여름 4월에 황제가 환궁하였다.

◑夏四月에 帝還宮하다

【綱】 사면을 하고 改元하였다.

◑赦하고 改元[22]하다

---

21) 하늘을……말 : 본서 22쪽 참조.

22) 改元 : "改元한 것을 쓰지 않았는데 여기에서는 어찌하여 썼는가. 비상한 일이기 때문이다. 文帝로부터 이래로 개원한 경우가 많은데, 이것이 비상한 일이 된 것은 어째서인가. 황제가 즉위한 지 31년이 되도록 개원하지 않다가 이때에 특별히 中元으로 개원하였으니, 이것을 비상한 일로 여겨서 쓴 것이다. 이 때문에 문제가 後元으로 개원한 것을 '更'이라고 쓰고 世祖가 中元으로 개원한 것을 '改'라고 썼으니, 모두 비상한 일로 여긴 것이다.〔改元不書 此何以書 非常也 自文帝以來 改元多矣 此其爲非常 何 帝卽位三十一年 不改元矣 於是特改中元 以是爲異也 故書 是故文帝改後元書更 世祖改中元書改

【綱】 6월에 馮魴(풍방)을 司空으로 삼았다.

◑ 六月에 以馮魴爲司空하다

【綱】 司徒 馮勤이 卒하였다.

◑ 司徒勤이 卒하다

【綱】 京師에서 醴泉이 나오고 赤草가 자라고, 郡國에서는 甘露가 내린다고 말하였다.

◑ 京師에 醴(예)泉出하고 赤草生하고 郡國이 言甘露降①하다

① 醴泉은 샘물 맛이 달아 마치 단술과 같음을 말한 것이다. 赤草는 바로 朱草이니, 하루에 한 잎씩 나오고 15일 이후로는 날마다 한 잎씩 떨어져서 30일이 되면 다시 자라난다.
醴泉, 言泉之味甘如醴也. 赤草, 卽朱草也, 日生一葉, 至十五日以後, 日落一葉, 周而復始.

【目】 여러 신하들이 신령스러운 물건이 계속하여 내리니 마땅히 太史로 하여금 이러한 사실을 모아 기록하게 해서 후세에 전해야 한다고 上奏하였으나, 황제는 받아들이지 않고 항상 스스로 德이 없다고 겸양하여 매번 郡國에서 올린 상서로운 일을 억제하고 자신에게 해당시키려 하지 않았다. 그러므로 史官이 이것을 기록한 일이 적었다.

群臣이 奏言호되 靈物仍降하니 宜令太史撰集하여 以傳來世니이다 帝不納하고 常自謙無德하여 每郡國所上을 輒抑而不當이라 故로 史官이 罕得記焉하니라

【綱】 가을에 蝗蟲의 재해가 있었다.

秋에 蝗하다

【綱】 겨울 10월에 李訢(이흔)을 司徒로 삼았다.

冬十月에 以李訢爲司徒하다

皆異之也]”≪書法≫

【綱】薄太后(漢 文帝의 母)를 높여 高皇后라 하고 呂太后의 신주를 園으로 옮겼다. 薄后는 地祇(地神)에게 配食(배향)하고 呂后에게는 四時에 제사를 올렸다.

◑ **尊薄太后曰高皇后**라하고 **遷呂太后主于園**하여 **薄后**는 **配食地祇**(기)하고 **呂后**는 **四時上祭**①하다

① 呂太后의 신주를 園으로 옮긴 것은 呂太后가 劉氏를 위태롭게 했기 때문이다. 園은 塋域(묘지)을 이르니, 塋域 안에 寢을 설치한다.
遷呂太后主于園, 以呂太后幾危劉氏也. 園, 謂塋域也, 於中置寢.

【綱】11월 그믐에 일식이 있었다.

◑ **十一月晦**에 **日食**하다

【綱】明堂과 靈臺, 辟雍(太學)을 일으키고, 圖讖을 천하에 선포하였다.

◑ **起明堂, 靈臺, 辟雍**하고 **宣布圖讖於天下**[23]하다

【目】처음에 上이 赤伏符 때문에 황제의 지위에 오르니,[24] 이로 인해 도참의 글을 신봉하여 이로써 의심스러운 일을 결정하는 경우가 많았다. 給事中 桓譚(환담)이 上疏하여

---

23) 起明堂……於天下 : "'起'라고 쓴 것은 어째서인가. 靈臺를 겸하여 말했기 때문이다. 辟雍을 세운 것은 훌륭한 일인데 뒤이어 圖讖을 선포했다는 글이 있으니, 황제가 배운 것이 잡박하다. 이에 특별히 써서 비판하였으니, 도참을 쓴 것이 이때 처음 시작되었다. ≪資治通鑑綱目≫이 끝날 때까지 도참을 쓴 것이 5번인데 모두 금지한 내용이고, 오직 光武帝가 선포한 일을 쓴 것은 비판한 말이다. 〔書起 何 兼靈臺言之也 建辟雍盛典也 而繼有宣布圖讖之書 則帝之所學駁矣 特書譏之 書圖讖始此 終綱目 書圖讖五 皆禁之者也 惟光武書宣布爲譏辭〕" ≪書法≫
"역적 王莽이 거짓으로 符命을 칭하고 漢나라의 國運을 찬탈하였으며, 公孫述이 스스로 符命을 말하고 蜀 지역을 도둑질하여 점거하였다가 모두 실패하고 멸망함을 면치 못하였으니, 이는 황제가 직접 본 것이다. 황제가 이미 大寶(황제의 지위)에 군림한 지 30년이 넘었는데, 이때에야 비로소 도참을 천하에 선포한 것은 어째서인가. 또 황제가 漢나라의 基業을 中興한 것은 험난함을 겪으면서 백 번 싸워 얻은 것이요, 圖讖書에 자신의 이름이 있어서 팔짱 끼고 쉽게 얻은 것이 아니다. 저 前秦의 苻堅의 무리들도 도참서와 緯書를 금하고 꺼렸는데, 황제가 도리어 선포하고 숭상하였으니, 어찌 하늘이 낸 聖武의 군주가 도리어 패망한 夷狄의 추장만 못하단 말인가. 이것을 써서 비난함이 마땅하다.〔賊莽詐稱符命 簒奪漢祚 公孫述自陳符命 竊據蜀土 皆不免敗滅 此帝之所親覩者也 帝旣君臨大寶 踰三十載 乃始宣布圖讖於天下 何哉 且帝之中興漢業 以間關百戰得之 非以圖讖在己 拱手而得之也 彼苻堅醜類 猶能禁絶讖緯 帝乃宣布崇尙之 曾謂聖武天挺之君 乃不如夷狄敗亡之酋乎 書以譏之 宜也〕" ≪發明≫

24) 上이……오르니 : 赤伏符는 王莽이 세운 新나라 말년에 讖緯家가 만든 符籙으로, 여기에 "劉秀가 위로 天命에 응하여 漢나라의 정통을 이어 황제가 된다."라고 하였다.

다음과 같이 간하였다.

"사람들은 드러난 일은 소홀히 하고 기이한 말은 귀하게 여깁니다. 그러나 先王들이 기술하신 것을 살펴보면 모두 仁義와 正道를 근본으로 삼았고, 기괴하고 허탄한 일은 있지 않았습니다. 天道와 性命은 聖人이 말씀하기 어려워하신 바입니다. 子貢 이하로 듣지 못했는데,[25] 하물며 후세에 학문이 얕은 儒者가 이것을 통달할 수 있겠습니까.

初에 上以赤伏符로 卽帝位하니 由是로 信用讖文하여 多以決定嫌疑라 給事中桓譚이 上疏諫曰 凡人忽於見(현)事而貴於異聞①하나니 觀先王之所紀述컨대 咸以仁義正道爲本이요 非有奇怪虛誕之事라 蓋天道性命은 聖人所難言也라 自子貢以下로 不得而聞이어든 況後世淺儒 能通之乎잇가

① 見은 음이 現이니, "見事"는 현재의 일이다.
見, 音現. 見事, 見在之事也.

【目】지금 공교한 지혜와 작은 재주, 기술과 술수가 있는 사람들이 河圖와 洛書를 더 보태고 讖記를 사칭하여 탐욕스럽고 간사한 사람들을 속여 유혹하고 군주를 그르치니, 어찌 억제하여 멀리하지 않을 수 있겠습니까.

臣 桓譚은 삼가 듣건대 폐하께서 方士들의 黃白의 술법(신선술)을 힘써 배척하셨다 하니 매우 영명하십니다. 그런데 도리어 도참기를 받아들이고자 하시니, 또 어찌하여 잘못을 저지르려 하십니까. 도참의 일이 비록 때로 맞는 경우도 있으나, 비유하건대 점칠 적에 홀수가 아니면 짝수가 나오는 따위와 같습니다. 폐하께서는 마땅히 밝게 들으시고 성스러운 뜻을 발하시어 여러 소인들의 부정한 말을 물리치고 五經의 바른 뜻을 따르소서."

상소를 아뢰자, 황제는 기뻐하지 않았다.

今諸巧慧小才伎數之人이 增益圖書하고 矯稱讖記하여 以欺惑貪邪하고 詿誤人主하니 焉可不抑遠之哉①잇가 臣譚은 伏聞陛下窮折方士黃白之術하니 甚爲明矣어시늘 而乃欲聽納讖記하시니 又何誤也②잇가 其事雖有時合이나 譬猶卜數隻偶之類③라 陛下宜垂明聽하고 發聖意하사 屛群小之曲說하고 述五經之正義하소서 疏奏에 帝不悅하다

① 伎는 方伎와 醫方의 家를 이르고, 數는 술수와 명당, 羲和와 史卜의 官을 이른다. 焉(어찌)

25) 天道와……못했는데 : '天道'는 元, 亨, 利, 貞의 이치를 가리키고, '性命'은 하늘이 사람에게 명하여 부여해준 仁, 義, 禮, 智의 性을 이르며, '聖人'은 孔子를 가리킨다. ≪論語≫ 〈公冶長〉에 "夫子의 文章은 얻어 들을 수 있으나 부자께서 性과 天道를 말씀하심은 얻어 들을 수 없다.〔夫子之文章 可得而聞也 夫子之言性與天道 不可得而聞也〕"라고 한 子貢의 말이 보인다.

은 於虔의 切이다.
伎, 謂方伎・醫方之家也. 數, 謂數術・明堂・羲和・史卜之官也. 焉, 於虔切.

② 黃白은 丹藥을 사용하여 金과 銀을 만듦을 이른다.
黃白, 謂以藥化成金銀也.

③ "隻偶"는 ≪周易≫에서 말한 奇耦[26]이다.
隻偶, 猶易所謂奇耦也.

【目】 마침 靈臺를 세울 곳을 의논할 적에 황제가 桓譚에게 이르기를 "내 도참서로 결정하겠다." 하니, 환담이 침묵하고 있다가 얼마 뒤에 아뢰기를 "臣은 도참설을 읽지 않았습니다." 하였다. 황제가 그 이유를 묻자, 환담이 다시 도참서가 經書가 아님을 지극히 말하였다. 황제가 크게 노하여 말하기를 "환담이 聖人을 비난하고 法을 무시하니, 붙잡아 끌고 가 참형에 처하라." 하니, 환담이 머리를 땅에 두드려 이마에 피가 흘렀다.

오랜 뒤에야 비로소 풀려날 수 있었는데 외직으로 좌천되어 六安郡의 丞이 되어, 부임지로 가는 길에 병으로 卒하였다.

會議靈臺所處①할새 帝謂譚曰 吾欲以讖決之하노라 譚이 默然이라가 良久曰 臣不讀讖이니이다 帝問其故한대 譚이 復極言讖之非經②하니 帝大怒曰 桓譚이 非聖無法하니 將下하여 斬之③하라 譚이 叩頭流血이어늘 良久에 乃得解하고 出爲六安郡丞이러니 道病卒하다

① 處(처소)는 上聲이니, "所處"는 靈臺를 세우기에 마땅한 장소를 이른다.
處, 上聲. 所處, 謂靈臺所宜處之地也.

② 〈"讖之非經"은〉 도참서가 경전의 의리에 부합되지 않음을 말한 것이다.
言讖文不合經典.

③ 將은 가짐이며, 데리고 감이다.
將, 持也, 領也.

【目】 范曄(범엽)이 다음과 같이 평하였다.

---

26) 奇耦 : 奇는 홀수로 1・3・5・7・9를 이르고, 耦는 짝수로 2・4・6・8・10을 이른다. ≪周易≫은 河圖의 數를 기본으로 하였는바, ≪周易≫ 〈繫辭傳 上〉에 "天이 1이고 地가 2이며, 天이 3이고 地가 4이며, 天이 5이고 地가 6이며, 天이 7이고 地가 8이며, 天이 9이고 地가 10이다.〔天一 地二 天三 地四 天五 地六 天七 地八 天九 地十〕" 하였다. 天은 陽으로 奇數가 여기에 해당하고 地는 陰으로 耦數가 여기에 해당하는바, 爻 역시 陽爻를 奇, 陰爻를 耦라 한다. ≪周易≫ 占은 50개의 蓍草를 가지고 점을 치는데, 홀수가 아니면 짝수가 나와 이로써 吉凶을 판단한다.

"桓譚은 도참설을 좋지 않다고 여겼으므로 유배 가다가 죽었고, 鄭興은 공손한 말로 겨우 화를 면하였고, 賈逵는 능히 견강부회하고 문식하여 가장 귀하고 현달한 데에 이르렀다. 당시의 군주〔世主〕가 이것을 가지고 학문을 논하니, 참으로 슬프다."

范曄曰① 桓譚은 以不善讖流亡하고 鄭興은 以遜辭僅免②하고 賈逵는 能附會文致하여 最差貴顯③이라 世主以此論學하니 悲哉④인저

① 范曄은 劉宋(南朝 宋) 사람이니, ≪後漢書≫를 찬하였다.
曄, 劉宋人, 撰後漢書.

② 建武 7년(31)에 황제가 鄭興과 郊祀의 일을 논할 적에 황제가 말하기를 "내 도참설로 결단하겠다." 하니, 정흥이 말하기를 "臣은 도참서를 읽지 않습니다." 하였다. 황제가 노하여 말하기를 "卿이 도참설을 그르다고 여기는가?" 하니, 정흥이 황공해하며 말하기를 "臣은 도참서에 대하여 배우지 못하였을 뿐, 비난하는 것은 없습니다." 하니, 황제의 노여워하는 뜻이 마침내 풀렸다.
建武七年, 帝與鄭興議郊祀事曰 "吾欲以讖斷之." 興曰 "臣不爲讖." 帝怒曰 "卿非之邪." 興惶恐曰 "臣於書, 有所未學, 而無所非也." 帝意乃解.

③ 賈逵는 賈誼의 9세손이다. 明帝 永平 연간에 가규가 上言하기를 "≪春秋左氏傳≫이 도참설과 부합되니, 劉氏가 堯임금의 후손이 됨이 분명합니다." 하자, 황제가 그를 가상히 여겼다. 가규는 벼슬이 侍中을 역임하고 騎都尉를 겸하여 황제로부터 두터운 신임을 받았다.
逵, 誼九世孫也. 明帝永平中, 逵上言 "左氏與圖讖合, 明劉氏爲堯後." 帝嘉之. 歷遷侍中, 領騎都尉, 甚見信用.

④ 〈"世主以此論學"은〉 당시의 군주가 경서를 중하게 여기지 않고 도참설을 중하게 여김을 말한 것이다.
言時主不重經而重讖也.

【綱】 南單于 比가 죽으니, 아우 莫[27](南匈奴의 제2대 선우)이 즉위하였다.

南單于比 死하니 弟莫이 立하다

【目】 황제가 使者를 南單于에게 보내 옥새를 찍은 친서를 가지고 가서 印璽와 인끈을 내려 작위를 제수하고 옷과 관, 채색 비단을 하사하니, 이후로는 이를 준례로 삼았다.

帝遣使齎璽書하여 拜授璽綬하고 賜以衣冠及繒綵하니 是後에 遂以爲常하다

27) 莫 : ≪後漢書≫ 〈南匈奴傳〉에는 丘浮尤鞮單于라 하였다.

丁巳年(57)

【綱】 漢나라 世祖 光武皇帝 建武中元 2년이다. 봄 정월에 처음으로 北郊를 세우고 后土에 제사하였다.

二年이라 春正月에 初立北郊하여 祀后土하다

【綱】 2월에 황제가 崩하였다.

◑ 二月에 帝崩[28]하다

【目】 황제가 南宮의 正殿에서 崩하니, 향년이 62세였다. 황제는 새벽마다 조회를 보아 해가 기울어서야 파하였고, 公卿과 郎將을 자주 인견하여 경서의 의리(뜻)를 강론하여 한밤중이 되어서야 잠을 잤다. 皇太子(劉莊)가 황제가 근로하여 게으르지 않음을 보고는 막간을 이용해 "폐하께서는 禹임금과 湯임금의 현명함을 소유하셨는데, 黃帝와 老子의 생명을 기르는 복을 잃으시니, 원컨대 정신을 기르고 아끼셔서 한가하고 편안하게 지내소서."라고 간하자, 황제는 "나는 본래 이것을 좋아하니, 피곤하지 않다." 하였다.

황제는 비록 여러 나라를 정벌하여 큰 功業을 이루었으나 천하가 평정된 뒤에는 마침내 功臣을 물리치고 文官을 등용하였으며, 정사하는 치통을 밝게 살펴 신중히 처리하고 조정의 대권을 총괄하며 때와 힘을 헤아려서 거행함에 잘못된 일이 없었다. 그러므로

28) 帝崩 : "賀善의 贊에 말하였다. '世祖가 즉위하기 전에 ≪資治通鑑綱目≫에서 특별히 쓴 것이 세 가지가 있으니, 군대를 일으켰을 때에는 「漢나라 宗室」, 「帝室을 부흥시키려 하다.」라고 썼고, 河北에 이르렀을 때에는 특별히 「王莽의 가혹한 정사를 제거했다.」고 썼으니, 모두 劉玄 등에게 없는 것이었다. 그러므로 그가 즉위했을 때에 「皇帝에 즉위했다.」라고 특별히 쓴 것이다. 즉위한 뒤에 세 가지 큰 정사를 썼으니, 요컨대 모두 풍속과 국운에 관계가 있는 것이었다. 元年(25)에 첫 번째로 卓茂를 太傅로 삼아서 褒德侯에 봉하여 당시에 循吏가 많았고, 천하가 대략 평정되자 즉시 太學을 일으키고 친히 왕림하여 시찰해서 東都(洛陽)에 儒學이 성하였으며, 세 명의 處士를 불러서 말년에 節義의 선비가 많이 배출되었으니, 漢나라 宗廟에 다시 제사를 지내어 天帝를 배향하여 200년의 기업을 드리울 수 있었던 까닭이 실로 여기에 있었다. 그러나 잘못도 두 가지가 있었다. 사사로운 애정 때문에 皇后(郭后)와 太子(劉彊)를 폐위하였고, 圖讖을 믿어서 끝내 封禪을 일삼았으니, 유독 이 두 가지는 盛德에 누가 되지 않을 수 없다. 그러나 廢后의 母子와 親黨(친족)에게 은혜를 가한 것으로 말하면 또 후세의 군주가 능히 하기 어려운 바였다.〔賀善贊曰 世祖卽位之先 綱目有特書三 起兵則書漢宗室興復帝室 至河北則特書除莽苛政 皆玄等所無也 故其卽位也 特書卽皇帝位 卽位之後 書三大政 要皆有關於風俗運祚者 元年首以卓茂爲太傅 封褒德侯 而當時多循吏 天下略定 卽起太學 親臨視之 而東都盛儒學 徵三處士 而末造多節義之士 其所以祀漢配天 以垂二百年之基者 實在於此 然其失亦有二焉 以私愛廢皇后太子 信圖讖 竟事封禪 獨此二者 不能不爲盛德之累 至其加恩廢后母子親黨 則又後世人主所難能也〕" ≪書法≫

선대의 빛나는 업적을 회복하고 몸소 태평성세를 이룩할 수 있었다.

帝崩於南宮前殿하니 年六十二러라 帝每旦視朝하여 日仄乃罷[1]하고 數(삭)引公卿郎將하여 講論經理하여 夜分乃寐[2]라 皇太子見帝勤勞不怠하고 承間諫曰 陛下有禹湯之明이어시늘 而失黃老養性之福하시니 願頤愛精神하여 優游自寧하노이다 帝曰 我自樂此하니 不爲疲也라하다 雖以征伐濟大業이나 及天下既定에 乃退功臣而進文吏하며 明愼政體하고 總攬權綱하며 量時度(탁)力하여 擧無過事라 故로 能恢復前烈하고 身致太平하니라

① 해가 중천을 지나가면 仄이다.
日過中則仄.

② "經理"는 五經의 義理를 이른다. 分(절반)은 半과 같다.
經理, 謂五經之義理也. 分, 猶半也.

밤중에 經書를 講하다(≪帝鑑圖說≫)

【目】 太尉 趙憙가 國喪의 일을 맡았는데, 당시는 王莽의 난리를 겪은 뒤라서 옛 제도가 남아 있지 않았다. 皇太子(劉莊)가 여러 왕과 함께 한 자리에 뒤섞여 앉고, 제후국〔藩國〕의 관속들이 宮省을 출입하여 백관들과 구별이 없었다.

조희가 정색을 하고 궁전의 계단에서 검을 비껴 차고는 여러 왕을 끌어 내려서 尊卑의 차례를 밝혔다. 주청하여 謁者를 보내어 제후국의 관속들을 호송하여 다른 縣에 나누어 머물게 하고, 여러 왕에게 모두 명을 내려 그들의 私邸로 나아가게 해서 오직 아침저녁에만 들어와 곡하게 하였다. 그리하여 禮儀를 정돈하고 궁문의 호위를 엄격하게

하니, 안팎이 숙연하였다.

太尉趙憙 典喪事러니 時經王莽之亂하여 舊典不存이라 皇太子與諸王으로 雜坐同席하고 藩國官屬이 出入宮省하여 與百僚無別이라 憙正色하고 橫劍殿階하여 扶下諸王하여 以明尊卑하고 奏遣謁者하여 將護官屬하여 分止他縣①하고 諸王을 竝令就邸하여 唯朝晡入臨하여 整禮儀하고 嚴門衛하니 內外肅然②이러라

① "將護"는 군대를 거느리고서 호송함을 이른다.
將護, 謂將兵護送也.
② 臨(哭하다)은 力鴆의 切이니 아래도 같다.
臨, 力鴆切, 下同.

【目】 山陽王 劉荊이 곡할 적에 슬퍼하지 않고 익명의 글을 써서 사내종〔蒼頭〕으로 하여금 大鴻臚 郭況의 글이라고 사칭하여 東海王 劉彊에게 주게 하였는데, 유강이 죄 없이 폐출을 당한 것과 郭后가 내쳐져 욕을 당한 것을 말하고는 유강으로 하여금 동쪽으로 돌아가 군대를 일으켜서 천하를 취할 것을 권하였다. 또 말하기를 "高祖는 亭長의 벼슬에서 일어나셨고, 폐하(光武帝)는 白水에서 일어나셨습니다. 더구나 왕은 폐하의 장자로 예전에 太子의 지위에 있지 않았습니까. 마땅히 가을의 서리가 되어야 할 것이요, 우리에 갇힌 羊이 되지 말아야 할 것입니다. 군주가 崩亡하면 여염에 있는 무리들도 오히려 도적이 되어서 자기들이 바라는 것을 얻고자 하는데, 더구나 왕에 있어서이겠습니까." 하였다.

유강은 이 글을 받고는 두려워서 즉시 유형의 使者를 붙잡아두고 글을 봉함하여 황제에게 올렸다. 明帝는 유형이 同母弟라 하여 이 일을 숨기고, 유형을 河南의 宮으로 내보내 그곳에 있게 하였다.

山陽王荊이 哭臨不哀하고 而作飛書하여 令蒼頭로 詐稱大鴻臚郭況書하여 與東海王彊하여 言其無罪被廢와 及郭后黜辱하고 勸令東歸擧兵하여 以取天下하고 且曰 高祖起亭長하고 陛下興白水①하시니이다 何況於王은 陛下長子로 故副主哉잇가 當爲秋霜이요 無爲檻羊②이니이다 人主崩亡에 閭閻之伍도 尙爲盜賊하여 欲有所望이어든 何況王邪잇가 彊이 得書惶怖하여 卽執其使하고 封書上之어늘 明帝以荊母弟라하여 秘其事하고 遣荊出止河南宮③하다

① 〈"陛下興白水"는〉 光武帝가 南陽 春陵의 白水鄕에서 일어난 것을 이른다.
謂帝起於南陽春陵之白水鄕也.
② "故副主"는 예전에 太子였음을 말한 것이다.[29] "秋霜"은 냉랭하고 살벌한 위엄이 있는 것이

다. 檻은 우리이니, 양이 우리 안에 있으면 남에게 제재를 받는다.
故副主, 謂舊爲太子也. 秋霜, 有肅殺之威. 檻, 籠也. 羊在籠中, 受制於人.
③ 宮은 河南縣에 있다.
宮, 在河南縣.

【綱】 太子 劉莊이 즉위하여 皇后(陰后)를 높여 皇太后라 하였다.

太子莊이 **卽位**하여 **尊皇后曰皇太后**라하다

【綱】 3월에 〈光武帝를〉 原陵에 장례하였다.

◑ **三月**에 **葬原陵**하다

【綱】 여름 4월에 鄧禹를 太傅로 삼고, 東平王 劉蒼을 驃騎將軍으로 삼았다.

◑ **夏四月**에 **以鄧禹爲太傅**하고 **東平王蒼爲驃騎將軍**하다

明帝(≪三才圖會≫)

【目】 다음과 같이 詔令을 내렸다.

"지금 위로는 天子가 없고 아래로는 方伯이 없으니, 마치 깊은 물을 건너감에 배와 노가 없는 것과 같다. 萬乘天子의 책임은 지극히 소중한데 내가 나이가 젊고 사려가 가벼우니, 실로 德이 있는 분이 이 小子를 도와주는 데 힘입고자 한다. 高密侯 鄧禹는 功臣 중에 으뜸이요, 東平王 劉蒼은 성품이 너그럽고 박학하며 지모가 있으니, 등우를 太傅로 삼고 유창을 驃騎將軍으로 삼노라."

유창이 간곡히 사양하였으나 황제가 허락하지 않고, 또 조령을 내려 驃騎將軍에게 長史와 掾史 40명을 배치하여 지위가 三公의 위에 있게 하였다. 유창이 일찍이 西曹掾 吳

29) 故副主는……것이다 : 劉彊은 郭皇后의 소생으로 光武帝의 맏아들이다. 일찍이 皇太子가 되었으나 郭后가 폐위되자, 태자의 자리를 고사하고 藩國에 봉해지기를 간절히 청하여 마침내 東海王에 봉해졌다. 성품이 본디 謙恭하고 禮를 잘 지켰기 때문에 천자의 애틋한 사랑을 입었다. 자세한 내용은 ≪資治通鑑綱目≫ 제9권 중 建武 16년(40)과 19년(43) 조에 보인다.

良을 천거하였는데, 황제가 말하기를 "어진 이를 천거하여 나라를 돕는 것은 재상의 직분이다. 蕭何가 韓信을 천거하자 高祖께서는 壇을 만들어 大將軍을 제수하고 다시는 시험하지 않으셨으니, 지금 당장 오량을 議郎으로 삼노라." 하였다.

詔曰 方今에 上無天子하고 下無方伯하니 若涉淵水에 而無舟楫①이라 夫萬乘至重而壯者慮輕하니 實賴有德이 左右小子②라 高密侯禹는 元功之首요 東平王蒼은 寬博有謀③하니 其以禹爲太傅하고 蒼爲驃騎將軍하노라 蒼이 懇辭호되 帝不許하고 又詔驃騎將軍하여 置長史, 掾史員四十人하여 位在三公上④하다 蒼이 嘗薦西曹掾吳良이러니 帝曰 薦賢助國은 宰相之職也라 蕭何擧韓信에 設壇而拜하고 不復考試하시니 今以良爲議郎하노라

① 光武帝가 막 崩하였으므로 "上無天子"라고 말한 것이다.
光武初崩, 故云上無天子.

② 남자가 30세가 된 것을 壯이라 하니, 이때 황제의 나이가 막 30세였으므로 스스로 壯者라고 칭한 것이다. "慮輕"은 思慮가 가볍고 얕음을 말한다. 賴는 힘입음이다. 左右(돕다)는 佐佑로 읽는다.
男子三十曰 (莊)〔壯〕[30), 帝年方三十, 故自稱壯者. 慮輕, 言思慮輕淺也. 賴, 恃也. 左右, 讀曰佐佑.

③ 劉蒼은 황제의 同母弟이다.
蒼, 帝母弟.

④ 四府[31)는 모두 掾史가 40명이 되지 않았는데, 지금 특별히 배치하여 劉蒼을 우대한 것이다.
四府掾史皆無四十人, 今特置以優之也.

【綱】 燒當羌이 배반하자 군대를 보내 공격하였는데, 패하여 전몰하였다. 겨울에 다시 馬武 등을 보내 토벌하였다.

燒當羌이 反이어늘 遣兵擊之러니 敗沒하다 冬에 復遣馬武等討之하다

【目】 처음에 燒當羌의 추장인 滇良(전량)이 先零(선련)을 격파하고 그 땅을 빼앗아 점령하였는데, 전량이 卒하자 아들 滇吾가 그의 아우 滇岸과 함께 무리를 거느리고 隴西를 침략하여 太守 劉盱(유우)를 允街(연개)에서 敗退시키니, 이에 변방을 지키던 여러 羌族이 모두 배반하였다. 謁者 張鴻에게 詔令을 내려 여러 郡의 군대를 거느리고 공격하게

30) (莊)〔壯〕: 저본에는 '莊'으로 되어 있으나, ≪後漢書≫에 의거하여 '壯'으로 바로잡았다.
31) 四府 : 後漢에서는 太傅, 太尉, 司空, 大將軍의 府를 가리킨다.

하였는데, 允吾(연아)에서 싸워서 장홍의 군대가 패하여 전몰하였다.

겨울 11월에 다시 中郎將 鄧固를 보내 捕虜將軍 馬武 등 두 명의 장군과 4만 명의 병력을 감독하여 토벌하게 하였다.

初에 燒當羌豪滇良이 擊破先零하고 奪居其地①러니 滇良이 卒에 子滇吾與弟滇岸으로 率衆寇隴西하여 敗太守劉盱於允街②하니 於是에 守塞諸羌이 皆叛이라 詔謁者張鴻하여 領諸郡兵擊之러니 戰於允吾하여 鴻軍이 敗沒③하다 冬十一月에 復遣中郎將鄧固하여 監捕虜將軍馬武等二將軍, 四萬人하여 討之④하다

① 羌族 無弋爰劍의 현손 研이 湟中에 거주하였는데 가장 강성하니, 羌族 중에서 그의 종족을 이름하여 研種이라 하였다. 研의 13대손 燒當에 이르러 다시 강성하니, 그 자손이 다시 소당을 종족의 칭호로 삼았다. 滇良은 소당의 현손이니, 소당으로부터 전량에 이르기까지 대대로 河北의 大允谷에서 거주하였는데, 先零과 卑湳이 모두 강하고 부유하였다. 전량이 여러 종족들을 모아서 선련과 비남을 습격하여 대파하고는 大榆中의 땅을 빼앗아 거주하니, 이로부터 비로소 강성하게 되었다.
羌無弋爰劍玄孫研, 居湟中, 最豪健, 羌中號其種爲研種. 至研十三世孫燒當, 復豪健, 其子孫更以燒當爲種號. 滇良者, 燒當之玄孫也. 自燒當至滇良, 世居河(比)〔北〕[32]大允谷而先零・卑湳, 竝皆强富. 滇良集諸雜種, 掩擊先零卑湳, 大破之, 奪居大榆中地, 繇是始强.

② 盱는 雲俱의 切이니 盱와 통한다. 允은 음이 鉛이니 아래도 같다. 街는 음이 皆이다. 允街는 邑의 이름이니 金城郡에 속하였다.
盱, 雲俱切, 通作(肝)〔盱〕.[33] 允, 音鉛, 下同. 街, 音皆, 允街, 邑名, 屬金城郡.

③ 吾는 음이 牙이다. 允吾는 縣의 이름이니 金城郡에 속하였다.
吾, 音牙. 允吾, 縣名, 屬金城郡.

④ 鄧固는 ≪資治通鑑≫에 竇固로 되어 있다.
鄧固, 通鑑, 作竇固.

戊午年(58)

【綱】 漢나라 顯宗 孝明皇帝 永平 원년이다. 봄 정월에 황제가 原陵에 배알하였다.

---

32) (比)〔北〕: 저본에는 '比'로 되어 있으나, ≪資治通鑑≫ 註에 의거하여 '北'으로 바로잡았다.

33) (肝)〔盱〕: 저본에는 '肝'으로 되어 있으나, 盱와 肝은 전혀 다른 글자이므로 字典에 의거하여 '盱'로 바로잡았다.

顯宗孝明皇帝永平元年이라 春正月에 朝原陵[34]하다

【目】 황제가 公卿 이하를 거느리고서 原陵에 배알하였는데, 정월 초하루에 조회하는 의식과 똑같이 하였다. 황제는 神座(신위)에 절한 다음 물러나와 東廂에 앉고, 侍衛하는 관원들은 모두 神座 뒤편에 있었으며, 太官은 음식을 올리고 太常은 음악을 연주하였다. 郡國의 上計吏[35]가 차례대로 앞에 나와 神軒(靈座)을 마주하고서 자기 郡의 곡식 가격과 백성들의 고통을 보고하였는데, 이후로는 이를 준례로 삼았다.

帝率公卿以下하여 朝于原陵호되 如元會儀①하다 乘輿는 拜神坐에 退坐東廂하고 侍衛官은 皆在神坐後하며 太官上食하고 太常奏樂하다 郡國上計吏 以次前하여 當神軒하여 占其郡穀價及民所疾苦하니 是後에 遂以爲常하니라

① 옛날에는 墓祭를 지내지 않았는데, 秦 始皇이 墓의 옆에 寢을 세우고 제사하였고, 漢나라가 이것을 인습하고 고치지 아니하여 여러 陵寢에 모두 그믐과 보름, 24절기와 三伏, 社日과 臘日,[36] 四時에 밥을 올렸다. 그 어버이의 陵所는 宮人이 시간을 알리는 鼓漏를 따라서 이불과 베개를 정리하고 세숫물을 장만하고 莊具[37]를 진열한다. 天子는 정월에 原陵에 올라가 배알하였다.

古不墓祭, 秦始皇起寢於墓側, 漢因而不改, 諸陵寢, 皆以晦望・二十四氣・三伏・社臘及四時上飯. 其親陵所, 宮人隨鼓漏, 理被枕, 具盥水, 陳莊具. 天子以正月, 上原陵.

【目】 胡氏(胡寅)가 다음과 같이 평하였다.

"죽은 이를 장송하는 禮는 먼 데로 향해 나아가기만 하고 뒤로 물러남이 없으니, 墓에 이르면 장송하는 일〔終事〕이 끝난다. 그러므로 자식이 효성스러워 부모에 대한 생각을 잊지 못하면 오로지 사당의 제향에 정신을 쏟을 뿐이다. 墓에는 體魄이 묻혔는데 산 사람의 도리를 지극히 하면 이는 지혜롭지 못한 것이요 사당에는 神(영혼)을 모셨는데

34) 朝原陵 : "陵에 배알하는 잘못을 胡氏(胡寅)가 이미 논하였는데, ≪資治通鑑綱目≫에서도 이것을 쓴 것은 그를 비판한 것이다. 이로부터 이후로 무릇 陵에 배알한 일을 쓴 것은 모두 의미가 이와 같다.〔朝陵之失 胡氏既已論之矣 綱目書此 亦譏之爾 自是而後 凡書朝陵者 皆倣此〕" ≪發明≫

35) 上計吏 : 각 지방 官署에서 해마다 회계장부를 조정에 올리는 일을 담당하던 관리로, 人事와 戶口, 賦稅를 기록하였다.

36) 社日과 臘日 : 社日은 토지신〔社〕에게 제사 지내던 날로 立春과 立秋 뒤의 다섯 번째 戊日이며, 臘日은 臘享祭를 올리는 날로 冬至 후 세 번째 戌日이다.

37) 莊具 : 얼굴이나 옷차림을 꾸미기 위한 도구를 이른다. ≪後漢書≫에는 明帝의 이름인 莊을 諱하여 '嚴具'로 되어 있다.

죽은 사람의 도리를 다하면 이는 仁하지 못한 것이니, 聖人이 禮를 제정할 적에 幽明의 연고를 환하게 밝혀서 仁과 智가 합하고 義와 禮가 극진하게 하였다.

이미 시신을 장송하여 지하에 가서 편안히 모시고 영혼을 맞이하여 신주를 모시고 사당 안으로 돌아왔는데, 또다시 陵園에서 높이기를 정월 초하루에 조회하는 의식처럼 하여 음식을 올리고 음악을 연주하고 郡國에서 상계(會計)를 아뢸 적에 백성들의 고통을 말하게 하였다. 이는 陵과 廟의 禮를 뒤바꿔 體魄이 지각이 있다고 여겨서, 사당의 石室을 비워두어 다시는 제수를 진설하지 않고, 또 사당 안의 신주를 받들어 陵所에 제사하는 것이니, 모두 禮에 위배되는 것이다.

明帝의 이 조처는 原廟[38]에서 생긴 것인데, 蔡邕이 聖人의 제도로써 절충하지 않고 다만 그 情을 논하였으니, 정이 어찌 다함이 있겠는가.[39] 가령 명제가 이 정을 四時의 太廟의 제사에 옮겨서 簠簋(보궤)와 籩豆(변두), 尊彝(준이)와 鼎俎(정조)[40]를 오직 예를 따라 조심하고 공경하여 光武帝의 이룬 법을 거울로 삼아서 가감하고 닦고 밝혀서 지극한 정치를 기약했더라면, 효성스러움이 어찌 이보다 더할 수 있었겠는가."

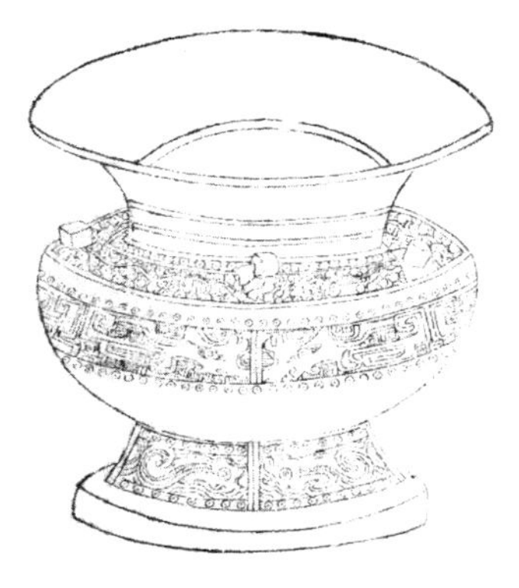

尊(≪三才圖會≫)

彝(≪三才圖會≫)

38) 原廟 : 正廟 이외에 별도로 설립한 宗廟를 이른다. 漢 惠帝 때 叔孫通의 諫言에 따라 高廟 이외에 별도로 원묘를 세워 종묘를 확장하였다.

39) 蔡邕이……있겠는가 : 蔡邕은 後漢 靈帝 때 인물로 字는 伯喈이다. 채옹이 建寧 5년(172)에 原陵에서 거행한 上陵禮에 참가한 후에 다음과 같은 의론을 펼쳤다. "듣자하니 옛날에는 墓祭가 없었는데, 조정에는 상릉례가 있습니다. 처음에는 예를 손상시키는 것이라 여겼으나 지금 장엄한 의식을 보고서 본의를 살펴보니, 明帝의 지극한 효심과 측은한 마음을 바꿀 수 없는 것입니다.〔聞古不墓祭 朝廷有上陵之禮 始謂可損 今見威儀 察其本意 明帝之孝惻隱不可易奪〕"(≪資治通鑑≫ 권56 漢 靈帝 熹平 元年(172) 조)

40) 簠簋(보궤)와……鼎俎(정조) : 簠와 簋는 모두 대나무로 만든 제기로 黍稷을 올리는 그릇이며, 籩은 대나무 그릇으로 과일을 담고, 豆는 나무 그릇으로 물기가 있는 음식을 담는다. 尊은 樽과 통하는바 술동이이고, 彝 역시 제기이며, 鼎은 고기를 익히는 솥이고, 俎는 솥에서 고기를 꺼내어 올려놓는 도마이다.

胡氏曰 送死之禮는 卽遠而無退하니 至于墓면 則終事盡矣[①]라 人子孝思不忘이면 則專精乎廟享而已矣라 蓋墓藏體魄而致生之면 是不智也요 廟以宅神而致死之면 是不仁也[②]니 此聖人制禮에 明乎幽明之故하여 仁智合而義禮盡也라 旣已送形而往安乎地下하고 迎精而反主于廟中[③]이어늘 而又致隆于陵園을 如元會儀하여 上食奏樂하고 郡國奏計에 言民疾苦[④]하니 是反易陵廟之禮하여 以體魄爲有知하여 虛廟祏(석)而不重設하고 復奉廟中之主而祭於陵所하니 皆違禮也[⑤]라 明帝此擧는 蓋生於原廟니 蔡邕이 不折衷以聖人之制하고 而直論其情하니 情豈有旣哉[⑥]아 使明帝移此情於四時太廟之祭하여 簠簋籩豆와 尊彝鼎俎를 惟禮之循하여 而兢兢業業하여 監於光武成憲하여 損益修明之하여 期乎至治면 其爲孝也 何以加諸[⑦]리오

① "卽遠"은 점점 먼 데로 향해 나아가는 것이다. ≪禮記≫ 〈檀弓〉에 "창문 아래에서 飯含을 하고 문 안에서 小斂을 하고 동쪽 섬돌에서 大斂을 하고 客位에서 殯을 하고 뜰에서 祖祭를 지내고 묘소에 장례하는 것은 점점 먼 데로 나아가는 것이다. 그러므로 초상의 일은 먼 데로 향해 나아감은 있고 뒤로 물러남은 없다." 하였다.

卽遠者, 漸就于遠也. 禮記 "飯於牖下, 小斂於戶內, 大斂於阼, 殯於客位, 祖於庭, 葬於墓所, 以卽遠也, 故喪事有進而無退."

② "致生之"는 산 자의 예로써 지극히 대우함을 이르고, "致死之"는 죽은 자의 예로써 지극히 대우함을 이른다. 墓는 體魄만 묻혀 있어서 魂이 여기에 있지 않으니, 墓에 제사 지내서는 안 되는데 제사 지내면 이는 산 사람의 예를 지극히 하는 것이다. 또 사당은 神을 모신 곳이어서 영혼이 여기에 있으니, 마땅히 사당에 제사 지내야 하는데 제사 지내지 않으면 이는 죽은 사람의 예를 지극히 하는 것이다.

致生之, 謂極以生者之禮待之. 致死之, 謂極以死者之禮待之. 墓, 只藏體魄而魂不在焉, 不當祭而祭之, 是致生之也. 廟者, 神之宅, 魂靈在焉, 當祭而不祭, 是致死之也.

③ "主"는 神主이니, 〈"迎精而反主于廟中"은〉 精靈을 맞이하고 그 신주를 모시고 돌아와서 사당 안에 안치함을 이른다.

主, 神主也. 謂迎其精靈, 反歸其神主, 安置于廟中.

④ "致隆"은 이 융성한 예를 지극히 함을 이른다.

致隆, 謂致此隆禮.

⑤ 知는 신령스러움이다. 祏은 常亦의 切이니 宗廟 안에 신주를 보관하는 石室이다. 重은 去聲이니 다시이다. 〈"虛廟祏而不重設"은〉 陵園에 제사하고 다시는 사당에 제수를 진설하지 않음을 말한 것이다.

知, 靈也. 祏, 常亦切, 宗廟中藏主石室也. 重, 去聲, 再也. 言祭於陵園, 而不再設祭於廟也.

⑥ 蔡邕의 말은 아래 靈帝 熹平 원년(172) 조에 보인다.

蔡邕語, 見下靈帝熹平元年.

⑦ 尊은 樽과 통하니 술그릇이고, 彝는 宗廟에 늘상 사용하는 그릇이니 爵과 비슷하다.

尊, 與樽通, 酒器也. 彝, 宗廟常器也, 與爵相似.

【綱】 여름 5월에 太傅 高密侯 鄧禹가 卒하였다.

夏五月에 太傅高密侯鄧禹卒하다

【目】 시호를 元이라 하였다.

諡曰元이라

【綱】 東海王 劉彊이 卒하였다.

東海王彊이 卒[41]하다

【目】 東海王 劉彊이 병이 위독하자, 上은 使者와 太醫를 보내서 병을 살피고 파발로 알리게 하여 행렬이 이어져 끊이지 않았다. 또 沛王 劉輔 등에게 詔令을 내려서 魯 지역에 가서 병을 살펴보게 하였는데, 戊寅日에 유강이 薨하였다. 유강은 임종할 적에 글을 올려 은혜에 사례하고 다음과 같이 말하였다.

"제가 일찍 죽게 되어 어린 자식이 皇太后와 陛下에게 우려를 끼치게 되었으니, 참으로 슬프고 참으로 부끄럽습니다. 저의 자식인 劉政은 소인입니다. 외람되이 臣의 뒤를 세습하게 된다면 이는 반드시 그를 온전히 하고 이롭게 하는 방법이 아닐 것이니, 바라건대 〈東海國을〉 東海郡으로 還元하게 하소서. 지금 천하가 새로이 큰 우환을 만났으니, 부디 폐하께서는 皇太后를 더 잘 봉양하시고 자주 御餐을 올리소서. 臣 劉彊은 곤궁하고 용렬하여 말로 뜻을 다 표현하지 못합니다. 여러 왕과 함께 사례하기를 원하였는데, 뜻밖에 영원히 다시 서로 만나지 못하게 되었습니다."

東海王彊이 病이어늘 上이 遣使者太醫하고 乘驛視疾하여 絡繹不絶하고 詔沛王輔等하여 詣魯省疾①이러니 戊寅에 彊이 薨하다 臨終에 上疏謝恩하고 言身旣夭命하여 孤弱이 復爲皇太后, 陛下憂慮하니 誠悲誠慙②하노이다 息政은 小人也라 猥當襲臣後면 必非所以全利之也니 願還東海

41) 東海王彊卒 : "廢太子에게 卒이라고 쓴 적이 있지 않은데, 여기에서 쓴 것은 어째서인가. 劉彊이 폐위에 잘 대처함을 좋게 여긴 것이다. 이외에는 오직 李承乾(唐 太宗의 長子)을 卒이라고 썼으나 유강과는 큰 차이를 보인다. ≪資治通鑑綱目≫에 '廢太子(太子를 폐하였다.)'를 쓴 것이 12번이고, '太子廢(태자가 폐위되었다.)'를 쓴 것이 2번인데, '卒'을 쓴 것은 두 번뿐이다.〔廢太子 未有書卒者 書此 何 善彊之能處廢也 外此則惟承乾書卒 然與彊霄壤矣 綱目書廢太子十二 書太子廢二 其書卒者 二而已〕" ≪書法≫

郡③하노이다 今天下新罹(리)大憂④하니 惟陛下加供養皇太后하시고 數(삭)進御餐하소서 臣彊은 困劣하여 言不能盡意라 願竝謝諸王이러니 不意永不復相見也니이다

① 劉彊은 魯 지역에 도읍하였다.
彊, 都魯.
② 夭(短命하다)는 於紹의 切이니, 〈"身旣夭命……陛下憂慮"는〉 자신이 일찍 죽어서 자손이 또 윗사람에게 우려를 끼침을 말한 것이다.
夭, 於紹切, 言身旣夭死, 而子孫又貽上之人憂慮也.
③ 息은 자식이고, 政은 자식의 이름이다.
息, 子也. 政, 其名.
④ 〈"今天下新罹大憂"는〉 光武帝가 崩한 일을 말한 것이다.
謂光武崩也.

【目】 황제는 이 글을 보고 비통해하고는 太后(陰太后)를 따라 나가 津門亭으로 행차해서 애도하는 의식을 거행하고, 大司空으로 하여금 節을 잡고 가서 초상일을 감독하게 하고 부의와 장송을 특별한 禮로써 하게 하였으며, 楚王 劉英 등과 京師에 있는 친척들에게 詔令을 내려 모두 장례에 참석하게 하였다.

황제는 劉彊이 겸손함과 검소함을 견지했던 것을 추념하여, 후하게 장례를 지냄으로써 그의 뜻을 어기는 일이 없고자 해서, 이에 특별히 詔令을 내리기를 "장송하는 물건을 되도록 줄여서 襚衣(수의)는 겨우 시신을 가리게 하고 〈부장품인〉 띠풀로 묶은 수레와 질그릇은 제도보다 줄여서, 왕의 특별하고 고상한 뜻을 드러내라." 하니, 將作大匠이 남아서 陵廟를 일으키는 일을 담당하였다.

帝覽書悲慟하여 從太后하여 出幸津門亭하여 發哀①하고 使大司空으로 持節護喪事하여 贈送以殊禮②하고 詔楚王英等及京師親戚하여 皆會葬하다 帝追惟彊深執謙儉하여 不欲厚葬以違其意③하여 於是에 特詔하여 遣送之物을 務從約省(생)하여 衣足斂形하고 茅車瓦器를 物減於制하여 以彰王卓爾獨行之志라하니 將作大匠이 留起陵廟하다

① 津門은 雒陽城 남쪽에 있는 서쪽 첫 번째 문이다. 일명 津陽門이라 한다. 문마다 모두 亭이 있다.
津門, (維)〔雒〕42)陽城南面西頭門也, 一名津陽門. 每門皆有亭.
② ≪後漢書≫ 〈百官志〉에 "司空은 水土의 일을 관장한다. 國喪에 將校들을 거느리고 復土하는 것을 관장한다." 하였으니, 지금 그로 하여금 藩王의 초상을 감독하게 한 것은 특별한 禮이

42) (維)〔雒〕: 저본에는 '維'로 되어 있으나, ≪資治通鑑≫ 註에 의거하여 '雒'으로 바로잡았다.

다. 復土는 下棺이 끝나고 나서 다시 흙으로 봉분을 만드는 것을 말한다.
百官志“司空, 掌水土事. 大喪, 掌將校復土.” 今使護藩王喪, 殊禮也. 復土, 言下棺訖, 復以土爲墳也.

③ 惟는 생각함이다.
惟, 思也.

【綱】가을 7월에, 馬武 등이 羌族을 공격하여 격파하였다.

秋七月에 馬武等이 擊羌하여 破之하다

【綱】祭肜(채융)이 烏桓을 토벌하여 대파하니, 변방에 주둔하고 있던 군대를 파하였다.

◑ 祭肜이 討烏桓하여 大破之하니 罷緣邊屯兵하다

【目】遼東太守 祭肜이 偏何로 하여금 赤山에 있는 烏桓을 토벌하게 해서 대파하고 그 괴수를 참수하니, 변방 밖에 있는 오랑캐들이 놀라고 두려워하여 서쪽으로 武威로부터 동쪽으로 玄菟에 이르기까지 모두 와서 內附하였다. 전쟁이 없어 들에 바람과 먼지가 일지 않았다. 이에 변방에 주둔하고 있던 군대를 모두 파하였다.

遼東太守祭肜이 使偏何로 討赤山烏桓하여 大破之하고 斬其魁帥①하니 塞外震讋(섭)하여 西自武威로 東盡玄菟하여 皆來內附하여 野無風塵이라 乃悉罷緣邊屯兵하다

① “赤山”은 遼東 서북쪽 수천 리 지점에 있다.
赤山, 在遼東西北數千里.

【綱】好畤侯 耿弇(경감)이 卒하였다.

好畤侯耿弇이 卒하다

己未年(59)

【綱】漢나라 顯宗 孝明皇帝 永平 2년이다. 봄 정월에 光武皇帝를 明堂에서 높

여 제사하고 처음으로 면류관을 쓰고 패옥을 차고 靈臺에 올라서 雲物을 바라보았다.

二年이라 春正月에 宗祀光武皇帝於明堂하고 始服冠冕玉佩하고 登靈臺하여 望雲物①하다

① "雲物"은 구름의 색깔에 따른 재변을 이른다.
雲物, 謂氣色災變也.

【綱】 3월에 황제가 辟雍(太學)에 왕림하여 大射禮를 행하였다.

◑ 三月에 臨辟雍하여 行大射禮하다

【綱】 겨울 10월에 養老禮를 행하였다.

◑ 冬十月에 行養老禮[43)]하다

【目】 上이 辟雍에 행차하여 처음으로 養老禮를 행할 적에 李躬을 三老로 삼고 桓榮을 五更으로 삼았는데, 삼로는 都紵大袍를 입고 進賢冠을 쓰고 玉杖을 짚었다. 乘輿가 벽옹의 禮殿에 도착하여 東廂에 앉고는 使者를 보내 安車로 삼로와 오경을 太學의 강당으로 맞이하게 하였다. 天子가 門屛에서 맞이하여 서로 예를 행하고 천자는 阼階(동쪽 계단)에서 인도하고 삼로는 賓階(서쪽 계단)로부터 올라가되, 삼로와 오경이 계단에 이르면 천자가 읍하기를 禮와 같이 하였다.

삼로가 올라와서 東面을 하자, 三公은 삼로를 위해 안석〔几〕을 진설하고 九卿은 신발을 가지런히 놓았다. 천자가 직접 웃통을 벗고 희생을 베어서 醬을 잡고 음식을 올리고 술잔을 잡고 입가심하게 하였으며, 祝哽(축경)은 식전에 하였고 祝饐(축애)는 식후에 하였다. 오경이 南面하자, 삼공이 음식을 올리되, 예를 또한 삼로와 같이 하였다.

43) 行養老禮 : "光武帝가 中興했을 적에 무기를 내려놓고 六藝를 강하며 軍馬를 쉬게 하고 道를 논하여, 文治에 유념한 것이 오래되었다. 말년에 처음으로 三雍(靈臺, 辟雍, 明堂)을 세웠으나 親臨하지 못했는데, 明帝가 광무제의 뒤를 이어서 明堂에서 높여 제사함을 거행하고 雲臺에서 구름의 색깔을 관망하며 大射禮와 養老禮를 행하여, 東都(東漢)의 문물이 이에 찬란하여 볼만하였으니, 책에 이것을 쓴 것은 훌륭한 명성으로 삼을 만하기 때문이었다. ≪詩經≫ 〈大雅 文王有聲〉에 '후손들에게 좋은 계책을 남겨주어서 공경하는 아들을 편안히 한다.' 하였으니, 光武帝가 이대로 하였고, 또 〈下武〉에 '밝게 뒤를 이어 그 선조의 발자취를 이었다.' 하였으니, 顯宗에게 이러한 일이 있었다.〔光武中興 投戈講藝 息馬論道 其留意文治久矣 末年肇建三雍 未及臨饗 明帝繼之 擧宗祀 望雲物 行大射養老之禮 東都文物 於是 彬彬可觀 書之于冊 足爲美稱 詩曰 貽厥孫謀 以燕翼子 光武以之 又曰 昭哉嗣服 繩其祖武 顯宗有焉〕" ≪發明≫

上이 幸辟雍하여 初行養老禮할새 以李躬爲三老하고 桓榮爲五更①하니 三老는 服都紵大袍하고 冠進賢하고 扶玉杖②하다 乘輿到辟雍禮殿하여 御坐東廂하고 遣使者하여 安車迎三老, 五更於太學講堂③하다 天子迎於門屛하여 交禮하고 道自阼階④하고 三老升自賓階호되 至階에 天子揖如禮하다 三老升하여 東面이어늘 三公設几하고 九卿正履하다 天子親袒割牲하여 執醬而饋하고 執爵而酳(인)⑤하며 祝哽在前하고 祝饐在後⑥하다 五更南面이어늘 三公進供호되 禮亦如之하니라

辟雍에 親臨하여 養老禮를 행하다(≪帝鑑圖說≫)

① 更은 工衡의 切이다. 三老는 노인 중에 天, 地, 人의 일을 아는 자이고, 五更은 노인 중에 五行이 번갈아 교대하는 일을 아는 자이다. 일설에 "삼로와 오경은 모두 나이가 많고 일을 경험하고 致仕한 자이다." 하였다. 三, 五라고 이름한 것은 三辰(해, 달, 별)과 五星(金星, 木星, 水星, 火星, 土星)에서 象을 취한 것이니, 三辰과 五星은 하늘이 천하를 밝게 비추게 해주는 별이다. 更, 工衡切. 三老, 老人知天地人之事者. 五更, 老人知五行更代事者. 一說 "三老·五更, 皆年老更事致仕者也." 名以三五者, 取象三辰·五星, 天所以照明天下者.

② ≪資治通鑑≫에는 이 아래에 "五更 또한 이와 같이 하되, 지팡이를 짚지 않았다."는 내용이 있다. 服은 옷을 입는 것이다. 都는 都布를 이른다. 솜을 옷에 넣는 것을 '紵'라 한다. 袍는 속옷[褻衣]이다. 〈都紵大袍는〉 都布를 가지고 大袍를 만들고 여기에 솜을 넣은 것을 이른다. 일설에 "紵는 紵(모시)의 등속이니, 모시를 길쌈하여 아름다운 삼베를 만들었으므로 '都紵'라 한다." 하였다. 冠(관을 쓰다)은 去聲이다. 進賢은 옛 緇布冠이니, 儒者의 복식이다. 앞은 높이가 7寸이고 뒤는 높이가 3寸에 길이가 8寸이니, 後漢 때에 進賢冠으로 이름을 바꾸었다. 백성의 나이가 처음 70이 되면 玉杖을 주었

다. 옥장은 길이가 7尺이니, 옥을 조각하여 비둘기 모양을 만들어서 지팡이의 위에 달았다. 비둘기는 음식을 먹을 때에 목이 메지 않는 새이니, 노인들이 음식을 먹을 적에 숨이 막히지 않기를 바라는 뜻이다.

通鑑, 此下云"五更亦如之, 不杖." 服, 衣著(착)也. 都, 謂都布也. 以綿裝衣曰紵. 袍, 褻衣也. 謂以都布爲大袍, 而紵之以綿. 一說"紵, 苘(경)屬, 績紵以爲美布, 故曰都紵." 冠, 去聲. 進賢, 古緇布冠, 儒者之服. 前高七寸, 後高三寸, 長八寸, 後漢改名進賢. 民年始七十者, 授之以玉杖. 玉杖, 長(九)〔七〕[44]尺, 刻玉爲鳩, 置之杖端. 鳩者, 不噎之鳥也, 欲老人不噎.

③ "講堂"은 수업하는 집이다.

講堂, 講授之堂.

④ 道(인도하다)는 導로 읽는다.

道, 讀曰導.

⑤ 醬은 젓갈이고 饋는 음식을 올림이니, 醬은 음식의 맛을 내는 주재료이므로 이것을 잡고 음식을 올린 것이다. 爵(술잔)은 禮器이다. 酳은 음이 胤으로 〈술이나 물로〉 입가심(탕구질)을 하는 것이니, 음식을 다 먹은 다음 입가심함을 이른다.

醬, 醢(해)也. 饋, 進食也. 醬, 食味之主, 故執之而饋. 爵, 禮器也. 酳, 音胤, 漱(수)也, 謂食已而蕩口也.

⑥ 祝(축원하다)은 之六과 職救 두 切이다. 哽은 古杏의 切이고, 饐는 一結의 切이다. 哽은 음식이 목구멍 안에 머물러 있는 것이니, 〈"祝哽"은〉 노인은 매번 음식을 먹을 적에 목구멍에 머물러 있는 경우가 많으므로 음식을 먹기 전에 축원해서 목구멍에 머물러 있지 않게 한 것이다. 饐는 음식이 막혀서 숨이 통하지 못하는 것이니, 〈"祝饐"는〉 음식을 먹고 난 뒤에 축원해서 숨이 막히지 않게 한 것이다.

祝, 之六・職救二切. 哽, 古(杏)〔杏〕[45]切. 饐, 一結切. 哽者, 食留咽中也, 老人每食多哽, 故於未食前祝之, 使毋哽也. 饐者, 食窒氣不通也, 於已食後祝之, 使毋饐也.

【目】禮를 마친 다음 桓榮과 제자들을 인도하여 堂으로 올라오게 해서 上이 직접 말씀을 내려 經書를 설명하자, 여러 유생들이 경서를 잡고 황제 앞에서 묻고 논란하니, 관을 쓰고 띠를 묶고 홀을 꽂은 사람들이 橋門을 에워싸 구경하고 듣는 자가 億萬으로 헤아려졌다. 이에 詔令을 내려서 환영에게 關內侯의 작위를 하사하고 三老와 五更을 모두 二千石의 녹봉으로 그 몸이 죽을 때까지 봉양하게 하였으며, 천하의 삼로에게 1인당 술 1石(섬)과 고기 40斤씩을 하사하였다.

禮畢에 引桓榮及弟子升堂하여 上이 自爲下說이어든 諸儒執經하여 問難於前①하니 冠帶搢紳之

44) (九)〔七〕: 저본에는 '九'로 되어 있으나, ≪資治通鑑≫ 註에 의거하여 '七'로 바로잡았다.

45) (杏)〔杏〕: 저본에는 '杏'로 되어 있으나, ≪中文大辭典≫에 의거하여 '杏'으로 바로잡았다.

人이 圜橋門而觀聽者 蓋億萬計②라 於是에 下詔하여 賜榮爵關內侯③하고 三老, 五更을 皆以二千石祿으로 養終厥身④하고 賜天下三老호되 酒人一石과 肉四十斤⑤하다

① 上은 天子를 이른다. "下說"은 말씀을 내려 강설함을 이른다. "問難"은 의심스러운 것을 들어 논란하여 물음을 이른다. 難(논란하다)은 去聲이니, 아래의 "發難"도 같다.
上, 謂天子也. 下說, 謂下語而講說之也. 問難, 謂擧所疑而難問也. 難, 去聲, 下發難同.

② 辟雍은 사방의 문밖에 에워싸고 있는 물이 있어서 구경하는 자들을 통제하였다. 문밖에 모두 다리가 있는데, 구경하는 자들이 물 밖에 있으므로 "圜橋門"이라 한 것이다.
辟雍, 四門外有水, 圜繞以節觀者. 門外皆有橋, 觀者在水外, 故曰圜橋門.

③ ≪資治通鑑考異≫에 "〈明帝 本紀〉에 詔文이 실려 있는데, 위에는 李躬을 말하고 아래에는 유독 桓榮만을 봉하였는바, 躬자가 빠진 듯하다." 하였다. ≪後漢書≫ 〈桓榮傳〉과 袁宏의 ≪後漢紀≫에는 詔文에 환영만 말하고 이궁은 언급하지 않았으니, 지금 의심스러운 것을 제쳐놓는다.
通鑑考異曰 "帝紀, 載詔文, 上言李躬, 而下獨封榮, 似脫躬字." 榮傳・袁宏漢紀, 詔獨言桓榮, 不及李躬, 今闕疑.

④ 養(봉양하다)은 上聲이니, 〈"養終厥身"은〉 녹봉으로 봉양하여 그 天壽를 다하게 함을 이른다.
養, 上聲. 謂以其俸祿養之, 盡其天年也.

⑤ "天下三老"는 鄕과 縣의 삼로를 이른다.
天下三老, 謂鄕縣之三老.

【目】 上이 太子였을 때부터 桓榮에게 ≪尙書≫를 배웠는데, 황제의 지위에 오르고 나서도 여전히 환영을 스승의 예로 높였다. 황제는 일찍이 太常府에 행차하여 환영으로 하여금 스승의 자리인 東面에 앉게 하고 几와 杖을 진설하고 百官과 환영의 문생 수백 명을 모아놓고서 上이 직접 經書를 받들고 受學하였는데, 생도들이 혹 자리에서 나와 의심스러운 것을 논란하자, 上이 겸손하게 말하기를 "太師가 이 자리에 계시다." 하였다. 자리가 파한 다음 太官에서 공급한 음식을 모두 太常(환영)의 집에 하사하였다. 환영이 병을 앓을 때마다 황제는 번번이 使者를 보내 문안하여 太官과 太醫가 도로에 서로 이어졌다.

上이 自爲太子로 受尙書於桓榮이러니 及卽帝位에 猶尊榮以師禮라 嘗幸太常府①하여 令榮坐東面하여 設几杖②하고 會百官及榮門生數百人③하여 上이 親自執業한대 諸生이 或避位發難하니 上이 謙曰 太師在是④라하다 旣罷에 悉以太官供具로 賜太常家하다 榮이 每疾病에 帝輒遣使者存問하여 太官, 太醫 相望於道러라

① 桓榮이 이때 太常으로 있었다.

榮時爲太常.

② 几(안석)는 노인이 기대는 것이고, 杖(지팡이)은 노인이 짚고 의지하는 것이다.
几, 老者所馮. 杖, 老者所依.

③ "門生"은 문하에서 수업한 자이다.
門生, 受業於門者也.

④ "執業"은 執經(經書를 받들다)과 같다. "避位"는 出席(자리에서 나오다)이란 말과 같다. "發難"은 의아해하며 논란하는 것이다.
執業, 猶執經也. 避位, 猶言出席也. 發難, 發疑難也.

【目】 桓榮은 병이 위독해지자, 상소하여 은혜에 사례하고 작위와 식읍을 사양하고 되돌려주었다. 황제가 안부를 물으려고 그의 집에 행차했을 적에, 길거리에 들어서자마자 수레에서 내려 경전을 끼고 앞으로 나아가서는 환영을 어루만지며 눈물을 흘리고, 침상과 요, 장막과 刀劍, 옷과 이불을 하사하고 한동안 있다가 떠나왔다. 이로부터 문병하러 온 諸侯와 將軍, 大夫들이 감히 다시는 수레를 타고 그의 집 앞에까지 이르지 못하였고, 모두 침상 아래에서 환영에게 절하였다.

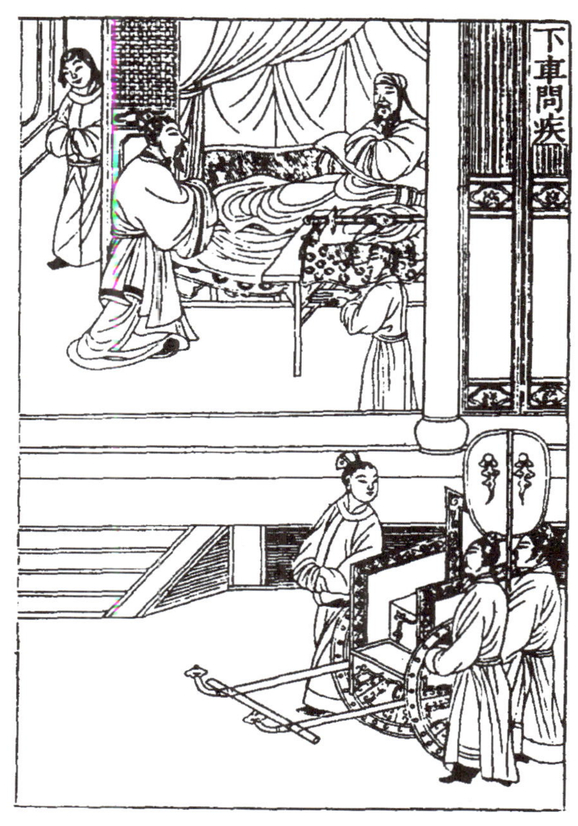

황제가 수레에서 내려와 桓榮을 문병하다(≪養正圖解≫)

환영이 卒하자, 황제는 직접 옷을 갈아입고서 喪에 臨哭하여 葬送하고 首陽山의 남쪽에 葬地를 하사하였다. 아들 桓郁이 뒤를 이어야 하는데, 그의 조카인 桓汎에게 사양하였다. 황제가 허락하지 않으니, 환욱이 마침내 封爵만 받고 조세 수입을 모두 환범에게 주자, 황제는 환욱을 侍中으로 삼았다.

及篤에 上疏謝恩하고 讓還爵土어늘 帝幸其家하여 問起居할새 入街下車하여 擁經而前하여 撫榮垂涕하고 賜以牀茵(상인)帷帳과 刀劍衣被하고 良久에 乃去①하다 自是로 諸侯, 將軍, 大夫問疾者

不敢復乘車到門하고 皆拜牀下러라 榮卒에 帝親自變服하여 臨喪送葬하고 賜冢塋于首山之陽②하다 子郁이 當嗣러니 讓其兄子汎③한대 帝不許하니 郁이 乃受封하고 而悉以租入與之어늘 帝以郁爲侍中하다

① "擁經而前"은 經書를 옆에 끼고 앞으로 나아감을 이른다. 茵은 요이다.
擁經而前, 謂擁持經書而前進也. 茵, 褥也.
② 李賢이 말하기를 "首陽山은 지금의 偃師縣 서북쪽에 있다." 하였다.
賢曰 "首陽山, 在今偃師縣西北."
③ 〈"子郁當嗣 讓其兄子汎"는〉 桓榮의 맏아들 桓雍이 일찍 卒하였기 때문이다.
榮長子雍, 早卒.

【目】 胡氏(胡寅)가 다음과 같이 평하였다.

"顯宗(明帝)이 스승을 섬긴 뜻을 보면, 예의와 물건이 성대하여 수천 수백 년에 그 상대가 될 만한 자가 드무니, 군주의 높은 운치와 성대한 예절이라고 이를 만하다. 애석하다. 桓榮은 經書를 전수함에 章句에만 치중하여, 仲尼(孔子)의 몸을 닦고 천하를 다스리는 깊은 뜻과 큰 의리를 알지 못하였다. 그러므로 그 군주의 德業이 이와 같음에 그쳤으니, 만약 子思와 孟子와 같은 무리가 이러한 때를 만나서 배운 바를 행할 수 있었더라면, 반드시 二帝가 三帝가 되고 三王이 四王이 되었을 것이다."

胡氏曰 觀顯宗事師之意하면 多儀及物이 數千百年에 鮮有其儷하니 可謂人主之高致盛節也라 惜乎라 桓榮授經에 專門章句하여 不知仲尼修身治天下之微旨大義라 故로 其君之德業이 如是而止①하니 若使子思, 孟子之徒로 遭遇此時하여 得行所學이런들 則二帝可三而三王可四也 必矣리라

① "專門"은 經을 설명하는 자들이 각각 자신의 一家를 스스로 옳다고 여김을 말한다. 뜻이 끊긴 곳을 章이라 하고 말이 끊긴 곳을 句라 하니, 〈"專門章句"는〉 그 章을 나누고 句를 분석하는 학문에만 오로지 힘씀을 말한 것이다.
專門, 謂說經者各自是其一家也. 意斷處曰章, 言斷處曰句. 言其專於分章析句之學也.

【綱】 中山王 劉焉이 封國으로 나아갔다.

中山王焉이 就國46)하다

46) 中山王焉 : "焉은 어떤 사람인가. 郭后가 사랑하던 아들이다. 建武 말년에 일찍이 여러 왕을 보내 封國으로 나아가게 했는데, 明帝가 〈太子로 있으면서〉 특별히 그만 머물러 있기를 청하였다가 이때 비로소 내보냈으니, 황제가 廢后(郭后)를 대우한 것이 조금의 혐의도 없다고 이를 만하다. 특별히 써서 찬미한 것이다.〔焉者 何 郭后所愛子也 建武末年 嘗遣諸王就國矣 明帝請特留之 至是始遣 帝之待廢后

【目】 上은 中山王 劉焉이 郭太后의 작은 아들로 太后가 매우 사랑했다 하여 그만 홀로 京師에 남겨두었는데, 이때에 이르러서야 비로소 여러 왕들과 함께 封國으로 나아가게 하였다. 그러나 虎賁과 官騎를 하사하는 등 은총이 더욱 두터워서 홀로 京師에 왕래할 수 있었다. 황제는 陰氏와 郭氏를 예우하여 매사를 반드시 균등하게 하였고 賞을 자주 내려서 은총이 모두 지극하였다.

上이 以中山王焉이 郭太后少子로 太后尤愛之라하여 故獨留京師러니 至是에 始與諸王俱就國하되 賜以虎賁, 官騎하여 恩寵尤厚하여 獨得往來京師①러라 帝禮待陰, 郭하여 每事必均하고 數(삭)受賞賜하여 恩寵俱渥이러라

① ≪漢官儀≫에 "騶騎를 王家에서는 官騎라고 이름한다." 하였다.
漢官儀"騶騎, 王家名官騎."

【綱】 황제가 長安에 갔다.

帝如長安하다

【綱】 11월에 使者를 보내 中牢[47]로 蕭何와 霍光에게 제사하고, 황제가 지나갈 적에 그들의 묘에 경의를 표하였다. 이달에 환궁하였다.

◑ 十一月에 遣使者하여 以中牢祠蕭何, 霍光[48]하고 帝過에 式其墓러니 是月에 還宮①하다

① 蕭何의 墓는 長陵의 동쪽 司馬門 길 북쪽에 있고, 霍光의 墓는 茂陵의 동쪽 司馬門 길 남쪽에 있다.
蕭何墓, 在長陵東司馬門道北. 霍光墓, 在茂陵東司馬門道南.

庚申年(60)

【綱】 漢나라 顯宗 孝明皇帝 永平 3년이다. 봄 2월에 太尉 趙憙와 司徒 李訢이

可謂無纖介之嫌矣 特書美之〕" ≪書法≫

47) 中牢 : 양과 돼지 한 마리씩을 제물로 바쳐 지내는 제사로, 小牢라고도 한다.

48) 遣使者……霍光 : "신하에게 제사한 것을 쓰지 않았는데, 여기에서는 어찌하여 썼는가. 功臣을 기억한 것이니, 신하에게 제사한 일을 쓴 것이 이때 처음 시작되었다.〔祭臣不書 此何以書 錄功臣也 書祭臣 始此〕" ≪書法≫

면직되니, 郭丹을 司徒로 삼고 虞延을 太尉로 삼았다.

三年이라 春二月에 太尉憙와 司徒訢이 免하니 以郭丹爲司徒하고 虞延爲太尉하다

【綱】 貴人 馬氏를 세워 皇后로 삼고, 아들 劉炟(유달)을 皇太子로 삼았다.

◑ 立貴人馬氏하여 爲皇后하고 子炟爲皇太子하다

【目】 皇后는 馬援의 딸이다. 光武帝 때에 뽑혀 太子宮에 들어왔는데, 陰后를 잘 받들어 섬기고 同列들과 두루 사귀어 예와 법칙을 닦아 구비하니, 상하가 그녀를 편안히 여겨서 마침내 太子의 총애와 특별한 대우를 받았다. 황제가 즉위하자 貴人이 되었는데, 이때에 馬皇后의 전 어머니의 언니의 딸인 賈氏도 뽑혀 들어와서 皇子 劉炟을 낳았다. 황제는 마황후가 아들이 없다 하여 유달을 기르도록 명하고, 이르기를 "반드시 자신이 직접 아들을 낳을 필요는 없다. 다만 사랑하여 기르는 것이 지극하지 못함을 걱정할 뿐이다." 하니, 황후가 이에 마음을 다하여 어루만지고 돌보아 자신이 낳은 자식보다 더 수고롭게 길렀다. 太子 또한 효성이 순수하고 돈독해서, 모자가 서로 사랑하여 시종 조금의 틈도 없었다.

后는 援之女也라 光武時에 以選入太子宮이러니 能奉承陰后하고 傍接同列하여 禮則(칙)修備하니 上下安之하여 遂見寵異러니 及帝卽位에 爲貴人하다 時에 后前母姊女賈氏 亦以選入하여 生皇子炟①하니 帝以后無子라하여 命養之하고 謂曰 人未必當自生子요 但患愛養不至耳라하니 后於是에 盡心撫育하여 勞悴(췌)를 過於所生이라 太子亦孝性淳篤하여 母子慈愛하여 始終無纖介之間②이러라

① 炟은 丁達의 切이다.
炟, 丁達切.
② 間은 틈이다.
間, 隙也.

【目】 황후는 항상 황제의 아들이 많지 못하다 하여 좌우의 여인(後宮)들을 천거하되 혹시라도 미치지 못할까 염려하였고, 후궁 중에 나아가 황제를 뵌 자가 있으면 매번 위로하고 잘 받아주었으며, 만약 황제에게 여러 번 총애를 받아 들어간 자에게는 번번이 융숭한 대우를 더하였다.

有司가 長秋宮(황후)[49]을 세울 것을 아뢰자, 황제가 아직 말씀한 바가 없었는데, 皇

太后(陰后)가 말하기를 "馬貴人은 德이 後宮 중에 으뜸이니, 그 사람이 바로 적임자이다." 하였다.

后常以皇嗣未廣이라하여 薦達左右호되 若恐不及하고 後宮有進見(현)者어든 每加慰納하며 若數(삭)所寵引이면 輒增隆遇러라 及有司奏立長秋宮에 帝未有所言이러니 皇太后曰 馬貴人은 德冠後宮하니 卽其人也라하다

【目】 황후는 宮闈(궁궐)에서 자리를 바로잡자 더욱 겸손하고 엄숙하고 독서하기를 좋아하였으며, 항상 大練(거친 명주)을 입고 치마에 선을 두르지 않았다. 초하루와 보름에 여러 후궁과 공주가 朝請할 적에 황후의 袍衣가 거친 것을 보고 綺穀(무늬가 있는 얇고 고운 비단)이라고 여겼는데, 가까이 가서 보고 마침내 웃으니, 황후는 말하기를 "이 명주비단이 특별히 염색에 좋으므로 이것을 쓴다." 하였다.

여러 신하들이 일을 아뢸 적에 해결하기 어려운 일이 있으면 황제가 자주 황후에게 시험하여 물었는데, 그때마다 황후가 번번이 취지와 조리를 분명하게 해석하여 각기 그 실정에 맞았다. 그러나 일찍이 친정 집안의 사사로움을 가지고 정사에 관여하지 않으니, 황제가 이 때문에 총애하고 공경하여 시종 쇠함이 없었다.

后旣正位宮闈에 愈自謙肅하고 好讀書하며 常衣大練하고 裙不加緣①이라 朔望에 諸姬主朝請할새 望見后袍衣疎麤하고 以爲綺縠(기곡)이러니 就視하고 乃笑어늘 后曰 此繒이 特宜染色故로 用之耳라하니라 群臣奏事에 有難平者②어든 帝數(삭)以試后하면 后輒分解趣理하여 各得其情이라 然이나 未嘗以家私干政事하니 帝由是寵敬하여 始終無衰焉하니라

① 大練은 大帛이니 바로 두꺼운 비단이다. 緣은 兪絹의 切이니 옷에 선을 두름이다.
大練, 大帛也, 卽厚繒也. 緣, 兪絹切, 衣純也.

② 平(공평하게 처리하다)은 음이 病이다.
平, 音病.

【綱】 雲臺에 中興功臣의 화상을 그렸다.

圖畫中興功臣於雲臺하다

49) 長秋宮(황후) : 漢나라의 궁전 이름으로, 高祖가 거처하다가 뒤에 皇后가 거처하였는데, 이로 인해 황후를 직접 일컫는 말로도 쓰인다.

【目】 황제가 中興功臣을 생각하여 28명의 장군의 화상을 南宮의 雲臺에 그릴 적에, 鄧禹를 첫 번째로 삼고 다음은 馬成, 吳漢, 王梁, 賈復, 陳俊, 耿弇(경감), 杜茂, 寇恂, 傅俊, 岑彭, 堅鐔(견담), 馮異, 王霸, 朱祐, 任光, 祭遵(채준), 李忠, 景丹, 萬修, 蓋延(갑연), 邳彤, 銚期(요기), 劉植, 耿純, 臧宮, 馬武, 劉隆의 순서였고, 또 여기에 王常, 李通, 竇融, 卓茂를 더하여 모두 32명이었다. 馬援은 椒房의 친척[50]이라 하여 홀로 여기에 참여하지 못하였다.

帝思中興功臣하여 乃圖二十八將於南宮雲臺할새 以鄧禹爲首하고 次馬成, 吳漢, 王梁, 賈復, 陳俊, 耿弇, 杜茂, 寇恂, 傅俊, 岑彭, 堅鐔, 馮異, 王霸, 朱祐, 任光, 祭遵, 李忠, 景丹, 萬修, 蓋延, 邳彤, 銚期, 劉植, 耿純, 臧宮, 馬武, 劉隆이요 又益以王常, 李通, 竇融, 卓茂하여 合三十二人이라 馬援은 以椒(초)房之親이라하여 獨不與焉하다

【綱】 여름 6월에 孛星이 天船 북쪽에 나타났다.

夏六月에 有星孛于天船北①하다

① 天船의 9개의 별은 大陵星 북쪽에 있으니, 물을 주관하는 별이다. 彗星이 거기에 나타나면 홍수가 지니, 일설에는 舟星이라 한다.
天船九星, 在大陵北, 爲水. 彗出之, 爲大水, 一曰舟星.

【綱】 北宮을 크게 일으켰는데, 얼마 후에 파하였다.

◑ 大起北宮이러니 旣而罷之[51]하다

【目】 이때에 가뭄이 들자, 尙書僕射 鍾離意가 대궐에 나와 관을 벗고 다음과 같이 上疏하였다.

---

50) 馬援은……친척 : 椒房은 后妃를 일컫는 말로, 그 친척은 곧 황제의 姻戚이 되는바, 馬皇后가 馬援의 딸이기 때문에 이렇게 말한 것이다.

51) 大起……罷之 : "宮을 건축한 일을 쓴 적은 있었는데, 武帝의 明光殿에 이르러 처음 '起'라고 썼으나 '大起'라고는 쓰지 않았으니, '大起'라고 쓴 것은 비난한 것이 아니겠는가. 明帝가 막 北宮을 〈건축하는 공사를〉 크게 일으켰다가 얼마 되지 아니하여 鍾離意의 한 상소문 때문에 당장 파하였으니, 허물을 고침에 인색하지 않다고 이를 만하다. 위에서는 '大起'라고 쓰고 아래에서는 '旣而罷之'라고 쓴 것은 용감하게 간언을 따름을 나타낸 것이다.〔書築宮 有之矣 至武帝明光 始書起 未書大起也 書大起 非譏歟 帝方大起北宮 未幾 以鍾離一疏而立罷 可謂改過不吝矣 上書大起 下書旣而罷之 所以見其從諫之勇也〕" ≪書法≫

"옛날에 成湯은 가뭄을 만났을 적에 여섯 가지 일로써 자책하셨습니다. 삼가 보건대, 北宮을 크게 일으켜서 백성들이 농사철을 빼앗기고 있습니다. 예로부터 宮室이 협소한 것이 걱정이 아니라 다만 백성들이 安寧하지 못한 것이 걱정이니, 우선 중지하여 天心에 응하소서."

황제가 詔書로 답하기를 "湯王이 여섯 가지 일을 이끌어 자책할 적에 허물이 유독 군주 한 사람에게 있었으니, 그대는 관과 신을 착용하고, 사죄하지 말라." 하고, 또 大匠에게 명하여 여러 宮을 짓던 일을 중지시키고 급하지 않은 일을 줄였으며, 조서를 내리면서 公卿과 百僚들에게 사과하였는데, 마침내 때에 맞게 큰비가 내렸다.

時에 天旱이어늘 尙書僕射鍾離意 詣闕하여 免冠하고 上疏曰 昔에 成湯遭旱에 以六事自責[①]하나이다 切見北宮大作하여 民失農時라 自古로 非苦宮室小狹이요 但患民不安寧하니 宜且罷止하여 以應天心하소서 帝策詔報曰 湯引六事에 咎在一人하니 其冠履하고 勿謝[②]하라 又勅大匠하여 止作諸宮하고 減省(생)不急하고 詔因謝公卿百僚러니 遂應時澍雨[③]하다

① 成湯이 큰 가뭄이 7년 동안 이어지자, 재계하고 머리를 깎고 손톱을 잘라 자신을 犧牲으로 삼아서 桑林의 社에 기도하였다. 이때 여섯 가지로써 자책하며 말씀하기를 "政事에 절도가 없는가. 백성을 부리기를 지나치게 하는가. 궁실을 경영하는가. 宮女들의 청탁이 성행하는가. 苞苴(뇌물)가 행해지는가. 讒夫(남을 참소하는 사람)가 많은가. 어찌 비가 오지 않음이 이렇게 지극한가." 하였는데, 말이 끝나기도 전에 큰비가 내렸다.
成湯大旱七年, 齋戒, 翦髮斷爪(조), 以己爲犧牲, 禱於桑林之社, 以六事自責曰"政不節邪. 使民疾邪. 宮室營邪. 女謁盛邪. 苞苴行邪. 讒夫昌邪. 何不雨之極也." 言未已而天大雨.

② "策詔"는 詔令을 策에 쓴 것이다.
策詔者, 書詔於策也.

③ 澍(단비)는 음이 注이니, 비는 만물을 적시는 것이므로 '澍'라 한 것이다.
澍, 音注, 雨所以澍注萬物, 故曰澍.

【目】황제의 성품이 협소하고 꼼꼼하여 직접 귀로 듣고 눈으로 보아 숨겨진 일을 적발하여 밝히는 것을 좋아하니, 公卿과 大臣들은 자주 꾸짖음과 견책을 받고, 尙書 이하의 近臣들이 던지는 물건에 맞고 끌려 나가기까지 하였다. 일찍이 일 때문에 郎官인 藥崧(약숭)에게 노하여 지팡이로 때리자, 약숭이 달아나 牀 아래로 숨었다. 황제가 더욱 노하여 소리치기를 "낭관은 나와라!" 하자, 약숭이 말하기를 "天子는 穆穆하고 諸侯는 皇皇해야 하니, 군주가 직접 일어나 낭관을 친다는 말은 듣지 못했습니다." 하였다. 황제가 그제야 그를 용서하였다.

帝性褊察하여 好以耳目隱發爲明①하니 公卿大臣이 數(삭)被詆毁하고 近臣尙書以下 至見提曳②라 常以事怒郎藥崧하여 以杖撞(당)之③한대 崧이 走入牀下어늘 帝怒甚하여 疾言曰 郎出하라 崧이 乃曰 天子穆穆이요 諸侯皇皇④이니 未聞人君이 自起撞郎이니이다 帝乃赦之하다

① 褊은 협소한 것이다. 隱은 사람의 이목이 미치지 않은 것이니, 〈"好以耳目隱發爲明"은〉 황제가 귀와 눈으로 숨겨진 일을 엿보아서 적발하기를 좋아한 것이다.
褊, 狹也. 隱者, 人耳目之所不及. 帝好以耳目窺其隱而發之.
② 提는 大計의 切이니, 물건을 던져 공격하는 것이다. 曳는 拽로 읽으니, 奚結의 切로 끎이다. 일설에 "提曳(제예)는 모두 본음대로 읽는다." 하였다.
提, 大計切, 擲物以擊之也. 曳, 讀曰拽, 奚結切, 拖也, 引也. 一說"提曳, 讀皆如字[52]."
③ 常(일찍이)은 ≪資治通鑑≫에 嘗으로 되어 있다. 藥崧은 사람의 姓名이다.
常, 通鑑, 作嘗. 藥崧, 姓名.
④ 〈"天子穆穆 諸侯皇皇"은〉 ≪禮記≫ 〈曲禮〉의 글이다. 穆穆은 그윽하고 깊고 온화하고 공경하는 모양이고, 皇皇은 장성하고 밝게 드러난 모양이다.
記曲禮之文. 穆穆, 幽深和敬之貌, 皇皇, 壯盛顯明之貌.

【目】이때 조정이 모두 두려워하여 다투어 준엄하고 박절하게 해서 황제의 주벌과 견책을 피하였으나, 오직 鍾離意는 홀로 과감하게 간쟁하고 자주 詔書를 봉함하여 반환하였으며, 신하들의 과실을 번번이 구원하고 해명해주었다. 마침 연달아 災變가 있자, 다음과 같이 上疏하였다.

"폐하께서 귀신을 공경하고 두려워하며 백성들을 걱정하고 긍휼히 여기시는데도, 天氣(日氣)가 조화롭지 못하고 추위와 더위가 절기에 맞지 않습니다. 이는 그 허물이 群臣이 황제의 교화를 베풀지 못하고 직책을 제대로 다스리지 못하고 까다롭고 각박함을 풍속으로 삼아서 百官들이 서로 친애하는 마음이 없고 관리와 백성들이 화목한 뜻이 없어서 和氣를 거슬려서 하늘의 재앙을 불러온 것에 있습니다. 백성은 德으로써 이길 수 있고, 힘으로써 복종시키기는 어렵습니다. ≪詩經≫ 〈鹿鳴〉의 詩에 반드시 잔치하고 즐거워함을 말한 것은 사람과 귀신의 마음이 화합한 뒤에야 天氣가 和하기 때문입니다. 원컨대 폐하께서는 성스러운 덕을 드리우시어 형벌을 늦추고, 철의 기운에 순응하시어 음양을 조화롭게 하소서."

황제는 비록 제때에 그의 말을 따르지는 못하였으나, 그의 지극한 정성을 알아서 끝내 사랑하고 후대하였다.

52) 如字 : 한 글자에 여러 독음이 있는 경우 본음대로 읽으라는 것이다.

是時에 朝廷이 莫不悚慄하여 爭爲嚴切以避誅責이로되 唯鍾離意獨敢諫爭하고 數(삭)封還詔書하며 臣下過失을 輒救解之하다 會에 連有變異어늘 上疏曰 陛下畏敬鬼神하고 憂恤黎元이로되 而天氣未和하고 寒暑違節者는 咎在群臣이 不能宣化治職하고 而以苛刻爲俗하여 百官無相親之心하고 吏民無雍雍之志하여 至於感逆和氣하여 以致天災①니이다 百姓은 可以德勝이요 難以力服이니 鹿鳴之詩에 必言燕樂者는 以人神之心洽然後에 天氣和也니이다 願陛下垂聖德하사 緩刑罰하고 順時氣하여 以調陰陽하소서 帝雖不(時能)〔能時〕[53]用이나 然知其至誠하여 終愛厚之하니라

① "雍雍"은 和함이다.
雍雍, 和也.

【綱】 가을 8월 그믐에 일식이 있었다.

秋八月晦에 日食하다

【目】 다음과 같이 詔令을 내렸다.

"옛날 楚 莊王은 재앙이 없자 경계하고 두려워하는 다음을 지극히 하였고, 魯 哀公은 나라에 禍가 큰데도 하늘이 견책을 내리지 않았다. 지금 일어나는 재변(일식)은 혹여 구원할 수가 있을 것이니, 有司는 힘써 그 직책을 다할 것을 생각해서 德이 없는 나를 바로잡아라."

詔曰 昔에 楚莊無災에 以致戒懼하고 魯哀禍大에 天不降譴①이라 今之動變은 儻尙可救니 有司勉思厥職하여 以匡無德하라

① 楚 莊王 때에 나라에 天災의 변고가 없자 장왕이 경계하고 두려워하며 말하기를 "하늘이 요망함을 보이지 않으니, 하늘이 아마도 나를 잊었는가 보다." 하였다. "禍大"는 영토가 깎이고 국력이 약해짐을 이른다. 魯 哀公은 나라에 禍가 큰데도 하늘이 재앙을 내리지 않았으니, 이는 하늘이 그를 버린 것이다.
楚莊王時, 國無天變, 莊王戒懼曰 "天不見妖, 天其忘予歟." 禍大, 謂削弱也. 魯哀公禍大而天不降災, 是天棄之也.

【綱】 겨울 10월에 황제가 皇太后를 모시고 章陵[54]에 갔다.

---

53) (時能)〔能時〕: 저본에는 '時能'으로 되어 있으나, ≪資治通鑑≫에 의거하여 '能時'로 바로잡았다.
54) 章陵 : 章陵縣으로 舂陵鄕을 높인 것이다. 舂陵은 광무제의 고향으로 광무제 四親의 묘가 있다.

冬十月에 帝奉皇太后하여 如章陵하다

【目】 車駕가 皇太后를 따라 章陵에 행차하였는데, 荊州刺史 郭賀가 관직에 있으면서 특별한 공적이 있었다. 上은 그에게 三公의 의복인 黼黻(보불)과 冕旒(면류)를 하사하고, 칙명으로 그가 部內를 순행할 적에 수레에 휘장을 제거하여 백성들로 하여금 그의 용모와 의복을 보게 해서, 德이 있는 사람을 표창하였다.

車駕 從皇太后하여 幸章陵이러니 荊州刺史郭賀 官有殊政이라 上이 賜以三公之服黼黻冕旒①하고 勅行部에 去襜(첨)帷하여 使百姓見其容服하여 以章有德②케하다

① 東漢의 제도는 면류관에 술〔旒〕을 드리워서 관의 앞뒤로 길게 늘어뜨렸다. 三公과 諸侯는 면류관의 술이 7개이고 푸른 옥으로 관자〔珠〕를 만들었다.
東漢之制, 冕冠垂旒, 前後邃延. 三公·諸侯, 七旒, 靑玉爲珠.

② 襜은 蚩占의 切이다. "襜帷"는 수레의 앞 휘장이니, 지금 칙령을 내려서 그가 관할한 郡縣을 순행할 적에 이것을 제거하게 한 것이다.
襜, 蚩占切. 襜帷者, 車之前帷也, 今勅令巡行所部郡縣時, 可除去之.

【綱】 홍수가 졌다.

大水하다

辛酉年(61)

【綱】 漢나라 顯宗 孝明皇帝 永平 4년이다. 봄에 황제가 河內에 갔는데, 미처 河內에 도착하기 전에 되돌아왔다.

四年이라 春에 帝如河內러니 不至而還55)하다

---

55) 帝如河內 不至而還 : "옛날 仲虺(중훼)가 成湯의 德을 찬미할 적에 간언을 따르고 어기지 않으며 허물을 고침에 인색하지 않은 것을 첫 번째로 칭찬하였다. 허물이란 사람들이 면치 못하는 것이니, 남의 말을 잘 듣고 용감하게 빨리 고치는 것은 바로 盛德의 일이 되는 것이다. 顯宗이 光武帝의 뒤를 이어 즉위한 지가 이때 4년이었는데, 지난해 여름 北宮의 役事에 鍾離意가 上疏하자, 즉시 大匠에게 명하여 궁궐을 짓는 것을 중지하게 하였고, 금년 봄 사냥하러 나갈 때에 東平王(劉蒼)이 간언을 올리자 황제가 상주문을 보고 즉시 돌아왔으니, 이 또한 간언을 따르고 어기지 않으며 허물을 고침에 인색하지 않은 뜻이다. 그러므로 ≪資治通鑑綱目≫에서 앞에서는 '北宮을 크게 일으켰는데, 얼마 후에 파하였다.'라고 썼고, 여기에서는 '황제가 河內에 갔는데, 미처 河內에

【目】황제가 가까이 외출하여 성안의 第宅을 구경하고 河內에 가서 사냥하고자 하였는데, 東平王 劉蒼이 글을 올려 간하자, 황제가 아뢴 글을 보고 즉시 환궁하였다.

帝近出하여 觀覽城第하고 欲遂校獵河內①러니 東平王蒼이 上書諫한대 帝覽奏하고 卽還宮하다

① 城은 雒陽城이다. 第는 저택이다.
城, 雒陽城也. 第, 宅也.

【綱】겨울 10월에 司徒 郭丹과 司空 馮魴이 면직되니, 范遷을 司徒로 삼고 伏恭을 司空으로 삼았다.

冬十月에 司徒丹과 司空魴이 免하니 以范遷爲司徒하고 伏恭爲司空①하다

① 伏恭은 伏湛의 형의 아들이다.
恭, 湛之兄子也.

【綱】陵鄕侯 梁松이 하옥되어 죽었다.

◑陵鄕侯梁松이 下獄死①하다

① 梁松이 아버지 梁統의 관작을 이어서 陵鄕侯가 되었다.
松嗣父統爵, 爲陵鄕侯.

【目】梁松이 익명으로 남을 원망하여 비방하는 글을 써서 게시한 죄에 걸려 하옥되어 죽었다.

처음에 上이 太子였을 적에, 太中大夫 鄭興의 아들 鄭衆은 경서에 통달한 것으로 이름이 났다. 태자와 山陽王 劉荊이 양송을 통하여 비단을 가지고 가서 만나주기를 청하자, 정중이 말하기를 "태자는 儲君이니 밖으로 남과 사귀는 의리가 없고, 漢나라에는 옛 禁令이 있으니 藩王은 마땅히 사사로이 빈객과 통해서는 안 됩니다." 하였다. 양송이 말하기를 "長者(태자)의 뜻을 거스를 수 없다." 하니, 정중이 말하기를 "法禁을 범하고 죄

도착하기 전에 되돌아왔다.'라고 썼으니, 모두 그 허물을 고친 아름다움을 드러낸 것이다. 顯宗과 같은 자는 이에 前古에 광채가 있는 것이다.〔昔 仲虺美成湯之德 以從諫弗咈 改過不吝 爲首稱 蓋過者 人所不免 惟能聽人之言而勇於亟改 乃爲盛德之擧爾 顯宗繼體 至是四載 去夏北宮之役 鍾離意上疏 卽敕大匠止作 今春校獵之行 東平王進諫 帝覽奏卽還 此亦從諫弗咈改過不吝之意也 故綱目前書大起北宮 旣而罷之 此書帝如河內 不至而還 皆所以著其改過之美 若顯宗者 於是乎有光前古矣〕" ≪發明≫ 仲虺는 湯王의 左相으로, 그가 탕왕의 덕을 찬미한 내용은 ≪書經≫ 〈商書 仲虺之誥〉에 보인다.

에 저촉되는 것은 正道를 지키다가 죽는 것만 못하다." 하고는 마침내 가지 않았다.

뒤에 양송이 실패하자 빈객들이 대부분 이 일에 연좌되었으나, 오직 정중은 옥사에 연관되지 않았다.

松이 坐怨望하여 縣飛書誹謗하여 下獄死①하다 初에 上이 爲太子에 太中大夫鄭興子衆이 以通經知名②이라 太子及山陽王荊이 因梁松하여 以縑帛請之한대 衆曰 太子는 儲君이니 無外交之義요 漢有舊防하니 藩王은 不宜私通賓客이니라 松曰 長者意를 不可逆이니라 衆曰 犯禁觸罪는 不如守正而死라하고 遂不往이러니 及松敗에 賓客이 多坐之호되 唯衆이 不染於辭하니라

鄭衆(≪古聖賢像傳略≫)

① 梁松이 자주 사사로운 편지를 만들어 郡縣에 청탁하다가 발각되어 면직되자, 마침내 원망하는 마음을 품었다. 縣(게시하다)은 懸으로 읽는다.
松, 數爲私書, 請託郡縣, 發覺免官, 遂懷怨望. 縣讀曰懸.

② "知名"은 당시에 명망이 있어서 사람들이 모두 알아주는 것이다.
知名者, 有名於時, 人皆知之也.

【綱】 于寘(우전)이 莎車王 賢을 공격하여 죽였다.

于寘이 攻莎車王賢하여 殺之[56)]하다

【目】 莎車王 賢이 군대의 위엄으로 于寘國, 大宛國, 嬀塞國(규새국)을 핍박하여 빼앗고 자기 장수를 보내 그곳을 지키게 하였는데, 우전의 사람들이 그의 장수인 君德을 죽이고 大人인 休莫霸를 세워 왕으로 삼았다. 이에 賢이 여러 나라의 군대를 거느리고 가서

56) 于寘……殺之 : "蠻夷가 서로 죽인 일은 쓰지 않았는데, 여기에서 쓴 것은 어째서인가. 漢나라가 죽였기 때문이다. 漢나라가 莎車王 賢을 都護로 삼은 뒤로부터, 다시 중간에 중지시켰는데도 賢은 여전히 도호를 사칭하여 西域이 그 폐해를 크게 입었다. 이에 賢이 于寘國을 빼앗았다가 우전국이 그를 공격해서 죽였으니, 이것을 가지고 漢나라의 병통으로 여겼기 때문에 쓴 것이다.〔蠻夷相殺 不書 此何以書 漢殺之也 自漢以賢都護 雖復中寢 而賢猶詐稱 西域大被其害 於是 奪于寘國 于寘攻殺之 以是爲漢病也 故書〕" ≪書法≫

공격하다가 휴막패에게 크게 패하여 겨우 몸만 빠져나와 도망해 돌아왔다. 휴막패가 전진하여 莎車를 포위하였다가 날아온 화살에 맞아 죽자, 우전의 사람들이 다시 그의 형의 아들인 廣德을 세워 왕으로 삼았다.

이보다 앞서 광덕의 아버지가 사차에 구속되어 있었는데, 賢이 광덕의 아버지를 돌려보내고 딸을 그에게 시집보내서 그와 화친하였다. 이해에 우전왕 광덕이 여러 나라의 군대를 거느리고 가서 사차를 공격하여 사차왕 현을 유인해서 죽이고는 그 나라를 겸병하였다.

匈奴가 여러 나라의 군대를 동원하여 우전을 포위하니, 광덕이 항복할 것을 청하였다. 흉노는 인질로 잡혀 있던 賢의 아들인 不居徵을 세워 사차왕으로 삼았는데, 광덕이 또다시 그를 공격하여 죽이고 다시 아우 齊黎를 세우서 사차왕으로 삼았다.

莎車王賢이 以兵威로 逼奪于窴, 大宛, 嬀塞王國하고 使其將守之①러니 于窴人이 殺其將君德하고 立大人休莫霸爲王이어늘 賢이 率諸國兵擊之라가 大爲休莫霸所敗하여 脫身走還하다 休莫霸進圍莎車라가 中流矢死어늘 于窴人이 復立其兄子廣德爲王하다 廣德父 先拘在莎車러니 賢이 乃歸其父하고 以女妻之하여 與之和親하다 是歲에 于窴王廣德이 將諸國兵하고 攻莎車하여 誘莎車王賢하여 殺之하고 幷其國하다 匈奴發諸國兵하여 圍于窴하니 廣德이 請降이라 匈奴立賢質子不居徵하여 爲莎車王이러니 廣德이 又攻殺之하고 更立弟齊黎하여 爲莎車王하다

① 嬀塞國은 변방의 종족으로 嬀水(아무다리아강) 가까이 사는 자들이니, 인하여 國名으로 삼은 것이다.
嬀塞國, 塞種, 臨嬀水而居者, 因以爲國名.

壬戌年(62)

【綱】 漢나라 顯宗 孝明皇帝 永平 5년이다. 봄 2월에 驃騎將軍 劉蒼이 사직하고 藩國으로 돌아갔다.

五年이라 春二月에 驃騎將軍蒼이 罷歸藩[57]하다

---

57) 罷歸藩 : "'就國(封國으로 나아가다.)'이라고 쓴 것은 많으나 '歸藩'이라고 쓴 적은 있지 않았는데, '歸藩'이라고 쓴 것은 어째서인가. 특별히 쓴 것이다. 특별히 쓴 것은 어째서인가. 東平王 劉蒼을 어질게 여긴 것이다. 유창과 같은 자는 漢나라의 藩臣이 될 만하므로 驃騎將軍이 된 뒤로 卒할 때까지 6번 쓴 것이다.〔書就國多矣 未有書歸藩者 書歸藩 何 特筆也 其特筆 何 賢蒼也 若蒼者 可以爲漢藩矣 故自爲驃騎至卒 六書之〕" ≪書法≫

【目】東平王 劉蒼은 자신이 황제의 至親으로서 정사를 보필하여 명성과 명망이 날로 중해진다고 여겨서 마음에 스스로 편안하지 못하였다. 그리하여 전후에 여러 번 上疏하여 말하기를 "漢나라가 일어난 이래로 宗室의 자제들이 公卿의 지위에 있었던 경우가 없었으니, 원하건대 驃騎將軍의 印綬를 반환하여 올리고 물러나 藩國에 나아가고자 합니다." 하였는데, 말이 매우 간절하였다.

이때에 이르러 황제가 마침내 유창에게 藩國으로 돌아갈 것을 허락하였으나 將軍의 印綬를 반환하여 올리는 것을 허락하지 않고, 驃騎長史를 東平王의 太傅로 삼고 掾을 中大夫로 삼고 令史를 王家의 郎官으로 삼았다.

東平王蒼이 自以至親輔政하여 聲望日重이라하여 意不自安하여 前後累上疏하여 稱自漢興以來로 宗室子弟 無得在公卿位者하니 乞上驃騎將軍印綬하고 退就藩國이라하여 辭甚懇切[①]이라 至是에 帝乃許蒼還國호되 而不聽上將軍印綬하고 以驃騎長史로 爲東平太傅하고 掾爲中大夫하고 令史爲王家郎[②]하다

① 上(올리다)은 時掌의 切이니 아래도 같다.
上, 時掌切, 下同.

② ≪後漢書≫ 〈百官志〉에 "將軍의 長史 1명은 秩이 千石이고, 掾屬 29명은 秩이 比四百石에서 혹은 比二百石에 이르고, 令史와 御屬 31명은 百石이다." 하였다. 황제가 특별히 劉蒼을 위하여 40명의 掾史를 둔 것이다. 王國의 太傅는 秩이 二千石이고 中大夫는 比六百石이고 郎官은 二百石이다.
百官志 "將軍長史一人秩千石, 掾屬二十九人秩比四百石至比二百石, 令史及御屬三十一人百石." 帝特爲蒼, 置掾史員四十人. 王國太傅秩二千石, 中大夫比六百石, 郎二百石.

【綱】겨울 10월에 황제가 鄴縣에 갔다가, 이달에 환궁하였다.

冬十月에 帝如鄴이라가 是月에 還宮하다

【綱】11월에 北匈奴가 五原과 雲中을 침략하자, 南單于가 격퇴하였다.

◑十一月에 北匈奴寇五原, 雲中이어늘 南單于擊却之하다

【綱】安豐侯 竇融이 卒하였다.

◑安豐侯竇融이 卒하다

【目】 竇融이 연로하니, 자손들이 방종하고 허탄하여 불법을 저지르는 일이 많았다. 맏아들 竇穆이 內黃公主에게 장가들었는데, 陰太后의 詔令을 사칭하여 六安侯 劉盱로 하여금 부인을 버리고 자신의 딸을 아내로 맞이하게 하였다. 유우의 부인의 집에서 上書하여 이러한 내용을 아뢰자, 황제가 크게 노하여 두목 등의 관직을 모두 면직시키고 郎官으로 있는 여러 竇氏들을 모두 가솔을 거느리고 故郡(고향)으로 돌아가게 하였다. 오직 두융만 京師에 머물게 하였는데, 두융이 얼마 후 薨하였다.

몇 년 뒤에 두목 등이 다시 어떤 사건에 연좌되어 아들 竇勳, 竇宣과 함께 모두 하옥되어 죽었다. 황제는 오랜 뒤에 詔令을 내려 두융의 부인을 돌아오게 해서 손자 1명과 雒陽에 거주하게 하였다.

融이 年老하니 子孫이 縱誕하여 多不法이라 長子穆이 尙內黃公主①러니 矯稱陰太后詔하여 令六安侯劉盱去婦하고 以女妻之②하다 盱婦家上書言狀한대 帝大怒하여 盡免穆等官하고 諸竇爲郎吏者를 皆將家屬歸故郡③하고 獨留融京師러니 融이 尋薨하다 後數歲에 穆等이 復坐事하여 與子勳, 宣으로 皆下獄死하다 久之에 詔還融夫人하여 與小孫一人으로 居雒陽하다

① 內黃縣은 魏郡에 속하였다.
內黃縣, 屬魏郡.
② 六安國은 廬江郡에 속하였다.
六安國, 屬廬江郡.
③ 竇氏는 예로부터 扶風 平陵 사람이다.
竇氏, 故扶風平陵人.

癸亥年(63)

【綱】 漢나라 顯宗 孝明皇帝 永平 6년이다. 봄 2월에 王雒山에서 寶鼎이 나오니, 詔令을 내려 章奏에 허황된 말로 황제를 칭찬하는 것을 금하게 하였다.

六年이라 春二月에 王雒山에 出寶鼎하니 詔禁章奏浮詞①[58]하다

① 王雒山은 廬江郡에 있으니, 雒은 혹 雄으로도 쓴다.

58) 詔禁章奏浮詞 : "'허황된 말〔浮詞〕을 금했다.'고 쓴 것은 어째서인가. 특별히 쓴 것이다. 世祖(光武帝) 때에 '封事를 올릴 적에 聖을 말하지 못하게 했다.'고 썼고 여기에서 '章奏에 허황된 말을 금했다.'고 썼으니, 모두 특별히 쓴 것이다.〔書禁浮詞 何 特筆也 世祖書封事不得言聖 此書禁章奏浮詞 皆特筆也〕" ≪書法≫

王雒山, 在廬江郡. 雒, 或作雄.

【目】 다음과 같이 詔令을 내렸다.

"祥瑞가 내리는 것은 德이 있음에 응하니, 지금 정치와 교화가 잘못됨이 많은데, 어찌 하여 이런 상서가 이르렀는가. ≪周易≫에 이르기를 '솥은 三公을 형상한다.' 하였으니, 아마도 公卿들이 직책을 잘 수행해서 그 도리를 얻었는가 보다. 三公에게 비단 50匹을 하사하고 九卿과 二千石에게는 절반을 하사하라. 先帝(光武帝)의 詔書에 사람들이 글을 올릴 적에 聖이라고 말하는 것을 금지하셨는데, 근자의 章奏에 자못 허황된 말이 많으니, 지금부터 지나치게 허황된 칭찬을 말하는 자가 있으면 尙書에서 모두 억제하고 살펴보지 말아서 아첨하는 자에게 웃음거리가 되지 않음을 보이라."

詔曰 祥瑞之降은 以應有德이어늘 方今政化多僻하니 何以致玆리오 易曰 鼎象三公①이라하니 豈公卿奉職하여 得其理邪아 其賜三公帛五十匹하고 九卿, 二千石은 半之하라 先帝詔書에 禁人上事言聖이어늘 而間者章奏에 頗多浮詞하니 自今으로 若有過稱虛譽어든 尙書皆宜抑而不省하여 示不爲諂子蚩也②하라

① "三公"은 솥발이 군주를 받드는 모습이다. 그러므로 이렇게 말했으니, 이는 아마도 易緯(≪周易≫ 緯書)의 글일 것이다.
三公, 鼎足承君, 故云然. 此蓋易緯之辭.

② 尙書省[59]은 王命을 출납하고 萬機를 펴서 아뢴다. 蚩는 웃음거리이다.
尙書省, 出納王命, 敷奏萬機. 蚩, 笑也.

甲子年(64)

【綱】 漢나라 顯宗 孝明皇帝 永平 7년이다. 봄 정월에 皇太后 陰氏가 崩하였다. 2월에 光烈皇后(陰太后)를 장례하였다.

七年이라 春正月에 皇太后陰氏崩하다 二月에 葬光烈皇后①[60]하다

59) 尙書省 : 訓義에는 尙書를 尙書省으로 해석하였으나 後漢시대에는 尙書省은 없었고 尙書臺라 하여 상서대의 장관이 尙書令이고, 太傅와 三公에게 錄尙書事를 겸직시켰는바, 訓義는 후대의 尙書省으로 오인하여 풀이한 것으로 보인다.

60) 皇太后……葬光烈皇后 : "西漢 시대에 皇后의 죽음에 崩만 쓰고 葬을 쓰지 않았으니, 葬을 쓴 것은 반드시 연고가 있어서였고, 東漢 시대에 이르러 비로소 葬을 썼으니, 葬을 쓰지 않은 것은 또한 반드시 이유가 있어서였다. 后에게 葬을 쓴 것이 이때 처음 시작되었다. 蜀漢의 昭烈皇后(皇太后 吳氏)

① 西京(西漢)의 여러 황후가 모두 황제의 시호를 따랐으나 오직 衛思后와 許恭哀后는 天壽를 다하지 못하여 특별히 뒤에 시호를 내렸다. 황제의 시호를 따르면서도 또 한 글자를 더한 것은 陰后로부터 시작되었다.
西京諸后, 皆從帝諡, 惟衛思后・許恭哀后不以壽終, 而別追諡之. 從帝諡而又加一字, 自陰后始.

【綱】 北單于가 互市〔合市〕를 요구하므로 이를 허락하였다.

◑ 北單于求合市어늘 許之하다

【目】 北匈奴가 여전히 강성하여 자주 변경을 침략하더니, 使者를 보내 互市를 요구하였다. 이에 上은 그들과 교통하여 다시는 침략하지 않기를 바라서 이를 허락하였다.

北匈奴猶盛하여 數(삭)寇邊이러니 遣使求合市어늘 上이 冀其交通하여 不復爲寇하여 許之하다

【綱】 宗均을 尙書令으로 삼았다.

以(宋)〔宗〕均爲尙書令[①]하다

① "宋均"은 宗均이 되어야 한다.
宋均, 當作宗均.

【目】 처음에 宗均이 九江太守가 되어서 5일에 한 번 정사를 보고 掾史를 모두 제거하고 督郵가 府內를 사찰하는 것을 폐쇄하니, 屬縣들이 일이 없어서 백성들이 편안히 생업에 종사하였다.

九江에는 예로부터 사나운 호랑이가 많아서 항상 사람들을 모집하여 덫과 함정을 설치하였는데도 상해를 당하는 일이 많았다. 종균은 屬縣에게 다음과 같은 공문서를 보냈다.

"江淮 지역에 맹수가 있는 것은 북쪽 지역에 닭과 돼지가 있는 것과 같다. 지금 백성들이 폐해를 입는 것은 그 책임이 잔인한 관리(현령)에게 있는데, 수고롭게 덫과 함정을 만들어서 호랑이를 잡으려 하니, 이는 백성을 걱정하는 근본이 아니다. 간사하고 탐

이후로 다시 葬을 쓰지 않다가 晉나라 때에 다시 썼고, 宋나라 이후로 쓰지 않다가 隋나라와 唐나라 때에 다시 썼는데, 唐나라는 鄭太后 이후로 葬을 쓴 경우가 없다.〔西漢之世 皇后書崩 不書葬 書葬者 必有故也 至東漢 始書葬 不書葬者 亦必有故也 后書葬 自此始 昭烈以後 復不書葬 晉復書之 宋以後不書 隋唐復書之 唐自鄭太后而後 無書葬者矣〕" ≪書法≫

욕스러운 관리를 힘써 물리치고, 충성스럽고 선량한 자를 등용할 것을 생각하여야 하니, 이렇게 하면 한 번에 덫과 함정을 제거하고 賦稅를 제거할 수 있을 것이다."

그 뒤로 다시는 호랑이의 폐해가 없었다. 황제는 종균의 이러한 명성을 들었기 때문에 樞機의 중요한 직책(尙書令)을 맡겼다.

初에 均이 爲九江守하여 五日一聽事하고 悉省(생)掾史하고 閉督郵府內하니 屬縣無事하여 百姓安業[①]이라 九江에 舊多虎暴하여 常募設檻穽이로되 而猶多傷害[②]러니 均이 下記屬縣曰[③] 夫江淮之有猛獸는 猶北土之有鷄豚也라 今爲民害는 咎在殘吏어늘 而勞勤張捕하니 非憂恤之本也[④]라 其務退姦貪하고 思進忠善이니 可一去檻穽하고 除削課制라하더니 其後에 無復虎患이라 帝聞均名故로 任以樞機하다

① 郡에 5部의 督郵가 있어서 屬縣을 감독하였다. 그 府內를 사찰하는 일을 폐쇄한 것은, 사찰하는 것을 功과 재능으로 여겨서 屬縣들을 침해하고 어지럽혀 다만 일만 많게 할까 염려한 것이다.
郡有五部督郵, 監屬縣. 閉之府內者, 恐以司察爲功能, 侵擾屬縣, 適以多事故也.

② 檻은 틀을 만들어 짐승을 잡는 것이고, 穽은 땅을 파서 짐승을 빠뜨리게 하는 것을 이른다.
檻, 爲機以捕獸. 穽, 謂穿地陷之.

③ 下(내리다)는 去聲이다. 記는 가르치고 명령하는 글을 이른다.
下, 去聲. 記, 謂敎命之書.

④ 張은 설치함이니, 덫과 함정을 설치해서 새와 짐승을 살펴 잡는 것을 '張'이라 한다.
張, 設也, 設爲機穽, 以伺鳥獸曰張.

【目】宗均이 사람들에게 다음과 같이 말하였다.

"國家에서 법조문을 따지는 관리와 청렴한 관리를 좋아하는 것은 그들이 충분히 간악한 자를 제재할 수 있다고 여기기 때문이다. 그러나 법조문을 따지는 관리는 속이기를 잘하고, 청렴한 관리는 청렴함이 자기 한 몸에만 있어서, 백성이 流離하여 도망하는 것과 도적 떼가 폐해를 일으키는 데에는 유익함이 없다. 내가 황제에게 머리를 조아려 간쟁하고자 하나 아직 고칠 수 있는 때가 아니다. 그러나 오래면 장차 스스로 이를 괴롭게 여길 것이니, 그제야 비로소 말할 수 있을 것이다."

이 말이 끝나기도 전에 마침 司隸校尉로 승진하였는데, 뒤에 上은 그의 말을 듣고 훌륭하게 여겼다.

均이 謂人曰 國家喜文法, 廉吏는 以爲足止姦也라 然이나 文吏는 習爲欺謾하고 而廉吏는 淸在

一已하여 無益百姓流亡과 盜賊爲害也라 均이 欲叩首爭之나 時未可改也라 久將自苦之리니 乃可言耳리라 未及言에 會遷司隸校尉러니 後에 上이 聞其言하고 追善之하다

乙丑年(65)

【綱】 漢나라 顯宗 孝明皇帝 永平 8년이다. 봄 정월에 司徒 范遷이 卒하니, 虞延을 司徒로 삼았다.

八年이라 春正月에 司徒遷이 卒하니 以虞延爲司徒하다

【綱】 吳棠을 度遼將軍으로 삼았다.

◑ 以吳棠爲度遼將軍[61]하다

【目】 처음에 大司農 耿國이, 度遼將軍을 설치하여 五原에 주둔시켜 南匈奴가 도망하는 것을 막아야 한다고 上言하였다. 조정에서 이 말을 따르지 않았는데, 남흉노의 須卜과 骨都侯 등이 漢나라가 北匈奴와 사신을 교통하는 것을 알고는 가슴속에 혐의하고 원망하는 마음을 품어서 배반하고자 하여 은밀히 사람을 시켜 북흉노에 가서 군대를 보내 맞이하게 하였다.

鄭衆이 변방에 나가 있다가 이상한 기미가 있음을 의심하고 정탐하여 과연 수복의 사신을 잡고는, '다시 大將을 배치하여 두 오랑캐가 서로 교통하는 것을 막아야 한다.' 고 上言하였다. 이 때문에 처음으로 度遼營을 설치하고 中郎將 吳棠에게 度遼將軍의 일을 대행하게 하여 黎陽에 있는 虎牙營의 군대를 거느리고서 五原의 曼柏에 주둔하게 하였다.

初에 大司農耿國이 上言호되 宜置度遼將軍하여 屯五原하여 以防南匈奴逃亡이니이다 朝廷이 不

---

61) 以吳棠爲度遼將軍 : "建武 말년에 北匈奴가 和親을 요구했으나 皇太子(明帝)의 간언에 따라 허락하지 않았다. 뒤에 비록 화친을 허락하였으나, 漢나라는 南匈奴와 틈이 없었다. 그러므로 永平 5년(62)에 북흉노가 들어와 침략하였는데 南單于가 오히려 북흉노를 공격하여 퇴각시켰다. 이에 1년의 간격이 지났을 뿐인데, 북흉노가 互市를 요구하자, 예전 자신의 말을 잊고 직접 이를 허락하니, 이로부터 의심과 틈이 마침내 열려서 度遼의 軍營을 설치하지 않을 수 없었다. 그러므로 삼가 쓴 것이다.〔建武之末 北匈奴求和親 以皇太子諫 不許 後雖許之 漢與南匈奴未隙也 故永平之五 北虜入寇 南單于猶擊却之 於是間一歲耳 北虜求合市 則忘其前言 身自許焉 自此疑隙遂開 而度遼營不得不置矣 故謹書之〕" ≪書法≫

從이러니 南匈奴須卜, 骨都侯等이 知漢與北虜交使하고 內懷嫌怨하여 欲畔하여 密使人詣北虜하여 令遣兵迎之하다 鄭衆이 出塞하여 疑有異하고 伺候하여 果得須卜使人①이라 乃上言호되 宜更置大將하여 以防二虜交通이니이다하니 由是로 始置度遼營하고 以中郎將吳棠으로 行度遼將軍事[62]하여 將黎陽虎牙營士하여 屯五原曼柏②하다

① 이때 鄭衆이 北匈奴에 사신으로 가 있었다.
時, 衆使北匈奴.

② 黎陽은 縣의 이름이니 魏郡에 속하였다. 虎牙는 진영의 이름이다. 光武帝가 幽州와 冀州의 군대를 가지고 천하를 평정하였으므로 黎陽에 營을 세워 謁者로 하여금 감독하여 통솔하게 하니, 기병이 천 명이었다. 曼은 음이 萬이니, 五原郡에 曼柏縣이 있다.
黎陽, 縣名, 屬魏郡. 虎牙, 營名. 光武以幽・冀兵克定天下, 故於黎陽立營, 以謁者監領, 兵騎千人. 曼, 音萬, 五原郡有曼柏縣.

【綱】 가을에 홍수가 졌다.

秋에 大水하다

【目】 14개의 郡國에 홍수가 졌다.

郡國十四 大水하다

【綱】 겨울 10월에 황제가 詔令을 내려 죄를 짓고 망명한 자들이 속죄하는 것을 허락하였다.

冬十月에 詔聽有罪亡命者贖하다

【目】 죽을죄로 옥에 갇혀 있는 자들을 모집해서 度遼營에 나아가게 하고, 죄를 짓고 망명한 자들이 속죄하는 것을 허락하되 각각 차등이 있게 하였다.

楚王 劉英이 황색 비단과 백색 비단을 받들고서 國相에게 나와 말하기를 "제가 제후왕〔蕃輔〕의 자리에 있으면서 과오와 죄악이 많이 쌓였습니다. 지금 국가의 큰 은혜에

62) 行度遼將軍事 : 보통 알려진 行守職은 관직이 관품보다 낮을 경우에는 行職을, 관직이 품계보다 높은 경우에는 守職을 주었다. 그러나 漢代 行守職은 이와 좀 다르다. 行職은 해당 관직에 관리가 부재시 임시로 다른 관리가 해당 직을 겸임하는 것이다. 이 경우 관직이 관리의 秩보다 낮거나 높거나 동등한 경우 모두 포함되었다. 守職은 1년 동안 임시로 관직을 맡아서 그 재능을 시험해보고 합당하면 그 관직에 임명하는 것이다.(大庭脩, ≪秦漢法制史の研究≫, 倉文社, 1982)

기뻐하여 비단을 받들어 올려서 저의 죄를 속죄하려 합니다." 하였다.

國相이 이 내용을 아뢰자, 황제가 詔書로 답하기를 "楚王이 黃帝와 老子의 뜻깊은 말을 외우고 浮圖(부처)의 어진 사당을 높여서 3개월 동안 몸을 깨끗이 하여 재계하고는 神에게 맹세하였으니, 무엇을 혐의하고 의심할 것이 있기에 후회와 부끄러움이 있겠는가. 속죄하는 비단을 되돌려주어서 伊蒲塞(이포새)와 桑門의 盛饌을 마련하는 데 도움이 되게 하라." 하였다.

募死罪繫囚하여 詣度遼營하고 有罪亡命者를 令贖各有差하다 楚王英이 奉黃縑白紈하여 詣國相하여 曰① 託在蕃輔하여 過惡累積이라 歡喜大恩하여 奉送縑帛하여 以贖愆罪하노이다 國相以聞이어늘 詔報曰 楚王이 誦黃老之微言하고 尙浮圖之仁祠②하여 潔齋三月하여 與神爲誓하니 何嫌何疑완대 當有悔吝이리오 其還贖하여 以助伊蒲塞, 桑門之盛饌③하라하다

① 成帝 시기에 제후왕의 나라에 內史를 없애고 고쳐서 令相을 두어 백성을 다스리니, 직책은 太守와 같고 秩은 二千石이었다.
成帝王國, 省(생)內史, 〔更〕[63]令相治民, 職如太守, 秩二千石.

② 尙은 숭상함이다. 圖는 一本에는 屠로 되어 있으니, "浮屠"는 부처이다. 정식 칭호는 佛陁(붓다)이니 浮屠와 음이 서로 비슷한바, 모두 西方의 글자이다. 전래되는 과정에서 전하여 두 음이 되었으니, 중화의 말로 번역하면 '올바른 깨달음'이다.
尙, 崇尙也. 圖, 一作屠, 浮屠, 佛也. 正號曰佛陁, 與浮屠聲相近, 皆西方字. 其來, 轉爲二音, 華言譯之, 則曰正覺.

③ 塞은 悉則의 切이다. 伊蒲塞는 바로 優婆塞(우바새)이니 梵語이다. 中國에서는 近住로 번역하니, 戒行을 받아서 승려가 머무는 곳에 가까이 함을 말한다. 桑門은 바로 沙門으로 漢나라 말로 그친다는 뜻이니, 사사로운 마음을 그치고 욕심을 제거하여 無爲로 돌아가는 것이다.
塞, 悉則切. 伊蒲塞, 卽優婆塞, 乃梵語也. 中國飜爲近住, 言受戒行, 堪近僧住也. 桑門, 卽沙門, 漢言息也, 息意去欲而歸于無爲也.

【目】 처음에 황제는 西域에 '佛'이라고 하는 神이 있다는 말을 듣고는, 天竺國에 使者를 보내서 그 道를 구하여 서적과 沙門(고승)을 찾아오게 하였다. 그 서적은 대저 허무함을 종주로 삼고 자비하여 살생하지 않음을 귀하게 여겼는데, '사람이 죽으면 정신이 없어지지 않고 다시 형체를 받아 태어나서, 살아 있을 때 행한 善과 惡에 모두 報應이 있다.' 여겼다. 그러므로 귀하게 여긴 것은 정신을 수련하여 부처의 경지에 이르는 것이었다.

63) 〔更〕: 저본에는 '更'이 없으나, ≪後漢書≫ 〈百官志〉에 의거하여 보충하였다.

크고 과장된 말을 하기 좋아해서 세속의 사람들을 권고하고 유인하였으며, 그 道에 정통한 자를 沙門이라 이름하였다.

이때에 中國이 처음으로 그 法術을 전하여 그 형상(모습)을 그렸는데, 王公과 貴人 중에 유독 楚王 劉英이 가장 먼저 불교를 좋아하였다.

初에 帝聞西域有神하니 其名曰佛①이라 因遣使之天竺(축)하여 求其道하여 得其書及沙門以來②하니 其書大抵以虛無爲宗하고 貴慈悲不殺이라 以爲人死에 精神不滅하여 隨復受形하여 生時所行善惡에 皆有報應이라 故로 所貴修練精神하여 以至爲佛이라 善爲宏闊勝大之言하여 以勸誘愚俗하니 精於其道者를 號曰沙門이라 於是에 中國이 始傳其術하여 圖其形像호되 而王公貴人에 獨楚王英이 最先好之하니라

① 佛은 漢나라 말로 깨닫는다는 뜻이니, 장차 여러 중생을 깨닫게 하려는 것이다.
佛者, 漢言覺也, 將以覺悟群生也.

② 天竺은 바로 身毒國[64]이니, 이른바 浮圖胡라는 것이다.
天竺, 卽身毒國, 所謂浮圖胡也.

【綱】이달 그믐에 개기일식이 있자, 여러 官司에게 명하여 極言을 올리게 하고 다시 이것을 百官에게 보여주었다.

是月晦에 日食旣어늘 詔群司極言하고 復以示百官[65]하다

【目】詔令을 내려 여러 官司에 힘써 직책과 일을 닦고 숨김없이 지극히 말하라고 하니, 이에 지위에 있는 자들이 모두 封事를 올려서 각각 정치의 得失을 말하였다. 황제는 이 글을 보고 깊이 자신에게 허물을 돌려, 관리들이 올린 내용을 百官들에게 반포하여 보이고는 다음과 같이 詔令을 내렸다.

“여러 신료들이 말한 내용은 모두 朕의 잘못이다. 백성들의 억울함을 다스려주지 못

64) 身毒國 : 身毒은, ≪漢書≫에는 天篤, ≪後漢書≫에는 天竺으로 표기되어 있다. 이는 인도를 지칭하는 고대 이란어인 Hinduka의 음사로 추정된다.(≪史記 外國傳 譯註≫)

65) 詔群司……示百官 : “특별히 쓴 것이다. 詔令을 내려 極言을 구하는 일도 어려운데, 게다가 또 이것을 百官에게 보여주었으니, 이는 임금의 잘못을 忌諱하지 않는 門을 활짝 열어놓은 것이다. 그렇다면 황제가 이에 어질다고 이를 만하다. ≪資治通鑑綱目≫에 특별히 ‘復’라고 써서 깊이 찬미하였다. 〔特筆也 詔求極言難矣 而又以示百官 所以開不諱之門也 帝於是可謂賢哉 綱目特書復 以深美之〕” ≪書法≫
“詔令을 내려 지극히 간언하게 하고 또 이것을 다시 백관들에게 보여주었으니, 이는 특별히 쓴 것이다. 顯宗은 직언을 잘 따르는 아름다움이 있었다. 그러므로 그 書法이 이와 같은 것이다.〔詔以極言 復示百官 蓋特筆也 顯宗有聽言之美 故其書法如此〕” ≪發明≫

하고 관리의 간악함을 금하지 못하며, 백성들의 힘을 가볍게 써서 궁전을 수리하며 출입함에 절도가 없고 기쁨과 노여움이 도리에서 벗어났다. 예전의 경계를 길이 보노라니 竦然히 두려워진다. 德이 박하여 오래되면 태만해질까 두렵노라."

詔群司하여 勉修職事하고 極言無諱하라하니 於是에 在位者 皆上封事하여 各言得失이라 帝覽章하고 深自引咎하여 以所上으로 班示百官①하고 詔曰 群僚所言이 皆朕之過라 民冤을 不能理하고 吏黠(힐)을 不能禁하고 而輕用民力하여 繕修宮宇하며 出入無節하고 喜怒過差하니 永覽前戒에 竦然兢懼라 徒恐薄德하여 久而致怠耳로라

① 班(반포하다)은 頒과 같다.
班, 與頒同.

【綱】鄭衆을 軍司馬로 삼았다.

以鄭衆爲軍司馬[66]하다

【目】처음에 鄭衆이 越騎司馬가 되어서 北匈奴에 사신으로 갔을 적에, 單于가 정중에게 절을 하게 하려 하였다. 정중이 굽히지 않자, 선우가 정중을 포위하여 지키고 문을 닫고서 물과 불을 주지 않았다. 정중이 칼을 뽑아 스스로 죽기를 맹세하니, 선우가 두려워하여 중지하고는, 다시 사신을 보내 京師로 돌아가는 정중을 수행하게 하였다. 선우가 비록 사신을 들여보내 공물을 바쳤으나 노략질이 그치지 아니하여, 변경의 성들은 낮에도 문을 닫고 있었다.

初에 鄭衆이 爲越騎司馬하여 使北匈奴러니 單于欲令衆拜어늘 衆이 不爲屈하다 單于圍守閉之하고 不與水火어늘 衆이 拔刀自誓①하니 單于恐而止하고 乃更發使하여 隨衆還京師하다 然이나 雖遣使入貢이나 而寇鈔不息하여 邊城晝閉러라

① 〈"拔刀自誓"는〉 스스로 죽기로 맹세하여 單于에게 굽히지 않은 것이다.
自誓以死, 不爲單于屈也.

【目】황제가 使者를 보내 北匈奴의 사자에게 답할 것을 의논하니, 鄭衆이 上疏하여 다음

---

66) 以鄭衆爲軍司馬 : "한 軍司馬일 뿐인데, 어찌하여 썼는가. 충절을 인정한 것이다. 鄭衆이 單于에게 절하지 않았으므로 이에 특별히 써서, 그를 인정한 것이다.〔一軍司馬爾 何以書 予節也 衆不拜單于 故於是特書予之〕" ≪書法≫

과 같이 간하였다.

"臣은 듣건대, 北單于가 우리 漢나라의 사신을 불러들이는 이유는 南單于의 무리를 이간질시켜서 서역 36개국의 마음을 견고히 하고자 해서입니다. 또 항상 漢나라와 화친한 것을 사람들에게 널리 선전하여 이웃한 적국에게 과시해서 우리 漢나라에 귀화하고자 하는 西域의 나라들로 하여금 위축되어 머뭇거려 의심하게 하고, 고향을 그리워하는 漢族들로 하여금 中國에 대한 희망을 접게 하려는 것입니다. 우리 漢나라의 사신이 도착하자 북흉노가 곧바로 건방지게 자신의 뜻을 펼쳤으니, 만약 다시 사신을 보내면 오랑캐는 반드시 스스로 좋은 계책이라고 생각하여, 그들의 여러 신하 중에 漢나라에 귀의할 것을 의논하는 자들이 감히 다시는 말하지 못할 것입니다.

이와 같이 되면 南匈奴의 王庭이 동요되고 烏桓이 배반할 마음을 품게 됩니다. 南單于가 오랫동안 漢나라 지역에 거주하여 漢나라의 형세를 자세히 아니, 만에 하나라도 나뉘고 쪼개지면 곧바로 변방의 폐해가 될 것입니다. 지금 다행히 度遼將軍의 병력이 북쪽 변방에서 위엄을 떨치고 있으니, 비록 보답하는 사신을 보내지 않더라도 감히 폐해를 일으키지 못할 것입니다."

황제는 그의 말을 따르지 않고 다시 정중을 보냈다.

帝議遣使하여 報其使者러니 鄭衆이 上疏諫曰 臣聞北單于所以要致漢使者는 欲以離南單于之衆하여 堅三十六國之心也①니이다 又當揚漢和親하여 誇示隣敵하여 令西域欲歸化者로 局足狐疑하고 懷土之人으로 絶望中國耳②라 漢使旣到에 便偃蹇自信③하니 若復遣之면 虜必自謂得謀라하여 其群臣駁議者 不敢復言④하리니 如是면 南庭이 動搖하고 烏桓이 有離心矣⑤리이다 南單于久居漢地에 具知形勢하니 萬分離析이면 旋爲邊害⑥라 今幸有度遼之衆이 揚威北垂하니 雖勿報答이나 不敢爲患⑦하리이다 帝不從하고 復遣衆하다

① 要는 邀와 같으니 구함이다. 武帝가 西域을 개통한 것이 본래 36개국이었다. "堅其心"은 그들로 하여금 오로지 匈奴만을 따르게 하려는 것이다.
要, 猶邀, 求也. 武帝開通西域, 本三十六國. 堅其心者, 欲使之專附匈奴.

② 揚은 찬양하여 말하는 것이다. 局은 跼과 통하니, 위축되어 펴지 못하는 것이다.
揚者, 稱說也. 局, 通作跼, 蹐跼不伸也.

③ 信(펴다)은 음이 申이다.
信, 音申.

④ "得謀"는 得計라는 말과 같다. 駁은 北角의 切로 異見이니, 異論을 세워 여러 의논의 잘못을 공박하는 것이다. "駁議"는 單于가 漢나라에 귀의하기를 권하는 의논을 이른다.
得謀, 猶言得計. 駁, 北角切, 異也, 立異議以糾駁群議之非也. 駁議, 謂勸單于歸漢.

⑤ 南單于의 王庭은 西河의 美稷縣에 있다. "動搖"는 변방을 나가 북쪽으로 가고자 함을 이른다. 烏桓이 본래 匈奴에 歸附하였었는데, 漢나라가 校尉를 설치하여 통솔하고 보호해서 흉노와 교통하지 못하게 하였다. "離心"은 그 마음이 漢나라를 친히 따르지 않고 흉노에 두 마음을 품음을 이른다.
南單于庭, 在西河美稷. 動搖, 謂欲出塞北去. 烏桓, 本附匈奴, 漢置校尉領護, 使不得與匈奴交通. 離心, 謂其心不親附漢而貳於匈奴也.

⑥ "萬分"은 만분의 일과 같다.
萬分, 猶言萬分一也.

⑦ 垂(변방)는 陲와 같다.
垂, 與陲同.

【目】鄭衆이 이어서 上言하기를 "臣이 지난번 使命을 받들고 갔을 적에 匈奴에게 절하지 않으니, 單于가 노하고 원한을 품어 군대를 보내 臣을 포위했었습니다. 그런데 이제 다시 명령을 받들고 가면 반드시 능멸하고 욕을 보일 것이니, 臣은 진실로 차마 大漢의 符節을 잡고서 털옷이나 갖옷을 입은 흉노를 대하여 홀로 절을 할 수 없습니다. 만일 흉노가 마침내 臣을 굴복시킨다면 장차 大漢의 권위를 훼손하게 될 것입니다." 하였으나, 황제는 듣지 않았다.

정중은 부득이하여 길을 떠났으나 도중에 연이어 글을 올려 굳이 간쟁하였다. 황제는 詔令을 내려 정중을 크게 꾸짖고 追捕하여 돌아오게 해서 廷尉에게 가두게 하였는데, 마침 사면령이 내려 집으로 돌아갔다. 그 뒤에 황제는 흉노에서 온 자를 만나보고서 정중이 선우와 禮를 다툰 상황을 듣고는, 마침내 다시 정중을 불러 軍司馬로 삼았다.

衆이 因上言호되 臣前奉使에 不爲匈奴拜하니 單于恚(에)恨하여 遣兵圍臣①하니이다 今復銜命이면 必見陵折하리니 臣은 誠不忍持大漢節하고 對氈(전)裘獨拜②니이다 如令匈奴遂能服臣이면 將有損大漢之彊하리이다 帝不聽하다 衆이 不得已하여 既行호되 在路에 連上書固爭之한대 詔切責衆하여 追還하고 繫廷尉러니 會赦하여 歸家하다 其後에 帝見匈奴來者하여 聞衆與單于爭禮之狀하고 乃復召衆爲軍司馬③하다

① 爲(위하다)는 去聲이다.
爲, 去聲.

② ≪漢書≫ 〈匈奴傳〉에 "匈奴는 君王 이하로부터 모두 가축의 고기를 먹고 가축의 가죽을 입고 털옷과 갖옷을 입는다." 하였다. 旃은 氈과 같다.
前書匈奴傳曰 "自君王以下, 皆食畜肉, 衣其皮革, 被旃裘." 旃, 與氈同.

③ 漢나라 제도에 大將軍의 營은 5部로 되어 있으니, 部에는 校尉 한 명과 軍司馬 한 명이 있다.
漢制, 大將軍營五部, 部有校尉一人軍司馬一人.

丙寅年(66)

【綱】 漢나라 顯宗 孝明皇帝 永平 9년이다. 여름 4월에 司隷校尉와 部(州)刺史에게 詔令을 내려 해마다 長吏의 殿最[67]를 考課하여 아뢰게 하였다.

九年이라 **夏四月**에 **詔司隷, 刺史**하여 **歲考長吏殿最以聞**하다

【目】 司隷校尉와 部刺史에게 詔令을 내려 해마다 사무를 본 지 3년 이상이 된 墨綬의 長吏들 중에 치적이 가장 특별한 자 각각 한 사람을 上計吏와 함께 올라오게 하고, 가장 고을을 다스리지 못한 자 또한 보고하게 하였다.

詔司隷校尉, 部刺史하여 歲上墨綬長吏視事三歲以上으로 治狀尤異者各一人하여 與計偕上하고 及尤不治者도 亦以聞①하다

① 後漢에는 13州의 部가 있었는데, 司隷는 河南, 豫州는 譙, 兗州는 昌邑, 徐州는 郯(담), 青州는 臨淄, 涼州는 隴, 幷州는 晉陽, 冀州는 鄗(학), 幽州는 薊(계), 揚州는 歷陽, 荊州는 漢壽, 交州는 廣信, 益州는 成都를 치소로 하였다. 漢나라 제도에 千石과 六百石은 검은 인끈〔墨綬〕에 청색과 적색, 감색 세 채색인데, 인끈의 길이가 1丈 6尺이고 80首[68]이니, 四百石과 三百石은 길이가 같다. 이 墨綬의 長吏는 큰 縣의 縣令 이하를 이른다.
後漢十三州部, 司隷治河南, 豫治譙, 兗治昌邑, 徐治郯, 青治臨淄, 涼治隴, 幷治晉陽, 冀治鄗, 幽治薊, 揚治歷陽, 荊治漢壽, 交治廣信, 益治成都. 漢制, 千石・六百石, 墨綬, 三采青・赤・紺, 長丈六尺, 八十首, 四百石・三百石, 長同. 此墨綬長吏, 謂大縣令以下.

【綱】 크게 풍년이 들었다.

大有年①[69]하다

67) 殿最 : 지방관에 대한 고과성적 중 최하 등급을 殿, 최고 등급을 最라 하였다.

68) 首 : 인끈을 세는 단위이다.

69) 大有年 : "≪春秋≫의 필법은 좋은 일과 나쁜 일에 같은 말을 쓰는 것을 혐의하지 않는다. ≪資治通鑑綱目≫은 ≪춘추≫를 본받아 말이 같으나 뜻이 다른 경우도 있고, 따로 義例를 세워서 ≪춘추≫의

① 五穀이 모두 잘 익어서 "大有年"이라 쓴 것이다.
五穀皆(熱)〔熟〕[70], 書大有年.

필법에 구애되지 않은 경우도 있으니, 요점은 배우는 자가 자세히 살펴봄에 달려 있을 뿐이다.

≪춘추≫에 12명의 魯나라 公 가운데 유독 桓公 3년에 有年을 썼고 宣公 16년에 大有年을 썼으니, 先儒들이 이르기를 '옛날 史書에 災異와 祥瑞를 함께 기록하였기 때문에 有年과 大有年을 經에서 볼 수 있으니, 만약 옛날 史書가 남아 있지 않다면 ≪춘추≫에서도 덧붙여 쓸 수가 없었을 것이다. ≪춘추≫의 242년 동안에 진실로 농사를 힘쓰고 곡식을 소중히 여기며 비가 오지 않는 것을 근심하고 비가 오는 것을 기뻐한 군주가 있었으나 모두 有年이라고 쓰지 않았으니, 이는 聖人(孔子)이 삭제한 것이다.' 하였다.

≪춘추≫는 재이를 기록하고 상서를 기록하지 않았는데, 유독 두 公에게 有年을 쓴 것은 어째서인가. 泰山 사람 孫明復(孫復)이 ≪春秋尊王發微≫를 지어서 말하기를 '桓公이 재위한 18년 동안 오직 이때에 有年을 쓴 것은, 일찍이 有年이 없었으니 이것을 써서 백성들을 위해 노력하거나 농업을 힘쓰지 못한 실제를 드러낸 것이요, 宣公이 재위한 18년 동안 오직 이때 大有年이라고 쓴 것은, 백성들의 양식이 크게 풍족하였는데 이것을 써서 부도덕하게 백성들에게 세금을 많이 거두어 백성들이 항상 부족함을 나타낸 것이다.'라고 하였으니, 이것을 살펴보면 ≪춘추≫에서 일찍이 두 公을 인정하지 않은 것이다. 程頤子(程伊川)가 깊은 뜻을 발명함에 이르러서는 두 公에게 有年을 쓴 것을 가리켜 재이를 기록했다고 하였으니, 이는 '두 公이 부도덕한 것으로 나라를 얻었으니 마땅히 흉년과 재앙을 얻어야 하는데, 이제 도리어 정상과 반대의 현상이 나타났기 때문에 ≪춘추≫에 재이라고 여겨서 특별히 써서 남겨둔 것이다. 더구나 두 公이 재위한 것이 모두 18년이었는데, 유독 한 해에만 有를 썼으니, 그렇다면 다른 해에는 흉년이었음을 알 수 있다.'고 한 것이다. 胡安國이 ≪춘추≫에 傳을 낼 때에도 또한 이 뜻에 근본하였다.

그렇다면 ≪춘추≫에 有年을 쓴 것은 바로 재이를 기록한 것이지만, ≪資治通鑑綱目≫에 이것을 쓴 것은 어찌 재이를 기록한 것이겠는가. 周나라 威烈王으로부터 지금에 이르기까지 모두 여러 해가 되었으나, 유독 이때에 처음 大有를 썼으니, 비록 前漢의 文帝와 景帝의 전성기라도 전혀 없었고, 班固와 范曄의 두 史書(≪漢書≫와 ≪後漢書≫)를 상고해보더라도 오직 東都(後漢)에서 이해에 '有年'을 기재한 것을 볼 수 있다. 그러므로 ≪資治通鑑≫에 따라서 기록하고 ≪자치통감강목≫도 마침내 이것을 게시하여 썼으니, ≪춘추≫에서 재이를 기록하고 상서를 기록하지 않음은 ≪춘추≫의 특별한 필법이요, ≪자치통감강목≫에서 재이와 상서를 모두 기록함은 ≪자치통감강목≫이 史法을 겸하여 실제를 기록한 것이다. 顯宗 당시 군주의 德이 청명하고 정사가 잘 닦여서 하늘과 사람이 서로 감동하였으므로 有年의 응함을 얻은 것이다. 예전의 史冊에서 이 일을 자세히 기록하였으므로 ≪자치통감강목≫도 따라서 썼는바, 바로 당시에 다스리는 효험의 아름다움을 드러낸 것이니, 先儒가 麟筆(춘추필법)을 발명한 뜻과는 진실로 본래 나란히 행해져서 모순되지 않음이 있는 것이다. 나는 이 때문에 자세히 변론하여 후세에 ≪자치통감강목≫을 보는 자에게 고하는 바이다.〔春秋之法 美惡不嫌同詞 綱目取法春秋 亦有詞同而旨異者 亦有自立義例 不以春秋之法爲拘者 要在學者審觀之爾 春秋十二公 獨桓公三年 書有年 宣公十六年 書大有年 先儒謂舊史災祥竝記 故有年大有年得見於經 若舊史不存 春秋亦不得而附益之 有如二百四十二年之間 固有務農重穀閔雨喜雨之君 而皆不以有年書者 是聖人削之也 春秋記異 不記祥 獨於二公 書有年 何哉 自泰山孫明復 著春秋發微 謂桓十八年 惟此書有年者 是未嘗有年 書之 以著其不能勤民務農之實 宣十八年 惟此書大有年者 是民食大足 書之 以見其不道重斂于民 常不足爾 審此則是春秋未嘗予二公也 至程頤子發明奧旨 則指二公有年之書 謂之紀異 蓋謂二公以不道得國 宜得凶災 今乃反常 故春秋以爲異而特存之 況二公享國 俱十八年 獨一年書有 則他年之歉 可知 胡氏安國傳春秋 亦本此義 然則春秋之書有年 乃紀異也 綱目書此 豈紀異乎 自周威烈王至今 凡幾年矣 獨此始書大有 雖先漢文景盛時 亦闕然無之 及考班范二史 惟見東都是年載此 故通鑑因而紀之 綱目遂得揭而書之 蓋春秋記異 不記祥 是春秋之特筆也 綱目災祥竝記 是綱目兼史法而紀實也 顯宗是時 君德淸明 政事修擧 天人交感 故獲有年之應 前史備而錄之 綱目因而書之 正所以著當時治效之美 其與先儒發明麟筆之意 固自有竝行而不相悖者 臣故詳而辨之 以告後之觀綱目者云〕" ≪發明≫

【綱】 匈奴가 아들을 보내 입학시켰다.

◑ 匈奴遣子入學[71]하다

【目】 황제가 儒學을 숭상하여, 皇太子와 여러 王과 侯로부터 大臣의 자제와 功臣의 자손에 이르기까지 經書를 배우지 않는 이가 없었다. 또 외척인 樊氏, 郭氏, 陰氏, 馬氏의 여러 아들들을 위하여 南宮에 학교를 세웠는데, 그들을 '四姓小侯'라 하였다. 五經의 스승을 두고서 학문이 높고 능한 자를 가려 뽑아서 학업을 전수하게 하였다. 期門과 羽林[72]의 군사로부터 모두 ≪孝經≫의 章句를 통달하게 하였다. 이에 匈奴 또한 아들을 보내 입학시켰다.

帝崇尙儒學하여 自皇太子, 諸王侯로 及大臣子弟와 功臣子孫히 莫不受經하다 又爲外戚樊氏, 郭氏, 陰氏, 馬氏諸子하여 立學於南宮하니 號四姓小侯①라하다 置五經師하고 搜選高能하여 以授其業하다 自期門羽林之士로 悉令通孝經章句하다 匈奴亦遣子入學하다

① 樊氏, 郭氏, 陰氏, 馬氏 네 姓은 列侯가 아니기 때문에 小侯라 하였다. 胡三省이 말하기를 "내가 東平王 劉蒼의 列傳을 근거해보니, '列侯印 19개를 보내 여러 왕자들 중에 5세 이상으로 종종걸음으로 달려와 절할 수 있는 자는 모두 印을 차게 했다.' 하였으니, 짐작컨대 四姓小侯도 이와 같았을 것이다."
以樊・郭・陰・馬四姓, 非列侯, 故曰小侯. 胡三省曰"予據東平王蒼傳'送列侯(卽)〔印〕[73]十九枚, 諸王子年五歲以上能趨拜者, 皆令帶之.' 意四姓小侯, 亦猶是也."

丁卯年(67)

【綱】 漢나라 顯宗 孝明皇帝 永平 10년이다. 봄 2월에 廣陵王 劉荊이 죄가 있어 자살하니, 나라가 없어졌다.

十年이라 春二月에 廣陵王荊이 有罪自殺하니 國除하다

---

70) (熱)〔熟〕: 저본에는 '熱'로 되어 있으나, ≪資治通鑑≫ 註에 의거하여 '熟'으로 바로잡았다.

71) 匈奴遣子入學: "특별히 쓴 것이다. 文治가 이때에 지극히 성하였으니, ≪資治通鑑綱目≫이 끝날 때까지 한 번 썼다.〔特書也 文治 於是極盛矣 終綱目一書而已〕" ≪書法≫

72) 期門과 羽林: 期門은 관명으로 병기를 잡고 황제를 호위하는 임무를 맡았는바, 뒤에는 虎賁郎으로 명칭이 바뀌었다. 羽林은 禁衛軍의 명칭이다.

73) (卽)〔印〕: 저본에는 '卽'으로 되어 있으나, ≪資治通鑑≫ 註에 의거하여 '印'으로 바로잡았다.

【目】 이보다 앞서 廣陵王 劉荊이 다시 관상가를 불러 말하기를 "내 모습이 先帝(光武帝)와 유사한데 선제는 30세에 천하를 얻었다. 나도 지금 30세가 되었으니, 군대를 일으킬 수 있는가?" 하였다. 관상가가 관리에게 나와 이 사실을 고발하니, 유형은 황공하여 스스로 옥에 갇혔다. 황제는 은혜를 베풀어 이 일을 끝까지 조사하지 않았고, 詔令을 내려 관리와 백성들을 신하로 복속시키지 못하게 하고 조세를 받는 것만 예전과 같게 하였으며, 國相과 中尉로 하여금 삼가 宿衛하게 하였다.

先是에 廣陵王荊이 復呼相工하여 謂曰 我貌類先帝하니 先帝三十에 得天下라 我今亦三十이니 可起兵未[①]아 相者詣吏告之하니 荊이 惶恐하여 自繫獄이어늘 帝加恩하여 不考極其事하고 詔不得臣屬吏民하고 唯食租如故[②]요 使相, 中尉로 謹宿衛之[③]하다

① 光武帝가 崩함에 劉荊이 익명의 글을 써서 東海王 劉彊에게 말하기를 "내 여러 관상가들의 말을 들어보니, 東海王은 귀함이 천자가 될 상이라 합니다. 군주가 崩亡하면 여염에 있는 무리들도 오히려 도적 떼가 되어서 자기들이 바라는 것을 얻고자 하는데, 더구나 왕에 있어서이겠습니까." 하였다. 유강이 이 글을 봉함하여 올리자, 황제는 유형을 내보내어 河南의 宮에 머물게 하였다. 이때에 西羌이 배반하였는데, 유형은 천하가 유강으로 인해 놀라 변고가 있기를 바라서 은밀히 점성술을 잘하는 자를 맞이하여 함께 모의한 것이다. 황제가 이 말을 듣고 마침내 유형을 廣陵王으로 옮겨 봉하여 그의 封國으로 보냈는데, 그 뒤에 유형이 다시 관상가를 불러 본문과 같이 말한 것이다.
光武崩, 荊作飛書, 與東海王彊曰"竊見諸相工言, 王貴天子法也. 人主崩亡, 閭閻之伍, 尙爲盜賊, 欲有所望, 何況王耶." 彊封書上之, 帝遣荊, 出止河南宮. 時, 西羌反, 荊冀天下因彊驚動有變, 私迎能爲星者, 與謀議. 帝聞之, 乃徙封荊廣陵王, 遣之國. 其後, 荊復呼相工, 謂曰云云.

② 〈"詔不得臣屬吏民 唯食租如故"는〉 그가 다시 不軌(반역)를 도모할까 두려워하였으므로 관리와 백성들을 신하로 복속시키지 못하게 하고 오직 자기 封國의 조세만 먹게 한 것이다.
恐其復謀不軌, 故不得臣屬吏民, 唯食國之租稅.

③ 使(하여금)는 上聲이다. 相은 그 나라의 정승을 이른다.
使, 上聲. 相, 謂其國之相也.

【目】 劉荊이 또다시 무당을 시켜서 제사를 지내고 황제를 저주하자, 황제는 長水校尉 樊鯈(번조) 등에게 詔令을 내려 그 옥사를 여럿이 다스리게 하였는데, 조사하는 일이 끝나자 〈번조 등이〉 유형을 죽일 것을 주청하였다. 황제가 노하여 말하기를 "여러 卿들은 그가 나의 아우이기 때문에 죽이고자 하는 것이니, 만일 나의 아들이었다면 卿들이 과연 이처럼 주장하겠는가?" 하였다. 번조가 대답하기를 "천하는 高帝의 天下요 폐하의 천하

가 아닙니다. ≪春秋≫의 의리에, 군주와 어버이에게는 장차 弑害하려는 마음이 없어야 하니, 장차 시해하려는 뜻을 품으면 반드시 죽입니다. 臣 등은 유형이 上의 同母弟인 것에 의탁하여 폐하께서 유념하시어 측은해하시기 때문에 감히 청하는 것이니, 만일 폐하의 아들이라면 명령을 청하지 않고 마음대로 죽였을 것입니다." 하였다. 이에 황제는 탄식하였다. 이해 2월에 유형이 자살하니, 나라가 없어졌다.

荊이 又使巫祭祀祝詛(주저)어늘 詔長水校尉樊鯈等하여 雜治其獄이러니 事竟에 奏請誅荊①하다 帝怒曰 諸卿이 以我弟故로 欲誅之니 卽我子인댄 卿等이 敢爾邪아 鯈對曰 天下者는 高帝天下요 非陛下之天下也라 春秋之義에 君親은 無將하니 將而必誅②하나이다 臣等以荊屬託母弟하여 陛下留聖心하사 加惻隱이라 故로 敢請耳니 如令陛下子인댄 臣等專誅而已니이다 帝歎息③하다 是歲二月에 自殺하니 國除하다

① 長水校尉는 長水의 오랑캐 기병을 관장하였다. 樊鯈는 樊宏의 아들이니, 鯈는 음이 紬이다.
長水校尉, 掌長水胡騎. 鯈, 宏之子也. 鯈, 音紬.
② 〈"君親無將 將而必誅"는〉 ≪春秋公羊傳≫의 글이다. 將은 장차 弑逆의 일을 하려는 것이다.
春秋公羊傳之文也. 將者, 將爲弑逆之事也.
③ 專은 황제에게 청하지 않음을 이른다.
專, 謂不請也.

【綱】 여름 윤4월에 황제가 南陽에 갔다.

夏閏四月에 帝如南陽하다

【目】 上이 南陽에 행차해서 校官의 자제들을 불러 雅樂을 작곡하여 ≪詩經≫ 〈鹿鳴〉을 연주하게 하고, 황제가 직접 질나발〔塤〕과 젓대〔篪〕를 타서 가락을 맞추어 아름다운 손님들을 즐겁게 하였다.

上이 幸南陽하여 召校官弟子하여 作雅樂하여 奏鹿鳴①하고 帝自御塤篪(훈지)和之하여 以娛嘉賓②하다

① 校는 학교이다.
校, 學也.
② 塤(질나발)은 許元의 切이고 篪(젓대)는 음이 池이니, 塤과 篪는 모두 악기이다. 흙으로 만든 것을 塤이라 하니, 크기가 거위 알만 하고 위가 뾰족하고 밑은 평평하며 생김새가 저울추와 비슷하게 생겼는데 구멍이 6개이다. 대나무로 만든 것을 篪라 하니, 길이가 1尺 4寸

이고 둘레가 3寸이며 구멍은 7개이고 한 구멍은 위로 올라와 있는바 지름이 2分인데 모두 8개의 구멍이니, 가로로 분다. 和(가락에 맞춤)는 去聲이다.
塤, 許元切. 篪, 音池. 塤·篪, 竝樂器. 土曰塤, 大如鵝子, 銳上平底, 形似稱錘, 六孔. 竹曰篪, 長尺四寸, 圍三寸, 七孔, 一孔上出, 徑二分, 凡八孔, 橫吹之. 和, 去聲.

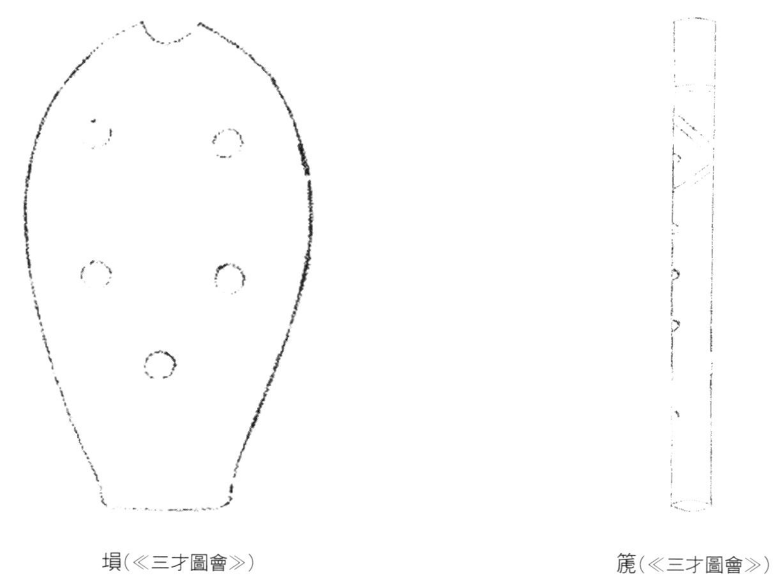

塤(≪三才圖會≫) 篪(≪三才圖會≫)

【綱】 겨울 12월에 환궁하였다.

冬十二月에 還宮하다

【綱】 丁鴻을 侍中으로 삼았다.

◑ 以丁鴻爲侍中하다

【目】 처음에 陵陽侯 丁綝(정침)이 卒하니, 그의 아들 丁鴻이 封爵을 세습해야 하는데, 上書하여 병을 칭탁하고 封國을 아우인 丁盛에게 사양하였으나 황제가 이에 답하지 않았다.

장례를 마친 다음 정홍은 상복을 무덤가의 여막에 걸어놓고 도망하였다. 친구인 九江의 鮑駿이 東海에서 정홍을 만나 꾸짖기를 "옛날에 伯夷와 吳나라의 季札은 난세를 만나 시의적절하게 權道로 변통하여 행하였으므로 자기의 뜻을 펼칠 수 있었다. 그런데 지금 그대는 형제의 사사로운 은혜 때문에 不滅의 基業을 끊고 있으니, 옳은 일인가?" 하였다. 정홍은 그의 말에 감동하여 깨닫고 눈물을 흘리고는 마침내 돌아와 封國으로 나아갔다. 포준이 인하여 上書해서 정홍의 경학과 지극한 행실을 천거하자, 上이 정홍을 불러 侍中을 삼았다.

初에 陵陽侯丁綝이 卒①하니 子鴻이 當襲封이러니 上書稱病하고 讓國於弟盛이어늘 不報하다 旣葬에 乃挂衰絰(최질)於冢廬而逃去하니 友人九江鮑駿이 遇鴻於東海하여 讓之曰 昔에 伯夷, 吳札은 亂世權行이라 故로 得申其志耳②어니와 今子以兄弟私恩而絶不滅之基가 可乎아하니 鴻이 感悟垂涕하고 乃還就國하다 鮑駿이 因上書하여 薦鴻經學至行한대 上이 徵鴻爲侍中③하다

① 陵陽은 縣의 이름이니 丹陽郡에 속하였다. 綝은 丑林의 切이다.
陵陽, 縣名, 屬丹陽郡. 綝, 丑林切.

② 伯夷는 孤竹君의 아들이니, 나라를 그의 아우 叔齊에게 사양하였다. 季札은 吳王 壽夢의 막내아들이니, 여러 형이 그에게 나라를 사양하고자 하였다. 그러나 계찰은 마침내 자기의 집을 버리고 밭을 갈았다. 이는 모두 때를 저울질하여 權道를 행한 것이요, 떳떳한 道가 아니다. 伯夷는 紂王의 때를 당하였고 季札은 周나라 말기를 당하였으므로 난세라고 말한 것이다.
伯夷, 孤竹君之子, 讓國於其弟叔齊. 季札, 吳王壽夢之季子也, 諸兄欲讓以國, 季子乃舍其室而耕, 皆是權時所行, 非常道也. 伯夷當紂時, 季札當周末, 故言亂世也.

③ 行(행실)은 去聲이다.
行, 去聲.

戊辰年(68)

【綱】漢나라 顯宗 孝明皇帝 永平 11년이다. 봄 정월에 東平王 劉蒼이 와서 조회하였다.

十一年이라 春正月에 東平王蒼이 來朝하다

【目】劉蒼이 여러 왕들과 함께 조회하러 왔다가 한 달이 넘어서 자기 封國으로 돌아갔다. 황제는 직접 나가서 전송하고는 宮으로 돌아와서 서글퍼하며 그리워하였다. 이에 직접 조서를 써서 使者를 보내 東平國의 中傅[74]에게 다음과 같이 하사하였다.

74) 東平國의 中傅 : 漢나라 諸侯國에는 太傅와 中傅가 있으니, 太傅는 秩이 二千石이고 中傅는 宮中에서

"東平王이 하직하고 작별한 뒤에 홀로 앉아 있으니 마음이 즐겁지 못하였다. 그리하여 수레에 올라 돌아오면서, 軾에 엎드려 읊조리면서 멀리 바라보고 깊이 그리워하노라니, 실로 내 마음이 괴롭다. ≪詩經≫을 외다가 〈采菽〉에 미치자 탄식하는 마음이 더한다. 내가 일전에 東平王에게 묻기를 '집에서 거처할 적에 어느 것이 가장 즐거운가?' 하였는데, 왕이 말하기를 '善을 하는 것이 가장 즐겁습니다.' 하였으니, 그의 말이 매우 커서 그의 큰 허리와 배에 부합한다. 이제 列侯印 19개를 보내니, 여러 왕자 중에 5세 이상으로 종종걸음으로 달려와 절할 수 있는 자는 모두 印을 차게 하라."

蒼이 與諸王俱來朝라가 月餘에 還國하다 帝臨送歸宮하고 悽然懷思하여 乃遣使하여 手詔賜東平國中傅曰[1] 辭別之後에 獨坐不樂하여 因就車歸하고 伏軾而吟하여 瞻望永懷하니 實勞我心이라 誦及采菽에 以增歎息[2]이로라 日者에 問東平王호되 處家에 何等最樂고한대 王言爲善最樂이라하니 其言이 甚大하여 副是要腹矣[3]라 今送列侯印十九枚하니 諸王子年五歲已上能趨拜者는 皆令帶之하라

① 皇子를 나라에 봉할 적에 傅 한 명을 두어서 왕을 善으로 인도하는 것을 주관하게 하니, 스승과 같이 예우하고 신하로 삼지 않았다.
皇子封國, 置傅一人, 主導王以善, 禮如師, 不臣也.

② 〈采菽〉은 ≪詩經≫ 〈小雅〉의 편 이름이니, 이 詩에 이르기를 "콩을 채취하고 콩을 채취하여 네모진 광주리에 담고 둥근 광주리에 담도다. 군자가 와서 조회하니, 무엇을 선물로 주어야 하는가." 하였다.
采菽, 詩小雅篇名, 其詩曰"采菽采菽, 筐之筥之. 君子來朝, 何錫予之."

③ 要(허리)는 腰로 읽으니, 劉蒼의 허리띠가 10圍(뼘)이었다.
要, 讀曰腰, 蒼腰帶十圍.

己巳年(69)

【綱】 漢나라 顯宗 孝明皇帝 永平 12년이다. 봄에 哀牢가 內附하였다.

十二年이라 春에 哀牢內附하다

【目】 哀牢王 柳貌(유모)가 자신의 백성 5만여 戶를 거느리고 와서 內附하자, 이 지역에 哀牢와 博南 두 縣을 설치하였다.

王을 시중드는 자이다. ≪前漢書音義≫에 이르기를 "中傅는 官者이다." 하였다.

哀牢王柳貌 率其民五萬餘戶하여 **內附**어늘 **以其地**로 **置哀牢, 博南二縣**[①]하다

① 哀牢는 南夷인 九隆의 종족이다. 牢山에 거주하였는데 지역이 매우 멀고 산천이 험하고 깊어서 일찍이 中國과 통하지 못하였다. 이 지역 사람들은 몸에 모두 龍의 무늬를 새기고 옷에 모두 꼬리를 달았으니, 서남쪽으로 雒陽과 7천 리 떨어져 있었다.
哀牢, 南夷九隆種也. 居牢山, 絶域荒外, 山川阻深, 未嘗通中國. 其人身皆刻畫象龍文, 衣皆著尾, 西南去雒陽七千里.

【綱】 여름 4월에 汴水의 제방을 수리하였다.

夏四月에 **修汴渠隄**(변거제)[①]하다

① 隄는 혹 堤로도 쓴다.
隄, 或作堤.

【目】 처음 平帝 때에 河水와 汴水가 터져서 오래도록 수리하지 못하였다. 建武 10년(34)에 光武帝가 수리하고자 하였는데, 浚儀令 樂俊(악준)이 "백성들이 막 병란을 겪었으니, 부역을 일으켜서는 안 됩니다."라고 上言하자, 마침내 중지하였다.

그 뒤에 汴水가 동쪽으로 침식하여 날로 달로 더욱 넓어져서 兗州(연주)와 豫州의 백성들이 원망하고 탄식하였는데, 마침 樂浪 사람 王景이 治水를 잘한다고 천거한 자가 있었다. 여름 4월에 詔令을 내려 수십만의 병졸을 동원해서 왕경을 보내 將作謁者 王吳와 함께 汴水의 제방을 수리하게 하니, 滎陽으로부터 동쪽으로 千乘의 바다 입구에 이르기까지 천여 리가 되었다. 10리에 수문 하나를 설치해서 물을 번갈아 주입하여 다시는 무너지고 새는 근심이 없게 하니, 비록 부역과 비용을 크게 줄였으나 그래도 비용이 백억 錢으로 헤아려졌다.

初에 **平帝時**에 **河, 汴**이 **決壞**하여 **久而不修**[①]라 **建武十年**에 **光武 欲修之**러니 **浚儀令樂俊**이 **上言**[②]호되 **民**이 **新被兵革**하니 **未宜興役**이라한대 **乃止**하다 **其後**에 **汴渠東侵**하여 **日月彌廣**하여 **兗, 豫百姓**이 **怨歎**이러니 **會**에 **有薦樂浪王景**이 **能治水者**라 **夏四月**에 **詔發卒數十萬**하여 **遣景**하여 **與將作謁者王吳**로 **修汴渠堤**하니 **自滎陽**으로 **東至千乘海口千餘里**[③]라 **十里**에 **立一水門**하여 **令更相洄注**하여 **無復潰漏**(궤루)**之患**[④]하니 **雖簡省**(생)**役費**나 **然猶以百億計焉**이러라

① 汴은 음이 卞이니, 물이 陳留郡 浚儀縣 陰溝에서 발원하여 蒙縣에 이르러 雝水(옹수)가 되어 동쪽으로 泗水에 들어간다.

汴, 音卞, 水出陳留浚儀陰溝, 至蒙爲雝水, 東入于泗.

② 浚儀는 縣의 이름이다.
浚儀, 縣名.

③ 謁者는 光祿勳에 속하였다. 王吳는 謁者로서 將作의 벼슬을 하였으므로 將作謁者라 한 것이다. 汴渠는 바로 莨蕩渠(낭탕거)이니, 金堤라고도 한다.
謁者, 屬光祿勳. 吳以謁者而將作, 故謂之將作謁者. 汴渠, 卽莨蕩渠也, 亦號金堤.

④ 洄는 戶恢의 切이니, 역류하여 거슬러 올라가는 것이다. 注는 물을 댐을 이른다.
洄, 戶恢切, 逆流而上也. 注, 謂灌浸也.

【綱】 가을 7월에 司空 伏恭이 면직되니, 牟融을 司空으로 삼았다.

秋七月에 **司空恭**이 **罷**하니 **以牟融爲司空**하다

庚午年(70)

【綱】 漢나라 顯宗 孝明皇帝 永平 13년이다. 여름 4월에 汴水의 제방이 이루어졌다.

十三年이라 **夏四月**에 **汴渠成**[75]하다

【目】 河水와 汴水가 나누어 흘러서 옛 자취(물길)를 회복하였다.

河, 汴이 **分流**하여 **復**(복)**其舊跡**①하다

① 河水와 汴水의 제방이 터지면 汴水가 동쪽으로 침식하여 河水와 합류하는데 지금 제방이 이루어졌으니, 그렇다면 河水는 동북으로 바다로 들어가고 汴水는 동남으로 泗水에 들어가게 된다. 이는 나누어 흘러서 옛 자취를 회복한 것이다.
河・汴之隄決壞, 則汴水東侵而與河合, 今隄成, 則河東北入海, 而汴東南入泗, 是分流, 復其舊跡也.

【綱】 겨울 10월 그믐에 일식이 있었다.

---

75) 汴渠成 : "무릇 '成'이라고 쓴 것은 오래되었음을 표현하는 말이다. 지난해 4월에 처음 착수한 이래로 이때 1년이 지난 뒤에 이루어졌으니, 백성의 힘을 사용함이 많았다. 그러므로 삼가 쓴 것이다. 〔凡書成 久辭也 自往年四月始修 於是一年而後成 用民多矣 故謹書之〕" ≪書法≫

冬十月晦에 日食하다

【綱】 11월에 楚王 劉英이 죄를 짓고 폐위되어 丹陽으로 옮겼다.

◑十一月에 楚王英이 有罪하여 廢徙丹陽하다

【目】 楚王 劉英이 方士들과 金으로 거북을 만들고 玉으로 학을 만들고 문자를 전각하여 符瑞(황제가 될 징조)로 삼았는데, 燕廣이란 男子가, 유영이 漁陽 사람 王平과 顔忠 등과 함께 圖書를 조작하여 반역을 도모한다고 고발하였다. 이 사건을 獄吏에게 회부하여 조사하게 하니, 有司는 유영이 대역무도한 죄를 지었다 하여 주살할 것을 청하였다. 황제는 친족을 친애하여 차마 죽이지 못해서 11월에 유영을 폐위하여 丹陽의 涇縣으로 옮겼는데, 湯沐邑 500戶를 하사하고 아들딸 중에 列侯와 공주가 된 자는 식읍을 예전과 같게 하였다. 또 許太后는 옥새와 인끈을 올리지 말고 楚宮에 그대로 머물게 하였다.

楚王英이 與方士로 作金龜, 玉鶴하고 刻文字爲符瑞러니 男子燕廣이 告英與漁陽王平, 顔忠等으로 造作圖書하여 有逆謀라하다 事下案驗하니 有司奏英大逆不道라하여 請誅之어늘 帝以親親不忍하여 十一月에 廢英하여 徙丹陽涇縣호되 賜湯沐邑五百戶하고 男女爲侯主者는 食邑如故하다 許太后는 勿上璽綬하고 留住楚宮①하다

① 許太后는 바로 劉英의 어머니인 許美人이다.
許太后, 卽英母許美人也.

辛未年(71)

【綱】 漢나라 顯宗 孝明皇帝 永平 14년이다. 봄 3월에 司徒 虞延이 죄가 있어 자살하였다.

十四年이라 春三月에 司徒延이 有罪하여 自殺하다

【目】 이보다 앞서 劉英의 반역하려는 계책을 司徒인 虞延에게 은밀히 알린 자가 있었는데, 우연은 유영이 藩戚[76]이자 황제의 至親이라 여겼기 때문에 그의 말을 믿지 않았

76) 藩戚 : 천자의 친척 중 侯王에 봉해지거나 외지로 나가 한 구역의 重責을 맡은 사람을 이른다.

다. 그러다가 유영의 일이 발각되자 詔書를 내려 우연을 매우 꾸짖으니, 우연이 자살하였다.

先是에 有私以英謀告司徒虞延者어늘 延以英藩戚至親이라하여 不然其言이러니 及英事覺에 詔書切讓延하니 延이 自殺하다

【綱】 여름 4월에 邢穆(형목)을 司徒로 삼았다.

夏四月에 以邢穆爲司徒①하다

① 邢은 姓이다.
邢, 姓也.

【綱】 故 楚王 劉英이 자살하였다.

◑ 故楚王英이 自殺[77)]하다

【目】 楚王 劉英이 丹陽에 이르러 자살하니, 詔令을 내려 제후왕의 禮로 涇縣에 장례하게 하고, 燕廣을 봉하여 折姦侯로 삼았다. 이때에 楚王의 옥사를 끝까지 다스리느라 결국 여러 해가 지나니, 죄상을 자백하는 말이 서로 연관되어서 京師에 있는 親戚과 諸侯, 州郡의 豪傑로부터 옥사를 조사한 관리에 이르기까지 아부한 죄에 연좌되어 죽거나 귀양 간 자들이 천 명으로 헤아려졌고, 감옥에 갇혀 있는 자가 또한 수천 명이었다.

楚王英이 至丹陽하여 自殺하니 詔以諸侯禮葬於涇하고 封燕廣爲折姦侯하다 是時에 窮治楚獄하여 遂至累年하니 其辭語相連하여 自京師親戚, 諸侯, 州郡豪傑及考案吏히 阿附坐하여 死徙者以千數요 而繫獄者尙數千人이러라

【目】 유영은 은밀히 천하의 名士들을 조목조목 기록해 上이 그 기록을 얻어서 보니, 吳郡太守 尹興의 이름이 적혀 있으므로 마침내 윤흥과 掾史 500여 명을 불러서 廷尉에게 나와 조사를 받게 하였다. 吳郡의 여러 관리들 중에 고문을 이기지 못해서 죽은 자가 태반이었는데, 오직 門下掾 陸續과 主簿 梁宏, 功曹史 駟勳이 다섯 가지 酷刑을 골고루 받아서 살이 모두 문드러졌으나 끝내 다른 말이 없었다.

77) 故楚王英自殺 : "劉英이 이미 폐위가 되었는데도 작위를 쓴 것은 전에 이미 그의 죄가 있음을 써서 단죄한 것이 이미 분명하기 때문이다.〔英已廢矣 而猶書爵 蓋前旣書其有罪 所斷已明故也〕" ≪發明≫

英이 陰疏天下名士러니 上이 得其錄하니 有吳郡太守尹興名이어늘 乃徵興及掾史五百餘人하여 詣廷尉就考하다 諸吏는 不勝掠治하여 死者太半이로되 唯門下掾陸續과 主簿梁宏과 功曹史駟勳이 備受五毒하여 肌肉消爛호되 終無異辭①러라

① 門下掾은 郡의 문하에 있으니 여러 일을 총괄하여 기록하고, 功曹史는 공로에 따라 선발하여 등용하는 일을 주관한다. "五毒"은 사지와 몸통에 골고루 酷刑을 받는 것이다.
門下掾, 在郡門下, 摠錄衆事. 功曹史, 主選署功勞. 五毒, 四肢及身, 備受楚毒也.

【目】陸續의 어미가 吳郡에서 雒陽으로 와서 밥을 지어 獄으로 들여보냈다. 육속은 조사를 받으면서도 일찍이 말투와 얼굴빛이 변한 적이 없었는데, 밥상을 대하자 슬픔을 참지 못하고 슬피 울었다. 옥사를 다스리는 자가 그 이유를 묻자, 육속이 대답하기를 "어머니가 오셨는데, 뵐 수가 없으므로 슬퍼하는 것이다." 하였다. 옥리가 "어떻게 어머니가 오신 줄 아는가?" 하고 물으니, 육속이 대답하기를 "어머니는 고기를 자를 적에 일찍이 方正하지 않은 적이 없었고, 파를 자를 적에 한 寸(치)을 기준으로 삼으셨기 때문에 아는 것이다." 하였다. 使者가 이 내용을 보고하자, 上은 마침내 尹興 등을 사면하였는데 종신토록 禁錮하게 하였다.

續母自吳來雒陽하여 作食以饋하니 續이 雖見考나 辭色이 未嘗變이러니 而對食에 悲泣不自勝이어늘 治獄者問其故한대 續曰 母來不得見故로 悲耳로라 問 何以知之오 續曰 母截(절)肉에 未嘗不方하고 〔斷〕78) 蔥에 以寸爲度라 故로 知之로라 使者以狀聞한대 上이 乃赦興等호되 禁錮終身하다

【目】顏忠과 王平은 隧鄕侯 耿建, 朗陵侯 臧信, 濩澤侯 鄧鯉, 曲成侯 劉建이 연루되었다고 말하였으나, 경건 등은 일찍이 안충과 왕평을 만나본 적이 없다고 말하였다. 이에 上이 몹시 노하니, 관리들이 모두 황공해하여 연좌된 자들을 일체 법망에 빠뜨려 넣어서 감히 情狀에 따라 용서한 자가 없었다. 侍御史 寒朗이 그들의 억울함을 가슴 아파하여 시험 삼아 경건 등의 모습을 그림으로 그려서 홀로 안충과 왕평에게 묻자, 두 사람이 창졸간에 놀라 대답하지 못하였다.

顏忠, 王平이 辭引隧鄕侯耿建과 朗陵侯臧信과 濩(확)澤侯鄧鯉와 曲成侯劉建①이로되 建等이 辭未嘗與忠, 平相見하다 是時에 上怒甚하니 吏皆惶恐하여 諸所連及을 率一切陷入하여 無敢以情

78) 〔斷〕: 저본에는 '斷'이 없으나, ≪資治通鑑≫에 의거하여 보충하였다.

恕者라 侍御史寒朗이 心傷其冤②하고 試以建等物色으로 獨問忠, 平한대 而二人이 錯愕(조악)不能對③러라

① 耿純의 아우 耿宿이 隧鄕侯에 봉해졌으니, 耿建은 아마도 耿宿을 뒤이어 봉해진 자일 것이다. 朗陵은 縣의 이름이니 汝南郡에 속하였다. 臧信은 臧宮의 아들이다. 鄧鯉와 劉建은 모두 상고할 만한 것이 없다. 濩은 胡陌의 切이다. 濩澤侯의 나라는 河東郡에 속하고 曲成侯의 나라는 東萊郡에 속하였다.
耿純弟宿, 封隧鄕侯, 建蓋紹封者也. 朗陵, 縣名, 屬汝南郡. 信, 宮之子也. 鄧鯉・劉建, 皆無可考. 濩, 胡陌切. 濩澤侯國, 屬河東郡, 曲成侯國, 屬東萊郡.

② 侍御史는 불법을 살펴 들춰내고 公卿과 郡의 관리가 일을 아뢰는 것을 접수할 적에 잘못이 있으면 들어 탄핵하였다. 寒은 姓이다.
侍御史, 察擧非法, 受公卿郡吏奏事, 有違失, 擧劾之. 寒, 姓也.

③ "物色"은 모습을 그린 것을 이른다. 錯은 七故의 切이고, 愕은 愕과 통하며 五故의 切이니, "錯愕"는 倉卒과 같다.
物色, 謂形狀也. 錯, 七故切. 愕, 通作(愕)〔愕〕,79) 五故切. 錯愕, 猶倉卒也.

【目】 寒朗은 이들이 거짓말을 하는 것을 알고는 마침내 上言하기를 "耿建 등은 잘못한 것이 없고 顔忠과 王平에게 모함을 당한 것뿐이니, 아마도 천하에 죄가 없는 자들이 이처럼 죄에 걸려든 경우가 많을 듯합니다." 하였다. 황제가 묻기를 "만일 이와 같다면 안충과 왕평이 무슨 연고로 이들을 끌어들였는가?" 하니, 한랑이 대답하기를 "안충과 왕평이 자신들이 범한 죄가 부도덕함을 스스로 알기 때문에 거짓으로 사람들을 많이 끌어들여서 자신들이 부도덕하지 않다는 것을 드러내려 한 것입니다." 하였다. 황제가 말하기를 "만약 이와 같다면 그대가 어찌 일찍 아뢰지 않았는가?" 하니, 대답하기를 "臣은 海內에 그들의 죄를 적발하는 자가 따로 있을 것이라고 여겼습니다." 하였다. 황제가 노하여 말하기를 "이 관리가 결단하지 못하고 우물쭈물했다." 하고는, 곧장 끌어내 곤장을 치게 하였다.

朗이 知其詐하고 乃上言호되 建等은 無姦이요 專爲忠, 平所誣하니 疑天下無辜 類多如此일까하노이다 帝曰 卽如是면 忠, 平이 何故引之오 對曰 忠, 平이 自知所犯不道라 故로 多虛引하여 冀以自明이니이다 帝曰 卽如是면 何不早奏오 對曰 臣恐海內別有發其姦者니이다 帝怒曰 吏持兩端이라하고 促提下捶(추)之하다

79) (愕)〔愕〕: 저본에는 '愕'으로 되어 있으나, ≪資治通鑑≫에 의거하여 '愕'으로 바로잡았다.

【目】 좌우가 막 寒朗을 끌고 가려 하였는데, 한랑이 말하기를 "한 말씀 올리고 죽기를 원합니다." 하였다. 황제가 묻기를 "누구와 이 글을 지었는가?" 하니, 대답하기를 "臣이 홀로 지었습니다." 하였다. 上이 말하기를 "어찌하여 三府와 상의하지 않았는가?" 하니, 대답하기를 "臣은 마땅히 멸족을 당할 줄을 알아서 감히 사람을 많이 연루시키지 않은 것입니다." 하였다. 上이 말하기를 "무슨 연고로 멸족을 당한단 말인가?" 하니, 한랑이 다음과 같이 대답하였다.

"臣이 옥사를 조사한 지 1년에 간악한 내용을 다 밝혀내지 못하고 도리어 죄인들을 위해 억울함을 하소연하고 있으니, 마땅히 멸족을 당할 줄을 아는 것입니다. 그러나 臣이 이것을 말씀드리는 이유는 진실로 폐하께서 크게 깨닫기를 바라서일 뿐입니다. 臣이 이 일에 연좌된 죄수들을 조사하는 자들을 보니, 모두 함께 말하기를 '요망한 악인과 나라의 큰 죄수는 臣子가 응당 함께 미워해야 할 바이니, 지금 이들을 내보내는 것은 죄망에 집어넣는 것만 못하다. 이렇게 하여야 후일의 책망이 없을 것이다.' 하였습니다. 이 때문에 한 사람을 조사하면 열 사람이 연루되고 열 사람을 조사하면 백 사람이 연루되는 것입니다. 또 公卿들이 조회할 적에 폐하께서 정치의 득실을 물으시면 모두 오랫동안 무릎 꿇고 말하기를 '옛 제도에 큰 죄는 화가 九族에 미쳤는데, 지금은 폐하의 큰 은혜로 겨우 죄인 자신에게만 화가 그치니, 천하에 매우 다행입니다.'라고 하였습니다. 그러나 그들이 자신의 집으로 돌아가서는, 비록 입을 닫고 말하지 않으나 지붕을 쳐다보며 속으로 한탄하면서 억울한 옥사가 많다는 것을 모르지 않습니다. 그런데도 감히 폐하의 말씀을 거스르지 못하는 것입니다. 臣이 지금 이 말씀을 아뢰었으니, 진실로 죽어도 후회가 없습니다."

황제의 마음이 풀려서 명하여 한랑을 내보내게 하였다.

左右方引去러니 朗曰 願一言而死하노이다 帝曰 誰與共爲章고 對曰 臣獨作之하니이다 上曰 何以不與三府議①오 對曰 臣自知當必族滅하여 不敢多汚染人이니이다 上曰 何故族滅고 對曰 臣考事一年에 不能窮盡姦狀하고 反爲罪人訟冤이라 故로 知當族滅②이니이다 然이나 臣所以言者는 誠冀陛下一覺寤而已니이다 臣이 見考囚在事者호니 咸共言妖惡大故는 臣子所宜同疾이니 今出之不如入之라야 可無後責③이라하니이다 是以로 考一連十하고 考十連百하니이다 又公卿朝會에 陛下問以得失하시면 皆長跪言호되 舊制에 大罪는 禍及九族이러니 陛下大恩으로 裁止於身하니 天下幸甚④이라하니이다 及其歸(含)〔舍〕[80]에 含口雖不言이나 而仰屋竊歎하여 莫不知其多冤이로되 無敢牾

80) (含)〔舍〕: 저본에는 '含'으로 되어 있으나, ≪資治通鑑≫에 의거하여 '舍'로 바로잡았다.

陛下言者⑤니이다 臣今所陳은 誠死無悔니이다 帝意解하여 詔遣朗出하다

① 三府는 太尉府, 司徒府, 司空府이다.
三府, 太尉·司徒·司空府也.
② 爲(위하다)는 去聲이니, 아래의 "爲帝"도 같다.
爲, 去聲, 下爲帝同.
③ 故는 일이요 죄수이다. "出之不如入之"는 〈죄인에게〉 죄를 면제해주는 것이 죄에 들여 넣는 것만 못함을 말한 것이다.
故, 事也, 囚也. 出之不如入之, 言出其罪不如入其罪也.
④ 裁(겨우)는 纔와 같다.
裁, 與纔同.
⑤ 牾는 五故의 切로 거스름이니, 혹 忤로도 쓴다.
牾, 五故切, 逆也, 或作忤.

【目】이틀 뒤에 車駕(황제)가 직접 洛陽의 獄에 행차하여 갇혀 있는 죄수들을 살펴 기록해서 천여 명을 조사하여 내보냈는데, 이때 날이 가물다가 즉시 비가 내렸다.

馬后 또한 楚王의 옥사에 억울한 자가 많다고 하여 틈을 타서 황제에게 말하니, 황제가 惻然히 감동하여 깨닫고는 밤중에 일어나 방안을 배회하였다. 이로 인해 죄를 감하여 사면해준 자가 많았다.

後二日에 車駕自幸洛陽獄하여 錄囚徒하여 理出千餘人이러니 時에 天旱이라가 卽下雨①하다 馬后亦以楚獄多濫이라하여 乘間爲帝言之한대 帝惻然感悟하고 夜起彷徨하니 由是로 多所降宥②러라

① "錄囚徒"는 살펴 기록해서 그 정상에 억울한지의 여부가 있는지를 아는 것이다.
錄囚徒, 謂省錄之, 知其情狀有冤滯與不也.
② "彷徨"은 스스로 편안하지 못한 모양이다.
彷徨, 不自安之貌.

【目】任城令 袁安이 楚郡太守로 승진하였는데, 郡에 부임하자 관사〔府〕에 들어가지 않고 먼저 가서 楚王 劉英의 獄事를 조사하여 분명한 증거가 없는 자들을 다스려서 조목별로 올리고 내보냈다. 府丞과 掾史가 모두 머리를 조아리며 간쟁하기를 "배반한 역적에게 아부하는 것은 법률에 의하면 똑같이 죄를 받게 되어 있으니, 불가합니다." 하였다.

원안이 말하기를 "만약 합당하지 못한 일이 있으면 太守인 내가 마땅히 죄를 받을 것이요, 그대들에게 죄가 미치게 하지 않을 것이다." 하고는 마침내 죄인들을 분별하여

자세히 아뢰었다. 황제가 감동하여 깨닫고 즉시 허락하는 답을 내리니, 출옥한 자가 400여 집안이었다.

任城令袁安이 遷楚郡太守①러니 到郡에 不入府하고 先往按楚王英獄事하여 理其無明驗者하여 條上出之하다 府丞, 掾史 皆叩頭爭하여 以爲阿附反虜는 法與同罪하니 不可하니이다 安曰 如有不合이면 太守自當坐之요 不以相及也라하고 遂分別具奏하니 帝感悟하여 即報許하니 得出者四百餘家러라

① 任은 음이 壬이니, 任城縣은 東平國에 속하였다.
任, 音壬. 任城縣, 屬東平國.

袁安(≪古聖賢像傳略≫)

【綱】 처음으로 壽陵을 만들었다.

初作壽陵[81]하다

【目】 처음 壽陵을 만들 적에 다음과 같이 制令을 내렸다.

"겨우 물이 흘러가게 하여 봉분을 크게 일으키지 말라. 그리고 내가 죽은 뒤에 땅을 쓸고 제사할 적에는 한 사발의 물과 포와 말린 밥만 올리도록 하라. 죽은 지 100일이 지나면 四時에만 제수를 올리고 관리와 병졸 몇 사람만을 능에 배치해두어서 청소하게 하라. 감히 크게 공사를 일으키는 자가 있으면 멋대로 宗廟의 일을 의논한 법으로 처리하도록 하라."

初作壽陵할새 制호되 裁令流水而已하여 無得起墳하고 萬年之後에 埽地而祭에 杅水脯糒(포비)而已①라 過百日에 唯四時設奠하고 置吏卒數人하여 供給灑埽하라 敢有所興作者면 以擅議宗廟法

81) 初作壽陵 : "'初作'이라고 한 것은 어째서인가. 늦다는 말이니, 황제가 이때 즉위한 지 14년이 되었으므로 '初'라고 쓴 것이다. 兩漢 시대에 陵을 만들 적에 '初'라고 쓴 것이 3번이니, 모두 오랜 뒤에야 만든 경우이다.〔初作 何 緩辭也 帝於是即位十四年矣 故書初 兩漢作陵 書初三 皆久而後作者也〕" ≪書法≫
壽陵은 임금이 생전에 자신의 陵寢을 미리 만드는 것을 말한다. 임금이 아직 죽지 않아서 능침에 이름을 붙일 수가 없으므로, 이 무덤에 들어갈 대상이 오래 살라는 의미로 壽陵이라 불렀다.

從事②하라

① 杅는 음이 于로 본래 盂로 쓰니, 마시는 그릇이다. ≪方言≫에 "盌(사발)을 盂라 한다." 하였다.
杅, 音于, 本作盂, 飮器也. 方言 "盌謂之盂."

② ≪漢書≫에 "宗廟의 일을 멋대로 의논한 자는 棄市刑에 처한다." 하였다.
前書曰 "擅議宗廟者, 棄市."

壬申年(72)

【綱】漢나라 顯宗 孝明皇帝 永平 15년이다. 봄 2월에 황제가 동쪽으로 순행하여 下邳에서 親耕禮를 행하였다. 3월에 魯 지역에 가서 孔子의 고택에 나아갔다.

十五年이라 春二月에 帝東巡하여 耕于下邳하다 三月에 至魯하여 詣孔子宅①[82]하다

① 下邳縣은 본래 東海郡에 속했었는데, 이해에 臨淮郡을 下邳國으로 삼으면서 下邳縣을 소속

---

82) 詣孔子宅 : "史書에는 '幸孔子宅(孔子의 고택에 행차하다.)'이라고 썼는데, 여기에서 '詣孔子宅'이라고 쓴 것은 어째서인가. 황제의 지위를 道보다 위에 올려놓지 않은 것이다. 군주가 신하의 집에 왕림했을 때에만 '幸'이라고 쓰니, ≪資治通鑑綱目≫에서 '詣孔子宅'이라고 쓴 것이 1번뿐이다.〔史書幸孔子宅 此其書詣 何 不以位加道也 唯君臨其臣 則書幸 綱目書詣孔子宅 一而已〕" ≪書法≫
"하늘이 下民을 도와 군주와 스승을 세워서 다스림과 가르침을 맡겨서 서로 병행하게 하였으니, 진실로 한 가지를 들고 한 가지를 폐할 수 없는 것이다. 후세에는 군주를 너무 심하게 높여서 孔子를 제후의 신하〔陪臣〕로 삼아 天子가 절해서는 안 된다고 말한 자가 있었으니, 스승을 높이고 道를 중히 여긴 뜻은 아마도 이와 같지 않을 듯하다. 顯宗이 師傅를 높인 것이 前古에 뛰어나니, 그가 桓榮을 스승으로 섬긴 禮를 보면 이것을 알 수 있다. 황제가 魯 지역에 행차한 것을 예전의 史書에서는 모두 '幸孔子宅'이라고 썼으니, 이는 진실로 세속에서 익숙히 들은 말로 배우는 자들 역시 그 구두에 익숙하여 살피지 못한 것이다. ≪資治通鑑綱目≫을 편수할 때에 이르러서야 비로소 '詣孔子宅'이라고 썼으니, 아! 우리 聖人의 道가 어찌 區區하게 이 한 글자를 따지겠는가. 그러나 賢者의 마을에 경례하고 賢者의 墓에 경의를 표하여, 옛 제왕들이 한 어진 선비에게도 저와 같이 공경하였는데, 어찌 공자께서는 만세의 仁義禮樂의 宗主로서 三綱을 붙들고 世敎를 드리워서 天地가 힘입어 확립되고 인류가 힘입어 멸망되지 않았다고 하면서, 孔子의 고택에 황제가 친림하고 행차하는 禮를 加할 수 있겠는가. 군자가 이것을 표출하지 않았다면 聖人이 衆人과 똑같이 되었을 것이다. 그러나 이는 식견이 있는 자와 더불어 말할 수 있고, 세속에 아첨하는 자와는 쉽게 논할 수가 없으니, 슬프다.〔天佑下民 作之君師 職治職敎 相與竝行 固不可擧一而廢一也 自後世尊君太甚 於是有以孔子爲陪臣而天子不當拜之者 崇師重道之意 殆不如此 顯宗尊崇師傅 敻絶前古 觀其師事桓榮之禮 蓋可見矣 至魯之行 前史皆曰幸孔子宅 此固世俗習熟之語 學者亦習其句讀而不察者也 至綱目修之 始以詣孔子宅爲文 嗚呼 吾聖人之道 豈區區較此一字哉 式閭表墓 古帝王於一賢士 猶敬之如彼 孰謂萬世仁義禮樂之宗主 扶三綱 垂世敎 天地賴之以有立 人類賴之以不滅 其故居宮室 乃可以臨幸之禮加之哉 不有君子表而出之 則聖人與衆人等耳 雖然此可與識者語 未易與諛俗論也 嗟夫〕" ≪發明≫

시켰다.

下邳縣, 本屬東海郡, 是年, 以臨淮郡爲下邳國, 下邳縣屬焉.

【目】孔子의 고택에 행차하여 친히 講堂에 나아가 皇太子와 諸王들에게 명하여 經書를 강설하게 하였다.

幸孔子宅하여 親御講堂하여 命皇太子, 諸王說經①하다

① 李賢이 말하기를 "孔子의 고택은 지금의 兗州 曲阜縣 옛 魯나라 城中 歸德門 안 闕里의 가운데에 있었는데, 洙水를 등지고 泗水를 마주하였으니, 矍相國(곽상국)의 동북쪽이다." 하였다. ≪漢春秋≫에 "황제가 이때 孔子의 사당에 올라가서 신하들을 뜰에 세우고 북향하여 모두 孔子에게 再拜하였으며, 황제가 술잔을 올린 뒤에 앉았다." 하였다.
賢曰 "孔子宅, 在今兗州曲阜縣故魯城中歸德門內闕里之中, 背洙面泗, 矍相國之東北也." 漢春秋曰 "帝時升廟, 立群臣中庭, 北面皆再拜, 帝進爵而後坐."

【綱】皇子 6명을 봉하여 왕으로 삼았다.

封皇子六人爲王[83)]하다

【目】皇子 劉恭을 봉하여 鉅鹿王으로 삼고 劉黨을 樂成王, 劉衍을 下邳王, 劉暢을 汝南王, 劉昞을 常山王, 劉長을 濟陰王으로 삼았는데, 황제가 친히 그 국경〔封域〕을 정하여 겨우 楚王(劉永)과 淮陽王(劉延)의 절반이 되게 하였다. 馬后가 말하기를 "여러 황자들이 몇 개의 縣을 식읍으로 삼는 것은, 제도에 비해 너무 적지 않습니까?" 하니, 황제가 말하기를 "내 아들을 어찌 先帝(光武帝)의 아드님들과 똑같이 할 수 있겠는가. 해마다 2천만 錢을 주면 충분하다." 하였다.

封皇子恭爲鉅鹿王하고 黨爲樂成王하고 衍爲下邳王하고 暢爲汝南王하고 昞爲常山王하고 長爲

---

83) 封皇子六人爲王 : "景帝의 여섯 아들과 武帝의 세 아들을 세울 적에는 모두 나열하여 썼는데, 여기에서 나열하여 쓰지 않은 것은 어째서인가. 황제(明帝)의 아름다운 뜻을 이루기 위해서였다. 황제의 아름다운 뜻을 이루려고 하면서 어찌하여 나열하여 쓰지 않았는가. 황제가 말하기를 '내 아들을 어찌 先帝의 아드님들과 똑같이 할 수 있겠는가.' 하고, 이에 아들들의 封地가 겨우 楚王(劉英)과 淮陽王(劉延)의 절반이 되게 하였으니, 황제는 절제할 줄을 알았다. 그러므로 생략하고 나열해 쓰지 않은 것이니, 이는 황제의 아름다움을 이루어주기 위한 것이다. ≪資治通鑑綱目≫은 漢나라 宣帝 이하로 唐나라에 이르기까지 아들을 봉한 것을 다 쓰지 않고 연고가 있을 때에만 썼다.〔景帝六子 武廟立三子 皆序 此其不序 何 成帝意也 成帝意則曷爲不序 帝之言曰 我子豈宜與先帝子等 於是封域 裁半楚淮陽 帝知節矣 故略之不序者 所以成帝之美也 綱目自漢宣帝以下至唐 封子不悉書 有故則書之〕" ≪書法≫

濟陰王[①]할새 帝親定其封域하여 裁令半楚, 淮陽[②]하다 馬后曰 諸子食數縣은 於制에 不已儉乎잇가 帝曰 我子豈宜與先帝子等이리오 歲給二千萬이면 足矣라하니라

① 樂成國은 본래 信都郡인데, 황제가 이름을 바꾸었다.
樂成國, 本信都郡, 帝改名.

② 여러 아들의 封域이 楚王 劉英과 淮陽王 劉延의 봉지에 비하면 겨우 절반에 미친 것이다.
諸子之封域, 比楚王英·淮陽王延之地, 裁及其一半.

【綱】 겨울에 都尉 耿秉과 竇固를 보내 군대를 거느리고 가서 涼州에 주둔하게 하였다.

冬에 遣都尉耿秉, 竇固하여 將兵屯涼州하다

【目】 謁者僕射 耿秉이 여러 번 上言하여 匈奴를 공격할 것을 청하자, 上은 顯親侯 竇固가 일찍이 世父(伯父) 竇融을 따라 河西에 있으면서 변방의 일을 밝게 익혔다 하여, 마침내 경병과 두고로 하여금 太僕 祭肜(채융)과 虎賁中郎將 馬廖(마료), 下博侯 劉張, 好畤侯 耿忠 등과 함께 의논하게 하였다.

謁者僕射耿秉이 數(삭)上言하여 請擊匈奴[①]한대 上以顯親侯竇固 嘗從其世父融하여 在河西하여 明習邊事[②]라하여 乃使秉, 固로 與太僕祭肜과 虎賁中郎將馬廖와 下博侯劉張과 好畤侯耿忠等으로 共議之[③]하다

① 耿秉은 耿國의 아들이다.
秉, 國之子也.

② 아버지의 형제 중에 아버지보다 먼저 태어난 분을 世父라 하고, 뒤에 태어난 분을 叔父라 한다.
父之昆弟, 先生爲世父, 後生爲叔父.

③ 廖는 음이 聊이니, 〈馬廖는〉 馬援의 아들이다. 劉張은 齊王 劉縯(光武帝의 형)의 손자이고, 耿忠은 耿弇의 아들이다.
廖, 音聊, 援之子. 張, 齊王縯之孫, 忠, 弇之子也.

【目】 耿秉이 다음과 같이 말하였다.

"옛날에 匈奴가 옷깃을 왼쪽으로 하는 여러 오랑캐 무리들을 병탄하였기 때문에 제재할 수 없었는데, 孝武帝가 河西의 4개 郡과 居延과 朔方을 얻자, 羌族과 胡族이 분리되

고 오직 西域만 남아 있었으며, 얼마 후 서역이 다시 內屬하였습니다. 그러므로 呼韓邪單于가 漢나라를 섬길 것을 청하여 변방의 문을 두드렸으니, 그 형세가 타기 쉬웠습니다. 지금 南單于가 있어서 형세가 비슷하지만, 서역은 아직도 內屬하지 않고 북쪽 오랑캐는 틈을 보이지 않고 있습니다. 어리석은 臣은 생각하건대, 먼저 白山을 공격해서 伊吾를 점령하고 車師를 격파하고 烏孫의 여러 나라와 사신을 통해 흉노의 오른팔을 잘라야 합니다. 伊吾에도 흉노의 南呼衍[84] 일부가 있으니, 이들을 격파하면 다시 그 왼쪽 뿔을 자르는 것이 됩니다. 이렇게 한 뒤에야 흉노를 공격할 수 있습니다."

耿秉曰 昔者에 匈奴幷左衽之屬이라 故로 不可得而制러니 孝武既得河西四郡及居延, 朔方에 羌, 胡分離하고 唯有西域이요 俄復內屬이라 故로 呼韓邪單于請事款塞하니 其勢易乘也니이다 今有南單于하여 形勢相似라 然이나 西域이 尙未內屬하고 北虜未有釁(흔)作하니 臣愚는 以爲當先擊白山하여 得伊吾하고 破車師하고 通使烏孫諸國하여 以斷其右臂①니 伊吾亦有匈奴南呼衍一部라 破此면 復爲折其左角이니 然後에 匈奴可擊也②리이다

① 白山은 바로 祁連山이다.[85] 伊吾는 바로 伊吾盧의 지역이다.
白山, 卽祁連山. 伊吾, 卽伊吾盧地.

② 呼衍은 본래 南部의 칭호였는데 뒤에 이것으로 氏를 삼았으니, 아마도 흉노의 귀족일 것이다.
呼衍, 本南部之號, 後因以爲氏, 蓋其貴種也.

【目】 上이 그 말을 좋게 여겼는데, 의논하는 자들 중에 혹자가 말하기를 "지금 군대가 白山으로 출동하면 匈奴가 반드시 병력을 연합하여 서로 도울 것이니, 또 마땅히 그 동쪽을 분리시켜 그 무리를 흩어지게 하여야 합니다." 하니, 上이 이 말을 따랐다.

12월에 耿秉을 駙馬都尉로, 竇固를 奉車都尉로 삼았으며, 騎都尉 秦彭을 경병의 副로, 耿忠을 두고의 副로 삼고는, 모두 從事와 司馬를 두어서 涼州에 나가 주둔하게 하였다.

上이 善其言이러니 議者或以爲 今兵出白山이면 匈奴必幷兵相助리니 又當分其東하여 以離其衆이니이다하니 上이 從之하다 十二月에 以秉爲駙馬都尉하고 固爲奉車都尉하며 以騎都尉秦彭爲

84) 南呼衍 : 呼衍은 單于의 씨족인 攣鞮氏와 혼인을 맺는 인척 씨족으로 흉노의 지배층을 형성했다. 흉노가 남북으로 분열되면서 연제씨의 권위는 하락하고 호연씨 등 인척 씨족의 권위가 상승하였다.(≪後漢書 外國傳 譯註≫) 여기서 南呼衍은 아래 보이는 呼衍王의 세력을 가리킨 듯하다.

85) 白山은……祁連山이다 : 본서 98쪽 訓義 ①에서는 白山을 天山으로 보았다.

秉副하고 耿忠爲固副하여 皆置從事, 司馬하여 出屯涼州하다

癸酉年(73)

【綱】漢나라 顯宗 孝明皇帝 永平 16년이다. 봄 2월에 太僕 祭肜과 竇固 등을 보내 北匈奴를 정벌하게 하였다. 두고는 伊吾盧 지역을 점령하였고, 채융은 오랑캐를 만나지도 못하고 돌아왔는데 하옥되었다가 면직되고 卒하였다.

十六年이라 春二月에 遣太僕祭肜及竇固等하여 伐北匈奴러니 固는 取伊吾盧地하고 肜은 不見虜而還이어늘 下獄이라가 免하고 卒[86]하다

【目】祭肜을 보내 度遼將軍 吳棠과 함께 河東과 西河의 羌族과 胡族, 南單于의 기병 1만 1천을 징발해서 高闕塞로 출동시키고, 竇固와 耿忠은 酒泉, 敦煌, 張掖의 甲卒 및 盧水의 羌族과 胡族의 기병 1만 2천을 거느리고서 酒泉塞로 출동시키고, 耿秉과 秦彭은 武威, 隴西, 天水에서 모집한 병사와 羌族과 胡族의 기병 1만을 거느리고서 張掖의 居延塞로 출동시키고, 騎都尉 來苗와 護烏桓校尉 文穆은 太原, 雁門, 代郡, 上谷, 漁陽, 右北平, 定襄郡의 군대와 烏桓, 鮮卑의 기병 1만 1천을 거느리고서 平城塞로 출동시켜 北匈奴를 정벌하게 하였다.

遣肜하여 與度遼將軍吳棠으로 將河東, 西河羌胡及南單于兵萬一千騎하여 出高闕塞①하고 竇固, 耿忠은 率酒泉, 敦煌, 張掖甲卒及盧水羌胡萬二千騎하여 出酒泉塞②하고 耿秉, 秦彭은 率武威, 隴西, 天水募士及羌, 胡萬騎하여 出張掖居延塞하고 騎都尉來苗와 護烏桓校尉文穆은 將太

86) 固……免卒 : "伊吾盧는 어떤 곳인가. 오랑캐의 요충지이다. 그러므로 특별히 쓴 것이다. 하옥되었는데 '卒'이라고 쓴 것은 옥에서 이미 나왔기 때문이다.〔伊吾盧 何 虜要地也 故特筆書之 下獄書卒 旣出也〕" ≪書法≫
"祭肜이 功이 없는 것은 左賢王 信에게 속아 잘못 판단하였기 때문이다. 그러나 채융이 主將이 되어서 정탐을 철저히 하지 못하여 작은 산을 涿邪山이라 하는 데에 이르렀으니, 무슨 말로 그 책임을 면하겠는가. 그러므로 ≪資治通鑑綱目≫에 '오랑캐를 보지 못하고 돌아왔다.'라고 분명히 써서 그의 잘못이 바로 여기에 있음을 나타낸 것이다. 그러나 하옥되었다가 이미 면직되었는데 '死'라고 쓰지 않고 '卒'이라고 쓴 것은, 그의 죄가 하옥되어 면직되는 데에는 이르지 않았다고 여겼기 때문에 특별히 卒이라고 한 것이다. 억누르고 드날리고 가볍게 하고 무겁게 하는 사이에 구차하지 않음이 이와 같다.〔肜之無功 爲左賢王信所誤爾 然肜爲主將 偵候不明 至以小山爲涿邪山 則何詞以逭其責 故綱目明書不見虜而還 以見其所坐 正在此也 若夫下獄旣免 不書死而書卒 則亦以其罪不至此 特卒之爾 抑揚輕重之間 其不苟也如此〕" ≪發明≫

原, 雁門, 代郡, 上谷, 漁陽, 右北平, 定襄郡兵及烏桓, 鮮卑萬一千騎하여 出平城塞하여 伐北匈奴하다

① 高闕은 朔方의 북쪽에 있다.
高闕, 在朔方北.
② 冉駹夷(염방이) 북쪽에 黃石, 北地, 盧水胡가 있다.
冉駹夷北, 有黃石・北地・盧水胡.

【目】竇固와 耿忠은 天山에 이르러 呼衍王을 공격해서 천여 명의 수급을 베고 蒲類海에까지 추격하여 伊吾盧 지역을 점령해서 宜禾都尉를 설치하고 관리와 군사들을 伊吾盧의 城에 잔류시켜 둔전하게 하였다. 耿秉과 秦彭은 句林王을 공격하여 사막 600여 리를 넘어 三木樓山에까지 갔다가 돌아왔고, 來苗와 文穆은 匈河水 가에 이르렀는데, 오랑캐들이 모두 달아나서 사로잡은 바가 없었다. 祭肜은 南匈奴의 左賢王 信과 서로 뜻이 맞지 못하여 高闕塞에서 900여 리를 나가 작은 산을 보았는데, 左賢王 信이 거짓말로 이곳을 涿邪山(탁야산)이라 하자, 오랑캐를 보지도 못하고 그대로 돌아왔다.

竇固, 耿忠은 至天山하여 擊呼衍王하여 斬首千餘級하고 追至蒲類海하여 取伊吾盧地하여 置宜禾都尉하고 留吏士하여 屯田伊吾盧城①하다 耿秉, 秦彭은 擊(匈)〔句〕林王하여 絶幕六百餘里하여 至三木樓山而還②하고 來苗, 文穆은 至匈河水上하니 虜皆奔走하여 無所獲③하고 祭肜은 與南匈奴左賢王信으로 不相得하여 出高闕塞九百餘里하여 得小山하니 信이 妄以爲涿邪山이라한대 不見虜而還④하다

① 天山은 바로 白山이다. 蒲類海는 敦煌 북쪽에 있으니, 이 지역에 蒲類澤이 있다. 宜禾는 본래 城의 이름으로 隴西에 있으니, 뒤에 縣을 설치하여 涼州에 소속시켰다.
天山, 卽白山. 蒲類海, 在敦煌北, 其地有蒲類澤. 宜禾, 本城名, 在隴西, 後置縣, 屬涼州.
② 匈林은 마땅히 句林이 되어야 할 것이다. 光武帝 建武 때에 匈奴가 일찍이 句林王을 보내 盧芳을 맞이하였다. 句는 古侯의 切이다. 三木樓山은 흉노에 있는 山 이름이다.
匈林, 恐當作句林. 建武時, 匈奴嘗遣句林王, 迎盧芳. 句, 古侯切. 三木樓山, 匈奴中山名.
③ ≪漢書≫를 근거해보면 匈河水는 令居에서 수천 리 떨어져 있다. 臣瓚이 말하기를 "令居와의 거리가 천 리이다." 하였다.
據前書, 匈河水, 去令居數千里. 臣瓚曰 "去令居千里."
④ 邪는 耶로 읽으니, 涿邪는 匈奴에 있는 산 이름으로 사막 북쪽에 있다.
邪, 讀曰耶. 涿邪, 匈奴中山名, 在漠北.

【目】祭肜과 吳棠은 머뭇거리고 두려워한 죄에 걸려 하옥되었다가 면직되었는데, 채융은 자신이 戰功을 세우지 못한 것을 한스럽게 여겨 출옥한 지 며칠 만에 피를 토하고 죽었다.

황제는 평소 채융을 소중하게 여겨서 다시 그를 임용하려 하였는데, 그가 죽었다는 말을 듣고 크게 놀라서 한동안 한탄하였다.

烏桓과 鮮卑는 매번 京師로 조회 와서 하례할 적에 항상 채융의 무덤을 지나게 되면 배알하고 하늘을 우러러 슬피 울부짖었으며, 遼東의 관리와 백성들은 채융을 위하여 사당을 세워서 四時로 제사를 받들었다. 竇固만 홀로 공이 있어서 特進[87]의 지위를 더하였다.

肜與吳棠은 坐逗留畏懦하여 下獄하여 免이러니 肜은 自恨無功하여 出獄數日에 歐血死하다 帝雅重肜하여 方更任用이러니 聞之하고 大驚하여 嗟嘆良久하다 烏桓, 鮮卑 每朝賀京師할새 常過肜冢에 拜謁하고 仰天號泣하며 遼東吏民은 爲立祠하여 四時奉祭焉①이러라 竇固獨有功하여 加位特進하다

① 祭肜이 앞서 遼東太守가 되었을 적에, 위엄과 신의가 烏桓과 鮮卑에게 행해졌다.
肜先爲遼東太守, 威信行於烏桓·鮮卑.

【綱】西域의 여러 나라들이 아들을 보내 入侍하였다.

西域諸國이 遣子入侍하다

【目】竇固가 假司馬[88] 班超와 從事 郭恂으로 하여금 함께 西域으로 사신 가게 하였다. 반초가 鄯善에 도착하니, 鄯善王 廣이 반초를 받들 적에 예의와 공경이 매우 극진하였는데, 뒤에 갑자기 다시 소홀하고 태만하였다. 반초가 자신의 관속들에게 이르기를 "廣이 예우하는 마음이 박해짐을 어찌 깨닫지 못하는가?" 하니, 관속들이 말하기를 "胡人은 항상하고 오래하지 못하니, 다른 연고가 없습니다." 하였다.

반초가 말하기를 "이는 반드시 匈奴의 使者가 와서 廣이 의심을 품고 머뭇거리면서 따를 바를 알지 못하기 때문일 것이다. 현명한 자는 싹이 트기 전에 아니, 하물며 이미

---

87) 特進 : 관직의 명칭으로 前漢 말에 처음으로 설치되었다. 列侯 중에 특수한 지위가 있는 사람에게 수여하였으며, 그 지위는 三公의 아래였다. 後漢부터 南北朝 시대까지는 加官(本職 이외에 겸임하는 다른 官職)이고, 隋·唐 이후로는 散官(이름만 있고 일정한 직무가 없는 관직)이 되었다.

88) 假司馬 : 大將軍의 營은 五部가 있고 部에는 軍司馬와 軍假司馬가 있는데, 군가사마는 군사마의 副이다.

드러남에 있어서이겠는가." 하고는 마침내 시종하는 胡人을 불러서 짐짓 속여 말하기를 "흉노의 使者가 온 지가 며칠이 되었는데, 지금 어디에 있는가?" 하니, 시종하는 胡人이 황공해하며 말하기를 "도착한 지 이미 3일이니, 여기에서 30리쯤 떨어져 있습니다." 하였다.

竇固使假司馬班超與從事郭恂으로 俱使西域[①]하다 超行到鄯善하니 鄯善王廣이 奉超에 禮敬甚備러니 後에 忽更疎懈라 超謂其官屬曰 寧覺廣禮意薄乎아 官屬曰 胡人이 不能常久하니 無他故也니이다 超曰 此必虜使來하여 狐疑하여 未知所從故也라 明者는 覩未萌하나니 況已著邪아하고 乃召侍胡하여 詐之曰 匈奴使來數日이니 今安在乎[②]아 侍胡惶恐曰 到已三日이니 去此三十里니이다

① 班超는 班彪의 아들이다.
超, 彪之子也.
② 侍胡는 鄯善에서 班超를 모시라고 보낸 자이다.
侍胡, 鄯善所遣侍超者.

班超(≪古聖賢像傳略≫)

【目】 班超는 마침내 시종하는 胡人을 가두고, 관리와 군사 36명을 모두 모아서 이들과 함께 술을 마시고는, 술이 취하자 그들을 격노시켜 말하기를 "卿들과 내가 함께 먼 지역에 와 있는데, 지금 匈奴의 使者가 이른 지 겨우 며칠 만에 鄯善王 廣이 예의와 공경을 즉시 폐하였다. 만일 鄯善에서 우리들을 체포하여 흉노로 보내면 우리들의 骸骨이 영원히 豺狼의 밥이 될 것이니, 어찌한단 말인가?" 하였다.

관속들이 모두 말하기를 "지금 위태롭고 멸망할 처지에 빠져 있으니, 죽든 살든 司馬(반초)를 따르겠습니다." 하였다.

반초가 말하기를 "호랑이 굴에 들어가지 않으면 호랑이 새끼를 잡지 못한다. 當今의 계책은 오직 밤을 틈타 불로 적진을 공격하는 것뿐이다. 이렇게 해서 저 흉노들이 우리 병력의 많고 적음을 모르게 되면 반드시 크게 놀라고 두려워할 것이니, 저들을 다 섬멸할 수 있다. 이 흉노의 사신을 섬멸하면 선선이 간담이 떨어져서 우리의 功이 이루어지

고 일이 성립될 것이다." 하였다.

여러 사람들이 말하기를 "마땅히 從事(郭恂)와 의논해야 합니다." 하니, 반초가 노하여 말하기를 "길흉이 오늘 판가름 난다. 從事는 법조문에 얽매이는 俗吏로, 이 말을 들으면 반드시 두려워하여 계책을 누설할 것이니, 죽어서 이름을 남기지 못한다면 壯士가 아니다." 하니, 여럿이 말하기를 "좋습니다." 하였다.

超乃閉侍胡하고 悉會其吏士三十六人하여 與共飮하고 酒酣에 因激怒之曰 卿曹與我俱在絶域이어늘 今虜使到裁數日에 而王廣禮敬即廢하니 如令鄯善이 收吾屬하여 送匈奴하면 骸骨이 長爲豺狼食矣리니 爲之奈何오 官屬이 皆曰 今在危亡之地하니 死生을 從司馬호리이다 超曰 不入虎穴이면 不得虎子라 當今之計는 獨有因夜以火攻虜하여 使彼不知我多少하면 必大震怖하리니 可殄盡也라 滅此虜면 則鄯善破膽하여 功成事立矣리라 衆曰 當與從事議之니이다 超怒曰 吉凶이 決於今日하니 從事는 文俗吏라 聞此면 必恐而謀泄(설)하리니 死無所名이면 非壯士也니라 衆曰 善[①]타하다

① "文俗吏"는 郭恂을 이르니, 법조문에 얽매여 流俗을 벗어나지 못하였으므로 "文俗吏"라 한 것이다.
文俗吏, 謂郭恂也, 拘泥文法, 未脫流俗, 故曰文俗吏.

【目】 초저녁에 班超가 마침내 관리와 병사를 거느리고 匈奴의 진영으로 쳐들어가니, 마침 큰바람이 불었다. 반초는 10명으로 하여금 북을 갖고 오랑캐 막사 뒤에 숨게 하고 약속하기를 "불길이 일어나는 것을 보면 모두 북을 울리고 크게 고함치라." 하였다. 그리고 나머지 사람들은 모두 병기와 쇠뇌를 잡고 문의 좌우에 매복시켰다. 반초가 마침내 바람을 따라 불을 놓고 앞뒤에서 북을 치고 고함을 치니, 오랑캐 무리가 놀라 소요하였다. 반초가 손으로 직접 세 사람을 쳐 죽이고 반초의 관리와 병사들이 흉노 사신과 따라온 군사 30여 명의 수급을 베었다. 나머지 무리 백여 명은 모두 불에 타 죽었다.

初夜에 超遂將吏士하고 往犇虜營[①]하니 會에 天大風이어늘 超令十人持鼓하여 藏虜舍後하고 約曰 見火然이어든 皆當鳴鼓大呼하라 餘人은 悉持兵弩하여 夾門而伏하다 超乃順風縱火하고 前後鼓譟하니 虜衆이 驚亂이어늘 超手格殺三人하고 吏兵斬其使及從士三十餘級하고 餘衆百許人은 悉燒死하다

① "初夜"는 초저녁이다.
初夜, 甲夜也.

【目】다음 날 班超가 마침내 돌아와서 郭恂에게 보고하니, 곽순이 크게 놀랐다가 이윽고 얼굴빛이 변하였다. 반초는 그의 의중을 알고 손을 들어 말하기를 "從事(곽순)의 掾이 비록 공격하러 가지 않았으나 내가 무슨 마음으로 홀로 功을 차지하겠습니까." 하니 곽순이 그제야 기뻐하였다.

반초는 이에 鄯善王 廣을 불러 흉노 使者의 수급을 보여주니, 온 나라가 진동하고 두려워하였다. 반초는 漢나라의 위엄과 덕을 말하고, 지금 이후로 다시는 북쪽 오랑캐와 통하지 말라고 하니, 廣이 머리를 땅에 두드리면서 漢나라에 소속하여 두 마음을 품지 않을 것을 원하고, 마침내 아들을 인질로 들여보냈다.

明日에 乃還하여 告郭恂한대 恂이 大驚이라가 既而色動①이어늘 超知其意하고 擧手曰 掾雖不行이나 班超何心獨擅之乎아하니 恂이 乃悅②하다 超於是에 召鄯善王廣하여 以虜使首示之하니 一國이 震怖라 超告以漢威德하고 自今以後로 勿復與北虜通하라한대 廣이 叩頭願屬漢하여 無二志하고 遂納子爲(賀)〔質〕[89]하다

① 〈郭恂이〉 班超의 功을 나누고자 하여 저절로 외모에 드러남을 가리지 못하였으므로 얼굴빛이 변한 것이다.
意欲分超功, 而不能自揜於外, 故色動.

② 掾은 從事의 掾이다.
掾, 從事掾也.

【目】班超가 돌아와 竇固에게 아뢰자, 두고가 크게 기뻐하여 반초의 功效를 자세히 보고해 올리고, 아울러 使者를 다시 선발하여 西域에 사신 보낼 것을 청하였다. 황제가 말하기를 "반초와 같은 유능한 관리가 있는데, 무슨 이유로 그를 보내지 않고 다시 딴 사람을 뽑겠는가. 이제 반초를 軍司馬로 삼아서 예전의 공을 이루게 하라." 하였다.

두고가 다시 반초를 于窴에 사신으로 보낼 적에 병력을 더해주고자 하였으나, 반초는 본래 따르던 36명만 데리고 가겠다고 하며, 말하기를 "于窴은 나라가 크고 거리가 머니, 지금 수백 명을 거느리고 가더라도 우리를 강하게 하는 데 보탬이 되지 못할 뿐더러, 만약 예상치 못한 근심이 있으면 더욱 누가 될 것입니다." 하였다.

還白竇固한대 固大喜하여 具上超功效하고 并求更選使使西域하다 帝曰 吏如班超어늘 何故不遣하고 而更選乎아 今以超爲軍司馬하여 令遂前功하라 固復使超使于窴할새 欲益其兵한대 超願但將本所從三十六人하고 曰 于窴은 國大而遠하니 今將數百人이면 無益於彊이요 如有不虞면 多

89) (賀)〔質〕: 저본에는 '賀'로 되어 있으나, ≪資治通鑑≫에 의거하여 '質'로 바로잡았다.

益爲累耳라하다

【目】 이때 于寘王 廣德이 南道에서 세력을 키워 기세를 떨치니, 匈奴가 使者를 보내 그의 나라를 監護하였다. 班超가 于寘에 이르렀는데, 광덕의 예우하는 뜻이 매우 소홀하였고 또 그 나라의 풍속이 무당을 믿었다. 무당이 말하기를 "神이 노여워하니, 무슨 연고로 漢나라에 귀향하려 하는가? 漢나라 사신에게 騧馬(주둥이가 검은 누런색의 말)가 있으니, 급히 가져다가 나에게 제사하라." 하였다.

광덕이 마침내 國相 私來比를 반초에게 보내 騧馬를 달라고 요청하자, 반초는 은밀히 그 내용을 정탐해 알고는 주겠다고 답하였는데, 무당이 직접 와서 말을 가져가라고 하였다. 조금 있다가 무당이 오자, 반초는 즉시 그의 머리를 베고 사래비를 체포하여 수백 대의 채찍질을 가하였으며, 무당의 머리를 광덕에게 보내고는 인하여 꾸짖었다.

광덕은 평소 반초가 鄯善에 있을 적에 흉노의 사자를 誅滅했단 말을 들었기 때문에 크게 황공해하여 즉시 흉노의 사자를 죽이고 항복하니, 반초가 王 이하에게 하사품을 크게 내리고 인하여 진무하였다. 이에 여러 나라들이 모두 아들을 보내 入侍하게 하니, 西域이 漢나라와 왕래가 끊긴 지 65년이었는데, 이때 비로소 다시 통하게 되었다.

是時에 于寘王廣德이 雄張南道하니 而匈奴遣使하여 監護其國①이라 超旣至于寘에 廣德禮意甚疎하고 且其俗信巫라 巫言호되 神怒하니 何故欲向漢고 漢使有騧(와)馬하니 急求取以祠我②하라하다 廣德이 乃遣國相私來比하여 就超請馬한대 超密知其狀하고 報許之호되 而令巫自來取馬하다 有頃에 巫至어늘 超卽斬其首하고 收私來比하여 鞭笞數百하고 以巫首送廣德하고 因責讓之하다 廣德이 素聞超在鄯善에 誅滅虜使하고 大惶恐하여 卽殺匈奴使者而降이어늘 超重賜其王以下하고 因鎭撫焉하다 於是에 諸國이 皆遣子入侍하니 西域이 與漢絶六十五載러니 至是에 乃復通焉③하다

① 張은 竹亮의 切이니, 張은 스스로 큰 체하는 뜻이다. 玉門關과 陽關에서 西域으로 나갈 적에 두 갈래의 길이 있으니, 鄯善을 따라 莎車에 이르는 것이 南道이고, 車師에서 疏勒에 이르는 것이 北道이다.[90]

張, 竹亮切. 張者, 自大之意. 自(王)〔玉〕[91]門陽關出西域, 有兩道, 從鄯善至莎車爲南道, 自車師至疏勒爲北道.

② 騧는 음이 瓜이니, 누런 말에 입이 검은 것을 騧라 한다.

---

90) 鄯善을……北道이다 : 실크로드의 길을 말한 것으로 南道는 보통 西域南路라 하는데 崑崙山脈의 북쪽 기슭의 길이며, 北道는 天山路라 하는데 天山山脈의 기슭 길을 말한다. 후대 천산로는 북쪽 기슭의 天山北路와 남쪽 기슭의 天山南路로 나뉜다. 여기서 北路는 바로 후대의 천산남로이다.

91) (王)〔玉〕 : 저본에는 '王'으로 되어 있으나, ≪資治通鑑≫에 의거하여 '玉'으로 바로잡았다.

騧, 音瓜, 黃馬黑喙曰騧.

③ 王莽 天鳳 3년(16)에 焉耆가 王駿을 공격해 죽여서 西域과 마침내 끊겼으니, 이때까지 58년이 된다. 그런데 여기서 漢나라와 끊긴 지 65년이라고 말한 것은 王莽의 始建國 원년(9)부터 따진 것이니, 왕망이 漢나라를 찬탈했을 적에 西域이 마침내 漢나라와 왕래를 단절하게 되었음을 말한 것이다.
王莽天鳳三年, 焉耆擊殺王駿, 西域遂絶, 至此五十八載耳. 此言與漢絶六十五載, 蓋自始建國元年數之, 謂莽簒漢, 而西域遂與漢絶也.

【綱】 여름 5월에 司徒 邢穆이 죄를 짓고서 하옥되어 죽었다.

夏五月에 司徒穆이 有罪하여 下獄死하다

【目】 淮陽王 劉延은 성품이 교만하고 사치하며 아랫사람들을 대하기를 엄하고 혹독하게 하였다. 어떤 사람이 上書하여 유연이 姬(애첩)의 오라비 謝弇(사감)과 누이의 남편 韓光과 함께 간사하고 교활한 자들을 불러들여 도참설을 만들어 제사를 지내고 황제를 저주한다고 고하자, 이 사건을 회부하여 조사하게 하였다. 사감과 한광과 司徒 邢穆은 모두 죄에 걸려 죽었으며, 이 사건에 연좌되어 귀양 가고 죽은 자가 매우 많았다.

淮陽王延이 性驕奢하고 而遇下嚴烈이라 有上書하여 告延與姬兄謝弇及姊壻韓光으로 招姦猾하여 作圖讖하여 祠祭祝詛①라한대 事下案驗하니 弇, 光及司徒邢穆이 皆坐死하고 所連及徙死者甚衆이러라

① 韓光이 劉延의 누이인 館陶公主에게 장가들었다.
光, 尙延姊館陶公主.

【綱】 이달 그믐에 일식이 있었다.

是月晦에 日食하다

【綱】 王敏을 司徒로 삼았다.

◑ 以王敏爲司徒하다

【綱】 가을 7월에 淮陽王 劉延을 옮겨 阜陵王으로 삼았다.

◑ 秋七月에 徙淮陽王延하여 爲阜陵王하다

【目】 有司가 淮陽王 劉延을 주살할 것을 청하자, 上은 유연의 죄가 楚王 劉英보다 적다 하여 유연을 옮겨 阜陵王으로 삼고서 두 縣을 식읍으로 삼게 하였다.

有司奏請誅淮陽王延한대 上以延罪薄於楚王英이라하여 徙延爲阜陵王하여 食二縣①하다

① 阜陵은 縣의 이름이니 九江郡에 속하였다.
阜陵, 縣名, 屬九江郡.

【綱】 北匈奴가 雲中으로 크게 침입하였다.

北匈奴大入雲中[92]하다

【目】 北匈奴가 雲中으로 크게 침입하자 雲中太守 廉范이 이들을 막았는데, 관리가 병력이 적다 하여 옆 고을에 글을 보내 구원을 요청하고자 하였으나 염범은 허락하지 않았다.

마침 날이 저물자 염범은 군사들로 하여금 각각 두 개의 횃불을 十자 모양으로 묶어서 세 갈래의 끝에 불을 붙여 진영 안에 벌여놓게 하니, 오랑캐들은 漢나라의 구원병이 왔다고 생각하여 크게 놀라서 다음 날 아침이 되면 장차 후퇴하려 하였다. 염범은 군중에게 새벽밥을 먹이고 새벽에 달려가 적 수백 명의 수급을 베니, 오랑캐 중에 서로 밟히고 깔려서 죽은 자가 천여 명이었다. 이로부터 오랑캐들은 감히 雲中을 향하지 못하였다.

北匈奴大入雲中이어늘 雲中太守廉范이 拒之①러니 吏以衆少라하여 欲移書傍郡求救한대 范이 不許하다 會에 日暮어늘 范이 令軍士로 各交縛兩炬하여 三頭爇(설)火하여 營中星列②하니 虜謂漢兵救至라하여 大驚하여 待旦將退라 范이 令軍中蓐(욕)食하고 晨往赴之하여 斬首數百級하니 虜自相轔藉(인자)하여 死者千餘人이라 由此로 不敢向雲中③이러라

① 廉范은 廉丹의 손자이다.

92) 北匈奴大入雲中 : "中夏를 어지럽히면 '寇'라고 쓰는데, 여기에서 '入'이라고 쓴 것은 어째서인가. 비판한 것이다. 어찌하여 비판하였는가. 병란의 단서가 우리 漢나라로부터 시작되었기 때문이다. 그러므로 廉范이 오랑캐를 격파한 것을 쓰지 않은 것이다.〔猾夏書寇 此其書入 何 譏也 曷爲譏之 兵端自我始也 故廉范破虜不書〕" ≪書法≫

范, 丹之孫也.

② "三頭爇火"는 두 횃불을 十자 모양으로 서로 묶어서 세 갈래의 끝에 불을 붙이고 손으로 한 끝을 잡은 것이니, 적들로 하여금 이를 보아서 병사가 많다고 의심하게 한 것이다.
三頭爇火, 用兩炬交縛如十字, 爇其三頭, 手持一端, 使敵人望之, 疑兵士之多.

③ 轔은 음이 吝으로 짓밟힘이니, 혹 足 변을 따르기도 한다. 藉는 慈夜의 切이니, 밟음이다.
轔, 音吝, 轢也, 或從足. 藉, 慈夜切, 踐也.

甲戌年(74)

【綱】 漢나라 顯宗 孝明皇帝 永平 17년이다. 봄 정월에 原陵(光武帝의 陵)에 배알하였다.

十七年이라 **春正月**에 **謁原陵**하다

【目】 上이 原陵에 배알하려 하였는데, 밤에 先帝와 太后가 살아 있을 때처럼 즐거워하는 꿈을 꾸고는 잠에서 깨었다. 上은 슬픔에 잠을 이루지 못하여 즉시 달력을 살펴보니, 다음 날이 길일이었다. 이에 百官을 거느리고 原陵으로 올라갔다. 이날 陵의 나무에 甘露가 내리니, 황제는 百官들로 하여금 甘露를 채취하여 陵에 올리게 하였다. 배알을 마치자, 황제가 자리 앞의 御牀에 엎드린 채 太后의 화장갑 속의 물건을 들여다보고는 슬픈 마음이 일어 구슬피 우니, 좌우의 측근들 역시 모두 우느라 고개를 들지 못하였다.

上이 當謁原陵이러니 夜에 夢先帝, 太后如平生歡하고 既寤에 悲不能寐하여 即案曆하니 明旦日吉이어늘 遂率百官上陵하다 其日에 降甘露於陵樹하니 帝令百官으로 采取以薦하다 會畢에 帝從席前伏御牀하여 視太后鏡奩(경렴)中物하고 感動悲涕하니 左右皆泣하여 莫能仰視[①]러라

① 奩은 음이 廉이니, 〈"鏡奩"은〉 화장갑이다.
奩, 音廉, 鏡匣也.

【綱】 北海王 劉睦이 卒하였다.

北海王睦이 **卒**하다

【目】 劉睦이 어려서부터 학문을 좋아하니, 光武帝와 上이 모두 그를 사랑하였다. 일찍이

中大夫를 보내 京師로 나가 조회하고 축하하게 할 적에, 유목이 중대부를 불러 이르기를 "朝廷(천자)에서 과인에 대해 물으시면 大夫는 장차 무슨 말로 대답하려는가?" 하니, 使者가 대답하기를 "大王이 忠孝하고 인자하시며 어진 이를 존경하고 선비를 좋아하시니, 臣이 감히 사실대로 대답하지 않을 수 있겠습니까." 하였다. 유목이 말하기를 "아. 그대가 나를 위태롭게 하는구나. 이는 바로 내가 어렸을 때에 추구했던 행실이다. 大夫는 '내가 관작을 세습한 이래로 의지가 쇠퇴하고 게을러져 음악과 여색을 즐기고 개와 말을 좋아한다.'고 대답한다면 이것이 바로 서로 아껴주는 방법이다." 하니, 그의 지혜와 신중함이 이와 같았다.

睦이 少好學하니 光武及上이 皆愛之①라 嘗遣中大夫하여 詣京師朝賀할새 召而謂之曰 朝廷이 設問寡人이면 大夫將何辭以對②오 使者曰 大王忠孝慈仁하고 敬賢樂士하시니 臣이 敢不以實對리잇가 睦曰 吁라 子危我哉인저 此乃孤幼時進趣之行也③라 大夫其對以孤襲爵以來로 志意衰(墮)〔惰〕[93]하여 聲色是娛하고 犬馬是好라하면 乃爲相愛耳라하니 其智慮畏愼이 如此④러라

① 劉睦은 靖王 劉興의 아들이고, 齊王 劉縯의 손자이다.
睦, 靖王(與)〔興〕[94]之子, 齊王縯之孫也.
② 中大夫는 王國의 관원이니, 玉을 받들어 京師에 사신 가고 璧玉을 받들어 正月에 축하하는 일을 관장하였다. 朝廷은 天子를 이른다.
中大夫, 王國官也, 掌奉玉使京師, 奉璧賀正月. 朝廷, 謂天子也.
③ 趣(추구하다)는 趨로 읽고 또 七喩의 切이다. 行(행실)은 去聲이다.
趣, 讀曰趨, 又七喩切. 行, 去聲.
④ 이때에 藩王들을 제약하여 法이 자못 준엄하였으므로, 劉睦의 우려가 여기에 이른 것이다.
時禁切藩王, 法憲頗峻, 故睦慮及此.

【綱】 司徒 王敏이 卒하니, 鮑昱(포욱)을 司徒로 삼았다.

司徒敏이 卒하니 以鮑昱爲司徒①하다

① 鮑昱은 鮑永의 아들이니, 昱은 余六의 切이다.
昱, 永之子也. 昱, 余六切.

【綱】 白狼 등의 나라가 들어와 공물을 바쳤다.

93) (墮)〔惰〕: 저본에는 '墮'로 되어 있으나, 《資治通鑑》에 의거하여 '惰'로 바로잡았다.
94) (與)〔興〕: 저본에는 '與'로 되어 있으나, 《資治通鑑》 註에 의거하여 '興'으로 바로잡았다.

◑ 白狼等國이 入貢하다

【目】 益州刺史 朱輔가 漢나라의 덕을 널리 보여 먼 곳에 있는 오랑캐들을 회유하니, 汶山(민산)의 서쪽으로부터 前代에 이르지 못하고 正朔이 가해지지 못했던 白狼, 槃木 등 100여 나라가 모두 온 종족이 臣이라 칭하고 공물을 받들어 올렸다.

益州刺史朱輔 宣示漢德하여 威懷遠夷하니 自汶山以西로 前世所不至와 正朔所未加인 白狼, 槃木等百餘國이 皆擧種稱臣奉貢[①]하다

① 汶은 泯으로 읽는다. 槃은 음이 盤이니, 白狼과 槃木은 모두 서남쪽 오랑캐의 먼 나라로, 木牛의 변방 밖에 있다.
汶, 讀曰泯. 槃, 音盤. 白狼・槃木, 竝西南夷遠國, 在木牛徼外.

【綱】 竇固의 司馬 班超가 疏勒王 兜題(도제)를 사로잡고, 다시 그 故 王의 〈兄의〉 아들인 忠을 세웠다.

竇固司馬班超 執疏勒王兜題하고 而更(경)立其故王子忠하다

【目】 처음에 龜玆王 建이 匈奴에 의해 세워지니, 흉노의 위엄을 믿고서 北道를 점거하고 疏勒王을 공격하여 죽이고는 자신의 신하인 兜題를 疏勒王으로 세웠다.

班超가 지름길을 따라 疏勒에 이르러서 관리인 田慮를 미리 보내 먼저 가서 항복을 받게 할 적에, 전려에게 경계하기를 "도제는 본래 소륵의 종족이 아니니, 소륵 사람들이 반드시 그의 명을 따르지 않을 것이다. 도제가 만약 즉시 항복하지 않으면 사로잡아라." 하였다. 전려가 소륵에 도착하였으나 도제는 전려의 병력이 적고 약한 것을 보고는 항복할 뜻이 없었다. 전려는 그에게 대비가 없음을 틈타서 앞으로 나가 도제를 협박하여 포박하니, 좌우가 모두 뜻밖에 발생한 일에 놀라고 두려워하여 달아났다.

전려가 말을 달려 반초에게 보고하자, 반초는 즉시 달려가서 소륵의 장수와 관리들을 모두 불러 구자왕의 무도한 내용을 자세히 설명하고 인하여 그 故 王의 형의 아들인 忠을 세워 왕으로 삼으니, 소륵 사람들이 크게 기뻐하였다.

반초가 忠과 관속들에게 묻기를 "도제를 죽여야 하는가? 살려 보내주어야 하는가?" 하니, 모두 말하기를 "마땅히 죽여야 합니다." 하였다. 반초는 말하기를 "죽이더라도 일에 유익함이 없으니, 마땅히 구자왕으로 하여금 漢나라의 위엄과 덕을 알게 해야 한다."

하고는 마침내 풀어주어 보냈다.

初에 龜茲王建이 爲匈奴所立하니 倚恃虜威하여 據有北道하고 攻殺疏勒王하고 立其臣兜題爲疏勒王하다 班超從間道至疏勒하여 逆遣吏田慮하여 先往降之할새 勅慮曰 兜題는 本非疏勒種이니 國人이 必不用命하리니 若不卽降이어든 便可執之①하라 慮旣到에 兜題見慮輕弱하고 無降意라 慮因其無備하여 遂前劫縛兜題하니 左右出其不意하여 皆驚懼奔走라 慮馳報超한대 超卽赴之하여 悉召疏勒將吏하여 說以龜茲無道之狀하고 因立其故王兄子忠爲王하니 國人이 大悅이라 超問忠及官屬호되 當殺兜題邪아 生遣之邪아 咸曰 當殺之니이다 超曰 殺之라도 無益於事하니 當令龜茲知漢威德이라하고 遂解遣之하다

① "逆遣"은 미리 보낸다는 말과 같으니, 班超가 도착하기 전에 미리 田慮를 보내었으므로 "逆遣"이라 한 것이다. 勅은 경계하고 신칙함이다.
逆遣, 猶言預遣也, 超未至而先遣田慮, 故云逆遣. 勅, 戒勅之也.

【綱】 여름 5월에 百官들이 축수를 올렸다.

夏五月에 百官이 上壽[95)]하다

【目】 公卿과 百官들이, 황제가 위엄과 덕으로 먼 나라를 회유하고 상서로운 물건이 크게 응했다 하여, 모두 朝堂에 모여서 술잔을 받들어 축수를 올리니, 황제가 다음과 같이 制令을 내렸다.

"하늘이 신령스러운 물건을 내어서 王者에 응하고 먼 나라 사람들이 교화를 사모하는 것은 실로 덕이 있음에 연유하니, 덕이 부족한 朕이 어찌 이것을 누리겠는가. 오직 高祖와 光武帝의 聖德을 입었기 때문이니, 감히 사양하지 않겠다. 공경히 술잔을 들어 올릴 것이니, 太常은 吉日을 택하여 策書로 宗廟에 고하라."

황제는 이어 은혜를 미루어서 백성들에게 차등을 두어 爵位[96)]와 곡식을 하사하였다.

95) 百官上壽 : "'上壽'를 쓰지 않는데, 여기에서는 어찌하여 썼는가. 황제가 자만함을 비난한 것이다. 이로부터 西北 지역이 비로소 일이 많게 되었다. ≪資治通鑑綱目≫에서는 어진 자에게 완비하기를 요구하였으므로, 특별히 이것을 써서 비난한 것이다.〔上壽不書 此何以書 譏滿也 自是西北始多事矣 綱目責備賢者 故特書譏之〕" ≪書法≫

96) 爵位 : 秦나라에서 軍功의 多寡에 따라 내린 爵制를 20等爵制라 한다. 이것이 漢代에 들어서 일반 백성을 대상으로 내리는 民爵制로 성격이 변화하였다. 이를 통해 향촌 내 사회질서를 확립하는 한편 이제는 백성들이 봉건귀족에게 귀속된 것이 아닌 백성들이 황제의 지배에 직접 속하게 되었음을 보이게 하였다. 20등작은 ① 公士 ② 上造 ③ 簪裊 ④ 不更 ⑤ 大夫 ⑥ 國大夫・官大夫 ⑦ 七大夫・公大夫 ⑧ 公乘 ⑨ 五大夫 ⑩ 左庶長 ⑪ 右庶長 ⑫ 左更 ⑬ 中更 ⑭ 右更 ⑮ 少上造 ⑯ 大良造・大上造 ⑰ 駟車

公卿百官이 以威德懷遠하고 祥物顯應이라하여 竝集朝堂하여 奉觴上壽①한대 制曰 天生神物하여 以應王者하고 遠人慕化는 實由有德하나니 朕以虛薄으로 何以享斯리오 唯高祖, 光武聖德所被니 不敢有辭라 其敬擧觴하리니 太常은 擇吉日하여 策告宗廟하라하고 仍推恩하여 賜民爵及粟有差②하다

① 朝堂은 궁전의 뜰 좌우에 있다.
朝堂, 蓋在殿庭左右也.

② 이때 천하의 男子들(戶의 長)에게는 사람마다 爵位 2급(上造)을 하사하고, 三老, 孝悌, 力田에게는 사람마다 3급(簪裊)을 하사하고, 流離하는 사람으로 호적이 없어서 자진하여 신고하고자 하는 자에게는 1급(公士)을 하사하고, 홀아비와 과부, 고아와 독신, 큰 병이 있는 자와 가난하여 스스로 생존할 수 없는 자에게는 사람마다 곡식 3斛을 하사하였다.
時賜天下男子爵人二級, 三老·孝悌·力田人三級, 流人無名數欲(古)〔占〕[97]者人一級, 鰥·寡·孤·獨·篤癃·貧不能自存者, 粟人三斛.

【綱】겨울 11월에 竇固 등을 보내 車師를 공격하여 항복시키고, 다시 西域都護와 戊·己校尉[98]를 설치하였다.

冬十一月에 遣竇固等하여 擊車師降之하고 復置西域都護, 戊己校尉하다

【目】奉車都尉 竇固와 駙馬都尉 耿秉과 騎都尉 劉張을 파견하여 敦煌의 昆侖塞에서 출동하여 西域을 공격할 적에, 경병과 유장이 모두 符와 傳을 떼서 두고에게 맡기고는 기병 1만 4천을 모아 白山의 오랑캐를 蒲類海 가에서 격파하고 마침내 車師로 진격하였다. 車師前王[99]은 바로 後王의 아들인데, 그 조정의 거리가 서로 500여 리 떨어져 있었다.

庶長 ⑱ 大庶長 ⑲ 關內侯 ⑳ 徹侯·通侯·列侯인데, 열후가 가장 높고 공사가 가장 낮다. 백성에게 작위를 내린 것은 1급인 공사에서 8급인 공승까지로 보인다.

97) (古)〔占〕: 저본에는 '古'로 되어 있으나, ≪資治通鑑≫ 註에 의거하여 '占'으로 바로잡았다.

98) 戊·己校尉 : 이는 車師前王國의 왕정인 高昌 交河城에 설치되었다. 漢나라 宣帝 때 車師國에 둔전을 하였으며, 이후 元帝 때 고창에 戊己校尉를 설치하였다. 後漢 明帝 때 설치된 무기교위는 戊校尉와 己校尉로 별개로 이루어져 있다. 다만 前漢 때 무기교위를 무교위와 기교위로 나누어볼 것인가에 대해서는 학자마다 의견이 갈린다. 戊己는 흉노의 멸망을 상징하는 '以土塡水'의 의미를 갖고 있다고 한다.

99) 車師前王 : 車師는 姑師라고도 불리었다. 前漢 武帝 때 이 지역을 정복한 이후 車師라고 불리었다. 宣帝 때 이곳에 둔전을 시작하였으나 흉노의 집요한 공격으로 둔전을 포기하였고 車師人을 渠犁로 이주시켰다. 이후 흉노도 거사왕 兜莫을 내세워 거사인을 동쪽으로 이동시키자 이후 軍宿을 거사왕으로 내세웠다. 이후 西域都尉가 설치되고 거리의 거사인을 高昌으로 이동시켜 車師前王國이 형성하였다. 거사전왕국은 지금의 新疆省 투르판에 있고 그 도읍은 交河城이었다. 흉노 쪽 거사인을 중심으로 車師後王國이 형성되고 天山 북쪽에 위치하였다. 이후 元帝 시기에 戊己校尉가 거사전왕국에

두고는 後王이 있는 곳은 길이 멀고 산골짜기가 깊어서 士卒들이 춥고 고생한다 하여 前王을 공격하고자 하였으나, 경병은 먼저 後王에게 달려가서 근본인 곳에 힘을 합쳐 공격하면 前王이 스스로 복종할 것이라고 하니, 두고가 계책을 결정하지 못하였다.

경병이 몸을 떨치고 일어나면서 말하기를 "행군의 앞에 서겠습니다." 하고는 마침내 말에 올라 군대를 이끌고 북쪽으로 들어가니, 여러 군대가 부득이해서 함께 전진하여 수천 명의 수급을 베었다.

遣奉車都尉竇固와 駙馬都尉耿秉과 騎都尉劉張하여 出敦煌昆侖塞하여 擊西域①할새 秉, 張이 皆去符傳以屬固②하고 合兵萬四千騎하여 擊破白山虜於蒲類海上하고 遂進擊車師하다 車師前王은 卽後王之子也니 其廷이 相去五百餘里③라 固는 以後王道遠하고 山谷深하여 士卒寒苦라하여 欲攻前王이로되 秉은 以爲先赴後王하여 幷力根本이면 則前王自服이라하니 固計未決이러니 秉이 奮身而起曰 請行前④하리라하고 乃上馬하여 引兵北入하니 衆軍이 不得已竝進하여 斬首數千級하다

① 李賢이 말하기를 "昆侖은 山의 이름인데 이것으로 요새의 이름을 삼았다. 지금의 肅州 酒泉縣 서남쪽에 있는데, 山에 昆侖(광대하고 끝이 없음)의 형체가 있으므로 이름하였다." 하였다. 또 말하기를 "≪漢書≫에 '敦煌郡 廣至縣에 昆侖障이 있으니, 宜禾都尉가 거주하는 곳이다.' 하였다." 하였다. 廣至의 故城은 지금의 瓜州 常樂縣 동쪽에 있다.
賢曰 "昆侖, 山名, 因以爲塞. 在今肅州酒泉縣西南, 山有昆侖之體, 故名之." 又曰 "前書 '敦煌郡廣至縣, 有昆侖障, 宜禾都尉居也.' 廣至故城, 在今瓜州常樂縣東."

② 符와 傳은 모두 신표로 삼아 〈서로가 가지고 있는 것을〉 맞추어보는 것이다. 符는 兵符이다. 이 傳 또한 신표로 삼아 행군할 때에 사용하는 것이니, 관문을 지나갈 때에 사용하는 傳이 아니다. 장수가 전적으로 군대를 거느리게 되면 符와 傳이 각각 있어야 하지만, 지금 병력을 竇固에게 소속시켰으므로 符와 傳을 뗀 것이다.
符・傳皆合之以爲信. 符, 兵符也. 此傳, 蓋亦行兵所用以爲信, 非度關所用之傳也. 專將則有符傳, 今以兵屬固, 故去之.

③ 車師前王은 交河城에 거주하였고, 車師後王은 務塗谷에 거주하였다.
車師前王居交河城, 後王居務塗谷.

④ 行(가다)은 본음대로 읽으니, "行前"은 앞장서 가는 것이다.
行, 如字, 行前, 謂置前而行也.

【目】後王 安得이 놀라고 두려워하여 문으로 달려 나와 耿秉을 맞이해서 모자를 벗고 말발굽을 안고 항복하자, 경병이 그를 竇固에게 데리고 갔다. 그 前王 또한 귀순하여 마

설치되어 흉노의 남하를 견제하였다. 王莽 때 거사전왕국과 후왕국이 匈奴의 손에 떨어졌고 이후 흉노와 後漢이 이 지역을 놓고 각축을 벌였다.

침내 車師를 평정하고 돌아왔다.

이에 두고가 아뢰어서 西域都護와 戊·己校尉를 다시 설치하여 陳睦을 都護로 삼고 司馬 耿恭을 戊校尉로 삼아서 後王의 部內인 金蒲城에 주둔하게 하고, 謁者 關寵을 己校尉로 삼아서 前王의 部內인 柳中城에 주둔하게 하였다.

後王安得이 震怖하여 走出門迎秉하여 脫帽하고 抱馬足降①이어늘 秉이 將以詣固러니 其前王亦歸命하여 遂定車師而還하다 於是에 固奏하여 復置西域都護及戊己校尉②하여 以陳睦爲都護하고 司馬耿恭爲戊校尉하여 屯後王部金蒲城③하고 謁者關寵爲己校尉하여 屯前王部柳中城④하다

① 安得은 後王의 이름이다.
安得, 後王名.
② 宣帝가 都護를 설치하고 元帝가 戊己校尉를 설치했었는데, 王莽의 亂으로부터 西域이 中國과 왕래가 끊겨서 다시는 관원을 배치하지 않다가, 이제 서역과 통하여 다시 설치하였다.
宣帝置都護, 元帝置戊己校尉, 自王莽之亂, 西域與中國絶, 不復置, 今通西域, 復置之.
③ 耿恭은 耿況의 손자이다. 金蒲城은 바로 車師後王이 다스리고 있는 務塗谷이다.
恭, 況之孫也. 金蒲城, 卽車師後王所治務塗谷.
④ 李賢이 말하기를 "柳中은 지금의 西州縣이다." 하였다.
賢曰 "柳中, 今西州縣."

乙亥年(75)

【綱】 漢나라 顯宗 孝明皇帝 永平 18년이다. 봄 2월에 竇固의 군대가 돌아왔다.

十八年이라 春二月에 竇固軍이 還하다

【綱】 北匈奴가 車師後王 安得을 공격하여 죽이고는 戊校尉 耿恭을 공격하므로, 경공이 이들을 격퇴시켰다.

◑ 北匈奴擊車師後王安得하여 殺之하고 遂攻戊校尉耿恭이어늘 恭이 擊却之하다

【目】 北單于가 左鹿蠡王을 보내 2만 명의 기병을 거느리고 車師를 공격하게 하자, 耿恭이 司馬를 보내 300명의 병력을 거느리고 가서 구원하게 하였으나 모두 전몰을 당하니, 匈奴가 마침내 車師後王 安得을 격파하여 죽이고 金蒲城을 공격하였다.

경공이 독약을 화살에 바르고 흉노에게 말하기를 "漢나라의 화살이 신묘하여 화살에 맞아 상처를 입는 자에게는 반드시 특이한 징조가 나타난다." 하였다. 오랑캐 중에 화살을 맞은 자들이 상처가 난 곳마다 모두 끓어오르는 것을 보고는 크게 놀랐는데, 마침 폭풍우가 일자 경공은 폭풍우를 이용하여 이들을 공격해서 살상한 자가 매우 많았다. 흉노가 두려워하여 서로 말하기를 "漢나라의 군대는 신묘하니, 참으로 두려워할 만하다." 하고는 마침내 포위를 풀고 떠나갔다.

北單于遣左鹿蠡王하여 率二萬騎하고 擊車師①어늘 耿恭이 遣司馬하여 將兵三百人救之러니 皆爲所沒하니 匈奴遂破殺車師後王安得而攻金蒲城하다 恭以毒藥傅矢하고 語匈奴曰 漢家箭神하여 其中瘡者必有異②하리라 虜中矢者 視創皆沸(비)하고 大驚이러니 會에 天暴風雨어늘 隨雨擊之하여 殺傷甚衆하다 匈奴震怖하여 相謂曰 漢兵神하니 眞可畏也라하고 遂解去하니라

① 鹿은 혹 谷으로 되어 있다.
鹿, 或作谷.
② 傅는 음이 付이니 붙이는 것이다.
傅, 音付, 附著也.

【綱】 여름 6월에 孛星이 太微에 나타났다.

夏六月에 有星孛于太微하다

【綱】 가을 8월에 황제가 崩하였다.

◑秋八月에 帝崩[100)]하다

【目】 황제가 東宮의 前殿에서 崩하니, 향년이 48세였다. 遺詔를 내려서 寢廟를 일으키

100) 帝崩 : "賀善의 贊에 말하였다. '永平 연간에 백성들을 부유하게 하고 백성들을 교화한 일을 ≪資治通鑑綱目≫에서 여러 번 史策에 썼는데, 그 내용 중에 ≪자치통감강목≫이 끝날 때까지 없는 일이 두 가지가 있다. 匈奴가 아들을 보내 입학시킨 것과 일식이 있을 때에 詔令을 내려 여러 有司들에게 政事의 得失을 지극히 말하게 하고 다시 이것을 백관에게 보이게 한 것이 이것이다. 그 은미한 한 생각이 자만함에 이르면 ≪자치통감강목≫에서도 이것을 숨기지 않았다. 이 때문에 百官이 축수를 올린 것을 武帝 이후로 쓰지 않았으나 여기에서 유독 썼으니, ≪春秋≫에서 어진 자에게 완비하기를 요구한 것을 ≪자치통감강목≫에서 明帝에게 간절히 바란 것이다.'〔賀善贊曰 永平富教之事 綱目屢書于策 其間有終綱目所無者二事 匈奴遣子入學 日食詔群司極言得失 復以示百官是也 至其一念之微 近於滿假 綱目亦無隱乎爾 是以百官上壽 自武帝以來 不書 惟此獨書 春秋責備賢者 綱目於明帝 蓋拳拳焉〕" ≪書法≫

지 말고 자신의 신주를 光烈皇后(陰太后)가 생전에 옷을 갈아입던 별실에 보관하게 하였다.

황제는 建武 연간의 制度를 잘 받들어서 변경한 바가 없었고, 后妃의 집안을 侯에 봉하지 않고 정사에 참여할 수 없게 하였다. 館陶公主가 아들을 위하여 郎官을 임명해줄 것을 요구하자, 허락하지 않고 千萬錢을 하사하고는 여러 신하에게 이르기를 "郎官은 위로는 여러 별에 응하고 나가면 100리 지방의 邑宰가 되니, 만일 적임자가 아니면 백성들이 그 재앙(폐해)을 받는다. 이 때문에 신중하게 하는 것이다." 하였다.

帝崩於東宮前殿하니 年이 四十八이라 遺詔하여 無起寢廟하고 藏主於光烈皇后更(경)衣別室①하라하다 帝遵奉建武制度하여 無所變更하고 后妃之家 不得封侯與(예)政②이러라 館陶公主爲子求郎한대 不許하고 而賜錢千萬하고 謂群臣曰 郞官은 上應列宿(수)하고 出宰百里③하니 苟非其人이면 則民受其殃이라 是以難之라하니라

① 主는 神主를 이른다. 光烈皇后는 陰后이다. 園 안에 寢과 便殿이 있는데, 寢은 陵 위의 正殿이고 便殿은 寢 곁의 별실이니, 이른바 '更衣(옷을 바꿔 입는 곳)'이다. 禮에 신주는 사당에 보관하는데, 寢廟를 일으키지 않았기 때문에 陰后가 옷을 갈아입던 별실에 신주를 보관하게 한 것이다.
主, 謂神主也. 光烈皇后, 陰后也. 園中有寢, 有便殿. 寢者, 陵上正殿也. 便殿, 寢側之別室, 所謂更衣也. 禮, 藏主於廟, 旣不起寢廟. 故藏於后之易衣別室.

② 與(참여하다)는 預로 읽는다.
與, 讀曰預.

③ 宿(별)는 음이 秀이다. 太微宮 뒤에 있는 35개의 별이 郎官의 자리이다.
宿, 音秀. 太微宮後三十五星, 郎位也.

郎官의 직위를 아끼다(≪帝鑑圖說≫)

【目】 公車[101)]가 反支日[102)]이라 하여 章奏를 받지 않았는데, 황제가 이 말을 듣고 괴이하게 여겨 말하기를 "백성들이 농업과 蠶業을 버리고 멀리 대궐에 왔는데, 다시 禁忌로 막는다면 어찌 정사하는 뜻이겠는가." 하고는 이에 그 제도를 없앴다.

尙書 閻章의 두 누이가 貴人이 되었는데, 염장이 전심전력으로 일하여 옛 典故에 밝고 관직에 오래 있어 마땅히 중한 직책으로 승진할 만하였으나, 황제는 後宮의 친속이라 하여 끝내 등용하지 않았다. 이 때문에 관리는 적임자를 얻고 백성들은 생업을 즐거워하여 遠近이 두려워 복종하고 戶口가 더욱 불어났다.

公車以反支日이라하여 不受章奏①러니 帝聞而怪曰 民廢農桑하고 遠來詣闕이어늘 而復拘以禁忌면 豈爲政之意乎아하고 於是에 遂蠲(견)其制하다 尙書閻章二妹爲貴人이러니 章이 精力曉舊典하고 久次當遷重職이로되 帝爲後宮親屬이라하여 竟不用하다 是以로 吏得其人하고 民樂其業하여 遠近畏服하고 戶口滋殖焉이러라

① 反支日은 매월 초하루를 기준으로 삼으니, 戌, 亥朔(초하루 일진이 戌日이나 亥日인 경우)은 1일이 反支日이고, 申, 酉朔은 2일이 反支日이고, 午, 未朔은 3일이 反支日이고, 辰, 巳朔은 4일이 反支日이고, 寅, 卯朔은 5일이 反支日이고, 子, 丑朔은 6일이 反支日이다.
反支日, 用月朔日爲正. 戌·亥朔, 一日反支. 申·酉朔, 二日反支. 午·未朔, 三日反支. 辰·巳朔, 四日反支. 寅·卯朔, 五日反支. 子·丑朔, 六日反支.

【綱】 太子 劉炟(유달)이 즉위하여 皇后(馬后)를 높여 皇太后라 하고 〈明帝를〉 顯節陵에 장례하였다.

太子炟이 卽位하여 尊皇后曰皇太后라하고 葬顯節陵①하다

① 顯節陵은 옛 富壽亭이니, 서북쪽으로 雒陽과 37리쯤 떨어져 있었다.
顯節陵, 故富壽亭也, 西北去(維)〔雒〕[103)]

章帝(≪三才圖會≫)

101) 公車 : 漢나라 때 官署의 이름으로 衛尉의 下屬 기구였다. 公車令을 설치하여 궁전에 있는 司馬門의 경호를 담당하였으며, 上疏와 徵召 등의 일을 관장하였다.

102) 反支日 : 매월 초하루의 干支에 따라 정해지는 禁忌日로, 이날은 公務를 쉬었다.

陽三十七里.

【綱】 겨울 10월에 趙憙를 太傅로 삼고 牟融을 太尉로 삼아서 함께 錄尙書事[104]로 삼았다.

◑ 冬十月에 以趙憙爲太傅하고 牟融爲太尉하여 竝錄尙書事①하다

① 錄은 채집해 기록함이니, 여러 가지 일을 총괄하여 다스림을 이른다. 尙書에 錄이라는 명칭이 있는 것이 이때 처음 시작되었으니, 바로 前漢時代 領尙書의 임무이다.
錄, 采記也, 謂摠領衆事也. 尙書有錄名, 自此始, 亦西京領尙書之任也.

【綱】 11월에 第五倫을 司空으로 삼았다.

◑ 十一月에 以第五倫爲司空하다

【目】 第五倫이 蜀郡太守가 되어서 郡에 있을 적에 公正하고 청렴하였으며, 추천한 관리가 대부분 적임자였다. 그러므로 황제가 먼 郡에서 등용한 것이다.

倫이 爲蜀郡太守하여 在郡公淸하고 所擧吏多得其人이라 故로 帝自遠郡用之하다

【綱】 西域이 都護 陳睦을 공격하여 패몰시키고 北匈奴가 己校尉 關寵을 포위하고 車師가 배반하여 匈奴와 함께 戊校尉 耿恭을 포위하자, 酒泉太守 段彭에게 詔令을 내려 군대를 거느리고 가서 구원하게 하였다.

西域이 攻沒都護陳睦하고 北匈奴圍己校尉關寵하고 車師叛하여 與匈奴共圍耿恭이어늘 詔酒泉太守段彭하여 將兵救之[105]하다

---

103) (維)〔雒〕: 저본에는 '維'로 되어 있으나, ≪資治通鑑≫ 註에 의거하여 '雒'으로 바로잡았다.

104) 錄尙書事 : 尙書는 문서의 출납을 관장한 직책으로 정책을 입안할 수 있는 권한을 가졌다. 특히 漢 武帝가 황제권을 강화하고 자신의 측근을 통한 정치를 펼치면서 三公九卿(外朝)에 상대되는 內朝가 형성되는데, 상서는 내조 정치의 핵심이었다. 霍光과 같은 황제의 측근이 將軍의 직책을 받고 동시에 상서의 직책을 겸하여 군권과 정책입안의 권한을 장악하였다. 前漢 때까지 상서는 겸직으로 領尙書事의 형태로 임명하였다. 後漢 때에는 상서가 정식 관직이 되어 尙書令을 두고 속관을 두면서 尙書臺가 형성이 되는데, 이들이 정책의 입안을 장악하였다. 또한 太傅나 三公에게 尙書의 직을 겸임시켜 주요 정책 결정에 참여하게 하였는데, 錄尙書事의 형태로 임명하였다.

105) 西域……將兵救之 : "永平 16년(73)부터 이때에 이르기까지 3년이 되었는데 변경에 여전히 일이 많았으니, 西域과 통한 것이 그 득실이 어떠한가. ≪資治通鑑綱目≫에 이것을 갖추어 쓴 것은 경계

【目】焉耆와 龜茲가 都護 陳睦을 공격하여 전멸시키고, 北匈奴가 關寵을 柳中城에서 포위하였다. 마침 中國에 國喪이 있어서 구원병이 오지 못하니, 車師가 다시 배반하여 匈奴와 함께 耿恭을 공격하였다. 경공이 군사들을 거느리고 독려해서 막았는데, 몇 달이 지나자 양식이 떨어져 몹시 곤궁하여 마침내 투구와 쇠뇌를 삶아 그 힘줄과 가죽을 먹었다. 경공이 士卒들에게 정성을 다하여 대하고 사생을 함께하였으므로 두 마음을 품는 자가 없었으나, 점차 사망하여 남은 인원이 겨우 수십 명뿐이었다.

單于는 경공의 곤궁함을 알고는 기어이 항복시키고자 하여 使者를 보내 경공을 불렀는데, 경공은 그 사자를 유인하여 城으로 올라오게 해서 손으로 쳐 죽이고 그 시신을 성 위에서 불태웠다. 선우가 크게 노해서 다시 병력을 증가하여 경공을 포위하였으나, 함락하지 못하였다.

焉耆, 龜茲 攻沒都護陳睦하고 北匈奴圍關寵於柳中城하다 會에 中國有大喪하여 救兵不至하니 車師復叛하여 與匈奴共攻耿恭이어늘 恭率厲士衆禦之러니 數月에 食盡窮困하여 乃煮鎧弩하여 食其筋革①하다 恭與士卒로 推誠同死生이라 故로 皆無二心이로되 而稍稍死亡하여 餘數十人이라 單于知恭已困하고 欲必降之하여 遣使招恭한대 恭이 誘其使上城하여 手擊殺之하여 炙(자)諸城上하니 單于大怒하여 更益兵圍恭호되 不能下러라

① 鎧는 口代의 切이니 갑옷이다. 옛날에는 가죽을 사용하고 甲이라고 하였는데, 지금은 쇠를 사용하고 鎧라 한다.
鎧, 口代切, 甲也. 古用皮, 謂之甲. 今用金, 謂之鎧.

하기 위한 것이다.〔自十六年 至是三年爾 而邊境亦多事矣 西域之通 其得失何如哉 綱目備書之 所以戒也〕" ≪書法≫

"王者가 먼 지역을 경략하는 일에 힘쓰지 않는 것은 영토를 넓히기 싫어해서가 아니요, 일에 유익함이 없기 때문이다. 孝武帝가 匈奴를 제압할 것을 도모한 뒤로부터 西域과 통하여 中國의 국력을 소모하게 하였다. 世祖가 이것을 거울로 삼아서 관문을 닫고 인질을 사절하니, 이로부터 서쪽 변경에 일이 없은 지가 20년이었는데, 竇固란 자가 처음으로 西域에 班超를 사신으로 보내었다. 그러므로 지난해에 '西域이 아들을 보내 入侍하게 했다.'라고 썼었는데, 이때에 겨우 3년이 되었으나 즉시 都護를 공격하여 패몰시키는 일이 발생해서 紛紛하여 마침내 다시 일이 많아졌다. 그렇다면 서역이 중국에 있어서 과연 무슨 보탬이 되는가. ≪資治通鑑綱目≫에서 쓴 것을 가지고 앞뒤를 합하여 관찰하면, 잘하고 잘못한 분별이 환하게 눈앞에 있어서 굳이 변론하기를 기다리지 않아도 분명하다. 그런데도 혹자는 班超를 기이한 공을 세운 인물이라고 하니, 어찌 잘못이 아니겠는가. 〔王者不勤遠略 非惡廣地也 以其無益於事耳 自孝武圖制匈奴 通西域以耗中國 世祖鑑之 閉關謝質 西邊自是無事 蓋二十年 有竇固者 始遣使班超 故前年書西域遣子入侍 至是甫三載 卽有攻沒都護之擧 紛紛遂復多事 然則西域之於中國 果何補耶 卽綱目之所書 合前後而觀之 則得失之分 瞭然在目 不待辨而明矣 或者猶以班超爲奇功 豈不過哉〕" ≪發明≫

【目】 關寵이 글을 올려 구원을 청하자 公卿들에게 詔令을 내려 회의하게 하였는데, 司空 第五倫은 구원해서는 안 된다고 하였고, 司徒 鮑昱(포욱)은 다음과 같이 말하였다.

"지금 국가에서 사람을 위태롭고 어려운 처지에 보내놓고서 이쪽의 일이 급하다고 하여 버리면, 밖으로는 蠻夷의 포악함을 멋대로 부리게 내버려두고 안으로는 국난에 죽을 신하를 상하게 하는 것입니다. 만일 때를 저울질하여 후일 변경에 일이 없다면 괜찮겠지만, 匈奴가 다시 변경을 침범하여 도둑질을 한다면, 폐하께서 장차 어떻게 장수를 부리시겠습니까. 또 두 部의 병력이 각각 겨우 수십 명에 불과한데, 흉노가 이들을 포위하고서 열흘이 지나도록 함락시키지 못하였으니, 이는 그 적고 약한 자들이 힘을 다한 효험입니다. 敦煌太守와 酒泉太守로 하여금 각각 정예 기병 2천을 거느리고 그 위급함에 달려가게 하소서."

關寵이 上書求救어늘 詔公卿會議할새 司空倫은 以爲不宜救라하고 司徒鮑昱曰 今使人於危難之地하여 急而棄之하면 外則縱蠻夷之暴하고 內則傷死難之臣이니 誠令權時하여 後無邊事면 可也어니와 匈奴如復犯塞爲寇면 陛下將何以使將이리잇가 又二部兵人이 裁各數十①이어늘 匈奴圍之하여 歷旬不下하니 是其寡弱力盡之效也②라 可令敦煌, 酒泉太守로 各將精騎二千하여 以赴其急하소서

① "二部"는 關寵과 耿恭이 거느린 군대를 이른다.
二部, 謂關寵及耿恭也.

② "力盡"은 盡力이란 말과 같다.
力盡, 猶言盡力也.

【目】 황제는 그 말을 옳게 여기고서 마침내 征西將軍 耿秉을 보내 酒泉에 주둔시켜 太守의 일을 대행하게 하고, 酒泉太守 段彭을 보내 謁者 王蒙과 皇甫援과 함께 張掖, 酒泉, 敦煌의 세 郡과 鄯善의 병력 도합 7천여 명을 징발해서 구원하게 하였다.

帝然之하여 乃遣征西將軍耿秉하여 屯酒泉하여 行太守事하고 遣酒泉太守段彭하여 與謁者王蒙, 皇甫援으로 發張掖, 酒泉, 敦煌三郡及鄯善兵合七千餘人하여 以救之하다

【綱】 이달 그믐에 일식이 있었다.

是月晦에 日食하다

【綱】馬廖를 衛尉로 삼고, 馬防을 中郎將으로 삼고, 馬光을 越騎校尉로 삼았다.

◑ 以馬廖爲衛尉하고 防爲中郎將하고 光爲越騎校尉하다

【目】太后의 兄弟는 明帝가 세상을 마칠 때까지 관직을 바꾼 적이 없었는데, 황제는 馬廖를 衛尉로, 馬防을 中郎將으로, 馬光을 越騎校尉로 삼았다. 마료 등이 몸을 굽혀 선비들과 사귀니, 벼슬하는 선비들이 다투어 달려갔다. 이에 第五倫이 다음과 같이 上疏하였다.

"臣은 듣건대, ≪書經≫에 '신하는 위엄을 일으키지 말고 복을 일으키지 말아야 하니, 자기의 집에 해롭고 자기의 나라에 흉하다.'[106] 하였습니다. 근세에 光烈皇后께서는 비록 형제간의 우애가 천성으로 지극하였으나, 외척인 陰氏를 억제하여 권세를 빌려주지 않으셨습니다. 그 뒤에 梁氏와 竇氏의 집안이 서로 불법을 저질렀으므로 明帝께서는 즉위하시어 끝내 이들을 많이 주벌하셨는데, 지금 의논하는 자들이 또다시 馬氏를 가지고 말합니다.

제가 엎드려 듣건대, 衛尉 마료는 삼베 3천 匹을 사용하고 城門校尉 마방은 3백만 錢을 사용하여 사사로이 三輔 지역[107]의 사대부들에게 주어서, 평소 알고 모르고를 불문하고 주지 않은 이가 없다고 하였습니다. 또 듣자 하니 臘日에도 雒陽 안에 있는 자들에게 각각 5천 錢을 보냈으며, 越騎校尉 마광은 臘日에 양 3백 마리와 곡식 4백 斛과 고기 50斤을 사용했다고 합니다. 어리석은 臣은 생각건대 이는 경전의 뜻에 부응하지 못하니, 황공하여 감히 아뢰지 않을 수 없습니다. 臣이 지금 이것을 말씀드리는 것은 진실로 위로는 폐하에게 충성하고 아래로는 皇后의 집안을 온전히 하고자 해서입니다."

太后兄弟 終明帝世토록 未嘗改官이러니 帝以廖爲衛尉하고 防爲中郎將하고 光爲越騎校尉하다 廖等이 傾身交結하니 冠蓋之士 爭赴趣之라 第五倫이 上疏曰 臣聞書曰 臣無作威作福이니 其害于而家하고 凶于而國이라하니이다 近世光烈皇后雖友愛天至나 而抑損陰氏하여 不假以權勢①러니 其後梁, 竇之家 互有非法이라 明帝卽位하사 竟多誅之②러니 今之議者 復以馬氏爲言하니이다 竊聞衛尉廖는 以布三千匹하고 城門校尉防은 以錢三百萬으로 私贍三輔衣冠하여 知與不知莫不畢給③이라하니이다 又聞臘日에 亦遺其在雒中者錢各五千하며 越騎校尉光은 臘用羊三百頭와 米四百

106) 신하는……흉하다 : '위엄을 일으킨다〔作威〕'는 것은 남에게 벌을 내림을 이르고, '복을 일으킨다〔作福〕'는 것은 남에게 상과 벼슬을 내림을 이르는바, 이 내용은 ≪書經≫ 〈周書 洪範〉에 보인다.

107) 三輔 지역 : 三輔는 前漢 시대에 京畿의 관할 지역을 가리킨다. 당시에는 京兆尹, 右扶風, 左馮翊으로 나누어 있었다.

斛과 肉五千斤이라하니이다 臣愚以爲不應經義하니 皇恐하여 不敢不以聞이니이다 臣今言此는 誠欲上忠陛下하고 下全后家也니이다

① "友愛天至"는 형제간에 우애함이 바로 天性의 지극함임을 말한 것이다. "不假以權勢"는 陰后가 외가 친척을 위하여 벼슬을 구하지 않음을 말한 것이다.
友愛天至, 謂友愛其兄弟, 乃天性之至極也. 不假以權勢, 謂陰后不爲宗親求位也.
② 〈"梁竇之家"는〉 梁松과 竇穆 등을 이른다.
謂梁松·竇穆等也.
③ 贍은 구휼함이요, 공급함이다. "衣冠"은 士大夫를 이른다.
贍, 賙也, 給也. 衣冠, 謂士大夫也.

【綱】 크게 가뭄이 들었다.

大旱하다

思政殿訓義 資治通鑑綱目 제10권 상

漢 章帝 建初 원년(76)~漢 和帝 永元 원년(89)

≪資治通鑑綱目≫ 제10권은 丙子年 漢나라 章帝 建初 원년(76)부터 시작하여 乙丑年 漢나라 安帝 延光 4년(125)까지이니, 모두 50년이다.

起丙子漢章帝建初元年하여 盡乙丑漢安帝延光四年이니 凡五十年이라

丙子年(76)

【綱】 漢나라 肅宗 孝章皇帝 建初 원년이다. 봄 정월에 詔令을 내려 창고를 열어 굶주린 백성들에게 곡식을 주게 하였다.

肅宗孝章皇帝建初元年이라 春正月에 詔稟贍饑民하다

【綱】 二千石에게 詔令을 내려 농업과 蠶業을 권장하고 인재 등용을 신중히 하며, 時令을 따르고 억울한 옥사를 다스리게 하였다.

◑詔二千石하여 勸農桑, 愼選擧하고 順時令, 理冤獄하다

【目】 이때에 永平 연간(明帝)의 故事를 따라서 관리의 정사가 엄격함을 숭상하였는데, 尙書 陳寵은 황제가 새로 즉위하였으니 마땅히 전대의 까다로운 풍속을 고쳐야 한다 하여, 마침내 다음과 같이 上疏하였다.

"臣이 듣건대, 先王의 정사는 賞이 참람하지 않고 형벌이 지나치지 않으니, 어쩔 수 없는 바에는 차라리 상이 참람하고 형벌이 지나치지 않아야 한다고 하였습니다. 지난번에 옥사를 결단하기를 엄격하고 분명히 했던 것은 위엄으로 간특함을 징계하기 위해서였으니, 간특한 자들이 이미 다스려졌으면 반드시 마땅히 너그러움으로써 구제하여야 합니다. 정사를 행하는 것은 거문고와 비파의 줄을 풀어 조율하는 것과 같아서 큰 줄이 팽팽하면 작은 줄이 끊기기 마련이니, 폐하께서는 마땅히 先王의 道를 높이시어 번거롭

고 가혹한 법을 깨끗이 제거해서 생민들을 구제하여 지극한 덕을 온전히 넓히소서."

황제가 진총의 말을 깊이 받아들여 매사를 되도록 너그럽고 후하게 하였다.

時에 承永平故事하여 吏政이 尙嚴切이러니 尙書陳寵이 以帝新卽位하니 宜改前世苛俗①이라하여 乃上疏曰 臣은 聞先王之政이 賞不僭하고 刑不濫하니 與其不得已론 寧僭無濫②이라하니이다 往者에 斷獄嚴明은 所以威懲姦慝이니 姦慝旣平이면 必宜濟之以寬이니이다 夫爲政은 猶張琴瑟하여 大絃急者는 小絃絶③이니 陛下宜隆先王之道하사 蕩滌煩苛之法하여 以濟群生하여 全廣至德이니이다 帝深納寵言하여 每事를 務於寬厚하니라

① 陳寵은 陳欽의 손자이다.
寵, 欽之孫也.

② 〈"先王之政……寧僭無濫"은〉 ≪春秋左氏傳≫에 보이는 蔡나라 大夫 聲子의 말이다.[1)]
左傳蔡大夫聲子之言.

③ 〈"夫爲政……小絃絶"은〉 ≪新序≫에 나온다.[2)]
語出新序.

【目】 第五倫 또한 다음과 같이 上疏하였다.

"光武帝가 王莽의 뒤를 이으시어 자못 엄격하게 정사를 하시니, 후대가 이것을 인습해서 마침내 風化(風敎)를 이루었습니다. 그리하여 郡國에서 천거한 자들은 대부분 자기 직분만을 수행하는 속된 관리이고, 마음이 너그럽고 도량이 넓은 자를 선발하여 上의 요구에 부응한 경우는 거의 없었습니다. 陳留令 劉豫와 冠軍令 駟協이 모두 각박한 자질로 준엄하고 가혹한 정사를 힘쓰니, 관리와 백성들이 근심하고 원망하여 미워하지

1) 春秋左氏傳에……말이다 : 聲子는 蔡나라 大夫 公孫歸生이다. 성자가 晉나라에 사신으로 갔다가 돌아오는 길에 楚나라에 들러서 令尹 子木(屈建)을 만났는데, 자목이 晉나라의 상황에 대해 묻자, 성자는 楚나라의 훌륭한 인재들이 晉나라에 대거 등용되고 있음을 알려주며, "나라를 잘 다스리는 자는 賞이 넘치지 않고 형벌이 지나치지 않는다고 합니다. 상이 참람하면 상이 惡人에게 미칠까 두렵고, 형벌이 지나치면 형벌이 善人에게 미칠까 두렵습니다. 만약 불행하여서 상과 형벌이 과도하게 행해지는 잘못을 범할 바에는 차라리 상이 참람할지언정 형벌이 넘치지 말 것이며, 善人을 잃기보다는 차라리 惡人을 이롭게 하는 것이 낫습니다. 善人이 없으면 나라도 따라서 망합니다.〔善爲國者 賞不僭而刑不濫 賞僭則懼及淫人 刑濫則懼及善人 若不幸而過 寧僭無濫 與其失善 寧其利淫 無善人則國從之〕"라고 대답하였다.(≪春秋左氏傳≫ 襄公 26년)

2) 新序에 나온다 : ≪新序≫는 前漢의 劉向이 지은 책으로, 이 내용은 魯나라 大夫 臧孫의 가혹한 정치를 비판하며 "정사는 거문고와 비파의 줄을 풀어 조율하는 것과 같아서 큰 줄이 너무 팽팽하면 작은 줄이 끊기기 마련이다.〔夫政者 猶張琴瑟也 大絃急則小絃絶矣〕"라고 한 子貢의 말에 보인다. 그러나 현전하는 ≪신서≫에는 이 내용이 없고 ≪後漢書≫ 권76 〈陳寵傳〉에 대한 李賢의 注, ≪群書治要≫ 권42, ≪藝文類聚≫ 권52 〈治政部 論政〉 등에 보이는바, 逸文으로 추측된다.

않는 이가 없었습니다. 그런데 의논하는 자는 도리어 이들을 유능하다 하니, 天心을 어기고 經書의 뜻을 잃은 것입니다. 비단 유예와 사협을 죄로 다스릴 뿐만 아니라 이들을 천거한 자도 견책하고, 仁者와 賢者를 힘써 등용하여 정사를 맡겨야 하니, 몇 사람만 이렇게 하면 풍속이 저절로 교화될 것입니다.

또 듣건대 여러 왕과 공주, 貴戚들의 교만과 사치가 제도를 넘는다고 합니다. 京師도 이러한데 어떻게 먼 지방에 모범을 보일 수 있겠습니까. 그러므로 이르기를 '자신이 바르지 못하면 비록 명령하더라도 행해지지 않는다.'[3] 한 것입니다. 몸으로 가르치면 따르고 말로써 가르치면 다투는 것입니다."

上이 그의 말을 좋게 여겼다. 제오륜은 비록 천성이 峻嚴하고 剛直하였으나 항상 속된 관리가 까다롭고 각박한 것을 싫어하여 정사를 논의할 때마다 매번 관후함을 따랐다.

第五倫이 亦上疏曰 光武承王莽之餘하사 頗以嚴猛爲政하시니 後代因之하여 遂成風化라 郡國所擧 類多辦職俗吏요 殊未有寬博之選하여 以應上求者也니이다 陳留令劉豫와 冠軍令駟協이 竝以刻薄之姿로 務爲嚴苦하니 吏民愁怨하여 莫不疾之①어늘 而議者反以爲能이라하니 違天心하고 失經義라 非徒應坐豫, 協이요 亦宜譴擧者하고 務進仁賢하여 以任時政이니 不過數人이면 則風俗自化矣리이다 又聞諸王主貴戚이 驕奢踰制라하니 京師尙然이어늘 何以示遠이니잇가 故曰 其身不正이면 雖令不行이라하니 以身教者從이요 以言教者訟이니이다 上이 善之하다 倫이 雖天性峭直이나 然常疾俗吏苛刻하여 論議를 每依寬厚云②이러라

① 冠軍縣은 南陽郡에 속하였다.
冠軍縣, 屬南陽郡.
② 峭는 七笑의 切이니 준엄함이다.
峭, 七笑切, 峻也.

【綱】關寵이 패몰하였다. 段彭이 車師를 공격하니, 匈奴가 달아나고 거사가 다시 항복하였다. 都護 및 戊·己校尉의 관직을 파하였다. 班超가 남아 疏勒에 주둔하였다.

關寵이 敗沒하다 段彭이 擊車師한대 匈奴走하고 車師復降하니 罷都護及戊己校尉官하고

3) 자신이……못한다 : 이 내용은 ≪論語≫ 〈子路〉의 "자신이 바르면 명령하지 않아도 행해지고, 자신이 바르지 못하면 비록 명령하더라도 따르지 않는다.〔其身正 不令而行 其身不正 雖令不從〕"라고 한 孔子의 말씀에 보인다.

班超留屯疏勒[4)] 하다

【目】段彭 등이 車師를 공격하여 수천 명을 참수하고 사로잡으니, 北匈奴가 놀라 달아나고 車師가 다시 항복하였다. 마침 關寵이 이미 패몰하였으므로 군대를 이끌고 漢나라로 돌아가고자 하였다. 耿恭의 軍吏 范羌이 이때 군중에 있으면서 경공을 맞이해올 것을 한사코 청하니, 장수들이 감히 전진하지 못하여 이에 2천 명의 병력을 범강에게 나눠 주어서 경공을 맞이하여 함께 돌아오게 하였다. 돌아올 적에 경공의 관리와 군사들이 굶주리고 곤궁하여 疏勒을 출발할 때에는 그래도 26명이었는데, 길을 가다가 죽어서 3월에 玉門關에 이르러서는 겨우 13명만이 남아 있었다.

段彭等이 擊車師하여 斬獲數千하니 北匈奴驚走하고 車師復降하다 會에 關寵已歿이라 欲引兵還이러니 耿恭軍吏范羌이 時在軍中①하여 固請迎恭한대 諸將이 不敢前이라 乃分兵二千人與羌하여 迎恭俱歸하다 吏士飢困하여 發疏勒時에는 尙有二十六人이러니 隨路死沒하여 三月至玉門에는 唯餘十三人②이러라

① 〈"耿恭軍吏范羌 時在軍中"은〉 이보다 앞서 耿恭이 范羌을 敦煌에 보내어서 병사들의 겨울옷을 받아오게 하였는데, 범강이 이를 통해 王蒙의 군대(關寵의 잔여 부대)를 따라 변방을 나왔다.
先是, 恭遣羌至敦煌, 迎兵士寒服, 羌因隨王蒙軍出塞.

② 李賢이 말하기를 "玉門은 關의 이름으로 敦煌郡에 속하니, 지금의 沙州에 있다." 하였다.
賢曰 "玉門, 關名, 屬敦煌郡, 在今沙州."

【目】中郎將 鄭衆이 다음과 같이 上疏하였다.

"耿恭이 孤立無援의 군대로 외로운 城을 지키며 匈奴의 수만 명의 군대를 대적하여 山을 파서 우물을 만들고 쇠뇌의 쇠 힘줄을 삶아 양식으로 먹으면서 추악한 오랑캐를 살상한 수가 백이나 천으로 헤아릴 정도였고, 끝내 충성과 용맹을 온전히 하여 大漢의 수치가 되지 않았으니, 마땅히 높은 관작을 내려서 장수들을 장려해야 합니다."

황제가 詔令을 내려 경공을 騎都尉에 제수하고 戊·己校尉 및 都護의 관직을 모두 파

---

4) 罷都護……屯疏勒 : "都護와 校尉를 파한 것을 쓴 것은 어째서인가. 허물을 잘 수습함을 좋게 여긴 것이다. 이 관원을 둔 뒤로부터 西北 지역에 일이 매우 많았다. 趙充國이 남아 주둔했을 적에 '조충국을 남겨두어 湟中에 둔전하게 했다.'라고 썼는데, 여기에서는 어찌하여 '班超가 남아 주둔했다.'고 썼는가. 반초가 자기 마음대로 남아 있음을 인정하지 않은 것이다.〔書罷都護校尉 何 善補過也 自置此官 而西北多事甚矣 充國之留屯也 書曰留充國屯田湟中 此則曷爲以班超留屯書 不予超之專留也〕" ≪書法≫

하고 班超를 불러 돌아오게 하였다.

반초가 장차 출발하여 돌아오려 할 적에 疏勒에서는 근심하고 두려워하였다. 소륵의 都尉 黎弇(여감)이 말하기를 "漢나라 사신이 우리를 버리니, 우리는 반드시 다시 龜玆에게 멸망당할 것이다." 하고는 칼로 자신의 목을 찔러 죽었다. 반초가 于窴에 이르니, 王侯 이하가 모두 울부짖고 반초가 탄 말의 다리를 붙잡아 길을 떠날 수가 없었다. 반초 또한 자신의 본래 뜻을 이루고자 해서 마침내 소륵으로 돌아왔으나, 소륵의 두 성이 이미 구자에게 항복하여 尉頭와 병력을 연합하였다. 이에 반초가 배반한 자를 체포하여 참수하고 위두를 격파하니, 소륵이 다시 편안해졌다.

中郎將鄭衆이 上疏曰① 恭以單兵守孤城하여 當匈奴數萬之衆하여 鑿(착)山爲井하고 煮弩爲糧하여 殺傷醜虜數百千計요 卒全忠勇하여 不爲大漢恥하니 宜蒙顯爵하여 以厲將帥니이다 詔拜恭騎都尉하고 悉罷戊己校尉及都護官하고 徵還班超하다 超將發還할새 疏勒憂恐이라 其都尉黎弇曰② 漢使(시)棄我하니 我必復爲龜玆所滅耳라하고 以刀自剄하다 至于窴하니 王侯以下皆號泣하고 抱超馬脚하여 不得行이라 超亦欲遂其本志하여 乃還疏勒이나 疏勒兩城이 已降龜玆하여 而與尉頭連兵③이어늘 超捕斬反者하고 擊破尉頭하니 疏勒이 復安하다

① 鄭衆이 먼저 軍司馬로 馬廖와 함께 車師를 공격하여 敦煌에 이르니, 조정에서는 그를 中郎將으로 제수하였다.
衆先以軍司馬與馬廖, 擊車師, 至敦煌, 拜爲中郎將.

② ≪漢書≫에 "疏勒國의 관원에 疏勒侯, 擊胡侯, 輔國侯, 都尉가 있다." 하였다.
前書"疏勒國, 官有疏勒侯・擊胡侯・輔國侯・都尉."

③ 尉頭는 西域에 있는 나라의 이름이니, 남쪽으로 疏勒과 접하였다. 尉頭谷에 위치하였으므로 이를 국호로 삼았으니, 長安과 8,650리 떨어져 있다.
尉頭, 西域國名, 南接疏勒, 居尉頭谷, 因以爲號, 去長安八千六百五十里.

【綱】地震이 있었다.

地震하다

【綱】가을 7월에 詔令을 내려 上林苑의 못과 籞(禁苑)를 가난한 백성들에게 주게 하였다.

◑ 秋七月에 詔以上林池籞(어)로 賦與貧民[5)]하다

【綱】8월에 孛星이 天市에 나타났다.

◑ 八月에 有星孛于天市①하다

① ≪晉書≫ 〈天文志〉에 "參宿(삼수)는 별이 10개이니, 첫 번째 별이 天市인데 또 危宿의 세 별 역시 天市라 하며, 또 天市垣의 22개의 별은 房宿와 心宿의 동북쪽에 있다." 하였다. ≪史記≫에 "房宿를 天駟라 한다. 동북쪽에 있는 12개의 별을 '旗'라 하고, 旗 가운데에 4개의 별을 天市라 한다." 하였다.
晉天文志 "參十星, 一曰天市. 又危三星, 亦爲天市. 又天市垣二十二星, 在房・心東北." 史記曰 "房爲天駟. 東北(曲)[6]十二星曰旗, 旗中四星曰天市."

【綱】哀牢王이 배반하니, 郡의 병사들이 이들을 격파하고 참수하였다.

◑ 哀牢王이 反하니 郡兵이 擊斬之①하다

① 哀牢王 類牢가 수령을 죽이고 배반하여 博南을 공격하자, 永昌, 越嶲(월수), 益州 세 郡의 군대와 昆明의 夷族인 鹵承(노승) 등이 博南에서 類牢를 공격하여 대파하고 참수하였다.
哀牢王類牢, 殺守令反, 攻博南, 永昌・越嶲・益州三郡兵及昆明夷鹵承等, 擊類牢於博南, 大破斬之.

丁丑年(77)

【綱】漢나라 肅宗 孝章皇帝 建初 2년이다. 봄 3월에 三公에게 詔令을 내려 貴戚들의 불법행위를 규찰하게 하였다.

二年이라 春三月에 詔三公하여 糾非法하다

---

5) 詔以上林……與貧民 : "元帝의 篇에서 '公田과 苑으로써 가난한 백성을 구제하여 생업을 도왔다.'고 썼었는데, 이때 이것을 다시 써서 백성을 사랑함을 기록한 것이다. 그러므로 ≪資治通鑑≫에는 이것을 쓰지 않았으나, ≪資治通鑑綱目≫에는 특별히 쓴 것이다.〔元帝之篇 書以公田及苑 振業貧民矣 於是復書 志仁民也 故通鑑不書 綱目特書之〕" ≪書法≫
"文王의 동산은 사방 70리로 백성들과 함께하였는데, 후세에 동산을 넓힌 뒤로부터 가난한 백성들이 생업을 잃었다. 지금 章帝가 즉위한 초년에 맨 먼저 上林苑의 못과 籞를 가난한 백성들에게 주었으니, 또한 넉넉함으로 부족함을 보충하는 뜻을 볼 수 있다. 이것을 써서 찬미함이 마땅하다.〔文王之囿 方七十里 與民同之 自後世開廣苑囿而後 貧民失職 今章帝初元 首以上林池籞賦與貧民 亦足見以有餘補不足之意矣 書以美之 宜也〕" ≪發明≫

6) (曲) : 저본에는 '曲'이 있으나, ≪資治通鑑≫ 註에 의거하여 衍字로 보았다.

【目】 다음과 같이 詔令을 내렸다.

"貴戚들이 방종하고 사치함이 끝이 없는데도, 有司가 들어 바로잡는 이가 없으니, 三公이 모두 마땅히 불법행위를 밝게 규찰하고, 일을 맡은 관원들은 철저히 금하라."

詔曰 貴戚이 奢縱無度어늘 有司莫擧하니 三公이 竝宜明糾非法①하고 在事者는 備爲之禁②하라

① 여기서 句를 뗀다.
句.

② 〈"在事者 備爲之禁"은〉 ≪後漢書≫ 〈章帝本紀〉에 "그 科條(법조문)와 制度로서 마땅히 시행해야 할 것들을 일을 맡은 관원들은 철저히 금하라." 하였다.
本紀 "其科條制度所宜施行, 在事者備爲之禁."

【綱】 伊吾盧에 주둔했던 군대를 파하니, 匈奴가 다시 이 지역을 차지하였다.

罷伊吾盧屯兵하니 匈奴復守其地[7)]하다

【綱】 여름 4월에 楚王(劉英)과 淮陽王(劉延)의 일에 연좌되어 귀양 갔던 400여 가호를 돌아오게 하였다.

◑ 夏四月에 還坐楚淮陽事徙者四百餘家①하다

① 본래의 郡으로 돌아오게 한 것이다.
令歸本郡.

【綱】 크게 가뭄이 들었다.

◑ 大旱하다

【目】 上이 외숙들에게 爵位를 봉하고자 하였으나 太后(馬后)가 듣지 않았다. 마침 크게 가물자, 일을 말하는 자들이 외척을 봉하지 않았기 때문이라고 하였다. 이에 太后가 다음과 같이 詔令을 내렸다.

"王氏의 五侯가 같은 날 함께 봉해졌을 적에[8)] 누런 안개가 사방에 가득하였을 뿐, 비

7) 罷伊吾……守其地 : "특별히 쓴 것이다. 특별히 쓴 것은 어째서인가. 〈伊吾盧는〉 오랑캐가 반드시 다투는 땅이기 때문이다.〔特筆也 其特筆 何 虜所必爭地也〕" ≪書法≫

8) 王氏의……적에 : 河平 2년(B.C. 27)에 王譚을 平阿侯에, 王商을 成都侯에, 王立을 紅陽侯에, 王根을

가 내리는 응험이 있었다는 말은 듣지 못하였다. 외척이 귀하고 성하면 국가가 傾覆되지 않는 경우가 드물다. 그러므로 先帝(明帝)께서 舅氏(외숙)를 방비하고 삼가서 조정의 요직에 있지 않게 하셨고, 또 말씀하시기를 '내 아들은 마땅히 先帝(光武帝)의 아들과 똑같아서는 안 된다.' 하셨다. 그런데 지금 有司는 어찌하여 馬氏를 陰氏에 견주고자 하는가. 나는 밤낮으로 숨을 죽이고서 항상 先后(陰后)의 법을 훼손할까 두려워하고 있다. 그리하여 친속들에게 털끝만 한 죄가 있더라도 내가 내버려 두지 않고 말하기를 밤낮으로 그치지 않는데 친속들은 끊임없이 법을 범하고, 喪을 치르고 墳墓를 만들 적에 〈제도를 넘고서도〉 또 제때에 깨닫지 못하고 있으니, 이는 내 명령이 서지 못한 것이고 귀와 눈이 막힌 것이다.

上이 欲封爵諸舅호되 太后不聽이러니 會大旱하니 言事者以爲不封外戚之故라한대 太后詔曰 王氏五侯 同日俱封에 黃霧四塞하고 不聞澍雨之應이라 夫外戚貴盛이면 鮮不傾覆이라 故로 先帝防愼舅氏하여 不令在樞機之位하시고 又言我子不當與先帝子等이라하시니 今有司奈何欲以馬氏比陰氏乎아 吾夙夜累息[①]하여 常恐虧先后之法하여 有毛髮之罪라도 吾不釋하고 言之不捨晝夜어늘 而親屬이 犯之不止하고 治喪起墳에 又不時覺[②]하니 是吾言之不立而耳目之塞也라

① 〈"累息"은〉 숨을 한 번 들이쉬고 내쉴 때에 여러 번 숨을 죽였다가 비로소 한 번 숨을 크게 쉬는 것이다.
息氣一出入之頃, 屛氣者累息, 乃一舒氣.

② 〈"治喪起墳 又不時覺"은〉 처음에 太夫人의 장례에 봉분을 만들면서 제도보다 약간 높게 하였는데, 太后가 이것을 두고 말하자 오라비 馬廖 등이 즉시 봉분을 낮추었다.
初, 太夫人葬, 起墳微高, 太后以爲言, 兄廖等卽時減削.

【目】 내 천하의 어머니가 되어서 몸에 大練(거친 명주)을 입고 음식을 먹을 적에 맛있는 음식을 구하지 않으며, 나의 좌우에 있는 측근들이 다만 명주옷과 삼베옷만을 입고 香薰(장식품)으로 치장하지 않는 것은, 내가 솔선하여 아랫사람들에게 모범을 보이고자 해서이다. 나는 외가 친족들이 이것을 보고서 마음속으로 걱정하고 스스로 조심할 것이라고 생각하였는데, 외가 친족들은 다만 웃으면서 太后가 본래 검소함을 좋아한다고 말할 뿐이다.

지난번 濯龍園의 문 앞을 지날 적에 문안하러 온 외가 친족들을 보니, 수레는 흐르는

曲陽侯에, 王逢時를 高平侯에 봉한 것을 가리킨다. 이들은 成帝의 외척으로 같은 날에 함께 侯에 봉해졌기 때문에 '五侯'라 호칭된다.(≪前漢書≫ 권98 〈元后傳〉)

물처럼 왕래가 끊이지 않고 말은 헤엄치는 용처럼 빈번하게 오가며, 노복들은 녹색 單衣를 입었는데[9] 옷깃과 소매가 매우 깨끗하였다. 나를 모시는 자들을 돌아보니, 그들에게 크게 미치지 못하였다. 나는 일부러 견책과 노여움을 가하지 않고 다만 그들의 1년의 비용을 끊어서 이로써 그들이 내심 남모르게 부끄러워하기를 바랐는데, 그들은 여전히 해이하여 나라를 걱정하고 집안을 잊는 생각이 없다. 신하를 아는 것은 군주만 한 이가 없으니, 하물며 친정의 친속에 있어서랴. 내 어찌 위로 先帝(明帝)의 뜻을 저버리고 아래로 先人(馬援)의 德을 훼손해서 西京의 패망한 禍를 다시 따르겠는가."

吾爲天下母하여 而身服大練하고 食不求甘하며 左右但著(착)帛布하고 無香薰之飾者는 欲身率下也라 以爲外親見之하고 當傷心自勅이러니 但笑言太后素好儉이라하니라 前過濯龍①門上할새 見外家問起居者호니 車如流水하고 馬如游龍하고 蒼頭衣綠褠(구)하고 領袖正白하니 顧視御者에 不及이 遠矣②라 故不加譴怒하고 但絶歲用하여 冀以默愧其心이러니 猶懈怠하여 無憂國忘家之慮라 知臣은 莫若君하니 況親屬乎아 吾豈可上負先帝之旨하고 下虧先人之德하여 重襲西京敗亡之禍哉③리오

① 濯龍은 園의 이름이니 北宮과 가까웠다.
濯龍, 園名, 近北宮.

② 衣(입다)는 去聲이다. 褠는 古侯의 切이니 홑옷이다. "領袖正白"은 옷깃과 소매가 새것이고 깨끗해서 때 묻어 더럽지 않음을 말한 것이다.
衣, 去聲. 褠, 古侯切, 單衣也. 領袖正白, 言其新潔無垢汚也.

③ 重(거듭)은 直龍의 切이니 아래의 "重疊"도 같다. 西京(前漢)의 外戚 중에 呂祿과 呂産, 竇嬰, 上官桀과 上官安 父子, 霍禹 등이 모두 주벌을 당하였다.
重, 直龍切, 下重疊同. 西京外戚, 呂祿·呂産·竇嬰·上官桀安父子·霍禹等, 皆被誅.

【目】 황제가 이 詔令을 보고 슬피 탄식하면서 다시 거듭 청하자, 太后가 다음과 같이 말하였다.

"내 어찌 다만 겸양한다는 명예를 얻고자 하여 황제로 하여금 외척에게 은혜를 베풀

9) 노복들은……입었는데 : 원문의 '褠'자에 대한 해석에는 두 가지 설이 있다. 史炤의 ≪資治通鑑釋文≫에는 "褠는 臂衣이니, 바로 臂韝이다.〔褠 臂衣 卽臂韝也〕"라고 하였는데, 胡三省의 ≪資治通鑑釋文辯誤≫에는 사소의 설을 반대하며 "살펴보건대, 字書에 臂韝의 韝는 '韋'자 변을 따르니, 여기서 말한 綠褠는 '녹색 單衣'이다. 아랫글에 '옷깃과 소매가 매우 깨끗하였다.'라고 하였으니, 그렇다면 이는 單衣의 褠이지 臂韝의 韝가 아님이 분명하다.〔按字書臂韝之韝 旁從韋 此所謂綠褠 綠單衣也 下文言領袖正白 則爲單衣之褠 而非臂韝之韝明矣〕"라고 하였다. '臂衣'는 臂韝라고도 하는바, 戎服을 입을 때에 소매가 펄럭여서 움직임에 방해가 되지 않도록 팔을 감싸는 일종의 토시이며, '單衣'는 한 겹으로 지은 옷이다.

지 않는다는 혐의를 받게 하겠습니까. 高祖의 약속에 '軍功이 없으면 侯에 봉하지 않는다.' 하셨는데, 지금 馬氏가 나라에 功이 없으니, 어찌 나라를 중흥시킨 陰后, 郭后와 똑같을 수 있겠습니까. 내가 항상 보건대, 부귀한 집안에 봉록과 지위가 중첩되는 것은 1년에 두 번 열매를 맺는 나무는 뿌리가 반드시 상하는 것과 같습니다. 내가 심사숙고하였으니, 황제는 의심하지 마십시오. 지극한 효행은 어버이를 편안하게 해 드리는 것이 최상입니다. 국가가 지금 자주 재변을 만나서 곡식 값이 몇 배나 뛰었기에 밤낮으로 근심하고 두려워하여 앉아도 불안하고 누워도 불안한데, 먼저 외가의 친속들에게 封爵을 시행하고자 하여 慈母의 간절한 마음을 어기신단 말입니까. 만약 음양이 조화롭고 변경이 평안한 뒤에 아드님(황제)의 뜻을 행한다면, 내 다만 엿을 입에 물고 손자를 어르면서 다시는 정사에 관여하지 않겠습니다."

上이 마침내 중지하였다.

帝省詔悲歎하여 復重請之①한대 太后曰 吾豈徒欲獲謙讓之名하여 而使帝受不外施之嫌哉②리오 高祖約에 無軍功이면 不侯하시니 今馬氏無功於國하니 豈得與陰郭中興之后等邪잇가 常觀富貴之家 祿位重疊은 猶再實之木이 其根必傷이라 吾計之熟矣하니 勿有疑也③하소서 夫至孝之行은 安親爲上④이라 今數(삭)遭變異하여 穀價數倍하니 憂惶晝夜하여 不安坐臥어늘 而欲先營外家之封하여 違慈母之拳拳乎잇가 若陰陽調和하고 邊境淸靜然後에 行子之志면 吾但當含飴(이)弄孫⑤하여 不能復關政矣⑥리이다 上이 乃止하다

① 重(거듭)은 直用의 切이다.
重, 直用切.
② 施(베풀다)는 式智의 切이니, 은택으로 외가에 작위를 봉하는 것을 "外施"라 한다.
施, 式智切, 以恩澤封爵外家爲外施也.
③ ≪淮南子≫ 〈人間訓〉에 "1년에 두 번 열매 맺는 나무는 뿌리가 반드시 상하고, 남의 무덤을 파서 副葬品을 훔치는 집안에는 반드시 재앙이 있으니, 이는 큰 이로움을 탐하다가 도리어 해가 됨을 말한 것이다." 하였다.
淮南子 "再實之木根必傷, 掘藏之家必有殃, 以言大利而反爲害也."
④ 行(행실)은 去聲이니 아래의 "義行"도 같다. 揚子(揚雄)가 말하기를 "孝는 어버이를 편안하게 해 드리는 것보다 더 큰 것이 없고, 어버이를 편안하게 해 드리는 것은 四表(天下)가 마음에 기뻐하는 것보다 더 큰 것이 없다."[10] 하였다.

---

10) 孝는……없다 : 이 내용은 ≪法言≫ 〈孝至〉에 대한 揚雄의 서문에 "孝는 어버이를 편안하게 해드리는 것보다 더 큰 것이 없고, 어버이를 편안하게 해 드리는 것은 祖考의 신령을 편안하게 해드리는 것보다 더 큰 것이 없고, 祖考의 신령을 편안하게 해 드리는 것은 四表가 마음에 기뻐하는 것보다 더 큰 것이 없으므로 〈효지〉를 지었다.〔孝莫大於寧親 寧親莫大於寧神 寧神莫大於四表之歡心 譔孝至〕"라

行, 去聲, 下義行同. 揚子曰 "孝莫大於寧親, 寧親莫大於四表之驩心."

⑤ 飴는 米麥(엿기름)을 달여서 만든 것이니, ≪方言≫에 餳(엿)이라 하였다.
飴, 米蘖煎, 方言 "謂之餳(당)."

⑥ 關은 정사에 관여함이다.
關, 豫政也.

【目】 太后가 일찍이 三輔 지역에 詔令을 내려서 여러 馬氏와 혼인한 친척 중에 郡縣에 청탁하여 관리의 다스림을 간섭하고 어지럽힌 자가 있으면 법에 따라 다스리고 아뢰며, 겸손하고 검소하며 의로운 행실이 있는 자가 있으면 그때마다 온화한 말로 표창해서 재물과 지위로 상을 주며, 수레와 의복을 아름답게 하여 법도를 따르지 않는 자는 곧바로 외척의 屬籍(족보)에서 끊어서 田里로 돌려보내게 하니, 이에 안팎이 따라 敎化되어서 입는 옷이 모두 똑같았다.

織室을 설치하여 濯龍園 안에서 누에를 치게 하고는 자주 가서 살펴보는 것을 즐거움으로 삼았고, 항상 황제와 더불어 政事에 대해 말하고 小王들에게 ≪論語≫ 등의 經書를 가르치는 것을 말하였으며, 평소의 일을 말하면서 종일토록 온화(다정)하였다.

太后嘗詔三輔하여 諸馬昏親에 有屬託(촉탁)郡縣하여 干亂吏治者어든 以法聞①하며 其有謙素義行者어든 輒假借溫言하여 賞以財位②하고 其美車服하여 不遵法度者는 便絶屬籍하여 遣歸田里③하니 於是에 內外從化하여 被服如一이러라 置織室하여 蠶於濯龍中하고 數(삭)往觀視하여 以爲娛樂④하고 常與帝로 言政事及敎授小王論語經書하고 述敍平生하여 雍和終日⑤이러라

① 〈"以法聞"은〉 법으로써 다스리고 奏聞하는 것이다.
繩之以法而奏聞也.

② "假借溫言"은 온화함과 좋은 말로 표창하고 찬미함을 이른다.
假借溫言, 謂以溫和好語褒美之.

③ "絶屬籍"은 외척의 족보에서 끊음을 이른다.
絶屬籍, 謂絶外戚之屬籍也.

④ ≪漢書≫에 "東織과 西織이 있어서 少府에 속하였는데, 平帝가 바꾸어 織室을 두었다." 하였다.[11]

고 보인다.

11) 漢書에……하였다 : 이는 본래 ≪後漢書≫ 〈馬皇后紀〉에 대한 李賢의 注로, 현재 ≪漢書≫에는 이 내용이 그대로 보이지 않는다. 織室은 漢代의 궁중에서 옷감과 禮服 등의 織造를 관장한 官司로, 少府에 소속되었는데 東織과 西織으로 나뉘어 未央宮에 있었으며 令과 史가 있었다. 成帝 河平 元年(B.C. 28)에 동직을 없애고 서직을 직실로 改名하였는바, 원문의 '平帝'는 오류인 듯하다. '小府'는

前書"有東織·西織, 屬少府, 平帝改置織室."

⑤ 小王은 아직 나이가 어려서 封國에 나아가지 못한 왕들이다.

小王, 諸王年尙幼, 未就國者.

【目】 馬廖가 다음과 같이 上疏하였다.

"옛날에 元帝는 服官을 폐지하시고,[12] 成帝는 세탁한 옷을 입으시고, 哀帝는 樂府를 철폐하셨습니다.[13] 그런데도 사치한 비용이 사라지지 않아서 국가가 쇠망하고 혼란함에 이르렀으니, 이는 백성이 군주의 행실을 따르고 군주의 명령을 따르지 않았기 때문입니다. 정사와 풍속이 바뀌는 데에는 반드시 그 근본이 있습니다. 옛 책에 '吳王이 劍客을 좋아하자 백성 중에 흉터 있는 자가 많았고, 楚王이 허리가 가는 사람을 좋아하자 궁중에 굶어 죽은 자가 많았다.'[14] 하였고, 長安의 속담에 '도성 안에서 높게 튼 상투를 좋아하자 四方(지방)에서는 상투 높이가 1尺(자)이나 되었고, 도성 안에서 눈썹이 넓은 것을 좋아하자 사방에서는 눈썹이 거의 이마의 절반이나 되었고, 도성 안에서 소매가 넓은 옷을 좋아하자 사방에서는 비단 1匹을 온전히 다 썼다.' 하였으니, 이 말이 농담인 것 같아도 사실에 부합하는 점이 있습니다. 지난번 制度를 하달하고 얼마 안 되어서 다시 행하지 않았으니, 이는 비록 혹 관리들이 법을 제대로 받들지 않아서이지만 진실로 태만함이 京師에서부터 시작되었기 때문입니다. 지금 폐하께서 소박하고 간결함을 편

본래 秦나라의 관사로 산과 바다와 池澤의 세금을 관장하였다.(≪漢書≫ 권19上 〈百官公卿表 上〉)

12) 元帝는……폐지하시고 : '服官'은 漢나라 때 齊 지역에 설치하였던 관직으로, 궁정에 봄·여름·겨울 세 계절의 의복을 공급하였기 때문에 '三服官'이라고 하였다. 初元 5년(B.C. 44) 4월에 彗星이 參宿에 나타나자, 元帝가 내린 詔書에 "角抵(씨름)의 인원과 황제가 거의 가지 않는 上林苑의 宮館과 齊 지역의 삼복관과 北假의 田官과 鹽鐵官과 常平倉을 모두 폐지하라.〔罷角抵 上林宮館希御幸者 齊三服官 北假田官 鹽鐵官 常平倉〕"라고 한 내용이 보인다.(≪漢書≫ 권9 〈元帝紀〉)

13) 哀帝는……철폐하셨습니다 : '樂府'는 음악을 주관하는 관서로 惠帝 때에 이미 '樂府令'이라는 관직이 존재하였다. 武帝가 郊祀의 禮를 제정하면서 정식 관서로 설치되어 宮廷·巡行·祭祀에 사용하는 음악을 관장하고, 아울러 民歌를 채집하여 곡을 붙였는데, 李延年이 協律都尉가 되어 이 일을 주관하였다.(≪漢書≫ 권22 〈禮樂志〉) 綏和 2년(B.C. 7) 6월에 哀帝가 내린 조서에 "鄭나라 음악은 음란한 음악으로 성왕이 추방한 바이니, 악부를 철폐하라.〔鄭聲淫而亂樂 聖王所放 其罷樂府〕"라고 한 내용이 보인다.(≪漢書≫ 권11 〈哀帝紀〉)

14) 楚王이……많았다 : ≪墨子≫ 권4 〈兼愛 中〉에 "옛적에 楚나라 靈王이 허리가 가는 선비를 좋아하였으므로 영왕의 신하들이 모두 밥을 하루에 한 번만 먹는 것으로 절제하여 숨을 다 내뱉은 뒤에야 帶를 차고 담장을 짚은 뒤에야 일어났다. 1년 동안 이렇게 하자 온 조정의 신하들이 모두 얼굴에 검은빛을 띠었으니, 이는 무슨 이유인가. 군주가 좋아했기 때문에 신하들이 이렇게 할 수 있었던 것이다.〔昔者楚靈王好士細要 故靈王之臣皆以一飯爲節 脇息然後帶 扶墻然後起 比期年 朝有黧黑之色 是其故何也 君說之 故臣能之也〕"라고 한 내용이 보인다.

안히 여기시니, 이는 聖上의 천성에서 나온 것입니다. 진실로 이 한 가지 일이 잘 끝나면 四海에서 폐하의 德을 칭송하여 명성이 天地를 뒤덮어 神明을 통할 수 있을 터인데, 하물며 명령을 행함에 있어서는 더 말해 무엇하겠습니까."

太后가 그의 말을 깊이 받아들였다.

馬廖上疏曰 昔에 元帝罷服官하시고 成帝御浣衣하시고 哀帝去樂府하시니이다 然而侈費不息하여 至於衰亂者는 百姓이 從行, 不從言也①일새니이다 夫改政移風이 必有其本하니이다 傳曰 吳王이 好劍客하니 百姓多創瘢(반)이요 楚王이 好細腰하니 宮中多餓死②라하고 長安語曰 城中好高結(계)하니 四方高一尺이요 城中好廣眉하니 四方且半額이요 城中好大袖하니 四方全匹帛③이라하니 斯言如戲로되 有切事實이라 前下制度未幾에 (後)〔復〕稍不行④하니 雖或吏不奉法이나 良由慢起京師라 今陛下素簡所安하사 發自聖性⑤하시니 誠令斯事一竟이면 則四海誦德하여 聲薰天地하여 神明可通이어든 況於行令乎⑥잇가 太后深納之하다

① "御浣衣"는 황제가 세탁한 옷을 입음을 말한 것이다. 行(행실)은 去聲이다. ≪書經≫에 "윗사람의 명령하는 바를 어기고 윗사람의 좋아하는 바를 따른다."[15] 하였다.
御浣衣, 言服浣濯之衣也. 行, 去聲. 書曰 "違上所命, 從厥攸好."

② 吳王은 春秋時代의 吳王 闔廬이다. 創은 瘡으로 읽으니, 칼에 상처가 난 것이다. 瘢은 蒲官의 切이니, 상처의 흔적이다. 楚王은 春秋時代 楚 靈王의 圍이다.
吳王, 春秋吳王闔廬也. 創, 讀曰瘡, 刀所傷也. 瘢, 蒲官切, 痕也. 楚王, 春秋楚靈王圍也.

③ 結은 髻로 읽으니, 머리를 묶어 상투를 만든 것이다. 옛날 비단을 만들 적에 길이가 1丈 8尺인 것을 匹이라 하였으니, 〈"四方全匹帛"은〉 도성 밖의 사방이 모두 도성을 본받아서 큰 소매를 만드느라 거의 비단 1匹을 전부 소비함을 말한 것이다.
結, 讀曰髻, 束髮也. 古者製帛, 長丈八尺曰匹, 言城外四方皆效爲大袖, 將費帛全匹也.

④ 劉貢父(劉攽)가 말하였다. "살펴보건대, 앞의 글에 '未幾'라는 글자가 있으니, 그렇다면 마땅히 다시 後자가 있어서는 안 된다. 아마도 본래 復자인 듯하다."
劉貢父曰 "案文有未幾字, 則不當更有後字. 蓋本是復字也."

⑤ 〈"陛下素簡所安"은〉 검소하고 간략함이 태후가 편안히 여기는 바임을 말한 것이다.
言儉素約簡, 后之所安.

⑥ 竟(마치다)은 終과 같다. 薰은 蒸과 같으니, 〈"聲薰天地"는〉 아름다운 명성이 天地를 뒤덮음을 말한 것이다.

---

15) 윗사람의……따른다 : 이 내용은 ≪書經≫ 〈周書 君陳〉의 "백성이 태어날 때는 그 性이 본래 厚하나 물건에 따라 옮겨간다. 윗사람의 명령하는 바를 어기고 윗사람의 좋아하는 바를 따르니, 네가 능히 떳떳한 道를 공경하되 德에 있게 하면 이에 변하지 않는 자가 없어 진실로 大猷(大道)에 오를 것이다.〔惟民生厚 因物有遷 違上所命 從厥攸好 爾克敬典在德 時乃罔不變 允升于大猷〕"라고 한 成王의 말에 보인다.

竟, 猶終也. 薰, 猶蒸也. 言芳聲薰天地也.

【綱】 齊國에 詔令을 내려 冰紈과 方空縠을 바치는 것을 폐지하게 하였다.

詔齊國하여 省(생)冰紈方空縠(곡)①하다

① 紈은 흰 비단이다. 冰은 색깔이 얼음처럼 곱고 깨끗함을 말한다. 縠은 깁이다. 方空은 깁이 아무 것도 없는 것처럼 얇은 것이다. 혹자는 말하기를 "空은 구멍이니, 바로 方目紗이다." 하였다. ≪漢書≫에 "齊 지역에 三服官이 있었다.[16] 그러므로 齊나라에 명하여 파하게 한 것이다." 하였다.
紈, 素也. 冰, 言色鮮潔如氷也. 縠, 紗也. 方空者, 紗薄如空也. 或曰 "空, 孔也, 卽方目紗也." 前書 "齊有三服官, 故詔齊國罷之."

【綱】 燒當羌이 배반하자, 가을 8월에 將軍 馬防과 校尉 耿恭을 보내어 공격하게 하였다.

◑ 燒當羌이 反이어늘 秋八月에 遣將軍馬防, 校尉耿恭하여 擊之하다

【目】 第五倫이 다음과 같이 上疏하였다.

"貴戚은 侯로 봉하여 부유하게 하는 것은 괜찮지만 직책과 일을 맡겨서는 안 되니, 어째서이겠습니까. 법으로 다스리면 은혜를 상하고, 친함으로 사사로이 봐주면 법을 어기기 때문입니다. 馬防이 이제 서쪽을 정벌하게 되었으니, 臣은 太后의 은혜와 인자함과 폐하의 지극한 효성으로, 끝내 마방에게 조그만 잘못이라도 있게 되면 情誼를 두어 사랑하기가 어렵게 될까 염려스럽습니다."

황제가 따르지 않았다.

第五倫이 上疏曰 貴戚은 可封侯以富之요 不當任以職事니 何者오 繩以法則傷恩이요 私以親則違憲일새니이다 馬防이 今當西征하니 臣以太后恩仁과 陛下至孝로 恐卒有纖介면 難爲意愛①일까하노이다 帝不從하다

① 〈"恐卒有纖介 難爲意愛"는〉 卒然히 조그만 잘못이 있을 경우에 사랑하여 벌을 주지 않으면

16) 齊……있었다 : '服官'은 궁정의 의복을 만드는 관직이다. 漢나라 때 齊郡의 臨菑에서는 紈縠이 생산되고 陳留郡에서는 錦緞이 생산되었으므로 각각 服官을 두어 궁정에 의복을 공급하는 것을 전담하게 하였다. 臨菑에서는 또한 이를 '三服官'이라 불렀는바, 이는 봄·여름·겨울 세 계절의 의복을 공급하였기 때문에 붙여진 이름이다.

법을 폐하게 될까 염려한 것이다.
恐卒然有小過, 愛而不罰, 則廢法也.

【綱】 겨울 12월에 孛星이 紫宮(紫微垣)에 나타났다.

冬十二月에 有星孛于紫宮①하다

① 《晉書》〈天文志〉 中宮 조에 "北極星은 5개의 별이고 鉤陳星은 6개의 별로 모두 紫宮(紫微宮)의 안에 있다. 紫宮垣에는 15개의 별이 있는데 그 서쪽 가에 7개가 있고 동쪽 가에 8개가 있다." 하였다.
晉天文志中宮 "北極五星, 鉤陳六星, 皆在紫宮中. 紫宮垣十五星, 其西蕃七, 東蕃八."

戊寅年(78)

【綱】 漢나라 肅宗 孝章皇帝 建初 3년이다. 봄에 明堂에서 높여 제사하였다.

三年이라 春에 宗祀明堂하다

【綱】 馬防과 耿恭이 羌族을 공격하여 대파하였는데, 詔令을 내려 마방을 불러 돌아오게 하고, 경공은 하옥하여 그 관직을 파면시켰다.

◑馬防, 耿恭이 擊羌하여 大破之러니 詔徵防還하고 下恭獄하여 免其官[17)]하다

17) 馬防耿恭……免其官 : "이때에 耿恭이 일을 말하다가 馬防의 뜻을 거슬렀는데, 監營의 謁者(李譚)가 마방의 뜻에 영합하여 경공을 탄핵하였으니, 경공은 죄가 없음이 분명하다. 《資治通鑑綱目》에 위에서는 '羌族을 공격하여 대파하였다.'라고 썼고, 아래에서는 '경공을 하옥하여 그 관직을 파면시켰다.'라고 썼으니, 이는 황제를 질책한 것이다. 明德太后(馬太后)가 자기의 집안인 馬氏를 통렬히 억제하였는데도 小人들이 아첨하여 따름이 이미 이와 같았으니, 이는 황제가 외척을 존중하고자 하는 뜻으로 말미암아 이런 결과를 초래한 것이다.〔於是 恭以言事忤防 監營謁者承望劾恭 恭爲無罪明矣 綱目上書擊羌大破之 下書下恭獄免其官 病帝也 明德太后痛抑馬氏 而小人諂附已如此 則以帝欲尊重舅家之意 有以來之也〕" 《書法》

光武帝는 정사하는 체통을 밝게 살펴 신중히 처리하고 조정의 대권을 총괄하여 일찍이 외척들에게 관용을 베풀지 않았으며, 顯宗(明宗)이 대통을 잇게 되자 더욱더 절실하게 삼갔다. 이 때문에 建武와 永平 연간에는 정사가 깨끗하여 中興의 으뜸이 되었다. 肅宗이 뒤를 이어 비록 관대한 長者로 선대의 업적에 광채가 있었으나 馬防과 같은 외척에 있어서는 처음에 품었던 뜻을 점점 상실하였다.

이보다 앞서 크게 가물 때에 일찍이 여러 외숙에게 작위를 봉하고자 하다가 太后가 따르지 아니하여 중지하였다. 그리고 얼마 되지 않아 마침내 마방이 耿恭과 함께 군대를 거느리고 가서 羌族을 공격하였는바, 비록 요행으로 성공했다고 하나 마방이 불러 돌아오자마자 경공은 죄로 파면되었는

【目】 馬防이 부름을 받고 돌아옴에 耿恭을 남겨두어 남은 오랑캐들을 공격하게 하니, 항복시킨 것이 13개 종족에 수만 명이었다. 경공이 일을 말하다가 마방의 뜻을 거스르자, 監營의 謁者(李譚)가 마방의 뜻에 영합하여 경공이 군대의 일을 걱정하지 않는다고 아뢰니, 경공은 이 죄에 걸려 불려와 하옥되어 면직되었다.

馬防이 旣徵還에 留恭하여 擊餘寇하니 所降이 凡十三種數萬人이러니 以言事忤防[①]이라 監營謁者承旨하여 奏恭不憂軍事라하니 坐徵下獄免官하다

① 처음에 耿恭이 隴西에 출병할 적에 上言하여 竇固를 천거해서 涼州의 部內를 鎭撫하게 하고 馬防으로 하여금 漢陽에 군대를 주둔하게 하였는데, 마방은 경공이 두고를 천거하여 자신의 권한을 빼앗은 것에 원한을 품었다. 이 때문에 경공이 마방의 뜻에 크게 거슬리게 된 것이다.
初, 恭出隴西, 上言薦竇固, 鎭撫涼部, 令防屯軍漢陽, 防忿恭薦固, 奪其權. 由是大忤於防.

【綱】 3월에 貴人 竇氏를 세워 皇后로 삼았다.

三月에 立貴人竇氏爲皇后하다

【目】 皇后는 竇勳의 딸이다.

后는 勳之女也[①]라

① 竇勳이 東海恭王 劉彊의 딸 沘陽公主에게 장가들어서 皇后를 낳았다.
勳, 尙東海恭王彊女沘陽公主, 生后

데, 겨울에 마방이 車騎將軍의 지위로 승진하였다. 두 사람은 功이 같은데 賞이 다르니, 어찌 그 이유가 없겠는가. 경공이 일을 말하다가 마방의 뜻을 거스르자 有司가 마방의 뜻에 영합하였는데, 上 또한 이것을 살피지 못하고 그를 죄준 것이다. 그렇다면 외가의 권세가 先帝에 비하여 어떠한가.
≪資治通鑑綱目≫에서 '마방과 경공이 羌族을 공격하여 격파하였는데, 詔令을 내려 마방을 불러 돌아오게 하고 경공은 하옥하여 그 관직을 파면시켰다.'라고 썼으니, 그렇다면 경공에게 공은 있고 죄가 없다는 것이 너무도 분명하여, 진실로 참고할 것도 없이 그가 마방에게 모함을 당하였음을 알 수 있다. 말년에 馬氏가 조금 쇠퇴하자, 竇氏가 마침내 치성하였다. 肅宗의 정사가 이와 같았으니, 누가 과연 先帝보다 낫다고 말하겠는가.〔光武明謹政體 總攬權綱 未嘗假借戚里 至顯宗承統 尤切加謹 是以建武永平之間 政事淸明 爲中興首 肅宗繼之 雖寬大長者 有光前烈 而馬防外戚 浸失初意 前此大旱之時 嘗欲封爵諸舅 賴太后不從而止 未幾 遂以馬防偕耿恭 將兵擊羌 雖曰幸而成功 然防甫召還 恭以罪免 至冬則防進位車騎矣 同功異賞 豈無其說 蓋恭以言事忤防 有司承望風旨 上亦不察而罪之爾 然則外家之勢 比先朝爲如何耶 綱目書防恭擊羌破之 詔徵防還 下恭獄免官 則恭有功無罪 曉然甚明 固已不待參考 而後知其爲防所陷矣 末年馬氏少衰 而竇氏遂熾 肅宗之政若此 孰謂其果優於先帝乎〕" ≪發明≫

【綱】 여름 4월에 虖沱河(호타하)와 石臼河를 다스리는 것을 그만두었다.

夏四月에 罷治虖沱, 石臼河하다

【目】 처음에 顯宗(明帝)의 시절에 虖沱河(호타하)와 石臼河를 다스렸는데, 都慮에서 羊腸倉까지 漕運을 통하고자 하였으나 몇 년 동안 이룬 것이 없고, 이 工事 때문에 죽은 자가 이루 셀 수 없을 정도로 많았다. 황제가 謁者 鄧訓에게 이 일을 감독하게 하자, 등훈이 이리저리 헤아리고 철저히 조사하여 이루기 어려움을 알고는 그 내용을 자세히 갖추어 上言하였다. 황제가 詔令을 내려 이 役(工事)을 그만두고 다시 나귀가 끄는 수레를 쓰게 하니, 해마다 절감된 비용이 億萬錢으로 헤아려졌고 목숨을 보전하여 산 사람이 수천 명이었다. 등훈은 鄧禹의 아들이다.

初에 顯宗之世에 治虖沱, 石臼河①호되 從都慮하여 至羊腸倉하여 欲令通漕러니 連年無成하고 死者不可勝算②이라 帝以謁者鄧訓으로 監領其事한대 訓이 考量隱括하여 知其難成하고 具以上言③이어늘 詔罷其役하고 更用驢輦(여련)하니 歲省(생)費億萬計요 全活이 數千人이러라 訓은 禹之子也라

① 李賢이 말하기를 "石臼는 河水의 이름이니, 지금의 定州 唐縣 동북쪽에 있다." 하였다.
賢曰 "石臼, 河名也, 在今定州唐縣東北."

② 慮는 음이 閭이니, 都慮는 河水가 경유하여 흘러가는 지명이다. ≪水經註≫에 "汾陽의 옛 城은 곡식을 쌓아놓은 것이 있던 곳으로 이를 일러 羊腸倉이라 하였으니, 晉陽의 서북쪽에 있었다. 돌계단이 빙 둘러싸고 있어서 양의 창자와 비슷하므로 이것을 가지고 이름한 것이다."[18] 하였다.
慮, 音閭. 都慮, 河經行之地名. 水經註 "汾陽故城, 積粟所在, 謂之羊腸倉, 在晉陽西北. 石隥縈紆, 若羊腸焉, 故以爲名."

③ 考는 상고함이고, 量은 헤아림이다. 隱은 음이 檃(은)이고 括은 古活의 切이니, "檃括"은 나무를 바로잡고 휘는 기구이다.
考, 究. 量, 度也. 隱, 音檃. 括, 古活切. 檃括, 矯揉木之器也.

【綱】 겨울 12월에 馬防을 車騎將軍으로 삼았다.

18) 水經註에……것이다 : 이 내용은 ≪水經注≫ 권6 〈汾水〉에 "漢나라 高祖 11년(B.C. 196)에 靳彊을 봉하여 侯國으로 삼았다. 뒤에 屯田을 설치하여 곡식 창고가 여기에 있었는데 이를 일러 羊腸倉이라 하였다. 산에 羊腸坂이 있는데 晉陽의 서북쪽에 위치하였다. 돌계단이 빙 둘러싸고 있어서 양의 창자와 비슷하므로 倉과 坂이 이러한 이름을 갖게 된 것이다.〔漢高帝十一年 封靳彊爲侯國 後立屯農 積粟在斯 謂之羊腸倉 山有羊腸坂 在晉陽西北 石隥縈行 若羊腸焉 故倉坂取名矣〕"라고 보인다.

冬十二月에 以馬防爲車騎將軍하다

【綱】 有司가 여러 왕을 封國으로 돌려보낼 것을 주청하니, 허락하지 않았다.

◑ 有司奏遣諸王歸國하니 不許[19)]하다

【目】 上은 성품이 형제들과 우애가 돈독하여 차마 여러 아우들과 떨어져 있지 못하였다. 그러므로 모두 京師에 머물게 하였다.

上이 性篤愛하여 不忍與諸王乖離라 故로 皆留京師하다

己卯年(79)

【綱】 漢나라 肅宗 孝章皇帝 建初 4년이다. 봄 2월에 太尉 牟融이 卒하였다.

四年이라 春二月에 太尉融이 卒하다

【綱】 여름 4월에 아들 劉慶을 세워 皇太子로 삼았다.

◑ 夏四月에 立子慶하여 爲皇太子하다

【綱】 5월에 馬廖 등을 봉하여 列侯로 삼아 特進官으로서 집에 나아가게 하였다.

◑ 五月에 封馬廖等爲列侯하여 以特進就第[①]하다

① 馬廖를 順陽侯, 馬防을 潁陽侯, 馬光을 許侯로 삼았다.
廖爲順陽侯, 防爲潁陽侯, 光爲許侯.

【目】 有司가 여러 외숙들을 봉할 것을 청하자, 황제는 천하에 풍년이 들고 사방과 변경에 일이 없다 하여 이를 따랐다. 馬太后가 듣고 말하기를 "내 젊었을 때에는 다만 이름

---

19) 奏遣……不許 : "〈황제가〉 이미 허락하지 않았는데도 쓴 것은 上의 우애를 드러내기 위한 것이다. 〔既不許矣 而猶書之者 所以著上之友愛也〕" ≪發明≫

이 竹帛에 드리워짐을 사모하였고, 명의 길고 짧음은 돌아보지 않았다. 이제 비록 이미 늙었으나 여전히 경계함이 욕심에 있다.[20] 그러므로 밤낮으로 두려워하고 조심하여 스스로 몸을 낮추고 겸손할 것을 생각하였는데, 어찌 늙어서 나의 뜻을 이루지 못할 줄 알았겠는가. 죽는 날 천추의 한이 될 것이다." 하였다.

馬廖 등이 사양하자 황제가 허락하지 않았는데, 마침내 이들이 작위만 받고 벼슬을 사양하니, 허락하여 모두 特進官으로서 집에 나아가게 하였다.

有司請封諸舅한대 帝以天下豐稔(임)하고 方垂無事라하여 從之①하니 太后聞之하고 日 吾少壯時에 但慕竹帛이요 志不顧命②하니 今雖已老나 猶戒之在得이라 故로 日夜惕厲(척려)하여 思自降損③이러니 何意老志不從이리오 萬年之日長恨矣로다 廖等이 辭讓이어늘 不許라가 乃受爵而辭位한대 許之하여 皆以特進就第하다

① 方은 四方을 이르고, 垂는 먼 변방이다.
方, 謂四方也. 垂, 遠邊也.

② 〈"但慕竹帛 志不顧命"은〉 이름이 竹帛에 드리워진 古人을 사모하고, 命의 길고 짧음을 돌아보지 않음을 말한 것이다.
言慕古人書名竹帛, 不顧命之長短.

③ 惕은 두려워함이고, 厲는 위태롭게 여김이다.
惕, 懼也. 厲, 危也.

【綱】 鮑昱을 太尉로 삼고, 桓虞를 司徒로 삼았다.

以鮑昱爲太尉하고 桓虞爲司徒하다

【綱】 6월에 皇太后 馬氏가 崩하였다

◑六月에 皇太后馬氏崩하다

【目】 황제는 太后의 손에 자라서 오로지 馬氏를 外家로 여겼다. 그러므로 생모인 賈貴人이 지극한 지위에 오르지 못하고 친족 중에 光榮을 받은 자가 없었다. 太后가 崩하자,

20) 이제……있다 : 이 내용은 ≪論語≫ 〈季氏〉에 "군자에게 세 가지 경계함이 있으니, 젊을 때엔 血氣가 안정되지 않았으므로 경계함이 女色에 있고, 장성해서는 혈기가 한창 강하므로 경계함이 싸움에 있고, 늙어서는 혈기가 쇠하므로 경계함이 욕심에 있다.〔君子有三戒 少之時 血氣未定 戒之在色 及其壯也 血氣方剛 戒之在鬪 及其老也 血氣既衰 戒之在得〕"라고 한 孔子의 말씀에 보인다.

황제는 다만 가귀인에게 王의 赤綬(붉은 인끈)와 安車 한 駟와 宮人 200명과 색실로 짠 비단과 황금과 2천만 錢을 가하는 데 그쳤다.

帝旣爲太后所養하여 專以馬氏爲外家라 故로 賈貴人이 不登極位하고 親族이 無受寵榮者러니 及太后崩에 但加貴人王赤綬와 安車一駟와 宮人二百과 雜帛, 黃金, 錢二千萬而已①러라

① "王赤綬"는 諸侯王의 붉은 인끈을 이른다. 漢나라 제도에 貴人의 綠綬(녹색 인끈)는 녹색, 자색, 감색의 세 채색으로 길이가 2丈 1尺이고 240首이며, 諸侯의 赤綬(붉은 인끈)는 적색, 황색, 옥색, 감색의 네 채색으로 길이가 2丈 1尺이고 300首이다. "宮人"은 바로 궁중의 시녀이다.
王赤綬, 謂諸侯王赤綬也. 漢制, 貴人綠綬, (二)〔三〕[21]采綠・紫・紺, 長二丈一尺, 二百四十首, 諸侯赤綬, 四采赤・黃・縹・紺, 長二丈一尺, 三百首. 宮人, 卽宮婢也

【綱】 가을 7월에 明德皇后(馬太后)를 장례하였다.

秋七月에 葬明德皇后하다

【綱】 겨울 11월에 여러 儒者에게 詔令을 내려 白虎觀에 모여서 五經의 同異를 의논하게 하였다.

◑冬十一月에 詔諸儒하여 會白虎觀하여 議五經同異[22]하다

【目】 楊終이 말하기를 "章을 나누고 句를 분석하는 학문에만 몰두한 무리들이 大體를 파괴하니, 마땅히 宣帝 때의 石渠의 故事[23]와 같이 하여 길이 후세의 법칙을 세워야 합니다." 하였다. 이에 太常에게 詔令을 내려, 中郎將과 大夫, 博士(五經博士)와 郎官 및 여

21) (二)〔三〕: 저본에는 '二'로 되어 있으나, ≪資治通鑑≫ 註에 의거하여 '三'으로 바로잡았다.

22) 詔諸儒……五經同異 : "宣帝의 篇에 일찍이 石渠閣에 모여서 五經을 강했다고 썼는데(甘露 3년) 이때에 다시 보였으니, 다시 보임은 어째서인가. 經書를 높임을 가상히 여긴 것이다.〔宣帝之篇 嘗書會石渠講五經矣 於是再見 其再見何 嘉尊經也〕" ≪書法≫

23) 宣帝……故事 : '石渠'는 閣의 명칭으로, 前漢 때 長安의 未央宮 북쪽에 있었던 皇室의 藏書閣이다. 宣帝 甘露 3년(B.C. 51)에 蕭望之, 劉向, 韋玄成, 薛廣德, 施讐, 梁丘臨, 林尊, 周堪, 張山拊 등 儒生들을 석거각으로 불러서 五經의 異同에 대해 강론하게 하였는데, 宣帝가 직접 이를 살펴보고 결정하였다. 이때 강론한 내용들을 모아서 ≪石渠議奏≫라는 책으로 만들었는데, 이를 ≪石渠論≫이라고도 한다. 원래는 155편이었으나 모두 일실되어 현재는 전하지 않고, 唐나라 杜佑의 ≪通典≫에 약간의 斷片이 실려 있다. 이 회의를 통해서 博士官에 梁丘氏의 ≪周易≫과 大小夏侯氏의 ≪書經≫과 穀梁氏의 ≪春秋≫를 추가하게 되었다.

러 儒者가 白虎觀에 모여 五經의 同異를 의논하게 하였다. 五官中郎將 魏應에게 황제의 制詔(制命)를 받들어 묻게 하고, 侍中 淳于恭에게 아뢰게 하고, 황제가 친히 '制曰'을 칭하고 親臨하여 결정해서 ≪白虎議奏≫[24]를 지었는데, 丁鴻, 樓望, 成封, 桓郁, 班固, 賈逵 및 廣平王 劉羨(유선)이 모두 참여하니, 반고는 班超의 형이다.

楊終이 言章句之徒 破壞大體하니 宜如宣帝石渠故事하여 永爲後世則(칙)이니이다 詔太常①하여 將, 大夫, 博士, 郎官及諸儒 會白虎觀하여 議五經同異②하다 使五官中郎將魏應으로 承制問하고 侍中淳于恭으로 奏③하고 帝親稱制臨決하여 作白虎議奏④할새 丁鴻, 樓望, 成封, 桓郁, 班固, 賈逵及廣平王羨이 皆與(예)⑤하니 固는 超之兄也라

① 여기서 句를 뗀다.
句.

② 將(將帥)은 卽亮의 切이다. 將은 三署의 中郎將과 虎賁中郎將, 羽林中郎將이고,[25] 大夫는 光祿大夫와 太中大夫, 中散大夫와 諫議大夫이다. 博士는 五經博士이다. 郎官은 五署의 郎官 및 尙書郎, 蘭臺와 東觀의 校書郎이다.[26] 觀(집, 건물)은 古玩의 切이다. 白虎는 문의 이름

---

24) 白虎議奏 : 東漢 章帝 建初 4년(79)에 개최된 '白虎觀會議'의 내용을 班固가 정리한 것으로서, ≪白虎通≫이라고도 한다. 모두 4권 44편이다. 西漢 말 今文經書 외에 古文經書가 발견되고, 이와 함께 緯書가 출현하여 신비주의로 경문을 해석하는 경향이 있었는데, 光武帝가 집권 과정에서 圖讖을 신봉하면서 경서 해석에 대한 혼란이 가중되었다. 이에 章帝는 宣帝 때 개최되었던 '石渠閣會議'를 본받아 금문학자와 고문학자들을 白虎觀에 모이게 하여 五經 해석의 차이점에 대해 토론하게 하였다.

25) 將은……羽林中郎將이고 : 中郎은 본래 秦나라의 관직명으로, 궁중의 호위 및 황제를 侍從하는 것을 담당하였는바, 郎中令에 소속되었다. 前漢 역시 이 제도를 인습하였는데, 셋으로 나누어 五官署, 左署, 右署를 만들고, 각 署마다 長官인 中郎將을 두어 황제의 시위를 통솔하게 하였는바, 光祿勳에 소속시켰다. 平帝 때에는 虎賁中郎將을 두어 虎賁郎을 통솔하게 하였는데 秩은 比二千石이었고, 이후에 또 羽林中郎將을 두어 羽林軍을 통솔하게 하였는데 虎賁中郎將과 秩이 같았다. 後漢 때부터는 일반 武官에게도 '중랑장'이라는 칭호를 사용하였는데 대체로 將軍과 校尉의 중간에 있는 직위였다. 또한 군대를 거느리는 장군들 역시 使匈奴中郎將, 北中郎將 등과 같이 '중랑장' 위에 칭호를 덧붙여서 많이 사용하였다.

26) 郎官은……校書郎이다 : '郎官'은 본래 '郎'으로, 戰國時代부터 있었던 관직인데 定員이 없었다. 秦나라 때에는 모두 郎中令에 소속되었다가 뒤에는 光祿勳에 소속되었다. 주된 임무는 황제를 護衛하고 陪從하는 것, 황제에게 수시로 建議하는 것, 황제의 顧問과 差遣에 대비하는 것 등이었다. 前漢은 秦나라의 제도를 그대로 따랐지만 後漢은 尙書臺가 국정의 중심이 되어서 상서대 낭관의 직책이 부각되었다. 孝廉 중에서 재주와 능력이 있는 자를 상서대 낭관으로 선발해 황제의 곁에서 정무를 처리하게 하였는데, 맨 처음 상서대에 들어가면 守尙書郎中이라 칭하고, 1년을 채우면 尙書郎이라 칭하고, 3년이 되면 侍郎이라 칭하였다. '蘭臺'는 漢나라 때 長安城에 있었던 석조 건물로, 詔令·章奏·律令 및 각 郡縣의 地圖와 戶籍과 計簿 등의 공문서와 典籍을 보관하였던 곳이다. 御史臺에 소속되어 있었기 때문에 御史中丞이 관할하였으며, 蘭臺令史를 두었다. 後漢 明帝 永平 5년(62)에 班固가 蘭臺令史가 되어 여기에서 史書를 찬수하였다. '東觀'은 後漢 때 洛陽의 南宮에 있었던 건물로, 明帝가 班固 등에게 명하여 ≪東觀漢記≫를 찬수하게 했던 곳이며, 章帝와 和帝 때에는 皇宮의 藏書庫였다. 後漢 때에는 學士들을 蘭臺나 東觀에 불러서 典籍을 교감하게 하였는데, 그 직위가 郎인 자를 '校書

이니, 문에 觀을 세우고 인하여 이로써 이름하였으니, 北宮에 있었다.
將, 卽亮切. 將, 三署及虎賁・羽林中郞將也. 大夫, 光祿・太中・中散・諫議大夫也. 博士, 五經博士也. 郞官, 五署郞及尙書郞・蘭臺東觀校書郞也. 觀, 古玩切. 白虎, 門名, 於門立觀, 因之以名焉, 在北宮.

③ 여기서 句를 뗀다.
句.

④ "承制問"은 制詔를 받들어서 五經의 일을 묻고 의논함을 이른다. "稱制"는 바로 '制曰'이 이것이다. "臨決"은 황제가 親臨하여 의논하는 것을 보고 가부를 결단함을 이른다. ≪白虎議奏≫는 바로 ≪白虎通≫이다.
承制問, 謂承奉制詔, 以問議五經事也. 稱制, 卽制曰是已. 臨決, 謂自臨視其論議而斷決可否也. 白虎議奏, 卽白虎通.

⑤ 劉羨은 明帝의 아들이니, 羨은 본음대로 읽는다.
羨, 明帝子, 羨如字.

庚辰年(80)

【綱】 漢나라 肅宗 孝章皇帝 建初 5년이다. 봄 2월 초하루에 일식이 있었으니, 직언하고 극간하는 자를 천거하게 하였다.

五年이라 **春二月朔**에 **日食**하니 **擧直言極諫**하다

【目】 詔令을 내려 인재를 천거할 적에 巖穴(山林)에 있는 선비를 최우선으로 하고 浮華한 자를 취하지 말게 하였다.

詔所擧를 以巖穴爲先하고 勿取浮華①하다

① 巖穴은 林泉이란 말과 같으니, 巖穴 사이에 은둔하는 선비를 이른다.
巖穴, 猶言林泉也, 謂士之隱於巖穴之間者.

【綱】 여름 5월에 직언하는 선비를 外官에 보임하였다.

夏五月에 **以直言士**로 **補外官**[27]하다

郞'이라고 칭하였다.

27) 以直言士補外官 : "직언하는 선비는 진실로 마땅히 궁중에 출입하면서 군주의 잘못을 바로잡고 군주의 결함을 보완해주는 것이 옳다. 그런데 그를 외직에 보임하는 것은 그 말단을 걱정하여 그 근

【目】 다음과 같이 詔令을 내렸다.

"朕이 정직한 선비를 생각하고 사모하여 공경히 예우하여 특이한 소견을 들으려 하노니, 먼저 도착한 자가 각각 이미 분발하여 불만을 토로해서 子大夫[28)]들의 뜻을 대략 들었노라. 이들을 모두 나의 좌우에 두어서 의견을 묻고 살펴 받아들이고자 하나, 建武 연간의 詔書에 또 이르기를 '堯임금은 신하를 직책으로 시험하였고, 언어와 筆札로만 하지는 않았다.' 하였으니, 지금 外官 중에 비어 있는 자리가 많으니, 모두 補任하도록 하라."

詔曰 朕이 思遲直士하여 側席異聞①하노니 其先至者 各已發憤吐懣하여 略聞子大夫之志矣②로라 皆欲置於左右하여 顧問省納③이로되 建武詔書에 又曰 堯試臣以職이요 不直以言語筆札이라하니 今外官多曠하니 竝可以補任하라

① 遲는 去聲이니 희망함과 같다. "側席"은 공경해서 감히 자리에 똑바로 앉지 못하는 것이다. "異聞"은 예전에 거의 들어보지 못한 것이다. <"側席異聞"은> 賢良을 예우하여 規諫을 하러 오게 한 것이다.
遲, 去聲, 猶希望也. 側席, 爲敬不敢正坐也. 異聞, 前所罕聞者. 所以體貌賢良, 欲來規諫也.
② 子는 사람의 美稱이다. 大夫는 顧問과 應對를 관장하므로 그 관직을 들어 子라 칭한 것이다.
子者, 人之(喜)〔嘉〕[29)]稱也. 大夫, 掌顧問應對, 故擧其官而稱子焉.
③ 省(살피다)은 悉景의 切이다.
省, 悉景切.

【綱】 太傅 趙憙가 卒하였다.

太傅憙卒하다

【綱】 弛刑과 義從[30)]을 보내어 班超에게 나아가서 西域을 평정하게 하였다.

본을 잃는 것이 아니겠는가. 여기에 곧바로 쓴 것은 이것을 비판한 것이다.〔直言之士 固當出入禁闥 補過拾遺可也 以補外官 毋乃憂其末而失其本乎 直書于此 蓋譏之爾〕" ≪發明≫

28) 子大夫 : 고대에 國君이 大夫나 士, 혹은 자신의 臣下를 부를 때에 사용한 일종의 美稱이다.

29) (喜)〔嘉〕 : 저본에는 '喜'로 되어 있으나, ≪漢書≫ 註와 ≪資治通鑑集覽≫에 의거하여 '嘉'로 바로잡았다.

30) 弛刑과 義從 : '弛刑'은 弛刑徒로 枷鎖(가쇄)를 풀고서 勞役하는 刑徒를 가리킨다. '義從'의 해석에는 두 가지 설이 있다. 漢나라와 魏나라 때에 胡人이나 羌人 등 북쪽과 서쪽의 이민족으로서 中原에 歸附한 자들, 또는 그들로 구성된 군대를 일컫던 말로, 이는 '正義에 歸附하여 命을 따른다.〔歸義從命〕'는 뜻을 취한 것이다. 그러나 胡三省은 '自願하여 從軍하는 자'라고 해석하였다.

◑遣弛刑, 義從하여 就班超하여 平西域하다

【目】班超가 마침내 西域을 평정하고자 하여 다음과 같이 上疏하여 군대를 청하였다.

"西域의 여러 나라가 우리 漢나라에 歸順하여 복종하지 않는 자가 없으나 유독 焉耆와 龜玆가 복종하지 않으니, 이제 마땅히 구자에서 보낸 侍子 白霸를 제수하여 國王으로 삼고서 수백 명의 보병과 기병으로 호송하여 여러 나라와 군대를 연합하게 하면, 1년이나 수개월 이내에 구자의 王을 사로잡을 수 있으니, 夷狄으로 夷狄을 공격하는 것이 계책 중에 좋은 것입니다. 莎車와 疏勒은 토지가 비옥하고 넓고 牧草가 풍부하여 敦煌과 鄯善 사이에 비할 바가 아니니, 군대는 中國(中原)의 물자를 쓰지 않더라도 양식을 스스로 마련해 충당할 수 있습니다. 區區한 臣 班超는 특별히 황제의 神靈을 입어서 곧 쓰러져 죽기 전에 눈으로 직접 西域이 평정되는 것을 보고, 폐하께서 萬年의 축수하는 술잔을 들고서 선조의 사당에 공훈을 올리시며, 큰 기쁨을 천하에 선포하시기를 바랍니다."

이 글을 아뢰자, 황제는 功을 이룩할 수 있음을 알고는 의논하여 군대를 공급해주고자 하였는데, 平陵 사람 徐幹이 上疏하여 몸을 떨쳐 반초를 돕기를 원하였다. 이에 황제는 서간을 假司馬로 삼아서 弛刑과 義從 등 일천 명을 거느리고 반초에게 나아가게 하였다.

班超欲遂平西域하여 上疏請兵曰 西域諸國이 莫不向化로되 唯焉耆, 龜玆獨未服從하니 今宜拜龜玆侍子白霸하여 爲其國王하고 以步騎數百送之하여 與諸國連兵이면 歲月之間에 龜玆를 可禽이니 以夷狄攻夷狄이 計之善者也니이다 莎車, 疏勒은 田地肥廣하고 草木饒衍하여 不比敦煌, 鄯善間하니 兵可不費中國而糧食自足이라 臣超區區는 特蒙神靈하여 竊冀未便僵仆(강부)에 目見西域平定하고 陛下擧萬年之觴하사 薦勳祖廟하시고 布大喜於天下①하노이다 書奏에 帝知其功可成하고 議欲給兵이러니 平陵徐幹이 上疏하여 願奮身佐超한대 帝以幹爲假司馬하여 將弛刑及義從千人하여 就超②하다

① "未便僵仆"는 반드시 곧바로 쓰러져 죽지는 않음을 말한 것이다. "擧萬年之觴"은 西域이 평정되어서 조정의 신하가 모두 축하하면 천자가 이를 위하여 술잔을 듦을 말한 것이다. 薦은 나아감이고 勳은 功이니, 〈"薦勳祖廟"는〉 班超가 西域을 평정하면 선조의 사당에 成功을 고함을 말한 것이다.
未便僵仆, 言未必便死也. 擧萬年之觴, 言西域平定, 廷臣畢賀, 天子爲之擧觴也. 薦, 進也. 勳, 功也. 超蓋言平西域, 告成功於祖廟也.

② 從은 才用의 切이니, 義從은 스스로 떨쳐 일어나 따르기를 원하는 자이다. 혹자는 "義從한 오랑캐이다." 하였다.
從, 才用切. 義從, 自奮, 願從行者, 或曰 "義從胡也."

【目】 이보다 앞서 莎車는 漢나라 군대가 출동하지 못할 것이라고 생각하여 마침내 龜玆에게 항복하였고, 疏勒都尉 番辰(반신)이 또한 배반하였다. 班超는 마침내 徐幹과 함께 반신을 공격하여 대파하고 나아가 구자를 공격하고자 하였는데, 烏孫의 군대가 강하니 마땅히 그 힘을 이용해야 한다 하여, 마침내 上言하기를 "오손은 大國이라서 활시위를 당길 수 있는 병사가 10만 명이니, 使者를 보내 오손을 불러 위로해서 그들과 협력해야 할 것입니다." 하니, 황제가 그의 말을 받아들였다.

先是에 莎車以爲漢兵不出이라하여 遂降於龜玆하고 而疏勒都尉番辰이 亦反①이라 超遂與幹으로 擊番辰하여 大破之하고 欲進攻龜玆러니 以烏孫兵彊하니 宜因其力이라하여 乃上言호되 烏孫은 大國이라 控弦十萬이니 可遣使招慰하여 與共合力이니이다 帝納之하다

① 番은 음이 潘이니 姓이다.
番, 音潘, 姓也.

辛巳年(81)

【綱】 漢나라 肅宗 孝章皇帝 建初 6년이다. 여름 6월에 太尉 鮑昱이 卒하였다.

六年이라 夏六月에 太尉昱이 卒하다

【綱】 이달 그믐에 일식이 있었다.

◑ 是月晦에 日食하다

【綱】 가을 7월에 鄧彪(등표)를 太尉로 삼았다.

◑ 秋七月에 以鄧彪爲太尉하다

【綱】 廉范을 蜀郡太守로 삼았다.

◑ 以廉范爲蜀郡太守[31]하다

【目】成都는 인구가 많고 물자가 풍부하여 고을의 집들이 가까이 붙어 있었다. 옛 제도에 백성들이 밤에 일하는 것을 금지하여 화재를 막게 하였으나, 번갈아 서로 은폐하고 일을 하여 집을 불태우는 것이 날로 이어졌다. 廉范은 마침내 예전의 명령을 없애고 다만 엄하게 防火水를 비축하게 하니, 백성들이 이것을 편하게 여겨 노래하기를 "廉叔度여, 어찌 이리도 늦게 왔는가. 불 피우는 것을 금하지 않으니, 백성들이 편하게 일하도다. 옛날에는 저고리도 없었는데, 지금은 바지가 다섯 벌이다." 하였다.

成都는 民物豐盛하여 邑宇逼側이라 舊制에 禁民夜作하여 以防火災로되 而更(경)相隱蔽하여 燒者日屬(촉)①이러니 范이 乃毁削先令하고 但嚴使儲水而已라 百姓以爲便하여 歌之曰 廉叔度여 來何暮오 不禁火하니 民安作로다 昔無襦러니 今五袴②라하니라

① 屬은 之欲의 切이니 이어짐으로, 〈"燒者日屬"은〉 연일 화재가 발생함을 이른다.
屬, 之欲切, 聯也. 謂聯日有火也.
② 叔度은 廉范의 자이다. 作은 臧祚의 切이니 일함이다.
叔度, 廉范字. 作, 臧祚切, 造也.

壬午年(82)

【綱】漢나라 肅宗 孝章皇帝 建初 7년이다. 봄 정월에 沛王 劉輔 등이 와서 조회하였다.

七年이라 春正月에 沛王輔等이 來朝하다

【目】황제는 여러 왕이 장차 조정에 들어와 조회할 것이라 하여 謁者를 보내 담비의 모피로 만든 갖옷과 음식물, 진귀한 과일을 하사하였다. 또 大鴻臚[32]로 하여금 節을 잡고

---

31) 以廉范爲蜀郡太守 : "光武帝가 中興했을 때에 칭찬할 만한 太守가 앞서는 杜詩와 張堪과 第五倫을 썼고, 이때에 다시 廉范을 썼으니, 모두 훌륭한 지방관이었다. 이로부터 後漢 말기에 이르기까지 裴潛과 張嶷(장억)이 거의 훌륭한 관리였고, 祝良과 李固와 張綱으로 말하면 유독 도적을 잘 평정함으로 알려졌으니, 이는 만난 시절이 달라서이다.〔中興太守可稱者 前書杜詩張堪第五倫矣 於是復書廉范 皆良吏也 自是以至漢末 裴潛張嶷 其庶幾焉 若夫祝良李固張綱 獨以能平盜賊稱 則所遇之異也〕"《書法》

32) 大鴻臚 : 외국에 관한 事務, 즉 朝貢, 來聘 등의 일을 관장하였다.

교외에서 맞이하게 하고는 황제가 친히 여러 왕의 저택을 순행하여 미리 휘장과 침상을 진설하게 하니, 돈과 비단, 기물이 충만하고 구비되지 않은 것이 없었다.

이들이 도착하자, 詔令을 내려 沛王, 濟南王, 東平王, 中山王이 절할 때에 贊者가 이름을 부르지 않게 하고 궁전에 올라와서야 절하게 하고는 황제가 직접 답례하였다.

여러 왕이 매번 입궁할 적에 그때마다 輦(황제의 수레)으로 맞이하여 궁중의 閤門에 이르러서야 輦에서 내리게 하고, 上은 그들을 위하여 자리에서 일어나 용모를 고쳤으며 皇后는 친히 大內에서 절하니, 여러 왕이 모두 몸을 굽히고 사양하여 스스로 편안해하지 못하였다.

帝以諸王이 將入朝라하여 遣謁者하여 賜貂裘(초구), 食物, 珍果하고 又使大鴻臚(려)持節郊迎하고 帝親自循行邸第하여 豫設帷牀하니 錢帛, 器物이 無不充備라 旣至에 詔沛, 濟南, 東平, 中山王하여 贊拜不名하고 升殿乃拜어든 上이 親答之①하다 每入宮에 輒以輦(연)迎하여 至省閤乃下②하고 上이 爲之興席改容하며 皇后親拜於內하니 皆鞠躬辭謝하여 不自安이러라

① "贊拜不名"은 贊者가 예를 행할 적에 그의 이름을 부르지 않음을 이른다. 沛王 劉輔, 濟南王 劉康, 東平王 劉蒼, 中山王 劉焉은 모두 황제의 숙부들이었다. 그러므로 그 禮를 특별히 한 것이다.
贊拜不名, 謂讚者不唱其名. 沛王輔・濟南王康・東平王蒼・中山王焉, 竝帝諸父也, 故異其禮.

② "省閤"은 禁中의 閤門에 들어오는 것이다.
省閤, 入禁中閤門也.

【綱】3월에 여러 왕이 封國으로 돌아갈 적에, 詔令을 내려 東平王 劉蒼을 京師에 남아 있게 하였다.

三月에 歸國할새 詔留東平王蒼於京師[33)]하다

【綱】여름 6월에 太子 劉慶을 폐하여 淸河王으로 삼고, 아들 劉肇(유조)를 세워 皇太子로 삼았다.

◑夏六月에 廢太子慶하여 爲淸河王하고 立子肇하여 爲皇太子[34)]하다

33) 詔留東平王蒼於京師 : "留라고 쓴 적이 있지 않았는데, '留東平王'이라고 쓴 것은 특별히 쓴 것이니, 황제와 東平王을 모두 다 인정해준 것이다.〔未有書留者 書留東平王蒼 特筆也 交予之〕" ≪書法≫

34) 廢太子……爲皇太子 : "太子 劉慶이 죄 없이 폐위를 당함은 竇后의 誣陷에 원인한 것이다. 光武帝가

【目】 처음에 황제가 扶風 사람 宋楊의 두 딸을 받아들여 貴人으로 삼으니 大貴人이 太子 劉慶을 낳았고, 梁竦(양송)의 두 딸 또한 貴人이 되어 小貴人이 皇子 劉肇를 낳았다. 竇皇后가 아들이 없으므로 유조를 길러 아들로 삼았는데, 宋氏를 모함하여 宋氏가 厭勝(압승)하는 方術을 하려 한다[35]고 거짓말을 해서, 마침내 유경을 폐하여 淸河王으로 삼고 유조를 皇太子로 삼았다. 그리고는 宋貴人을 내쫓아 小黃門 蔡倫으로 하여금 죄를 조사하게 하니, 송귀인 자매가 모두 독약을 마시고 자살하였다.

유경은 이때 나이가 비록 어렸으나 혐의를 피하고 화를 두려워할 줄 알아서 말할 적에 감히 어머니인 宋氏를 언급하지 않으니, 황제가 더욱 가엾게 여기고 皇后에게 칙령을 내려서 의복을 太子와 똑같게 하였다. 태자 또한 유경을 친애하여 들어오면 한 방에 거처하고 나가면 수레를 같이 탔다.

初에 帝納扶風宋楊二女하여 爲貴人하니 大貴人이 生太子慶하고 梁竦二女 亦爲貴人하여 小貴人이 生皇子肇①하다 竇皇后無子하여 養肇爲子러니 謀陷宋氏하여 誣言欲爲厭勝之術이라하여 乃廢慶爲淸河王하고 以肇爲皇太子하고 出宋貴人하여 使小黃門蔡倫으로 案之하니 皆飮藥自殺하다 慶時雖幼나 亦知避嫌畏禍하여 言不敢及宋氏하니 帝更(갱)憐之하여 勅皇后하여 令衣服을 與太子齊等하고 太子亦親愛慶하여 入則共室하고 出則同輿러라

① 梁竦은 梁松의 아우이다.
竦, 松之弟也.

【綱】 가을 8월에 東平王 劉蒼이 封國으로 돌아갔다.

秋八月에 東平王蒼이 歸國하다

【目】 有司가 劉蒼을 封國으로 돌려보낼 것을 다시 아뢰자, 황제가 손으로 직접 조서를 써서 유창에게 내리기를 "骨肉의 天性은 진실로 멀리 있고 가까이 있다 하여 친하고 소

陰后를 총애하여 太子를 폐위하였다. 그러므로 肅宗(章帝)이 이것을 뒤따라 행하여 태자를 폐위한 것이 한 軌轍에서 나온 듯하니, 光武帝가 후손에게 남겨준 계책이 후세의 가르침이 되지 못하고 뒤를 이은 군주가 선대의 광채를 더하지 못하였다. 이것을 책에 쓴 것은 모두 부끄러워할 만하다고 여긴 것이다.〔太子慶以無罪見廢 原於竇后之誣陷也 自光武寵陰后而廢太子 故肅宗踵而行之 如出一轍 詒謀不足以詔後 嗣服不足以增光 書之于冊 皆可愧矣〕" ≪發明≫

35) 宋氏가……한다 : 厭勝은 고대에 方士들이 행하던 일종의 巫術로 詛呪를 통해 사람이나 물건을 제압하여 복종시키는 것을 이른다. 이때 '厭'자는 '壓(압)'자와 통하는바, 傾覆, 抑制, 壓制 등의 뜻을 지닌다. 당시 宋氏가 병이 나자 살아 있는 토끼를 먹고 싶은 생각이 들어 이를 구해오게 하였다고 한다.(≪資治通鑑≫ 권46 漢 章帝 建初 7년(82))

원하지 않는다. 그러나 자주 얼굴을 보니, 정이 예전보다 더욱 깊다. 왕이 오랫동안 수고로운 나머지 돌아가 쉬려 하니, 大鴻臚가 아뢴 글에 서명하고자 하나 차마 붓을 들 수가 없고, 小黃門을 돌아보고 조서를 건네주자니 마음이 戀戀하여 슬퍼서 말을 할 수가 없다." 하였다. 이에 황제가 親臨하여 路神에게 제사 지내어 東平王을 전송하고 눈물을 흘리며 작별하였다.

有司復奏遣蒼歸國한대 手詔蒼曰 骨肉天性이 誠不以遠近爲親疎라 然이나 數(삭)見顔色호니 情重昔時라 念王久勞하여 思得還休하니 欲署大鴻臚奏호되 不忍下筆이요 顧授小黃門하니 中心戀戀하여 惻然不能言①이로라 於是에 車駕祖送하고 流涕而訣②하다

① 大鴻臚가 왕을 封國으로 돌려보낼 것을 아뢰었다. 小黃門은 조서를 받은 자이다.
大鴻臚奏王歸國. 小黃門, 受詔者.

② "祖送"은 祖道(路神에게 제사 지냄)하여 宴會를 베풀어서 전송함을 이른다.
祖送, 謂祖道供張以送之.

【綱】 9월에 황제가 偃師에 갔다가 마침내 河內에 이르렀다.

九月에 帝如偃師라가 遂至河內하다

【目】 다음과 같이 詔令을 내렸다.

"車駕가 가을걷이 하는 곳을 순시하여 수확하는 모습을 관찰하고 인하여 郡의 경계를 지나가되, 이때 모두 정예 기병으로 경무장하여 신속히 떠나가고 다른 輜重車가 없도록 하라. 번번이 길과 교량을 수리하여 백성들이 성곽에서 떠나지 말게 하고, 관리를 보내 맞이하여 황제의 起居를 정탐하지 말게 하고, 출입할 때에 앞에 서거나 뒤에 서서 번거롭게 하지 말라. 움직일 때 되도록 비용을 줄이고자 하니, 다만 거친 밥을 먹고 표주박으로 마시지 못함을 근심할 뿐이다."

詔曰 車駕行秋稼하여 觀收穫하고 因涉郡界호되 皆精騎輕行이요 無它輜重①하니 不得輒修道橋하여 遠離城郭하고 遣吏逢迎하여 刺(척)探起居하고 出入前後하여 以爲煩擾하여 動務省(생)約하노니 但患不能脫粟瓢飮耳②로라

① "行秋稼"은 곡물의 작황을 순시함을 이른다.
行秋稼, 謂巡視田禾也.

② 刺은 七亦의 切이고 探은 湯勘의 切이니, "刺探"은 정탐하여 살핌을 이른다. "脫粟"은 거친

쌀이니 겨우 그 껍질만 제거한 것이다. "瓢飮"은 표주박으로 마시고 그릇을 사용하지 않는 것이다.

刺, 七亦切. 探, 湯勘切. 刺探, 謂候伺也. 脫粟, 米之粗糲者, 僅脫去其殼也. 瓢飮, 以瓢而飮, 不用器皿也.

【綱】 蕭何의 末孫인 蕭熊을 봉하여 酇侯로 삼았다.

封蕭何末孫熊하여 **爲酇侯**[36] 하다

癸未年(83)

【綱】 漢나라 肅宗 孝章皇帝 建初 8년이다. 봄 정월에 東平王 劉蒼이 卒하였다.

八年이라 **春正月**에 **東平王蒼**이 **卒**하다

【目】 처음에 황제가 原陵(光武帝의 능)과 顯節陵(明帝의 능)을 위하여 縣邑을 만들고자 했었는데, 劉蒼이 上疏하여 다음과 같이 간하였다.

"삼가 보건대, 光武皇帝께서는 몸소 검약한 행실을 실천하시고 사람의 시작(태어남)과 끝(죽음)의 구분을 깊이 살피시어 부지런하고 간곡히 하여 장례의 제도를 말씀하셨고, 孝明皇帝는 大孝로 선왕의 법도를 어기지 않으시어 받들어 시행하셨으니, 겸손한 덕이 이에 성대합니다.

어리석은 臣은 생각건대, 園邑을 처음 만든 것이 강한 秦나라 때부터 시작되었습니다. 옛날에는 조그마한 丘隴(封墳)도 드러내어 밝히고자 하지 않았는데, 하물며 陵邑을 축조하고 성곽을 건설함에 있어서이겠습니까. 이렇게 하면 위로는 先帝의 聖心을 어기고 아래로는 무익한 일을 만들어서 국가의 재정을 허비하고 백성들을 동요시킬 것이니, 이는 和氣를 불러오고 풍년을 기원하는 방법이 아닙니다. 폐하께서는 有虞(舜)의 지극한 효성을 이행하시고 祖考의 깊은 생각을 추념하소서. 臣 劉蒼은 진실로 두 황제의 순수한 덕의 아름다움이 무궁한 후세에 드러나지 못할까 염려스럽습니다."

---

36) 封蕭何末孫熊 爲酇侯 : "'末孫'은 무엇인가. 그 세대를 자세히 알 수 없는 후손이다. 成帝의 篇에 일찍이 '蕭何의 6세손 蕭喜를 봉하여 酇侯로 삼았다.'고 썼었는데, 이때 다시 쓴 것은 소하의 공을 생각함을 가상히 여긴 것이다. 소하의 후손에 대해 ≪資治通鑑綱目≫에서 자세히 썼다.〔末孫 何 不得其世也 成帝之篇 嘗書封蕭何六世孫喜爲酇侯矣 於是再書 嘉念功也 蕭何之後 綱目詳書之〕" ≪書法≫

황제가 이에 중지하였다. 이로부터 조정에 의심스러운 정사가 있을 때마다 황제는 번번이 파발마를 보내 유창에게 자문하였는데, 유창이 마음을 다하여 대답하여 모두 嘉納을 받았다. 이때에 薨하니, 시호를 獻이라 하였다.

中傅가 東平王이 建武 연간 이래로 글을 올려 아뢴 것들을 봉함하여 올리니, 황제가 모두 모아 읽어보았다.

初에 帝欲爲原陵, 顯節陵하여 起縣邑[①]이러니 蒼이 上疏諫曰 竊見光武皇帝 躬履儉約之行하시고 深覩始終之分하사 勤勤懇懇하여 以葬制爲言[②]하시고 孝明皇帝 大孝無違하사 承奉遵行하시니 謙德之美 於斯爲盛이라 臣愚는 以園邑之興이 始自彊秦[③]하니 古者에 丘隴도 且不欲其著明이어든 豈況築郭邑, 建都郛(부)哉[④]잇가 上違先帝聖心하고 下造無益之功하여 虛費國用하고 動搖百姓하니 非所以致和氣, 祈豐年也라 陛下履有虞之至性하시고 追祖禰(녜)之深思[⑤]하소서 臣蒼은 誠傷二帝純德之美 不暢於無窮也하노이다 帝乃止하다 自是로 朝廷이 每有疑政에 輒驛使諮問하니 蒼이 悉心以對하여 皆見納用이러니 至是薨하니 諡曰 獻이라하다 中傅封上王自建武以來章奏하니 竝集覽焉하다

① 爲(위하다)는 去聲이다.
爲, 去聲.
② 分(구분)은 扶問의 切이다.
分, 扶問切.
③ 秦 始皇帝를 驪山에 장례하고는 3만 가호를 옮겨서 驪邑을 일으켰는데, 西漢(前漢)에서 이것을 따라 여러 陵에 모두 陵邑을 일으켰다가 元帝 때에 이르러서야 중지하였다.
秦始皇葬于驪山, 徙三萬家, 起驪邑, 西漢因之, 諸陵皆起陵邑, 至元帝乃止.
④ ≪禮記≫에 "옛날에는 묘를 쓰되 봉분을 만들지 않았다." 하였으므로, "드러내어 밝히고자 하지 않았다."고 말한 것이다. 사람이 모이는 곳을 '都'라 한다. 郛(부)는 외곽이다.
禮記曰 "古者, 墓而不墳." 故言不欲其著明. 人之所聚曰都. 郛, 郭也.
⑤ 虞舜이 어버이에게 효도하였기 때문에 〈"有虞之至性"이라고〉 말한 것이다.
虞舜, 孝於親, 故以爲言.

【綱】梁竦(梁貴人의 父)을 하옥하여 죽였다.

下梁竦獄하여 殺之하다

【目】太子 劉肇가 즉위할 적에 梁氏들이 은밀히 서로 경하하니, 竇皇后가 이 때문에 梁貴人을 시기하여 황제에게 자주 참소하고, 여러 竇氏가 마침내 익명서를 만들어서 梁竦을 惡逆으로 모함하였다. 양송은 옥중에서 죽었고, 집안 식구들은 九眞으로 귀양 가고,

〈양송의 딸인〉 두 貴人은 모두 근심으로 죽었다.

太子肇之立也에 梁氏私相慶하니 皇后以是忌梁貴人하여 數(삭)譖之하고 諸竇遂作飛書하여 陷竦以惡逆하니 竦은 死獄中하고 家徙九眞하고 兩貴人은 皆以憂死하다

【綱】 馬廖와 馬防이 죄를 지어 면직하고 封國으로 나아갔다.

馬廖, 馬防이 有罪하여 免官就國하다

【目】 馬廖는 사람됨이 근신하고 독실하여 스스로 지조를 지켰으나 성품이 너그럽고 느슨하여 자제들을 가르쳐 단속하지 못하니, 자제들이 모두 교만하고 사치하여 삼가지 않았다. 楊終이 마료에게 편지를 보내 이를 경계하기를 "黃門郎이 나이가 젊어서 혈기가 한창 성한 탓에 이미 竇長君처럼 겸양하는 풍모가 없고,[37] 경박하고 교활하여 훌륭한 행실이 없는 빈객들과 교제하니, 지난 일을 보고 생각함에 한심스럽습니다." 하였으나, 마료는 따르지 못하였다.

馬防과 馬光이 저택과 樓觀을 크게 일으키니 식객이 항상 수백 명이었고, 또 마방은 말과 가축을 많이 기르고 羌族과 胡族에게서 세금을 거두었다. 황제가 여러 번 견책과 신칙을 하여 철저하게 금하니, 이로 말미암아 권세가 점차 줄어들고 빈객들 역시 줄게 되었다.

馬廖謹篤自守로되 而性寬緩하여 不能教勒子弟하니 皆驕奢不謹이라 楊終이 與廖書하여 戒之曰 黃門郎이 年幼하여 血氣方盛①이라 旣無長君退讓之風하고 而要結輕狡無行之客②하니 覽念前往에 可爲寒心이라호되 廖不能從이러라 防, 光이 大起第觀하니 食客이 常數百人③이요 防이 又多牧馬畜하고 賦斂羌胡하니 帝數(삭)加譴勅하여 禁遏甚備하니 由是로 權勢稍損하고 賓客亦衰러라

① 馬廖의 아우 馬防과 馬光이 모두 黃門郎이었다.
廖弟防及光, 俱爲黃門郎.

② 長은 知兩의 切이다. 孝文竇皇后의 오라비인 竇長君은 겸양해서 감히 부귀로써 남을 교만하게 대하지 않았다.
長, 知兩切. 孝文竇皇后兄長君, 退讓, 不敢以富貴驕人.

37) 竇長君처럼……없고 : 竇長君은 前漢 文帝의 皇后인 竇皇后의 오라비이다. 文帝 원년(B.C. 179)에 竇氏가 황후가 되자, 周勃과 灌嬰 등은 황후의 외척이 득세하여 呂氏처럼 반란을 일으킬까 염려했다. 그래서 節行이 있는 선비를 뽑아 竇皇后의 오라비들과 함께 거처하게 하자, 이후 그들이 겸양하는 君子가 되었다. 자세한 내용이 ≪資治通鑑綱目≫ 제3권 중 文帝 원년 조에 보인다.

③ 觀(누관)은 古玩의 切이다.
觀, 古玩切.

【目】 馬廖의 아들 馬豫가 投書하여 원망하고 비방하니, 이에 有司가 馬防과 馬光 형제를 함께 아뢰어서 모두 면직시키고 封國으로 나아가게 할 적에, 다음과 같이 詔令을 내렸다.

"외숙의 한 가문이 모두 封國으로 나아가니, 四時의 陵廟에 先后(馬太后)의 제사를 도울 자가 없다. 朕이 이를 매우 서글퍼하노니, 許侯(馬光)로 하여금 田廬(田舍)에서 잘못을 생각하여 朕의 渭陽의 정을 위로하게 하라."

마광은 마방에 비하여 다소 삼가고 치밀하였으므로 황제가 특별히 京師에 머물게 하였는데, 뒤에 다시 詔令을 내려 마료를 京師로 돌아오게 하였다.

廖子豫投書怨誹하니 於是에 有司幷奏防光兄弟하여 悉免就國할새 詔曰 舅氏一門이 俱就國封하니 四時陵廟에 無助祭先后者라 朕甚傷之하노니 其令許侯로 思諐(건)田廬하여 以慰朕渭陽之情①하라 光은 比防에 稍爲謹密이라 故로 帝特留之러니 後에 復有詔하여 還廖京師하다

① 許侯는 馬光을 이르니, 許에 봉해졌다. 諐은 愆과 같은바 허물이니, 〈"思諐田廬"은〉 京師에 머물러 田廬를 지키면서 자신의 허물을 생각함을 이른다. 渭는 물의 이름이니, 秦나라 康公이 외숙인 晉나라 文公을 渭陽에서 전송하면서 이때 별세하여 보지 못하는 어머니를 생각하였는데, 그 詩(〈秦風 渭陽〉)에 이르기를 "내 외숙을 보니, 어머니가 살아계신 듯하다." 하였다.
許侯, 謂馬光也, 封於許. 諐, 與愆同, 過也. 謂留之於京, 守田廬而思愆過也. 渭, 水名. 秦康公送舅晉文公于渭陽, 念母之不見也, 其詩曰 "我見舅氏, 如母存焉."

【目】 여러 馬氏가 죄를 얻게 되자, 竇氏가 더욱 귀하고 번성하여 皇后의 오라비인 竇憲과 아우인 竇篤이 빈객들과 사귀기를 좋아하였다. 이에 第五倫이 다음과 같이 上疏하였다.

"두헌이 椒房[38]의 친척으로 禁兵을 관장하여 궁문을 출입함에 나이가 젊고 뜻이 아름다우며 자신을 낮추고 겸양하여 善을 좋아합니다. 그러나 귀척들의 문하에 출입하는 자들은 대부분 잘못이 있고 禁錮를 당한 사람이 많고, 검약함을 지키고 가난함을 편안

38) 椒房 : 漢나라 때에 皇后가 거처하던 宮殿의 명칭이다. 山椒를 진흙에 섞어서 塗壁하였기 때문에 이렇게 명명한 것으로, 이는 溫暖, 芬芳, 多子를 상징한 것이다.(≪三輔黃圖≫ 권3 〈未央宮〉) 후세에는 引伸하여 皇后나 妃嬪이 거처하는 궁실, 또는 황후와 비빈을 직접 가리키는 말로 쓰이게 되었다.

히 여기는 절도를 지닌 사람은 더욱 부족합니다. 그리하여 번갈아 가며 서로 상대방을 선양하고 치켜세워서 그 문에 구름처럼 모이니, 이로 인해 교만함과 방종함이 생겨나는 것입니다. 三輔 지역에서 의논하는 자들은, 심지어 '貴戚으로서 폐하고 금고를 당한 자는 마땅히 다시 귀척으로 씻어내야 하니, 이는 숙취를 해소할 때에는 마땅히 술로써 해야 하는 것과 같다.'라고 말하기까지 합니다.

어리석은 臣은 원컨대, 폐하와 中宮께서 두헌 등을 엄하게 申飭하시어 문을 닫고 스스로 본분을 지켜서 함부로 士大夫들과 사귀지 말게 하소서. 禍患의 싹이 트기 전에 막아서 두헌으로 하여금 영원히 복록을 보전하게 하는 것이 바로 臣의 지극한 소원입니다."

諸馬既得罪에 竇氏益貴盛하여 皇后兄憲과 弟篤이 喜交通賓客이라 第五倫이 上疏曰 竇憲이 椒房之親으로 典司禁兵하여 出入省闥에 年盛志美하고 卑讓樂善이니이다 然이나 諸出入貴戚者 類多瑕釁(하흔)禁錮之人이요 尤少守約安貧之節이라 更(경)相販賣하여 雲集其門하니 蓋驕佚所從生也라 三輔論議者 至云 以貴戚廢錮는 當復以貴戚浣濯之니 猶解酲(정)을 當以酒也①라하니이다 臣愚는 願陛下中宮이 嚴勅憲等하사 閉門自守하여 無妄交通士大夫하여 防其未萌하여 令憲永保福祿이 此臣之所至願也니이다

① 술을 많이 마셔서 病이 든 것을 酲이라 한다.
酒病曰酲.

【目】竇憲이 헐값으로 沁水公主(明帝의 딸)의 동산과 田地를 强請하여 빼앗자, 공주가 핍박을 받고 두려워하여 감히 값을 따지지 못하였다.

뒤에 황제가 밖에 나가 그 동산을 지나다가 손가락으로 가리키면서 두헌에게 물으니, 두헌은 은밀히 좌우의 사람들을 위협하여 대답하지 못하게 하였다.

뒤에 이 일이 발각되자, 황제가 크게 노하여 두헌을 불러 크게 꾸짖기를 "이전에 네가 빼앗은 공주의 전원을 지날 때를 깊이 생각해보니, 어찌 趙高가 사슴을 가리켜 말이라고 한 것[39]보다 낫겠는가. 오래 생각함에 사람을 놀랍고 두렵게 한다. 귀한 공주도 억울하게 빼앗겼는데, 하물며 백성은 더 말해 무엇하겠는가. 國家(황제)가 너를 버리기를 외로운 새 새끼와 썩은 쥐와 같이 할 뿐이다." 하였다. 두헌이 크게 두려워하였는데,

39) 趙高가……것 : 秦나라의 승상 趙高가 신하들의 마음을 떠보기 위해 二世皇帝에게 사슴을 말이라고 속여 바친 일을 이르는바, 윗사람을 농락하며 위세를 부리는 것을 비유하는 말로 쓰인다.(≪史記≫ 권6 〈秦始皇本紀〉)

皇后가 두헌을 위해 의복을 낮추어 입고 깊이 사죄하자, 얼마 후에 마침내 풀어주고 하여금 田地를 공주에게 돌려주게 하였다.

憲이 以賤直(치)로 請奪沁水公主園田한대 主逼畏하여 不敢計[①]러니 後에 帝出過園할새 指以問憲한대 憲이 陰喝不得對[②]라 後에 發覺하니 帝大怒하여 召憲切責曰 深思前過奪主田園時하니 何用愈趙高指鹿爲馬[③]리오 久念에 使人驚怖로라 貴主도 尙見枉奪이어든 況小民哉아 國家棄憲이 如孤雛腐鼠耳[④]로라 憲이 大懼러니 皇后爲毁服深謝한대 良久에 乃得解하고 使以田還主[⑤]하다

① 沁은 七鴆의 切이니, 沁水縣은 河內郡에 속하였다. 公主는 明帝의 딸이다. 計는 計較(비교하다)라는 말과 같다.
沁, 七鴆切. 沁水縣, 屬河內郡. 公主, 明帝女也. 計, 猶言計較也.
② 過(지나다)는 工禾의 切이니 아래도 같다. 陰은 본음대로 읽으니, 은밀함이고 남몰래이다. 喝은 許葛의 切이니 공갈함이다. 또한 愒로도 쓰니 서로 공갈하고 위협함을 이른다. 〈"陰喝不得對는"〉 황제가 물을 때에 은밀히 좌우를 위협해서 대답하지 못하게 한 것이다.
過, 工禾切, 下同. 陰, 如字, 密也, 潛也. 喝, 許葛切, 訶也, 亦作愒, 謂相恐脅也. 當帝問之時, 密訶左右, 不得對也.
③ 用은 以와 같고 愈는 勝과 같으니, 〈"何用愈趙高指鹿爲馬"는〉 趙高와 같음을 말한 것이다.
用, 猶以也. 愈, 猶勝也. 言與趙高等也.
④ 새 새끼가 태어나 쪼는 것을 雛라 한다.
鳥子生而啄者曰雛.
⑤ 爲(위하다)는 去聲이고, 毁는 줄이고 덞이다. 〈"皇后爲毁服"은〉 皇后가 스스로 자신을 폄하하여 낮추었으므로 스스로 그 의복을 낮춘 것이다.
爲, 去聲. 毁, 減損也. 皇后自貶降, 故自損其衣服.

【目】司馬公(司馬光)이 다음과 같이 평하였다.

"人臣의 죄 중에 군주를 속이는 것보다 더 큰 것이 없으니, 이 때문에 현명한 군주는 속이는 신하를 미워한다. 章帝가 竇憲을 책망한 것은 잘하였다. 그러나 끝내 두헌을 죄주지 못하였으니, 그렇다면 간신이 어떻게 징계되겠는가. 군주가 신하에 대하여는 병통이 그의 간악함을 알지 못함에 있으니, 만일 혹 간악함을 알고도 주벌하지 못해서 신하가 군주를 두려워할 것이 못 된다는 것을 알면 방종하여 돌아보는 바가 없게 된다. 이 때문에 善한 줄 알면서도 쓰지 못하는 것과 惡한 줄 알면서도 제거하지 못하는 것을 군주가 깊이 경계하는 것이다."

司馬公曰 人臣之罪 莫大於欺罔이라 是以로 明君이 疾之하나니 孝章責憲이 善矣라 然이나 卒不

能罪憲하니 則姦臣이 安所懲哉리오 夫人主之於臣下에 患在不知其姦이니 苟或知之而不能討하여 彼知其不足畏也하면 則放縱而無所顧矣라 是故로 知善而不能用과 知惡而不能去 人主之深戒也니라

【綱】 雒陽令 周紆(주우)를 하옥하였는데, 얼마 후에 용서하여 출옥시켰다.

下雒陽令周紆獄이러니 尋赦出之하다

【目】 周紆가 雒陽令이 되어서 부임하자마자 먼저 큰 세력이 있는 姓의 戶主 이름을 물었다. 관리가 閭里의 豪彊을 낱낱이 들어서 대답하니, 주우가 큰 소리로 엄하게 말하기를 "본래 귀척 중에 馬氏와 竇氏와 같은 무리를 물은 것이니, 내 어찌 채소를 팔아먹는 머슴을 알겠는가." 하였다. 이에 部의 관리들이 서로 귀척들을 박절하게 대하니, 귀척들이 위축되어 京師가 엄숙하고 깨끗해졌다.

竇篤이 밤에 止姦亭에 이르렀는데, 亭長이 검을 뽑아 들고 마구 꾸짖었다. 이에 황제가 詔令을 내려 검과 창으로 무장한 군사를 보내서 주우를 체포하여 廷尉의 詔獄에 보냈다가 며칠 만에 용서하여 내보냈다.

周紆爲雒陽令①하여 下車에 先問大姓主名한대 吏數閭里豪彊以對어늘 紆厲聲曰 本問貴戚若馬, 竇等輩어니 豈能知賣菜傭乎아 於是에 部吏爭以激切爲事하니 貴戚이 跼蹐(국척)하여 京師肅淸②이러라 竇篤이 夜至止姦亭하니 亭長이 拔劍肆詈(리)한대 詔遣劍戟士하여 收紆送廷尉詔獄이라가 數日에 貰出之③하다

① 紆는 邕俱의 切이니, 글자를 혹 紆로도 쓴다.
紆, 邕俱切, 字或作紆.
② 跼은 굽힘이고, 蹐은 발을 포개는 것이다.
跼, 曲也. 蹐, 累足也.
③ 검과 창으로 무장한 군사는 左右의 都候가 관장하였다. 貰는 용서함이다.
劍戟士, 左右都候掌之. 貰, 赦也.

【綱】 班超를 西域의 將兵長史로 삼았다.

以班超爲西域將兵長史하다

【目】 황제가 班超를 將兵長史로 제수하고 徐幹을 軍司馬로 삼고, 별도로 衛候 李邑을 보내 烏孫의 使者를 호송하게 하였는데, 이읍이 于窴에 이르러서 감히 전진하지 못하였다. 인하여 上書해서 西域의 功을 이룰 수 없음을 아뢰고, 또 반초를 크게 훼방하여 "사랑하는 아내를 끼고 사랑하는 자식을 안고 외국에서 편안하고 즐겁게 지내면서 國內를 돌아보는 마음이 없다."고 하였다. 반초가 이 말을 듣고 탄식하기를 "내 曾參이 아닌데도 세 번 이르는 참소가 있으니,[40] 지금에 황제로부터 의심을 받을까 두렵다." 하고는 마침내 그 아내를 보냈다.

帝拜班超爲將兵長史하고 以徐幹爲軍司馬①하고 別遣衛候李邑하여 護送烏孫使者러니 邑이 到于窴하여 不敢前하고 因上書하여 陳西域之功不可成하고 又盛毁超하여 擁愛妻, 抱愛子하여 安樂外國하여 無內顧心이라하니 超聞之하고 歎曰 身非曾參이로되 而有三至之讒하니 恐見疑於當時矣라하고 遂去其妻하다

① 大將軍은 長史와 司馬를 두었는데, 將軍을 두지 않고 長史가 특별히 군대를 거느리는 경우를 將兵長史라 한다.
大將軍置長史·司馬, 其不置將軍, 而長史特將者, 爲將兵長史.

【目】 황제가 班超의 충성을 알고는 마침내 李邑을 크게 꾸짖고 하여금 반초에게 가서 지휘를 받게 하자, 반초는 즉시 이읍을 보내 烏孫의 侍子를 거느리고 京師에 돌아가게 하였다. 徐幹이 반초에게 이르기를 "이읍이 예전에 그대를 훼방하여 西域의 일을 실패시키려 하였는데, 지금 어찌하여 詔書를 이용해서 그를 여기에 붙들어두고 다시 다른 관리를 보내 侍子를 호송하게 하지 않습니까." 하였다. 반초가 말하기를 "이 말이 어찌 이리도 비루한가. 이읍이 나를 훼방했기 때문에 지금 보내는 것이다. 사람이 안으로 자신을 살펴보아 잘못이 없다면, 어찌 남의 말을 걱정하겠는가. 내 마음을 쾌하게 하기 위하여 그를 붙들어두는 것은 忠臣이 아니다." 하였다.

帝知超忠하고 乃切責邑하여 令詣超受節度한대 超卽遣邑하여 將烏孫侍子하여 還京師하다 幹이

40) 내……있으니 : 옛날에 孝子인 曾子가 費邑에 거처하였는데, 그곳에 증자와 이름이 똑같은 사람이 살인을 저질렀다. 어떤 사람이 증자의 모친에게 "曾參이 사람을 죽였다."라고 알리자, 모친은 "내 아들이 사람을 죽일 리가 없다."라고 말하고 태연하게 베를 짰다. 이윽고 어떤 사람이 또 "증삼이 사람을 죽였다."라고 알리자, 모친은 여전히 태연하게 베를 짰으나, 조금 뒤에 또 한 사람이 "증삼이 사람을 죽였다."라고 알리자, 모친도 두려워서 베를 짜던 북을 던져 버리고 담을 넘어 달아났다.(≪史記≫ 권71 〈甘茂列傳〉, ≪戰國策≫ 〈秦策〉) 이는 근거 없는 소문이나 참소도 자주 듣게 되면 사실로 받아들이게 됨을 뜻하는 故事로, 여기에서는 어떤 한 사건을 집요하게 거론하며 상대방을 무함하는 것을 말한다.

謂超日 邑이 前毁君하여 欲敗西域이어늘 今何不緣詔書留之하고 更遣它吏하여 送侍子乎아 超曰 是何言之陋也오 以邑毁超故로 今遣之로라 內省不疚면 何卹人言이리오 快意留之는 非忠臣也니라

【綱】 鄭弘을 大司農으로 삼았다.

以鄭弘爲大司農하다

【目】 옛날부터 交趾에서 공물을 바칠 적에는 모두 東冶縣으로부터 배를 이용하여 바다를 건너와서 바다에 침몰하는 경우가 허다하였다. 鄭弘이 주청하여 零陵과 桂陽의 고갯길을 개통하니, 이로부터 평탄하게 통해서 관직에 있은 지 2년 만에 비용을 줄인 것이 억만 錢으로 헤아려졌다.

천하에 가뭄이 들고 변방에 경보가 있어서 백성의 식량이 부족하였으나 國庫에 쌓인 것이 넉넉하였다. 정홍이 또다시 공물을 바치는 것을 줄이고 요역과 경비를 줄여서 굶주린 백성들을 이롭게 해야 한다고 아뢰니, 황제가 그의 말을 따랐다.

舊交阯貢獻이 皆從東冶汎海라 沈溺相係①러니 弘이 奏하여 開零陵, 桂陽嶠道하니 自是夷通②하여 在職二年에 所省(생)以億萬計라 遭天下旱하고 邊方有警하여 民食不足이로되 而帑(탕)藏殷積이러라 弘이 又奏宜省(생)貢獻, 減徭費하여 以利飢民하니 帝從之하다

① 李賢이 말하기를 "東冶縣은 會稽郡에 속하였다." 하였다.
賢曰 "東冶縣, 屬會稽郡."
② 嶠은 재〔嶺〕이다. 夷는 평탄함이다.
嶠, 嶺也. 夷, 平也.

甲申年(84)

【綱】 漢나라 肅宗 孝章皇帝 元和 원년이다. 여름 6월에 詔令을 내려 貢擧하는 법을 의논하게 하였다.

元和元年이라 夏六月에 詔議貢擧法하다

【目】 일을 아뢰는 자들이 대부분 말하기를 "郡國에서 貢擧하는 것(인재 천거)이 대부분

功次[41]가 아니기 때문에 직책을 수행하려는 의식(마음)이 더욱 해이해지고 관리의 일이 점차 소원합니다." 하니, 황제가 詔令을 내려 公卿과 조정의 신하들에게 의논하게 하였다. 이에 大鴻臚 韋彪가 다음과 같이 건의하였다.

"국가는 어진 이를 선발하는 것을 힘쓰고 어진 이는 효행을 으뜸으로 삼습니다. 이 때문에 충신을 구하기를 반드시 효자의 가문에서 하는 것입니다. 사람의 재주와 행실은 함께 겸하기가 어렵습니다. 이 때문에 孟公綽이 趙氏와 魏氏의 家老가 되기에는 충분하지만 滕나라와 薛나라의 大夫가 될 수는 없었던 것입니다.[42] 忠孝로운 사람은 마음가짐이 후덕함에 가깝고 법조문에 숙달된 관리는 마음가짐이 야박함에 가까우니, 선비를 선발할 때에는 마땅히 재주와 행실을 우선해야 하고 순전히 공적과 이력만 따져서는 안 됩니다. 그러나 그 요점은 二千石(太守)을 선발함에 달려 있으니, 二千石이 어질면 貢擧가 모두 적임자를 얻을 것입니다."

陳事者 多言郡國貢擧 率非功次라 故로 守職益懈而吏事寖疏라한대 詔公卿朝臣議하니 大鴻臚韋彪曰① 夫國은 以簡賢爲務요 賢은 以孝行爲首라 是以로 求忠臣을 必於孝子之門이니이다 夫人才行이 少能相兼이라 是以로 孟公綽이 優於趙魏老호되 不可以爲滕薛大夫하니이다 忠孝之人은 持心近厚하고 鍛鍊之吏는 持心近薄②하니 士宜以才行爲先이요 不可純以閥閱이니이다 然이나 其要歸는 在於選二千石하니 二千石賢이면 則貢擧皆得其人矣리이다

① 韋彪는 韋賢의 玄孫이다.
彪, 賢之玄孫也.

② "鍛鍊"은 成熟과 같으니, 법조문을 까다롭게 따지는 관리가 사람을 죄목에 넣기를 陶工과 冶匠이 陶冶하고 단련해서 성숙하게 하는 것과 같음을 말한다.
鍛鍊, 猶成熟. 言深文之吏, 入人之罪, 猶工冶陶鑄鍛鍊, 使之成熟也.

【目】 韋彪가 또 다음과 같이 上疏하였다.

---

41) 功次 : 功績의 크고 작음과 官階의 승급하는 순서를 가리킨다.

42) 孟公綽이……것입니다 : 孟公綽은 魯나라 大夫이다. ≪論語≫ 〈憲問〉에 "孟公綽은 趙氏와 魏氏의 家老가 되기에는 충분하지만 滕나라와 薛나라의 大夫가 될 수는 없다.〔孟公綽爲趙魏老則優 不可以爲滕薛大夫〕"라고 한 孔子의 말씀이 보이는데, 이에 대한 朱子의 ≪集註≫에 "趙氏와 魏氏는 晉나라 卿의 집안이고 老는 家臣의 우두머리이다. 大家(큰 집안)는 권세가 중하나 諸侯의 일이 없고, 家老는 명망이 높으나 관직을 맡는 책임이 없다. 優는 有餘함이다. 滕과 薛은 두 나라의 이름이고 大夫는 國政을 맡은 자이다. 滕과 薛은 나라가 작으나 정사가 번거롭고 大夫는 지위가 높고 책임이 중하니, 그렇다면 公綽은 아마도 청렴하고 고요하고 욕심이 적으나 재능에 부족한 자인 듯하다.〔趙魏 晉卿之家 老 家臣之長 大家 勢重而無諸侯之事 家老 望尊而無官守之責 優 有餘也 滕薛 二國名 大夫 任國政者 滕薛 國小政繁 大夫 位高責重 然則公綽 蓋廉靜寡欲而短於才者也〕"라고 설명하였다.

"天下의 樞要가 尙書에 달려 있는데, 요사이 郎官으로부터 등급을 뛰어넘어 이 지위에 오르는 경우가 많습니다. 이들이 비록 법조문을 밝게 익혀서 사물에 응대함에는 장점이 있으나, 번거롭게 살피는 작은 지혜는 대체로 큰 재능이 없으니, 마땅히 嗇夫가 민첩하게 대답한 것을 거울삼고 질박하고 어눌한 絳侯의 功[43)]을 깊이 생각하소서."

황제가 그의 말을 모두 받아들였다.

彪又上疏曰 天下樞要 在於尙書로되 而間者에 多從郎官超升此位하니 雖曉習文法하여 長於應對나 然察察小慧는 類無大能①이니 宜鑑嗇夫捷急之對하고 深思絳侯木訥之功하소서 帝皆納之하다

① "察察"은 번거롭고 자질구레함이다.
察察, 煩碎也.

【綱】 가을 7월에 詔令을 내려 참혹하게 옥사를 다스리는 것을 금하였다.

秋七月에 **詔禁治獄慘酷者**[44)]하다

【目】 다음과 같이 詔令을 내렸다.

"형률에 '고문하는 자는 오직 榜, 笞의 형벌을 〈죄인으로 하여금〉 서서 받게 할 수 있을 뿐이다.'라고 하였고, 또 令丙에 箠(추)의 길이에 일정한 數가 있는데, 지난번 큰 옥사가 있은 뒤로 고문을 하는 자가 대부분 혹독하게 고문해서 쇠사슬로 목을 매고 종지

---

43) 嗇夫가……功 : '嗇夫'는 漢나라 때에 小吏의 명칭이다. 謁者僕射 張釋之가 文帝를 수행하여 上林苑에 있는 虎圈(범을 기르는 우리)을 둘러보았는데, 文帝가 책임자인 上林尉에게 짐승들의 숫자가 적힌 장부를 묻자 제대로 대답하지 못하였다. 이때 虎圈의 嗇夫가 나서서 매우 자세히 대답하니, 文帝는 장석지에게 명하여 그를 上林令에 임명하도록 하였다. 이에 장석지가 "絳侯(周勃)와 東陽侯(張相如)는 長者라고 알려졌으나 두 사람이 일을 말할 때에 일찍이 입에서 말을 제대로 내지 못했으니, 어찌 이 색부의 재잘거리는 言辯으로 민첩하게 대답함을 본받겠습니까.……이제 폐하께서 색부가 口辯이 있다 하여 등급을 뛰어넘어 승진시키신다면 천하가 바람을 따라 쏠리듯 다투어 口辯을 일삼아서 그 실제가 없을까 두렵습니다."라고 아뢰자, 결국 문제는 색부를 상림령으로 임명하지 않았다.(≪資治通鑑≫ 권14 漢 文帝)
'絳侯'는 漢나라의 개국공신 周勃의 봉호이며, '木訥'은 周勃의 爲人을 평가한 말이다. 呂后가 高祖의 사후에 相國으로서 적합한 자들을 물었을 때에 고조가 "周勃이 후중하고 文雅가 적으나 우리 劉氏를 편안히 할 자는 주발이니, 그를 太尉로 삼을 만하다.〔周勃重厚少文 然安劉氏者必勃也 可令爲太尉〕"라고 하였다.(≪資治通鑑≫ 권12 漢 高祖)

44) 詔禁治獄慘酷者 : "景帝의 시절에 '詔令을 내려 옥사를 다스리는 자들에게 되도록 너그러움을 우선하게 하였다.'라고 썼었는데, 이때에 다시 보인다. 그러나 황제의 寬厚長者다운 면모는 또 景帝보다 크게 뛰어난 점이 있다.〔景帝之世 書詔治獄者務先寬 於是再見 然帝之寬厚長者 又有大過於景帝者矣〕" ≪書法≫

뼈를 뚫는 등의 형벌이 더할 나위 없이 참혹하고 고통스러우니, 그 고통스러운 해독을 생각함에 마음이 송연해진다. 마땅히 가을과 겨울 옥사를 다스릴 때에는 그 금하는 것을 분명히 하라."

詔曰 律云 掠者는 唯得榜笞立①하고 又令丙에 箠長短有數②러니 自往者大獄以來로 掠者多酷하여 鉆鑽(겸찬)之屬이 慘苦無極③하니 念其痛毒에 怵(출)然動心④이라 宜及秋冬治獄하여 明爲其禁하라

① 榜과 笞[45]는 가벼운 형벌이니, 榜과 笞의 형벌을 받을 자는 한 사람을 그의 등 뒤에 세워서 죄인으로 하여금 서서 형벌을 받게 하였다.[46]
榜·笞, 輕刑也. 應受榜·笞者, 以一人背之, 令其立而受刑.

② 詔令에는 先後가 있으니, 令甲과 令乙과 令丙이 있다.[47] 〈"箠長短有數"는〉 景帝가 箠에 관한 법령을 정하였는데, 箠의 길이는 5尺으로 몸체는 커서 두께가 1寸인데, 이 대나무는 끝부분이 얇아서 두께가 半寸이며, 마디를 제거하여 평평하게 만들었다.[48] 그러므로 길이에 일정한 수가 있다고 말한 것이다.
令有先後, 有令甲·令乙·令丙. 景帝定箠令, 箠長五尺 本大一寸, 其竹也末薄半寸, 其平去節, 故云長短有數.

③ "大獄"은 楚王 劉英 등의 獄事를 이른다. 鉆은 鉗과 통하는바 其廉의 切이니, 쇠사슬로 속박하는 것이다. 鑽은 作喚의 切로 臏刑이니, 종지뼈를 뚫어 제거함을 이른다.
大獄, 謂楚王英等獄也. 鉆, 通作鉗, 其廉切, 以鐵有所劫束也. 鑽, 作喚切, 臏刑也, 謂鑽去其膝蓋骨也.

④ 怵은 勅律의 切이니, 송연해함이다.
怵, 勅律切, 悚懼也.

---

45) 榜과 笞 : '榜'은 '搒'으로도 적는바, 杖이나 채찍으로 때리는 것이고, '笞'는 가시나무나 대나무로 만든 형구로 둔부나 대퇴부, 혹은 등을 때리는 것이다.

46) 한……하였다 : 이 부분은 글 뜻이 자세하지 않은바, 우선 이렇게 번역하였음을 밝혀둔다.

47) 詔令에는……있다 : '令'은 바로 황제의 詔令이다. ≪漢書≫ 顔師古의 注에 인용된 文穎의 설에 "천자가 詔勅을 내려 가감한 것으로서 律에 실려 있지 않는 것을 '令'이라 한다.〔天子詔所增損 不在律上者爲令〕"라고 하였다. 令甲, 令乙, 令丙은 詔令에 세 종류가 있는 것으로, 令甲은 조령의 첫 번째 편, 令乙은 조령의 두 번째 편, 令丙은 조령의 세 번째 편이다. '令은 천자가 詔勅을 내려 가감했다.'는 것은 우리나라의 ≪受敎輯錄≫과 비슷한 것으로 보인다. ≪受敎輯錄≫은 ≪經國大典≫이나 ≪大明律直解≫에 실려 있지 않은 것들을 그때그때 왕의 敎示를 받아 처리하고 이것을 모아놓은 條例集이다.

48) 景帝가……만들었다 : 箠는 대나무로 만든 장방형의 刑具로, 笞刑을 가할 때에 사용하였다. 笞刑은 본래 가벼운 형벌이었는데, 뒤에는 重罪에 대한 처벌과 차이가 없을 정도로 가혹하게 행해졌다. 景帝는 이를 문제로 여겨 卽位 元年(B.C. 156)에 笞刑의 횟수를 줄이도록 명하였고, 中6년(B.C. 144)에는 箠의 길이와 두께를 통일하여 태형을 받은 자들이 비로소 몸을 보전할 수 있게 되었다.(≪漢書≫ 권23 〈刑法志〉)

【綱】 8월에 太尉 韋彪가 면직되니, 鄭弘을 太尉로 삼았다.

八月에 太尉彪罷하니 以鄭弘爲太尉하다

【綱】 황제가 남쪽 지역으로 순행하였다.

◑ 帝南巡하다

【目】 다음과 같이 詔令을 내렸다.

"황제가 경유하는 길가의 郡縣들이 곡식을 미리 저축하지 못하게 하며, 司空에게 명해서 직접 工徒들을 거느리고서 橋梁을 지탱하게 하고, 使者를 보내 황제를 맞이하거나 起居를 정탐하여 알려고 하는 자가 있으면 二千石이 죄를 받게 하겠다."

詔所經道上郡縣이 無得設儲跱(치)①하고 命司空하여 自將徒支拄橋梁②하고 有遣使奉迎探知起居어든 二千石當坐하라

① 儲는 쌓음이다. 跱는 丈里의 切로 갖춤이니, 〈"無得設儲跱"은〉 미리 저축하여 대비해서는 안 됨을 말한 것이다.
儲, 積也. 跱, (文)〔丈〕[49]里切, 具也. 言不得豫有蓄備.

② "自將徒"는 官司가 직접 工徒들을 거느리고 수리하여 民夫(공역에 복무하는 백성)를 사역시키지 않음을 이른다. 支는 枝와 통하니 막음이고, 拄는 竹柱의 切이니 버팀이다. 梁은 바로 다리이다. 대체로 다리는 木梁, 石梁, 舟梁이 있는데, 이를 모두 橋라 한다. 司空은 水土를 관장하였으므로 이 일을 시킨 것이다.
自將徒, 謂官司自備工徒修理, 不役民夫也. 支, 通作枝, 捍也. (柱)〔拄〕[50], 竹柱切, 撑也. 梁, 卽橋也. 凡橋, 有木梁·石梁·舟梁, 皆謂之橋耳. 司空掌水土, 故使之.

【綱】 겨울 10월에 宛에 이르러서 朱暉를 尙書僕射로 삼았다.

冬十月에 至宛하여 以朱暉爲尙書僕射하다

【目】 朱暉가 일찍이 臨淮太守가 되어서 善政을 베풀어 백성들이 노래하기를 "강직하여 소신껏 자신의 일을 이룬 자는 南陽의 朱季이니, 관리들은 그의 위엄을 두려워하고 백

---

49) (文)〔丈〕: 저본에는 '文'으로 되어 있으나, ≪資治通鑑≫ 註에 의거하여 '丈'으로 바로잡았다.
50) (柱)〔拄〕: 저본에는 '柱'로 되어 있으나, ≪資治通鑑≫ 註에 의거하여 '拄'로 바로잡았다.

성들은 그 은혜를 생각한다." 하였다. 그런데 이때에 법에 걸려 면직되어 집에 거주하고 있었으므로 上이 불러 등용한 것이다.

뒤에 尙書 張林이 上言하기를 "縣官(조정, 국가)의 비용이 부족하니, 직접 소금을 구워 팔고 均輸法을 다시 시행해야 합니다." 하였다. 이에 주휘가 말하기를 "先王의 禮制에 天子는 재물의 유무를 말하지 않고, 諸侯는 재물의 많고 적음을 말하지 않고, 녹을 먹는 집안은 백성들과 이익을 다투지 않는다고 하였습니다. 均輸의 법은 장사꾼이 물건을 파는 것과 다름이 없습니다. 소금을 구워 파는 이익이 관청으로 돌아가면 백성들이 곤궁하여 원망하게 되니, 진실로 현명한 군주가 행할 할 바가 아닙니다." 하였다.

暉嘗爲臨淮太守하여 有善政이라 民이 歌之曰 彊直自(守)〔遂〕[51]는 南陽朱季니 吏畏其威하고 民懷其惠①라하니라 時에 坐法免家居라 故로 上이 召而用之②하니라 後에 尙書張林이 上言縣官經用不足하니 宜自煮鹽하고 修均輸法이니이다 暉曰 王制에 天子不言有無하고 諸侯不言多寡하고 食祿之家不得與百姓爭利하니이다 均輸之法은 與賈(고)販無異라 鹽利歸官이면 則下民窮怨이니 誠非明主所宜行이니이다

① 朱暉는 자가 文季이므로 '朱季'라 말한 것이니, 南陽郡 宛邑 사람이다.
朱暉, 字文季, 故曰朱季, 南陽郡宛邑人也.

② ≪東觀漢記≫에 "〈朱暉가〉 長吏를 조사하다가 옥중에 가두어 죽게 한 죄에 걸려서, 州에서 아뢰어 면직하였다." 하였다.
東觀記曰 "坐考長(史)〔吏〕[52], 囚死獄中, 州奏免官."

【目】 황제가 노하여 여러 尙書를 크게 책망하니 朱暉 등이 모두 스스로 옥에 갇혀 있었는데, 3일 만에 詔勅을 내려 출옥시키고 말하기를 "국가(황제)가 반박하는 의논을 듣기 좋아하고 누런 머리의 노인(주휘)은 잘못이 없으니, 지난번 詔書가 지나쳤다. 무슨 이유로 스스로 옥에 갇혔는가." 하니, 주휘는 인하여 병이 위독함을 핑계로 다시는 의논에 서명하려고 하지 않았다. 尙書令 이하가 두려워 떨면서 주휘에게 이르기를 "지금 견책이 이르렀는데, 어찌하여 병을 칭탁합니까?" 하니, 주휘가 말하기를 "나이 80에 은혜를 입어서 機密의 자리에 있게 되었으니, 마땅히 죽음으로써 나라에 보답하여야 한다. 만약 마음속으로 불가함을 알면서도 군주의 뜻에 순종하여 부화뇌동하면, 臣子의 의리를

51) (守)〔遂〕: 저본에는 '守'로 되어 있으나, ≪資治通鑑≫에 의거하여 '遂'로 바로잡았다.

52) (史)〔吏〕: 저본에는 '史'로 되어 있으나, ≪東觀漢記≫ 및 ≪後漢書≫ 註에 의거하여 '吏'로 바로잡았다.

저버리는 것이다.” 하고는 마침내 입을 닫고 다시는 말하지 않았다.

여러 尙書가 함께 주휘를 탄핵하여 아뢰자, 황제가 이 일을 중지시키고 詔令을 내려 直事郎은 주휘의 起居(안부)를 묻고 太醫는 병을 살펴보고 太官은 음식을 하사하게 하니, 주휘가 그제야 나와서 사례하였다.

帝怒하여 切責諸尙書하니 暉等이 皆自繫獄이러니 三日에 詔勅出之하고 曰 國家樂聞駁議하고 黃髮無愆하니 詔書過耳라 何故自繫①오 暉因稱病篤하고 不肯復署議②하니 尙書令以下惶怖하여 謂暉曰 今臨得譴讓이어늘 奈何稱病③고 暉曰 行年八十에 蒙恩하여 得在機密하니 當以死報라 若心知不可而順旨靁(뢰)同이면 負臣子之義라하고 遂閉口不復言④하다 諸尙書共劾奏暉한대 帝寢其事하고 詔直事郎問暉起居하고 太醫視疾하고 太官賜食하니 暉乃起謝⑤하다

① “黃髮”은 어진 노인이니, 朱暉를 이른다.
黃髮, 賢老也, 謂朱暉也.
② 署는 서명함을 이른다.
署, 謂簽名也.
③ “臨得譴讓”은 견책이 이미 목전에 닥쳤음을 이른다.
臨得譴讓, 謂譴讓已臨乎其前也.
④ 靁(우레)는 雷의 古字이다. 우레가 소리를 내면 여러 물건이 함께 응하니, 세속 사람 중에 시비를 분별하려는 마음이 없어서 다른 사람과 똑같은 말을 하는 자를 雷同이라 이른다. 일설에 “雷同은 우레 소리가 서로 유사하여 같음만 있고 다름이 없는 것이다.” 하였다.
靁, 古雷字. 雷之發聲, 衆物同應, 俗人無是非之心, 出言同者謂之雷同. 一說 “雷同, 雷聲相似, 有同無異也.”
⑤ 直事郎은 三署의 郎으로 차례에 따라 당직하는 자를 이른다.
直事郎, 謂署郎當次直者.

【綱】 11월에 황제가 환궁하였다.

十一月에 還宮하다

【綱】 孔僖를 蘭臺令史로 삼았다.

◑ 以孔僖爲蘭臺令史[53]하다

---

53) 以孔僖爲蘭臺令史 : “일개 令史일 뿐인데, 어찌하여 썼는가. 그 어짊을 기록한 것이다.〔一令史耳 何以書 錄賢也〕” ≪書法≫

【目】 魯國 사람 孔僖와 涿郡 사람 崔駰이 함께 太學에서 유학하면서 더불어 논하기를 "武帝가 처음에는 聖人의 道를 높이시니 文帝와 景帝보다도 낫다고 이름났었는데, 뒤에는 자기 마음대로 행하여 예전의 善함을 잊었다." 하였다. 옆방에 있던 생도가 上書하여 최인과 공희가 先帝(武帝)를 비방하고 當世를 비난했다고 고발하였다.

魯國孔僖와 涿郡崔駰이 同遊太學①하여 相與論호되 武帝始崇聖道하시니 號勝文, 景이러니 及後恣己하여 忘其前善②이라한대 隣房生이 上書하여 告駰, 僖誹謗先帝하고 刺譏當世라하다

① 駰은 음이 因이다.
駰, 音因.
② "恣己"는 멋대로 자신의 욕심을 부리는 것이다.
恣己, 言恣己之欲也.

【目】 이 일을 有司에게 회부하자, 孔僖가 글로써 다음과 같이 스스로 하소연하였다.

"무릇 비방이라고 말하는 것은 실제로 이러한 일이 없는데 헛되이 무함을 가하는 것입니다. 孝武皇帝로 말하면 정사의 좋고 나쁨이 漢나라 史書에 드러나 있으니, 이는 다만 글로 쓴 서책에 있는 실제의 일을 말했을 뿐이지 헛된 비방이 아닙니다. 제왕은 선행을 하고 악행을 함에 천하가 알지 못함이 없으니, 이는 모두 제왕이 스스로 초래하는 것입니다. 그러므로 남을 책망해서는 안 되는 것입니다. 폐하께서는 즉위하신 이래로 정사와 교화를 잘못하지 않으셨고 덕택이 백성들에게 가해졌으니, 臣들이 유독 어찌 비난하겠습니까. 가령 비난한 바가 참으로 옳다면 진실로 마땅히 고쳐야 할 것이고, 혹여 비난한 바가 적합하지 않다 하더라도 마땅히 관용을 베풀어야 하는데, 또 어찌 죄를 주십니까.

臣들은 죽임을 당함에 죽게 되면 죽을 뿐이지만, 천하 사람들은 두려워하여 반드시 돌아보고 생각을 바꾸어서 이 일로 폐하의 마음을 엿보고, 지금 이후로는 폐하께서 불가한 일을 하심을 보더라도 끝내 다시 말하는 자가 없을 것입니다. 齊나라 桓公은 친히 先君의 죄악을 드날려서 管仲을 창도하니, 그런 뒤에 신하들이 마음을 다하였습니다. 그런데 지금 폐하께서는 10世 이전의 武帝[54]를 위하여 실제의 일을 멀리 숨기려 하시니, 어찌 桓公과 다르지 않겠습니까. 臣은 갑자기 억울함을 당하여 제 뜻을 펴지 못해

54) 10世……武帝 : 원문의 '十世'는 王統을 기준으로 셈한 것으로, 前漢의 廢帝 劉賀와 孺子 劉嬰을 제외하면 武帝 劉徹로부터 後漢의 章帝 劉炟까지 총 10명의 황제가 되기 때문에 이렇게 말한 것이다. 章帝는 前漢 景帝의 여섯 번째 아들인 長沙定王 劉發의 仍孫(8世孫)이고, 劉發은 武帝의 이복형인바, 실제로 武帝는 章帝에게 있어서 7代祖의 항렬이 된다.

서 후세에 의논하는 자들이 멋대로 폐하를 가지고 비교하는 바가 있을까 두려우니, 어찌 다시 자손으로 하여금 지난날의 잘못을 가리게 하실 수 있겠습니까. 삼가 대궐에 나아와 엎드려서 중한 죄가 내리기를 기다립니다."

글을 아뢰자, 황제가 명하여 죄를 묻지 말게 하고 공희를 蘭臺令史로 임명하였다.

事下有司한대 僖以書自訟曰 凡言誹謗者는 謂實無此事而虛加誣之也라 至如孝武皇帝하여는 政之美惡이 顯在漢史하니 是爲直說書傳實事요 非虛謗也①니이다 夫帝者는 爲善爲惡에 天下莫不知하나니 斯皆有以致之라 故로 不可以誅於人也②니이다 陛下卽位以來로 政敎未過하시고 德澤有加하시니 臣等이 獨何譏刺哉③리잇가 假使所非實是면 則固應悛(전)改요 儻其不當이라도 亦宜含容이니 又何罪焉④이리잇가 臣等受戮에 死卽死耳어니와 顧天下之人이 必回視易慮하여 以此事로 闚(규)陛下心하고 自今以後로 苟見不可之事라도 終莫復言者矣리이다 齊桓公이 親揚其先君之惡하여 以唱管仲하니 然後에 群臣이 得盡其心⑤이어늘 今陛下乃欲爲十世之武帝하사 遠諱實事하시니 豈不與桓公異哉⑥잇가 臣은 恐卒然蒙枉하여 不得自敘하여 使後世論者로 擅以陛下有所比方하노니 寧可復使子孫追掩之乎잇가 謹詣闕하여 伏待重誅하노이다 書奏에 詔勿問하고 拜僖蘭臺令史⑦하다

① 傳(책)은 柱戀의 切이다.
傳, 柱戀切.

② 誅는 책망함이다.
誅, 責也.

③ "政敎未過"는 정사와 교화에 과실이 있지 않음을 말한다.
政敎未過, 言政敎未有過失也.

④ 當(적합하다)은 丁浪의 切이다.
當, 丁浪切.

⑤ ≪國語≫에 "魯나라 莊公이 管仲을 포박하여 齊나라 桓公에게 넘기자, 환공이 친히 교외에서 맞이하여 그와 함께 앉고 묻기를 '옛날에 나의 先君인 襄公께서 臺를 쌓아 자신의 높은 자리를 만들고 짐승을 좇아 에워싸서 잡고 그물을 던지고 주살질을 하면서 國政을 다스리지 않았소. 그리고 聖人을 얕보고 선비를 업신여기고 오직 여인들을 높여서, 9명의 妃와 6명의 嬪에다가 나열된 妾이 수백 명이었소. 이 女人들은 반드시 좋은 음식을 먹었고 반드시 무늬를 수놓은 비단옷을 입었는데, 병사들은 헐벗어 추위에 떨고 굶주렸소. 이 때문에 국가의 형편이 나날이 펴지지 못하고 다달이 신장되지 못한 것이오. 내 宗廟를 청소하지 못하고 社稷에 血食을 올리지 못할까 염려되니, 감히 묻건대 이것을 다스리기를 어떻게 해야 하겠소?' 하니, 管子가 霸業을 이룰 수 있는 방도를 가지고 대답했다." 하였다.
國語 "魯莊公束縛管仲, 以與齊桓公, 公親迎於郊而與之坐, 問曰 '昔吾先君襄公, 築臺以爲高位, 田狩畢弋, 不聽國政, 卑聖侮士, 而唯女是崇, 九妃六嬪, 陳妾數百, 食必粱肉, 衣必文繡,

戎士凍餒. 是以國家不日引, 不月長, 恐宗廟不掃除, 社稷不血食, 敢問爲此若何.' 管子對以致霸之術."

⑥ 爲(위하다)는 去聲이다. 여기서 말한 "十世"는 赤劉의 九世[55]로 數를 삼지 않고, 다만 武帝, 昭帝, 宣帝, 元帝, 成帝, 哀帝, 平帝, 光武帝, 明帝와 황제(章帝)를 가지고 수를 센 것이다.
爲, 去聲. 此言十世, 不以赤劉之九爲數, 直以武·昭·宣·元·成·哀·平·光·明, 及帝爲數.

⑦ ≪後漢書≫ 〈百官志〉에 "蘭臺令史는 秩이 六百石이니, 아뢰는 글과 印章을 주조하는 장인과 文書를 관장하였다."[56] 하였다.
百官志"蘭臺令史, 六百石, 掌奏及印工文書."

【綱】 毛義와 鄭均에게 각각 곡식 1,000斛을 하사하였다.

賜毛義, 鄭均穀各千斛[57]하다

【目】 廬江 사람 毛義와 東平 사람 鄭均이 모두 훌륭한 행실로 鄕里에서 칭송되었다. 南陽의 張奉이 모의의 명성을 사모하여 가서 문안하였는데, 좌정하자 마침 모의를 守安陽令으로 제수하는 府의 檄文이 도착하였다. 모의가 격문을 받들고 들어가면서 기쁜 기색이 얼굴에 가득하자, 장봉은 속으로 그를 천하게 여겨 인사하고 떠나왔다.

뒤에 모의의 어머니가 죽자, 모의가 나라에서 부르고 고을에서 불러도 모두 나아가지 않으니, 장봉은 마침내 탄식하기를 "賢者는 진실로 측량할 수가 없다. 지난번 그가 기뻐

55) 赤劉의 九世 : 원문의 '赤劉'는 바로 漢나라를 가리킨다. 옛적에 讖緯家들은 漢나라가 火德으로 천하를 다스린다고 여겼는바, 漢나라의 姓은 劉氏이고 火는 赤色이기 때문에 이렇게 칭한 것이다. '赤劉의 九世'는 일종의 讖緯說로, 漢나라의 아홉 번째 황제는 泰山에 가서 封禪을 지내고 天命을 받아야 한다는 내용이다.
建武 32년(56) 정월에 光武帝가 齋戒하고 밤중에 ≪河圖會昌符≫라는 緯書를 읽었는데, 이 가운데에 "赤劉의 아홉 번째 황제는 마땅히 태산에서 천명을 받아야 하니, 삼가 능히 따르지 못한다면 대업을 계승함에 무슨 이익이 있겠는가. 진실로 이를 잘 따른다면 간사함과 거짓이 싹트지 못할 것이다.〔赤劉之九 會命岱宗 不愼克用 何益於承 誠善用之 姦僞不萌〕"라고 한 구절에 느낀 바가 있어서 梁松 등에게 명하여 河圖와 洛書에 관한 讖文으로서 '九世封禪'에 관한 일이 기록되어 있는 것들을 자세히 조사해 보고하게 하였다. 이에 양송 등이 조목조목 상세하게 열거하여 上奏하자 광무제가 封禪을 행하고 이해를 建武中元 원년으로 바꾸었는바, 본서 26쪽과 ≪後漢書≫ 권17 〈祭祀志〉 封禪에 보인다.

56) 아뢰는……관장하였다 : 일본 ≪全譯 後漢書≫(汲古書院)에는 "上奏文과 문서를 封印하여 작성한 것을 관장한다."고 번역하였다. ≪後漢書≫ 권77의 주석에 "印主文書"라고도 되어 있다.

57) 賜毛義鄭均穀各千斛 : "선한 자에게 상을 줌을 가상히 여긴 것이다. ≪資治通鑑綱目≫이 끝날 때까지 곡식을 준 것을 쓴 것이 두 번이니, 모두 찬미한 것이다. 백성들에게 곡식을 하사한 것은 여기에 들어 있지 않다.〔嘉賞善也 終綱目書賜穀二 皆美也 賜民穀 不與焉〕" ≪書法≫

했던 것은 어머니를 위하여 지조를 굽힌 것이다." 하였다.

정균의 형(鄭中)이 縣의 관리가 되어서 禮로 주는 선물(뇌물)을 많이 받았다. 정균이 간하였으나 듣지 않자, 정균은 마침내 집에서 몸만 빠져나와 남의 머슴살이를 하였는데, 1년 남짓에 돈과 비단을 얻고 돌아와 형에게 주면서 말하기를 "물건이 다 떨어진 것은 다시 얻을 수 있지만, 관리가 되어 뇌물죄에 걸리면 종신토록 버려집니다." 하니, 형이 그 말에 감동하여 마침내 청렴하고 결백한 관리가 되었다. 정균이 벼슬하여 尙書가 되었다가 면직하고 돌아갔다.

황제가 詔書를 내려서 모의와 정균을 표창하여 총애하고 각각 쌀 1,000斛을 하사하였으며, 8월이면 항상 長吏가 안부를 묻고 양과 술을 하사하였다.

盧江毛義와 **東平鄭均**이 **皆以行義**로 **稱於鄉里**러니 **南陽張奉**이 **慕義名**하여 **往候之**할새 **坐定而府檄適至**하여 **以義守安陽令**①하니 **義奉檄而入**하여 **喜動顔色**이어늘 **奉**이 **心賤之**하여 **辭去**하다 **後**에 **義母死**한대 **徵辟**에 **皆不至**어늘 **奉**이 **乃歎曰 賢者**는 **固不可測**이로다 **往日之喜**는 **乃爲親屈也**라하니라 **均兄**이 **爲縣吏**하여 **頗受禮遺**어늘 **均**이 **諫不聽**하니 **乃脫身爲傭**이러니 **歲餘**에 **得錢帛**하여 **歸以與兄曰 物盡**은 **可復得**이어니와 **爲吏坐臧**이면 **終身捐棄**②니이다하니 **兄**이 **感其言**하여 **遂爲廉潔**하다 **均**이 **仕爲尙書**라가 **免歸**러니 **帝下詔褒寵義, 均**하고 **賜米各千斛**하고 **常以八月**로 **長吏問起居**하고 **加賜羊酒**③하다

① 檄은 부르는 글이다. 安陽縣은 汝南郡에 속하였다. 毛義가 安陽尉로 있었는데, 府의 檄文이 도착한 것이다. 令은 守令이다.
檄, 召書也. 安陽縣, 屬汝南郡. 義爲安陽尉, 府檄至. 令, 守令也.

② 臧(뇌물을 받다)은 贓과 같다.
臧, 與贓同.

③ 賢良에게 문안하고 선물을 보내는 것을 반드시 8월에 한 것은, 가을은 여러 물건이 성숙하고 풍성하기 때문에 철의 기운을 순히 하여 도와 기르게 한 것이다.
問遺賢良, 必以八月, 諸物老成, 故順其時氣, 助養育之也.

【綱】 詔令을 내려 요망한 말과 나쁜 말을 하여 禁錮된 자들의 죄를 면제해주었다.

詔除妖惡禁錮者하다

【目】 다음과 같이 詔令을 내렸다.

"지난번에 요망한 말로 인한 큰 옥사의 영향이 매우 넓고 크게 번져서 한 사람이 죄를 범함에 금법이 三族까지 미치니, 만약 어질고 재주 있는 자가 있더라도 종신토록 등용되지 못한다. 朕은 이것을 매우 가엾게 여기니, 이전에 요망한 말과 나쁜 말을 하여 禁錮된 자들을 모두 면제하라."

詔曰 往者에 妖言大獄이 所及廣遠하여 一人犯罪에 禁至三屬①하니 如有賢才라도 沒齒無用이라 朕甚憐之하노니 諸以前妖惡禁錮者를 皆蠲(견)除之하라

① 明帝 때에 楚王 劉英이 顏忠 등과 圖讖에 관한 책을 날조하여 반역을 꾀하였다. "三屬"은 바로 三族이다.
明帝時, 楚王英與顏忠等, 造圖書謀逆. 三屬, 卽三族也.

乙酉年(85)

【綱】 漢나라 肅宗 孝章皇帝 元和 2년이다. 봄 정월에 詔令을 내려 백성들에게 胎養穀을 하사하고 이 내용을 명시하여 법령으로 삼았다.

二年이라 春正月에 詔賜民胎養穀하고 著爲令[58)]하다

【目】 다음과 같이 詔令을 내렸다.

"임신한 여자들에게 1인당 胎養穀 3斛을 하사하고 남편의 부역을 면제하여 1년 동안 算賦[59)]를 내지 말게 하며, 이 내용을 드러내어 법령으로 삼으라."

詔曰 諸懷姙者를 賜胎養穀人三斛하고 復其夫하여 勿算一歲하여 著爲令①하라

① 姙은 음이 壬이니 잉태함이다.
姙, 音壬, 孕也.

【綱】 詔令을 내려 속된 관리로서 겉모습을 거짓으로 꾸미는 자를 경계하였다.

---

58) 詔賜民胎養穀 著爲令 : "漢나라 초기에 '아들을 낳은 백성들에게 〈2년 동안〉 부역을 면제하여 일을 시키지 말라.'고 쓴 것은 仁政을 기록한 것이다. 이때 다시 보이니, 황제는 진실로 長者이다.〔漢初書令民産子復 勿事 志仁政也 於是復見 帝誠長者矣〕" ≪書法≫

59) 算賦 : 漢나라 때에 成年에게 징수했던 일종의 人頭稅로, 漢 高祖 4년(B.C. 203)에 詔令을 내려 15세부터 56세까지 1인당 120錢을 세금으로 내도록 정하였다. 後漢 때에는 '口算'이라고도 하였다.

詔戒俗吏矯飾者하다

【目】 다음과 같이 詔令을 내렸다.

"속된 관리들이 겉모습을 잘 꾸며서 옳은 듯하지만 실제로는 그르니, 朕은 이를 매우 싫어하고 근심스럽게 여기노라. 안정되고 진중한 관리는 지성스러우나 외면의 화려함이 없어서 功을 날로 계산하면 부족하나 달로 계산하면 유여하다. 예컨대 襄城令 劉方 같은 자는 관리와 백성들이 이구동성으로 번거롭지 않다고 말하니, 비록 별다른 특이점이 있지 않으나 이 또한 거의 안정되고 진중한 관리에 가깝다고 하겠다.

까다로움을 살핌으로 여기고 각박함을 밝음으로 여기고 가볍게 용서함을 德으로 여기고 무겁게 형벌함을 위엄으로 여기는 것, 이 네 가지가 혹 일어나면 아래 백성들이 원망하는 마음을 품게 된다. 내가 詔書를 여러 번 내려서 使者가 길에 이어졌으나 관리들은 더 잘 다스려지지 않고 백성들은 혹 직업을 잃으니, 그 잘못이 어디에 있는가. 힘써 옛 법령을 생각하여 朕의 뜻에 걸맞게 하라."

詔曰 俗吏矯飾外貌하여 似是而非하니 朕甚饜之하고 甚苦之①하노라 安靜之吏는 悃愊(곤핍)無華하여 日計不足이나 月計有餘②하나니 如襄城令劉方은 吏民同聲하여 謂之不煩이라하니 雖未有它異나 斯亦殆近之矣③라 夫以苛爲察하고 以刻爲明하고 以輕爲德하고 以重爲威하여 四者或興이면 則下有怨心이라 吾詔書數(삭)下하여 冠蓋接道로되 而吏不加治하고 民或失職하니 其咎安在오 勉思舊令하여 稱朕意焉④하라

① 饜(싫어하다)은 厭과 통한다.
饜, 通作厭.

② "悃愊"은 至誠이다. "無華"는 文采를 일삼지 않는 것이다. "日計不足 月計有餘"는 날로 공을 계산하면 부족한 듯하나, 오랫동안 계산해보면 백성들이 그 생업을 편안히 하여 집집마다 넉넉하고 사람마다 풍족해서 진실로 유여함을 이른다.
悃愊, 至誠也. 無華, 不事文采也. 日計不足, 月計有餘, 謂以日計功, 若不足者, 然(冬)〔久〕[60]而計之, 則民安其生, 家給人足, 固有餘矣.

③ 襄城縣은 潁川郡에 속하였다.
襄城縣, 屬潁川郡.

④ "冠蓋接道"는 詔書를 받들고 나간 使者가 길에 이어짐을 말한 것이다. "舊令"은 옛 府의 典籍에 실려 있는 법령을 이른다.
冠蓋接道, 謂奉詔出使者, 相接於道也. 舊令, 謂故府之籍所疏載者.

---

60) (冬)〔久〕: 저본에는 '冬'으로 되어 있으나, ≪資治通鑑≫ 註에 의거하여 '久'로 바로잡았다.

【綱】 2월에 四分曆[61)]을 시행하였다.

二月에 行四分曆하다

【目】 太初曆이 시행된 지 100여 년에 책력이 점차 하늘의 度數보다 늦어졌다. 上이 編訢(편흔) 등에게 명해서 종합하고 교정하여 四分曆을 만들어 시행하게 하였다.

太初曆을 施行百有餘年에 曆稍後天①이라 上이 命編訢等하여 綜校하여 作四分曆하여 施行之②하다

① 〈"曆稍後天"은〉 七曜(日, 月과 五星)의 운행이 曆家가 그 운행을 추산한 것보다 앞에 있어서 그믐과 초하루, 上弦(7~8일경)과 下弦(22~23일경), 보름이 부합하지 않음을 이른다.
謂七曜之行, 在曆家所推步躔次之前, 晦・朔・弦・望, 不合也.
② 編訢은 사람의 성명이다. "綜校"는 종합하여 교정함을 이른다.
編訢, 姓名. 綜校, 謂錯綜而校正之.

【綱】 황제가 동쪽 지역으로 순행하였다.

帝東巡하다

【目】 황제가 太子였을 적에 汝南 사람 張酺(장포)에게 ≪尙書≫를 배웠다. 이때에 동쪽 지역을 순행할 적에, 장포가 東郡의 太守로 있었는데, 황제는 동군에 행차하여 장포와 그의 門生과 掾史들을 인도해서 뜰 가운데에 모아놓고서 먼저 제자의 예의를 갖추어 장포로 하여금 ≪尙書≫ 한 篇을 講하게 한 다음 君臣 간의 예를 행하였다. 任城을 지날 적에는 鄭均의 집에 행차하여 尙書의 녹봉을 하사하여 종신토록 누리게 하니, 당시 사람들이 그를 白衣尙書[62)]라고 하였다.

帝之爲太子也에 受書於汝南張酺러니 至是東巡할새 酺爲東郡太守라 帝幸東郡하여 引酺及

61) 四分曆 : 曆法의 이름이다. 漢 武帝 太初 원년(B.C. 104)에 처음으로 三統曆을 사용하다가 백여 년이 지난 이때 四分曆으로 고쳐 시행하였는바, 1년을 365일과 또 4분의 1로 하여 四分曆이란 명칭이 붙게 되었다. 4분의 1이란 하루를 넷으로 나누었을 때에 이 가운데 하나란 뜻으로 지금 시간으로 6시간이 된다. 예전에는 曆法이 간략하여 하늘(별자리)의 度數와 잘 맞지 않았는데, 이러한 細分法을 둠으로써 통일성이 있었으나 초하루에는 300년마다 하루의 오차가 있고 계절에는 400년마다 3일의 오차가 있었다 한다. 또 ≪後漢書≫ 〈律曆志 中〉에는 "四分曆은 본래 圖讖說에 기인하였는데 가장 그 바름을 얻었다.〔四分曆 本起圖讖 最得其正〕" 하였다.

62) 白衣尙書 : 鄭均이 尙書 벼슬을 하다가 면직하고 돌아왔다. 벼슬을 하는 관리는 모두 수놓은 관복을 입지만 평민(일반 백성)은 흰옷을 입으니, 당시 정균이 면직하여 白衣를 입고 있었는데 尙書의 녹봉을 받았으므로 '白衣尙書'라고 부른 것이다.

門生掾史하여 會庭中[①]호되 先備弟子之儀하여 使酺講尙書一篇然後에 修君臣之禮하다 行過任城할새 幸鄭均舍하여 賜尙書祿以終其身하니 時人이 號爲白衣尙書[②]라하니라

① 〈"庭中"은〉 東郡의 뜰이다.
東郡庭也.

② 元年에 東平을 나누어 任城으로 만들었다.
元年, 分東平爲任城.

【綱】 황제가 定陶에서 親耕의 禮를 행하고, 岱宗(泰山)에서 섶을 태워 하늘에 제사하여 〈泰山에 이르렀음을〉 고하고, 明堂에서 〈五帝를〉 높여 제사하고, 3월에 魯 지역에 가서 孔子에게 제사하였다.

耕於定陶하고 柴告岱宗하고 宗祀明堂하고 三月에 至魯하여 祠孔子[①]하다

① "明堂"은 武帝가 지은 것이니, 奉高縣 서남쪽 4리 지점에 있다.
明堂, 武帝所作, 在奉高縣西南四里.

【目】 황제가 孔子와 72명의 제자를 闕里에서 제사하고 六代의 풍악을 일으켜서 孔氏의 남자 62명을 크게 모이게 하였다. 황제가 孔僖에게 이르기를 "오늘의 모임은 어찌 卿의 집안에 영광이 되지 않겠는가." 하니, 대답하기를 "臣은 듣건대, 현명한 왕과 성스러운 군주는 스승을 높이고 道를 귀하게 여기지 않은 분이 없다 하였습니다. 지금 폐하께서 몸소 萬乘의 존귀함을 굽히시어 저의 마을에 욕되게 왕림하셨으니, 이는 바로 先師를 높여 예우해서 聖德에 광채를 더하는 것이요, 臣의 집안의 사사로운 영화가 아닙니다." 하였다. 황제가 크게 웃으며 말하기를 "聖人의 자손이 아니면 어찌 이런 말을 할 수 있겠는가." 하고는, 공희를 郎中에 임명하였다.

帝祠孔子及七十二弟子於闕里하고 作六代之樂하여 大會孔氏男子六十二人[①]하다 帝謂孔僖曰 今日之會 寧於卿宗에 有光榮乎아 對曰 臣聞明王聖主 莫不尊師貴道라하니 今陛下親屈萬乘하사 辱臨敝里하시니 此乃崇禮先師하여 增輝聖德이요 非臣家之私榮也[②]니이다 帝大笑曰 非聖者子孫이면 焉有斯言乎아하고 拜僖郎中하다

① ≪續漢志≫에 "魯縣의 옛 曲阜에 闕里가 있으니, 孔子가 사셨던 곳이다." 하였다. "六代之樂"은 黃帝는 雲門, 堯임금은 咸池, 舜임금은 大韶, 禹王은 大夏, 湯王은 大濩, 周나라는 大武이다.

續漢志 "魯縣古曲阜, 有闕里, 孔子所居." 六代之樂, 黃帝曰雲門, 堯曰咸池, 舜曰大(詔)〔韶〕[63), 禹曰大夏, 湯曰大濩(호), 周曰大武.

② "先師"는 孔子를 이른다.
先師, 謂孔子.

【綱】 東平에 이르러 獻王(劉蒼)의 陵에 제사하였다.

至東平하여 祠獻王陵하다

【目】 황제가 東平에 이르러 獻王을 추념해서 그의 여러 아들에게 이르기를 "이분을 사모하여 이 지방에 왔으나 살던 곳만 남아 있고 이분은 안 계시다." 하고는 눈물을 흘려 옷깃을 적시고, 마침내 헌왕의 陵에 행차하여 太牢로써 제사하고 친히 사당의 위패에 절하고 哭泣하여 슬픔을 다하였다.

헌왕이 封國으로 돌아갈 적에 驃騎府의 관원인 丁牧과 周栩(주후)는 헌왕이 어진 이를 사랑하고 선비에게 낮춘다 하여 차마 떠나가지 못하고 王家의 大夫로 수십 년을 지내면서 할아버지(劉蒼)와 손자(劉敞)를 섬겼는데, 황제가 이 말을 듣고 모두 引見하여 발탁하여 議郎으로 삼았다.

帝至東平하여 追念獻王하여 謂其諸子曰 思其人하여 至其鄉이나 其處在요 其人亡이라하고 因泣下沾襟(첨금)하고 遂幸獻王陵하여 祠以太牢하고 親拜祠坐하고 哭泣盡哀①하다 獻王之歸國也에 驃騎府吏丁牧, 周栩 以王愛賢下士라하여 不忍去하고 遂爲王家大夫數十年하여 事祖及孫②이러니 帝聞之하고 皆引見(현)하고 擢爲議郎③하다

① 李賢이 말하기를 "〈獻王의〉 陵은 지금 鄆州의 동쪽, 峗山(위산) 남쪽에 있다." 하였다. 坐(자리)는 徂臥의 切이다. 峗는 魚委의 切이다.
賢曰 "陵, 在今鄆州東峗山南." 坐, 徂臥切. 峗, 魚委切.

② 明帝는 劉蒼을 驃騎將軍으로 삼아 長史와 掾史 40명을 배치하였다. "祖及孫"은 獻王과 그의 아들 懷王 劉忠과 지금의 왕 劉敞을 이른다.
明帝以蒼爲驃騎將軍, 置長史・掾史員四十人. 祖及孫, 謂獻王及子懷王忠及今王敞.

③ 見(알현하다)은 賢遍의 切이다.
見, 賢遍切.

---

63) (詔)〔韶〕: 저본에는 '詔'로 되어 있으나, ≪資治通鑑≫ 註에 의거하여 '韶'로 바로잡았다.

【綱】 여름 4월에 황제가 환궁하여 선조의 사당과 아버지(明帝)의 사당에 나아갔다.

夏四月에 **還宮**하여 **假**(격)**于祖禰**①[64] 하다

① 假는 格과 통한다. 옛날에 군주가 장차 나가려고 하면 반드시 선조와 아버지의 사당에 고유하고 돌아오면 또 그 사당에 나아가 고유하였으니, 이는 효자가 차마 그 어버이를 죽은 것으로 여기지 못해서 나갈 때에 아뢰고 돌아오면 얼굴을 뵙는 뜻이다.
假, 通作格. 古者君將出, 必告于祖禰, 歸又至其廟而告之, 孝子不忍死其親, 出告反面之義也.

【綱】 가을 7월에 詔令을 내려 刑律을 정해서 11월과 12월에는 죄를 논하여 판결하지 말게 하였다.

◑ **秋七月**에 **詔定律**하여 **毋以十一, 十二月報囚**하다

【目】 다음과 같이 詔令을 내렸다.

"≪春秋≫에는 三正을 중히 여기고 三微를 삼갔으니, 형률을 정해서 11월과 12월에는 죄를 논하여 판결하지 말고, 다만 초겨울 10월에 죄를 논하여 판결하게 하라."[65]

詔曰 春秋에 重三正하고 愼三微①하니 其定律하여 無以十一月, 十二月報囚하고 止用冬初十月而已하라

① ≪春秋≫에 봄에는 매월 '王'을 써서 혹 "王正月", 혹 "王二月", 혹 "王三月"이라 썼다. 三正은 天, 地, 人의 정월이니,[66] 셋이 있게 된 이유는 三微의 달이 있기 때문이다. 三微는 三正의

---

64) 還宮 假于祖禰 : "≪資治通鑑綱目≫에 '巡'을 쓴 것이 29번인데, 秦 始皇帝가 5번, 漢 武帝가 7번, 隋 煬帝가 3번이며, 황제(章帝) 또한 3번 썼는바, 글을 상세하게 쓴 것이 이 네 군주보다 더한 경우가 없다. 그러나 始皇과 武帝는 功德을 과시하고 신선을 구하였으며, 煬帝는 儀衛를 성대히 하고 먼 오랑캐를 복종시킨 것을 자랑하였으니, 모두 사치를 부리려는 욕심에서 나온 것이다. 오직 황제는 옛 법을 거행하고 先聖을 높여서 文治가 찬란하니, 세 군주와 비교해보면 차이가 현격하다. 그러므로 환궁했을 때에 '선조의 사당과 아버지의 사당에 나아갔다.'라고 쓴 경우가 있지 않았는데, 이때에 자세히 쓴 것이다.〔綱目書巡二十九 始皇五 武帝七 煬帝三 帝亦三書焉 而書辭之詳 亦莫如四君者 然始皇武帝 誇功德 求神僊 煬帝盛儀衛 矜服遠 皆奢欲之所發也 唯帝則擧古典 崇先聖 文治彬彬 視三君 天淵矣 故還宮未有書假于祖禰者 於是備書之〕" ≪書法≫

65) 春秋에는……하라 : 옛날에는 겨울에만 刑을 집행하고 生氣가 돋아나는 봄철에는 형을 집행하지 않았다. 漢나라는 建寅月을 正月로 하는 夏正을 사용하였는바, 이때 초겨울인 10월에는 죄를 논하여 판결하게 하고 建子月인 11월과 建丑月인 12월은 三微의 달에 해당하므로 하지 못하게 한 것으로 이는 仁慈한 마음을 베풀기 위해서였다.

66) 三正은……정월이니 : '三正'은 夏正, 殷正, 周正으로, 곧 夏, 殷, 周 三代의 正朔인 三統을 가리킨다.

시초에 만물이 모두 작아서 물건의 색깔이 똑같지 않기 때문에 王者가 취하여 법으로 삼은 것이다.

11월은 陽氣가 땅속 깊은 곳에서 처음으로 베풀어져서 색깔이 모두 붉으니, 붉은 것은 陽氣이므로 周나라는 동짓달(11월)을 天正으로 삼아 적색을 숭상하였고, 12월은 만물이 처음 싹터서 색깔이 희니, 흰색은 陰氣이므로 殷나라는 12월을 地正으로 삼아 흰색을 숭상하였고, 정월은 만물이 껍질을 뚫고 나와서 색깔이 모두 검으니, 사람이 공력을 가하고 사업을 펼 수 있으므로 夏나라는 정월을 人正으로 삼아 흑색을 숭상하였다.

반드시 三微의 달을 가지고 정월로 삼은 것은, 이러한 때에는 모든 물건이 아직 작으니, 왕자가 천명을 받을 적에 마땅히 작은 것을 붙들고 약한 것을 다스리니, 이는 도와서 이루어주는 뜻이다.

春秋, 於春, 每月書王, 或書王正月, 或書王二月, 或書王三月. 三正者, 天地人之正. 所以有三者, 由有三微之月. 三微者, 三正之始, 萬物皆微, 物色不同, 故王者取法焉. 十一月, 陽氣始施於黃泉之下, 色皆赤, 赤者陽氣, 故周爲天正, 色尙赤. 十二月, 萬物始芽而色白, 白者陰氣, 故殷爲地正, 色尙白. 正月, 萬物莩甲而出, 其色皆黑, 人得加功展業, 故夏爲人正, 色尙黑. 必以三微之月爲正者, 當爾之時, 物皆尙微, 王者受命, 當扶微理弱, 奉成之義也.

【綱】 겨울에 南單于가 北單于와 싸워서 격파하였다.

冬에 **南單于與北單于戰**하여 **破之**[67]하다

【目】 北匈奴가 세력이 쇠약해지고 무리가 이반하였다. 南部(南匈奴)는 북흉노의 전방을 공격하고 丁零은 후미를 기습하고 鮮卑는 왼편을 공격하고 西域은 오른편을 치니, 북흉노가 다시는 자립할 수가 없어서 마침내 멀리 무리를 이끌고 떠나갔었다. 이때에 이르러 南單于가 涿邪山에서 북흉노와 전투해서 북흉노의 무리를 참수하고 사로잡아 돌아가자, 武威太守 孟雲이 上言하기를 "북흉노가 예전에 이미 우리 漢나라와 화친을 했는데 南部가 다시 가서 노략질을 하니, 北單于가 漢나라에서 자신들을 속였다 하고 모의하여 변방을 침입하고자 합니다. 생각건대 마땅히 南部에서 노략질한 것들을 돌려주어 북선우를 위로해야 합니다." 하였다.

百官에게 詔令을 내려 의논하게 하였는데, 鄭弘과 第五倫 등은 불가하다 하고, 桓虞

夏나라는 寅月인 음력 1월을 정월로 삼아 人統이 되고, 殷나라는 丑月인 음력 12월을 정월로 삼아 地統이 되며, 周나라는 子月인 음력 11월을 정월로 삼아 天統이 된다.

67) 南單于……破之 : "오랑캐들이 서로 공격하는 것은 쓰지 않았는데, 여기에서는 어찌하여 썼는가. 싸움에 승리하여 漢나라의 상을 받았기 때문이다.〔蠻夷相攻不書 此何以書 戰勝 受漢賞也〕" ≪書法≫

와 袁安 등은 마땅히 돌려주어야 한다고 하였다. 그리하여 환우가 조정에서 정홍을 꾸짖으니,[68] 제오륜 역시 얼굴빛이 변하였다.

北匈奴衰耗하여 黨衆이 離畔이라 南部攻其前하고 丁零寇其後하고 鮮卑擊其左하고 西域侵其右하니 不復自立하여 乃遠引而去러니 至是하여 南單于與戰於涿邪山하여 斬獲而還하다 武威太守孟雲이 上言호되 北虜前既和親이어늘 而南部復往抄掠하니 北單于謂漢欺之라하여 謀欲犯塞하니 謂宜還南所掠하여 以慰安之니이다 詔百官議한대 鄭弘, 第五倫等은 以爲不可라하고 桓虞, 袁安等은 以爲當與之라하여 虞廷斥弘하니 倫亦變色이러라

【目】司隸校尉가 上奏하여 鄭弘 등을 탄핵하자, 정홍 등이 모두 冠을 벗고 사죄하니, 황제가 詔書를 내려 답하기를 "일은 의논하여 따르고 계책은 여러 사람으로 말미암아 정해지는 것이다. 온화하고 강직함이 예의에 맞는 용모이고, 침묵하여 마음을 억누르는 것은 조정의 복이 아닌데, 그대들이 어찌 허물하여 깊이 사죄하는가. 각각 冠과 신을 착용하도록 하라." 하였다. 황제가 마침내 다음과 같이 詔令을 내렸다.

"강과 바다가 百川에 으뜸이 되는 이유는 자신을 낮추기 때문이다. 지금 우리 漢나라는 匈奴와 君臣의 신분이 정해져서 공물이 여러 번 왔는데, 어찌 신의를 어겨서 스스로 그 잘못을 받겠는가. 度遼將軍과 中郞將에게 칙령을 내려서 南部에서 사로잡은 포로를 곱절로 보상하여 북흉노에게 돌려주고, 南部에서 참수하고 사로잡은 것은 功을 계산하여 상을 주기를 평상시의 등급과 같게 하라."

司隸擧奏한대 弘等이 皆免冠謝어늘 詔報曰 事以議從이요 策由衆定이니 誾(은)誾侃侃이 得禮之容이요 寑默抑心이 非朝廷福이니 君何尤而深謝오 其各冠履①하라 帝乃下詔曰 江海所以能長百川者는 以其下之也②라 今與匈奴로 君臣分定하여 貢獻累至어늘 豈宜違信하여 自受其曲이리오 其勅度遼及中郞將하여 倍雇南部所得生口하여 以還北虜③하고 其南部斬首獲生은 計功受賞을 如常科하라

① "誾誾"은 화열하면서 간쟁하는 것이고, "侃侃"은 강직함이다. 寑은 그침이다.
誾誾, 和悅而諍也. 侃侃, 剛直也. 寑, 息也.
② 長(우두머리)은 知兩의 切이다. ≪道德經≫에 "강과 바다가 百谷의 왕이 된 이유는 잘 낮추

68) 환우가……꾸짖으니 : ≪資治通鑑≫ 章帝 元和 2년(85) 조를 살펴보면, "정홍이 큰 소리로 과격하고 사납게 환우에게 말하기를 '포로들을 북흉노로 돌려보내야 마땅하다고 말하는 신하들은 모두 충성스럽지 못하다.' 하였다."라고 되어 있다. 이와 같은 언사 때문에 정홍은 환우의 책망과 司隸校尉의 탄핵을 당하였다.

기 때문이다." 하였다.

長, 知兩切. 老子曰 "江海所以爲百谷王者, 以其善下也."

③ 이때에 鄧鴻이 度遼將軍, 龐奮이 領中郎將으로 있었다. 倍는 곱절로 더함이다. 雇는 보상하여 갚는 것이다.

時, 鄧鴻爲度遼將軍, 龐奮爲領中郎將. 倍, 加也. 雇, 賞報也.

丙戌年(86)

【綱】漢나라 肅宗 孝章皇帝 元和 3년이다. 봄 정월에 詔令을 내려 친속이 없는 어린아이와 자식이 있어도 제대로 기르지 못하는 자에게 곡식을 주도록 하였다.

三年이라 春正月에 詔嬰兒無親屬과 及有子不能養者를 廩給之[69]하다

【綱】황제가 북쪽 지역을 순행하여 懷에서 親耕禮를 행하였다.

◑帝北巡하여 耕于懷하다

【目】侍御史와 司空에게 勅令을 내리기를 "지금 막 봄이라서 車駕가 지나가는 곳에 베고 죽이는 바가 있어서는 안 되니, 수레를 이끌어 피할 수 있으면 이끌어 피하고 騑馬의 멍에를 풀 수 있으면 풀도록 하라." 하였다.

勅侍御史, 司空曰 方春所過에 無得有所伐殺이니 車可以引避어든 引避之하고 騑馬可輟解어든 輟解之①하라

① 侍御史는 잘못을 들어 탄핵하는 일을 관장하고 司空은 토목공사를 관장하니, 車駕가 행차

69) 詔嬰兒……廩給之 : "仁政을 기록한 것이다. 그러므로 ≪資治通鑑≫에는 쓰지 않았으나, ≪資治通鑑綱目≫에는 특별히 쓴 것이다.〔志仁政也 故通鑑不書 綱目特書之〕" ≪書法≫
"肅宗의 정치가 즉위 원년 이래로 禁苑을 백성들에게 주고 참혹하게 옥사를 다스리는 것을 금하고 요망한 말과 나쁜 말을 하여 禁錮된 자들의 죄를 면제해주고 창고를 열어 가난한 백성들에게 곡식을 주고 胎養穀을 하사한 따위는 기록할 만한 善政의 실제가 아닌 것이 없었다. 그런데 이때에 이르러 또다시 詔令을 내려 곡식을 嬰兒에게 주도록 한 것이 분명하게 史書에 보이니, ≪資治通鑑綱目≫에 이것을 쓴 것은 文帝와 景帝의 아름다움을 이어서 선대의 황제에게 광채를 더하기에 충분하기 때문이다. 아, 이로부터 이후로 漢나라의 정치는 쇠하였다.〔肅宗之治 自初元以來 如以園籞與民 禁治獄慘酷 除妖惡禁錮 廩贍貧民 賜胎養穀之類 無非善政可紀之實 至是 又詔廩給嬰兒 班班見於史冊 綱目書之 足以繼美文景 光增前烈 嗚呼 自是而後 漢治其衰矣〕" ≪發明≫

하게 되면 侍御史는 도로에 법대로 하지 않는 자들을 들어 탄핵하는 일을 관장하고 司空은 工人들을 거느리고서 도로를 닦고 橋梁을 수리한다. 그러므로 이들에게 모두 칙령을 내린 것이다. 수레는 끌채가 하나인데 말 네 필에 멍에를 매어 끌게 하니, 중앙에 두 필의 말이 끌채를 끼고 있는 것을 服馬라 하고, 양쪽 가장자리의 두 필의 말을 騑馬 또는 驂馬라 한다.

侍御史, 掌擧劾. 司空, 掌(上)〔土〕[70]功. 車駕行幸, 則侍御史掌擧劾道路之不如法, 司空帥工徒, 治道路, 修橋梁, 故皆勅之. 車有一轅而四馬駕之, 中央兩馬夾轅者, 名服馬. 兩邊, 名騑馬, 亦曰驂馬.

【綱】 3월에 황제가 환궁하였다.

三月에 還宮하다

【綱】 여름 4월에 太尉 鄭弘의 印綬를 거두니 정홍이 스스로 옥에 갇혔는데, 옥에서 나와 卒하였다.

◑ 夏四月에 收太尉弘印綬하니 弘이 自繫獄이러니 出之而卒[71]하다

【目】 鄭弘이 竇憲의 권세가 너무 성함을 여러 번 말하고, 두헌의 무리인 張林과 楊光의 탐욕스럽고 잔인함을 아뢰었는데, 관리가 양광과 오랜 친분이 있어서 이 사실을 양광에게 알려주었다. 두헌이 '정홍이 기밀의 일을 누설했다.'고 아뢰자, 황제는 정홍을 힐문하여 꾸짖고는 인수를 거두었다. 정홍이 스스로 廷尉의 옥에 나오자 詔勅을 내려서 출옥시켜주었는데, 정홍이 이를 빌미로 辭職을 청하고 돌아가려 하였으나 허락하지 않았다.

정홍은 병이 위독하자, 다음과 같이 上書하였다.

"두헌의 간악함이 하늘을 꿰뚫고 온 땅에 미쳐 海內의 사람들이 의아해하면서 '두헌이 무슨 방법으로 主上을 미혹하게 하는가. 근자에 있었던 王氏의 禍를 분명하게 볼 수

70) (上)〔土〕: 저본에는 '上'으로 되어 있으나, ≪資治通鑑≫ 註에 의거하여 '土'로 바로잡았다.

71) 收太尉……出之而卒 : "무릇 '아무의 印綬를 거두었다.〔收某印綬〕'라 쓴 것은 모두 죄가 없음을 나타내는 말이다. 이 때문에 '董賢의 인수를 거두었다.'고 쓰지 않았고, '竇憲의 인수를 거두었다.'고 쓰지 않았고, '侯覽의 인수를 거두었다.'고 쓰지 않은 것이다.〔凡書收某印綬 皆無罪之辭也 是故 收董賢印綬不書 收竇憲印綬不書 收侯覽印綬不書〕" ≪書法≫ 동현과 두헌, 후람이 모두 죄가 있었기 때문에 이렇게 말한 것이다.

있다.'라고 합니다. 폐하께서는 천자의 높은 지위에 처하시고 만세의 복을 보전하고 계시는데, 참소하고 아첨하는 신하를 믿으셔서 국가 존망의 기틀을 헤아리지 않으시니, 臣은 비록 목숨이 경각에 있으나 죽어도 충성을 잊지 못합니다. 원컨대 폐하께서는 四凶[72]의 죄를 주벌하시어 사람과 귀신의 분노가 맺혀 있는 바람을 만족하게 하소서."

황제는 이 글을 보고 의원을 보내 정홍의 병을 살펴보게 하였는데, 의원이 집에 이르렀을 때에는 이미 薨한 뒤였다.

鄭弘이 數(삭)陳竇憲權勢太盛하고 奏憲黨張林, 楊光의 貪殘이러니 吏與光舊하여 因以告之라 憲이 奏弘漏泄密事라하니 帝詰讓弘하고 收印綬한대 弘이 自詣廷尉어늘 詔勅出之하니 因乞骸骨歸로되 未許라 病篤에 上書曰 竇憲姦惡이 貫天達地하여 海內疑惑하여 謂憲何術以迷主上고 近日王氏之禍 昞然可見①이라하니이다 陛下處天子之尊하고 保萬世之祚어시늘 而信讒佞之臣하사 不計存亡之機하시니 臣雖命在晷刻이나 死不忘忠②하노이다 願陛下는 誅四凶之罪하여 以厭人鬼憤結之望③하소서 帝省章하고 遣醫視弘病이러니 比至에 已薨이러라

① 〈"王氏之禍"는〉 王氏가 외척으로 漢나라를 찬탈한 禍를 이룬 것을 이른다.
謂王氏以戚屬而成簒國之禍.
② 晷는 居洧의 切이니 해의 그림자이다.
晷, 居洧切, 日影也.
③ 厭은 一艶의 切이니 만족함이다.
厭, 一艶切, 滿也.

【綱】宋由를 太尉로 삼았다.

以宋由爲太尉①하다

① 宋由는 宋弘의 아우의 아들이다.
由, 弘弟子也.

【綱】5월에 司空 第五倫이 면직되었다.

◑五月에 司空倫이 罷하다

72) 四凶 : 舜임금 시절에 있었던 네 명의 惡人인 共工과 驩兜, 三苗의 군주와 鯀을 이르는데, 여기서는 竇憲의 무리를 비유하여 '四凶'이라 지칭한 것이다.

【目】第五倫이 늙고 병들었다 하여 물러날 것을 청하자, 策書를 내려 면직하고 몸을 마칠 때까지 二千石의 녹봉을 지급하게 하였다. 제오륜은 國家의 일을 행함에 충절을 다해서 일을 말할 적에 주저하는 바가 없었으며, 성품이 질박하고 정성스럽고 文采가 적어서 지위에 있을 적에 정직하고 청렴함으로 알려졌다.

혹자가 제오륜에게 묻기를 "公께서도 私가 있습니까?" 하니, 대답하기를 "옛날에 어떤 사람이 나에게 천리마를 주었는데 내 비록 이것을 받지 않았으나, 매번 三公이 사람을 선발할 적에 내 마음에 잊지 못하면서도 끝내 등용하지 않았다. 또 내 형의 아들이 아플 적에는 하룻밤에 열 번을 찾아가 안부를 물었으나 물러나와서 편안히 잠을 잤고, 내 아들이 아플 적에는 비록 살펴보지 않았으나 밤새도록 잠을 자지 못하였으니, 이와 같은 것을 어찌 私가 없다고 이를 수 있겠는가." 하였다.

第五倫이 以老病乞身한대 賜策罷하고 以二千石俸으로 終其身①하다 倫이 奉公盡節하여 言事에 無所依違하며 性이 質慤하고 少文采하여 在位에 以貞白稱②이러라 或問倫曰 公有私乎아 對曰 昔에 人有與吾千里馬者어늘 吾雖不受나 每三公有所選擧에 心不能忘而亦終不用也하고 吾兄子病이어늘 一夜十往호되 退而安寢하고 吾子有疾이어늘 雖不省視나 而竟夕不眠하니 若是者 豈可謂無私乎아하니라

① "乞身"은 乞骸骨이란 말과 같다.
乞身, 猶言乞骸骨也.

② "依違"는 따르는 듯 어기는 듯하여 둘 다 옳게 여겨 결정하지 못하는 의논이다. "貞白"은 貞潔하고 精白함이다.
依違, 若依若違, 兩可不決之論也. 貞白, 貞潔精白也.

【目】程子가 다음과 같이 평하였다.

"兄弟의 아들은 자신의 아들과 똑같은데 第五倫이 아들과 조카를 봄에 차이를 두었으니, 이것이 바로 私이다. 어찌 물러나서 편안히 자는 지의 여부를 기다린 뒤에 私라고 하겠는가."

程子曰 兄弟之子 猶子也어늘 而倫視之有異焉하니 是卽私矣라 何待安寢與否然後에 爲私邪아

【綱】袁安을 司空으로 삼았다.

以袁安爲司空하다

【綱】 燒當羌이 배반하였다.

◑燒當羌이 反하다

【目】 燒當羌의 迷吾가 그의 아우 號吾와 함께 隴西를 침략하자, 郡의 군대가 추격하여 호오를 사로잡으니, 호오가 말하기를 "내 진실로 살아 돌아가면 반드시 다시는 변경을 침입하지 않겠다." 하였다. 太守 張紆가 석방하여 보내주니, 羌族이 즉시 해산하였다.

燒當羌迷吾 及其弟號吾로 寇隴西어늘 郡兵이 追獲之①하니 號吾曰 誠得生歸면 必不〔復〕[73] 犯塞호리라 太守張紆 放遣之하니 羌卽解散하다

① 迷吾은 滇良의 손자이다. ≪資治通鑑≫에 "號吾가 먼저 경솔하게 쳐들어와 隴西의 경계를 침략하였는데, 烽燧를 관리하는 掾吏 李章이 추격하여 호오를 사로잡았다." 하였다.
迷吾, 滇良之孫. 通鑑"號吾先輕入, 寇隴西界, 督烽(椽)〔掾〕[74]李章追之, 生得號吾."

【綱】 疏勒王 忠이 거짓으로 항복하자, 班超가 참수하였다.

疏勒王忠이 詐降이어늘 班超斬之하다

【目】 남쪽 길[75]이 마침내 통하였다.

南道遂通하다

【綱】 侍中 曹褒에게 詔令을 내려 漢나라의 禮를 정하게 하였다.

詔侍中曹褒하여 定漢禮하다

【目】 博士 曹褒가 漢나라 禮를 제정할 것을 청하자, 班固가 말하기를 "마땅히 여러 儒者를 널리 모아서 함께 득실을 의논해야 합니다." 하였다. 황제가 말하기를 "속담에 '길가에 집을 지으면 3년이 되어도 이루지 못한다.' 하였으니, 모여서 禮를 의논하는 사람들을 이름하여 聚訟이라고 하는바, 서로 의심과 이설이 생겨서 붓을 잡아 글을 쓸 수 없

73) 〔復〕: 저본에는 '復'가 없으나, ≪資治通鑑≫에 의거하여 보충하였다.

74) (椽)〔掾〕: 저본에는 '椽'으로 되어 있으나, ≪資治通鑑≫에 의거하여 '掾'으로 바로잡았다.

75) 남쪽 길 : 본서 103쪽 訓義 ①에 보이는 南道이다. 이 길을 보통 西域南路라고 한다.

을 것이다. 옛날 堯임금이 大章을 지을 적에 한 명의 夔로도 충분하였다." 하고는 마침내 조포를 侍中에 제수하여 叔孫通의 ≪漢儀≫ 12편[76]을 주고 말하기를 "이 제도가 소략하여 經書에 부합하지 않는 것이 많으니, 지금 마땅히 禮를 따라 조목별로 수정해서 시행할 수 있게 하라." 하였다.

博士曹褒 請著漢禮어늘 班固以爲宜廣集諸儒하여 共議得失이니이다 帝曰 諺言에 作舍道邊이면 三年不成이라하니 會禮之家를 名爲聚訟이라 互生疑異하여 筆不得下리라 昔에 堯作大章에 一夔足矣①라하고 乃拜褒侍中하여 授以叔孫通漢儀十二篇하고 曰 此制散略하여 多不合經②하니 今宜依禮條正하여 使可施行하라하다

班固(≪古聖賢像傳略≫)

① "三年不成"은 저 사람은 옳다 하고 이 사람은 그르다 하기 때문에 오래되어도 이루지 못함을 말한 것이다. "會禮"는 모여서 예를 의논함을 말하고 "聚訟"은 서로 다투어 결정하지 못함을 말한다. 大章은 堯임금의 음악 이름이니, 堯임금의 德이 밝게 드러남을 말한 것이다. 陳濟가 말하였다. "堯임금 때에 夔가 이미 典樂으로 있었으니, 舜임금은 거듭 명령했을 뿐이다."
三年不成, 謂彼是此非, 故久而無成也. 會禮, 言會而議禮, 聚訟, 言相爭不定也. 大章, 堯樂名, 言堯德章明也. 陳濟曰 "堯時, 夔已典樂, 舜蓋申命之耳."

② "散略"은 疏略과 같다.
散略, 猶疎略也.

丁亥年(87)

【綱】 漢나라 肅宗 孝章皇帝 章和 원년이다. 봄 3월에 護羌校尉 傅育이 羌族을

---

76) 叔孫通의……12편 : 叔孫通은 魯나라 薛 땅 출신으로, 秦나라 二世 때 博士를 지냈다. 高祖가 帝位에 오른 뒤 여러 신하들이 술을 마시며 功을 다투고 취하면 함부로 고함을 치고 칼을 뽑아 기둥을 치기도 하였다. 이에 숙손통이 魯 지역의 유생들과 함께 옛날의 禮와 秦나라의 의식을 섞어 황제도 행할 수 있는 간략한 儀禮를 만들었는데, 이것을 ≪漢儀≫라고 하였다.(≪史記≫ 권99 〈叔孫通列傳〉)

공격하다가 패하여 죽었다.

章和元年이라 **春三月**에 **護羌校尉傅育**이 **擊羌**이라가 **敗死**하다

【綱】 여름 6월에 司徒 桓虞가 면직되니, 袁安을 司徒로 삼고 任隗를 司空으로 삼았다.

◑ **夏六月**에 **司徒虞免**하니 **以袁安爲司徒**하고 **任隗爲司空**①하다

① 任隗는 任光의 아들이다.
隗, 光之子也.

【綱】 가을에 鮮卑가 北匈奴를 공격하여 優留單于를 참살하였다.

◑ **秋**에 **鮮卑擊北匈奴**하여 **斬優留單于**하다

【綱】 護羌校尉 張紆가 羌族을 공격하여 그 추장 迷吾를 참살하니, 그의 아들 迷唐이 大榆谷과 小榆谷을 점거하고서 배반하였다.

◑ **護羌校尉張紆擊羌**하여 **斬其帥迷吾**하니 **其子迷唐**이 **據大小榆谷**하여 **以叛**①하다

① ≪水經≫에 "河水가 西海郡 남쪽을 지나고 또 동쪽으로 允川을 지나 大榆谷과 小榆谷 북쪽을 지나가는데, 대유곡과 소유곡은 토지가 비옥하여 羌族들이 의지해 사는 곳이다." 하였다.
水經 "河水逕西海郡南, 又東逕允川, 而歷大榆谷・小榆谷北, 二榆土地肥美, 羌所依阻也."

【綱】 改元하였다.

◑ **改元**[77]하다

【目】 이때에 여러 번 아름다운 상서가 있었는데 말하는 자들이 모두 좋은 징조라고 아뢰

77) 改元 : "改元한 것을 쓰지 않았는데, 여기에서는 어찌하여 썼는가. 아첨하는 말을 믿은 것을 비난한 것이다. 이 때문에 漢나라가 말하는 자들의 아첨을 좋아하여 章和로 개원하자 '改元'이라고 썼고, 魏나라가 寇謙之의 허탄한 말에 혹하여 眞君이라고 개원하자 '改元'이라고 썼고, 隋나라가 袁充의 거짓말을 믿고 仁壽로 개원하자 '改元'이라고 썼으니, 이는 모두 비난한 것이다.〔改元不書(改) 此何以書 譏信諛也 是故漢好言者之諛而改章和 則書改元 魏惑謙之之誕而改眞君 則書改元 隋信袁充之誣而改仁壽 則書改元 皆譏之也〕" ≪書法≫

자, 마침내 명하여 章和로 개원하였다. 太尉掾 何敞이 홀로 이것을 싫어하여 宋由와 袁安에게 이르기를 "祥瑞의 응험은 德에 따라 이르고 災異는 政事에 인연하여 생겨난다. 지금 이상한 새가 궁전의 지붕에 날아 앉고 괴이한 풀이 뜰가에 자라니, 살피지 않을 수 없다." 하니, 송유와 원안은 두려워하여 감히 대답하지 못하였다.

是時에 屢有嘉瑞하니 言者咸以爲美①어늘 遂詔改元章和②하다 太尉掾何敞이 獨惡(오)之하여 謂宋由, 袁安曰 夫瑞應은 依德而至하고 災異는 緣政而生이라 今異鳥翔於殿屋하고 怪草生於庭際하니 不可不察이라하니 由, 安이 懼하여 不敢答이러라

① ≪後漢書≫ 〈章帝本紀〉에 "근자에 鳳凰이 잇달아 모여들고 기린이 함께 이르고 甘露가 밤중에 내리고 아름다운 곡식이 번식하고 芝草의 종류가 매년 매월 나타나 끊이지 않는다." 하였다.
本紀 "乃者鳳凰仍集, 麒麟竝臻, 甘露(霄)〔宵〕[78]降, 嘉穀滋生, 芝草之類, 歲月不絶."

② 章은 밝힘이니, 〈"章和"는〉 和氣가 상서를 이르게 함을 밝힌 것이다.
章, 明也. 明和氣之致祥也.

【綱】 8월 그믐에 일식이 있었다.

八月晦에 日食하다

【綱】 北匈奴의 58개 部落이 와서 항복하였다.

◑ 北匈奴五十八部來降하다

【綱】 曹褒가 撰한 制度를 아뢰었다.

◑ 曹褒 奏所撰制度[79]하다

---

78) (霄)〔宵〕: 저본에는 '霄'로 되어 있으나, ≪後漢書≫에 의거하여 '宵'로 바로잡았다.

79) 曹褒奏所撰制度 : "制度는 무엇인가. 전에 詔令을 내려 禮를 정하게 한 것이다. 그렇다면 어찌하여 禮라고 쓰지 않았는가. 예가 되는 것을 인정하지 않았기 때문이다. 여기에다가 圖讖記까지 뒤섞어 넣었으니 이것을 예라고 할 수 있겠는가. '撰한 制度〔所撰制度〕'라고 쓴 것은 다만 曹褒가 撰한 것이라고 말한 것일 뿐이다. 이 때문에 예가 되는 것을 인정하지 않을 경우에는 조포처럼 앞에서는 '예를 정했다.〔定禮〕'고 쓰고, 뒤에서는 '撰한 제도〔所撰制度〕'라고 쓴 것이다. 만일 예가 되는 것을 인정한 경우에는 唐나라의 張說처럼 앞에서는 '예를 정했다.〔定禮〕'고 쓰고 뒤에서는 '開元禮가 이루어졌다.〔開元禮成〕'고 쓴 것이다.〔制度 何 前所詔定禮也 然則曷爲不以禮書之 不成之爲禮也 雜以讖記 是可以爲禮乎 書曰所撰制度 以爲徒褒之所撰云耳 是故不成之爲禮 則曹褒前書定禮而後書所撰制度 苟成之爲禮 則張說前書定禮而後書開元禮成〕" ≪書法≫

【目】 曹褒가 옛 典章을 그대로 따르고 五經과 圖讖說의 글을 섞어서 天子로부터 庶人에 이르기까지의 冠禮와 婚禮, 吉禮와 凶禮 등이 갖추어진 制度 총 150편을 차례로 엮어서 아뢰니, 황제는 여러 사람의 의논이 통일되기 어렵다 하여 일단 받아들이고 다시 有司로 하여금 평론하여 아뢰게 하지 않았다.

曹褒依準舊典하고 雜以五經, 讖記之文하여 撰次天子至於庶人의 冠婚吉凶終始制度 凡百五十篇하여 奏之[①]하니 帝以衆論難一이라 故로 但納之하고 不復令有司平奏[②]하다

① "終始制度"는 제도를 차례로 엮어서 처음과 끝을 갖춘을 이른다.
終始制度, 謂撰次制度, 備其終始也.
② "平奏"는 행할 만한가의 여부를 평론하여 아뢰는 것이다.
平奏者, 平其可行與否而奏之.

【綱】 班超가 여러 나라의 병력을 징발하여 莎車를 공격해서 항복시켰다.

班超發諸國兵하여 擊莎車하여 降之하다

【目】 班超가 于寘 등 여러 나라의 병력 2만 명을 징발하여 莎車를 공격하니, 龜兹王이 溫宿 등의 병력 도합 5만 명을 징발하여 사차를 구원하였다. 반초가 말하기를 "지금 우리 병력이 적어서 상대할 수가 없으니, 각각 흩어져 가서 밤에 북소리를 기다려 출발한다." 하고는, 은밀히 사로잡은 포로들을 풀어주었다. 구자왕이 이 말을 듣고, 자신은 기병 1만을 거느리고 서쪽 경계에서 반초를 막고, 溫宿王은 기병 8천을 거느리고 동쪽 경계에서 우전을 맞아 싸우게 하였다. 반초가 두 오랑캐가 이미 출동한 것을 알고는 은밀히 여러 部를 불러 무장시키고서 닭이 울 무렵 말을 달려 사차의 진영으로 가니, 胡人들이 크게 놀라 혼란하여 사방으로 급히 달아났다. 사차가 마침내 항복하고 구자 등이 각각 후퇴하여 흩어지니, 이로부터 위엄이 西域에 진동하였다.

班超發于寘諸國兵二萬人하여 擊莎車하니 龜兹王發溫宿等兵合五萬人하여 救之[①]하다 超曰 今兵少不敵하니 可各散去하여 須夜鼓聲而發이라하고 陰緩所得生口[②]하다 龜兹王이 聞之하고 自以萬

"지난해에 막 '曹褒에게 詔令을 내려 漢나라의 禮를 제정하도록 했다.'고 썼었는데, 금년에는 '撰한 制度를 아뢰었다.'고 썼으니, 어쩌면 그리도 쉽단 말인가. 前漢의 禮儀는 叔孫通에게서 정해졌고, 後漢의 儀禮는 曹褒에게서 정해져서 한 왕조의 큰 법전이 마침내 이 두 사람의 손에서 나왔으니, 그 잘잘못은 진실로 말하지 않아도 알 수 있는 것이다.〔去年方書詔曹褒定漢禮 今年已書奏所撰制度 何其易耶 夫以先漢禮儀 定於叔孫 後漢儀禮 定於曹褒 一代大典 乃出此二人之手 其得失 固自不言 可知矣〕" ≪發明≫

騎로 於西界에 遮超하고 溫宿王은 將八千騎하여 於東界에 徼于窴[3]하다 超知二虜已出하고 密召諸部勒兵하여 鷄鳴에 馳赴莎車營하니 胡大驚亂犇走라 莎車遂降하고 龜玆等이 各退散하니 自是로 威震西域하니라

① 溫宿은 西域에 있던 小國의 명칭으로 溫宿城을 治所로 하였는데, 長安과 8,350리 떨어져 있었다.
溫宿, 西域小國名, 治溫宿城, 去長安八千三百五十里.

② ≪資治通鑑≫에 "그 계책이 각각 흩어져 가는 것만 못하니, 于窴은 이로부터 동쪽으로 가고 長史인 나(班超) 또한 여기에서 서쪽으로 돌아간다." 하였다. 須는 기다림이다. "夜鼓聲"은 鼜(척)을 치는 소리이다. ≪周禮≫ 〈地官 鼓人〉에 "군대에서는 밤에 鼜을 친다." 하였는데, 이에 대한 鄭玄의 注에 "鼜은 밤에 경계하고 수비할 때 치는 북이다. ≪司馬法≫에 '날이 저물 때에 북을 4번 치는 것을 大鼜이라 하고, 한밤중에 3번 치는 것을 晨戒라 하고, 날이 밝을 때에 5번 치는 것을 發昫라 한다.' 하였다." 하였으니, 이것이 이른바 '三鼜'이란 것이다. 여기에서는 한밤중의 북소리를 기다리는 것이다. "陰緩所得生口"는 포로들로 하여금 돌아가서 반초가 장차 흩어져 갈 것임을 말하게 한 것이다. 鼜은 千歷의 切이다. 昫는 休具의 切이다.
通鑑"其計莫若各散去, 于窴從是而東, 長史亦於此西歸." 須, 待也. 夜鼓聲, 鼓鼜之聲也. 周禮"軍旅夜鼓鼜." 注云"鼜, 夜戒守鼓也. 司馬法曰'昏鼓四通爲大鼜, 夜半三通爲晨戒, 旦明五通爲發昫.'" 所謂三鼜也. 此則待夜半鼓聲也. 陰緩所得生口, 使生口得歸, 言將散去也. 鼜, 千歷切. 昫, 休具切.

③ 徼는 伊消의 切이니 가로막음이다.
徼, 伊消切, 遮也.

戊子年(88)

【綱】漢나라 肅宗 孝章皇帝 章和 2년이다. 봄 정월에 濟南王 劉康과 中山王 劉焉이 와서 조회하였다.

二年이라 春正月에 濟南王康과 中山王焉이 來朝하다

【目】上이 친척을 친애하기를 돈독히 하였다. 그리하여 두 왕이 들어와 조회할 적에 특별히 恩寵을 더하고 여러 형제를 封國으로 내보내지 않았으며 신하들에게 법도에 넘치게 상을 내리니, 곡식 창고와 내탕고가 이 때문에 텅 비었다. 이에 何敞이 宋由에게 다

음과 같이 奏記[80]를 올렸다.

"근년에 연이어 수해와 한해가 들어서 公私 간에 재정이 고갈되었으니, 이는 실로 군주가 음식을 줄이고 비용을 절약할 때인데, 법도보다 지나치게 상을 하사하여 국가의 재정이 소모되고 있습니다. 국가에서 사용하는 재물은 모두 백성의 힘이니, 현명한 군주의 下賜는 마땅히 品制가 있어야 하고, 충신이 받는 賞 또한 마땅히 제도가 있어야 합니다.

明公(宋由)은 지위가 높고 임무가 무거우며 책임이 크고 근심이 깊으니, 마땅히 먼저 자신을 바로잡아 여러 사람에게 솔선을 보여야 합니다. 황제에게 받은 하사품을 돌려주면서 정사의 득실을 아뢰고, 황제에게 아뢰어 王侯들을 封國에 나아가게 하며 苑囿의 禁令을 없애고 쓸데없는 비용을 절약하고 줄여서 곤궁하고 외로운 자들을 구휼하면, 은택이 아래로 크게 미쳐서 여러 백성들이 기뻐할 것입니다."

上이 篤於親親이라 故로 二王入朝에 特加恩寵하고 及諸昆弟하여 不遣就國하고 賞賜過度하니 倉帑(탕)이 爲虛①라 何敞이 奏記宋由曰 比年水旱하여 公私屈竭하니 此實損膳節用之時어늘 而賞賚過度하여 損耗國資라 夫公家之用은 皆百姓之力이니 明君賜賚 宜有品制요 忠臣受賞이 亦應有度라 明公이 位尊任重하고 責大憂深하니 宜先正己以率群下라 還所得賜하여 因陳得失하고 奏王侯就國하며 除苑囿之禁하고 節省(생)浮費하여 賑卹窮孤면 則恩澤下暢하여 黎庶悅豫矣리라

① 漢나라 제도에, 藩王들은 조회하는 禮가 끝나면 각기 封國으로 나아가서 京師에 머물 수가 없었다. 爲(위하다)는 去聲이다.
漢制, 諸藩王朝會之禮畢, 各就國, 不得留京師. 爲, 去聲.

【目】宋由가 이 말을 따르지 못하니, 尙書 宋意가 다음과 같이 上疏하였다.

"폐하께서는 여러 왕을 높이고 총애하시어 禮와 공경이 법도를 넘고 있습니다. ≪春秋≫의 의리에 諸父[81]와 형제들을 신하 삼지 않는 자가 없으니, 이는 높은 사람을 높이고 낮은 사람을 낮게 하여 근간을 강하게 하고 가지를 약하게 하는 것입니다. 西平王

---

80) 何敞이……奏記 : 奏記는 漢나라 때에 자신의 의견을 진술하여 公府의 長官에게 올렸던 문서로, 書面을 통해서 公府에 자신의 의견을 개진하는 행위 자체를 가리키기도 한다. 참고로 天子에게 올리는 것을 奏, 王公에게 올리는 것을 奏書, 郡將(郡守)에게 올리는 것을 奏牋이라 하고, 그 외의 것을 白事라 하였다.(≪論文後編≫ 〈目錄 上〉) 당시 宋由의 벼슬은 太尉, 何敞은 太尉掾이었으므로, 하창이 송유에게 주기를 올린 것이다.

81) 諸父 : 본래 伯父와 叔父를 가리키는바, 고대에는 천자가 同姓의 諸侯로서 항렬이 높은 자에게, 또는 제후가 同姓의 大夫로서 항렬이 높은 자에게 모두 '父'라고 칭하였다.

劉羨 등이 오랫동안 京邑에 머물면서 지나치게 교만하고 참람하여 상하의 질서를 파손하고 군신 간의 바른 도리를 잃고 있으니, 마땅히 차마 못하는 사사로운 정을 베어버리고 義로써 은혜를 끊어서 王侯들을 封國으로 돌려보내 여러 사람의 바람에 부응해야 합니다."

由不能用하니 尙書宋意上疏曰 陛下隆寵諸王하사 禮敬過度하시니이다 春秋之義에 諸父昆弟 無所不臣하니 所以尊尊卑卑하여 彊幹弱枝者也①라 西平王羨等이 久磐京邑하여 驕奢僭擬하여 損上下之序하고 失君臣之正②하니 宜割情不忍하고 以義斷恩하여 發遣歸藩하여 以塞衆望③이니이다

① 군주는 군주답고 신하는 신하다워서 친척이라 하여 군주를 낮추지 않는 것이 천지의 큰 예법이다. ≪春秋≫에 王(天子)을 높였기 때문에 "春秋之義"라 한 것이다.
君君臣臣, 不以親厭殺(압쇄), 天地之大經也. 春秋尊王, 故以爲春秋之義.

② 西平縣은 汝南郡에 속하였는데, 황제가 廣平王 劉羨을 옮겨 西平王으로 삼았다. 磐은 머물러 배회하며 떠나가지 못함을 이른다.
西平縣, 屬汝南郡, 帝(徒)〔徙〕[82]廣平王羨, 爲西平王. 磐, 謂磐桓不去.

③ ≪禮記≫에 "문안의 정사는 은혜가 義를 가리고, 문밖의 정사는 義가 은혜를 끊는다."[83] 하였다.
禮記曰 "門內之政, 恩掩義. 門外之政, 義斷恩."

【綱】 황제가 崩하였다.

帝崩[84]하다

【目】 향년이 31세였다. 遺詔를 내리기를 "寢廟를 일으키지 말기를 한결같이 先帝의 法制와 같게 하라." 하였다.

年三十一이라 遺詔無起寢廟를 一如先帝法制하라하다

---

82) (徒)〔徙〕: 저본에는 '徒'로 되어 있으나, ≪資治通鑑≫에 의거하여 '徙'로 바로잡았다.

83) 문안의……끊는다 : 이 내용은 ≪禮記≫ 〈喪服四制〉에 "문안의 다스림은 은혜가 義를 가리고, 문밖의 다스림은 義가 은혜를 끊는다.〔門內之治 恩揜義 門外之治 義斷恩〕"라고 보인다.

84) 帝崩 : "賀善의 贊에 말하였다. '章帝의 篇에서 ≪資治通鑑綱目≫에 쓴 16번의 詔令 중에 백성을 사랑하고 형벌을 염려하여 나온 것이 10번이니, 인후한 군주라고 이를 만하다. 또 예악에 유념하고 스승을 높이고 학교를 중요하게 여겼는바, 잘못한 것은 오직 太子를 폐하고 梁竦을 죽인 두 가지의 일뿐이니, 이는 이른바 白璧의 작은 하자라는 것이다.'〔賀善贊曰 章帝之篇 綱目書詔十六 爲愛民恤刑而發者十 可謂仁厚之主矣 而又垂意禮樂 尊師重學 其失者獨廢太子殺梁竦二事耳 所謂白璧之微瑕也〕" ≪書法≫

【目】 范曄이 다음과 같이 평하였다.

"魏나라 文帝(曹丕)가 '明帝는 까다롭게 살피고 章帝는 長者이다.'라고 칭하였는바, 장제는 평소 사람을 잘 알았고, 까다롭고 박절함을 싫어하여 일을 함에 관후함을 따르고 효도에 마음을 다하였으며, 요역을 공평히 하고 부세를 간략히 하여 백성들이 그의 은택을 입었다. 또 忠恕로써 體行하고 禮樂으로써 문채를 내었으니, 長者라고 말하는 것이 또한 마땅하지 않겠는가."

范曄曰 魏文帝稱明帝察察하고 章帝長者라하니 章帝素知人하고 厭苛切하여 事從寬厚하고 盡心孝道하며 平傜(요)簡賦하여 而民賴其慶이라 又體之以忠恕하고 文之以禮樂하니 謂之長者 不亦宜乎아

【綱】 太子 劉肇가 즉위하였다.

太子肇卽位하다

【目】 나이가 10세였다.

年十歲라

【綱】 竇皇后를 높여 皇太后라 하였다.

尊皇后曰皇太后라하다

【綱】 3월에 〈章帝를〉 敬陵에 장례하였다.

◑ 三月에 葬敬陵①하다

① 敬陵은 雒陽城 동남쪽 39리 지점에 있다.
陵, 在雒陽城東南三十九里.

【綱】 太后가 臨朝[85]하였다.

85) 臨朝 : 본래 '朝廷에 나와 政事를 처리한다.'는 뜻으로, 특히 漢나라에서는 황제의 모친인 太后가 황제를 대신하여 직접 조정의 정사를 처리할 때 사용한 말이다. ≪漢書≫ 권3 〈高后紀〉에 "惠帝가 崩하자 태자가 황제로 즉위하였는데, 나이가 어려서 태후가 직접 朝廷에 나와 制라고 일컬었다.〔惠帝崩 太子立爲皇帝 年幼 太后臨朝稱制〕"라고 하였는데, 이에 대한 顔師古의 注에 "천자의 말에는 두 종류

◑ 太后臨朝①하다

① 蔡邕의 ≪獨斷≫에 "少帝(나이 어린 황제)가 즉위하자, 太后가 바로 少帝를 대신하여 攝政을 하였는데, 正殿에 臨御해서 여러 신하들에게 조회 받을 적에 太后는 東面을 하고 少帝는 西面을 하였다. 신하들이 上書하여 일을 아뢸 적에 모두 두 通을 만들어서 하나는 太后에게 바치고 하나는 少帝에게 바쳤다." 하였다.
蔡邕獨斷曰"少帝卽位, 太后卽代攝政, 臨前殿, 朝群臣, 太后東面, 少帝西面. 群臣上書奏事, 皆爲兩通, 一詣太后, 一詣少帝."

【目】 竇憲이 侍中으로서 안으로 국가의 기밀을 주관하고 나가면 詔命을 선포하였으며, 아우 竇篤, 竇景, 竇瓌가 모두 황제를 가까이 모시는 요직에 있었다. 崔駰이 글로써 두 헌에게 다음과 같이 경계하였다.

"傳(옛 책)에 '태어나면서부터 부유한 자는 교만하고 태어나면서부터 귀한 자는 거만하다.' 하였으니, 태어나면서부터 부귀한 사람 가운데 교만하고 거만하지 않은 자는 있지 않습니다. 옛날에 馮野王은 어진 신하라고 칭해졌고, 근래에 陰衛尉는 자신의 사욕을 이겨 禮로 돌아가서 끝내 많은 복을 받았습니다.[86] 외척이 당세에 비난을 받고 후세에 허물을 남기는 이유는, 가득 찼는데도 퍼내지 아니하여 지위는 유여한데 仁은 부족하기 때문입니다. 漢나라가 일어남에 皇后의 가문이 모두 20개였는데 그중에 종족을 보존하고 몸을 온전히 한 자는 겨우 네 사람뿐입니다. ≪書經≫에 '殷나라를 거울로 삼으라.' 하였으니,[87] 삼가지 않을 수 있겠습니까."

竇憲이 以侍中으로 內幹機密하고 出宣詔命①하며 弟篤, 景, 瓌(괴)皆在親要②라 崔駰이 以書戒

가 있으니, 첫 번째는 制書이고 두 번째는 詔書이다. 制書는 制度를 만드는 命을 이르니, 皇后가 일컬을 수 있는 바가 아니다. 그런데 지금 呂太后가 朝廷에 나와 천자의 일을 행하여 온갖 정무를 결단하였기 때문에 制와 詔라고 일컬은 것이다.〔天子之言 一曰制書 二曰詔書 制書者 謂爲制度之命也 非皇后所得稱 今呂太后臨朝 行天子事 斷決萬機 故稱制詔〕"라고 설명하였다.

86) 馮野王은……받았습니다 : 馮野王은 漢나라 元帝 때의 어진 신하로서, 일찍이 上郡太守가 되어 큰 치적을 이루었다. 그러나 여동생이 元帝의 昭儀로 있었기 때문에 외척에 대한 혐의가 있어서 御史大夫에 임명되지 못하였다. 그의 아우 馮立과 함께 '二君'이라 일컬어졌다. 陰衛尉는 光武帝이 부인인 光烈皇后(陰氏)의 친정아우인 陰興을 가리킨다. 建武 9년(33)에 光武帝가 그를 제후로 봉하려 하자 "부귀는 한계가 있으니, 사람은 만족할 줄 알아야 한다."라며 사양하는 등 榮華와 權勢가 성해지는 것을 경계한 일로 유명하다.

87) 書經에……하였으니 : 저본의 '鑑'자는 현재 ≪書經≫에는 '監'으로 되어 있는바, 그 뜻이 서로 통한다. 이 내용은 ≪書經≫ 〈周書 召誥〉의 "나는 夏나라를 살펴보지 않을 수 없으며, 또한 殷나라를 살펴보지 않을 수 없습니다.……오직 그 德을 공경하지 아니하여 일찍 天命을 잃었던 것입니다.〔我不可不監于有夏 亦不可不監于有殷……惟不敬厥德 乃早墜厥命〕"라고 한 召公 奭의 말에 보인다.

憲曰 傳曰 生而富者는 驕하고 生而貴者는 慠라하니 生富貴而能不驕慠者는 未之有也[③]니이다 昔에 馮野王稱爲賢臣[④]하고 近에 陰衛尉克己復禮하여 終受多福[⑤]하니 外戚所以獲譏於時하고 垂愆於後者는 蓋在滿而不挹하여 位有餘而仁不足[⑥]일새라 漢興에 外家二十에 保族全身이 四人而已[⑦]라 書曰 鑑于有殷이라하니 可不愼哉잇가

① 幹은 주관함이다. 혹자는 "管의 古字이다." 하였다.
幹, 主也. 或曰 "古管字也."
② 瓌는 姑回의 切이다.
瓌, 姑回切.
③ 慠는 魚到의 切이니 거만함이다.
慠, 魚到切, 倨也.
④ 馮野王의 누이가 元帝의 昭儀가 되었는데, 九卿 중에 풍야왕의 행실과 재능이 제일이었다.
野王妹爲元帝昭儀, 於九卿中, 野王行能第一.
⑤ 陰衛尉는 陰興이니, 侯의 작위를 사양하고 또 大司馬의 지위를 사양한 일을 이른다.
陰衛尉, 興也, 謂讓侯爵, 又讓大司馬也.
⑥ 挹은 一入의 切이니 뜸이다.
挹, 一入切, 酌也.
⑦ "外家二十"은 呂氏, 張氏, 薄氏, 竇氏, 王氏, 陳氏, 衛氏, 趙氏, 上官氏, 史氏, 王夫人, 許氏, 霍氏, 邛成 王氏, 元后 王氏, 趙氏, 傅氏, 丁氏, 馮氏, 衛氏이다. 오직 文帝의 薄太后와 竇后, 景帝의 王后와 宣帝의 邛成 王后 네 사람만이 종족과 집안을 보전하였다.
外家二十者, 呂氏・張氏・薄氏・竇氏・王氏・陳氏・衛氏・趙氏・上官氏・史氏・王夫人・許氏・霍氏・邛成王氏・元后王氏・趙氏・傅氏・丁氏・馮氏・衛氏也. 唯文帝薄太后・竇后・景帝王后・邛成王后四人, 保族全家.

【綱】 鄧彪(등표)를 太傅 錄尙書事로 삼으니, 百官이 자기 직책을 총괄하여 그의 명령을 들었다.

以鄧彪爲太傅, 錄尙書事하니 百官이 總己以聽[88)]하다

---

88) 以鄧彪……總己以聽 : "哀帝의 篇에 王莽이 정권을 잡았을 적에 일찍이 '백관이 자기 직책을 총괄하여 명령을 들었다.'고 썼는데 이때에 다시 보이니, 이는 竇憲의 뜻이다. 두헌은 鄧彪가 인자하고 후덕하여 순종하리라고 여겨 그를 높임으로써 스스로 방자하게 행동할 수 있었으니, 등표는 비록 이러한 명칭에 부끄러운 점이 있으나, 王莽과 楊駿의 전횡에 비하면 다르다. ≪資治通鑑綱目≫ 전편에 걸쳐 '百官이 자기 직책을 총괄하여 명령을 들었다.'라고 쓴 경우는 세 번(왕망, 등표, 양준)인데, 오직 등표만이 責하는 바가 없다.〔哀帝之篇 王莽秉政 嘗書百官總己以聽矣 於是再見 則竇憲意也 竇憲以彪仁厚委隨 故尊崇之 得以自恣 彪雖有愧此名 而視莽駿之專 則異矣 終綱目書百官總己以聽三 惟鄧彪無責焉〕" ≪書法≫

【目】 竇憲은 鄧彪가 의리로 爵位를 사양함이 있어서 先帝(明帝)가 존경한 사람이고, 인품이 인자하고 후덕하여 순종하리라고 생각하였으므로 그를 높였다. 그리하여 자신이 시행하려는 것을 번번이 밖에서 등표에게 상주하게 하고 자신은 안에서 太后에게 여쭈니, 시행되지 않는 일이 하나도 없었다. 등표는 지위에 있으면서 자신의 한 몸을 닦을 뿐, 국정을 바로잡는 바가 있지 못하였다.

두헌은 성품이 과감하고 급하여 눈 한 번 흘긴 작은 원한에도 보복하지 않은 적이 없었는데, 韓紆가 일찍이 자신의 아버지 竇勳의 옥사[89]를 조사했다 하여, 자객을 보내 한우의 아들을 참수해서, 그 머리를 가지고 두훈의 무덤에 제사하였다.

竇憲이 以彪有義讓하여 先帝所敬이요 而仁厚委隨라 故로 尊崇之①라 其所施爲를 輒外令彪奏하고 內白太后하니 事無不從이라 彪는 在位修身而已요 不能有所匡正이러라 憲이 性果急하여 睚眦(애자)之怨을 莫不報復이러니 以韓紆嘗劾父勳獄이라하여 令客斬紆子하여 以首祭勳冢하다

① 鄧彪의 아버지 鄧邯이 鄳鄕侯(맹향후)에 봉해졌었는데, 등감이 卒하자, 등표가 아우 鄧鳳에게 나라를 사양하니, 顯宗이 그 절개를 높이 여겼다. 委는 굽힘이고 隨는 따름이다.
彪父邯封鄳鄕侯, 父卒, 彪讓國於弟鳳, 顯宗高其節. 委, 曲也. 隨, 從也.

【綱】 여러 왕이 처음으로 封國에 나아갔다.

諸王이 始就國[90]하다

【綱】 여름 4월에 章帝의 遺詔에 따라 鹽鐵에 대한 禁令을 파하였다.

◑夏四月에 以遺詔로 罷鹽鐵之禁①하다

"百官이 자기 직책을 총괄하여 명령을 들은 것은 옛날 총재가 상중에 있는 군주의 임무를 대신한 것이었는데, 鄧彪가 어떤 사람이기에 마침내 감히 이것을 감당한단 말인가. 실제로 竇憲이 그를 헛된 명칭으로 높여서 자기의 이익으로 삼게 하였을 뿐이다. 新나라의 王莽은 이것을 빌려 漢나라의 국운을 옮겼고, 등표는 이것을 빌려 權姦에게 붙었으니, 악행을 저지른 것이 똑같지 않으나 똑같이 혼란으로 귀결되었다. 《資治通鑑綱目》에 이것을 쓴 것은 모두 그 사실을 없애지 않은 것이요, 또한 후세에 鑑戒를 드리우려는 것이다.〔百官總己以聽 此古冢宰代其君諒闇之任也 鄧彪何人 乃敢當此 其實竇憲隆以虛名 使之爲己利爾 新莽 假此以移漢祚 鄧彪假此以附權姦 爲惡不同 同歸於亂 綱目書之 皆不沒其實 亦所以垂世鑑也〕" 《發明》

89) 竇勳의 옥사 : 본서 65쪽에 보인다.

90) 諸王始就國 : "'始'라고 쓴 것은 어째서인가. 章帝의 友愛를 드러낸 것이다. 이보다 앞서 有司가 여러 왕을 封國으로 보낼 것을 주청하였으나 章帝가 허락하지 않았는데, 이때에 이르러서야 비로소 봉국에 나아가게 하였으니, 장제의 우애는 종신토록 이어진 것이다.〔書始 何 著章帝之友愛也 先是有司奏遣諸王 不許 至是而後 始就國 帝之友愛 蓋終其身焉〕" 《書法》

① 武帝 이래로 鹽鐵에 금지가 있었고 光武帝가 漢나라를 中興함에 禁令을 회수하였으나 파하지는 못하였는데, 이제 백성들을 풀어놓아서 마음대로 소금을 굽고 철을 주조하게 한 것이다.
自武帝以來, 鹽鐵有禁, 光武中興, 收而未罷, 今縱民得煮鹽鑄鐵.

【綱】가뭄이 들었다.

◑旱하다

【綱】겨울 10월에 侍中 竇憲이 都鄕侯 劉暢을 죽이니, 太后가 竇憲을 車騎將軍으로 삼아서 北匈奴를 공격함으로써 속죄하게 하였다.

◑冬十月에 侍中竇憲이 殺都鄕侯暢하니 太后以憲爲車騎將軍하여 使擊北匈奴하여 以贖罪[91]하다

【目】北匈奴가 기근이 들어 혼란하니, 南部에 항복한 자가 해마다 수천 명이었다. 南單于가 上言하기를 "마땅히 군대를 출동하여 북흉노를 토벌해야 하니 북흉노를 깨뜨리고

91) 侍中竇憲……以贖罪 : "앞에서 '太后가 臨朝하였다.'라고 썼으니, 鄧彪를 太傅로 삼고 遺詔에 따라 鹽鐵를 파한 것은 모두 太后가 한 것이다. 여기에서 '以竇憲爲將軍(竇憲을 장군으로 삼았다.)'라고 썼으면 될 터인데, 다시 '太后以'라고 쓴 것은 어째서인가. 사사로이 봐줌을 비난한 것이다. 都鄕侯를 죽였는데도 그를 장군으로 삼았으니, 형벌과 賞이 모두 잘못되었다. 北匈奴에게 '擊'이라고 쓴 것은 이미 항복하였기 때문이다.〔前書太后臨朝矣 以鄧彪爲太傅 以遺詔罷鹽鐵 皆太后所以也 此書以竇憲爲將軍可矣 再書太后以者何 譏私也 殺都鄕侯而以爲將軍 刑賞兩失之矣 北匈奴書擊 已降也〕" ≪書法≫
"竇憲은 흉악하고 험한 자질로 도적의 계책을 행하여 列侯들을 屯衛의 가운데에서 살해하고 또 이어서 타인에게 죄를 돌렸다. 그러다가 조정의 의논이 이를 용납하지 않고, 하나하나 조사하여 사실을 알아내고서 비로소 主名(主犯의 姓名)을 바로잡는 데 이르렀는데도 어찌하여 즉시 중한 형벌을 가해 왕법으로 주벌해야 할 자를 바로잡지 않았는가. 그런데 이미 이렇게 하지 못하고 도리어 그가 오랑캐를 공격함으로써 스스로 속죄하도록 허락하였으니, 어찌 황제의 토벌하는 위엄을 빌려주어 무고한 백성을 몰아 적의 칼날 아래에 두어서 죄인이 죽음을 도피할 자리로 삼는단 말인가. 두헌의 횡포는 진실로 이루 다 주벌할 수 없을 정도로 크지만, 안에서 주장하여 그의 죄악을 이룬 것은 누가 실로 이렇게 만들었는가. 그러므로 ≪資治通鑑綱目≫에 특별히 그 근본을 바로잡아서 '두헌이 北匈奴를 정벌할 것을 청했다.'고 말하지 않고, '太后가 그를 장군으로 삼아서 하여금 匈奴를 공격하게 했다.'고 말하였으니, '以'라고 말하고 '使'라고 말한 뒤에야 비로소 책임이 돌아갈 곳이 있게 되었다. 이는 禍의 단서를 근원적으로 推究한 의논으로 후세에 母后의 경계가 되는 것이니, 아, 슬프다.〔竇憲以凶險之資 行盜賊之計 戕殺列侯於屯衛之中 又從而歸罪他人 洎朝論不容 推擧得實 始正主名 盍卽致于重辟 以正王誅 旣不能然 乃聽其以擊虜自詭 烏有假天討之威 驅無辜之民 置之鋒鏑之下 以爲罪人逃死之地哉 憲之桀逆 固自不可勝誅 然主之於內 以成其惡者 誰實尸之 故綱目特正其本 不曰憲請北伐而曰太后以爲將軍使擊匈奴 曰以曰使而後責始有歸 此蓋推原禍端之論 爲後世母后之戒也 噫〕" ≪發明≫

남흉노를 이루어준다면 漢나라로 하여금 영원히 북쪽에 대한 염려가 없게 될 것입니다." 하였다. 太后가 이 내용을 耿秉에게 보이니, 경병이 허락할 만하다고 말하였으므로 태후가 이를 따르려 하였다.

北匈奴飢亂하니 降南部者 歲數千人이라 南單于上言호되 宜出兵討伐하니 破北成南하면 令漢家長無北念[①]이니이다 太后以示耿秉[②]하니 秉言可許어늘 太后欲從之하다

① 北部가 이미 멸망하고 南部가 변방을 지키게 되면, 漢나라가 다시는 북쪽 지방을 돌아보아 염려할 것이 없음을 이른다.
謂北部旣滅, 南部保塞, 則漢家無復北顧以爲念也.

② 〈"以示耿秉"은〉 南單于의 글을 耿秉에게 보여준 것이다.
以南單于書示之也.

【目】 尙書 宋意가 다음과 같이 上書하였다.

"戎狄은 禮義를 소홀히 하고 천시하여 상하의 구분이 없어서 강한 자가 우두머리가 되고 약한 자가 굴복하니, 漢나라가 일어난 이래로 여러 번 정벌하였으나 싸움에 이겨 사로잡은 것이 폐해를 보상하지는 못하였습니다. 光武皇帝께서 그들이 와서 항복하자 羈縻(기미)하고 기르셨으니, 변방 백성들이 편안히 살게 되어 勞役이 사라진 지가 이제 40여 년입니다. 지금 鮮卑가 명령을 받들어 순종해서 흉노를 참수하고 사로잡은 것이 萬으로 헤아려지니, 中國이 가만히 앉아서 큰 功을 누리고 백성들은 그 수고로움을 알지 못합니다. 선비가 匈奴를 침공하는 것은 바로 그 노략질을 이롭게 여기는 것이고, 聖朝에 功을 돌리는 것은 실로 우리 조정으로부터 많은 賞을 얻는 것을 탐해서입니다.

지금 만약 남쪽 오랑캐가 북쪽 조정으로 돌아가 도읍하는 것을 허락한다면 우리 漢나라가 선비를 제재하지 않을 수 없을 것이니, 선비가 밖으로 노략질을 하지 못하고 안으로 戰功에 대한 賞을 잃게 된다면 豺狼처럼 탐욕을 부려서 반드시 변방의 근심이 될 것입니다. 지금 북쪽 오랑캐가 서쪽으로 도망하여 화친을 청하니, 마땅히 그들이 歸附한 틈을 타서 그들을 울타리로 삼아야 합니다. 만약 군대를 이끌고 출동하여 賦稅를 허비해서 남쪽 오랑캐의 뜻을 따른다면, 가만히 앉아서 좋은 계책을 잃고서 편안함을 버리고 위태로움으로 나아가는 것입니다."

尙書宋意上書曰 戎狄이 簡賤禮義하여 無有上下하여 强者爲雄하고 弱者屈服하니 漢興以來로 征伐數(삭)矣로되 其所克獲이 曾不補害라 光武皇帝因其來降하사 羈縻畜養하시니 邊民得生하여 勞役休息이 於玆四十餘年矣[①]니이다 今鮮卑奉順하여 斬獲萬數하니 中國이 坐享大功이요 而百姓이

不知其勞[②]라 蓋鮮卑侵伐匈奴는 正是利其抄掠이요 及歸功聖朝는 實由貪得重賞이니이다 今若聽南虜還都北庭이면 則不得不禁制鮮卑니 鮮卑外失暴掠하고 內無功賞이면 豺狼貪婪(람)하여 必爲邊患[③]이라 今北虜西遁하여 請求和親하니 宜因其歸附하여 以爲外扞[④]이니이다 若引兵費賦하여 以順南虜인댄 則坐失上略하여 去安卽危矣니이다

① 建武 24년(48)에 南單于의 항복을 받았으니, 이때에 이르러 41년이 되었다.
建武二十四年, 受南單于降, 至是四十一年.
② "斬獲萬數"는 〈章和 원년(87)에〉 優留單于를 격파하여 죽인 것을 이른다. 享은 받음(누림)이다.
斬獲萬數, 謂破殺優留單于也. 享, 受也.
③ 婪은 盧含의 切이니 惏으로도 쓴다. 재물을 아끼는 것을 貪이라 하고 음식을 아끼는 것을 婪이라 한다.
婪, 盧含切, 亦作惏. 愛財曰貪. 愛食曰婪.
④ 扞은 호위함이다.
扞, 衛也.

【目】이때 마침 都鄕侯 劉暢이 國喪에 와서 조문하였는데, 竇太后가 자주 그를 불러 만나보니, 竇憲은 유창이 궁중의 권세를 나누어 가질까 염려하여 자객을 보내 屯衛 가운데에서 유창을 찔러 죽이고 죄를 유창의 아우 劉剛에게 돌리고는 侍御史와 靑州刺史로 하여금 함께 모여서 審理하게 하였다. 이에 尙書 韓稜이 아뢰기를 "범인이 京師에 있으니, 가까운 곳을 버리고 먼 곳에 죄를 물어서는 안 됩니다. 간사한 신하의 비웃음거리가 될까 염려됩니다." 하였다.

何敞이 宋由를 설득하기를 "제가 股肱의 자리에 숫자만 채우고서 賊曹를 주관하고 있으니, 범죄가 발생한 곳에 직접 가서 그 변고를 살피고자 합니다. 그런데 두 府의 執事들은 '故事에 따르면 三公은 범죄를 다스리는 일에 관여하지 않는다.'라고 하니, 제가 홀로 奏請하여 죄상을 조사해 밝혀보겠습니다." 하였다.

이에 조사해서 사실을 모두 알아내었다. 太后가 노하여 두헌을 內宮에 유폐하자, 두헌은 죽임을 당할까 두려워한 나머지 스스로 匈奴를 공격해서 속죄할 것을 청하였다. 이에 두헌을 車騎將軍으로 삼고 執金吾 耿秉을 副로 삼아서 군대를 내어 北匈奴를 정벌하였다.

會에 都鄕侯暢이 來弔國憂어늘 太后數(삭)召見之[①]하니 竇憲이 懼暢分宮省之權하여 遣客刺(척)殺暢於屯衛之中하고 而歸罪於暢弟剛하여 使侍御史與靑州刺史로 雜考之[②]하다 尙書韓稜이 以

爲賊在京師하니 不宜捨近問遠이라 恐爲姦臣所笑라하다 何敞이 說(세)宋由曰 敞이 備數股肱하고 職典賊曹③하니 欲親至發所하여 以糾其變④이어늘 而二府執事以爲 故事에 三公은 不與(예)盜賊⑤이라하니 敞이 請獨奏案之하노이다 於是에 推擧하여 具得事實이라 太后怒하여 閉憲於內宮한대 憲이 懼誅하여 因自求擊匈奴以贖死어늘 乃以憲爲車騎將軍하고 執金吾耿秉爲副하여 發兵伐北匈奴하다

① 劉暢은 齊나라 殤王 劉石의 아들이다. "國憂"는 章帝가 崩함을 이른다. 范曄의 ≪後漢書≫에 "劉暢은 평소 행실이 邪僻하였는데, 鄧疊의 어미 元을 통해 스스로 長樂宮에 통하여 太后에게 총애를 얻었다." 하였다.
暢, 齊殤王石之子也. 國憂, 謂章帝崩也. 范書曰 "暢素行邪僻, 因鄧疊母元, 自通長樂宮, 得幸太后.
② 屯衛는 주둔하는 군대가 宿衛하는 곳이다. 靑州刺史는 齊나라에 소속되었는데, 京師에서 죽임을 당한 유창을 청주자사로 하여금 심리하게 한 것은 옥사를 齊나라로 옮겨서 유창을 죽인 종적을 없애고자 한 것이다.
屯衛, 屯兵宿衛之所. 靑州刺史, 部齊國. 暢見殺於京師, 而令靑州刺史考, 竟欲移獄以絶蹤也.
③ 公府에 賊曹가 있는데, 범죄에 관한 일을 주관하여 맡았다.
公府有賊曹, 主知盜賊.
④ "發所"는 범죄가 일어난 곳이다. 糾는 독찰함이다.
發所, 賊發之所. 糾, 督察也.
⑤ 二府는 司徒와 司空을 이른다. 邴吉이 丞相이 되어서 옥사를 다스리지 않았는데, 이를 故事로 삼은 것이다. 與(참여하다)는 豫로 읽는다.
二府, 謂司徒·司空. 邴吉爲丞相, 不案事, 遂以爲故事. 與, 讀曰豫.

【綱】 鄧訓을 護羌校尉로 삼아 迷唐을 공격해서 격파하였다.

以鄧訓爲護羌校尉하여 擊迷唐하여 破之하다

【目】 公卿들이 鄧訓을 천거하여 張紆92)를 대신하게 하니, 迷唐이 군대를 거느리고 와서 小月氏(소월지)의 胡族을 위협하였다. 등훈이 소월지의 호족을 호위하여 싸우지 못하게 하니, 의논하는 자들이 모두 말하기를 "羌族과 胡族이 서로 공격하는 것은 漢나라〔縣官〕에게 이로우니 금지하고 감호해서는 안 된다."고 하였다. 등훈이 말하기를 "장우가 신의

92) 張紆 : 본서 183쪽 참조.

를 잃어서 여러 羌族이 크게 동요하고 있으니, 이제 胡族의 급박한 상황을 이용하여 德으로 회유하면 아마도 胡族을 쓸 수 있을 것이다." 하고는 마침내 성문을 열어 여러 胡族의 처자식들을 모두 몰아 받아들이고 군대를 엄격히 통제하여 지키고 호위하니, 羌族이 즉시 해산하여 떠나갔다. 이로 말미암아 湟中의 여러 胡族이 모두 말하기를 "漢나라가 항상 우리들을 싸우게 하려 하였는데, 지금 鄧使君[93]은 우리들을 은혜와 신의로 대하니, 바로 우리의 부모를 얻은 것이다." 하고는 모두 기뻐하여 머리를 조아리며 말하기를 "오직 使君께서 명하시는 대로 하겠습니다." 하였다.

등훈이 마침내 이들을 어루만지고 타이르니, 감동하여 기뻐하지 않는 이가 없었다. 이에 여러 羌族에게 상을 주어서 서로 불러오게 하니, 號吾가 자신의 종족 800戶를 거느리고 와서 항복하였다. 등훈이 인하여 秦人(漢人), 胡人, 羌人의 군대를 징발하여 미당을 습격해서 격파하자, 미당이 이에 大榆谷과 小榆谷을 떠나가니, 무리가 모두 이산하였다.

公卿이 擧鄧訓하여 代張紆하다 迷唐이 率兵하여 來脅小月氏胡어늘 訓이 擁衛胡하여 令不得戰하니 議者咸以羌胡相攻은 縣官之利라 不宜禁護라하여늘 訓曰 張紆失信하여 衆羌大動①하니 今因其迫急하여 以德懷之하면 庶能有用이라하고 遂開城하여 悉驅群胡妻子內(납)之하고 嚴兵守衛하니 羌卽解去②라 由是로 湟中諸胡 皆言漢家常欲鬪我曹③러니 今鄧使君은 待我以恩信하니 乃是得父母也라하고 咸歡喜叩頭曰 唯使君所命호리이다 訓이 遂撫養敎諭하니 莫不感悅이라 賞賂諸羌하여 使相招誘하니 號吾將其種人八百戶來降이어늘 訓이 因發秦, 胡, 羌兵하여 掩擊迷唐하여 破之④한대 迷唐이 乃去大小榆하니 衆悉離散하다

① ≪資治通鑑≫의 지난해 기사에 "迷吾가 항복하고자 하였는데, 張紆가 그를 받아들일 적에 군대를 진열하여 큰 연회를 마련하고는 술 안에 독약을 타고 군대를 매복하여 그의 추장 800여 명을 죽이고 迷吾의 머리를 베어 그것을 가지고 傅育의 무덤에 제사했다.[94]" 하였다.
通鑑上年 "迷吾欲降, 紆納之, 設兵大會, 施毒酒中, 伏兵殺其酋豪八百餘人, 斬迷吾頭以祭傅育冢."

② 內(들이다)은 納으로 읽는다.
內, 讀曰納.

93) 鄧使君 : 漢나라 때 刺史나 지방관을 높여서 使君이라 불렀다.

94) 迷吾의……제사했다 : 章和 元年(87) 3월에 護羌校尉 傅育이 정예기병 3천을 거느리고 迷吾를 끝까지 추격하였으나, 밤중에 三兜谷에 이르러 적의 공격을 대비하지 않고 있다가 미오의 습격을 받고 대패하여 자신과 관리와 병사 880명이 살해당하였다.(≪資治通鑑≫ 권47 漢 章帝) 이 때문에 張紆가 보복을 감행하여 부육의 원수를 갚아준 것이다.

③ 湟中은 月氏 胡族이 거주하는 지역이다.
湟中, 月氏胡所居之地.

④ 秦나라가 사방 오랑캐들을 위엄으로 복종시켰으므로 오랑캐들은 모두 中國 사람을 일러 秦人이라고 하였다.
秦威服四夷, 故夷人率謂中國人爲秦人.

己丑年(89)

【綱】漢나라 孝和皇帝 永元 원년이다. 봄에 鄧訓이 迷唐을 습격하여 대파하니, 여러 羌族이 와서 항복하였다.

孝和皇帝永元元年이라 **春**에 **鄧訓**이 **掩擊迷唐**하여 **大破之**하니 **諸羌**이 **來降**하다

【目】迷唐이 옛 지역으로 다시 돌아가려고 하자, 鄧訓이 湟中의 병력 6천 명을 징발하여 가죽을 꿰매어 만든 배를 대나무로 만든 뗏목 위에 설치하고 河水(黃河)를 건너 습격하여 대파하니, 미당의 종족이 거의 전멸하였다. 미당이 남은 무리를 거두어 서쪽으로 천여 리를 옮겨가니, 燒當의 豪帥(首領)는 머리를 조아리며 스스로 귀순하여 목숨을 바치고자 하였고, 나머지는 모두 변방의 관문을 두드리며 인질을 바쳤다. 이에 등훈이 歸順한 羌人들을 按撫하여 받아들이니, 위엄과 신의가 크게 행해졌다. 마침내 屯兵을 파하고 弛刑의 무리 2천여 명만 남겨두어서 屯田을 하고 또 塢壁(堡壘)을 수리하게 하였다.

迷唐이 **欲復歸故地**어늘 **鄧訓**이 **發湟中六千人**하여 **縫革船置箄上**하고 **渡河**하여 **掩擊大破之**하니 **一種**이 **殆盡**①이라 **迷唐**이 **收餘衆**하여 **西(徒)〔徙〕**[95]**千餘里**하니 **燒當豪帥 稽顙歸死**하고 **餘皆款塞納質**(지)②라 **於是**에 **訓**이 **綏接歸附**하니 **威信大行**이라 **遂罷屯兵**하고 **唯置弛刑徒二千餘人**하여 **屯田修塢壁**하다

① "縫革船"은 가죽을 꿰매어 배를 만든 것이다. 箄는 음이 排이니, 대와 나무를 엮어서 물 위에 띄운 것이다. "一種"은 迷唐을 이른다.
縫革船, 縫革爲船也. 箄, 音排, 編竹木以浮水上. 一種, 謂迷唐也.

② "歸死"는 스스로 귀순하여 죽기를 청하는 것이다. 質(인질)는 음이 致이다.
歸死, 自歸而請死也. 質, 音致.

---

95) (徒)〔徙〕: 저본에는 '徒'로 되어 있으나, ≪資治通鑑≫에 의거하여 '徙'로 바로잡았다.

【綱】 尙書僕射 郅壽(질수)를 獄吏에게 회부하니, 질수가 자살하였다.

下尙書僕射郅壽吏하니 **壽自殺**[96]하다

【目】**竇憲**이 장차 출발하려 할 적에 公卿이 朝堂에 나와서 上書하여 간하기를 "匈奴가 변경을 침범하지 않았는데, 아무런 이유 없이 군대를 수고롭게 멀리 동원하여 국가의 재용을 허비하면서 만 리 밖에서 공을 세우기를 바라는 것은, 社稷을 편안히 하는 계책이 아닙니다." 하였다. 글을 연달아 올렸으나 번번이 묵살하니, 宋由 등 여러 卿은 차츰 스스로 중지하였으나, 袁安과 任隗는 관을 벗고 한사코 간쟁하여 전후로 열 번 上書하였다. 여러 사람들이 모두 위태롭게 여기고 두렵게 여겼으나, 원안과 임외는 얼굴빛을 바로잡고 태연자약하였다.

竇憲將行에 **公卿**이 **詣朝堂**하여 **上書諫**하여 **以爲 匈奴不犯邊塞**어늘 **而無故勞師遠涉**하여 **損費國用**하여 **徼功萬里**는 **非社稷之計**니이다 **書連上**에 **輒寢**하니 **宋由諸卿**이 **稍自引止**로되 **唯袁安, 任隗免冠固爭**하여 **前後十上**하니 **衆皆危懼**로되 **安, 隗正色自若**이러라

【目】侍御史 魯恭이 다음과 같이 上疏하였다.

"萬民은 하늘이 낸 것이니, 하늘이 만민을 사랑하는 것은 부모가 자식을 사랑하는 것과 같습니다. 한 물건이라도 제자리를 얻지 못한 것이 있으면 하늘의 기운이 이 때문에 잘못되는데, 하물며 사람에 있어서는 더 말해 무엇하겠습니까. 그러므로 백성을 사랑하는 군주에게는 반드시 하늘의 보답이 있는 것입니다. 戎狄은 사방의 괴이한 기운이니, 새나 짐승과 구별이 없습니다. 이 때문에 聖王의 제도에 이들을 羈縻하여 끊지 않았을

96) 下尙書……壽自殺 : "이때에 竇憲의 전횡을 郅壽가 여러 번 말하니, 두헌이 마침내 질수를 비방 죄로 모함하였다. 何敞이 상소하여 질수를 변호해서 사형을 감하여 合浦로 유배 가게 되었는데, 출발하기 전에 자살하였다. 그런데 사형을 감하여 유배했다고 쓰지 않은 것은 어째서인가. 漢나라를 심하게 여긴 것이다. '질수를 옥리에게 회부하니, 질수가 자살했다.'고 써서 마치 옥중에서 죽은 것처럼 하였으니, 이는 심하게 여긴 것이다.〔於是竇憲專橫 壽數(삭)言之 憲遂陷以誹謗 何敞疏論 得減死 徙合浦 未行自殺 則其不書減死徙何 甚漢也 書曰 下郅壽吏 壽自殺 若死於獄然 所以甚之也〕" ≪書法≫

"郅壽가 옥리에게 회부되었는데 죄가 있다고 쓰지 않았으니, 그렇다면 그의 무죄가 매우 분명하다. 이보다 앞서 肅宗朝에 '詔令을 내려 太尉 鄭弘의 印綬를 거두니 정홍이 스스로 옥에 갇혔는데, 옥에서 나와 卒하였다.'고 썼는바, 일이 또한 이와 유사하니, 이는 모두 두헌의 뜻에 거슬렸기 때문이다. 肅宗의 현명함으로도 두헌으로 하여금 그 간악함을 덧대로 부리게 하였으니, 어린 군주(和帝)가 장차 어떻게 하겠는가. 이는 진실로 질수가 면할 수 없는 것이니, 군자는 깊이 숙종을 위하여 추후에 애석하게 여긴 것이다.〔郅壽下吏 不書有罪 則其無辜爲甚明 前此肅宗朝 書詔收太尉弘印綬 弘自繫獄 出之而卒 事亦類此 皆以忤憲故也 夫以肅宗之明 使竇憲得肆其姦 則幼沖之主 將若之何 此固郅壽之所不得免 而君子則深爲肅宗追惜者也〕" ≪發明≫

뿐이었습니다. 지금 匈奴가 멀리 도망하여 변방에서 수천 리나 떨어져 있는데, 그들의 재정이 고갈된 틈을 타고 그들의 세력이 약한 것을 이롭게 여기고자 하니, 이는 의로움에서 나온 것이 아닙니다.

지금 처음 군대를 징발하였는데, 大司農의 경비〔調度〕[97]가 부족하여 상하가 서로 핍박을 받으니, 민간의 곤궁함이 너무도 심합니다. 여러 관리와 백성들이 모두 불가하다 하는데, 폐하께서는 어찌하여 한 사람(竇憲)의 계책을 따라 만 사람의 목숨을 버려서 그 말을 돌아보지 않으십니까. 위로 하늘의 마음을 보고 아래로 사람들의 뜻을 살펴보면 충분히 이 일의 득실을 알 수 있습니다. 臣은 中國이 中國이 되지 못할까 두려우니, 어찌 다만 흉노뿐이겠습니까."

侍御史魯恭이 上疏曰 萬民者는 天之所生이니 天愛其所生이 猶父母愛其子라 一物이 有不得其所者면 則天氣爲之舛錯이어든 況於人乎잇가 故로 愛民者는 必有天報니이다 夫戎狄者는 四方之異氣也니 與鳥獸無別이라 是以로 聖王之制 羈縻不絶而已니이다 今匈奴遠藏하여 去塞數千里어늘 而欲乘其虛耗하고 利其微弱하니 是는 非義之所出也라 今始徵發에 而大司農調度不足하여 上下相迫하니 民間之急이 亦已甚矣라 群僚百姓이 咸曰 不可어늘 陛下獨奈何以一人之計로 棄萬人之命하여 不卹其言乎잇가 上觀天心하고 下察人志하면 足以知事之得失이니 臣은 恐中國不爲中國이니 豈徒匈奴而已哉잇가

【目】 太后가 듣지 않고 또 使者에게 詔令을 내려서 竇篤과 竇景을 위하여 저택을 짓게 하자, 侍御史 何敞이 다음과 같이 上疏하였다.

"지금 匈奴에게는 신의를 배반한 죄가 없고 漢나라 조정에는 부끄러워할 만한 치욕이 없는데, 한봄 농사일을 할 때에 큰 부역을 일으키고 다시 두독과 두경을 위하여 집을 수리해서 街道를 막고 里巷을 끊을 정도이니, 훌륭한 德을 드리우고 무궁한 후세에 보이는 것이 아닙니다. 마땅히 우선 工匠의 일을 파하고서 변방의 일을 걱정하고 백성의 고통을 근심해야 합니다."

이 글을 아뢰었으나 太后가 살펴보지 않았다.

太后不聽하고 又詔使者하여 爲篤, 景하여 起邸第어늘 侍御史何敞이 上疏曰 今匈奴無逆節之罪하고 漢朝無可慙之恥어늘 而盛春東作에 興動大役①하고 復爲篤, 景하여 繕修館第하여 彌

97) 大司農의 경비〔調度〕: 大司農은 秦나라 때 설치된 관직으로, 조세와 전곡·소금과 철 등 국가의 재정 수입을 관장하였다. '調度'는 세금을 징수하는 것으로, 여기서는 군대를 동원하기 위해 사용되는 일체의 경비를 가리킨다.

街絶里하니 非所以垂令德示無窮也라 宜且罷工匠하고 以憂邊恤民이니이다 書奏에 不省하다

① 한 해가 동쪽(봄)에서 시작되어 사람들이 비로소 나아가 농사를 지으므로 "東作"이라 한 것이다.[98)]
歲起於東, 人始就耕, 故曰東作.

【目】 竇憲이 일찍이 門生을 보내 尙書僕射 郅壽에게 편지로 청탁한 바가 있었는데, 질수가 그를 詔獄으로 보내고 上書하여 두헌의 오만방자함을 아뢰면서 王莽의 일을 인용하여 國家(황제)를 경계하고, 또 조회할 때를 통해 큰소리로 정색하고서 두헌 등이 匈奴를 정벌하고 저택을 일으킨 일을 가지고 비판하였다. 두헌이 노하여 질수를 誹謗한 죄로 모함해서 옥리에게 회부하여 주벌을 당하게 하였다.

何敞이 다음과 같이 上疏하였다.

"질수는 機密을 다루는 近臣으로 군주의 잘못을 바로잡는 것을 직책으로 삼으니, 만약 침묵하고 말하지 않으면 그 죄가 죽어 마땅합니다. 이제 질수가 衆論을 어기고 바른 의논을 하여 종묘를 편안히 하려 하였으니, 이것이 어찌 사사로운 마음에서 나온 것이겠습니까. 충신은 절개를 다하고 죽는 것을 돌아감으로 여깁니다. 臣은 진실로 聖朝에서 誹謗에 대한 벌을 행하여 충직한 자를 막아서 무궁한 후세에 비난을 받는 것을 바라지 않습니다."

이에 질수가 사형을 면하고 合浦로 유배 가게 되었는데, 길을 떠나기 전에 자살하였다.

竇憲이 嘗使門生으로 齎書詣尙書僕射郅壽하여 有所請(話)〔託〕[①99)]이러니 壽送詔獄하고 上書陳憲驕恣하여 引王莽以誡國家하고 又因朝會하여 厲音正色하여 譏憲等以伐匈奴起第宅事하니 憲이 怒하여 陷壽以誹謗하여 下吏當誅하다 敞이 上疏曰 壽機密近臣으로 匡救爲職하니 若懷默不言이면 其罪當誅라 今壽違衆正議하여 以安宗廟하니 豈其私邪잇가 忠臣盡節하여 以死爲歸하니 臣은 誠不欲聖朝行誹謗之誅하여 以杜塞忠直하여 垂譏無窮하노이다 壽得減死(徒)〔徙〕[100)]合浦러니 未行에 自殺하다

① 郅壽는 郅惲의 아들이다.

---

98) 한……한다 : 五行에 있어 동쪽은 봄이 되고 서쪽은 가을이 되는바 봄에 밭을 갈아 씨를 뿌리고 가을에 곡식이 이루어져 수확하므로 봄을 東作, 가을을 西成이라 한다.

99) (話)〔託〕 : 저본에는 '話'로 되어 있으나, ≪資治通鑑≫에 의거하여 '託'으로 바로잡았다.

100) (徒)〔徙〕 : 저본에는 '徒'로 되어 있으나, ≪資治通鑑≫에 의거하여 '徙'로 바로잡았다.

壽, (暉)〔惲〕[101]之子也.

【綱】 여름 6월에 竇憲이 北匈奴를 공격하여 대파하고, 燕然山에 올라가서 碑石에 戰功을 새기고 돌아왔다.

夏六月에 竇憲이 擊北匈奴하여 大破之하고 登燕然山하여 刻石勒功而還[102]하다

【目】 竇憲과 耿秉이 朔方郡의 변경에서 출격하여 北單于와 稽落山에서 싸워 대파하니 선우가 달아났다. 오랑캐를 참수하고 노획함이 매우 많았고, 20여만 명을 항복시켰다. 변경에서 3천여 리를 나가서 燕然山에 올라 中護軍 班固에게 명해서 비석에 전공을 새겨서 漢나라의 위엄과 덕을 기록하고 돌아왔다.[103] 司馬 吳氾을 보내 금과 비단을 받들고서 西海 가에 있는 북선우에게 주면서 詔命으로 하사하니, 북선우가 머리를 조아려 절하고 받았다.

竇憲, 耿秉이 出朔方塞하여 與北單于로 戰于稽落山하여 大破之①하니 單于遁走라 斬獲甚衆하고 降二十餘萬人하다 出塞三千餘里하여 登燕然山하여 命中護軍班固하여 刻石勒功하여 紀漢威德而還②하다 遣司馬吳氾③하여 奉金帛하여 遺北單于於西海上하여 以詔致賜하니 單于稽首拜受하다

---

101) (暉)〔惲〕: 저본에는 '暉'로 되어 있으나, ≪資治通鑑≫에 의거하여 '惲'으로 바로잡았다.

102) 登燕然……勒功而還 : "'공적을 새겨 넣은 일〔勒功〕'을 쓴 것은 어째서인가. 竇憲이 교만하였기 때문이다. 그러므로 '漢나라의 위엄과 德을 기록했다.〔紀漢威德〕'고 쓰지 않았으니, 이는 오로지 두헌을 罪주려는 것이다.〔書勒功 何 竇憲汰也 故不書紀漢威德 所以專罪憲也〕" ≪書法≫

"燕然山의 비석에 전공을 새겨 넣은 것은, 세상 사람들 중에 마음이 쏠리고 손뼉 치며 떠드는 사람들이 대부분 이 일을 말하기 좋아한다. ≪資治通鑑綱目≫에서 이것을 쓴 것은 또한 이를 인정한 것인가. 〈玁狁이〉 鎬 지역과 方 지역을 침략하여 涇陽에 이르니, 〈周 宣王이〉 6월 한여름에 잠시 군대를 출동하여 정벌한 것이었다. 그러나 또 국경까지만 갔다가 돌아왔으니, 이는 진실로 詩人이 周나라 宣王을 찬미한 것이다. 北匈奴는 肅宗 이래로 ≪資治通鑑綱目≫에 일찍이 변경을 침범한 것이 기재된 적이 없다. 그런데 지금 竇憲이 한여름에 군대를 일으켜서 죄가 없는 오랑캐를 공격하기 위해 변방을 나가 3천여 리에 이르렀으니, 여기에 지명(燕然山)을 드러내어 써서 그 사실을 없애지 않은 것은 바로 북흉노를 끝까지 추격하고 멀리 토벌한 죄를 드러낸 것이요, '擊'이라고 말하고 '伐'이라고 말하지 않은 것 또한 군대의 출동이 명분이 없는 잘못을 나타낸 것이니, 요컨대 배우는 자가 비교하여 살펴보면 그 마땅함을 얻을 것이다. 3년 뒤에 '金微山에서 북흉노를 공격했다.'고 쓴 의미 또한 그러하다.〔刻石燕然 世之馳志抚掌者 率喜談而樂道之 綱目書此 亦予之乎 夫侵鎬及方 至於涇陽 六月之所以薄伐 然且盡境而還 此固詩人之所美也 北匈奴自肅宗以來 綱目未嘗書其犯邊 今竇憲乃以盛夏興師 攻無罪之虜 出塞至於三千餘里 揭地書之 不沒其實 正以著其窮追遠討之罪 曰擊而不曰伐 亦以見師出無名之失 要在學者比而觀之 則得其宜矣 後三年 書擊北匈奴於金微山 其義亦然〕" ≪發明≫

103) 燕然山에……돌아왔다 : 당시 班固가 지어 비석에 새긴 것이 〈封燕然山銘〉으로, ≪文選≫에서 확인할 수 있다.

① 稽落山은 匈奴 지역의 山이니, 燕然山 남쪽에 있다.
稽落山, 匈奴中山, 在燕然山南
② 西都에 護軍都尉가 있었는데, 이제 처음으로 中護軍을 둔 것이다.
西都有護軍都尉, 今始有中護軍.
③ 氾은 似와 泛 두 가지 음이 있다.
氾, 似・泛二音.

【綱】 가을 7월에 會稽山이 무너졌다.

秋七月에 **會稽山**이 **崩**하다

【綱】 9월에 竇憲을 大將軍으로 삼았다.

◑ **九月**에 **以竇憲爲大將軍**하다

【目】 옛날에는 大將軍의 지위가 三公의 아래에 있었는데, 이때에 이르러 詔令을 내려 竇憲의 지위가 太傅의 아래, 三公의 위에 있게 하였다. 竇氏 형제가 교만방자하였는데, 竇景이 더욱 심하여 그의 종과 문객이 남의 재화를 빼앗으며 죄인을 함부로 빼내고 부녀자들을 간음하고 겁탈하였으며 변경에 있는 突騎를 멋대로 징발하였다.

袁安은 "두경이 제멋대로 변경의 군대를 징발하여 관리와 백성들을 놀라고 의혹하게 하였는데, 二千石이 符信을 기다리지 않고 곧바로 두경의 檄文을 받아 군대를 출동시켰으니, 마땅히 분명한 주벌을 받아야 합니다."라고 탄핵하였으며, 또 "司隷校尉와 河南尹이 貴戚에게 아부하여 이러한 죄상을 고발해 탄핵하지 않았으니, 청컨대 관직을 파면하고 죄를 조사하소서."라고 아뢰었으나, 모두 묵살하고 대답하지 않았다. 竇瓌만은 홀로 經書를 좋아해서 절제하고 단속하여 스스로 행실을 닦았다.

舊大將軍位在三公下러니 **至是**하여 **詔憲位次太傅下, 三公上**하다 **竇氏兄弟驕縱**이로되 **而景尤甚**하여 **奴客**이 **奪人財貨**하며 **篡取罪人**하고 **妻略婦女**하며 **擅發緣邊突騎**[①]라 **袁安**이 **劾景擅發邊兵**하여 **驚惑吏民**이어늘 **二千石**이 **不待符信**하고 **輒承景檄**하니 **當伏顯誅**[②]라하고 **又奏司隷校尉, 河南尹**이 **阿附貴戚**하여 **不擧劾**하니 **請免官案罪**라호되 **竝寢不報**하다 **瓌獨好經書**하여 **節約自修**러라

① 妻는 남의 부녀자를 마치 자신의 아내처럼 사사로이 간음하는 것이다. 道로 취하지 않는 것을 略이라 한다.
妻者, 私他人之婦女, 若己妻然. 不以道取之曰略.

② 符信은 兵符를 신표로 삼는 것을 이른다.
符信, 謂虎符以爲信也.

【目】 尙書 何敞이 다음과 같이 封事를 올렸다.

"사랑하기만 하고 가르치지 않으면 끝내 흉포함에 이르니, 이는 굶주릴 적에 독을 먹이면 바로 그를 해치는 것과 다를 바가 없습니다. 臣이 삼가 보건대, 大將軍 竇憲 형제는 조정을 제멋대로 좌지우지하고 백성들을 포학하게 부리며, 사치하고 참람하여 군주를 핍박하고 죄 없는 사람을 죽이고 있습니다. 區區한 臣 何敞은 진실로 위로는 皇太后께서 文母[104]의 칭호를 잃고 陛下께서는 어머니와 정을 끊었다는 비난을 받기를 바라지 않으며, 아래로는 두헌 등이 길이 복록을 보전하기를 바랍니다. 駙馬都尉 竇瓌는 누차 물러나기를 청하여 집안의 권력을 억제할 것을 원하였습니다. 그와 함께 상의하여 그 뜻을 따를 수 있다면, 이는 진실로 종묘를 위한 지극한 계책이며 竇氏의 복입니다."

尙書何敞이 上封事曰 愛而不敎면 終至凶戾니 猶饑而食(사)之以毒이면 適所以害之也①니이다 伏見大將軍憲兄弟專朝하고 虐用百姓하며 奢侈僭偪(핍)하고 誅戮無罪②라 臣敞區區 誠不欲上令皇太后로 損文母之號하고 陛下有誓泉之譏요 下使憲等으로 得長保其福祐③하노이다 駙馬都尉瓌는 比請退身하여 願抑家權하니 可與參謀하여 聽順其意면 誠宗廟至計요 竇氏之福④이니이다

① 食(먹이다)는 飤로 읽는다.
食, 讀曰(飮)〔飤〕[105].
② 偪은 핍박함이니, 혹 逼으로도 쓴다.
偪, 迫也, 或作逼.
③ ≪春秋≫에 "鄭나라 莊公의 어머니 武姜이 莊公을 살해할 것을 도모하자, 장공이 어머니를 두고 맹세하기를 '黃泉에 이르지 않으면 서로 만나보지 않겠다.'고 하였다." 하였다.
春秋 "鄭莊公母武姜, 謀殺莊公, 公與母誓曰 '不及黃泉, 無相見也.'"
④ "願抑家權"은 자기 집안을 억제하여 권력을 주지 않기를 원함을 이른다.
願抑家權, 謂願抑其家, 不與之以權也.

【目】 이때에 濟南王 劉康이 지위가 尊貴하여 매우 교만하였는데, 竇憲이 아뢰어 何敞을

---

104) 文母 : '文母'는 周나라 文王의 后妃이자 武王의 어머니인 太姒로, 有莘氏의 딸이다. 훌륭한 덕을 지녀서 德政이 널리 펴지고 風敎가 크게 일어났다고 전하는바, 후대에는 文德이 있는 母后를 가리키거나 또는 后妃에 대한 경칭으로도 쓰인다. 여기에서는 鄧太后의 聖스럽고 善한 덕이 문모와 같음을 말한 것이다.

105) (飮)〔飤〕 : 저본에는 '飮'으로 되어 있으나, ≪資治通鑑≫ 註에 의거하여 '飤'로 바로잡았다.

濟南王 太傅로 내보냈다. 유강에게 잘못이 있으면 하창이 번번이 간쟁하였는데, 유강은 비록 그의 말을 따르지는 못하였으나, 평소 하창을 공경하고 소중히 여겨 혐의하고 거스르는 바가 없었다.

時에 濟南王康이 尊貴驕甚이라 憲이 乃白出敞爲濟南太傅하다 康이 有違失이면 敞이 輒諫爭하니 康이 雖不能從이나 然素敬重敞하여 無所嫌牾焉①이러라

① 牾(거스르다)는 忤와 같다.
牾, 與忤同.

【綱】 홍수가 졌다.

大水하다

思政殿訓義 資治通鑑綱目 제10권 중

漢 和帝 永元 2년(90)~漢 安帝 永初 3년(109)

庚寅年(90)

【綱】漢나라 孝和皇帝 永元 2년이다. 봄 2월에 일식이 있었다.

二年이라 春二月에 日食하다

【綱】竇憲이 군대를 보내 다시 伊吾 지역을 점령하니, 車師에서 아들을 들여보내 入侍하게 하였다.

◑竇憲이 遣兵하여 復取伊吾地하니 車師遣子入侍하다

【綱】月氏(월지)가 사신을 보내 공물을 받들어 올렸다.

◑月氏遣使奉獻하다

【目】처음에 月氏가 漢나라의 公主에게 장가들기를 청하였으나 班超가 그의 使者를 거절하여 되돌려 보냈다. 이 때문에 월지가 원한을 품어서 副王 謝를 보내 7만 명의 군대를 거느리고 반초를 공격하니, 반초의 군대는 병력이 적었으므로 사람들이 모두 크게 두려워하였다. 반초가 말하기를 "월지의 병력이 비록 많으나 수천 리 멀리 葱嶺을 지나와서 수송하는 물자가 있지 않으니, 어찌 근심할 것이 있겠는가. 우리가 곡식을 거둬들이고 견고히 수비하기만 하면 된다. 그리하면 저들이 굶주리고 곤궁하여 스스로 항복할 것이니, 수십 일이 지나지 않아서 승부가 결정될 것이다." 하였다.

謝가 공격하였으나 성을 함락하지 못하고 노략질하였으나 얻은 바가 없었다. 반초는 그들이 반드시 龜玆에게 식량을 요구하리라고 짐작하고는 수백 명의 병사를 보내 동쪽 경계에서 이들을 가로막았다. 謝가 과연 기병을 보내 구자에 뇌물을 바치려 하자, 복병이 이들을 가로막고 공격하여 모두 죽이고 그 머리를 가져다가 謝에게 보였다. 謝는 크게 놀라 죄를 청하고 이로부터 해마다 공물을 받들어 올렸다.

初에 月氏求尙公主어늘 班超拒還其使라 由是怨恨하여 遣其副王謝하여 將兵七萬攻超①하니 超衆少하여 皆大恐이어늘 超曰 月氏兵雖多나 然數千里踰蔥嶺來하여 非有運輸하니 何足憂邪②리오 但當收穀堅守면 彼饑窮自降이니 不過數十日에 決矣③리라 謝攻不下하고 抄掠無所得이라 超度(탁)其必從龜玆求食하고 乃遣兵數百하여 於東界要之④러니 謝果遣騎賂龜玆어늘 伏兵이 遮擊盡殺之하고 持其首示謝한대 謝大驚請罪하고 由是로 歲奉貢獻하니라

① 副王은 裨王[1]과 같다. 謝는 그의 이름이다.
副(士)〔王〕[2], 猶裨王也, 謝, 其名.
② 〈"非有運輸 何足憂邪"는〉 양식이 다하여 응당 항복할 것임을 말한 것이다.
言糧盡自當降也.
③ 〈"決矣"는〉 승부가 결정됨을 이른다.
謂勝負決也.
④ 要는 가로막음이다.
要, 遮也.

【綱】 齊武王(劉縯)의 후손인 劉無忌를 봉하여 齊王으로 삼고, 劉威를 北海王으로 삼았다.

封齊武王孫無忌하여 爲齊王하고 威爲北海王①하다

① 無忌는 劉縯의 4대손이니, 아버지는 劉晃이다. 劉威는 劉睦(劉縯의 손자)의 서자이다.
無忌, 縯四代孫也, 父曰晃. 威, 睦之庶子.

【目】 처음에 北海哀王(劉基)이 후사가 없으니, 肅宗(章帝)은 齊武王이 맨 먼저 大業을 창도했다 하여 遺命을 내려 두 나라를 회복하게 하였는데, 이때에 이르러 모두 봉하였다.

初에 北海哀王이 無後①하니 肅宗以齊武王首創大業이라하여 遺詔令復二國이러니 至是皆封하다

① 哀王은 이름이 劉基이니 劉縯의 증손이고, 아버지는 敬王 劉睦이다.
哀王, 名基, 縯之曾孫. 父曰敬王睦.

---

1) 裨王 : 匈奴의 小王을 가리킨 말이다.
2) (士)〔王〕 : 저본에는 '士'로 되어 있으나, ≪資治通鑑綱目集覽≫에 의거하여 '王'으로 바로잡았다.

【綱】 가을 7월에 竇憲이 涼州로 나가 주둔하였다.

秋七月에 竇憲이 出屯涼州하다

【綱】 9월에 北匈奴가 변방에 와서 조회할 것을 청하였는데, 겨울에 竇憲이 使者를 보내 맞이하고는 다시 군대를 보내 습격해서 흉노를 격파하였다.

◑ 九月에 北匈奴款塞(來)〔求〕[3]朝어늘 冬에 竇憲이 遣使迎之러니 復遣兵襲擊破之[4]하다

【目】 北單于가 使者를 보내 변방에 와서 臣을 칭하고 들어와 조회하고 황제를 뵙고자 하므로 竇憲이 班固를 보내 맞이하게 하였다. 마침 南單于가 北匈奴의 조정을 멸망시킬 것을 청하자, 두헌이 다시 中郎將 耿譚을 보내 기병을 거느리고 변경으로 나가서 북선우를 습격하게 하니, 북선우가 상처를 입고 겨우 죽음을 면하였다. 南部(남선우)의 무리가 더욱 번성하여 거느린 호구가 3만 4천이고 정예병〔勝兵〕이 5만이었다.

北單于遣使款塞稱臣하고 欲入朝見(현)이어늘 憲이 遣班固迎之러니 會에 南單于求滅北庭이라 憲이 復遣中郎將耿譚하여 將騎出塞하여 襲擊北單于①하니 單于被創하여 僅而得免하다 南部黨衆益盛하여 領戶三萬四千이요 勝兵이 五萬②이러라

① 耿譚이 使匈奴中郎將으로 있었다.
譚爲使匈奴中郎將.

② 勝은 음이 升이니, "勝兵"은 다섯 가지 병기(세모진 창〔矛〕, 갈래진 창〔戟〕, 활〔弓〕, 검〔劍〕, 평두창〔戈〕)를 잡고 싸울 수 있는 병사를 이른다.
勝, 音升. 勝兵者, 謂能操五兵而戰也.

---

3) (來)〔求〕: 저본에는 '來'로 되어 있으나, ≪資治通鑑綱目≫(上海古籍出版社)에 의거하여 '求'로 바로잡았다.

4) 北匈奴……襲擊破之: "조회하기를 청한 것은 순한 일이다. 그를 맞이하고 다시 공격하였다고 하여 그 일을 곧바로 썼으니, 폄하한 뜻이 저절로 드러난다.〔求朝 順節也 迎之 復擊之 直書其事 貶意自見矣〕" ≪書法≫
"변방에 와서 조회하기를 청한 것은 夷狄들이 귀순하려는 것이다. '사신을 보내 맞이했다.'고 썼고 또 '군대를 보내 습격해서 격파했다.'고 썼으니, 그렇다면 거짓된 꾀가 더욱 심한 것이다. 竇憲이 병권을 전횡하여 행한 바가 이와 같으니, 漢나라 조정이 그러고도 나라를 제대로 세울 수 있겠는가.〔款塞求朝 夷狄之向化也 旣書遣使迎之 又書遣兵襲擊破之 則詐謀爲益甚矣 竇憲專兵 所爲如此 漢朝尙可立國乎〕" ≪發明≫

辛卯年(91)

【綱】漢나라 孝和皇帝 永元 3년이다. 봄 정월에 황제가 冠禮를 하였다.

三年이라 春正月에 帝冠하다

【目】처음으로 曹褒가 새로 만든 禮를 사용하고, 조포를 발탁하여 羽林左騎를 감독하게 하였다.

始用曹褒新禮하고 擢褒監羽林左騎①하다

① ≪後漢書≫ 〈百官志〉에 "羽林左監은 秩이 六百石으로 羽林左騎를 주관하였는데, 光祿勳에 속했다." 하였다.
百官志 "羽林左監, 秩六百石, 主羽林左騎, 屬光祿勳."

【綱】2월에 竇憲이 군대를 보내 金微山에서 北匈奴를 공격하여 대파하니, 單于가 도주하다가 죽었다.

二月에 竇憲이 遣兵하여 擊北匈奴於金微山하여 大破之하니 單于走死하다

【目】竇憲은 北匈奴가 쇠약하다 하여 완전히 멸망시키고자 해서 左校尉 耿夔(경기)를 보내 金微山에서 北單于를 포위하여 대파하였다. 또 그의 어미인 閼氏(연지)를 붙잡고 名王 이하 5천여 명의 수급을 베니, 선우가 도주하여 그 소재를 알지 못하였다. 변방 5천여 리를 나갔다 돌아오니, 漢나라가 출병한 이래로 일찍이 가본 적이 없는 곳이었다.

竇憲이 以北匈奴微弱이라하여 欲遂滅之하여 遣左校尉耿夔하여 圍北單于於金微山하여 大破之하고 獲其母閼氏하고 〔斬〕[5]名王已下五千餘級①하니 單于逃走하여 不知所在라 出塞五千餘里而還하니 自漢出師로 所未嘗至也러라

① 耿夔는 耿國의 아들이다.
夔, 國之子也.

5) 〔斬〕: 저본에는 '斬'이 없으나, ≪資治通鑑≫의 註에 "氏자 아래에 斬자가 탈락되었다.〔氏下 脫斬字〕"는 것에 의거하여 보충하였다.

【綱】 竇憲이 尙書僕射 樂恢(악회)를 죽였다.

竇憲이 **殺尙書僕射樂恢**[6]하다

【目】 竇憲은 耿夔와 任尙을 爪牙[7]로 삼고 鄧疊과 郭璜을 心腹으로 삼고 班固와 傅毅에게 文章을 맡기니, 刺史와 太守, 縣令이 대부분 竇氏의 門下에서 나와, 관리와 백성들에게 세금을 거두어서 함께 두헌에게 뇌물을 바쳤다. 袁安과 任隗(임외)가 이것을 들어 아뢰어서 40여 명을 폄출하니, 竇氏가 크게 원한을 품었으나 원안과 임외가 평소 행실이 높아서 해칠 수가 없었다.

竇憲이 **以耿夔, 任尙爲爪牙**하고 **鄧疊, 郭璜爲心腹**하고 **班固, 傅毅典文章**하니 **刺史, 守令**이 **多出其門**하여 **賦斂吏民**하여 **共爲賂遺**라 **袁安, 任隗擧奏**하여 **貶四十餘人**하니 **竇氏大恨**호되 **但安, 隗素行高**하여 **未有以害之**러라

【目】 尙書僕射 樂恢가 다음과 같이 上疏하였다.

"폐하께서는 春秋가 젊으신데 大業을 계승하셨으니, 여러 외숙들이 왕실의 일에 관여하여 천하에 사사로움을 보여서는 안 됩니다. 만약 윗사람이 義로써 사사로운 은혜를

---

6) 竇憲……樂恢 : "이때에 樂恢는 황제가 여러 외숙을 등용하는 것에 대해 간하였는데, 글을 아뢰었는데도 황제가 살펴보지 않으므로 致仕를 청하여 돌아갔다. 이에 竇憲이 州郡에 넌지시 지시해서 악회를 압박하여 독약을 마시고 죽게 하였다. 그런데 여기에서 '두헌이 악회를 죽였다.'라고 곧바로 쓴 것은 은미함을 밝힌 것이니, ≪資治通鑑綱目≫이 편수되자 亂臣賊子들이 두려워하였다.〔於是恢諫用諸舅 書奏 不省 乞骸骨歸 憲風州郡 迫恢飮藥死 直書竇憲殺之 明微也 綱目修而亂賊懼矣〕" ≪書法≫

"竇憲은 匈奴를 정벌한 뒤로 권력을 독점하고 멋대로 행동하여 다시는 조정이 있음을 알지 못하였다. 그러므로 ≪資治通鑑綱目≫에 군대를 보내 伊吾 지역을 점령한 자도 두헌이라고 썼고, 사신을 보내 북흉노를 맞이한 자도 두헌이라고 썼고, 군대를 보내 북흉노를 공격한 자도 두헌이라고 썼다. 정벌하는 큰 권한을 애초에 조정의 명령 없이 두헌이 번번이 멋대로 행하였고, 이제 또 尙書의 官長을 살해하였으니, 그 죄가 마땅히 어떠하겠는가. 옛 史書에 두헌이 넌지시 지시하여 압박해서 죽게 했다고 써서 그 이름을 바로잡지 못했는데, ≪자치통감강목≫에서 처음으로 두헌이 죽였다고 쓴 뒤에야 그 죄가 더욱 드러나게 되었다. 더구나 樂恢가 이미 致仕를 청하여 國都를 떠났는데, ≪자치통감강목≫에서 특별히 그 관직을 들어 썼으니, 이는 바로 악회가 그 직책을 잘못 수행하지 않아서 두헌의 죄가 더욱 중대함을 드러낸 것이다. 아, 두헌이 자신의 집을 흉하게 하고 나라를 해쳤으니, 漢나라가 망하지 않은 것이 어찌 요행이 아니겠는가.〔憲自北伐之後 擅權自恣 不復知有朝廷 故綱目書遣兵取伊吾地者 憲也 書遣使迎北匈奴者 亦憲也 書遣兵擊北匈奴者 又憲也 夫以征伐大權 初無朝命 而憲專輒行之 今又賊殺尙書官長 其罪當如何哉 前史雖述憲風迫而死 然猶未正其名 至綱目 始書憲殺而後 其罪益著 況樂恢已乞骸去國 而綱目特擧其官者 正以著恢不失其職 重憲之罪爾 噫 凶于而家 害于而國 漢氏之不亡 豈非幸歟〕" ≪發明≫

7) 爪牙 : 사나운 맹수의 발톱과 어금니라는 의미로 임금을 호위하는 훌륭한 武士를 가리키는 말인데, 여기서는 竇憲이 이들을 자신의 黨與로 삼아 수족처럼 부린 것을 의미한다.

잘라내고 아랫사람이 겸손함으로써 스스로 물러나면, 네 분의 외숙은 관작과 토지의 영화를 길이 보전할 수 있고, 皇太后께서 宗廟를 저버렸다고 부끄러워하는 근심이 영원히 없을 것입니다."

글을 아뢰었으나 황제가 살펴보지 않자 악회가 致仕를 청하고 돌아갔는데, 竇憲이 州郡에 넌지시 지시해서 악회를 협박하여 독약을 마시고 죽게 하니, 이에 조정의 신하들이 놀라고 두려워해서 감히 두헌을 어기는 자가 없었다. 袁安은 天子가 유약하고 외척들이 권력을 제멋대로 행사한다 하여 매번 조회하여 나아가 황제를 뵙거나 公卿들과 國家의 일을 말할 때마다 오열하고 눈물을 흘리지 않은 적이 없으니, 天子와 大臣이 모두 그를 믿고 의뢰하였다.

尙書僕射樂恢 上疏曰 陛下富於春秋하여 纂承大業하시니 諸舅不宜幹正王室하여 示天下之私니이다 若上能以義自割하고 下能以謙自引이면 則四舅可長保爵土之榮하고 而皇太后永無慙負宗廟之憂矣[①]리이다 書奏에 不省이어늘 恢乞骸骨歸러니 憲이 風州郡하여 迫脅恢飮藥死[②]하니 於是에 朝臣이 震慴(습)하여 無敢違者러라 袁安以天子幼弱하고 外戚擅權이라하여 每朝會進見及與公卿言國家事에 未嘗不喑嗚(암오)流涕하니 天子大臣이 皆恃賴之[③]러라

① "四舅"는 竇憲, 竇篤, 竇景, 竇瓌를 이른다.
四舅, 謂憲·篤·景·瓌也.

② 風(풍간하다)은 諷으로 읽는다.
風, 讀曰諷.

③ 소리 없이 눈물만 흘리는 것을 喑이라 하고, 탄식하고 서글퍼하는 것을 嗚라 한다.
啼泣無聲謂之喑, 歎傷謂之嗚.

【綱】 겨울 10월에 황제가 長安에 가니, 竇憲이 와서 會合하였다.

冬十月에 帝如長安하니 竇憲이 來會[8)]하다

---

8) 帝如長安 竇憲來會 : "≪資治通鑑綱目≫에 '來朝(와서 조회하다)'라고 쓴 경우가 많으나 '來會'라고 쓴 적이 있지 않았는데, '來會'라고 쓴 것은 어째서인가. 竇憲이 신하 노릇 하지 않은 것이니, '來會'라고 쓴 것에서 두헌의 氣燄을 볼 수 있는 것이다. 永元 원년(89)부터 여기까지 ≪資治通鑑綱目≫에서 쓴 것이 災異 외에 겨우 13가지 일인데, 두헌의 일을 기록한 것이 8번이고 그때마다 모두 지척하여 그 이름을 드러냈으니, 전횡을 미워한 것이다. 이로부터 '두헌이 京師로 돌아왔다.'고 한 번 쓰고는 뒤이어 '伏誅했다.'고 썼다.〔綱目書來朝 多矣 未有書來會者 書來會 何 憲不臣也 書來會而憲之氣燄可見矣 自元年至此 綱目所書災異外 纔十三事 而書竇憲者八 往往皆斥名之 惡專也 自是一書竇憲還京師 而隨以伏誅書矣〕" ≪書法≫

"竇憲은 신하이니, 天子가 出遊하면 마땅히 行在所로 조회 와야 하는데, '來會'라고 쓴 것은 그 권세가 성해서 대등한 나라와 같음을 드러낸 것이다. 서리를 밟으면 단단한 얼음이 얼게 됨을 두려워

【目】 황제가 長安에 행차하였는데, 竇憲에게 詔令을 내려서 車駕와 함께 長安에서 만나기로 하였다. 두헌이 이르자 尙書 이하가 의논하여 그에게 절하면서 엎드려 萬歲를 부르고자 하니, 尙書 韓稜이 정색하면서 말하기를 "위로 사귈 때에는 아첨하지 않고 아래로 사귈 때에는 함부로 하지 않는 것이니, 禮에 신하에게 萬歲를 부르는 제도는 없습니다." 하자, 의논하는 자들이 모두 부끄러워하여 중지하였다. 尙書左丞 王龍이 은밀히 두헌에게 奏記를 올리고 소와 술을 두헌에게 올리자, 한릉이 이 사실을 들어 아뢰어서 논죄하여 城旦[9]을 하게 하였다.

帝幸長安이러니 詔竇憲하여 與車駕會長安하다 憲이 至에 尙書以下議欲拜之하여 伏稱萬歲어늘 尙書韓稜이 正色曰 夫上交不謟이요 下交不黷①[10]이니 禮無人臣稱萬歲之制라하니 議者皆慙而止하다 左丞王龍이 私奏記하고 上牛酒於憲이어늘 稜이 擧奏하여 論爲城旦②하다

① 黷은 함부로 함이다.
黷, 褻也.

② ≪後漢書≫ 〈百官志〉에 "尙書에는 左丞과 右丞이 각각 한 명이니, 文書를 기록하고 제때에 政令을 시행하는 일을 관장한다." 하였다.
百官志 "尙書左丞・右丞各一人, 掌錄文書期會."

【綱】 龜玆와 姑墨, 溫宿의 여러 나라가 모두 항복하였다.

龜玆, 姑墨, 溫宿諸國이 皆降①하다

① 姑墨은 西域에 있는 나라의 이름이니, 南城을 치소로 하였고 長安과는 8,150리 떨어져 있다.
姑墨, 西域國名, 治南城, 去長安八千一百五十里.

【綱】 12월에 班超를 西域都護 騎都尉로 삼았다.

◑ 十二月에 以班超爲西域都護騎都尉하다

하지 않을 수 있겠는가.〔憲 人臣也 天子遊幸 則當朝于在所 而書曰來會者 所以著其權勢之盛 若敵國云爾 履霜堅氷 可不畏哉〕" ≪發明≫

9) 城旦 : 고대 형벌의 하나로, 4년 동안 城을 쌓는 노역에 동원된다.

10) 上交不謟 下交不黷 : 높은 사람과 사귈 적에는 아첨하지 않고 아랫사람과 사귈 적에는 지나치게 사랑하여 버릇없는 행동을 하지 않도록 함을 이르는바 ≪周易≫ 豫卦 六二爻辭에 보인다.

【綱】 황제가 환궁하였다.

◑ 帝還宮하다

壬辰年(92)

【綱】 漢나라 孝和皇帝 永元 4년이다. 봄 정월에 北匈奴 於除鞬(北匈奴의 제4대 선우)을 세워 單于로 삼았다.

四年이라 春正月에 立北匈奴於除鞬하여 爲單于하다

【目】 처음에 北單于가 도망하자, 그의 아우 於除鞬이 스스로 즉위하고는 使者를 보내 변방에 와서 화친을 요구하였다. 竇憲이 그를 세워 선우로 삼고 中郎將을 설치하여 거느리고 감독하기를 南單于의 故事같이 할 것을 청하였다. 이 일을 公卿들에게 회부하여 의논하게 하니, 袁安과 任隗가 다음과 같이 말하였다.

"光武帝가 남쪽 오랑캐를 불러 회유했던 것은 內地를 영원히 편안히 할 수 있다고 생각해서 이렇게 한 것이 아니요, 바로 임시적인 방편으로 북쪽 오랑캐를 막을 수 있다고 여기셨기 때문입니다. 이제 마땅히 남선우로 하여금 북쪽 조정으로 돌아가서 항복한 무리들을 거느리게 해야 하니, 다시 어제건을 세워서 國費를 더 허비할 이유가 없습니다."

初에 北單于既亡에 其弟於除鞬이 自立하고 遣使款塞①어늘 竇憲이 請立爲單于하고 置中郎將領護를 如南單于故事한대 事下公卿議하니 袁安, 任隗以爲 光武招懷南虜는 非謂可永安內地요 正以權時之算이 可得捍禦北狄故也니이다 今宜令南單于로 反北庭하고 領降衆이니 無緣復更立於除鞬하여 以增國費니이다

① 於除鞬은 匈奴王의 이름이다.
於除鞬, 匈奴王名.

【目】 袁安이 또 홀로 다음과 같이 封事를 올렸다.

"南單于 屯(屯屠河)의 죽은 아비(比)가 무리를 고두 데리고 와서 德에 귀의한 지가 40여 년이요, 屯은 또 첫 번째로 큰 계책을 제창하여 북쪽 오랑캐를 모두 주멸하였습니다. 그런데 일을 중단하여 도모하지 않고, 다시 새로 항복한 자를 세워서 하루아침의

계책으로 3代의 법식을 어겨, 기른 자로부터 신의를 잃고 공이 없는 자를 세우면, 여러 蠻族들이 우리가 맹세한 말을 다시는 믿지 않을 것입니다. 더구나 烏桓과 鮮卑가 막 北單于를 죽였으니, 지금 그의 아우를 세우면 오환과 선비가 어찌 원한을 품지 않겠습니까. 또 漢나라 故事에 남선우에게 공급하는 비용은 해마다 1억 90여만 錢이고, 西域에는 해마다 7,480만 錢입니다. 지금 北庭은 더욱 멀어서 그 비용이 갑절이 넘을 것입니다. 이는 바로 천하를 텅 비게 하는 것이니, 좋은 계책을 세우는 것이 아닙니다."

詔令을 내려 그의 의논을 회부하자 원안이 또다시 竇憲과 번갈아 서로 힐난하니, 두헌은 권세를 믿고 교만하게 비방하면서 光武帝가 韓歆과 戴涉을 주살한 故事[11]를 들어 거론하였다. 원안은 끝내 자신의 의견을 바꾸지 않았으나, 上은 결국 두헌의 계책을 따랐다.

安이 又獨上封事曰 南單于屯先父 擧衆歸德이 四十餘年①이요 屯이 又首唱大謀하여 空盡北虜어늘 輟而弗圖하고 更立新降하여 以一朝之計로 違三世之規하여 失信所養하고 建立無功이면 百蠻이 不敢復保誓矣②리이다 況烏桓, 鮮卑新殺北單于③하니 今立其弟하면 豈不懷怨이리오 且漢故事에 供給南單于費直(치)歲一億九十餘萬이요 西域歲七千四百八十萬이니 今北庭彌遠하여 其費過倍니 是乃空盡天下而非建策之要也니이다 詔下其議한대 安이 又與憲으로 更相難折④하니 憲이 負勢驕訐하여 稱光武誅韓歆, 戴涉故事라 安이 終不移나 然上竟從憲策⑤하다

① 屯은 바로 屯屠何이니, 그의 죽은 아비는 이름이 比이다.
屯, 卽屯屠何. 其先父, 名比.
② "所養"은 南單于를 이르고 "無功"은 於除鞬을 이른다. 誓는 漢나라가 오랑캐들과 약속한 말을 이른다.
所養, 謂南單于. 無功, 謂於除鞬. 誓, 謂漢與夷人信誓之言.
③ 〈"新殺北單于"는〉 章和 원년(87)에 優留單于를 참수한 사건을 이른다.
謂章和元年, 斬優留單于.
④ 難(힐난하다)은 去聲이다.
難, 去聲.
⑤ 韓歆의 죽음은 建武 15년(39)에 보이고, 戴涉의 죽음은 建武 20년(44)에 보인다.

11) 光武帝가……故事 : 韓歆과 戴涉은 모두 光武帝 때의 사람이다. 한흠은 벼슬이 大司徒에 이르렀고, 戰功을 세워 扶陽侯에 봉해지기도 하였다. 평소 직언하기를 좋아하여 숨기는 일이 없었는데, 建武 15년(39)에 年事에 대한 일로 강직하게 간언하다가 면직되어 田里로 돌아갔는데도 광무제가 다시 使者를 보내 책망하니 아들 韓嬰과 함께 자살하였다. 대섭 또한 재주를 인정받아 벼슬이 대사도에 이르렀는데 建武 20년(44)에 太倉令 奚涉을 죄 없이 처벌한 죄에 연루되어 하옥되었다가 죽었다. 두 가지 일 모두 ≪資治通鑑綱目≫ 제9권 중에 보인다. 竇憲이 광무제의 故事를 들어 이야기한 것은 袁安이 계속하여 자신의 계책을 반대할 경우 한흠과 대섭처럼 죽일 수도 있다고 협박한 것이다.

韓歆死, 見建武十五年. 戴涉死, 見建武二十年.

【目】 처음에 廬江 사람 周榮이 袁安의 司徒府에 辟召되었는데, 원안이 竇景의 잘못을 들어 아뢴 것과 北單于를 세우는 일을 다툰 것은 모두 주영이 만든 草稿를 따른 것이다. 竇氏의 문객이 주영을 위협하기를 "두씨의 용맹한 군사와 자객이 성안에 가득하니, 삼가 대비하라." 하니, 주영이 말하기를 "나는 江淮의 외로운 儒生으로 宰士(宰相의 속관)에 등용되었으니, 설령 살해를 당할지라도 마음에 달게 여길 것이다." 하고는, 인하여 처자식들에게 명하기를 "만약 내가 갑자기 뜻밖의 화를 만나면 염습하거나 빈소를 차리지 말라. 그리하여 區區한 썩은 몸으로 조정을 깨우치게 해달라." 하였다.

初에 廬江周榮이 辟袁安府러니 安이 擧奏竇景及爭立北單于事 皆榮所具草라 竇氏客이 脅榮曰 竇氏悍士刺客이 滿城中하니 謹備之矣①어다 榮曰 榮은 江淮孤生으로 得備宰士하니 縱爲所害나 誠所甘心②이라하고 因勅妻子호되 若卒遇飛禍어든 無得殯斂(빈렴)하여 冀以區區腐身으로 覺悟朝廷③하라하다

① "悍士"는 용맹한 군사이다.
悍士, 勇猛之士也.
② 周榮이 司徒府에 辟召되었으므로 宰士라 칭한 것이다.
榮辟司徒府, 故稱宰士.
③ 卒(갑자기)은 猝로 읽는다. "飛禍"는 자객이 몰래 나타나서 대비할 수 없음이 마치 새가 갑자기 날아 앉는 것과 같음을 말한다.
卒, 讀曰猝. 飛禍者, 言刺客竊發, 不可得而備, 若鳥之飛集也.

【綱】 3월에 司徒 袁安이 卒하니, 丁鴻을 司徒로 삼았다.

三月에 司徒安이 卒하니 以丁鴻爲司徒하다

【綱】 여름 4월에 竇憲이 京師로 돌아왔다.

◑夏四月에 竇憲이 還京師[12]하다

12) 竇憲還京師 : "乘輿(天子)에 대해서 '還'이라고 쓰니, 竇憲이 돌아온 것일 뿐인데 어찌하여 '還'을 썼는가. 그가 높은 것이 엄연히 군주와 같았으므로 특별히 '還'이라고 쓴 것이다.〔乘輿書還 憲還耳 何以書 憲伉也 儼然君矣 故特書還〕" ≪書法≫

【綱】 6월 초하루에 일식이 있었다.

◑ 六月朔에 日食하다

【目】 丁鴻이 다음과 같이 上疏하였다.

"옛날에는 여러 呂氏들이 權力을 독점하여 국통〔統嗣〕이 거의 바뀌게 되었고, 哀帝와 平帝 말년에는 종묘에 血食을 하지 못하였습니다. 지금은 천하의 멀고 가까운 곳이 두려워하여 외척의 뜻을 받들어서 왕실을 등지고 사사로운 가문을 향하여, 위의 위엄은 훼손되고 아래의 권력은 성대합니다. 人道가 아래에서 잘못되면 효험이 위에서 나타나게 마련이니, 비록 숨겨진 계책이 있더라도 神이 그 실정을 비추어 象을 드리워 경계를 나타내서 군주에게 고합니다. 미약할 때에 금하는 것은 쉽고 끝에 이르러 바로잡는 것은 어렵습니다. 은혜로 차마 가르치지 못하고 義로 차마 베어내지 못한다면 일이 지난 뒤에 미연에 방비하지 못한 禍가 거울처럼 분명하게 나타날 것입니다. 하늘은 굳세지 않으면 안 되니 굳세지 않으면 三光이 밝지 못하고, 王者는 강하지 않으면 안 되니 강하지 않으면 宰相과 守牧들이 방종하여 멋대로 행동합니다. 마땅히 큰 변고를 인하여 고쳐 바르게 하고 잘못된 것을 바로잡아서 하늘의 뜻에 부응해야 합니다."

丁鴻이 上疏曰 昔에 諸呂握權하여 統嗣幾移하고 哀平之末에 廟不血食①하니이다 今天下遠近이 惶怖承旨하여 背王室하고 向私門하여 上威損하고 下權盛이니이다 人道悖於下면 效驗이 見(현)於天하니 雖有隱謀나 神照其情하여 垂象見(현)戒하여 以告人君이니이다 禁微則易요 救末則難이니 恩不忍誨하고 義不忍割하면 去事之後[13]는 未然之明鏡也②라 夫天은 不可以不剛이니 不剛則三光不明③이요 王은 不可以不彊이니 不彊則宰牧從橫④이니 宜因大變하여 改正匡失하여 以塞天意니이다

① 두 가지 사건을 인용하여 外戚의 禍를 가리켜 말한 것이다.
引二事, 以指言外戚之禍.

② "去事"는 이미 지나간 일이니, 禍가 은미한 곳에 숨어 있어서 사람들이 대부분 소홀히 하다가 화가 드러난 뒤에는 밝고 밝아서 가릴 수 없으니, 이것이 未然의 밝은 거울이 됨을 말한 것이다.
去事, 已往之事也. 言禍伏於隱微, 人多忽之, 及發見之後, 昭昭而不可掩, 是爲未然之明鏡也.

13) 後 : ≪資治通鑑≫은 판본에 따라 '徵'자와 혼용되어 있으며 ≪後漢書≫와 저본은 '後'자로 되어 있는 바, 아래 訓義 ②에 의거하여 '後'로 번역하였다.

③ 天道는 강함을 숭상한다. ≪周易≫에 "乾은 굳셈이다." 하였으니, 天道가 종일토록 쉬지 않고 이어지니, 이것이 그 강함이다. 三光은 해와 달, 별이다.
天道尙剛. 易曰"乾, 健也." 天道終日乾乾, 是其剛也. 三光, 日·月·星也.

④ 從(방종하다)은 子用의 切이고, 橫(멋대로 하다)은 戶孟의 切이다.
從, 子用切. 橫, 戶孟切.

【綱】 지진이 있었다.

地震하다

【綱】 가뭄이 들고 蝗蟲의 재해가 있었다.

◑ 旱蝗하다

【綱】 大將軍 竇憲이 伏誅되었다.

◑ 大將軍竇憲이 伏誅[14)]하다

【目】 竇氏의 부자와 형제가 모두 卿과 校尉가 되어서 조정에 가득하였고, 鄧疊과 그의 아우 鄧磊(등뢰)와 어머니 元이 두헌의 사위 郭擧와 곽거의 아버지 郭璜과 서로 결탁하였으며, 곽거가 太后에게 총애를 얻어 마침내 반역을 도모하였다. 황제는 그들의 계책을 알고도 外臣들을 직접 접견할 방법이 없었는데, 鉤盾令(구순령) 鄭衆의 인품이 勤愼하고 明敏하며 心事가 있고 호걸스런 무리를 섬기지 않는다 하여 마침내 정중과 함께 계책을 정하고 두헌을 주살하려 할 적에 淸河王 劉慶(和帝의 형)으로 하여금 은밀하게 ≪漢書≫〈外戚傳〉을 구하여 밤중에 홀로 바치게 하였다.

다음 날 황제가 北宮에 행차하여 執金吾와 五校尉에게 詔令을 내려 군대를 무장하여 南宮과 北宮에 주둔시켜 호위하게 하고서, 성문을 닫고 곽황과 곽거, 등첩과 등뢰를 체포하여 주살하였다. 또 두헌의 大將軍 印綬를 거두고 다시 冠軍侯에 봉하여 竇篤과 竇景, 竇瓌와 함께 모두 封國으로 나아가게 하고는, 엄격하고 유능한 相을 선발해서 압박

14) 大將軍竇憲伏誅 : "이때에 印綬를 거두고 封國으로 내보내서 압박하여 자살하게 하였는데, '伏誅'라고 쓴 것은 어째서인가. 竇憲의 죄를 다스린 것이다. ≪資治通鑑綱目≫에 자살했을 경우에는 '自殺'이라고 쓰고, 압박하여 자살하게 했을 경우에는 '殺'이라고 쓰고, 죄에 합당하면 '伏誅'라고 썼다.〔於是收印綬 遣就國 迫令自殺耳 書伏誅 何 正憲罪也 綱目自殺 書自殺 迫之自殺 書殺 當罪 書伏誅〕" ≪書法≫

하여 자살하게 하였다.

竇氏父子兄弟 竝爲卿校하여 **充滿朝廷**[①]하고 **鄧疊及弟磊母元**이 **與憲壻郭擧及父璜**으로 **共相交結**[②]하며 **擧得幸太后**하여 **遂謀爲逆**하다 **帝知其謀**로되 **而外臣**을 **莫由親接**이러니 **以鉤盾令鄭衆**이 **謹敏有心幾**하고 **不事豪黨**이라하여 **遂與衆定議誅憲**[③]할새 **使淸河王慶**으로 **私求外戚傳**하여 **夜**에 **獨內**(납)**之**[④]하다 **明日**에 **幸北宮**하여 **詔執金吾, 五校尉**하여 **勒兵屯衛南, 北宮**하여 **閉城門**하고 **收璜, 擧, 疊, 磊誅之**[⑤]하고 **收憲大將軍印綬**하고 **更封冠軍侯**하여 **與篤, 景, 瓌皆就國**하고 **選嚴能相**하여 **迫令自殺**[⑥]하다

① 卿은 九卿이고, 校는 여러 校尉이다.
卿, 九卿. 校, 諸校尉.
② 鄧疊의 아우는 이름이 鄧磊이고, 그 어미의 이름이 元이다.
疊之弟名磊, 其母名元.
③ 盾은 食尹의 切이다. ≪後漢書≫ 〈百官志〉에 "鉤盾令은 秩이 六百石이니, 宦者가 그 직책을 맡았다. 여러 가까운 못과 苑囿, 황제와 황후가 노닐며 구경하는 곳을 관장하였으니, 少府에 속했다." 하였다. 幾는 일이니, "心幾"는 心事를 이른다. 세상 사람들은 가슴속에 딴마음〔城府〕이 있는 자를 心事가 있다고 한다.
盾, 食尹切. 百官志 "鉤盾令, 秩六百石, 宦者爲之. 典諸近池苑囿遊觀之處, 屬少府." 幾, 事也, 心幾, 謂心事也. 世人, 謂人胸中有城府者, 爲有心事.
④ "外戚傳"은 ≪漢書≫ 〈外戚傳〉이니, 〈"求外戚傳"은〉 황제가 外戚의 故事를 찾아 묻고자 한 것이다. 內(들이다)은 納으로 읽는다.
外戚傳, 前書, 外戚傳也. 欲求問外戚故事. 內, 讀曰納.
⑤ 執金吾는 宮外를 관장해서 비상사태를 경계하여 막고, 北軍의 五校尉는 五營의 군사를 주관하였다. 그러므로 이들로 하여금 군대를 무장하여 주둔시켜 호위하게 한 것이다.
執金吾, 掌宮外, 戒司非常, 北軍五校尉, 主五營士, 故令勒兵屯衛.
⑥ 위의 永元 2년(90)에 竇憲을 冠軍侯로 봉하고 竇篤을 郾侯, 竇景을 汝陽侯, 竇瓌를 夏陽侯로 봉하였는데, 두헌이 홀로 封爵을 받지 않았는바, 지금 다시 봉한 것이다. 相은 제후국의 相이다.
上二年, 封憲爲冠軍侯, 篤爲郾侯, 景爲汝陽侯, 瓌爲夏陽侯, 憲獨不受封, 今復封. 相, 侯國相也.

【目】 처음에 河南尹 張酺(장포)가 여러 번 바른 法으로 竇景을 다스렸는데, 竇氏가 폐출되자 장포가 다음과 같이 上疏하였다.

"두헌 등이 총애를 받고 귀할 적에는 여러 신하들이 아부하여 행여 미치지 못할까 두

려워했는데, 이제 엄한 위엄이 행해지자 모두들 마땅히 죽어야 한다고 말해서 다시는 자신들의 전후의 행실을 돌아보지 않습니다. 臣이 엎드려 보건대 夏陽侯 竇瓌는 매번 충성스럽고 善한 마음을 보존하고 빈객들을 단속해서 일찍이 법을 범하지 않았습니다. 臣이 듣건대, 骨肉에 대한 王政의 형벌에는 세 가지 용서하는 의리가 있어서 지나치게 후하게 할지언정 지나치게 박하게 하지는 않는다고 하였으니, 마땅히 용서하여 후한 덕을 높여야 합니다."

황제가 그의 말에 감동하니, 이로 인해 두괴만은 홀로 온전할 수 있었다.

初에 河南尹張酺 數(삭)以正法繩景①이러니 及竇氏敗에 酺上疏曰 方憲等寵貴에 群臣이 阿附하여 唯恐不及이러니 今嚴威旣行에 皆言當死하여 不復顧其前後하니이다 臣伏見컨대 夏陽侯瓌는 每存忠善하고 檢勑賓客하여 未嘗犯法하니이다 臣聞王政骨肉之刑에 有三宥之義하여 過厚요 不過薄이라하니 宜加貸宥하여 以崇厚德②이니이다 帝感其言이라 由是로 瓌獨得全하니라

① 繩은 바로잡아 다스림이다. 張酺가 앞서 魏郡太守로 있을 적에 魏郡 사람 鄭據가 竇景의 죄를 아뢰자, 두경이 아전 夏猛을 보내어 은밀히 장포에게 사례하고 정거의 아들을 처벌하게 하니, 장포가 하맹을 체포하여 옥에 가두었다. 장포가 들어와 河南尹이 되었을 적에 두경의 집안사람이 시장의 병졸을 공격하여 부상시키자, 관리가 그를 체포하여 포박하였는데, 두경이 노하여 緹騎[15] 侯海를 보내어 市의 丞을 구타하였다. 이에 장포의 部吏 楊章이 끝까지 이를 조사해서 후해의 죄를 다스려 朔方으로 귀양 보냈다.
繩, 彈治也. 酺先爲魏郡太守, 郡人鄭據, 奏竇景罪, 景遣掾夏猛, 私謝酺, 使罪據子, 酺收猛繫獄. 及入爲河南尹, 景家人擊傷市卒, 吏捕得之, 景怒, 遣緹(제)騎侯海, 毆傷市丞. 酺部吏楊章窮究, 正海罪, 徙朔方.

② 〈"王政骨肉之刑 有三宥之義"는〉 ≪禮記≫에 "公族에게 죄가 있어서 옥사가 이루어지면, 有司가 公에게 아뢰기를 '아무개의 죄가 大辟에 해당됩니다.'라고 하면 公이 말하기를 '용서하라.' 하고, 또다시 유사가 '죄가 大辟에 해당됩니다.'라고 하면 公이 또다시 말하기를 '용서하라.'라고 하고, 유사가 또다시 '죄가 大辟에 해당됩니다.'라고 한다. 그런데도 公이 세 번째로 용서하라고 하면 유사가 대답하지 않고 달려 나가서 甸人[16]에게 사형을 집행하게 한다. 公이 또다시 사람을 시켜 쫓아와서 말하기를 '아무리 그렇더라도 반드시 용서하라.'라고 하면 유사가 대답하기를 '이미 처형하여 미칠 수 없습니다.'라고 한다. 유사가 돌아가 公에게 복명하면 公은 素服을 입어 형제의 喪과 같이 한다." 하였다.
禮記 "公族有罪, 獄成, 有司讞于公曰 '某之罪在大辟.' 公曰 '宥之.' 有司, 又曰 '在辟.' 公又曰 '宥之.' 有司又曰 '在辟.' 及三宥, 不對, 走出, 致刑于甸人, 公又使人追之曰 '雖然必赦之.' 有

15) 緹騎 : 붉은 옷을 입은 기마대로 漢나라 때 법을 집행하는 執金吾의 시종이었는바, 범인을 체포하여 다스리는 관리의 통칭이 되었다.

16) 甸人 : 고대 관직명으로, 田野의 일과 公族의 사형을 집행하는 일을 관장하였다.

司對曰 '無及也.' 反命于公, 公素服, 如其倫之喪."

【目】 胡氏(胡寅)가 다음과 같이 평하였다.

"竇氏가 조정을 점거하여 이미 역모를 내었으니, 진실로 竇氏를 주살하고자 하나 손쓰기가 쉽지 않았다. 和帝가 겨우 14살인데도 비밀을 지키는 신하를 등용하고 은밀히 故事를 찾아서 군대를 무장하여 竇氏들을 체포해서 中外가 깨끗이 소탕되었으니, 孝昭皇帝의 功烈을 잇기에 충분하였다. 그러나 한스럽게도 三公이 大政에 참여하지 못하고 鄭衆에게 功이 있었다. 이 때문에 환관이 권력을 행사해서 漢나라를 점점 멸망의 길로 접어들게 하였으니, 한탄스러움을 이루 말할 수 있겠는가."

胡氏曰 竇氏根據하여 已生逆謀하니 誠欲誅之나 未易擧手라 和帝年纔十四에 乃能選用秘臣하고 密求故事하여 勒兵收捕하여 中外肅淸하니 足以繼孝昭之烈矣라 所可恨者는 三公이 不與(예)大政하고 而鄭衆有功이라 由是로 宦者用權하여 馴致亡漢하니 可勝歎哉①아

① 점점 이루어지는 것을 "馴致"라 한다.
以漸而致曰馴致.

【目】 竇氏의 宗族과 賓客이 모두 면직되어 옛 郡으로 돌아가니, 〈竇氏의 빈객이었던〉 班固가 옥중에서 죽었다. 반고가 일찍이 ≪漢書≫를 저술하였으나 채 이루지 못했는데, 반고의 여동생이자 曹壽의 아내인 班昭에게 詔命을 내려 뒤이어 완성하게 하였다.

◑ 竇氏宗族賓客이 皆免歸故郡하니 班固死獄中하다 固嘗著漢書로되 尙未就러니 詔固女弟曹壽妻昭하여 踵成之①하다

① 班昭는 바로 曹大家[17]이다.
昭, 卽曹大家也.

班昭(〈千秋絶艶圖〉)

17) 曹大家 : 본서 243쪽 訓義 ① 참조.

【目】 華嶠가 다음과 같이 평하였다.

"班固가 일을 서술할 적에 지나치게 남을 칭찬하거나 헐뜯지 않고 남을 억누르거나 올려주지 않았으며, 문장이 풍부하면서도 추악하지 않고 자세하면서도 골격을 갖추어, 이 책을 읽는 자들로 하여금 힘쓰게 하면서 싫증 내지 않게 하니, 그가 명성을 이룬 것이 참으로 옳다. 반고는 司馬遷의 옳고 그름에 대한 논의가 자못 聖人과 어긋남을 비판하였다. 그러나 그 논의가 항상 충절에 죽은 사람을 배척하고 정직한 사람을 부정하여 殺身成仁의 아름다움을 서술하지 않았으니, 仁義를 가벼이 보고 충절을 지킴을 하찮게 여긴 것이 심하다."

華嶠曰① 固之序事에 不激詭하고 不抑抗하며 贍而不穢하고 詳而有體하여 使讀之者로 亹亹(미)而不厭하니 信哉라 其能成名也②로다 固譏司馬遷是非가 頗繆於聖人③이나 然其論議常排死節하고 否正直④하여 而不敍殺身成仁之爲美⑤하니 則輕仁義, 賤守節이 甚矣로다

① 華嶠는 晉나라 사람이니, ≪後漢書≫ 31권을 撰하였다.
嶠, 晉人, 撰後漢書三十一卷.

② 激은 칭찬함이고 詭는 헐뜯음이며, 抑은 물리침이고 抗은 올려줌이니, 〈"激詭"와 "抑抗"은〉 모두 史家가 자신의 생각을 주장하여 문장을 짓는 병통을 말한 것이다. 穢는 추악함이다. "亹亹"는 猶勉(싫증내지 않고 힘씀)과 같다.
激, 揚也. 詭, 毀也. 抑, 退也. 抗, 進也. 皆指史家作意, 以爲文之病. 穢, 惡也. 亹亹, 猶勉勉也.

③ 〈"固譏司馬遷是非 頗繆於聖人"은〉 司馬遷이 옳다하고 그르다 한 것이 聖人과 어긋남을 말한 것이니, 바로 班固가 ≪史記≫에서 黃老를 높이고 六經을 하찮게 여기며 仁義를 경시하고 충절을 지킴을 하찮게 여겼다고 비판한 것이 이것이다.
言遷所是非, 與聖人乖謬, 卽崇黃老而薄六經, 輕仁義而賤守節, 是也.

④ "排死節"은 龔勝이 끝내 天壽를 다하지 못하고 요절[18]한 것을 말한 따위를 이르고, "否正直"은 王陵과 汲黯의 우직[19]한 것을 말한 따위를 이른다.

---

18) 龔勝이……요절 : 王莽의 始建國 3년(11)에 왕망이 龔勝을 맞이하여 太子師友와 祭誦을 삼자, 공승이 14일 동안 음식을 먹지 않고 죽은 일을 가리키는바, ≪資治通鑑綱目≫ 제8권 상에 보인다.

19) 王陵과 汲黯의 우직 : 高皇后 呂氏 원년(B.C. 187) 王陵은 右丞相으로 있었는데, 呂太后가 여러 여씨들을 왕으로 봉하려 하자, 왕릉은 반대하기를 "高帝가 白馬를 잡아 맹세하시기를 '劉氏가 아니고서 王이 되거든 천하가 함께 공격하라.' 하셨습니다." 하였다. 그러나 左丞相 陳平과 太尉 周勃은 여태후의 뜻에 아부하여 결국 여씨들을 왕으로 봉하게 하였다. 이에 여태후는 왕릉을 미워하여 왕릉을 황제의 太傅로 삼아 실권을 빼앗고 진평을 右丞相으로 삼았다. 汲黯은 武帝 때의 直臣으로 무제 建元 6년(B.C. 135) 황제가 文學하는 선비들을 초치하였는데, 일찍이 말하기를 "내 이리이리하고자 한다." 하였다. 이에 급암이 대답하기를 "폐하께서는 안으로 욕심이 많으시면서 겉으로 仁義를 베푸시니, 어떻게 唐虞의 정치를 본받고자 하십니까." 하였다. 무제는 노하여 조회를 파하고, 좌우의 측

排死節, 謂言龔勝竟夭天年之類. 否正直, 謂言王陵汲黯之戆之類.

⑤ 〈"不敍殺身成仁之爲美"는〉 ≪漢書≫에 〈忠義傳〉을 쓰지 않은 것을 이른다.
謂不立忠義傳.

【目】 처음에 竇憲이 아내를 맞이할 적에 郡國에서 모두 禮로 경하하였다. 漢中郡에서 관리를 보내려 하였는데, 戶曹 李郃(이합)이 太守에게 간하기를 "竇將軍이 德과 禮를 닦지 않고 권력을 전횡하여 교만방자하니, 위태로워 멸망할 날이 멀지 않았습니다. 원컨대 밝으신 태수〔明府〕께서는 王室에 전념하시고 그와 서로 통하지 마십시오." 하였다. 그러나 太守가 굳이 보내려 하자, 이합이 자신이 가겠다고 청하고는 중도에서 지체하면서 扶風에 이르렀는데, 이때는 두헌이 쫓겨나서 封國으로 나아간 뒤였다. 이에 무릇 두헌과 서로 통한 자들이 모두 죄에 걸려 면직되었으나, 태수만은 홀로 여기에 연루되지 않았다.

◑ 初에 竇憲納妻할새 郡國이 皆有禮慶이라 漢中郡이 當遣吏러니 戶曹李郃이 諫曰[①] 竇將軍이 不修德禮而專權驕恣하니 危亡을 可翹(기)足而待[②]니 願明府는 一心王室하고 勿與交通[③]하소서 太守固遣之어늘 郃이 請自行하여 遂所在遲留하여 至扶風而憲就國하니 凡交通者 皆坐免하되 太守는 獨不與焉[④]하다

① 郡에는 戶曹가 있어서 백성의 호구, 제사, 농업, 잠업을 주관하였다. 郃은 음이 合이다.
郡有戶曹, 主民戶祠祀農桑. 郃, 音合.

② 翹는 듦이다.
翹, 擧也.

③ 郡守가 거처하는 곳을 '府'라 하니, 府는 존칭이다.
郡守所居曰府, 府者, 尊高之稱.

④ 遲와 留는 모두 본음대로 읽으니, 지체하고 머묾을 이른다. 三輔는 옛날에는 치소가 長安城에 있었는데 長吏가 각각 그 縣에 거주하면서 백성들을 다스렸다. 東都(後漢) 이후에는 扶風은 나가 槐里를 치소로 하고 馮翊은 나가 高陵을 치소로 하였다.
遲·留, 竝讀如字, 謂遲緩淹留也. 三輔, 舊治長安城中, 長吏各居其縣治民. 東都之後, 扶風出治槐里, 馮翊出治高陵.

【目】 황제가 淸河王 劉慶에게 奴婢와 수레와 말, 돈과 비단, 진귀한 보물을 하사하여 그

근에게 말하기를 "심하다. 급암의 우직함이여." 하였는바, ≪漢書≫에는 이러한 내용들을 대부분 삭제하고 기록하지 않았으므로 말한 것이다.

집에 가득 채워주고, 유경이 때로 몸이 편치 않으면 황제가 아침저녁으로 안부를 묻고 좋은 음식과 약을 하사하는 등 주도면밀하게 마음을 쓰니, 유경 또한 조심하고 공손하고 효도하였으며, 스스로 폐출을 당했다 하여[20] 더욱 일을 조심하고 엄격히 법을 준수하였다. 그러므로 은총과 녹봉을 보존할 수 있었다.

◑ 帝賜淸河王慶奴婢, 輿馬와 錢帛, 珍寶하여 充牣(인)其第①하고 慶이 或時不安이면 帝朝夕問訊하고 進膳藥하여 所以垂意甚備하니 慶亦小心恭孝하고 自以廢黜이라하여 尤畏事愼法이라 故로 能保其寵祿焉하다

① 牣은 가득함이다.
牣, 滿也.

【綱】宦者 鄭衆을 大長秋로 삼았다.

以宦者鄭衆爲大長秋①[21]하다

① 大長秋는 皇后의 卿이다.
大長秋, 皇后卿也.

【目】황제가 공훈을 책록하여 賞을 줄 적에, 鄭衆은 매번 많은 것을 사양하고 적은 것을 받았다. 황제는 이로 인해 그를 어질게 여겨서 항상 그와 정사를 의논하니, 환관들이 권력을 행사한 것이 이로부터 시작되었다.

帝策勳班賞할새 衆이 每辭多受少라 帝由是賢之하여 常與之議論政事하니 宦官用權이 自此始矣러라

---

20) 폐출을……하여 : 劉慶은 章帝의 아들로 建初 4년(79) 皇太后로 책봉되었으나, 和帝(劉肇)를 양자로 길렀던 竇皇后의 모함으로 建初 7년(82)에 폐위되어 淸河王에 봉해졌다.

21) 以宦者鄭衆爲大長秋 : "大長秋는 무엇인가. 宮閫의 직책(황후궁의 책임 관리직)이다. 宦者가 이 직책을 맡는 것이 떳떳한 일인데, 어찌하여 여기에 썼는가. 功을 상 준 것이다. 鄭衆이 큰 계책에 참여한 뒤로부터 宦者의 권한이 성해졌는데, 漢室의 화가 여기에서 시작되었으므로 삼가 쓴 것이다.〔大長秋 何 宮閫職也 以宦者爲之 常事爾 何以書 賞功也 自鄭衆與於大謀 而宦者之權盛矣 漢室之禍兆矣 故謹書之〕"《書法》
"竇憲이 주벌당할 적에 鄭衆이 진실로 그 모의에 참여하였으니, 마땅히 賞을 주어야 한다. 그러나 작위를 받고 권력을 행사하는 것은 宦者에게 마땅한 것이 아니다. 《資治通鑑綱目》에 이것을 게시하여 쓴 것은 漢나라의 멸망한 禍가 이로부터 시작되었음을 드러낸 것이다.〔竇憲之誅 鄭衆誠與其謀 固當班賞 然列爵用事 則非宦者之所宜矣 綱目揭而書之 所以著亡漢之禍自此始也〕"《發明》

【綱】가을 7월에 太尉 宋由가 죄를 지어 책서를 내려 면직하니, 자살하였다.

秋七月에 太尉由有罪하여 策免하니 自殺하다

【目】〈宋由가〉 竇氏를 편들었기 때문이다.

以黨於竇氏故也라

【綱】8월에 司空 任隗가 卒하니, 尹睦을 太尉 錄尙書事로 삼고, 劉方을 司空으로 삼았다.

八月에 司空隗卒하니 以尹睦爲太尉錄尙書事하고 劉方爲司空하다

【目】처음에 北單于를 세울 것을 논할 적에 오직 劉方과 尹睦이 袁安의 의논에 동조하였는데, 竇氏가 폐출되자 황제가 예전의 의논을 떠올려서 책서를 내려 宋由를 면직하고 유방과 윤목을 등용한 것이다.

初에 議立北單于할새 惟方睦이 同袁安議러니 及竇氏敗에 帝思前議라 故로 策免由而用方睦焉하니라

【綱】護羌校尉 鄧訓이 卒하니, 迷唐이 다시 배반하였다.

護羌校尉鄧訓이 卒하니 迷唐이 復反[22]하다

【目】鄧訓이 卒하니, 관리와 백성, 羌族과 胡族들 중에 아침저녁으로 臨哭하는 자가 하루에 수천 명이었고, 예전 烏桓校尉 시절의 관리와 군사들이 모두 도로에 달려 나와 성곽이 텅 빌 정도였다. 관리가 그들을 붙잡고 말렸으나 말을 듣지 않으므로 글을 올려 校尉 徐傿에게 아뢰자, 서언이 탄식하기를 "이는 의로운 일을 하는 것이다." 하고 풀어주니, 마침내 집집마다 등훈을 위하여 사당을 세웠다.

聶尙(섭상)이 등훈을 대신하여 校尉가 되어 여러 羌族들을 은혜로 회유하고자 해서 마침내 迷唐에게 명하여 大楡谷과 小楡谷으로 돌아와 살게 하였다. 미당이 섭상에게 자

---

22) 護羌校尉鄧訓……復反 : "위에서 '鄧訓이 卒했다.〔訓卒〕'고 쓰고 뒤이어 '다시 배반하였다.〔復反〕'라고 쓴 것은 등훈의 功을 기록한 것이다.〔上書訓卒 繼書復反 志訓功也〕" ≪書法≫

신의 祖母를 보내오자, 섭상은 변방 부근까지 직접 전송하고 역관으로 하여금 호송하게 하였는데, 미당이 여러 종족들과 함께 역관을 도륙하고서 맹약을 맺고 다시 金城塞를 쳐들어오니, 섭상이 이 일에 연좌되어 면직되었다.

鄧訓이 **卒**하니 **吏民羌胡旦夕臨者 日數千人**①이요 **前烏桓吏士皆犇走道路**하여 **至空城郭**②이라 **吏執不聽**이어늘 **以狀白校尉徐傿**③한대 **傿**이 **歎息曰 此爲義也**라하고 **乃釋之**하니 **遂家家爲訓立祠**하다 **聶尙**이 **代訓爲校尉**하여 **欲以恩懷諸羌**하여 **乃詔迷唐**하여 **使還居大小楡谷**④하다 **迷唐**이 **遣祖母**하여 **詣尙**이어늘 **尙**이 **自送至塞下**하여 **令譯護送之**러니 **迷唐**이 **遂與諸種屠譯以盟**하고 **復寇金城塞**하니 **尙**이 **坐免**⑤하다

① 臨(臨哭하다)은 去聲이다.
臨, 去聲.

② "前烏桓吏士"는 鄧訓이 전에 烏桓校尉를 맡았을 때의 관리와 군사를 이른다.
前烏桓吏士, 謂訓前任烏桓校尉時吏士也.

③ 傿은 於建과 於虔 두 切이다. 徐傿이 이때 烏桓校尉가 되었던 듯하다.
傿, 於建・於虔二切. 傿蓋爲烏桓校尉.

④ ≪資治通鑑≫에는 "마침내 譯官을 使者로 보내어서 迷唐을 불러들여 다시 大楡谷과 小楡谷에 돌아와 살게 했다." 하였다. 鄧訓이 미당을 몰아 쫓아냈는데 聶尙이 이들을 불러왔으니, 이는 등훈의 정사를 뒤집고자 한 것이다.
通鑑 "乃遣譯使, 招呼迷唐, 使還居大・小楡谷." 鄧訓驅逐迷唐, 而聶尙招呼之, 欲以反鄧訓之政也.

⑤ "屠譯以盟"은 漢나라의 使者인 譯官을 죽여 시신을 찢고 함께 그 피를 발라서 맹약을 맺음을 이른다.
屠譯以盟, 謂屠裂其譯使, 共歃其血以結盟.

癸巳年(93)

【綱】 漢나라 孝和皇帝 永元 5년이다. 봄 정월에 太傅 鄧彪(등표)가 卒하였다.

五年이라 **春正月**에 **太傅彪卒**하다

【綱】 隴西에 지진이 있었다.

◑**隴西**에 **地震**하다

【綱】北單于가 배반하였으므로 군대를 보내 쫓아가 참수하고 멸망시켰다.

◑ 北單于畔[23)]이어늘 遣兵追斬하고 滅之하다

【目】竇憲이 於除鞬을 세워 北單于로 삼고는 北庭으로 돌아가도록 돕고자 하였는데, 마침 두헌이 주벌을 받아 중지되니, 어제건이 스스로 배반하여 북쪽으로 돌아갔다. 이에 詔令을 내려 토벌해서 참수하고 그 무리를 격파하여 멸망시켰다.

竇憲이 旣立於除鞬하여 爲北單于하고 欲輔歸北庭이러니 會憲誅而止하니 於除鞬이 自畔還北이어늘 詔討斬之하고 破滅其衆하다

【綱】鮮卑가 옮겨 北匈奴의 땅을 점거하였다.

鮮卑徙據北匈奴地하다

【目】鮮卑가 匈奴의 옛 땅을 점거하자 흉노의 남은 종족 10여만 부락이 모두 스스로 선비라 일컬으니, 선비가 이로부터 점점 강성해졌다.

鮮卑旣據匈奴故地①에 匈奴餘種十餘萬落이 皆自號鮮卑②하니 鮮卑由此漸盛하다

① 拓拔氏가 북쪽 변방에서 남쪽으로 옮겨온 것은 아마도 이때일 것이다.
拓拔氏自北荒南徙, 蓋此時也.
② 落은 거처이니, 사람들이 모여 사는 곳이다.
落, 居也, 人所聚居.

【綱】겨울 10월에 太尉 尹睦이 卒하니, 張酺를 太尉로 삼았다.

冬十月에 太尉睦이 卒하니 以張酺爲太尉하다

【目】張酺가 尙書 張敏 등과 아뢰기를 "曹褒가 漢나라 禮를 멋대로 제정하여 聖人의 法을 어지렵혔으니,[24)] 마땅히 법에 따라 주살해야 합니다." 하였다. 황제가 그들의 上奏를

23) 北單于畔 : "單于에게는 '畔(배반했다.)'이라고 쓴 적이 없는데, 여기에서 '畔'이라고 쓴 것은 어째서인가. 漢나라가 세웠기 때문이다. 이 때문에 北單于는 漢나라가 세웠으므로 '畔'이라고 쓰고, 南匈奴는 漢나라에게 臣이라고 칭하였으므로 '討'라고 썼으니, ≪資治通鑑綱目≫의 명분이 엄격하다.〔單于未有書畔者 此其書畔 何 漢所立也 是故北單于爲漢所立 則書畔 南匈奴稱臣於漢 則書討 綱目之名分 嚴矣〕" ≪書法≫

회의에 회부하지 않으나, 조포가 만든 漢나라 禮가 끝내 시행되지 못하였다.

酺與尙書張敏等奏호되 曹褒制漢禮하여 亂聖術하니 宜加刑誅니이다 帝寢其奏而漢禮遂不行하다

【綱】 梁王 劉暢이 죄를 지으니, 詔令을 내려 食邑 두 縣을 삭감하였다.

梁王暢이 有罪하니 詔削二縣①하다

① 劉暢은 처음에 汝南王에 봉해졌었는데, 章帝 建初 2년(77)에 옮겨 梁王이 되었다.
暢初封汝南王, 章帝建初二年, 徙爲梁王.

【目】 劉暢이 從官 卞忌와 함께 제사하여 복을 기원하였는데, 변기가 말하기를 "神이 왕께서 마땅히 天子가 되어야 한다고 하였습니다." 하였다. 有司가 유창을 詔獄으로 불러들일 것을 주청하였으나 황제가 허락하지 않고 다만 食邑 두 縣을 삭감하였다. 유창이 上疏하여 깊이 스스로를 책망하고 관작과 봉지를 돌려드릴 것을 청하였는데, 上은 우대하는 詔書를 내리고 허락하지 않았다.

暢이 與從官卞忌로 祠祭求福이러니 忌云 神言王當爲天子라하다 有司奏請徵詣詔獄한대 帝不許하고 但削二縣①하니 暢이 上疏하여 深自刻責하고 請還爵土어늘 上이 優詔不聽하다

① "二縣"은 成武과 單父(선보)이다.
二縣, 成武・單父也.

【綱】 護羌校尉 貫友가 迷唐을 공격하여 패주시켰다.

護羌校尉貫友 攻迷唐하여 走之하다

【目】 貫友가 大榆谷과 小榆谷에서 迷唐을 공격하고, 逢留大河를 끼고서 城과 塢를 구축한 다음 큰 배를 만들어 河橋를 설치하고 군대를 거느리고 河水를 건너려고 하니, 미당이 멀리 옮겨가서 賜支河曲에 의지하였다.

貫友攻迷唐於大小榆谷하고 夾逢留大河하여 築城塢하고 作大航하여 造河橋하여 欲以度兵①하니 迷唐이 遠徙하여 依賜支河曲②하다

---

24) 曹褒가……어지럽혔으니 : 曹褒가 漢나라의 禮를 정할 것을 청하고 이를 撰한 것은 본서 181쪽, 184쪽에 보인다.

① 여기의 大河는 바로 黃河로, 河水가 여기에 이르면 逢留河로 불리니, 두 楡谷의 북쪽에 있다. 航은 寒剛의 切이니 배 두 척을 연결한 배이다. 배를 만들어 교량을 설치한 것은 바로 河橋를 말한 것이다.
此大河, 卽黃河, 河水至此, 有逢留之名, 在二楡谷北. 航, 寒剛切, 方舟也. 造舟爲梁, 則河橋之謂也.

② 賜支는 ≪書經≫ 〈夏書 禹貢〉에 이른바 '析支'란 곳이니, 河關 서쪽 천여 리 지점에 있다. 河水가 굽이져 동북쪽으로 흘러서 析支의 지역을 통과하니, 이것이 河曲이다.
賜支, 禹貢所謂析支者也, 在河關西千餘里. 河水屈而東北流, 逕於析支之地, 是爲河曲.

【綱】南匈奴單于 屯屠何가 죽으니, 單于 宣의 아우 安國(남흉노 제9대 선우)이 즉위하였다.[25)]

南匈奴單于屯屠何 死하니 **單于宣弟安國**이 **立**하다

【目】安國이 처음에 左賢王이 되어서는 칭찬하는 명성이 없었는데 單于가 되니, 左谷蠡王(좌곡려왕) 師子가 차례에 따라 左賢王이 되었다. 사자는 평소 용맹하고 약삭빠르고 지혜가 많아서 여러 번 군대를 거느리고 北匈奴의 왕정을 공격하여 상을 받으니, 國中에서 모두 사자를 공경하고 안국을 따르지 않았다. 안국이 사자를 죽이려 하였는데, 막 항복한 여러 胡族들이 전에 변방 밖에서 여러 번 사자에게 쫓기고 노략질을 당한 까닭에 그를 많이 원망하였다. 안국이 이를 이용해 함께 사자를 죽이려고 모의하니, 사자가 그 계책을 알고는 마침내 따로 五原의 경계에 거주하였다.

安國이 初爲左賢王하여 無稱譽러니 及爲單于에 左谷蠡王師子 以次轉爲左賢王①하다 師子素勇黠多知②하여 數(삭)將兵擊北庭하여 受賞賜하니 國中이 盡敬師子而不附安國이라 安國이 欲殺之러니 諸新降胡 初在塞外하여 數爲師子所驅掠하여 多怨之③라 安國이 因是하여 與同謀議하니 師子覺其謀하고 乃別居五原界하다

① 師子는 左谷蠡王의 이름이다.
師子, 其名.

② 知(지혜)는 智로 읽는다.
知, 讀曰智.

---

25) 南匈奴單于……즉위하였다 : 屯屠何는 남흉노 8대 선우이고, 宣은 7대 선우이다. 둔도하는 胡邪尸逐侯鞮單于, 宣은 伊屠於閭鞮單于로 불린다. 둔도하와 선・안국은 사촌간이다. 아래 師子는 둔도하의 조카이다.

③ "在塞外"는 먼저 北部(北匈奴)에 소속되었을 때를 이른다.
在塞外, 謂先屬北部時.

甲午年(94)

【綱】 漢나라 孝和皇帝 永元 6년이다. 봄 정월에 使匈奴中郎將 杜崇 등이 安國을 죽이고 左賢王 師子를 세워 單于로 삼았다.[26)]

六年이라 **春正月**에 **使匈奴中郎將杜崇等**이 **殺安國**하고 **立左賢王師子**하여 **爲單于**하다

【目】 安國이 杜崇과 不和하고 上書하여 두숭을 고발하니, 두숭이 그 글을 중간에서 차단하고는 度遼將軍 朱徽와 함께 上言하기를 "안국이 새로 항복한 자들과 가까이 지내면서 左賢王 師子를 죽이고 군대를 일으켜 배반하려 합니다." 하였다.

公卿들에게 회부하여 의논하게 하자, 모두 말하기를 "마땅히 方略(策略)이 있는 使者를 匈奴의 왕정에 보내어서 두숭, 주휘와 힘을 합하여 그 部의 무리 중에 변방의 폐해를 일으키는 자들을 책망해서 함께 평론하여 죄를 주어 주벌해야 합니다. 만약 명령을 따르지 않을 경우에는 使者로 하여금 때에 맞는 방략을 만들게 하면 충분히 여러 오랑캐들에게 위엄을 보일 수 있습니다." 하니, 황제가 이 말을 따랐다.

이에 주휘와 두숭이 마침내 군대를 동원하여 흉노의 왕정에 이르렀는데, 안국이 놀라 도망가면서 군대를 일으켜 師子를 죽이려 하자, 師子가 穹廬와 취락을 모두 철거하여 曼柏城으로 들어갔다. 안국이 추격하여 城 아래에 이르니, 주휘가 관리를 보내 깨우치고 타일렀으나 듣지 않았다. 두숭과 주휘가 여러 郡의 기병을 동원하여 추격하니, 안국의 외숙인 喜爲 등이 함께 주살 당할 것을 두려워하여 마침내 안국을 죽이고 師子를 세웠다.

安國이 與崇不相平하고 上書告崇하니 崇이 斷其章①하고 因與度遼將軍朱徽로 上言호되 安國이 親近新降하여 欲殺左賢王師子하고 起兵背畔②이라하다 下公卿議하니 皆以爲 宜遣有方略使者하여 之單于庭하여 與崇, 徽幷力하여 責其部衆爲邊害者하여 共亖罪誅③하고 若不從命이어든 令爲權時方略이면 亦足以威示百蠻이니이다 帝從之하다 於是에 徽, 崇이 遂發兵造其庭한대 安國이 驚去하여 擧兵欲誅師子하니 師子悉將廬落하고 入曼栢城④하다 安國이 追到城下하니 徽遣吏曉譬호되 不

---

26) 師子를……삼았다 : 師子는 남흉노 제10대 선우로 亭獨尸逐厚鞮單于라 한다.

聽이라 崇, 徼因發諸郡騎하여 追赴之하니 安國舅喜爲等이 恐幷誅하여 乃殺安國而立師子하다

① 〈"崇斷其章"은〉 杜崇이 安國이 올린 글을 차단하여 도달하지 못하게 하였음을 이른다.
謂崇遮斷安國所上奏章, 不得達也.
② "新降"은 새로 北部에서 와서 항복한 자들을 이른다.
新降, 謂新從北部來降者.
③ 之는 감이다. 幷(합하다)은 卑政의 切이다. "共平罪誅"는 함께 그 죄를 논평하여 처리해서 마땅히 주벌할 만하면 주벌하는 것이다.
之, 往也. 幷, 卑政切. 共平罪誅, 謂相與平處其罪, (常)〔當〕[27]誅者則誅之.
④ 廬는 천막집〔穹廬〕이고 落은 거처하는 취락이다. 曼栢縣은 五原郡에 속하였다.
廬, 穹廬. 落, 居也. 曼栢縣, 屬五原郡.

【綱】 司徒 丁鴻이 卒하니 劉方을 司徒로 삼고 張奮을 司空으로 삼았다.

司徒鴻이 卒하니 以劉方爲司徒하고 張奮爲司空[①]하다

① 張奮은 張純의 아들이다.
奮, 純之子也.

【綱】 가을에 가뭄이 들었다.

◑ 秋에 旱하다

【綱】 班超가 8개국의 군대를 동원하여 焉耆를 토벌하고 焉耆王 廣을 참수하였다.

◑ 班超發八國兵하여 討焉耆하고 斬其王廣하다

【目】 처음에 龜玆 등 여러 나라가 이미 항복하였으나 焉耆는 여전히 두 마음을 품고 있었는데, 이때에 이르러 漢나라에서 토벌하였다. 이에 西域의 50여 나라가 모두 인질을 바치고 內屬하니, 바닷가 4만 리 밖에서도 모두 통역을 거듭하여 공물을 바쳤다.

初에 龜玆諸國이 既降이로되 焉耆猶懷二心이러니 至是討之하니 於是에 西域五十餘國이 悉納質內屬이라 至于海濱四萬里外하여도 皆重譯貢獻[①]이러라

---

27) (常)〔當〕: 저본에는 '常'으로 되어 있으나, ≪資治通鑑≫ 註에 의거하여 '當'으로 바로잡았다.

① 海濱은 西海의 물가이니, 이른바 條支, 大秦(로마), 蒙奇, 兜勒의 여러 나라들이다.
海濱, 西海之濱也, 所謂條支・大秦・蒙奇・兜勒諸國也.

【綱】 항복한 北匈奴 사람들이 屯屠何의 아들 逢侯를 위협하여 세우고 배반하여 달아나 변방을 나가자, 장군 鄧鴻 등을 보내 공격하였으나 미치지 못하니, 등홍과 杜崇 등이 모두 죄에 걸려 주살을 당하였다.

北匈奴降者 脅立屯屠何子逢侯하고 叛走出塞어늘 遣將軍鄧鴻等이 擊之不及하니 鴻及杜崇等이 皆坐誅[28)]하다

【目】 鄧鴻은 머뭇거린 죄에 걸리고, 杜崇과 朱徽는 오랑캐와 和親을 무너뜨려 오랑캐가 배반하도록 만든 죄에 걸려서, 모두 불려와 하옥되어 죽었다.

鴻은 坐逗留하고 崇及朱徽는 坐失胡和하여 致胡反하여 皆徵下獄死하다

【綱】 陳寵을 廷尉로 삼았다.

以陳寵爲廷尉[29)]하다

【目】 陳寵은 성품이 인자하고 너그러워서 의심스러운 옥사를 의논할 때마다 매번 經典에 붙여서 되도록 너그럽게 처리하니, 각박한 풍속이 이에 조금 수그러졌다.

寵이 性仁矜하여 數(삭)議疑獄에 每附經典하여 務從寬恕하니 刻敝之風이 於此少衰하니라

乙未年(95)

【綱】 漢나라 孝和皇帝 永元 7년이다. 여름 4월 초하루에 일식이 있었다.

七年이라 夏四月朔에 日食하다

---

28) 鴻及杜崇等皆坐誅 : "이때 모두 하옥되어 죽었는데, '誅'라고 쓴 것은 그의 죄를 바로잡은 것이다.〔於是皆下獄死 書誅 正其罪也〕" ≪書法≫

29) 以陳寵爲廷尉 : "宣帝 地節 원년(B.C. 69)에 于定國을 쓴 이후로 160여 년 동안 廷尉가 임명된 것이 ≪資治通鑑綱目≫에 보이지 않았는데, 이때 다시 보이니, 이는 陳寵의 인자함과 너그러움을 가상히 여긴 것이다.〔自宣帝地節元年 書于定國 是後百六十餘年 廷尉不見於綱目矣 於是復見 嘉仁恕也〕" ≪書法≫

【綱】 가을 7월에 易陽(역양)의 땅이 갈라졌다.

◑ 秋七月에 易陽地裂[①]하다

① 易陽縣은 趙나라에 속하였다.
易陽縣, 屬趙國.

【綱】 9월에 지진이 있었다.

◑ 九月에 地震하다

丙申年(96)

【綱】 漢나라 孝和皇帝 永元 8년이다. 봄 2월에 貴人 陰氏를 세워 皇后로 삼았다.

八年이라 春二月에 立貴人陰氏爲皇后[①]하다

① 陰氏은 陰識(음지)의 증손이다.
陰氏, 識之曾孫也.

【綱】 여름에 蝗蟲의 재해가 있었다.

◑ 夏에 蝗하다

丁酉年(97)

【綱】 漢나라 孝和皇帝 永元 9년이다. 봄 3월에 隴西에 지진이 있었다.

九年이라 春三月에 隴西地震하다

【綱】 여름 6월에 가뭄이 들고 蝗蟲의 재해가 있으므로 田租와 山澤의 세금을 면제하였다.

◑ 夏六月에 旱蝗하니 除田租及山澤稅[30)]하다

【綱】 가을 윤8월에 皇太后 竇氏가 崩하였다.

◑ 秋閏八月에 皇太后竇氏崩하다

【目】 처음에 梁貴人[31)]이 죽자 宮省의 일이 은밀하여 황제가 梁氏의 소생인 줄을 아는 자가 없었는데, 舞陰公主의 아들 梁扈가 三府(三公의 府)에 奏記해서 이 일을 심리하여 의논할 것을 청하였다. 太尉 張酺가 이 내용을 아뢰자, 황제가 감동하여 한동안 통곡하였다. 장포가 인하여 양귀인에게 尊號를 追上하고 여러 외숙들을 慰撫하고 錄用할 것을 청하니, 황제가 그의 말을 따랐다. 마침 양귀인의 언니가 上書하여 직접 사정을 말하니, 황제는 그제야 귀인이 억울하게 죽은 정황을 알게 되었다.

三公이 竇太后의 존호를 폄하하고 先帝의 陵에 합장해서는 안 된다고 주청하자, 황제가 직접 詔令을 써서 내리기를 "竇氏가 비록 법도를 따르지 않았으나 太后는 항상 자신을 낮추어 겸손하였고, 朕이 받들어 섬긴 지 10년이 되었다. 깊이 大義를 생각하건대, 禮에 臣子들이 높은 윗사람을 폄하하는 글이 없으니, 은혜를 차마 버릴 수가 없고 義를 차마 훼손할 수가 없다. 다시는 의논하지 말라." 하였다.

初에 梁貴人旣死에 宮省事秘라 莫有知帝爲梁氏出者러니 舞陰公主子梁扈 奏記三府하여 求得申議①하니 太尉張酺言狀한대 帝感慟良久②러라 酺因請追上尊號하고 存錄諸舅하니 帝從之③하다 會에 貴人姊上書自訟하니 乃知貴人枉歿之狀이라 三公이 奏請貶竇太后尊號하고 不宜合葬先帝라한대 帝手詔曰 竇氏雖不遵法度나 而太后常自減損하고 朕奉事十年④이라 深惟大義건대 禮에 臣子無貶尊上之文⑤하니 恩不忍離요 義不忍虧라 其勿復議하라

① 梁扈는 梁松의 아들이다. 황제의 어머니 梁貴人이 어려서 어머니를 잃고 伯母인 舞陰公主에게 길러졌다. "求得申議"는 법에 따라 처리하여 의논할 것을 요구함을 이른다.
扈, 梁松子也. 帝母梁貴人, 少失母, 爲伯母舞陰公主所養. 求得申議, 謂求申理而議之也.

② 慟은 크게 곡하는 것이니, 슬픔이 지나친 것이다. "良久"는 꽤 오랫동안이다. 혹자는 "조금 오랜 것이다." 하였고, 일설에는 "良은 대략이니, 우는 소리가 가볍기 때문에 略이 良으로

---

30) 除田租及山澤稅 : "백성을 구휼한 일을 가상히 여긴 것이다. 그러므로 ≪資治通鑑≫에는 쓰지 않았으나 ≪資治通鑑綱目≫에서 특별히 쓴 것이다.〔嘉恤民也 故通鑑不書 綱目特書之〕" ≪書法≫

31) 梁貴人 : 章帝의 부인으로 和帝의 生母이다. 竇后가 아들이 없었기 때문에 양귀인이 낳은 아들인 劉肇(和帝)를 대신 길렀는데, 章帝 建初 8년(83)에 두후의 모함으로 太子였던 劉慶을 폐하고 유조를 태자로 삼았다. 유조가 태자로 즉위할 적에 梁氏들이 은밀히 서로 慶賀하니, 두후는 양귀인이 자신을 참소할 것을 염려하여 양귀인의 아버지 梁竦을 모함으로 죽였는데, 이 사건으로 양귀인도 근심으로 죽었다. 양송에게 시집가 양귀인을 기른 舞陰公主의 아들 梁扈가 양귀인을 追尊할 것을 三府에 奏記한 때가 和帝 永元 9년(97)이므로, 和帝가 양귀인의 소생인 줄 아는 자가 드물었던 것이다.

바뀌었다." 하였다.

慟, 大哭也, 哀過也. 良久, 頗久也. 或曰 "少久也." 一曰 "良, 略也, 聲輕, 故轉略爲良."

③ 錄은 채용함이고 받아들임이다.

錄, 采也, 收拾也.

④ 〈"奉事十年"은〉 황제가 지위를 계승한 때로부터 이때까지 10년이다.

自嗣位, 至是十年.

⑤ 惟는 생각함이다.

惟, 思也.

【綱】 章德皇后(竇太后)를 장례하였다.

葬章德皇后하다

【綱】 迷唐이 隴西를 침략하므로 將軍 劉尙을 보내 토벌하여 격파하였다.

◑ **迷唐**이 **寇隴西**어늘 **遣將軍劉尙**하여 **討破之**하다

【綱】 9월에 司徒 劉方이 책서로 면직되자, 자살하였다.

◑ **九月**에 **司徒方**이 **策免**하니 **自殺**하다

【綱】 겨울 10월에 梁貴人을 추존하여 恭懷皇太后라 하고 西陵에 장례하였다.

◑ **冬十月**에 **追尊梁貴人**하여 **爲恭懷皇太后**하고 **葬西陵**①[32]하다

① 처음 后를 장례할 적에 儀式에 부족함이 있었으므로 개장하였는데, 이 땅이 敬陵의 서쪽에 있기 때문에 西陵이라 칭하였으니, 薄太后의 陵이 霸陵의 남쪽에 있으므로 인하여 南陵이라 이름한 것과 같다.

初, 后葬有闕, 故改葬. 蓋以其地在敬陵之西, 故稱西陵, 猶薄太后陵在霸陵南, 因謂之南陵也.

【綱】 呂蓋를 司徒로 삼고, 司空 張奮이 면직되니 韓稜을 司空으로 삼았다.

---

32) 葬西陵 : "漢나라 后의 장례를 쓸 적에 지역을 쓰지 않았는데, 여기에서 지역을 쓴 것은 어째서인가. 禮가 잘못되었음을 기록한 것이다. 이때 妾母를 皇太后라 칭하고 장례에 西陵이라고 칭하였으니, 禮가 아니다.〔漢書后葬矣 不書地 此其書地 何 志禮失 於是妾母稱皇太后 葬稱西陵 非禮矣〕" ≪書法≫

◑ 以呂蓋爲司徒하고 司空奮이 罷하니 以韓稜爲司空하다

戊戌年(98)

【綱】 漢나라 孝和皇帝 永元 10년이다. 여름 5월에 홍수가 졌다.

十年이라 夏五月에 大水하다

【綱】 가을 7월에 司空 韓稜이 卒하니, 巢堪을 司空으로 삼았다.

◑ 秋七月에 司空稜이 卒하니 以巢堪爲司空[①]하다

① 巢堪은 사람의 姓名이다.
巢堪, 姓名.

【綱】 겨울 10월에 큰비가 내렸다.

◑ 冬十月에 雨水하다

【綱】 12월에 迷唐이 대궐에 와서 공물을 바쳤다.

◑ 十二月에 迷唐이 詣闕貢獻하다

【目】 劉尙이 적을 두려워한 죄에 걸려서 면직되고 謁者 耿譚이 현상금을 내거니, 여러 종족들이 이에 귀순하였다. 迷唐이 두려워하여 마침내 항복하였다.

劉尙이 坐畏懦(연)하여 免[①]하고 謁者耿譚이 設購賞하니 諸種이 頗來附라 迷唐恐하여 乃降하다

① 懦(나약하다)는 혹 愞으로도 쓴다.
懦, 或作愞.

【綱】 劉愷를 郎官으로 삼았다.

以劉愷爲郎하다

【目】 처음에 居巢侯 劉般이 薨하니, 아들 劉愷가 마땅히 뒤를 이어야 하였다. 그러나 그는 아버지의 남긴 뜻이라고 하여 아우 劉憲에게 자리를 양보하고 10여 년 동안 피해 있었다. 有司가 그 나라를 없앨 것을 청하자, 賈逵가 上書하기를 "孔子께서는 '예와 겸양을 행하면 나라를 다스림에 무슨 어려움이 있겠는가.'[33] 하셨습니다. 그런데 有司가 善을 좋아하는 마음을 살피지 않고 일반적인 법으로 다스리고자 하니, 이는 겸양하는 풍속을 조장하며 포용하고 너그럽게 하는 교화를 이루는 것이 아닙니다." 하였다. 이에 詔令을 내려 유헌이 관작을 잇는 것을 허락하고, 유개를 불러 郞으로 삼았다.

初에 居巢侯劉般이 薨①하니 子愷當嗣로되 稱父遺意하여 讓其弟憲하고 遁逃十餘歲라 有司奏請絶其國한대 賈逵上書曰 孔子稱能以禮讓이면 爲國乎何有리오하시니이다 有司不原樂善之心而繩以循常之法하니 非所以長克讓之風하고 成含弘之化也②니이다 詔聽憲嗣爵하고 徵愷爲郞하다

① 居巢縣은 廬江郡에 속하였다. 劉般은 宣帝의 현손이다.
居巢縣, 屬廬江郡. 般, 宣帝之玄孫也.
② 長(조장하다)은 知兩의 切이다.
長, 知兩切.

【綱】 南單于 師子가 죽고 單于 長의 아들 檀이 즉위하였다.[34]

南單于師子 死하고 單于長之子檀이 立하다

己亥年(99)

【綱】 漢나라 孝和皇帝 永元 11년이다. 봄 2월에 使者를 보내 순행하면서 창고의 곡식을 대여해주게 하였다.

十一年이라 春二月에 遣使하여 循行稟貸[35]하다

---

33) 예와……있겠는가 : 이 내용은 ≪論語≫ 〈里仁〉에 보인다.

34) 單于……즉위하였다 : 單于 長은 胡邪尸逐侯鞮單于로 남흉노 6대 선우이다. 檀은 남흉노 11대 선우로 萬氏尸逐侯鞮單于이다.

35) 循行稟貸 : "백성을 구휼한 일을 기록한 것이다. 그러므로 ≪資治通鑑≫에는 쓰지 않았으나 ≪資治通鑑綱目≫에서는 모두 특별히 쓴 것이다.〔志恤民也 故通鑑不書 綱目皆特書之〕" ≪書法≫

庚子年(100)

【綱】 漢나라 孝和皇帝 永元 12년이다. 여름 4월에 秭歸山(자귀산)이 무너졌다.

十二年이라 夏四月에 秭歸山이 崩①하다

① 秭는 姊와 통하니, 秭歸縣은 南郡에 속하였다. 이 縣 출신 屈原이 추방을 당했다가 갑자기 집에 돌아오니, 어진 누이인 女嬃(여수) 또한 돌아와 있었는데, 굴원에게 스스로 마음을 너그럽게 가지라고 타일렀다. 인하여 이 지역을 秭歸라 이름하였다.
秭, 通作姊, 秭歸縣, 屬南郡. 屈原此縣人, 旣被流放, 忽然蹔歸, 有賢姊曰女嬃, 亦歸, 喩令自寬, 因名其地爲秭歸.

【綱】 가을 7월 초하루에 일식이 있었다.

◑ 秋七月朔에 日食하다

【綱】 太尉 張酺가 면직되니, 張禹를 太尉로 삼았다.

◑ 太尉酺免하니 以張禹爲太尉하다

【綱】 迷唐이 다시 배반하였다.

◑ 迷唐이 復叛하다

【目】 迷唐이 들어와 조회함에, 그 남은 종족들은 채 2천이 못 되는데다가 굶주리고 곤궁하여 자립하지 못해서 金城에 들어와 거주하였다. 황제가 이들로 하여금 大榆谷과 小榆谷으로 돌아가게 하자, 미당은 漢나라에서 河橋를 만들어 군대가 아무 때나 들어오니[36] 옛 땅에서 다시 살 수가 없다 하여 이리저리 둘러대면서 나가려 하지 않았다. 이에 校尉 吳祉 등이 재촉하여 변방으로 나가게 하니, 미당이 다시 배반하여 노략질하고 떠나갔다.

迷唐이 旣入朝에 其餘種人이 不滿二千이요 飢窘不立하여 入居金城①이러니 帝令還大小榆谷하다

36) 漢나라에서……들어오니 : 和帝 永元 원년(93)에 護羌校尉 貫友가 迷唐을 공격하면서 逢留大河에 河橋를 설치하였다.

迷唐이 以漢作河橋하여 兵來無常하니 故地를 不可復居라하여 辭不肯出이어늘 校尉吳祉等이 促使出塞하니 迷唐이 復叛하여 寇鈔而去하다

① "不立"은 자립하지 못함을 이른다.
不立, 謂不能自立也.

辛丑年(101)

【綱】漢나라 孝和皇帝 永元 13년이다. 봄 정월에 황제가 東觀에 행차하였다.

十三年이라 春正月에 帝幸東觀①[37]하다

① 南宮에 東觀이 있으니, 漢나라의 圖籍이 있는 곳이다. 황제가 동관에 행차해서 書林을 보고 篇籍을 열람하고, 藝術(經學)에 재능이 있는 선비를 널리 선발하여 동관의 관원으로 충원하였다.
南宮有東觀, 漢氏圖籍所在. 帝幸東觀, 覽書林, 閱篇籍, (傳)〔博〕[38]選藝術之士, 以充其官.

【目】황제가 조회할 적에 魯丕, 賈逵, 黃香 등 여러 儒者를 불러 보고서 몇 가지 일을 논하게 하였는데, 황제는 노비의 말을 좋게 여겨서 특별히 의복과 관을 하사하였다. 노비가 인하여 다음과 같이 上疏하였다.

"經을 해설하는 자는 先師의 말을 전하고 자신의 의견을 말하지 않으니, 법칙이 되는 規矩와 權衡을 굽힐 수가 없는 것과 같습니다. 그러므로 논란하는 자는 반드시 그 근거를 밝히고 설명하는 자는 그 뜻을 세우는 데 힘써서, 浮華하여 쓸데없는 말이 앞에 진열되지 않습니다. 그러므로 정밀한 생각을 수고롭게 하지 않아도 道術이 더욱 밝아지는 것이니, 배운 법이 다른 자들로 하여금 각각 스승의 법을 스스로 말하게 하고 그 뜻을 널리 살펴보소서. 그리하여 궁벽하고 먼 지방에 숨어 있는 인재들이 누락되는 일이 없게 하소서."

帝因朝會하여 召見諸儒魯丕, 賈逵, 黃香等하여 相難數事①러니 帝善丕說하여 特賜衣冠한대

---

37) 帝幸東觀 : "'幸東觀'이라고 쓴 것은 어째서인가. 儒學을 높임을 아름답게 여긴 것이니, '幸'이라고 쓴 것이 이때 처음 시작되었다. ≪資治通鑑綱目≫에 幸을 쓴 것은 21번으로 대부분 비판한 말이니, 이보다 더 좋은 경우는 있지 않다.〔書幸東觀 何 美崇儒也 書幸始此 綱目書幸 二十有一 多譏辭 未有善於此者矣〕" ≪書法≫

38) (傳)〔博〕: 저본에는 '傳'으로 되어 있으나, ≪後漢書≫에 의거하여 '博'으로 바로잡았다.

丕因上疏曰 說經者는 傳先師之言이요 非從己出이니 若規矩權衡之不可枉也라 難者는 必明其據하고 說者는 務立其義하여 浮華無用之言이 不陳於前이라 故로 精思不勞而道術愈章[②]이니 法異者 各令自說師法하고 博觀其義하여 無令幽遠獨有遺失也하소서

① 魯丕는 魯恭의 아우이다. "相難"은 經傳의 의심스러운 부분을 가지고 서로 논란함을 이른다.
丕, 恭之弟也. 相難, 謂以經疑相難也.

② 漢나라 儒者들 중에 名家(유명한 전문가)를 專門하는 자들은 각자 스승의 학설을 고수하였다. 그러므로 논란을 하는 자는 반드시 스승의 학설을 밝혀서 근거로 삼고, 논란에 대답하는 자 또한 반드시 힘써 大義를 세워서 스승의 학설을 폈쳤다. 思(생각하다)는 相吏의 切이다. 章은 밝음이다.
漢儒專門名家, 各守師說, 故發難者必明其師之說, 以爲據. 答難者亦必務立大義, 以申其師之說. 思, 相吏切. 章, 明也.

【綱】가을에 迷唐이 金城을 침략하자, 郡의 군대가 격파하였다.

秋에 迷唐이 寇金城이어늘 郡兵이 擊破之하다

【目】迷唐이 다시 賜支河曲으로 돌아가서 군대를 거느리고 변방을 향해오자, 金城太守 侯霸가 미당을 공격하여 깨뜨렸다. 이에 그 종족들이 와해되니, 미당의 세력이 마침내 약해져서 멀리 賜支河의 끝을 넘어 發羌에 의지하여 거주하였다. 오랜 뒤에 미당이 병으로 죽자 그의 아들이 와서 항복하였는데, 호구가 채 수십도 되지 않았다.

迷唐이 復還賜支河曲하여 將兵向塞어늘 金城太守侯霸 擊破迷唐하니 種人이 瓦解라 迷唐이 遂弱하여 遠踰賜支河首하여 依發羌居[①]러니 久之에 病死라 其子來降하니 戶不滿數十이러라

① 發羌은 西羌의 別種이다. 혹자는 "唐나라의 吐蕃이 바로 그들의 후예이다." 하였다.
發羌, 西羌別種. 或曰 "唐之吐蕃, 卽其後也."

【綱】큰비가 내렸다.

雨水하다

【綱】겨울에 邊郡에 詔令을 내려 孝廉(효도하고 청렴한 자)을 천거하게 하였다.

◑ 冬에 詔邊郡하여 擧孝廉하다

【目】 다음과 같이 詔令을 내렸다.

"幽州, 幷州, 涼州는 호구가 대체로 적고 변경의 부역이 너무 많아서 검속하고 수행하는 훌륭한 관리가 벼슬할 길이 좁다. 夷狄을 어루만지고 상대하는 것은 사람을 쓰는 것이 근본이 되니, 邊郡 가운데 인구가 10만 이상인 곳은 해마다 孝廉한 사람 1명을 천거하고, 10만이 못 되는 곳은 2년에 한 사람을 천거하고, 5만 이하인 곳은 3년에 한 사람을 천거하라."

詔曰 幽, 幷, 涼州는 戶口率少하고 邊役衆劇하여 束修良吏進仕路狹[①]하니 撫接夷狄은 以人爲本이라 其令緣邊郡口十萬以上은 歲擧孝廉一人하고 不滿十萬은 二歲一人하고 五萬以下는 三歲一人하라

① "束修良吏"는 몸가짐을 단속하고 언행을 바르게 하는 훌륭한 관리를 이른다. 혹은 束修는 의복을 단정히 입고 언행을 바르게 하는 것이라고도 한다.
束修良吏, 謂檢束修飭循良之吏, 或謂束修, 束帶修飭也.

【綱】 鮮卑가 右北平과 漁陽으로 침입하였다.

鮮卑寇右北平, 漁陽하다

【綱】 司徒 呂蓋가 致仕하니, 魯恭을 사도로 삼았다.

◑ 司徒蓋致仕하니 以魯恭爲司徒하다

【綱】 巫縣의 蠻族이 배반하여 南郡을 침략하였다.

◑ 巫蠻이 反하여 寇南郡하다

【目】 巫縣의 蠻族 許聖이 郡에서 거두는 세금이 공평하지 않은 것에 원한을 품어 마침내 배반하였다.

巫蠻許聖이 以郡收稅不均으로 怨恨하여 遂反[①]하다

① 巫縣은 南郡에 속하였다.

巫縣, 屬南郡.

壬寅年(102)

【綱】漢나라 孝和皇帝 永元 14년이다. 봄에 安定의 羌族이 배반하므로 郡의 군대가 공격하여 멸망시키고 다시 西海郡[39]을 설치하였다.

十四年이라 春에 安定羌이 反이어늘 郡兵이 擊滅之하고 復置西海郡하다

【目】安定의 항복한 羌族인 燒何의 종족이 배반하자 郡의 군대가 공격하여 멸망시키니, 이로부터 西海郡과 大楡谷, 小楡谷의 부근에 다시는 강족의 침략이 없었다. 隃麋侯(유미후)의 相인 曹鳳이 다음과 같이 上言하였다.

"燒當의 종족이 대유곡과 소유곡에 거주하고 있는데, 토지가 비옥하고 西海(靑海)의 어물과 소금의 이익이 있으며, 大河를 의지하여 견고함을 삼고 또 변방 안에 있는 여러 종족들과 가깝습니다. 그러므로 법을 범하는 자가 항상 이로부터 일어나니, 마땅히 이때에 다시 西海의 郡縣을 세워서 대유곡과 소유곡을 도모하여 견고히 지키고, 屯田을 널리 설치해서 羌族과 胡族이 왕래하는 길을 막고, 미치고 교활한 자들이 엿보고 욕심내는 근원을 차단하며, 또 곡식을 많이 저축하여 변경을 부유하게 해서 수송하는 부역을 줄여야 합니다. 이렇게 하면 국가에 西方에 대한 근심이 없게 될 것입니다."

上이 이 말을 따라서 옛 西海郡을 수선하고 조봉을 金城西部都尉로 임명하여 지키게 하고는, 둔전을 더 넓히고 둔전을 河水 좌우에 나열하니 도합 34部였다. 그 효과가 막 이루어지려 하였는데, 마침 永初 연간(107~113)에 여러 羌族이 배반하니, 마침내 파하였다.

安定降羌燒何種이 反이어늘 郡兵이 擊滅之①하니 自是로 西海及大小楡谷左右에 無復羌寇라 隃麋相曹鳳이 上言②호되 燒當種이 居大小楡谷하여 土地肥美하고 有西海魚鹽之利하며 阻大河以爲固③하고 又近塞內諸種이라 故로 犯法者 常從此起하니 宜及此時하여 建復西海郡縣하여 規固二楡하고 廣設屯田하여 隔塞(색)羌胡交關之路하고 遏絶狂狡窺欲之源④하며 又殖穀富邊하여 省(생)

39) 西海郡 : 平帝 元始 4년(4)에 王莽이 서쪽 변방 밖의 羌族을 회유하여 처음으로 설치하였다. 郡을 설치하면서 이곳에 中國의 백성을 이주시키기 위해 50개 조항의 법을 증가시켰고, 이를 통해 천 혹은 만여 명의 백성을 이주시켰다. 자세한 내용은 ≪資治通鑑綱目≫ 제8권 상에 보인다.

委輸之役이면 國家可以無西方之憂리이다 上이 從之하여 繕修故西海郡하고 拜鳳爲金城西部都尉하여 戍之[⑤]하고 增廣屯田하고 列屯夾河하니 合三十四部라 其功이 垂立이러니 會永初中에 諸羌이 叛하니 乃罷[⑥]하다

① 燒何와 燒當은 각각 한 종족이다.
燒何與燒當, 各是一種.
② 隃는 음이 踰이다. 隃糜侯의 나라는 右扶風에 속하였다.
隃, 音踰. 隃糜侯國, 屬右扶風.
③ 西海에 允谷의 鹽池가 있었다.
西海, 有允谷鹽池.
④ 建은 세움이니, 〈"建復西海郡縣"은〉 계책을 세워서 다시 郡縣을 설치함을 이른다. 規는 도모함이고 固는 굳게 지킴이다.
建, 立也. 謂立策, 復置郡縣也. 規, 圖也. 固, 守也.
⑤ 金城西部都尉府는 金城縣에 있었다.
金城西部都尉府, 在金城縣.
⑥ "夾河"는 逢留大河의 좌우이다.
夾河, 夾逢留大河也.

【綱】 여름 4월에 荊州의 군대가 巫縣의 蠻族을 토벌하여 대파해서 항복시켰다.

夏四月에 **荊州兵**이 **討巫蠻**하여 **大破降之**하다

【綱】 6월에 皇后 陰氏가 폐위되어 죽었다.

◑ **六月**에 **皇后陰氏廢死**[40)]하다

【目】 陰后가 투기하고 원한을 품고 있었는데, 음후가 巫蠱의 방도를 사용한다고 말하는 자가 있으니, 음후가 이에 연루되어 폐위되어서 근심하다가 죽었다.

陰后妬忌恚(에)恨이러니 有言后挾巫蠱道者하니 后坐廢하여 以憂死하다

---

40) 皇后陰氏廢死 : "'皇后 陰氏가 폐위되었다.'고 쓴 것은 어째서인가. 죄를 책하는 말이다. 그러므로 '死'라고 쓴 것이다. ≪資治通鑑綱目≫이 끝날 때까지 皇后에게 '廢(폐위)'를 쓴 것이 21번인데, 〈后를 폐위시킨 자가 없고〉 스스로 폐위된 것처럼 쓴 것이 세 번(武帝의 陳后, 宣帝의 霍后, 和帝의 陰后)이고, 폐위된 后에게 死라고 쓴 것은 한 번뿐이다.〔皇后陰氏廢 何 罪辭也 故書死 終綱目皇后書廢者二十一而以自廢爲文者三 廢書死 一而已〕" ≪書法≫

【綱】 홍수가 졌다.

大水하다

【綱】 班超를 불러 京師로 돌아오게 하였다.

◑徵班超하여 還京師하다

【目】 班超가 늙어 돌아갈 것을 청하였으나 오래도록 답을 받지 못하였다. 반초의 누이인 曹大家(曹大姑)가 上書하여 반초를 위해서 애걸하자, 황제가 그 말에 감동하여 마침내 반초를 불러 돌아오게 하였는데, 반초는 8월에 洛陽에 이르러서 9월에 卒하였다.

任尙이 반초를 대신하여 都護가 되었는데, 반초에게 이르기를 "이 소인이 외람되이 당신의 뒤를 이어서 책임은 무겁고 생각은 얕으니, 마땅히 가르침을 주셔야 합니다." 하니, 반초는 다음과 같이 말하였다.

"변방의 관리와 병사들은 본래 효도하는 아들과 순한 손자가 아니고, 모두 죄와 허물을 짓고 변경으로 귀양 와서 주둔하고 있다. 蠻夷들은 새와 짐승의 마음을 품고 있으니, 기르기는 어렵고 禍亂이 되기는 쉽다. 지금 그대는 성품이 너무 급하고 엄하니, 물이 맑으면 큰 물고기가 없고 정사를 지나치게 살피면 아래와 화합하지 못하는 법이다. 마땅히 소탈하고 평이하게 하여 작은 허물은 너그럽게 용서하고 큰 기강만 총괄하면 될 것이다."

반초가 떠난 뒤에 임상이 친한 사람에게 은밀히 말하기를 "나는 班君에게 마땅히 기이한 계책이 있을 것이라고 생각하였는데, 지금 말한 바가 지나치게 평이하다." 하였는데, 임상은 뒤에 반초의 말과 같이 끝내 변경의 화합을 잃고 말았다.

班超年老乞歸호되 久之未報러니 超妹曹大家上書하여 爲超求哀①한대 帝感其言하여 乃徵超還하다 八月에 至洛陽하여 九月에 卒②하다 任尙이 代爲都護러니 謂超曰 小人이 猥承君後하여 任重慮淺하니 宜有以誨之니라 超曰 塞外吏士는 本非孝子順孫이라 皆以罪過徙補邊屯이요 而蠻夷懷鳥獸之心하니 難養易敗라 今君性嚴急하니 水淸이면 無大魚요 察政이면 不得下和③니 宜蕩佚(탕일)簡易하여 寬小過하고 總大綱而已④니라 超去後에 尙이 私謂所親曰 我以班君當有奇策이러니 今所言平平耳라하더니 尙이 後竟失邊和하여 如超言하니라

① 班超의 妹氏인 班昭가 학문이 넓고 재주가 높고 節行과 法度가 있으니, 황제가 자주 궁중에 불러들여서 皇后와 여러 貴人들로 하여금 그를 師事하게 하고 '大家'라고 불렀다. 大家란 궁

중에서 서로 높이는 칭호이다. 家는 姑로 읽는다.
超妹昭, 博學高才, 有節行法度, 帝數召入宮, 令皇后・諸貴人師事焉, 號曰大家. 大家者, 宮中相尊之稱也. 家, 讀曰姑.

② 班超가 西域에 있은 지 31년으로, 나이가 71세였다.
超在西域三十一歲, 年七十一.

③ ≪孔子家語≫에 "孔子께서 '물이 지극히 맑으면 고기가 없고, 사람이 지극히 살피면 무리가 없다.' 하셨다" 하였다.
家語 "孔子曰 水至淸則無魚, 人至察則無徒."

④ 蕩은 본음대로 읽고 佚은 음이 迭이니, "蕩佚"은 관대하고 느긋한 뜻이다.
蕩, 如字. 佚, 音迭. 蕩佚, 寬大舒緩之意.

【綱】 겨울 10월에 貴人 鄧氏를 세워 皇后로 삼았다.

冬十月에 **立貴人鄧氏**하여 **爲皇后**하다

【目】 처음에 鄧禹가 일찍이 사람들에게 말하기를 "내 백만의 군대를 거느리고서 일찍이 한 사람도 함부로 죽이지 않았으니, 후세에 반드시 興旺하는 자가 있을 것이다." 하였다. 그 아들 鄧訓이 綏라는 딸을 낳았는데, 성품이 효도하고 우애하며 서책을 좋아하여 항상 낮에는 부인의 일을 닦고 저녁에는 經典을 외웠다. 선발되어 궁중에 들어와 貴人이 되었는데, 공손하고 엄숙하고 조심하며 행동거지에 법도가 있었다. 陰后를 받들어 섬기고 동렬들을 어루만지되, 항상 자신을 이겨 낮추고 宮人과 하인들에게도 모두 은혜와 너그러움을 베푸니, 황제가 매우 가상히 여겼다.

初에 **鄧禹嘗謂人曰 吾將百萬之衆**하여 **未嘗妄殺一人**하니 **後世**에 **必有興者**라하더니 **其子訓**이 **有女曰綏**라 **性孝友**하고 **好書傳**하여 **常晝修婦業**하고 **暮誦經典**이러니 **選入宮爲貴人**하니 **恭肅小心**하고 **動有法度**하여 **承事陰后**하고 **接撫同列**호되 **常克己以下之**하고 **雖宮人隷役**이나 **皆加恩借**하니 **帝深嘉焉**①하니라

① "克己以下之"는 자신의 사사로운 마음을 이겨서 남보다 높아지고자 하지 않는 것이다. "恩借"는 은혜롭게 대하고 또 말과 얼굴빛을 너그럽게 하는 것이다.
克己以下之, 謂克去有己之私, 不欲上人也. 恩借, 謂旣有以恩之, 又假借以辭色.

【目】 貴人이 일찍이 병이 들자 황제가 특별히 그의 어머니와 형제들로 하여금 들어와 醫藥을 보살피게 하였는데, 貴人이 사양하기를 "궁궐은 지극히 소중한데, 외가 사람들로

하여금 오랫동안 內省(禁中)에 있게 하면, 위로는 폐하께서 사사로이 총애한다는 비난을 받게 되고 아래로는 천한 첩이 만족함을 알지 못한다는 비방을 얻게 될 것이니, 상하가 서로 손해가 됩니다. 진실로 원치 않습니다." 하였다.

매번 연회가 있을 때마다 여러 姬嬪들이 다투어 스스로 몸을 꾸미고 단장하였으나, 貴人은 홀로 질박함과 검소함을 숭상하였다. 또 자기 옷이 陰后의 옷과 색깔이 같으면 즉시 벗어서 다른 옷으로 갈아입고, 만약 동시에 나아가 알현할 경우에는 감히 똑바로 앉거나 나란히 서지 않았으며, 매번 下問할 적에는 항상 머뭇거리면서 겸양한 뒤에야 대답하였다. 황제가 여러 번 皇子를 잃으니, 貴人은 자주 才人[41)]을 뽑아 올렸다. 皇后가 되자 郡國에서 皇后宮에 바치는 물건을 모두 금하여 끊게 하고 歲時에 종이와 먹만 바치게 하였다. 황제가 鄧氏에게 관작을 내리려 할 때마다 后가 슬피 간청하고 겸양하니, 오라비인 鄧騭(등즐)의 관직이 황제의 재위 기간에 中郎將에 불과하였다.

嘗有疾이어늘 帝特令其母兄弟로 入視醫藥한대 貴人이 辭曰 宮禁至重이어늘 而使外舍로 久在內省이면 上令陛下有私幸之譏요 下使賤妾獲不知足之謗이니 上下交損이라 誠不願也①하노이다 每有讌會에 諸姬競自修飾호되 貴人은 獨尙質素하고 其衣有與陰后同色者면 卽時解易(역)하고 若竝時進見(현)이면 則不敢正坐離立하고 每有所問에 常逡巡後對②러라 帝數(삭)失皇子하니 貴人이 數選進才人③이러니 及爲皇后에 郡國貢獻을 悉令禁絶하고 歲時에 但供紙墨而已④라 帝每欲官爵鄧氏어든 后輒哀請謙讓故로 兄騭이 終帝世토록 不過中郎將하니라

① "外舍"는 외척의 집이다. "內省"은 省中(禁中)이란 말과 같다. "私幸"은 총애하는 사람에게 사사로이 함을 이른다.
外舍, 外戚之家. 內省, 猶言省中. 私幸, 謂私於所幸者.
② 離는 나란함이니, ≪禮記≫ 〈曲禮〉에 "나란히 앉고 나란히 선다.〔離坐離立〕" 하였다.
離, 竝也, 禮記 "離坐離立."
③ 西漢(前漢)의 宮中의 爵號에 美人과 良人이 있다. 才人의 경우는 東都(後漢) 때에 두었다.
西漢宮中爵號, 有美人·良人. 若才人, 蓋東都所置也.
④ 漢나라 郡國은 공물을 올릴 적에 황제에게 進御하는 외에 별도로 皇后宮에 올렸다.
漢郡國貢獻, 進御之外, 別上皇后宮.

【綱】 司空 巢堪이 면직되니, 徐防을 司空으로 삼았다.

司空堪이 罷하니 以徐防爲司空하다

41) 才人 : 宮中의 女官을 가리키는 말로서, 대부분 妃嬪을 호칭하는 말로 사용되었다.

【目】 徐防이 다음과 같이 上疏하였다.

"우리 漢나라는 博士 14家를 세우고 甲科와 乙科를 설치해서 배우는 자들을 권면하였는데, 지금 太學에서 博士 弟子를 시험할 적에 모두 자기 마음대로 설명하여 名家의 법을 닦지 않으며, 章句를 따르지 않고 제멋대로 穿鑿하는 뜻을 내어서 道術을 경시하고 하찮게 여겨 점점 풍속을 이루니, 진실로 詔書를 내려 진실하게 인재를 선발하려던 본의가 아닙니다. 薄함을 고쳐 忠을 따르는 것은 三代의 떳떳한 道요, 전심전력하여 근본을 힘쓰는 것은 儒學이 앞세우는 바이니, 臣은 생각건대 博士의 策試(射策)는 마땅히 그 家의 章句를 따라 50문제를 제출하여 시험해서 해석을 제일 많이 한 자가 上第(1등)가 되고, 글을 인용하기를 분명히 한 자가 高說(高明한 해설)이 되어야 합니다. 만약 先師를 따르지 않고서 뜻에 서로 자랑하는 내용이 있으면, 모두 시비를 가려 잘못으로 여겨야 합니다."

上이 그의 말을 따랐다.

防이 上疏하여 以爲 漢立博士十有四家①하고 設甲乙科하여 以勉學者②러니 今太學試博士弟子에 皆以意說하여 不修家法하며 不依章句하고 妄生穿鑿하여 輕侮道術하여 寖以成俗하니 誠非詔書實選本意③라 改薄從忠은 三代常道요 專精務本은 儒學所先④이니 臣은 以爲博士策試를 宜從其家章句하여 開五十難以試之하여 解釋多者爲上第요 引文明者爲高說⑤이요 若不依先師하여 義有相伐이어든 皆正以爲非니이다 上이 從之⑥하다

① ≪漢官儀≫에 "光武帝가 中興함에, 古經을 널리 상고해서 ≪周易≫에는 施孟, 梁丘賀, 京房이 있고, ≪書經≫에는 歐陽和와 歐陽伯, 夏侯勝과 夏侯建이 있고, ≪詩經≫에는 申公, 轅固, 韓嬰이 있고, ≪春秋≫에는 嚴彭祖, 顔安樂이 있고, ≪禮記≫에는 戴德과 戴聖이 있어서, 모두 14명의 博士가 있었다." 하였다.
漢官儀 "光武中興, 恢弘稽古, 易有施孟·梁丘賀·京房, 書有歐陽和·伯·夏侯勝·建, 詩有申公·轅固·韓嬰, 春秋有嚴彭祖·顔安樂, 禮有戴德·戴聖, 凡十四博士."

② 〈"設甲乙科 以勉學者"는〉 ≪漢書≫에 "博士 弟子를 해마다 고과해서, 甲科 40명은 郎中으로 삼고, 乙科 20명은 太子舍人으로 삼고, 丙科 40명은 文學掌故로 삼았다." 하였다.
前書 "博士弟子, 歲課, 甲科四十人爲郎中, 乙科二十人爲太子舍人, 丙科四十人爲文學掌故."

③ "意說"은 자기의 새로운 뜻을 세워 해설하는 것이다. "家法"은 여러 經書를 업으로 삼아서 각각 名家가 됨을 이른다.
意說者, 創意而爲之說. 家法, 謂諸經爲業, 各自名家.

④ 夏나라의 政事는 忠인데, 忠의 폐해는 소인들이 촌스러워지는 것이었다. 그러므로 殷나라 사람은 敬으로 이어받았다. 敬의 폐해는 소인들이 귀신을 너무 숭상하는 것이었다. 그러므

로 周나라 사람은 文으로 이어받았다. 文의 폐해는 소인들이 경박해지는 것이었다. 경박함을 구제하는 것은 忠만 한 것이 없다. 三王의 道는 고리가 도는 것과 같아서 한 바퀴를 돌면 다시 시작한다. 先(앞세우다)은 悉薦의 切이다. 僿(경박하다)는 西志의 切이니, ≪史記≫에는 薄으로 되어 있다.

夏之政忠, 忠之敝, 小人以野, 故殷人承之以敬. 敬之敝, 小人以鬼, 故周人承之以文. 文之敝, 小人以僿, 故救僿莫若以忠. 三王之道, 若循環, 周而復始. 先, 悉薦切. 僿, 西志切, 史記作薄.

⑤ 策은 編簡이니, 策試는 바로 射策이다. 簡策에 질문을 제출하여 책상 위에 나열해놓으면 시험 보는 자가 자기 생각에 맞는 것을 가져다가 답하는 것을 射策이라 한다. 難(질문하다)은 去聲이다.

策, 編簡也. 策試, 卽射策也. 作簡策難問, 列置案上, 在試者意投射, 取而答之, 謂之射策. 難, 去聲.

⑥ "義有相伐"은 글에 각각 자랑하는 뜻이 있음을 이른다. 일설에 "伐은 상호 공격함을 이른다." 하였다.

義有相伐, 謂文義各相矜伐也. 一說 "伐, 謂自相攻伐也."

【綱】 鄭衆을 봉하여 鄛鄉侯(소향후)로 삼았다.

封鄭衆하여 **爲鄛鄉侯**①[42] 하다

① 竇憲을 주벌한 공을 상준 것이다. 鄛는 士交의 切이다. 鄛鄉은 南陽郡 棘陽縣에 있다.
賞誅竇憲功也. 鄛, 士交切. 鄛鄉, 在南陽郡棘陽縣.

【目】 宦者를 侯에 봉한 것이 이로부터 시작되었다.

宦者封侯 自此始하다

---

42) 封鄭衆爲鄛鄉侯 : "元帝의 篇에 환관이 中書令이 된 것을 썼을 뿐 侯에 봉해진 자는 없었다. 환관을 侯에 봉하여 漢나라 말기의 화가 이로부터 시작되었으니, 환관을 侯에 봉한 일을 쓴 것이 이때 처음 시작되었다.〔元帝之篇 書宦者爲中書令而已 未有封侯者也 宦者封侯 漢末之禍 始此矣 書宦者封侯 始此〕" ≪書法≫
"鄭衆이 侯에 봉해졌을 적에 어찌하여 환관이라고 게시하여 쓰지 않았는가. 이미 앞에서 나왔기 때문이다. 하늘의 형벌로 후손을 낳지 못하는 사람(환관)에게 띠풀을 나누어주고 흙을 나누어주어서 장차 봉지를 세습하여 후손에게 전하고자 하였으니, 어찌 다만 비웃음거리가 될 뿐이겠는가. 깊이 경계로 삼을 만하다.〔鄭衆封侯 何不揭宦者書之 蓋已見之於前矣 夫以天刑絶嗣之人 而使之分茅胙土 將欲襲封傳後 豈不適足爲笑 而深足爲戒哉〕" ≪發明≫

癸卯年(103)

【綱】 漢나라 孝和皇帝 永元 15년이다. 여름 4월 그믐에 일식이 있었다.

十五年이라 夏四月晦에 日食①하다

① ≪資治通鑑≫에는 4월 甲子日 그믐으로 되어 있다.
通鑑, 四月甲子晦.

【目】 이때 황제가 肅宗(章帝)의 故事[43]를 따라서 형제들을 모두 京師에 머물게 하였는데, 有司가 일식은 陰이 성한 象이라 하여 여러 왕을 封國으로 내보낼 것을 주청하자[44], 詔書를 내려 다음과 같이 답하였다.

"甲子日의 이변(日食)은 실로 책임이 나 한 사람에게서 연유한다. 여러 왕들은 어린 나이에 일찍 부모를 떠났으니, 항상 〈蓼莪〉와 〈凱風〉의 슬픔[45]이 있다. 인자하고 나약해서 결단하지 못하는 은혜가 국가의 올바른 법이 아닌 줄은 알지만 우선 다시 京師에 머물게 하라."

時에 帝遵肅宗故事하여 兄弟皆留京師러니 有司以日食陰盛이라하여 奏遣諸王就國한대 詔曰 甲子之異는 責由一人이라 諸王幼稚어늘 早離顧復하니 常有蓼莪凱風之哀①라 選懦之恩이 知非國典이어니와 且復宿留②하라

---

43) 肅宗(章帝)의 故事 : 肅宗은 형제들을 사랑하여 황제에 즉위한 뒤에도 오랫동안 封國으로 돌려보내지 않았고, 형제들이 조회를 올 때마다 친히 저택을 순행하여 기물을 진설하는 등 우애가 깊었다. 자세한 내용은 본서 138쪽, 146쪽에 보인다.

44) 일식은……주청하자 : 옛날에 군주는 태양을 상징하고 태양은 하나밖에 없으므로 諸王과 后妃를 모두 陰으로 본 것이다. 그리하여 諸王이 封地를 갖고 있으면서 都城에 머물러 있는 것이 황제에게 해롭다 하여 封國으로 내보낼 것을 주청한 것이다.

45) 蓼莪와……슬픔 : 〈蓼莪〉는 ≪詩經≫ 〈小雅〉의 편명으로 "무성하게 자라는 쑥이라고 생각했었는데, 좋은 쑥이 아니고 못 먹는 다북쑥이었네. 슬프고 슬프다 부모시여! 나를 낳아 기르시느라 힘쓰고 수고하셨네.〔蓼蓼者莪 匪莪伊蒿 哀哀父母 生我劬勞〕"라고 보이는바, 이는 자식이 태어났을 때에 훌륭한 사람이 될 것이라고 크게 기대했는데, 자라고 보니 못나서 부모의 봉양을 제대로 하지 못하는 것을 다북쑥에 비유하여 말한 것이다. 〈凱風〉은 ≪詩經≫ 〈邶風〉의 편명으로 여기에 "온화한 凱風이 남쪽에서 이 여린 가시나무 속〔棘心〕으로 불어오도다. 가시나무 속이 여리고 여리니, 어머니 힘쓰고 수고하셨네.〔凱風自南 吹彼棘心 棘心夭夭 母氏劬勞〕"라고 보이는바, 凱風은 초여름의 온화한 바람으로 따뜻한 어머니의 사랑을 비유하고, 棘心은 여리고 여린 가시나무 속에 있는 가시로 못난 자식을 비유한 것이다. 이 두 詩는 모두 효자가 부모의 사랑과 수고로움을 잊지 못하여 지은 것이므로 "〈蓼莪〉와 〈凱風〉의 슬픔"이라고 한 것이다.

① 離는 去聲이니, "早離顧復"은 어려서 父母를 떠남을 말한 것이다. ≪詩經≫에 "나를 돌아보고 나를 다시 반복해 돌아본다."[46] 하였다.
離, 去聲. 早離顧復, 言自幼去父母也. 詩 "顧我復我."

② 懦은 음이 軟이니, "選懦"는 인자하고 연약해서 결단하지 못하는 뜻이다. 宿(머물다)는 음이 秀이고 留(머물다)는 음이 溜이다.
懦, 音軟. 選懦, 仁弱慈戀, 不決之意也. 宿, 音秀. 留, 音溜.

【綱】 큰비가 내렸다.

雨水하다

【綱】 겨울 10월에 황제가 章陵에 갔다가 11월에 환궁하였다.

◑ 冬十月에 帝如章陵이라가 十一月에 還宮하다

【目】 이때에 太尉 張禹가 도성에 남아 지키고 있었는데, 車駕가 江陵으로 행차하려 한다는 말을 듣고는, 위험을 무릅쓰고 먼 길을 가서는 안 된다고 생각하여 驛馬로 간언을 올리니, 황제가 詔書로 답하기를 "사당에 배알하고 제사하기를 마치면 마땅히 남쪽으로 大江에 禮를 올리려 하였는데, 마침 그대가 上奏하니 漢水에 임하여 수레를 돌리겠노라." 하였다.

時에 太尉張禹留守러니 聞車駕當幸江陵하고 以爲不宜冒險遠遊라하여 驛馬上諫한대 詔報曰 祠謁旣訖에 當南禮大江이러니 會得君奏하니 臨漢回輿①하노라

① "祠謁"은 章陵에 행차하여 四親의 陵廟에 배알하고 제사함을 이른다.
祠謁, 謂幸章陵, 祠謁四親陵廟.

【綱】 太官에게 詔令을 내려 먼 나라의 진귀한 음식을 받지 말게 하였다.

詔太官하여 勿受遠國珍羞[47]하다

---

46) 나를……돌아본다 : 부모가 자식을 기를 적에 사랑하여 되돌아보고 다시 반복함을 이르는바, ≪詩經≫ 〈小雅 蓼莪〉에 "아버지는 나를 나으시고 어머니는 나를 기르셨네.……나를 돌아보고 나를 다시 반복하여 돌아보시어 나가고 들어올 적에 나를 가슴속에 잊지 못하셨네.〔父兮生我 母兮鞠我……顧我復我 出入腹我〕"라고 보인다.

47) 詔太官勿受遠國珍羞 : "世祖(光武帝)가 太官에게 詔令을 내려 郡國의 특별한 음식을 받지 말라고 쓴 뒤로부터 이때 다시 보이니, 이를 써서 찬미한 것이다. 〈唐 玄宗이〉 姚思藝를 檢校進食使者로 삼았

【目】嶺南 지역은 예로부터 生龍眼과 荔枝(여지)가 생산되므로 10리에 한 역〔置〕를 두고 5리에 한 候를 두어서 밤낮으로 파발마로 도성에 보냈는데, 臨武長 唐羌이 다음과 같이 上書하였다.

"臣은 듣건대, 위에서는 맛있는 음식을 德으로 삼지 않고 아래에서는 맛있는 음식을 공물로 바치는 것을 功으로 삼지 않는다 하였습니다. 남쪽 지역은 날씨가 덥고 해충과 맹수가 길에 즐비한데, 생룡안과 여지를 바치는 자들은 죽음을 무릅쓰는 경우가 이루 헤아릴 수 없이 많습니다. 죽은 자는 다시 살릴 수 없지만, 앞으로 오는 자들은 그래도 구원할 수 있습니다."

황제가 다음과 같이 詔書를 내렸다.

"먼 나라의 진귀한 음식은 본래 宗廟에 받들어 올리기 위한 것인데, 만일 백성을 다치고 상하게 한다면 어찌 백성을 사랑하는 근본이겠는가. 太官에게 명하여 다시는 바치는 것을 받지 말도록 하라."

嶺南이 舊獻生龍眼, 荔枝할새 十里一置하고 五里一候하여 晝夜傳送①이러니 臨武長唐羌이 上書曰② 臣은 聞上不以滋味爲德이요 下不以貢膳爲功이라하니이다 南州炎熱하고 惡蟲猛獸 不絶於路하니 獻生龍眼, 荔枝者는 觸犯死亡이 不可勝數라 死者는 不可復生이어니와 來者는 猶可救也니이다 詔曰 遠國珍羞는 本以薦奉宗廟니 苟有傷害면 豈愛民之本이리오 其勅太官하여 勿復受獻③하라

① 龍眼은 나무의 높이가 5, 6丈이고, 열매가 荔枝와 비슷한데 둥글고 7월에 익는다. 여지는 나무의 높이가 5, 6丈이고 크기가 계수나무만 하며, 열매가 계란과 비슷한데 달고 즙이 풍부해 安石榴와 유사하다. 달고 신맛이 있는데, 해가 중천에 이르러서 갑자기 모두 붉어지면 먹을 수 있다. 置는 驛을 이르고, 候는 바로 堠(이정표가 있는 돈대)이니 길가에 세우는 것이다. "禺中"은 정오에 가까운 때이다.
龍眼, 樹高五六丈, 子似荔支而圓, 七月熟. 荔支, 樹高五六丈, 大如桂樹, 實如鷄子, 甘而多汁, 似安石榴, 有甛醋者. 至日禺中, 翕然俱赤, 則可食. 置, 謂驛也. 候, 卽堠也, 立之道傍. 禺中, 近午也.

② 臨武縣은 桂陽郡에 속하였으니, 嶺南에서 공물을 바쳐 올릴 적에 중도에 臨武縣을 경유한다.
臨武縣, 屬桂陽郡. 嶺南入獻, 道經臨武.

③ 宗廟의 제사 음식은 각각 그 지방에서 생산되는 것을 올리기 때문에 먼 지방의 물건을 귀하게 여긴다.
宗廟之薦, 各以其土之所有而致之, 貴遠物也.

다고 쓴 것과는 다르다.〔自世祖有詔太官 勿受郡國異味之書 於是時再見 書美之也 與書以姚思藝爲檢校進食使者 異矣〕" ≪書法≫

甲辰年(104)

【綱】漢나라 孝和皇帝 永元 16년이다. 가을 7월에 가뭄이 들었다.

十六年이라 秋七月에 旱하다

【綱】司徒 魯恭이 면직되니 張酺를 司徒로 삼았는데, 8월에 장포가 卒하니 徐防을 司徒로 삼고 陳寵을 司空으로 삼았다.

◑ 司徒恭이 免하니 以張酺爲司徒러니 八月에 卒하니 以徐防爲司徒하고 陳寵爲司空하다

【綱】北匈奴가 화친을 청하였다.

◑ 北匈奴請和親하다

【目】황제는 匈奴가 옛 禮를 갖추지 않았다 하여 화친을 허락하지 않고, 賞만 후하게 내리고 使者에게 답하지 않았다.

帝以其舊禮不備라하여 未許하고 而厚加賞賜하고 不答其使하다

乙巳年(105)

【綱】漢나라 孝和皇帝 元興 원년이다. 봄에 高句驪가 遼東을 침략하였다.

元興元年이라 春에 高句驪寇遼東[48]하다

【綱】겨울 12월에 황제가 崩하니, 太子 劉隆이 즉위하였다.

◑ 冬十二月에 帝崩[①49]하니 太子隆이 卽位하다

---

48) 高句驪寇遼東 : "高句驪가 ≪資治通鑑綱目≫에 보인 것이 이때 처음 시작되었다.〔高句驪見綱目 始此〕" ≪書法≫

49) 帝崩 : "賀善의 贊에 말하였다. "和帝가 재위했을 적에 ≪資治通鑑綱目≫에서 竇憲을 쓴 것 외에는 侯를 봉하고 제수한 것이 아니면 하늘의 변고와 변방의 일일 뿐이다. 그러나 그 사이에 '陳寵을 廷尉로 삼았다.'라고 썼고, '가뭄과 황충에 조세를 면제했다.'라고 썼고, '使者를 보내 순행해서 가난한

① 향년이 27세였다.
壽二十七.

【目】처음에 황제가 皇子 10여 명을 잃으니, 뒤에 태어난 皇子는 번번이 민간에 숨겨 길러서 신하들 중에 아는 자가 없었다. 황제가 崩하자 皇后가 민간에서 皇子를 데려왔는데, 長子 劉勝이 고질병이 있으므로 작은 아들 劉隆이 태어난 지 겨우 백여 일에 太子로 迎立되어 즉위하였다.

初에 帝失皇子十數하니 後生者를 輒隱秘養於民間하여 群臣이 無知者러니 及帝崩에 皇后乃收皇子於民間하다 長子勝이 有痼疾①하여 少子隆이 生始百餘日에 迎立以爲太子하여 卽位하다

① 痼는 음이 固이니, "痼疾"은 견고하고 오래 앓는 병이다.
痼, 音固. 痼疾, 堅久之疾也.

【綱】皇后를 높여 皇太后라 하고, 太后가 臨朝(섭정)하였다.

尊皇后曰皇太后라하고 太后臨朝하다

【綱】雒陽令 王渙이 卒하였다.

백성들에게 창고의 곡식을 대여해주었다.'라고 썼고, '太官에게 詔令을 내려 진귀한 음식을 받지 말게 하였다.'라고 썼으니, 이는 또한 인자하고 검소한 군주이다. 이에 일찍이 英斷(지혜로운 결단)을 내어 조정의 大權을 거두어 잡고 또 儒學을 높이고 간언을 받아들여서 행실에 큰 과오가 없었다. 그런데 애석하게도 처음의 계책이 멀리 이어지지 못하여, 權奸은 제거하였으나 환관이 권력을 행사해서 마침내 東漢의 화를 마련한 군주가 되었다. ≪자치통감강목≫에 '鄭衆을 봉하여 鄛鄉侯를 삼았다.'고 쓴 것은 거듭 애석히 여긴 것이다. ○ 惠帝의 말년에 太子(少帝)가 즉위한 것을 썼으나 태자를 세운 것을 쓰지 않은 것은 타인의 아들이었기 때문이다. 이때 太后가 皇子를 민간에서 거두었으면 그 정통이 분명한데, 세워서 태자로 삼았다고 쓰지 않은 것은 어째서인가. 國喪을 발표한 뒤에 옹립하였기 때문이다. 그런데 玄孫 劉嬰은 어찌하여 썼는가. 王莽이 居攝할 적에 유영이 아직 즉위하지 않았으니, 그를 세워 皇太子로 삼았다고 쓴 것은 명분을 바로잡은 것이다. 그렇다면 劉隆을 세운 것을 쓰지 않았으니, 少帝와 무슨 차별이 있는가. 즉위할 때에 '太子隆'이라고 이름을 썼으니, 이 때문에 다른 것이다. 兩漢 시대에 태자에게 '立'이라고 쓰지 않은 것이 두 번이니 少帝와 殤帝이고, 冲帝 이하로 '立太子'라고 쓰지 않은 것이 五世이니, 자식이 없는 경우가 아니면 일찍 세우지 않은 것이다.〔賀善贊曰 和帝在位 綱目書竇憲外 非封拜 則天變邊事而已 然其間如書陳寵爲廷尉 書旱蝗除租稅 書遣使循行廩貸 書詔太官勿受珍羞 蓋亦慈儉之君也 乃能早發英斷 收攬權綱 而又尊儒納諫 動無大過 惜乎 始謀不遠 權奸雖除 而閹豎用事 遂爲東漢基禍之主 綱目書封鄭衆爲鄛鄉侯 重惜之也 ○ 惠帝之末 書太子卽位而不書立太子 他人子也 於是太后收皇子於民間 則其正統明矣 不書立爲太子 何 迎立於發喪之後也 玄孫嬰則何以書 王莽居攝 嬰未嘗卽位 書立爲皇太子 所以正名也 然則隆不書立 與少帝何別焉 卽位書名 所以爲異也 兩漢太子不書立二 少帝殤帝 冲帝以下 不書立太子者五世 非無子則不早建也〕" ≪書法≫

◑ 雒陽令王渙이 卒[50)]하다

【目】 王渙은 처신이 공평하고 바르며 밝은 통찰력으로 숨겨진 간악함을 적발하였으며, 겉으로는 엄격하고 마음은 인자하니 사람들이 모두 진심으로 기꺼이 복종하였다. 이때에 관청에서 卒하니, 백성들이 모두 눈물을 흘리며 그를 위하여 사당을 세우고 詩를 지어 현악기로 노래하여 제사하였다.

太后가 詔令을 내리기를 "충성스럽고 어진 관리는 국가가 제대로 다스려지는 방도이다. 이러한 관리를 국가에서 매우 부지런히 구하나 얻는 경우가 지극히 적으니, 왕환의 아들 王石을 郎中으로 삼아라." 하였다.

渙이 居身平正하고 能以明察로 發擿姦伏하고 外猛內慈하니 人皆悅服이러니 至是卒官①하니 百姓이 莫不流涕하여 爲立祠하고 作詩絃歌以祭②하다 太后詔曰 夫忠良之吏는 國家所以爲治也라 求之甚勤이로되 得之至寡하니 其以渙子石爲郎中하라

① 〈"卒官"은〉 관청에서 卒함을 이른다.
　謂卒于官也.

② 〈"作詩絃歌以祭"는〉 지은 詩를 가지고 현악기를 타면서 노래한 것이다.
　以所作詩, 被之弦歌也.

丙午年(106)

【綱】 漢나라 孝殤皇帝 延平 원년이다. 봄 정월에 張禹를 太傅로 삼고 徐防을 太尉로 삼아서 錄尙書事에 참여하게 하였다.

孝殤皇帝延平元年이라 **春正月**에 **以張禹爲太傅**하고 **徐防爲太尉**하여 **參錄尙書事**하다

【目】 太后는 황제가 어려서 포대기 안에 있다 하여 重臣을 禁內에 거처하게 하려 하였

---

50) 雒陽令王渙卒 : "현령에게 '卒'이라고 쓴 경우가 있지 않았는데, 渙에게 '卒'이라고 쓴 것은 어째서인가. 循吏를 기록한 것이다. ≪資治通鑑綱目≫이 끝날 때까지 令長에게 '卒'이라고 쓴 것이 두 사람뿐이니, 王渙과 陳寔이다.〔令未有書卒者 其卒渙 何 錄循吏也 終綱目 令長書卒者二人而已矣 王渙陳寔〕" ≪書法≫
"현령에게 '卒'이라고 쓴 적이 있지 않았는데, 여기에서 쓴 것은 그의 循良의 공적을 드러내고자 한 것이다.〔令未有書卒 而此書之者 蓋欲著其循良之績也〕" ≪發明≫

다. 그리하여 마침내 張禹에게 詔令을 내려 宮中에 머물면서 5일에 한 번 府에 돌아가게 하고, 매번 조회에서 알현할 적에 特贊하여 三公과 자리를 따로 하게 하였다.

太后以帝在襁褓라하여 欲令重臣居禁內하여 乃詔禹舍宮中하여 五日一歸府하고 每朝見(현)에 特贊하여 與三公絶席①하다

① 特贊이란 매번 조회에서 알현할 적에 贊拜[51]하는 자가 먼저 張禹의 이름만 부르고, 그 뒤에 비로소 太尉의 이름 이하를 불러서 장우가 三公과 함께 같이 贊하지 않은 것이다. "絶席"은 조회하는 자리가 홀로 百僚의 위에 있어서 三公과 자리를 함께하지 않은 것이다.
特贊者, 每朝見, 贊拜者先獨贊禹名, 旣乃贊太尉名以下, 禹不與三公同贊也. 絶席者, 朝位獨在百僚上, 不與三公聯席也.

【綱】 황제의 형 劉勝을 봉하여 平原王으로 삼았다.

封帝兄勝하여 爲平原王하다

【綱】 梁鮪(양유)를 司徒로 삼았다.

◑ 以梁鮪爲司徒하다

【綱】 3월에 和帝를 愼陵에 장례하였다.

◑ 三月에 葬愼陵①하다

① 愼陵은 雒陽 동남쪽 30리 지점에 있다.
陵, 在(維)〔雒〕[52]陽東南三十里.

【目】 胡氏(胡寅)가 다음과 같이 평하였다.

"和帝가 어릴 적에 竇憲을 주벌하였는데, 이로부터 위엄과 권세를 잃지 아니하여 크게 잘못된 행실이 없고 儒術을 높이고 믿었으며 형제간에 우애하고 어진 이를 예우하고 간언을 받아들여서 中國이 편안하게 다스려졌으니, 章帝와 비교해보면 훨씬 낫다."

胡氏曰 和帝幼冲에 能誅竇憲하니 自是로 威權不失하여 無大過擧하고 尊信儒術하며 友愛兄弟하고

---

51) 贊拜 : 신하가 황제에게 절할 적에 相者가 옆에서 절하는 禮를 불러줌을 이른다. 相者는 贊者와 같은 말로 禮를 돕는 자를 이른다.

52) (維)〔雒〕 : 저본에는 '維'로 되어 있으나, ≪資治通鑑≫ 註에 의거하여 '雒'으로 바로잡았다.

禮賢納諫하여 中國(又)〔乂〕[53)]安하니 方之章帝에 實過之矣로다

【綱】 淸河王 劉慶이 封國으로 나아가니, 특별히 별다른 禮를 가하였다.

淸河王慶이 就國하니 特加殊禮①하다

① 殊는 특이함이니, 여러 왕들에 비하여 별다르게 예우한 것이다.
殊, 異也, 其禮異於諸王也.

【目】 劉慶의 아들 劉祜가 13살이었는데, 太后는 황제가 유약하다 하여 멀리 뜻밖의 일을 염려하고 유호를 〈封國으로 내보내지 않고〉 남겨두어 嫡母[54)] 耿姬와 함께 淸河王의 저택에 거처하게 하니, 경희는 耿況의 손녀이다.

慶子祜年十三이라 太后以帝幼弱이라하여 遠慮不虞하고 留祜하여 與嫡母耿姬로 居淸河邸하니 姬는 況孫也①라

① 劉祜의 어머니는 犍爲郡 사람 左姬이다.
祜母, 犍爲左姬也.

【綱】 여름 4월에 禮典에 없는 祀官을 파하였다.

夏四月에 罷祀官不在禮典者[55)]하다

【目】 太后가 평소 淫祠를 좋아하지 않았다.

太后雅不好淫祠러라

【綱】 鮮卑가 漁陽을 침범하니, 太守 張顯이 싸우다가 죽었다.

鮮卑寇漁陽하니 太守張顯이 戰沒하다

---

53) (又)〔乂〕: 저본에는 '又'로 되어 있으나, ≪性理大全書≫에 의거하여 '乂'로 바로잡았다.

54) 嫡母 : 庶子가 아버지의 嫡妻를 이르는 말이다.

55) 罷祀官不在禮典者 : "淫祀(禮制에 맞지 않는 제사)를 파한 것이 成帝 때(建始 2년) '罷陳寶祠(陳寶의 사당을 파하다.)'라고 쓴 뒤에 이때 다시 보인다. 그러므로 ≪資治通鑑≫에는 쓰지 않았는데 ≪資治通鑑綱目≫에서 특별히 썼으니, 이는 太后를 어질게 여긴 것이다.〔罷淫祀也 自成帝書罷陳寶祠 於是再見 故通鑑不書 綱目特書之 所以賢太后也〕" ≪書法≫

【目】 鮮卑가 들어와 침략하자, 張顯이 수백 명을 거느리고 변방을 나가 추격하였다. 이때 掾吏인 嚴授가 간하였으나 듣지 않고 진군하였다가 오랑캐의 복병을 만나서 사졸들이 모두 달아나니, 엄수만 힘써 싸우다가 죽었다. 主簿 衛福과 功曹 徐咸은 모두 장현에게 달려가서 진영에서 함께 죽었다.

鮮卑入寇어늘 張顯이 率數百人하여 出塞追之할새 掾嚴授諫호되 不聽하고 進兵이라가 遇虜伏發하여 士卒이 悉走하니 唯授力戰而死하다 主簿衛福과 功曹徐咸이 皆自投赴顯하여 俱歿於陳하다

【綱】 鄧騭(등즐)을 車騎將軍[56] 儀同三司[57]로 삼았다.

以鄧騭爲車騎將軍儀同三司①하다

① 三司는 三公이니, 儀同三司란 이름이 이때 처음 시작되었다.
三司, 三公也. 儀同三司之名, 始此.

【綱】 司空 陳寵이 卒하였다.

◑ 司空寵이 卒하다

【綱】 5월에 河東의 垣에 산이 무너졌다.

◑ 五月에 河東垣山이 崩①하다

① 李賢이 말하기를 "垣縣은 지금의 絳州縣이다." 하였다.
賢曰 "垣縣, 今絳州縣也."

【綱】 尹勤을 司空으로 삼았다.

◑ 以尹勤爲司空하다

【綱】 큰비가 내렸다.

56) 車騎將軍 : 前漢 文帝 때 처음 설치된 고위 장군의 관직으로 지위가 大將軍과 驃騎將軍의 다음이었다. 京師의 수비를 담당하여 궁궐의 호위를 관장하였다.

57) 儀同三司 : 散官의 명칭이다. 三司는 곧 三公으로, 漢나라 때에는 太尉, 司徒, 司空을 三司라고 하였는바, 본래 三司는 아니지만 儀制를 그와 동등하게 맞추는 것을 이른다.

◑ **雨水**하다

【綱】 用度를 줄이고 宮人을 내보냈다.

◑ **減用度**하고 **遣宮人**하다

【目】 太后가 詔令을 내려 太官, 導官, 尙方, 內署에서 사용하는 여러 복식과 車馬와 진귀한 음식, 화려하여 만들기 어려운 물건을 줄이고, 만약 陵廟에 올리는 것이 아니면 쌀을 精選하지 못하게 하고 아침저녁으로 한 그릇의 고기와 밥만 올리게 하였다. 郡國에서 바치는 것은 모두 절반 이상을 줄이고 上林苑에서 기르는 매와 사냥개를 내다 팔았으며, 離宮과 別館에 저축되어 있는 쌀과 숯을 모두 줄이도록 하였다. 또 詔令을 내려 掖庭(宮中)의 宮人과 宗室 중에 籍沒된 자들을 방면하여 모두 庶民으로 삼았다.

太后詔減太官, 導官, 尙方, 內署의 **諸服御, 珍膳, 靡麗難成之物**①하고 **自非陵廟**면 **米不得導擇**하고 **朝夕**에 **一肉飯而已**요 **郡國所貢**을 **皆減過半**하고 **斥賣上林鷹犬**②하며 **離宮, 別館**의 **儲峙米炭**을 **悉令省**(생)**之**하라 **又詔免遣掖庭宮人及宗室沒入者**하여 **皆爲庶民**③하다

① 太官은 天子의 음식을 관장하였다. 導는 택함이니, 導官은 임금에게 올리는 쌀을 精選하는 일을 관장하였다. 尙方은 황제가 쓰는 刀劍과 여러 기물을 만드는 일을 관장하고, 內署는 內府의 의복과 물건을 관장하였다. 珍膳은 八珍味의 음식을 이른다.
太官, 典天子御膳. 導, 擇也. 導官, 掌擇御米. 尙方, 掌作御刀劍諸器物. 內署, 掌內府衣物. 珍膳, 謂八珍之饌.

② 斥은 버림이요 사용하지 않음이니, "斥賣"는 사용하지 않고 팖을 이른다. 東都(後漢)에도 上林苑이 있었는데, 雒陽 서쪽에 있었다.
斥, 棄也, 不用也. 斥賣, 謂不用而賣之. 東都亦有上林苑, 在雒陽西.

③ "沒入"은 일에 연좌되어 죄를 받아서 적몰된 자를 이른다.
沒入者, 謂坐事沒入者.

【綱】 가을 7월에 詔令을 내려 백성들의 傷害를 사실대로 조사해서 田租를 면제하게 하였다.

秋七月에 **詔實覈傷害**하여 **除其田租**하다

【目】 다음과 같이 詔令을 내렸다.

"근자에 水災로 농사에 폐해를 입으니 朝廷은 이를 근심하고 두려워하는데, 郡國에서는 헛된 명예를 얻고자 해서 개간한 밭을 많이 부풀리고 호구 수를 다투어 늘리고 도적을 숨기고 있다. 탐욕스럽고 가혹한 정사가 참혹해서 화가 평민에게까지 미치는데도, 刺史는 고개를 숙이고 귀를 막고서 阿黨하여 비호하고 있으니, 하늘이 두렵지 않고 사람에게 부끄럽지 않은가. 지금으로부터 이후로는 장차 그 벌을 살펴서 바로잡을 것이니, 각각 폐해를 입는 것을 사실대로 조사해서 田租를 면제하도록 하라."

詔曰 間者에 水災害稼하니 朝廷憂懼어늘 而郡國이 欲獲虛譽하여 遂多張墾田하고 競增戶口하고 掩匿(엄닉)盜賊이라 貪苛慘毒하여 延及平民①이로되 刺史垂頭塞(색)耳하여 阿私下比하니 不畏于天하고 不愧于人②가 自今以後로 將糾其罰호리니 其各實覈所傷害하여 爲除田租③하라

① 平民는 善人을 이른다.
平民, 謂善人也.
② 〈"阿私下比"는〉 阿黨하여 빌붙는 것이다.
阿黨爲比.
③ "實覈"은 그 실제를 살펴 상고하는 것이다. 爲(위하다)는 去聲이다.
實覈者, 審考其實也. 爲, 去聲.

【綱】 8월에 황제가 崩하니, 太后가 淸河王의 아들 劉祜를 맞아들여 즉위하게 하였다. 그런데도 태후는 여전히 臨朝하였다.

八月에 帝崩①하니 太后迎淸河王子祜하여 入卽位하고 太后猶臨朝②[58]하다

---

58) 太后迎……猶臨朝 : "'太后迎'이라고 쓴 것은 어째서인가. 太后의 사욕을 드러낸 것이다. 殤帝에게는 형이 있고 병은 또 고질병이 아니었는데, 유독 오라비 鄧騭과 함께 禁中에서 계책을 정하여 여러 사람들의 의견을 어기고 劉祜를 세웠으니, 이것을 사욕이라고 여겨 특별히 '太后'라고 쓴 것이다. 殤帝의 초기에 太后가 臨朝하였는데, 여기에서 '猶臨朝'라고 쓴 것은 어째서인가. 太后를 나쁘게 여긴 것이다. 어찌하여 나쁘게 여겼는가. 安帝(劉祜)가 이때에 13세였는데도 여전히 臨朝하였으니, 특별히 '猶'라고 쓴 것은 정사를 돌려줄 수 있는데도 돌려주지 않았기 때문이다.〔書太后迎 何 太后私也 殤帝有兄 疾又非痼 獨與兄騭 定策禁中 違衆而立祜焉 以是爲私也 故特書太后 殤帝之初 太后臨朝矣 此其書猶臨朝 何 病太后也 曷爲病之 安帝於是亦十三年矣 而猶臨朝 特書曰猶 以爲可歸政而不歸也〕" ≪書法≫
"≪春秋≫의 傳에 '猶는 그만둘 수 있음을 나타내는 말이다.' 하였다. 이때에 安帝의 春秋가 13세였으니, 만약 大臣이 보필하면 스스로 여러 정사를 직접 다스릴 수 있었다. 그러므로 太后가 臨朝한 것을 ≪資治通鑑綱目≫에서는 '猶'라고 써서 비난한 것이다. 아, 鄧太后와 같이 어진 사람도 君子가 인정해주지 않았는데, 하물며 이보다 낮은 자에 있어서이겠는가.〔春秋傳曰 猶者 可已之辭也 是時 安帝春秋十三 若輔以大臣 自可躬親庶政 故太后臨朝 綱目書猶以譏之爾 嗚呼 賢如鄧氏 君子猶不之予 況下於此者乎〕" ≪發明≫

① 향년이 2세였다.
壽, 二歲.
② 猶는 그만둘 수 있다는 말이다.
猶者, 可止之辭.

【目】 太后는 오라비인 鄧騭과 함께 禁中에서 계책을 정하고 劉祜를 맞이하여 長安侯로 봉하고서 세워 和帝의 후사로 삼았다.

后與兄騭로 定策禁中하고 迎祜하여 拜長安侯하여 立以爲和帝嗣①하다

① 즉시 天子로 세우지 않고 侯에 봉한 것은, 미천한 신분에서 곧바로 황제의 지위에 오르게 하고 싶지 아니하여 孝宣帝를 세운 故事[59]를 따른 것이다.
不卽立爲天子而封侯者, 不欲從微卽登皇位, 用立孝宣帝故事也.

【綱】 詔令을 내려 鄧氏의 빈객을 조사하여 단속하게 하였다.

詔檢勅鄧氏賓客[60]하다

【目】 司隷校尉, 河南尹, 南陽太守에게 다음과 같이 詔令을 내렸다.

"매번 前代를 보건대, 외척들의 빈객이 公職을 받드는 사람들을 어지럽혀서 백성의 근심과 고통이 되었으니, 이 허물은 법을 집행하는 자가 태만하여 번번이 그 벌을 시행하지 않았기 때문이다. 지금 외척의 宗門(宗族)이 광대해서 인척들이 적지 않고 빈객들이 姦猾하여 國禁과 법령을 범하는 경우가 많으니, 분명하게 조사하여 단속해서 서로 용납하고 비호하는 일이 없도록 하라."

이로부터 친속들이 죄를 범하면 용서하지 않았다.

詔司隷校尉, 河南尹, 南陽太守하여 曰 每覽前代호니 外戚賓客이 濁亂奉公하여 爲民患苦하니

59) 孝宣帝를……故事 : 孝宣帝는 武帝의 증손이고 반역을 일으켰다가 죽은 戾太子의 손자로 이름이 病已였는데, 戾太子의 자손이 반역에 연루되어 모두 죽었으나, 병이만은 廷尉 丙吉의 주선으로 죽지 않을 수 있었다. 昭帝가 武帝의 뒤를 이어 즉위하였다가 후사가 없이 별세하자, 昌邑王 劉賀를 영립하여 대통을 잇게 하였으나, 荒淫無道하므로 병이를 옹립하였다. 이때 太后가 병이를 陽武侯로 봉하였다가 즉위시켰다.

60) 詔檢勅鄧氏賓客 : "특별히 쓴 것이니, 太后가 이에 어질었다.〔特筆也 太后於是賢矣〕" ≪書法≫
"鄧氏는 어진 德이 있다고 자처하였으므로 친정 집안을 매우 엄하게 단속하였는데, 이것을 책에 썼으니 또한 그 아름다움을 다소나마 드러내기에 충분하다. 그러나 釋然히 정사를 돌려준 것만 못하다.〔鄧氏以賢德自居 故檢勅其家 爲甚嚴 書之于冊 亦足少見其美 然未若釋然歸政之爲愈也〕" ≪發明≫

昝在執法怠懈하여 不輒行其罰故也[①]라 今宗門廣大하여 姻戚不少하고 賓客姦猾하여 多干禁憲하니 其明加檢勅하여 勿相容護하라 自是로 親屬이 犯罪면 無所假貸러라

① "濁亂奉公"은 세력을 믿고 함부로 행동하여, 공직을 행하는 관리를 어지럽히는 것이다.
濁亂奉公, 言其挾勢恣橫, 奉公之吏, 爲所濁亂也.

【綱】 9월에 홍수가 졌다.

九月에 大水하다

【綱】 康陵에 殤帝를 장례하였다.

◑ 葬康陵[①]하다

① 康陵은 愼陵 묘역의 庚地(서쪽 지역)에 있다. 혹자는 "康자는 마땅히 庚자가 되어야 한다." 하였다.
康陵, 在愼陵塋中庚地. 或曰 "康當作庚."

【目】 國喪을 연달아 만나서 백성들이 부역에 괴롭다 하여, 陵 안에 秘藏할 물건과 여러 공작물을 10분의 9를 줄였다.

以連遭大憂하여 百姓苦役이라하여 方中秘藏及諸工作을 減十之九[①]하다

① "連遭大憂"는 和帝와 殤帝가 崩함을 이른다. "方中"은 陵 안이다. 무릇 天子의 장례에는 땅을 파서 네모진 구덩이를 만드는데, 이것을 方中이라 한다. 무덤 안에 넣기 때문에 秘라고 말한 것이다.
連遭大憂, 謂和帝・殤帝崩也. 方中, 陵中也, 凡天子之葬, 掘地爲方壙, 謂之方中. (家)〔冢〕[61] 藏之中, 故言秘也.

【綱】 陳留에 隕石(운석)이 떨어졌다.

隕石于陳留하다

【綱】 겨울 10월에 홍수가 지고 우박이 쏟아졌다.

---

61) (家)〔冢〕: 저본에는 '家'로 되어 있으나, 《資治通鑑》 註에 의거하여 '冢'으로 바로잡았다.

◑ 冬十月에 大水, 雨雹하다

【綱】 12월에 淸河王 劉慶(安帝의 生父)이 卒하였다.

◑ 十二月에 淸河王慶이 卒하다

【綱】 魚龍과 曼延[62]의 놀이를 罷하였다.

◑ 罷魚龍曼延戲[63]하다

【綱】 詔令을 내려 隱逸을 천거하고 博士를 선발하게 하였다.

◑ 詔擧隱逸하고 選博士하다

【目】 樊準이 다음과 같이 上疏하였다.

"臣이 듣건대, 人君은 배우지 않아서는 안 된다 하였습니다. 光武皇帝는 천명을 받고 中興하시어 편안히 거처할 겨를이 없었는데도 무기를 내려놓고 六藝(六經)를 강하고 말을 쉬면서 道를 논하셨고, 孝明皇帝는 여러 정사의 萬機를 마음에 두지 않음이 없으셨는데도 古典에 마음을 드리우고 經藝에 뜻을 두시어 똑바로 앉아 직접 강론함에 여러 儒者들이 함께 들어서 교화가 聖上의 몸으로부터 시작되어 먼 오랑캐에게까지 미쳤습니다. 그런데 지금은 배우는 자가 더욱 적고 먼 지방은 더욱 심하여 博士들이 자리에 기대어 강하지 않고 儒者들이 다투어 화려함을 논하니, 마땅히 은둔한 선비들을 널리 구하고 고상한 儒學者들을 총애하여 나아오게 해서 聖上이 강습할 때를 기다려야 합니다."

太后가 그의 말을 깊이 받아들여 公과 卿, 中二千石에게 명해서 각각 隱士와 大儒를

---

62) 魚龍과 曼延 : 모두 놀이의 이름으로, 어룡은 舍利(猞猁)라는 짐승의 모형을 만들어서 뜰의 끝에서 놀이를 하고, 이어 궁전 앞으로 들어와서 물을 격동시키면 比目魚로 변하여 뛰면서 물을 뿜어 안개를 만들어 태양을 가렸다가, 다시 8길〔丈〕의 黃龍으로 변해서 물에서 나와 뜰에서 마음껏 노는 놀이이다. 만연은 원래 짐승의 이름으로 100길〔丈〕을 뛰어넘는 놀이이다.

63) 罷魚龍曼延戲 : "武帝 때에 '魚龍과 曼延의 놀이를 만들었다.'고 쓰고 이때 '罷했다.'고 썼으니, 이는 찬미한 것이다. 그러나 隋나라가 天下의 온갖 놀이를 찾았을 적에 魚龍의 놀이가 여전히 남아 있었으니, 기이하고 음탕한 습관이 사람들에게 깊이 침투한 것이다. '罷戲'라고 쓴 것이 이때 처음 시작되었다.〔自武帝書作魚龍曼延 於是書罷 美之也 然隋徵天下散樂 而魚龍之戲尙存 則奇淫之習 入人者深矣 書罷戲 始此〕" ≪書法≫

천거하게 하되, 되도록 행실이 높은 자를 취하여 後進들을 권면하고, 博士를 精하게 선발해서 반드시 적임자를 얻게 하였다.

樊準이 上疏曰[①] 臣은 聞人君은 不可以不學이니이다 光武皇帝 受命中興하사 不遑啓處나 然猶投戈講藝하고 息馬論道[②]하시고 孝明皇帝 庶政萬機를 無不簡心[③]이로되 而垂情古典하고 游意經藝하사 正坐自講에 諸儒竝聽하여 化自聖躬하여 流及蠻荒하니이다 今學者益少하고 遠方尤甚하여 博士倚席不講하고 儒者競論浮麗[④]하니 宜博求幽隱하고 寵進儒雅하여 以俟聖上講習之期[⑤]니이다 太后深納其言하여 詔公, 卿, 中二千石하여 各擧隱士, 大儒호되 務取高行하여 以勸後進하고 妙簡博士하여 必得其人[⑥]케하다

① 樊準은 樊宏의 族曾孫이다.
準, 宏之族曾孫也.
② 藝는 六藝이다.
藝, 六藝也.
③ 簡은 하나하나 살핌이다.
簡, 閱也.
④ "倚席"은 강론하는 자리를 설치하지 않음을 이른다.
倚席, 謂不施講坐也.
⑤ 이때 황제가 비로소 나이가 13세가 되었으므로, 고상한 유학자를 구하여 講習을 기다릴 것을 청한 것이다.
時帝始年十三, 故請求儒雅, 以俟講習.
⑥ 妙는 精함이고, 簡은 선발함이다.
妙, 精也. 簡, 擇也.

丁未年(107)

【綱】 漢나라 孝安皇帝 永初 원년이다. 봄 2월에 司徒 梁鮪가 卒하였다.

孝安皇帝永初元年이라 春二月에 司徒鮪卒하다

【綱】 3월에 일식이 있었다.

◑ 三月에 日食하다

【綱】 여름 4월에 鄧騭(등즐)과 그의 아우인 鄧悝(등회), 鄧弘, 鄧閶(등창)을 봉하여 모두 列侯로 삼았는데, 등즐이 사양하고 받지 않았다.

◑ 夏四月에 封鄧騭及弟悝, 弘, 閶하여 皆爲列侯러니 騭이 辭不受①하다

① 鄧騭은 上蔡侯, 鄧悝는 葉侯, 鄧弘은 西平侯, 鄧閶은 西華侯로 봉하였다.
騭, 上蔡侯. 悝, 葉侯. 弘, 西平侯. 閶, 西華侯.

【目】 和帝가 죽은 후로 鄧騭의 형제들이 항상 禁中에 있었는데, 등즐은 禁中에 오랫동안 있고 싶어 하지 않았다. 그리하여 연이어 집으로 돌아갈 것을 청하자, 太后가 이를 허락하였다. 등즐은 이때 〈列侯에 봉해지는 것을〉 사양할 수가 없어서 使者를 피하고 上疏하여 뜻을 아뢴 것이 대여섯 차례에 이르니, 마침내 허락하였다.

自和帝之喪으로 鄧騭兄弟 常居禁中이러니 騭이 不欲久在內하여 連求還第한대 太后許之하다 至是에 辭讓不獲하여 逃避使者하고 上疏自陳이 至於五六하니 乃許之하다

【綱】 5월에 魯恭을 司徒로 삼았다.

五月에 以魯恭爲司徒하다

【目】 魯恭이 다음과 같이 아뢰었다.

"옛 제도에는 立秋에야 비로소 작은 형벌을 시행하였는데, 永元 연간(89~104) 이래로는 孟夏(4월)로 바꾸어 사용해서 위로 철〔時〕의 기운에 어긋나고 아래로 農業을 해칩니다.[64] 살펴보건대 ≪禮記≫ 〈月令〉에서 맹하에 작은 형벌을 결단하는 것은 이미 판결이 난 가벼운 죄인을 오랫동안 옥에 가두지 않으려는 것이었습니다. 그러므로 때에 맞게 결단한 것입니다. 맹하의 제도는 이 〈월령〉을 따라야 하고, 옥사를 결단하여 조사하고 고문하는 것은 입추에 결단해야 합니다.

章帝가 형률을 정할 적에 옥사의 결단은 모두 冬至 이전에 하게 해서[65] 낮은 관리가 11월에 들어와서 죽을죄를 지은 도적을 잡으면 曲直을 따지지 않고 곧바로 쳐 죽여서, 비록 증

---

64) 永元……해칩니다 : 和帝 永元 15년(103) 조에 '이해에 처음으로 郡國에 명하여 해가 북쪽에 이르는 날〔夏至〕에 작은 형벌을 심사하게 하였다.〔是歲 初令郡國以日北至按薄刑〕'라는 기록이 보인다. ≪資治通鑑 권49 漢紀≫

65) 章帝가……해서 : 章帝 元和 2년(85) 조에 '詔令을 내려 율령을 정해서 11월과 12월에는 죄를 논하여 판결하지 말게 하였다.〔詔定律 毋以十一十二月報囚〕'라는 기록이 보인다.

거가 부족하여 죄주기가 의심스러운 점이 있더라도 다시는 심의하여 바로잡지 않았으니, 大辟(사형)에 해당되는 죄는 겨울철이 다 지나서야 결단할 수 있게 하여야 합니다."

황제가 그의 말을 따랐다.

恭이 奏호되 舊制에 立秋乃行薄刑이러니 自永元以來로 改用孟夏하여 上逆時氣하고 下傷農業[①]하니이다 案月令에 孟夏에 斷薄刑者는 謂輕罪已正을 不欲久繫라 故로 時斷之也[②]라 孟夏之制는 可從此令이요 其決獄案考는 皆以立秋爲斷이니이다 章帝定令에 斷獄을 皆以冬至之前하여 而小吏入十一月하여 得死罪賊이면 不問曲直하고 便卽格殺하여 雖有疑罪나 不復讞正하니 可令大辟之科로 盡冬月乃斷이니이다 從之하다

① ≪資治通鑑≫에는 孟夏의 아래에 "刺史와 太守가 인하여 한여름에 농민들을 불러들여 대질하고 상고하느라 옥사가 끝없이 지체되었다." 하였다.
通鑑, 孟夏下云"而刺史・太守, 因以盛夏, 徵召農民, 拘對考驗, 連滯無已."

② "已正"은 이미 판결이 났음을 이른다.
已正, 謂已結正也

【綱】 6월에 西域都護와 伊吾盧, 柳中의 屯田을 파하였다.

六月에 罷西域都護及伊吾盧, 柳中屯田하다

【目】 西域都護 段禧(단희) 등이 龜兹를 지켰으나 도로가 막혀서 檄書가 통하지 못하였다. 公卿 중에 의논하는 자가 "西域이 너무 험하고 멀어서 자주 배반하니, 관리와 군사로 屯田을 함에 그 비용이 끝이 없습니다." 하니, 이에 둔전을 파하였다.

西域都護段禧等이 保龜兹나 道路隔塞(색)하여 檄書不通이라 公卿議者 以爲西域阻遠하여 數(삭)有背叛하니 吏士屯田에 其費無已라하니 於是罷之하다

【綱】 여러 羌族이 다시 배반하였다.

諸羌이 復叛하다

【目】 항복한 羌族들이 郡縣에 나뉘어 있었는데, 모두 관리와 백성과 土豪들에게 부역을 당하여 시름과 원한을 품고 있었다. 그런데 都護를 파하면서 수천 명에 이르는 羌族의 기병을 징발하여 이들을 맞이해오게 하니, 강족들이 흩어져 배반하였다. 여러 郡에서

군대를 출동하여 이들을 가로막아 혹은 그들의 취락을 전복하기도 하니, 이에 여러 종족이 달아나면서 크게 노략질을 하여 마침내 隴道가 끊겼다. 그러나 漢나라에 귀순한 지 오래된 까닭에 병기와 갑옷이 없어서, 혹은 대나무 막대기와 나뭇가지를 잡고, 혹은 나무판을 지고서 방패로 삼고, 혹은 구리거울을 잡고서 병기처럼 보이게 하였다. 그런데도 郡縣들이 두려워하고 나약해서 제재하지 못하니, 이에 죄를 용서하였다.

諸降羌이 布在郡縣하여 皆爲吏民豪右所徭役이라 積以愁怨이러니 及罷都護에 發羌數千騎하여 迎之하니 群羌이 散叛①이라 諸郡이 發兵邀遮하여 或覆其廬落하니 於是에 諸種이 犇潰하여 大爲寇掠하여 遂斷隴道②하다 然이나 歸附旣久에 無復器甲하여 或持竹竿木枝하고 或負板案以爲楯하고 或執銅鏡以象兵③이로되 郡縣이 畏懦(나)하여 不能制하니 乃赦其罪④하다

① ≪資治通鑑≫에 "羌族들이 먼 지역에 가서 주둔하고 돌아오지 못할까 두려워해서, 酒泉에 이르자 해산하고 배반하는 자가 자못 있었다." 하였다.
通鑑 "群羌懼遠屯不還, 行到酒泉, 頗有散叛."

② 隴道는 隴坻의 길이다.
隴道, 隴坻之道也.

③ 〈"或執銅鏡以象兵"은〉 銅鏡이 햇빛에 비치자, 사람들이 멀리서 바라보고 병기라고 여긴 것이다.
銅鏡映日, 人遙望之, 以爲兵也.

④ ≪資治通鑑≫에 "羌族들 중에 서로 연결하여 반역을 도모한 자들의 죄를 사면해주었다." 하였다.
通鑑 "赦除諸羌相連結謀叛逆者罪."

【綱】 가을 9월에 도적이 일어난 것과 큰비가 내린 것 때문에 책서를 내려 太尉 徐防과 司空 尹勤을 면직하였다.

秋九月에 以寇賊, 雨水로 策免太尉防, 司空勤[66]하다

---

66) 以寇賊……司空勤 : "특별히 쓴 것이다. '策免'이라고 쓴 것이 많으나 그 이유를 쓴 것이 없었는데, 여기에서 '寇賊과 雨水 때문'이라고 쓴 것은 〈策免한 것을〉 비난한 것이다. 大臣이 하늘의 변고를 감당한 것을 翟方進에게서 보기는 하였으나 그래도 그 이유는 숨겼었다. 그런데 徐防과 尹勤으로부터 시작하여 漢代에 이것을 常例로 여겼다. 여기에서 곧바로 '寇賊과 雨水 때문에 策免했다.'고 써서 그들을 매우 비난하였는데, 三公은 나라를 다스리고 음양을 조화롭게 함이 직분이니, '寇賊과 雨水 때문'이라고 쓴 것은 그들을 허물한 것이 아니겠는가. 그러나 참으로 서방과 윤근을 허물했다면 '某某以寇賊雨水策免矣(아무 아무가 도적이 일어난 것과 큰비가 내린 것으로 책서를 받아 면직되었다.)'라고 썼을 것이니, 무릇 '策免某(아무를 책서로 면직하였다.)'라고 쓴 것은 모두 죄가 없는 경우이다.〔特筆也 書策免多矣 未有書所以者 書以寇賊雨水 譏也 以大臣當天變 於翟方進見之 然猶諱之也 自徐防尹勤始 而漢世以

【目】 三公이 災異 때문에 파면된 것이 이로부터 시작되었다.

三公이 以災異免이 自此始하다

【目】 仲長統이 다음과 같이 평하였다.

"光武帝는 몇 대 동안 황제가 권력을 잃은 것을 노여워하고 강한 신하가 왕명을 도둑질하는 것을 분하게 여겨서, 굽은 것을 바로잡으려다가 지나치게 곧게 하여 정사를 아랫사람에게 맡기지 않으니, 비록 三公을 설치하였으나 일이 臺閣(尙書)으로 돌아가서, 이로부터 三公의 직책은 인원수만 채울 뿐이었다. 중세에 이르러 권세는 외척에게 옮겨가고 총애는 가깝고 친숙한 환관들에게 베풀어져서 私家의 사람을 등용하여 백성들을 해치고 소란하게 하였다. 그리하여 四夷가 배반하고 怨氣가 함께 일어나서 음양이 조화를 잃고 三光이 훼손되어 광채를 잃었으며, 괴이한 災異가 자주 생기고 홍수와 가뭄이 재앙이 되었는데도, 도리어 策書로 三公을 견책해서 죽거나 면직하게 하니, 어찌 원통하지 않은가.

게다가 또 중세에 三公을 선발할 때에는 청백하고 근신하여 떳떳함을 따르고 옛것을 익힌 자를 선발하는 데 힘썼으니, 이는 바로 부녀자들의 법도이고 鄕曲의 범범한 사람일 뿐인데 어떻게 이런 높은 지위에 거할 수 있겠는가. 옛날 文帝가 鄧通을 사랑하면서도 申屠嘉의 뜻을 펼치게 하였는데,[67] 근세에 이르러서는 외척과 환관들이 자신들의 청탁이 행해지지 않으면 당장 관리들을 측량할 수 없는 禍에 빠뜨리니, 어떻게 탄핵하

爲故常矣 直書以寇賊雨水策免 深譏之 三公 經邦燮理職也 書以寇賊雨水 非咎之歟 果咎防勤 則書某某以寇賊雨水策免矣 凡書策免某 皆無罪者也〕" ≪書法≫

"東漢은 中世 이래로 寇賊과 災異가 있을 때마다 三公을 策免하였다. 中外를 진무하고 음양을 조화롭게 하는 것이 진실로 三公의 직책이지만, 어찌 이때에 외척과 환관이 권력을 행사하는 것이 그 죄를 모두 三公에게 돌리는 것이 옳은 줄 알겠는가. 그러나 三公이 된 자들은 國事에 대하여 근심할 것을 생각하여야 하니, 만약 자기 뜻을 행할 수 없으면 어찌 견책과 축출을 기다리지 않고 몸을 이끌어 떠나가는 것이 옳지 않겠는가. 염치를 무릅쓰고 그 지위에 있으면서 '권력이 자신에게서 나온 것이 아니다.'라고 핑계 댄다면, 실로 이것을 누가 주관한 것인가. 그러므로 東漢의 諸賢의 병통은 일찍 떠나가지 않음에 있는 것이다. ≪資治通鑑綱目≫에 곧바로 '寇賊과 雨水 때문에 策免했다.'라고 썼으니, 비록 그 책임을 면하고자 하나 면할 수 있겠는가.〔東漢自中世以來 寇賊災異 輒策免三公 夫鎭撫中外 燮理陰陽 固三公職也 豈知是時 戚宦用事 乃悉歸罪三公 可乎 然爲三公者 職思其憂 苟不得以行其志 盍亦不待譴逐 引身而去 可乎 冒居其位 諉曰 權非己出 誰實尸之 故東漢諸賢 病在去之不早 綱目直書以寇賊雨水策免 雖欲盡辭其責 可乎〕" ≪發明≫

67) 옛날……하였는데 : 申屠嘉는 文帝 때의 승상으로 청렴하고 강직하였다. 한번은 文帝의 幸臣인 鄧通이 御殿에서 거만하게 굴자 신도가가 그를 불러 斬하려 하였다. 등통은 불려가기 전에 문제에게 구원을 요청하였으나, 문제는 신도가가 등통을 충분히 혼낼 시간이 흐른 뒤에야 사면장을 보내 그를 풀어주도록 하였다.

여 바로잡을 수 있겠는가.

광무제는 三公의 중임을 빼앗았는데 지금은 더 심하고, 광무제는 외척에게 권력을 빌려주지 않았는데 몇 대 만에 이것을 따라 행하지 않으니, 이는 親疏의 형세가 다르기 때문이다. 人主가 진실로 전적으로 三公에게 맡겨서 임무를 나누어 성공을 책임지우되, 지위에 있는 자들이 백성을 괴롭히고 백성이 편안하지 못하며 天地에 변고가 많은 연후에 이 죄를 나눌 수 있는 것이다."

仲長統曰① 光武慍數世之失權하고 忿彊臣之竊命②하여 矯枉過直하여 政不任下하니 雖置三公이나 事歸臺閣③이라 自此以來로 三公之職이 備員而已러니 至於中世에 權移外戚하고 寵被近習하여 用其私人하여 殘擾百姓④하여 使四夷乖叛하고 怨氣竝作하여 陰陽失和하고 三光虧缺하고 怪異數(삭)至하고 水旱爲災어늘 而反以策讓三公하여 至於死免하니 豈不冤哉⑤아 又中世之選三公也는 務於淸慤謹愼하고 循常習故者하니 是乃婦女之檢押이요 鄕曲之常人耳니 惡(오)足以居斯位耶⑥아 昔에 文帝愛鄧通이나 而猶展申屠嘉之志⑦러니 至如近世에 外戚宦豎請託不行이면 立能陷人於不測之禍하니 惡可得而彈正者哉리오 光武奪三公之重이러니 至今而加甚하고 不假后黨以權이러니 數世而不行하니 蓋親疏之勢 異也⑧라 人主誠專委三公하여 分任責成호되 而在位病民하고 百姓不安하고 天地多變然後에 可以分此罪矣니라

① 仲長은 複姓이고 統은 이름이다. 獻帝 때의 사람으로, 매번 古今과 時俗의 행한 일을 논설하고서 인하여 論을 지었는데, ≪昌言≫이라 이름하였다.
仲長, 複姓. 統, 名也. 獻帝時人, 每論說古今及時俗行事, 因著論, 名曰昌言.

② "數世"는 元帝와 成帝, 哀帝와 平帝를 이른다. "彊臣"은 王莽을 이른다.
數世, 謂元·成·哀·平. 彊臣, 謂王莽.

③ 臺閣은 尙書를 이른다.
臺閣, 謂尙書.

④ "私人"은 사사로운 집안의 사람이다.
私人, 私家之人也.

⑤ 讓은 견책함이다.
讓, 責也.

⑥ "檢押"은 規矩(법도)와 같다.
檢押, 猶規矩也.

⑦ 展은 펼침과 같다.
展, 猶申也.

⑧ 光武帝가 三公의 중한 임무를 빼앗았는데 지금은 더 심하게 빼앗고, 光武帝가 后妃의 黨에게 위엄과 권세를 빌려주지 않았는데 몇 대가 지나자 마침내 이것을 따라 행하지 않으니, 이는

三公은 소원하고 后妃의 黨은 친하기 때문이다.

言光武奪三公重任, 今奪更甚, 光武不假后黨威權, 數代遂不遵行, 此爲三公疏, 后黨親故也.

【綱】 詔令을 내려 黃門의 鼓吹〔音樂隊〕와 마구간 사료의 반을 줄이게 하였다.

詔減黃門鼓吹及廐馬半食①하다

① ≪漢官儀≫에 "黃門의 鼓吹는 145명이다." 하였다.
漢官儀"黃門鼓吹, 百四十五人."

【綱】 겨울 11월에 司空 周章이 자살하였다.

◑冬十一月에 **司空周章**이 **自殺**[68]하다

【目】 鄭衆과 蔡倫 등이 모두 권력을 잡고 정사에 참여하자, 周章이 여러 번 직언을 올렸으나 太后가 따르지 못하였다. 처음에 태후는 平原王 劉勝(殤帝의 형)이 고질병이 있다

---

68) 司空周章自殺 : "이때 周章이 平原王 劉勝을 세울 것을 모의하였는데, 어찌하여 '謀逆'이라고 쓰지 않았는가. 유승은 맏아들인데다가 병도 고질병이 아니어서 백성들의 마음이 그에게 귀의하였으니, 清河王을 세운 것은 太后의 사사로운 욕심이었다. 주장이 三公의 지위에 있었으니, 기타 황제를 폐하고 세울 것을 도모한 자와는 진실로 입장이 다르다. 그러므로 '謀逆'이라고 쓰지 않았으니, '謀逆'이라고 썼으면 上官桀에 비견할 수 있다. 그렇다면 그를 인정한 것인가. 그러나 참으로 인정하였다면 '自殺'이라고 쓰지 않았을 것이다. 太后에게 큰 과오가 없고 鄧騭은 또 현자에 가까운데, 주장이 때를 헤아리지 않고 이러한 계책을 내었으니, 그의 죽음은 스스로 불러온 것이라 여겼을 뿐이다. 그러므로 '謀逆'이라고 쓰지 아니하여 太后의 사사로운 욕심을 부린 것을 경계하였고, '自殺'이라고 써서 大臣이 자세히 살피지 못한 잘못을 비난한 것이다.〔於是周章 謀立平原王勝 則曷爲不以謀逆書 勝長子也 疾又非痼 衆心歸之 清河之立 太后之私也 章位三公 與其他謀廢立者 固異矣 故不書謀逆 書謀逆 則疑於上官桀 然則予之歟 果予之 則不書自殺矣 后無大過 騭又近賢 章不量時而出此計 以爲其死也自取之而已矣 故不書謀逆 以戒太后之自私 書自殺 以譏大臣之不審〕" ≪書法≫

"周章이 은밀한 계책을 세웠다가 일이 발각되어 죽었는데, 어찌하여 그의 죄명을 바로잡지 않았는가. 이때에 太后가 권력에 연연하였으니, 여러 사람들이 내심 울분을 품고 있었다. 平原王(劉勝)은 和帝의 친자식인데 그를 버리고 세우지 않았으므로, 주장이 그 잘못을 추후에 바로잡고자 하였으니, 이 때문에 ≪資治通鑑綱目≫에 쓸 만한 죄가 없었던 것이다. 그러나 주장이 황제의 집안에 충성을 다했는데도 칭찬하는 말이 없는 것은 어째서인가. 清河王 劉慶은 肅宗의 元子로 이유 없이 폐위를 당했는데, 이제 그 아들이 大統을 이었으니, 아마도 하늘의 뜻인 듯하다. 더구나 太后가 臨朝함에 太后의 堂兄弟와 조카들이 조정에 분포하고 있었으나 드러난 과실이 없었는데, 주장이 자신의 덕과 힘을 헤아리지 않고 경거망동하였으니, 자기 몸을 죽일 뿐이었다. '司空 周章이 자살했다.'고 썼으니, 진실로 타인이 그를 죽인 것이 아니다.〔章既有密謀 事覺而死 胡不正其罪名 蓋是時太后戀權 群情忿鬱 平原 親和帝之子 捨而不立 故章欲追正其失 綱目所以無罪可書耳 然章效忠帝室 亦無褒詞 何也 清河王慶 故肅宗元子 無故見廢 今以其子紹統 殆亦天意 況太后制朝 群從分布 無有顯顯過失 章不度德量力 輕擧妄動 則足以殺其軀而已 書司空周章自殺 固非他人殺之也〕" ≪發明≫

고 여기고 殤帝의 어림을 탐하여 길러 자기의 자식으로 삼았으므로 그를 즉위시켰다. 상제가 崩하자 여러 신하들이 유승의 병이 고질병이 아니라 하여 마음이 모두 그에게 귀의하였으나, 태후는 유승이 끝내 자신을 황제로 세우지 않은 것에 원망할까 두려워해서, 마침내 황제(安帝)를 맞이하여 세웠다.

주장은 신하들의 마음이 태후를 따르지 않는다 하여, 鄧騭 형제와 정중, 채륜 등을 주살하고 태후와 황제를 폐위하여 유승을 세울 것을 은밀히 모의했었는데, 이 일이 발각되자 자살하였다.

鄭衆, 蔡倫等이 皆秉勢豫政이어늘 周章이 數(삭)進直言호되 太后不能用이라 初에 太后以平原王勝이 有痼疾이라하고 而貪殤帝孩抱하여 養爲己子故로 立焉이터니 及殤帝崩에 群臣以勝疾非痼라하여 意咸歸之로되 太后恐勝終怨하여 乃迎帝而立之하다 周章이 以衆心不附라하여 密謀誅騭兄弟及衆, 倫等하고 廢太后及帝而立勝이러니 事覺自殺하다

【綱】 12월에 鄧騭과 校尉 任尙에게 詔令을 내려 군대를 거느리고 漢陽에 주둔하여 羌族을 막게 하였다.

十二月에 詔鄧騭及校尉任尙하여 將兵屯漢陽以備羌①하다

① 漢陽은 본래 天水郡인데, 明帝 永平 17년(74)에 漢陽으로 개명하였다.
漢陽, 本天水郡, 明帝永平十七年, 改名漢陽.

【綱】 지진과 홍수, 폭풍과 우박의 재해가 있었다.

◑ 地震, 大水하고 大風, 雨雹하다

【目】 이해에 18개의 郡國에 지진이 있었고, 41개의 郡國에 홍수가 졌고, 28개의 郡國에 폭풍이 불고 우박이 쏟아졌다.

是歲郡國十八이 地震하고 四十一이 大水하고 二十八이 風雹하다

戊申年(108)

【綱】 漢나라 孝安皇帝 永初 2년이다. 봄 정월에 鄧騭이 鍾羌을 공격하여 대패

시켰다.

二年이라 春正月에 鄧騭이 擊鍾羌하여 大敗[①]하다

① ≪續漢書≫에 "鍾羌은 9천여 가호로 隴西 臨洮谷에 있었다." 하였다.
續漢書"鍾羌九千餘戶, 在隴西臨洮谷."

【綱】국가의 농지〔公田〕를 가난한 백성들에게 나누어주고, 使者를 보내 冀州와 兗州(연주)의 流民들에게 창고를 열어 곡식을 빌려주었다.

◑ 以公田으로 賦與貧民하고 遣使稟(름)貸冀, 兗流民하다

【目】御史中丞 樊準이 上疏하기를 "쓸데없는 물건을 줄이고 관리가 경영하여 물건을 만드는 것을 줄여야 합니다. 재해를 입은 郡은 백성들이 피폐하여 賑給으로는 감당하여 풍족하게 할 수 없을 듯하니, 使者를 보내 節을 잡고 가서 慰安하게 하되 더욱 곤궁하고 궁핍한 자들은 荊州와 揚州의 풍년이 든 郡으로 옮겨야 합니다." 하니, 太后가 그의 말을 따라서 公田을 모두 가난한 백성들에게 나누어주고 즉시 번준을 발탁하여 光祿大夫로 삼아 冀州에 사자로 보내고 議郎 呂倉을 兗州에 사자로 보내서 창고를 열어 유민들에게 곡식을 대여해주어 모두 蘇息(蘇生)하게 하였다.

御史中丞樊準이 上疏하여 請減無事之物하고 省(생)官吏作者[①]하고 被災之郡에 百姓凋殘하여 恐非賑給所能勝贍[②]이라 可遣使持節慰安호되 尤困乏者를 徙置荊, 揚孰郡[③]이니이다 太后從之하여 悉以公田으로 賦與貧民[④]하고 卽擢準爲光祿大夫하여 使冀州하고 遣議郎呂倉하여 使兗州하여 稟(름)貸流民하여 咸得蘇息[⑤]하니라

① 作은 경영하여 물건을 만드는 것을 이른다.
作, 謂營作者也.
② 勝(감당하다)은 음이 升이다.
勝, 音升.
③ 孰은 옛날에 熟자와 통용하였다.
孰, 古熟字通.
④ 賦는 나누어줌이다.
賦, 布也.
⑤ 稟은 공급함이고, 貸는 베풂이다. 죽었다가 다시 사는 것을 蘇라 하고, 숨이 멎었다가 다시 쉬는 것을 息이라 한다.

稟, 給也. 貸, 施也. 死而更生曰蘇, 氣絶而復續曰息.

【綱】 여름에 가뭄이 들었다. 5월에 太后가 죄수들을 親錄(직접 조사)하였다.

夏에 旱하니 五月에 太后親錄囚徒[69]하다

【目】 皇太后가 洛陽寺와 若盧獄에 행차하여 죄수들을 살펴보고 조사하였는데, 洛陽의 한 죄수가 실제로 사람을 죽이지 않았는데도 고문을 받고 거짓 자백을 하여 파리하고 곤궁한 채로 수레에서 황태후를 뵈었으나 獄吏를 두려워한 나머지 감히 말하지 못하다가 황태후가 떠나갈 때에 머리를 들어서 마치 하소연하고자 하는 듯하였다. 皇太后가 그를 불러 내용을 물어서 억울하게 갇혀 있는 사실을 자세히 알고는 즉시 洛陽令을 체포하여 처벌하니, 행차가 환궁하기 전에 단비가 크게 내렸다.

皇太后幸洛陽寺(시)及若盧獄하여 錄囚徒①러니 洛陽이 有囚하니 實不殺人而被考自誣하여 羸(리)困輿見(현)호되 畏吏不敢言이라가 將去에 擧頭하여 若欲自訴②라 太后呼還問狀하여 具得枉實하고 卽收令抵罪하니 行未還宮에 澍雨大降③하다

① 寺는 官舍이다. 前漢 때에 若盧獄이 있으니 少府에 속했다. ≪漢舊儀≫에 "若盧獄은 將相과 大臣을 국문하는 일을 주관하니, 東都(後漢) 초기에 없어졌다가 和帝 永元 9년(97)에 다시 설치했다." 하였다.

寺, 官舍也. 前漢, 有若盧獄, 屬少府. 漢舊儀曰 "主鞫將相大臣, 東都初省, 和帝永元九年, 復置."

② 輿는 篇輿이니, 대나무를 엮어 수레를 만든 것이다. 고문을 받고 쓰러져 피곤한 죄수를 篇輿에 거처하게 한 것이다. 見(알현하다)은 賢遍의 切이다.

輿, 篇(편)輿也, 編竹木以爲輿. 獄囚被掠委困者, 以篇輿處之. 見, 賢遍切.

③ "具得枉實"은 억울함을 당한 사실을 알게 됨을 이른다. 令은 洛陽令이다.

---

69) 太后親錄囚徒 : "'죄수들을 親錄했다.'고 쓴 것은 어째서인가. 가뭄을 걱정한 일을 가상히 여긴 것이다. 그렇다면 母后가 정치에 관여한 것에 대해 비난하지 않은 것인가. 폄하는 반드시 중한 것에서 하는 것이니, 〈延平 원년(106)에〉 '여전히 臨朝하였다.〔猶臨朝〕'라고 썼을 때에 충분히 폄하하는 뜻을 나타낸 것이다.〔書親錄囚徒 何 嘉恤旱也 然則以母后與政 無譏歟 貶必於其重者 書猶臨朝 足以示貶矣〕" ≪書法≫

"'流民들에게 창고의 곡식을 대여해주었다.'라고 썼고, 또 '죄수들을 親錄했다.'라고 썼으니, 太后가 백성의 일에 유념함이 이와 같았다. 그러나 災異와 寇賊이 분분하게 번갈아 나온 것은 어째서인가. 예로부터 母后가 천하를 태평성세에 둔 적은 있지 않았고, 더구나 鄧后는 또 安帝의 친어머니가 아니니, 참고해보면 뜻이 저절로 드러난다.〔方書稟貸流民 又書親錄囚徒 其留意民事若此 然災異寇賊 紛紛迭出 何哉 自古未有母后能措天下於太平者 況鄧后 又非安帝之母 參考觀之 義自見矣〕" ≪發明≫

具得枉實, 謂得其見枉之實也. 令, 洛陽令也.

【綱】 6월에 홍수, 폭풍, 우박의 재해가 있었다.

六月에 大水, 大風, 雨雹하다

【綱】 가을 7월에 太白이 北斗星 안으로 들어갔다.

◑ 秋七月에 太白이 入北斗①하다

① 北斗七星은 太微星 북쪽에 있는데, 첫 번째는 天樞, 두 번째는 璇, 세 번째는 璣, 네 번째는 權, 다섯 번째는 玉衡, 여섯 번째는 開陽, 일곱 번째는 搖光으로 되어 있다. 첫 번째부터 네 번째까지를 魁, 다섯 번째부터 일곱 번째까지를 杓라 한다. 북두칠성은 七政(日, 月, 五星을 주관하는 일)의 樞機이고 음양의 元本이다. 그러므로 中央에서 운행하면서 사방을 굽어 통제하니 이로써 四時를 세우고 五行을 고르게 하는 것이다. 太白이 북두성 안으로 들어가면 귀한 정승의 흉조가 된다.
北斗七星在太微北, 一曰天樞, 二曰璇, 三曰璣, 四曰權, 五曰玉衡, 六曰開陽, 七曰搖光, 一至四爲魁, 五至七爲杓. 七政之樞機, 陰陽之元本也, 故運乎中央而臨制四方, 所以建四時而均五行也. 太白入斗中, 爲貴相凶.

【綱】 겨울에 任尙이 先零羌(선련강) 滇零(전련)과 싸워서 대패하니, 詔令을 내려 謁者 龐參(방참)을 보내 주둔하고 있는 諸軍을 감독하게 하였다.

◑ 冬에 任尙이 與先零羌滇零戰하여 大敗하니 詔遣謁者龐參하여 督諸軍屯하다

【目】 鄧騭이 任尙으로 하여금 先零의 別種인 滇零 등과 平襄에서 싸우게 하였는데, 임상의 군대가 대패하였다. 이에 羌族의 무리가 매우 강성해지니, 조정에서 제압하지 못하였다. 湟中의 곡식 가격이 한 섬에 萬錢으로 치솟으니, 죽거나 도망한 자를 이루 헤아릴 수가 없고 곡식의 수송이 매우 어려웠다. 옛 左校令 龐參이 먼저 법을 어기고 죄를 지어 若盧獄에서 복역을 하고 있었는데, 자신의 아들 龐俊으로 하여금 다음과 같이 上書하게 하였다.

"만 리 먼 곳에서 군량을 운반하여 오랑캐 지역으로 멀리 수송하는 것은, 군대를 통솔하고 기르면서 오랑캐가 피로하기를 기다리는 것만 못합니다. 등즐은 우선 군대를 정돈하여 돌아오고, 임상을 남겨두어 涼州의 군사와 백성들을 감독하여 三輔 지역에 이주

시켜 요역을 없애 농사철을 돕고 번거로운 부세를 중지하여 재물을 보태주어서, 남자들은 밭을 갈아 곡식을 심고 여자들은 베를 짜서 길쌈을 하게 해야 합니다. 그런 뒤에 정예병을 기르고 적의 해이하고 沮喪된 틈을 타서 뜻밖에 출동하여 대비하지 않은 적을 공격하면, 변방 백성들의 원수를 갚고 패배한 수치를 설욕할 수 있습니다."

이 글을 아뢰자, 마침 樊準이 上疏하여 방참을 천거하니, 太后가 즉시 방참을 복역하는 가운데에서 발탁하여 불러 謁者에 제수해서, 방참으로 하여금 서쪽으로 三輔에 주둔하고 있는 여러 군대를 감독하게 하였다.

鄧騭이 使任尙으로 與先零別種滇零等으로 戰於平襄[①]하여 尙軍이 大敗하다 羌衆이 遂大盛하여 朝廷이 不能制라 湟中粟石萬錢하니 死亡을 不可勝數요 而轉運難劇[②]이러라 故左校令龐參이 先坐法하여 輸作若盧[③]러니 使其子俊으로 上書曰 萬里運粮하여 遠就羌戎은 不若總兵養衆하여 以待其疲니이다 鄧騭이 宜且振旅하고 留任尙하여 使督涼州士民하여 轉居三輔하여 休徭役以助其時하고 止煩賦以益其財하여 令男得耕種하고 女得織紝[④]이니 然後에 畜精銳, 乘懈沮하여 出其不意하여 攻其不備하면 則邊民之仇報하고 犇北(분배)之恥雪矣리이다 書奏에 會樊準上疏薦參하니 太后卽擢參於徒中하여 召拜謁者하여 使西督三輔諸軍屯하다

① 零은 음이 憐이니, 滇零은 사람의 이름이다. 平襄縣은 漢陽郡에 속하였다.
零, 音憐. 滇零, 人名. 平襄縣, 屬漢陽郡.
② 劇은 심함이다.
劇, 甚也.
③ 將作大匠의 관속에 左校令과 右校令이 각각 한 사람씩 있는데, 秩이 六百石이다. 左校令은 왼편의 工徒를 관장하고, 右校令은 오른편의 工徒를 관장하였다.
將作大匠屬官, 有左·右校令, 各一人, 秩六百石. 左校令, 掌左工徒, 右校令, 掌右工徒.
④ 織은 삼베와 비단을 짜는 것을 통틀어 칭한 것이다. 紝은 베틀의 올이다.
織者, 作布帛之總名. 紝者, 機縷也.

【綱】 11월에 鄧騭을 불러 大將軍을 삼았다.

十一月에 徵鄧騭하여 爲大將軍하다

【目】 鄧騭이 지위에 있을 적에 자못 어진 선비들을 추천하여 등용하였다. 何熙와 李郃(이합) 등을 천거하여 조정에 나열하게 하고 또 弘農 사람 楊震과 巴郡 사람 陳禪 등을 辟召하여 幕府에 배치하니, 천하에서 그를 칭송하였다.

양진은 일찍 부친을 여의고 가난하게 살면서도 학문을 좋아하여 경전에 통달하고 또 여러 책을 널리 보니, 여러 儒者가 말하기를 "關西의 孔子는 楊伯起이다." 하였다. 제자를 敎授한 지 20여 년에 州郡에서 초빙하는 禮와 부르는 命에 응하지 않으니, 사람들이 출셋길이 너무 늦다고 말하였으나 양진은 뜻이 더욱 돈독하였다. 등즐이 소문을 듣고 벽소하니, 이때 양진의 나이가 이미 50여 세였다.

楊震(≪古聖賢像傳略≫)

鄧騭在位에 頗能推進賢士하여 薦何熙, 李郃等하여 列於朝廷하고 又辟弘農楊震, 巴郡陳禪等하여 置之幕府하니 天下稱之러라 震은 孤貧好學하여 通達博覽하니 諸儒爲之語曰 關西孔子는 楊伯起①라하다 敎授二十餘年에 不答州郡禮命하니 衆人이 謂之晩暮로되 而震志愈篤②이러니 騭이 聞而辟之하니 時에 震年已五十餘러라

① 伯起는 楊震의 자이니, 弘農에 거주하였는데, 弘農은 函谷關 서쪽에 있었다.
伯起, 震字, 居弘農, 在函谷關之西.

② 禮는 초빙하는 예를 이르고, 命은 辟召하여 막료에 두는 명을 이른다. "晩暮"는 세월이 이미 많이 흘러 출사가 늦음을 이른다.
禮, 謂延聘之禮. 命, 謂辟置之命. 晩暮, 謂歲月已老而出仕遲也.

【目】楊震이 여러 번 승진하여 荊州刺史와 東萊太守가 되어 郡에 갈 적에 昌邑을 경유하게 되었는데, 예전에 자신이 천거했던 荊州 茂才(秀才) 王密이 昌邑令이 되어서 밤에 황금을 품고 와서 양진에게 주었다. 양진이 말하기를 "故人은 그대를 아는데, 그대는 故人을 알지 못하니, 어째서인가?" 하니, 왕밀이 말하기를 "어두운 밤중이라 아는 자가 없습니다." 하였다. 양진이 말하기를 "하늘이 알고 땅이 알고 내가 알고 그대가 아는데, 어찌 아는 자가 없다고 하는가." 하니, 왕밀이 부끄러워하면서 나갔다.

자손들이 항상 채소를 먹고 도보로 다녔는데, 친구들이 양진으로 하여금 자손을 위해 재산을 마련해주도록 하라고 하자, 양진이 말하기를 "후세로 하여금 淸白吏의 자손이라고 불리게 하려 하니, 이것을 자손들에게 물려주는 것이 후하지 않겠는가." 하였다.

累遷荊州刺史, 東萊太守하여 當之郡할새 道經昌邑이러니 故所擧荊州茂才王密이 爲令하여 夜懷金遺震한대 震曰 故人은 知君이어늘 君不知故人은 何也[①]오 密曰 暮夜라 無知者니이다 震曰 天知, 地知, 我知, 子知어늘 何謂無知者오하니 密이 愧而出하다 子孫常蔬食(사)步行[②]이러니 故舊或欲令爲開產業[③]이어늘 震曰 使後世稱爲淸白吏子孫하노니 以此遺之 不亦厚乎아하니라

① 故人은 楊震이 자신을 이른 것이니, 漢나라 사람은 門生(예전에 천거한 사람)과 옛 관리 앞에서 자신을 故人이라 칭하였다.
故人, 震自謂也. 漢人於門生·故吏之前, 率自稱故人.
② 〈"蔬食步行"은〉 어류와 육류를 먹지 않고 수레나 말을 타지 않은 것이다.
食不魚肉, 行不車騎也.
③ 爲(위하다)는 去聲이니, 〈"欲令爲開產業"은〉 楊震으로 하여금 직접 자손을 위해서 재산을 마련해주도록 하라고 한 것이다.
爲, 去聲. 言欲令震自爲子孫, 開置產業也.

【綱】滇零이 天子를 僭稱하고 三輔 지역을 침략하니, 校尉 梁慬이 격파하여 패주시켰다.

滇零이 僭稱天子하고 寇鈔三輔하니 校尉梁慬이 破走之[①]하다

① 慬은 음이 勤이다.
慬, 音勤.

【綱】지진이 있었다.

◑ 地震하다

己酉年(109)

【綱】漢나라 孝安皇帝 永初 3년이다. 봄 정월에 황제가 관례를 행하였다.

三年이라 春正月에 帝冠하다

【綱】京師에 큰 기근이 드니 백성들이 서로 잡아먹었다.

◑ 京師大饑하니 民相食[70] 하다

【綱】司徒 魯恭이 면직되었다.

◑ 司徒恭이 罷하다

【目】魯恭이 三公의 지위에 두 번이나 있으면서, 재주가 뛰어나고 등급이 높은 자들을 선발하여 列卿(九卿)과 郡守에 등용하였다. 문하의 늙은 생도 중에 혹 천거를 받지 못하고서 원망하는 자가 있었는데, 노공이 이 말을 듣고 말하기를 "학문을 강습하지 않는 것이 바로 자신의 근심이다."[71] 하고는 끝내 천거할 적에 한마디 말도 하지 않았다. 또 배우는 자들이 수업을 받을 적에 반드시 끝까지 묻고 논란해서 道가 이루어진 뒤에야 사례하여 보내었다.

恭이 再在公位하여 選辟高第하여 至列卿郡守①로되 而門下耆生이 或不蒙薦擧하여 有怨望者②러니 恭이 聞之하고 曰 學之不講이 是吾憂也라하고 終不借之議論③하다 學者受業에 必窮核問難하여 道成然後에 謝遣之④하니라

① "高第"는 재주가 뛰어나고 등급이 높은 자를 이르니, 여기서는 魯恭의 府의 掾屬(官屬) 중 高第를 말한 것이다.
高第, 謂才優而品第高也, 此謂恭府掾屬之高第也.
② "耆生"은 늙은 서생이다.
耆生, 老書生也.
③ 〈"終不借之議論"은〉 끝내 한 말씀을 너그럽게 해주어서 천거하지 않음을 이른다.
謂終不優假一語而薦擧之.
④ 難(논란하다)은 去聲이다.
難, 去聲.

---

70) 民相食 : "백성이 서로 잡아먹으면 천하에 나라가 없는 것이 되는데, 이것이 京師에 나타났으니 지극히 큰 이변이다. ≪資治通鑑綱目≫에서 '民相食'이라고 쓴 것이 10번인데, 京師에 나타난 것은 이번 한 번뿐이다.〔民相食 天下無邦矣 而見於京師 至大異也 綱目書民相食十 而見於京師一而已〕" ≪書法≫

71) 학문을……근심이다 : 이 내용은 ≪論語≫ 〈述而〉에서 "德이 닦아지지 못함과 학문이 講習되지 못함과 義를 듣고 옮겨가지 못함과 不善을 고치지 못하는 것이 바로 나의 걱정거리이다.〔德之不修 學之不講 聞義不能徙 不善不能改 是吾憂也〕"라고 한 孔子의 말씀이다. 魯恭은 이 말을 통해서 늙은 생도에게 본인을 천거해주지 않는 자신을 원망할 것이 아니라, 학문을 專心으로 강습하지 못한 생도 본인을 돌아볼 것을 이야기하고 있다.

【綱】여름 4월에 관리와 백성들로 하여금 돈과 곡식을 바쳐서 관직에 제수되고 작위를 하사받게 하였는데, 차등이 있게 하였다.

夏四月에 令吏民入錢穀하여 得拜官賜爵有差하다

【目】三公의 요청을 따른 것이다.

從三公之請也라

【綱】南匈奴가 배반하였다.

南匈奴反[72)]하다

【目】漢나라 사람 韓琮이 單于를 따라 들어와 조회하였는데, 돌아가서 선우를 설득하기를 "關東 지역에 장마가 들고 백성들이 기근에 허덕여 모두 죽게 되었으니, 공격할 만합니다." 하자, 선우가 마침내 배반하였다.

漢人韓琮이 隨單于入朝①러니 旣還에 說(세)云 關東水潦하고 人民饑餓死盡하니 可擊也라한대 單于遂反하다

① 漢나라 사람이 匈奴와 뒤섞여 사니, 韓琮은 인하여 南單于를 섬겼다. 琮은 祖宗의 切이다. 漢人與匈奴錯居, 琮因事南單于. 琮, 祖宗切.

【綱】가을 9월에 海賊 張伯路가 바닷가에 있는 9개의 郡을 침략하였다.

秋九月에 海賊張伯路 寇濱海九郡하다

【綱】烏桓, 鮮卑, 南匈奴가 병력을 연합하여 五原을 침략하였다.

◑烏桓, 鮮卑, 南匈奴 合兵寇五原하다

---

72) 南匈奴反 : "匈奴에게 배반했다고 쓴 적이 없었는데, 이해에 '南匈奴가 배반했다.'고 쓴 것은, 흉노가 이미 漢나라에 신하 노릇 하여 창고의 곡식을 받았으니 다른 夷狄에 비할 바가 아니기 때문이다. 앞에서 그가 배반한 것을 쓰고 마침내 뒤에서 그를 토벌한 것으로 바로잡아 써서 書法이 이와 같으니, 진실로 中國을 구차하게 높이려고 한 것이 아니다.〔匈奴未有反書 而此年書南匈奴反者 已臣於漢 受其稟給 則非其他夷狄比矣 旣書其反於前 遂正其討於後 書法若此 固非苟於尊中國也〕" ≪發明≫

【綱】 겨울 11월에 南匈奴가 美稷에서 中郎將 耿种(경충)을 포위하자, 中郎將 龐雄을 파견하여 군대를 거느리고 가서 토벌하게 하였다.

◑ **冬十一月**에 **南匈奴圍中郎將耿种於美稷**[①]이어늘 **遣中郎將龐雄**하여 **將兵討之**하다

① 〈中郎將은〉 使匈奴中郎將이다.
使匈奴中郎將也.

【綱】 12월에 지진이 있었다.

◑ **十二月**에 **地震**하다

【綱】 孛星이 天苑星에 나타났다.

◑ **有星孛于天苑**[①]하다

① 天苑星은 16개의 별이 고리 모양을 하고서 昴星과 畢星의 남쪽에 있으니, 天子의 苑囿이고 짐승을 기르는 곳이다.
天苑, 十六星, 如環狀, 在昴畢南, 天子之苑囿, 養獸之所也.

【綱】 큰비가 내렸다.

◑ **雨水**하다

【綱】 幷州와 涼州에 큰 기근이 드니 사람들이 서로 잡아먹었다.

◑ **幷, 涼大饑**하니 **人相食**[73)]하다

【綱】 詔令을 내려 衛士들을 연향하여 보낼 적에 놀이를 하거나 풍악을 울리지 말고, 逐疫하는 侲子의 절반을 줄이게 하였다.

◑ **詔饗遣衛士**에 **勿設戲作樂**하고 **減逐疫侲子之半**[①]하다

---

73) 幷涼大饑人相食 : "봄에 '京師에 큰 기근이 드니 백성들이 서로 잡아먹었다.'고 썼었는데, 이때 다시 幷州와 涼州를 썼다. ≪資治通鑑綱目≫이 끝날 때까지 '人相食'을 쓴 것이 10번인데, 황제(安帝)가 그 중에 두 번을 차지하였고, 한 해에 '人相食'을 두 번 쓴 경우는 ≪資治通鑑綱目≫이 끝날 때까지 이때 한 번뿐이다.〔春 書京師大饑 民相食矣 於是再書幷涼 終綱目 書人相食十 帝居其二焉 若其一歲再書 則終綱目 一而已矣〕" ≪書法≫

① 陰陽이 화합하지 못하고 군대를 자주 출동하였기 때문이다. 西都(前漢)의 제도에 연말에 衛士들을 교대할 적에 上이 직접 왕림하여 연향을 베풀어 보냈다. ≪續漢志≫에 "옛 위사들을 연향을 베풀어 보내는 의식은 백관이 모여 자리가 정해지면 謁者가 節을 잡고 옛 위사를 인도해서 端門으로 들어오고 衛司馬는 깃발과 징을 잡고서 행렬을 호위한다. 행렬이 정해지면 侍御史가 節을 잡고 위사들을 위로하고는 은혜로운 조칙으로 고통스러운 바를 묻고 그들이 말하고 싶어 하는 章奏를 받았다. 의식이 끝나면 연향을 베풀고 하사품을 내리고 풍악을 일으켜서 씨름놀이〔角抵〕를 구경한다. 음악이 끝나면 파하고 보내어서 농업과 잠업을 권장하였다." 하였다.

侲은 震과 眞 두 음이니, 侲이란 善이라는 뜻으로 善한 어린아이를 말하니, 禁中에서 굿하여 역귀를 쫓는다. ≪續漢書≫에 "큰 굿에는 中黃門의 자제 중에 10세 이상 12세 이하 120명을 선발해서 侲子로 삼았는데, 모두 붉은 관에 검은 옷을 입고 큰 북을 잡는다." 하였다.

以陰陽不和, 軍旅數興也. 西都之制, 歲盡衛卒交代, 上臨饗罷遣之. 續漢志曰 "饗遣故衛士儀, 百官會位定, 謁者持節引故衛士, 入自端門, 衛司馬執幡鉦護行. 行定, 侍御史持節慰勞, 以詔恩問所疾苦, 受其章奏所欲言. 畢, 饗賜作樂, 觀以角抵, 樂闋罷遣, 勸以農桑." 侲, 震·眞二音. 侲之言善也, 善童幼子也, 儺於禁中而逐疫. 續漢書曰 "大儺, 選中黃門子弟年十歲以上十二以下百二十人, 爲侲子, 皆赤幘皁製, 執大鞉."

思政殿訓義 資治通鑑綱目 제10권 하

漢 安帝 永初 4년(110)~漢 安帝 延光 4년(125)

庚戌年(110)

【綱】漢나라 孝安皇帝 永初 4년이다. 봄 정월 초하루 조회에 악기를 철거하고 궁전의 뜰에다가 수레를 진열하여 채우지 않았다.

四年이라 春正月元會에 徹樂하고 不陳充庭車①하다

① 매번 큰 조회가 있을 때마다 반드시 乘輿(황제)의 法物인 車輦[1]을 궁전의 뜰에다가 진열하였으므로 궁정의 뜰에 수레를 채웠다고 말한 것이니, 기근이 들었기 때문에 진열하지 않은 것이다.
每大朝會, 必陳乘輿法物車輦於庭, 故曰充庭車也. 以年飢, 故不陳.

【綱】御史中丞 王宗과 青州刺史 法雄을 보내어 張伯路를 토벌하였다.

◑ 遣御史中丞王宗, 青州刺史法雄하여 討張伯路①하다

① 法은 姓이다.
法, 姓也.

【綱】度遼將軍 梁慬과 遼東太守 耿夔(경기)가 南匈奴를 격파하여 패주시켰다.

◑ 度遼將軍梁慬과 遼東太守耿夔 擊南匈奴하여 破走之하다

【綱】詔令을 내려 涼州에 있는 州牧과 郡守의 자제들을 郎官으로 삼았다.

---

1) 乘輿(황제)의……車輦 : 乘輿는 天子가 타는 수레로, 때로는 천자를 직접 지칭하기도 한다. 法物은 帝王의 의장용, 제사용 器物이다. ≪後漢書≫ 李賢의 注에 "법물은 大駕와 鹵簿의 의식을 이른다.〔法物 謂大駕鹵簿儀式也〕"라고 설명하였는바, 大駕는 황제가 출행할 때에 의장대의 규모가 가장 큰 것을 말하며, 鹵簿는 車駕의 차례와 등급에 따라 정해진 의장대의 규모를 가리키는 것으로, 大駕, 小駕, 法駕의 세 종류가 있다. 車輦은 각종의 수레들을 가리킨다.

◑ 詔以涼州牧守子弟爲郞하다

【目】 龐參이 鄧騭에게 邊郡의 자력으로 생존하지 못하는 자들을 옮겨서 들여와 三輔 지역에 들어와 거주시키도록 설득하자, 등즐이 이 말을 옳게 여겨서 涼州를 포기하고 북쪽 변경에 힘을 모두 쏟고자 하였다. 그리하여 마침내 公卿들을 모아 함께 의논하였는데, 등즐이 말하기를 "비유하면 옷이 해어졌을 적에 한 벌을 찢어서 다른 한 벌을 꿰매면 오히려 완전한 옷이 있게 되는 것과 같다. 하지만 만약 이와 같이 하지 않으면 장차 두 벌 모두 보존하지 못할 것이다." 하니, 公卿들이 모두 이 말을 옳게 여겼다.

龐參이 說(세)鄧騭하여 徙邊郡不能自存者하여 入居三輔어늘 騭이 然之하여 欲棄涼州하고 幷力北邊하여 乃會公卿集議할새 騭曰 譬若衣敗에 壞一以相補면 猶有所完이어니와 若不如此면 將兩無所保라한대 公卿이 皆以爲然하다

【目】 郞中 虞詡(우후)가 太尉 張禹에게 다음과 같이 말하였다.
"大將軍의 계책은 불가함이 세 가지이니, 先帝께서 疆土〔土宇〕를 개척하시어 수고로운 뒤에 안정되었는데, 지금 약간의 軍費가 들어가는 것을 꺼려서 이곳을 모두 버리는 것이 첫 번째입니다. 涼州가 버려지면 바로 三輔 지역이 변경이 되어, 園陵을 지킬 수 없는 것이 두 번째입니다. 속담에 이르기를 '關西에서는 장수가 나오고 關東에서는 재상이 나온다.' 하니, 烈士와 武臣이 대부분 涼州에서 나오며 이 지역 풍속이 건장하고 용맹하여 兵事에 익숙하니, 지금 羌族과 胡族이 감히 三輔 지역에 쳐들어와 점거해서 心腹의 폐해가 되지 못하는 것은 양주가 뒤에 있기 때문입니다. 그리고 양주의 선비와 백성들이 적의 칼날을 꺾고 예리한 병기를 잡아서 아버지가 죽으면 그 자식이 또 싸우는데도 되돌아보며 주저하는 마음이 없는 것은 그들이 우리 漢나라에 신하가 되어 복속하기 때문입니다. 그런데 이제 이 지역을 떼어버리면 백성들이 살던 곳을 편안히 여기고 이주하는 것을 어렵게 여겨서, 반드시 목을 길게 빼고 원망하기를 '中國이 우리들을 夷狄에게 버린다.'라고 할 것입니다. 만일 갑자기 반란의 모의가 일어나고 천하에 기근이 들어 피폐한 틈을 타 氐族과 羌族을 몰아 선봉을 삼아서 席卷하여 동쪽으로 진출한다면 函谷關 서쪽에 있는 園陵과 옛 서울(長安)이 다시는 漢나라의 소유가 아닐 것이니, 이것이 바로 세 번째입니다.

의논하는 자가 '〈해어진 두 벌의〉 옷을 꿰매면 오히려 완전한 옷이 있게 된다.'라고

비유하지만 저는 종기가 살을 침식함이 점점 번져서 한계가 없을까 두렵습니다."

郎中虞詡 言於太尉張禹曰 若大將軍之策은 不可者三이니 先帝開拓土宇하사 勞而後定이어시늘 今憚小費하여 擧而棄之 一也니이다 涼州既棄면 卽以三輔爲塞니 園陵單外 二也①니이다 諺曰 關西出將하고 關東出相②이라하니 烈士, 武臣이 多出涼州하고 土風壯猛하여 便習兵事하니 今羌, 胡所以不敢入據三輔하여 爲心腹之害者는 以涼州在後故也요 涼州士民이 所以推鋒執銳하여 父死子戰호되 無反顧之心者는 爲臣屬於漢故也③라 今割而棄之면 民庶安土重遷하여 必引領而怨曰 中國이 棄我於夷狄이라하리니 如卒然起謀하고 因天下之饑㪚하여 驅氐, 羌以爲前鋒하여 席卷而東이면 則函谷以西의 園陵舊京이 非復漢有리니 三也④니이다 議者喩以補衣猶有所完이어니와 詡는 恐其疽食侵淫而無限極也⑤하노이다

① 隴西와 安定, 北地가 모두 涼州의 관할이니, 涼州를 이미 포기하면 三輔 지역이 변방의 끝이 된다. "園陵"은 長安에 있는 여러 陵園이다. "單外"는 가리고 막음이 없음을 말한 것이다.
隴西・安定・北地, 皆涼州所部. 涼州既棄, 則三輔爲極邊. 園陵, 長安諸陵園也. 單外, 言無蔽障.

② 秦, 漢 이래로 山西 지역에서는 장군이 나오고 山東 지역에서는 재상이 나왔으니, 秦나라 때에 郿縣 사람 白起와 頻陽 사람 王翦, 그리고 漢나라가 일어난 뒤에 義渠 사람 公孫賀와 傅介子, 成紀 사람 李廣과 李蔡, 上邽 사람 趙充國과 狄道 사람 辛武賢이 모두 명장이다. 丞相은 蕭何와 曹參, 魏相과 邴吉, 韋賢과 韋玄成 부자, 平當과 平晏 부자, 孔光과 翟方進이 모두 山東 출신이다.
秦漢以來, 山西出將, 山東出相. 秦時, 郿白起, 頻陽王翦, 漢興, 義渠公孫賀・傅介子, 成紀李廣・李蔡, 上邽趙充國, 狄道辛武賢, 皆名將也. 丞相則蕭・曹・魏・邴・韋・平・孔・翟, 皆山東人也.

③ 〈"爲臣屬於漢故也"의〉 爲(위하다)는 去聲이다.
爲, 去聲.

④ 席卷은 그 형세가 편리하고 쉬움을 말한 것이다.
席卷者, 言其勢便易也.

⑤ 疽는 종기의 상처이다. 食은 〈종기가〉 살을 침식함을 말한 것이다.
疽, 癰瘡也. 食者, 言其侵食肌肉也.

【目】張禹가 이 말을 옳게 여기자, 虞詡가 인하여 장우를 설득해서 涼州 지역의 영웅호걸들을 망라하고 그 州牧과 郡守의 자제들을 조정으로 데리고 와서 밖으로는 권면하여 그 공로에 보답하고 안으로는 拘礙하여 간사한 계책을 막자고 하니, 장우가 그의 말을 좋게 여기고 다시 四府를 모아 의논하였는데, 모두 우후의 의논을 따랐다. 이에 西州의

호걸들을 辟召하여 관속을 삼고 다시 州牧과 郡守, 長吏의 자제들을 제수하여 郎官으로 삼아서 위안하였다.

禹以爲然이어늘 詡因說(세)禹하여 網羅涼土雄桀하고 引其牧守子弟於朝하여 外以勸厲하여 答其功勤하고 內以拘致하여 防其邪計한대 禹善其言하여 更集四府하니 皆從詡議[①]라 於是에 辟西州豪傑하여 爲掾屬하고 拜牧守, 長吏子弟爲郎하여 以安慰之하다

① "四府"는 太傅, 太尉, 司徒, 司空의 府이다.
四府, 謂太傅·太尉·司徒·司空.

【綱】虞詡(우후)를 朝歌長으로 삼아서 縣의 경내에 있는 여러 도둑들을 토벌하여 평정시켰다.

以虞詡爲朝歌長하여 討縣境群盜하여 平之하다

【目】鄧騭은 虞詡가 지난번 자신의 의논을 반대하였기 때문에 우후를 미워하여 法으로 中傷하고자 하였는데, 마침 朝歌에 賊 수천 명이 長吏를 공격하여 죽이고 모여 주둔한 것이 여러 해였으나, 州郡이 금지하지 못하였다. 이에 우후를 朝歌長으로 삼으니 친구들이 모두 위문하였으나, 우후는 웃으며 말하기를 "일에 어려움을 피하지 않는 것은 신하의 직분이다. 서려 있는 뿌리와 교차하는 마디를 만나지 않으면 利器를 분별할 수 없으니, 이것은 바로 내가 功을 세울 수 있는 기회이다." 하였다.

우후가 조가에 처음 부임하여 河內太守 馬稜을 뵙자, 마릉이 말하기를 "그대는 儒者이다. 마땅히 廟堂에서 계책을 세워야 하는데, 마침내 조가에 와 있으니, 내 심히 그대를 위하여 근심한다." 하였다. 우후가 말하기를 "이 賊은 개와 양과 같은 것들이 서로 모여서 따뜻이 입고 배불리 먹기를 구할 뿐이니, 밝으신 太守께서는 염려하지 마소서." 하였다. 마릉이 말하기를 "어찌하여 이렇게 말하는가?" 하니, 우후가 다음과 같이 대답하였다.

"朝歌는 太行山을 등지고 黃河에 임하였으며, 곡식이 많이 쌓여 있는 敖倉과 거리가 백 리에 불과하고 靑州와 冀州에서 도망 온 백성들이 만 명으로 헤아려지는데, 賊들이 창고를 열어 백성들을 불러 모아서 무기고의 병기를 빼앗고 成皐를 지켜서 천하의 오른팔을 자를 줄을 알지 못하니, 이는 걱정할 만한 것이 못됩니다. 지금 그 무리가 새로 모여 매우 강성하니, 저들과 더불어 칼날을 다투기가 어렵습니다. 군대는 임기응변을 싫

어하지 않으니, 원컨대 너그러이 제약을 풀어주셔서 저로 하여금 구애되는 바가 있지 않게 해주시기를 바랄 뿐입니다."

鄧騭이 以前議로 惡(오)虞詡하여 欲以法中之①러니 會에 朝歌賊數千人이 攻殺長吏하고 屯聚連年이로되 州郡이 不能禁②이라 乃以詡爲朝歌長하니 故舊皆弔之③어늘 詡笑曰 事不避難은 臣之職也라 不遇盤根錯節이면 無以別利器니 此乃吾立功之秋也④라하다 始到하여 謁河內太守馬稜한대 稜曰 君은 儒者라 當謀謨廟堂이어늘 乃在朝歌하니 甚爲君憂之하노라 詡曰 此賊은 犬羊相聚하여 以求溫飽耳니 願明府는 不以爲憂하소서 稜曰 何以言之오 詡曰 朝歌는 背太行, 臨黃河하고 去敖倉이 不過百里요 而靑, 冀之民流亡이 萬數어늘 賊이 不知開倉招衆하여 劫庫兵하고 守成皐하여 斷天下右臂하니 此는 不足憂也라 今其衆新盛하니 難與爭鋒이라 兵不猒權이니 願寬假轡策하여 勿令有所拘閡(애)而已⑤니이다

① 中(맞히다, 해치다)은 去聲이다.
中, 去聲.
② 朝歌縣은 河內郡에 속하였다.
朝歌縣, 屬河內郡.
③ 〈"故舊皆弔之"는〉 그가 장차 죄를 얻을 것임을 이른다.
謂其將得罪也.
④ 나무뿌리가 서로 얽혀 있고, 나무 마디가 교차한 것은 견고하고 예리한 기물이 아니면 다스리지 못한다.
樹根之盤互, 木節之交錯, 非堅利之器, 不能治之.
⑤ 猒은 厭과 통하니, "兵不猒權"은 마땅히 임기응변〔權變〕을 알아야 하고, 구애되고 속박당해서는 안 됨을 말한 것이다. 閡(구애하다)는 礙와 같다. 虞詡가 度外의 사람을 이용하여 여러 도둑들을 제압하고자 하였으나, 郡家에서 평상적인 것을 따르고 옛것을 따라 법조문으로 다스릴까 두려워하였다. 그러므로 먼저 이것을 가지고 馬稜에게 말한 것이다.
猒, 與厭通. 兵不猒權, 謂當知權變, 不宜拘泥. 閡, 與礙同. 詡欲用度外之人, 以制群盜, 恐郡家循常襲故, 以文法繩之, 故先以此言於稜.

【目】虞詡가 부임하자 세 항목의 등급을 만들어 건장한 용사들을 모집하고 掾과 史 이하는 각각 아는 사람을 천거하게 하였는데, 남을 공격하고 겁박한 자를 上等으로 삼고 남을 상해하고 도둑질한 자를 次等으로 삼고 家業에 종사하지 않는 자를 下等으로 삼아서 수습하여 백여 명을 얻었다. 우후는 이들의 죄를 용서하고 적진의 가운데로 들어가 첩자가 되어서 賊을 유인하여 협박하고 노략질하게 하고는 이에 군대를 매복시켜 기다려

서 수백 명을 죽였다.

또 가난한 사람 중에 옷을 잘 재봉하는 자를 남몰래 적진으로 들여보내어서, 품삯을 받고 적들의 옷을 만들 적에 채색 실로 그 소매를 꿰매게 하였다가 이 옷을 입고 시장 거리로 나오는 자가 있으면 관리가 번번이 사로잡으니, 賊이 이 때문에 놀라 흩어졌다. 그리하여 縣의 경내가 모두 평안하였다.

及到官에 設三科以募壯士하고 掾, 史以下各擧所知[①]호되 攻劫者爲上하고 傷人偸(투)盜者次之하고 不事家業者爲下하여 收得百餘人하여 貰其罪하고 使入賊中하여 誘令劫掠[②]하고 乃伏兵以待之하여 殺數百人하다 又潛遣貧人能縫者하여 傭作賊衣할새 以采線縫其裾라가 有出市里者어든 吏輒禽之하니 賊이 由是駭散이라 縣境이 皆平하다

① ≪後漢書≫ 〈百官志〉에 "縣에는 廷掾이 있으니, 郡의 五官掾과 같다. 〈廷掾은〉 鄕部를 감독하여 봄과 여름에는 勸農掾이 되고, 가을과 겨울에는 制度掾이 된다. 史는 獄史, 佐史, 斗食, 令史, 掾史, 幹小史가 있다." 하였다.
百官志"縣有廷掾, 猶郡之五官掾也. 監鄕部, 春夏爲勸農掾, 秋冬爲制度掾. 史則有獄史・佐史・斗食・令史・掾史・幹小史."

② 이 세 등급의 사람은 모두 나쁜 소년으로 과거에 죄를 지은 자들이니, 이들을 모두 용서해서 적진의 가운데로 들어가 간첩이 되게 한 것이다.
此三等人, 皆惡少年, 負宿罪者也. 悉貰之, 使入賊爲間.

【綱】 3월에 南匈奴가 항복하였다.

三月에 南匈奴降하다

【目】 龐雄 등이 진영을 연결하여 점차 전진하니, 單于가 크게 두려워하여 韓琮을 꾸짖기를 "네가 漢나라 사람들이 다 죽었다고 말하였는데, 지금 이 사람들은 도대체 누구란 말이냐." 하고는 마침내 사신을 보내어 항복을 청하였다. 그리하여 모자를 벗고 맨발로 방웅 등을 대하여 절을 올렸으므로 이에 이들의 죄를 사면하고 처음과 같이 대우하였다.

龐雄等이 連營稍前하니 單于大恐하여 讓韓琮曰 汝言漢人死盡이러니 今是何等人也오하고 乃遣使乞降하고 脫帽徒跣하여 對雄等拜어늘 於是赦之하고 遇待如初하다

【綱】 先零羌(선련강)이 漢中을 침략하니, 太守 鄭勤이 전사하였다.

先零羌이 寇漢中하니 太守鄭勤이 戰死하다

【目】 鄭勤이 싸우다가 대패하니, 主簿 段崇과 門下의 史인 王宗, 原展이 몸으로 칼날을 막아 정근과 함께 죽었다.

勤이 戰大敗하니 主簿段崇과 門下史王宗, 原展이 以身扞刃하여 與勤俱死①하다

① 郡의 門下에 掾과 史가 있다. 原은 姓이다.
郡門下, 有掾有史. 原, 姓也.

【綱】 地震이 있었다.

地震하다

【綱】 여름에 蝗蟲의 재해가 있었다.

◑ 夏蝗하다

【綱】 張伯路가 항복하였다가 다시 배반하여 海島로 들어갔다.

◑ 張伯路降이라가 復叛하여 入海島하다

【目】 王宗과 法雄이 張伯路와 연이어 싸워 격파하여 패주시켰는데, 마침 사면령이 이르렀으나 賊은 군대(관군)가 갑옷을 풀지 않았으므로 감히 항복하지 못하였다. 의논하는 자들이 모두 마땅히 공격해야 한다고 하였으나 법웅은 다음과 같이 말하였다.

"그렇지 않다. 병기는 흉기이고 싸움은 위태로운 일이다. 용맹을 믿어서는 안 되고 승리를 기필할 수가 없으니, 적이 만약 배를 타고 섬으로 들어가면 공격하기가 쉽지 않을 것이다. 사면령이 있을 때에 우선 군대를 해산하여 저들의 마음을 위로하고 달래면 형세상 반드시 해산할 것이니, 그런 뒤에 도모하면 싸우지 않고도 평정시킬 수 있을 것이다."

왕종이 그의 말을 좋게 여겨 즉시 군대를 해산하니, 적이 마침내 노략질하여 잡아간 사람들을 반환하였으나 東萊郡의 군대가 유독 갑옷을 풀지 않고 전투태세를 갖추니, 적이 다시 놀라서 海島로 달아났다.

王宗, 法雄이 與伯路로 連戰破走之러니 會에 赦到로되 賊以軍未解甲이라하여 不敢降①이라 議者皆以爲當遂擊之라호되 雄曰 不然하다 兵은 凶器요 戰은 危事라 勇不可恃요 勝不可必이니 賊若乘船入島면 攻之未易也라 及有赦令하여 可且罷兵하여 以慰誘其心이면 勢必解散하리니 然後圖之면 可不戰而定也니라 宗이 善其言하여 卽罷兵하니 賊이 乃還所略人이로되 而東萊郡兵이 獨未解甲하니 賊復驚하여 走海島上하다

① "赦到"는 사면하는 글이 이름을 이르니, 4월에 天下에 사면령을 내렸다.
赦到, 謂赦書到也. 四月赦天下.

【綱】 가을 7월에 홍수가 지고 9월에 지진이 있었다.

秋七月에 大水하고 九月에 地震하다

【綱】 겨울 10월에 太后의 어머니인 新野君이 卒하였다.

◑ 冬十月에 太后母新野君이 卒[2)]하다

【目】 新野君의 병이 위독하니, 太后가 그녀의 집에 행차하여 연일 유숙하였는데, 三公이 表를 올려 한사코 간쟁하자, 마침내 환궁하였다.

新野君이 薨하자 鄧騭 등이 직접 服을 입을 것을 청하였으나, 태후가 허락하려 하지 않았는데, 曹大家(班昭)가 태후에게 권하여 허락하게 하였다.

등즐이 服을 벗자 등즐에게 詔令을 내려 다시 돌아와 조정의 정사를 보필하게 하고 이전의 封爵을 다시 내려주었는데, 등즐 등이 머리를 조아리고 한사코 사양하니, 마침내 중지하였다. 이에 등즐 등에게 모두 朝請을 받들게 하고[3)] 국가에 큰 의논이 있으면 公卿들과 참여하여 의논하게 하였다.

新野君이 病하니 太后幸其第하여 連日宿止어늘 三公이 上表固爭한대 乃還宮①하다 及薨에 鄧騭等이 乞身行服이어늘 太后欲不許러니 曹大家勸后許之하다 及服除에 詔騭하여 復還輔朝政하고 更

2) 冬十月 太后母新野君卒 : "宣帝의 篇에 '外祖母'를 썼었는데, 여기에서 '太后母'라고 쓴 것은 어째서인가. 황제가 밖으로부터 들어와 大統을 이었기 때문이다.〔宣帝之篇 書外祖母矣 此其書太后母 何 帝自外入也〕" ≪書法≫

3) 朝請을……하고 : 고대에 제후가 봄에 천자를 朝見하는 것을 '朝', 가을에 朝見하는 것을 '請'이라 하였는바, 정기적으로 조회에 참여하는 것을 '조청을 받든다〔奉朝請〕'라고 하였다. 漢代에는 퇴직한 大臣이나 將軍 또는 황실이나 외척 등이 '奉朝請'이라는 명칭으로 조회에 참여하였다.

授前封②한대 騭等이 叩頭固讓하니 乃止하다 於是에 竝奉朝請하고 有大議면 與公卿參謀하다

① 新野君은 姓이 陰氏이고 南陽郡 新野縣 사람으로 光烈皇后 從弟의 딸이다. ≪續漢志≫에 "婦人을 君에 봉한 경우는 儀典이 公主에 견주어진다." 하였다.
新野君, 姓陰氏, 南陽新野人, 光烈皇后從弟女也. 續漢志"婦人封君, 儀比公主."

② 황제가 즉위한 초기에 鄧騭과 鄧悝(등회), 鄧弘과 鄧閶을 봉했으나 모두 사양하고 받지 않았다.
帝卽阼之初, 封騭·悝·弘·閶, 皆辭不受.

辛亥年(111)

【綱】 漢나라 孝安皇帝 永初 5년이다. 봄 정월 초하루에 일식이 있었다.

五年이라 春正月朔에 日食하다

【綱】 지진이 있었다.

◑ 地震하다

【綱】 先零羌이 河內를 침입하였으므로 詔令을 내려 군대를 파견해서 孟津에 주둔하게 하고, 3월에 邊境의 郡縣을 옮겨서 적의 침입을 피하게 하였으며, 侍御史 任尙을 보내어 羌族을 격파하였다.

◑ 羌이 寇河內어늘 詔遣兵屯孟津하고 三月에 徙緣邊郡縣하여 避寇하고 遣侍御史任尙하여 擊羌破之[4]하다

【目】 先零羌이 河內에 침입하니, 백성들이 대부분 달아나 河水(黃河)를 건너갔다. 朱寵으로 하여금 五營의 병사를 거느려 孟津에 주둔하게 하고 魏와 趙, 常山과 中山에 명하여 塢候(방어용 堡壘) 600개 소를 만들게 하였는데, 羌族의 세력은 더욱 치성해졌고 변경에 있는 二千石과 令, 長은 대부분 內地 각 郡의 사람이어서 굳게 지키기며 싸우려는 뜻이 없고 모두 다투어 郡縣을 옮겨서 적을 피할 것을 上言하였으므로 詔令을 내려 모

4) 徙緣邊郡縣 避寇 : "백성들을 옮겨 오랑캐의 침략을 피하게 한 것을 建武 15년(39)에 일찍이 한 번 썼었는데 이때 다시 보인다.〔徙民避寇 建武十五年 嘗一書矣 於是復見〕" ≪書法≫

두 이를 따랐다.

백성들이 살던 땅에 연연하여 쉽게 이주하지 않자, 마침내 벼와 곡식을 베어버리고 가옥을 철거하고 진영과 성벽을 허물어 평지로 만들고 쌓아놓은 군량과 마초를 없앴다. 이때에 연달아 가뭄과 蝗蟲의 재해가 있고 기근이 들었는데 백성들을 몰아 압박하고 노략질하니, 백성들이 이곳저곳으로 떠돌아다녀 흩어져서 길에서 죽었다. 혹은 노약자를 버리고 혹은 남의 노예와 첩이 되어서 백성의 태반을 잃었으므로 다시 任尙을 侍御史로 삼아 上黨의 羊頭山에서 羌族을 공격하여 격파하고 마침내 맹진에 주둔한 군대를 해산하였다.

先零羌이 寇河內하니 百姓이 多犇渡河라 使朱寵으로 將五營士하여 屯孟津①하고 詔魏, 趙, 常山, 中山하여 作塢堠(오후)六百所②러니 羌既轉盛하고 而緣邊二千石, 令, 長이 多內郡人이라 無守戰意하고 皆爭上徙郡縣以避寇어늘 詔皆從之③하다 百姓이 戀土어늘 遂刈(예)其禾稼하고 發徹室屋하고 夷營壁하고 破積聚하다 時에 連旱蝗饑荒而驅蹙劫掠하니 流離分散하여 隨道死亡이라 或棄捐老弱하고 或爲人僕妾하여 喪其太半이어늘 復以任尙爲侍御史하여 擊羌於上黨羊頭山하여 破之하고 乃罷孟津屯④하다

① 北軍中候는 屯騎, 越騎, 步兵, 長水, 射聲의 5개 진영을 관장하여 감독하니, 朱寵이 당시 北軍中候가 되었다.
北軍中候, 掌監屯騎·越騎·步兵·長水·射聲五營. 寵時爲北軍中候.
② 네 郡國이 모두 冀州에 속하니, 羌族이 河東과 河內로부터 북쪽으로 冀州의 경내로 쳐들어올까 두려웠으므로 塢堠를 만들어 대비한 것이다.
郡國四, 皆屬冀州, 懼羌自河東·河內北入冀州界, 故作塢堠以備之.
③ 上(올리다)은 時掌의 切이다.
上, 時掌切.
④ 羊頭山은 上黨郡 穀遠縣에 있다.
羊頭山, 在上黨郡穀遠縣.

【綱】法雄이 張伯路를 격파하여 참수하였다.

法雄이 擊張伯路하여 破斬之하다

【綱】가을에 漢陽 사람 杜季貢이 上邽(상규)를 침략하여 함락하였다.

◑秋에 漢陽人杜季貢이 寇陷上邽하다

【綱】蝗蟲의 재해가 있고 큰비가 내렸다.

◑ 蝗雨水하다

壬子年(112)

【綱】漢나라 孝安皇帝 永初 6년이다. 봄 정월에 薦新하는 제물 23종을 줄였다.

六年이라 春正月에 省(생)薦新物二十三種[5]하다

【目】詔令을 내리기를 "무릇 薦新에 바치는 물건이 대부분 그 시절에 생산된 것이 아니다. 혹은 훈증하여 길러 강제로 성숙시키고 혹은 땅속에 있는 싹을 파내어서 맛이 그다지 좋지 못하고 생장할 것을 요절시키니, 어찌 天時에 순응하여 물건을 기르는 방법이겠는가. 지금으로부터는 모두 철이 되기를 기다린 뒤에 올리라." 하니, 모두 줄인 것이 23종이었다.

詔曰 凡供薦新味 多非其節이라 或鬱養彊孰하고 或穿掘萌芽하여 味無所至而夭折生長하니 豈所以順時育物乎①아 自今으로 皆須時乃上②하라하니 凡所省(생)이 二十三種이러라

① 彊(억지로)은 上聲이다. 孰은 熟의 古字이다. "鬱養彊孰"은 물건이 제철이 아니어서 미처 성숙하지 않았는데 土室을 만들고 그 아래에 불을 때어 土氣로 하여금 찌고 덥혀 훈증하여 기르게 해서 제철보다 먼저 억지로 성숙시킴을 말한다.
彊, 上聲. 孰, 古熟字. 鬱養彊孰者, 言物非其時, 未及成孰, 爲土室, 蓄火其下, 使土氣蒸暖, 鬱而養之, 彊使先時成熟也.

② 〈"須時乃上"은〉 그 성숙할 때를 기다려야 비로소 올리는 것이다.
待其時熟, 乃上進也.

【綱】3월에 蝗蟲의 재해가 있었다.

三月에 蝗하다

---

5) 省薦新物二十三種 : "世祖가 '太官은 특별하고 맛있는 음식을 받지 말라.'는 詔令을 내린 뒤로부터 和帝에 이르러 '太官에게 명해서 진귀한 음식을 받지 말라.'는 詔書가 있었고, 이때에 또다시 '薦新하는 물건 23종을 줄였다.'고 썼으니, 모두 찬미할 만한 것이다.〔自世祖有太官勿受異味之詔 至和帝有詔太官勿受珍羞之書 於是又書省薦新物二十三種 皆可美者也〕" ≪書法≫

【綱】 여름에 詔令을 내려 建武 연간(25~55)의 功臣들을 봉하였다.

◑ 夏에 詔封建武功臣①하다

① 《資治通鑑》에는 "詔令을 내려 建武 연간에 元功을 세운 28명의 장수들에 대해 후손들이 모두 그 封爵을 잇게 했다." 하였다.
通鑑 "詔建武元功二十八將, 皆紹封."

【綱】 5월에 가뭄이 들었다.

◑ 五月에 旱하다

【綱】 6월에 豫章의 員谿原山이 무너졌다.

◑ 六月에 豫章員谿原山이 崩하다

【綱】 滇零(전련)이 죽자, 아들 零昌(연창)이 杜季貢을 장군으로 삼았다.

◑ 滇零이 死커늘 子零昌이 以杜季貢爲將軍①하다

① 이보다 앞서 杜季貢이 도망하여 滇零을 따랐다.
先是杜季貢亡從滇零.

癸丑年(113)

【綱】 漢나라 孝安皇帝 永初 7년이다. 봄 정월에 太后가 大臣과 命婦를 거느리고서 宗廟에 배알하였다.

七年이라 春正月에 太后率大臣命婦하여 謁宗廟①6)하다

① 命婦는 大夫의 아내이다.
命婦, 大夫妻也.

---

6) 太后率大臣命婦 謁宗廟 : "이것을 써서 古禮가 아님을 비난한 것이다. 이때에 황제의 나이가 20세이니, 마땅히 宗廟의 제사에 종사할 수 있었는데, 太后가 직접 제사하였다. 그러므로 《資治通鑑》에서는 쓰지 않았으나, 《資治通鑑綱目》에서는 특별히 썼으니, 비난한 것이다.〔書譏非古也 於是帝年二十 宜能從宗廟之事矣 而太后親焉 故通鑑不書 綱目特書之 所以譏也〕" 《書法》

【綱】 2월에 지진이 있었다.

◑ 二月에 地震하다

【綱】 여름 4월 그믐에 일식이 있었다.

◑ 夏四月晦에 日食하다

【綱】 가을에 蝗蟲의 재해가 있었다.

◑ 秋에 蝗하다

甲寅年(114)

【綱】 漢나라 孝安皇帝 元初 원년이다. 봄 2월에 日南의 땅이 갈라졌다.

元初元年이라 春二月에 日南地坼(탁)하다

【目】 갈라진 땅의 길이가 백여 리였다.

長百餘里러라

【綱】 3월에 일식이 있었다.

三月에 日食하다

【綱】 군사를 보내어 河內에 주둔시켜 羌族의 침입을 대비하게 하였다.

◑ 遣兵屯河內하여 以備羌하다

【綱】 여름에 가뭄이 들고 蝗蟲의 재해가 있었다.

◑ 夏에 旱蝗하다

【綱】 6월에 河東의 땅이 푹 꺼졌다.

◑ 六月에 河東地陷[7)]하다

【綱】 羌族의 豪長인 號多가 漢中을 노략질하여 隴 지역의 길을 끊으니, 校尉 侯霸가 이들과 싸워서 격파하였다.

◑ 羌豪號多掠漢中하여 斷隴道어늘 校尉侯霸與戰하여 破之[①8)]하다

① 號多는 西羌의 종족 이름이니, 號吾의 아우이다.
號多, 西羌種名也, 號吾之弟.

【綱】 겨울 10월 초하루에 일식이 있었다.

◑ 冬十月朔에 日食하다

【綱】 지진이 있었다.

◑ 地震하다

乙卯年(115)

【綱】 漢나라 孝安皇帝 元初 2년이다. 봄에 號多가 항복하였다.

二年이라 春에 號多降하다

---

7) 河東地陷 : "'땅이 갈라졌다.〔地坼裂〕'고 쓴 경우가 많으나 '땅이 푹 꺼졌다.〔地陷〕'고 쓴 적은 있지 않으니, 땅이 푹 꺼짐에 이르면 큰 변고이다. 그러므로 ≪資治通鑑≫에서는 쓰지 않았으나 ≪資治通鑑綱目≫에서는 특별히 썼으니, ≪자치통감강목≫이 끝날 때까지 '땅이 푹 꺼졌다.'라고 쓴 것이 한 번뿐이다.〔書地坼裂多矣 未有書地陷者 地至於陷 大變也 故通鑑不書 綱目特書之 終綱目 書地陷一而已〕" ≪書法≫

8) 羌豪號多掠漢中……校尉侯霸與戰破之 : "隴道를 쓴 것은 어째서인가. 關塞의 중요한 곳이기 때문이다. 공격하고 수비하는 즈음에 大勢에 관계된 지역은 ≪資治通鑑綱目≫에 반드시 특별히 썼다. 그러므로 秦나라 때에는 '太行山의 길을 끊었다.'고 썼고, 漢나라 때에는 '隴道를 끊었다.'고 썼고 '斜谷閣을 끊었다.'고 썼고, 唐나라 때에는 '峽江의 길을 끊었다.'고 쓴 것이다.〔隴道 何 關要也 攻守之際 地有關於大勢者 綱目必特書之 故秦書絶太行道 漢書斷隴道 書斷斜谷閣 唐書斷峽江路〕" ≪書法≫

【目】 護羌校尉 龐參이 은혜와 신의로 여러 羌族을 불러 회유하니, 號多 등이 항복하였으므로 방참이 이들을 보내어 대궐에 이르게 하였다. 조정에서 호다에게 侯의 印章을 하사하여 보내니, 방참이 처음으로 令居로 돌아와 治所로 삼아 河西[9]의 길이 개통되었다.

校尉龐參이 以恩信으로 招誘諸羌하니 號多等이 降이어늘 參이 遣詣闕한대 賜侯印遣之하니 參이 始還治令居하여 通河西道①하다

① 〈"始還治令居"는〉 張掖에서 옮겨 令居로 돌아온 것이다. 武帝 때에 河西의 酒泉 지역을 개통하였다. ≪史記正義≫에 "河는 隴右 蘭州의 西河를 이른다." 하였다.
自張掖徙還令居也. 武帝時, 開河西酒泉之地. 正義"河, 謂隴右蘭州之西河也."

【綱】 零昌이 益州를 침략하자, 中郎將 尹就를 보내어 토벌하게 하였다.

零昌이 寇益州어늘 遣中郎將尹就하여 討之하다

【綱】 여름 4월에 貴人 閻氏(염씨)를 세워 皇后로 삼았다.

◑夏四月에 立貴人閻氏하여 爲皇后①[10]하다

① 閻后의 어머니는 鄧弘의 아내의 동복형제이다. 그러므로 그녀의 아버지 閻暢을 세워 北宜春侯에 봉하였다.
閻后之母, 鄧弘之妻之同産也, 故得立父暢, 封北宜春侯.

【目】 閻后는 천성이 질투하고 시기하였다. 後宮 李氏가 皇子 劉保를 낳자, 염후가 李氏를 독살하였다.

后性이 妬忌라 後宮李氏 生皇子保어늘 后鴆(짐)殺李氏하다

【綱】 5월에 가뭄이 들고 蝗蟲의 재해가 있었다.

五月에 旱蝗하다

---

9) 河西 : 현재 甘肅省과 靑海省의 黃河 서쪽 지역으로, 河西回廊과 湟水 유역 일대를 가리킨다.

10) 立貴人閻氏 爲皇后 : "이때에 황제가 즉위한 지 9년이 되었고 나이가 22세였다. 이처럼 황후를 늦게 세우는 경우가 있지 않았는데, 마침내 질투하는 황후를 얻어서 끝내 조정을 혼란하게 하였으니, ≪詩經≫ 〈周南 關雎〉에서 어진 후비를 올림을 근심한 것이 당연하다.〔於是 帝卽位九年 年二十二矣 立后之遲 未有如此者 而竟得妬后 卒以亂朝 關雎憂在進賢 宜矣哉〕" ≪書法≫

【綱】 가을 8월에 遼東의 鮮卑가 無慮를 포위하였다.

◑ 秋八月에 遼東鮮卑圍無慮①하다

① 慮는 음이 閭이니, 無慮縣은 遼東郡에 속하였다.
慮, 音閭, 無慮縣, 屬遼東郡.

【綱】 9월 그믐에 일식이 있었다.

◑ 九月晦에 日食하다

【綱】 校尉 班雄 등이 零昌을 공격하다가 대패하였다.

◑ 校尉班雄等이 擊零昌이라가 大敗하다

【目】 詔令을 내려 班雄은 三輔 지역에 주둔키시고, 司馬鈞은 關中의 군대를 감독하게 하였다. 龐參은 羌族과 胡族의 군대를 거느리고 길을 나누어 〈사마균과 함께〉 零昌을 공격하였는데, 방참의 군대는 勇士城의 동쪽에 이르러 杜季貢에게 패해서 군대를 이끌고 후퇴하였으며, 사마균 등이 홀로 전진해서 丁奚城을 공격하여 함락하니, 두계공이 군대를 거느리고 거짓으로 도망치는 척하였다. 사마균이 右扶風 仲光으로 하여금 羌族의 벼와 곡식을 거두게 하였는데, 중광 등이 군대를 분산하여 敵地에 깊이 들어갔다가 매복을 설치한 羌族에게 요격을 당하니, 중광 등의 군대가 패하여 모두 전몰하였다.

詔班雄하여 屯三輔하고 司馬鈞은 督關中兵하고 龐參은 將羌, 胡兵하고 分道竝擊零昌①이러니 參兵이 至勇士城東이라가 爲杜季貢所敗하여 引退②하고 鈞等이 獨進하여 攻拔丁奚城하니 季貢이 率衆僞逃③라 鈞이 令仲光으로 收羌禾稼④러니 光等이 散兵深入이라가 羌이 設伏要擊之하니 光等이 兵敗竝沒하다

① 班雄은 班超의 아들이다.
雄, 超之子也.

② 勇士縣은 漢陽郡에 속하였다.
勇士縣, 屬漢陽郡.

③ 〈"攻拔丁奚城"은〉 永初 6년(112)에 零昌이 杜季貢을 장군으로 삼아 별도로 丁奚城에 거주하게 하였다. 살펴보건대, ≪東觀漢記≫에 "丁奚城은 北地郡 靈州縣에 있다." 하였다.
永初六年, 零昌以季貢爲將軍, 別居丁奚城. 按東觀記 "丁奚城, 在北地郡靈州縣."

④ 仲光은 사람의 姓名이다.
仲光, 姓名也.

【綱】겨울에 中郎將 任尙을 보내어 三輔 지역에 주둔하게 하였다.

冬에 遣中郎將任尙하여 屯三輔하다

【目】懷令 虞詡가 任尙을 다음과 같이 설득하였다.

"兵法에 의하면 약한 자가 강한 자를 공격하지 못하고 달리는 자가 나는 자를 쫓지 못하니, 이는 자연의 형세입니다. 지금 오랑캐가 모두 기마병이라서 하루에 수백 리를 행군하여, 쳐들어올 때에는 폭풍우와 같고 떠나갈 때에는 쏜살같으니, 보병으로 추격하면 형편상 미칠 수가 없는바, 비록 20여만 명의 군대를 주둔시켜도 오랫동안 戰功이 없는 이유입니다. 使君(任尙)을 위하여 계책을 세워보건대, 여러 郡의 군대를 해산하고 각각 이들로 하여금 수천 錢을 내게 해서 20명이 말 한 필을 함께 사서 1만의 기병대로 수천의 오랑캐를 쫓아서 후미를 추격하고 습격하여 차단하는 것만 못하니, 이와 같이 하면 오랑캐가 나오는 길이 저절로 막히게 되어 백성들에게 편리하고 일이 순조로워서 큰 공을 세울 수 있을 것입니다."

임상이 즉시 上言하고 이 계책을 따라 경무장한 기병을 보내어서 杜季貢을 丁奚城에서 격파하였다.

懷令虞詡說(세)尙曰[①] 兵法에 弱不攻彊하고 走不逐飛는 自然之勢也니이다 今虜皆馬騎라 日行數百里하여 來如風雨하고 去如絶弦하니 以步追之면 勢不相及이니 所以雖屯兵二十餘萬이나 曠日而無功也라 爲使君計컨대 莫如罷諸郡兵하고 各令出錢數千하여 二十人이 共市一馬하여 以萬騎之衆으로 逐數千之虜하여 追尾掩截(엄절)이면 其道自窮하리니 便民利事하여 大功立矣[②]리이다 尙이 卽上言한대 用其計하여 遣輕騎하여 擊杜季貢于丁奚城하여 破之하다

① 懷令은 懷縣의 令이다.
懷令, 懷縣之令也.

② 尾는 그 뒤를 따라 공격하는 것이다. 掩은 기습함이고, 截은 요격함이다. "其道自窮"은 오랑캐가 나오는 길이 저절로 막혀서 신속히 나와 노략질하지 못함을 말한 것이다.
尾者, 隨其後而擊之也. 掩, 襲也. 截, 邀也. 其道自窮, 言虜之路自窮, 不能捷出而寇掠也.

【綱】虞詡를 武都太守로 삼아서 羌族을 격파하였다.

以虞詡爲武都太守하여 擊羌破之하다

【目】太后가 '虞詡에게 장수의 지략이 있다.'는 말을 듣고 우후를 武都太守로 삼으니, 羌族의 무리 수천 명이 陳倉의 崤谷(효곡)에서 우후를 가로막았다. 우후는 즉시 군대를 멈추어 전진하지 않고 宣言하기를 "조정에 上書하여 군대를 증원해줄 것을 청하였으니, 이들이 이르기를 기다렸다가 출발할 것이다." 하니, 羌族들이 이 말을 듣고 마침내 나누어 인근의 縣을 노략질하였다.

우후는 羌族의 병사들이 흩어진 틈을 타서 밤낮으로 길을 전진하여 하루에 이틀 길을 가서 백여 리를 행군하고, 관리와 병사들로 하여금 각각 두 개의 아궁이를 만들게 해서 날마다 배로 증가시키니, 羌族이 이것을 보고 감히 가까이 다가오지 못하였다.

혹자가 묻기를 "孫臏은 아궁이 수를 줄였는데 그대는 아궁이 수를 증가하고[11], 兵法에 의하면 하루에 행군이 30리에 불과한데 지금 하루에 장차 200리를 행군함은 어째서인가?" 하니, 우후가 다음과 같이 대답하였다.

"오랑캐의 병사들은 많고 우리의 병사는 적으니, 천천히 행군하면 적에게 쉽게 따라잡힐 것이요, 속히 진군하면 저들이 헤아리지 못할 것이다. 오랑캐들은 우리 군의 아궁이 수가 날로 증가함을 보면 반드시 郡의 군대가 와서 맞이한다고 생각할 것이요, 병력이 많고 행군이 신속하면 반드시 우리를 추격함을 꺼릴 것이니, 손빈은 약함을 보였고 나는 지금 강함을 보임은 형세가 똑같지 않기 때문이다."

太后聞虞詡有將帥之略하고 以爲武都太守하니 羌衆數千이 遮詡於陳倉崤谷①이어늘 詡卽停軍不進하고 而宣言上書請兵하여 須到當發이라하니 羌聞之하고 乃分鈔傍縣이라 詡因其兵散하여 日夜進道하여 兼行百餘里하고 令吏士로 各作兩竈(조)하여 日增倍之하니 羌不敢逼이러라 或問曰 孫臏은 減竈어늘 而君增之하고 兵法에 日行不過三十里어늘 而今日且二百里는 何也오 詡曰 虜衆은 多하고 吾兵은 少하니 徐行則易爲所及이요 速進則彼所不測이니 虜見吾竈日增이면 必謂郡兵來迎이요 衆多行速이면 必憚追我하리니 孫臏은 見弱하고 吾今示彊은 勢有不同故也②니라

① 胡三省이 말하였다. "이 崤谷은 마땅히 陳倉縣 경계에 있어야 하니 바로 지금의 大散關이

---

11) 孫臏은……증가하고 : 孫臏은 戰國時代 齊나라의 병법가이다. 周 顯王 28년(B.C. 341) 魏나라가 韓나라를 정벌할 때 韓나라가 齊나라에 구원을 요청하자 齊나라에서 田忌와 孫臏을 보내 魏나라 장수 龐涓을 죽이고 전쟁에서 승리하였다. 당시 손빈은 魏나라에게 약함을 보이기 위해 매일 아궁이 수를 줄여나갔다. 방연은 齊나라 군영이 있던 자리의 아궁이 수가 날마다 줄어드는 것을 보고 齊나라 군사들이 점차 달아난 것이라 생각하여 정예병을 선발한 뒤 손빈을 맹추격하였으나, 馬陵에서 매복하고 기다리던 손빈에게 습격을 당해 자살하였다.

고, 弘農郡 澠池縣(민지현)의 崤山이 아니다."

胡三省曰 "此崤谷, 當在陳倉縣界, 卽今之大散關, 非弘農澠池縣之崤山也."

② 見(보이다)은 賢遍의 切이다.

見, 賢遍切.

【目】虞詡가 부임하자, 郡의 병력이 3천 명이 못되었고, 羌族의 무리 만여 명이 赤亭을 수십 일 동안 공격하여 포위하였다. 우후는 마침내 軍中에 명해서 강한 쇠뇌는 발사하지 말고 은밀히 작은 쇠뇌를 발사하게 하니, 羌族들은 漢나라 군대의 화살의 힘이 약해서 자신들의 진영에 이르지 못하는 것이라 생각하고 병력을 합쳐서 급히 공격하였다.

우후가 이에 20개의 강한 쇠뇌로 적 한 사람을 쏘게 하니, 발사하면 맞추지 못함이 없었다. 羌族들이 크게 두려워하여 후퇴하자, 우후는 인하여 城을 나가 크게 공격해서 적을 부상시키고 죽인 것이 많았고, 다음 날에는 군대를 모두 진열하고서 병사들로 하여금 동쪽 성문을 따라 나갔다가 북쪽 성문으로 들어오게 하되 衣服을 바꿔 입어서 몇 차례를 돌리니, 羌族들은 漢나라 군대의 병력을 짐작하지 못하여 번갈아 서로 두려워하고 동요하였다.

우후는 적들이 마땅히 물러갈 것을 헤아리고는 마침내 은밀히 500여 명을 보내어서 얕은 물가에 매복을 설치하여 賊이 도망갈 길에서 기다리게 하였다. 오랑캐들이 과연 크게 달려오자, 인하여 습격해서 대패시켜 목을 베고 사로잡은 것이 매우 많으니, 賊이 이로 말미암아 패하여 흩어졌다.

旣到에 郡兵은 不滿三千이요 而羌衆萬餘 攻圍赤亭數十日①이어늘 詡乃令軍中하여 彊弩勿發하고 而潛發小弩하니 羌以爲矢力弱하여 不能至라하고 幷兵急攻이라 詡於是에 使二十彊弩로 共射一人하니 發無不中이라 羌이 大震하여 退어늘 詡因出城奮擊하여 多所傷殺하고 明日에 悉陳其兵衆하여 令從東郭門出하여 北郭門入호되 貿易衣服하여 回轉數周하니 羌이 不知其數하여 更(경)相恐動이라 詡計賊當退하고 乃潛遣五百餘人하여 於淺水에 設伏하고 候其走路②러니 虜果大犇이어늘 因掩擊大破之하여 斬獲甚衆하니 賊由是敗散하다

① 살펴보건대, ≪後漢書≫ 〈郡國志〉에 "武都郡 下辨縣에 赤亭이 있다." 한 것이 바로 이것이다.

按郡國志, 武都下辨縣, 有赤亭, 卽此.

② 〈"於淺水設伏 候其走路"는〉 虞詡가 賊이 물러갈 적에 물을 만나면 반드시 얕은 곳을 따라 건너갈 것을 알고는 인하여 이곳에다가 복병을 설치하고 기다린 것이다.

詡知賊退遇水, 必踏淺而度, 因於其處, 設伏以待之.

【目】虞詡는 마침내 지형을 잘 살펴서 진영과 보루 180개 소를 구축하고는 흩어지고 도망한 자들을 불러 돌아오게 하고 가난한 백성들에게 곡식을 빌려주고 구휼하였으며, 水運의 길을 개통하니, 처음 부임했을 때에는 郡의 곡식이 한 섬에 1,000錢이고 소금이 한 섬에 8,000錢이었으며 당시의 가호가 1만 3천이었는데, 정사를 본지 3년 만에 쌀은 한 섬에 80錢, 소금은 한 섬에 400錢이고 백성들이 증가하여 4만여 戶에 이르러서 백성들이 풍족하고 집집마다 여유가 있으니, 한 郡이 마침내 편안하였다.

詡乃占相地勢하여 築營壁百八十所하고 招還流亡하고 假賑貧民하고 開通水運①하니 始到郡에 穀石千이요 鹽石八千이요 見(현)戶萬三千②이러니 視事三年에 米石八十이요 鹽石四百이요 民增하여 至四萬餘戶하여 人足家給하니 一郡이 遂安하다

① 虞詡가 내와 골짜기를 순행하여 沮縣으로부터 下辨縣에 이르기까지의 수십 리에 돌을 태우고[12] 나무를 베어서 漕運할 뱃길을 연 것이다. 沮와 下辨은 모두 縣의 이름이다.
詡案行川谷, 自沮至下辨數十里, 燒石翦木, 開漕船道. 沮及下辨, 竝縣名.

② 見(현재)은 賢遍의 切이니, "見戶"은 현재 있는 호구이다.
見, 賢遍切. 見戶, 見存之戶也.

【綱】11월에 지진이 있었다.

十一月에 地震하다

【綱】前 虎賁中郎將 鄧弘이 卒하였다.

◑前虎賁中郎將 鄧弘이 卒①[13]하다

① 鄧弘은 어머니의 喪을 만난 뒤로부터 관직을 버리고 朝請을 받들었다. 그러므로 '前'이라 한 것이다.
弘自遭母喪, 去官奉朝請, 故曰前.

---

12) 돌을 태우고 : 水路나 道路에 튀어나온 돌을 제거하기 위해 돌을 태워 깸을 말한 것이다.

13) 前虎賁中郎將 鄧弘卒 : "≪資治通鑑綱目≫에 지위에 있을 때에는 '卒'이라고 썼으나 前官을 '卒'이라고 쓴 것은 있지 않았는데, 鄧弘을 '卒'이라고 쓴 것은 어째서인가. 그의 어짊을 기록한 것이다. 등홍은 검소하고 經學을 통달하였으니, 后妃의 一族으로서 등홍과 같은 자가 드물다. ≪資治通鑑綱目≫이 끝날 때까지 前官으로서 '卒'이라고 쓴 자가 〈鄧弘, 荀淑, 陳寔, 衛玠, 孔坦, 杜弘文〉 6명뿐이니, 이는 모두 특별히 쓴 것이다.〔綱目在位書卒 未有卒前官者 卒弘 何 錄賢也 儉素通經 后族如弘者鮮矣 終綱目 以前官書卒者 六人而已 皆特書也〕" ≪書法≫

【目】 鄧弘은 성품이 검소하고 歐陽氏의 ≪尙書≫를 전공하여 禁中〔宮中〕에서 황제를 가르쳤었다. 有司가 아뢰어 등홍에게 驃騎將軍을 추증하게 하였으나, 太后는 등홍의 고상한 뜻을 추념하여 허락하지 않고 다만 돈과 삼베를 하사하니, 아들 鄧騭이 사양하고 받지 않았다. 장차 장례하려 할 적에 有司가 다시 五營[14]의 가벼운 수레와 기병들을 동원할 것을 주청하였으나, 太后는 듣지 않고 다만 흰 덮개가 있는 수레와 두 명의 기병을 보내서 門生들이 상여를 끌어 장송하게 하였다.

弘이 性儉素하고 治歐陽尙書하여 授帝禁中①이러니 有司奏贈弘驃騎將軍한대 太后追弘雅意하여 不許하고 但賜錢布하니 騭이 辭不受하다 將葬에 有司復奏發五營輕車騎士한대 太后不聽하고 但白蓋雙騎로 門生輓送②하다

① 漢나라 千乘 사람 歐陽生이 伏生에게 ≪尙書≫를 전수받았는데, 이로부터 ≪尙書≫에 歐陽氏의 학문이 있게 되었다.[15]
漢千乘歐陽生, 傳伏生尙書. 由是尙書有歐陽氏學.
② "白蓋"는 〈흰 덮개가 있는〉 수레이다.
白蓋, 車也.

丙辰年(116)

【綱】 漢나라 孝安皇帝 元初 3년이다. 봄에 지진이 있었다.

三年이라 春에 地震하다

【綱】 3월에 일식이 있었다.

◑三月에 日食하다

---

14) 五營 : 屯騎, 越騎, 步兵, 長水, 射聲의 다섯 校尉가 통솔하는 부대를 가리킨다.

15) 漢나라……되었다 : 千乘은 현재 山東省 廣饒縣이다. 歐陽生은 字가 和伯으로, 伏生에게 ≪今文尙書≫를 배워 倪寬에게 전수하였다. 그 뒤 예관이 구양생의 아들에게 전수하여 구양씨가 대대로 ≪尙書≫를 전공하였는데, 결국 曾孫 歐陽高에 이르러 歐陽氏의 尙書學이 官學으로서 자리 잡게 되었다. 구양생이 복생에게 ≪상서≫를 배운 이후로 그 후손인 歐陽歙에 이르기까지 8代가 모두 博士를 지냈는바, 이 계열에서 전수한 ≪尙書≫를 '歐陽尙書'라고 칭한다.(≪後漢書≫ 권109 〈孫期傳〉, 〈歐陽歙傳〉)

【綱】 여름 4월에 가뭄이 들었다.

◑ 夏四月에 旱하다

【綱】 度遼將軍 鄧遵이 南單于를 거느려 零昌을 격파하였고, 任尙이 또다시 격파하였다.

◑ 度遼將軍鄧遵이 率南單于하여 擊零昌破之하고 任尙이 又擊破之하다

【綱】 겨울에 처음으로 大臣들이 三年喪을 행하는 것을 허락하였다.

◑ 冬에 初聽大臣行三年喪[16]하다

【目】 옛 제도에는 公, 卿과 二千石, 刺史가 三年喪을 행할 수 없었는데, 司徒 劉愷가 말하기를 "백성들에게 師表가 되고 아름다운 풍속을 宣揚하는 것이 아니다." 하니, 마침내 詔令을 내려서 大臣들이 三年喪을 행함을 허락하였다.

舊制에 公, 卿, 二千石, 刺史 不得行三年喪이러니 司徒劉愷 以爲非所以師表百姓, 宣美風俗이라한대 乃詔聽大臣行三年喪①하다

① 文帝의 遺詔에 喪期의 달수를 날수로 치게 하니, 이후에 大臣들이 마침내 이것을 常制로 여겼는데, 이때에 이르러서 다시 옛 제도를 따른 것이다.
文帝遺詔, 以日易月, 於後大臣遂以爲常, 至此, 復遵古制也.

【綱】 지진이 있었다.

地震하다

16) 冬初聽大臣行三年喪 : "'初'라고 쓴 것은 어째서인가. 禮를 회복함을 가상히 여긴 것이다. 文帝가 喪期를 단축하라는 遺詔를 내리고 나서부터 漢代에 公, 卿과 二千石, 刺史가 三年喪을 끝마치지 못하였는데, 이때에 이르러 이것을 고쳤다. 그러므로 특별히 '初'라고 쓴 것이다. ≪資治通鑑綱目≫이 끝날 때까지 '三年喪을 행함을 허락하였다.'라고 쓴 것이 세 번이다.〔書初 何 嘉復禮也 自文帝遺詔短喪 而漢世公卿二千石刺史 不得終制 至是改之 故特書初 終綱目書聽行三〕" ≪書法≫
"부모에 대한 三年喪은 天子로부터 모두 다 똑같으니, 명색이 大臣이 되어 四海에 師表가 되면서 마침내 三年喪의 禮를 끝까지 행하지 못하는 자가 어디에 있겠는가. '처음으로 大臣들이 三年喪을 행하는 것을 허락하였다.'고 썼으니, 허락한 것이 옳으면 금한 것이 잘못인 것이다. 비록 다행이라고 여겼으나 이 또한 애석히 여긴 것이다.〔三年之喪 自天子達 烏有名爲大臣 師表四海 乃不得行終喪之禮者哉 書初聽大臣行三年喪 聽者是 則禁者非矣 雖曰幸之 蓋亦惜之也〕" ≪發明≫

【綱】 12월에 任尙이 零昌을 공격하여 그 妻子를 죽였다.

◑ 十二月에 任尙이 擊零昌하여 殺其妻子하다

丁巳年(117)

【綱】 漢나라 孝安皇帝 元初 4년이다. 봄 2월 초하루에 일식이 있었다.

四年이라 春二月朔에 日食하다

【綱】 무기고에 화재가 났다.

◑ 武庫災[17)] 하다

【綱】 任尙이 羌族을 보내어 杜季貢을 죽였다.

◑ 任尙이 遣羌하여 殺杜季貢[①] 하다

① 羌은 當闐 部落의 羌族을 이른다.
羌, 謂當闐種羌也.

【綱】 여름 4월에 策書를 내려 司空 袁敞을 면직시키니, 원창이 자살하였다.

◑ 夏四月에 策免司空袁敞하니 敞이 自殺하다

【目】 袁敞이 청렴하고 강직하여 권력이 있고 귀한 자에게 아부하지 않아서 鄧氏의 뜻에 맞지 않았다. 尙書郎 張俊이 사사로운 편지를 원창의 아들에게 보내었는데, 원한이 있는 집안에서 이것을 봉함하여 조정에 올리니, 원창이 여기에 연좌되어 策書로 면직되자 자살하였다.

---

17) 武庫災 : "火災는 비록 궁전이라도 모두 쓰지 않았는데, 오직 무기고만은 모두 쓴 것은 국가의 對備를 소중히 여긴 것이니, '무기고에 화재가 났다.〔武庫災〕'고 쓴 것이 이때 처음 시작되었다. ≪資治通鑑綱目≫에서 '災(화재)'를 쓴 것이 15번인데 '武庫災(무기고에 화재가 났다.)'라고 쓴 것이 한 번이고, '火(불이 났다.)'라고 쓴 것이 11번인데 '武庫火(무기고에 불이 났다.)'라고 쓴 것이 세 번이다.〔火災雖宮殿不悉書 唯武庫悉書之 重國備也 書武庫災始此 綱目書災十五而書武庫災一 書火十一而書武庫火三〕" ≪書法≫

敞이 廉勁하여 不阿權貴하여 失鄧氏旨①라 尙書郎張俊이 有私書與敞子러니 怨家封上之하니 敞이 坐策免한대 自殺하다

① 袁敞은 袁安의 아들이다.
敞, 安之子也.

【綱】遼西의 鮮卑가 들어와 침략하자, 郡의 군대가 격파하였다.

遼西鮮卑入寇어늘 郡兵이 擊破之하다

【綱】6월에 우박이 내렸다.

◑ 六月에 雨雹하다

【綱】益州刺史 張喬가 배반한 羌族들을 토벌하니, 羌族들이 모두 항복하고 흩어졌다.

◑ 益州刺史張喬 討叛羌하니 羌이 皆降散하다

【綱】가을 7월에 큰비가 내렸다.

◑ 秋七月에 雨水하다

【綱】任尙이 羌族들을 모집하여 零昌을 죽였다.

◑ 任尙이 募羌하여 殺零昌하다

【綱】越嶲(월수)의 夷族인 封離 등이 배반하였다.

◑ 越嶲夷封離等이 反하다

【綱】任尙이 先零羌 狼莫을 공격해서 대파하여 패주시키자, 西河에 있던 虔人羌이 항복하니, 隴右가 평정되었다.

◑ 任尙이 擊先零羌狼莫하여 大破走之한대 西河虔人種羌이 降하니 隴右平①하다

① 狼莫은 零昌의 謀主였는데, 연창이 죽은 뒤에 낭막이 패하여 도망하니, 虔人羌이 구원을 잃고 항복하였으므로 隴右가 평정된 것이다.
狼莫者, 零昌之謀主. 零昌旣死, 而狼莫敗逃. 虔人羌失援而降, 故隴右平.

【綱】 지진이 있었다.

◑ 地震하다

戊午年(118)

【綱】 漢나라 孝安皇帝 元初 5년이다. 봄에 가뭄이 들었다.

五年이라 春에 旱하다

【綱】 永昌, 益州, 蜀郡의 夷族이 배반하였다.

◑ 永昌, 益州, 蜀郡夷叛하다

【目】 세 郡의 夷族이 배반하여 封離에 호응하니, 무리가 십여만 명에 이르렀다. 이들이 20여 개의 縣을 파괴하고 長吏를 죽이고 백성들을 불태워 죽이고 노략질하니, 백성들의 해골이 쌓여서 천 리 넓은 지역에 사람의 흔적이 없었다.

三郡夷叛하여 應封離하니 衆至十餘萬이라 破壞二十餘縣하고 殺長吏하고 焚掠百姓하니 骸骨委積하여 千里無人이러라

【綱】 가을 8월 초하루에 일식이 있었다.

秋八月朔에 日食하다

【綱】 겨울 10월에 鮮卑가 上谷을 침략하였다.

◑ 冬十月에 鮮卑寇上谷하다

【綱】鄧遵이 羌族을 모집하여 狼莫을 죽이니, 등준을 봉하여 武陽侯로 삼고 任尙을 불러와 棄市하였다.

◑ 鄧遵이 募羌하여 殺狼莫하니 封遵爲武陽侯하고 徵任尙하여 棄市[18]하다

【目】羌族이 배반한 뒤로 10여 년 동안 군대의 비용으로 모두 240여억 錢을 사용하였고, 죽은 자들을 이루 셀 수 없었다. 幷州와 涼州가 마침내 텅 비고 곤궁함에 이르렀는데, 零昌과 狼莫이 죽자 여러 羌族이 와해되니, 三輔 지역과 益州에 다시는 침략의 警報가 없으므로 詔令을 내려 鄧遵을 武陽侯에 封하였다. 등준은 太后의 從弟인 이유로 관작과 봉읍이 컸는데, 任尙이 등준과 功을 다투다가 檻車에 갇혀 불려와 棄市되었다.

18) 鄧遵募羌……徵任尙棄市 : "앞에서는 '任尙이 羌族들을 모집하여 零昌을 죽였다.'고 썼고, 여기에서는 '鄧遵이 강족들을 모집하여 狼莫을 죽였다.'고 썼으니, 功이 똑같은데도 등준은 功으로써 侯에 봉해지고 임상은 功으로써 죽임을 당한 것은 태후가 鄧氏를 사사로이 봐준 가운데 또 사사로이 봐준 것이다. 이 사실을 곧바로 써서 비난하였다. 이 때문에 〈章帝 建初 3년(78)에〉 馬防과 耿恭이 똑같이 강족을 격파한 자인데도 마방은 불러와 봉해주고 경공은 하옥하였으며, 등준과 임상이 똑같이 강족을 죽인 자인데도 등준은 봉하고 임상은 棄市하였으니, 馬太后와 鄧太后가 모두 어진 太后였으나 외척의 권세가 오히려 이와 같았다. 그렇다면 당시의 공론이 어디에 있었는가. 무릇 '棄市'라고 쓴 것은 죄주는 말이나, '任尙'의 위에다가 '徵(불러오다)'이라고 쓴 것은 죄가 없는 것이니, 죄가 없으면서 죄주는 말로 쓴 것은 漢나라를 심하게 여긴 것이다.〔前書任尙募羌殺零昌 此書鄧遵募羌殺狼莫 功一爾 遵以功封 尙以功戮 私之私也 直書譏之 是故馬防耿恭 同破羌者也 防徵而恭下獄 鄧遵任尙 皆殺羌者也 遵封而尙棄市 馬鄧皆賢后 而后族之權猶若此 當時之公論 安在哉 凡書棄市 罪辭也 任尙上書徵 無罪焉 無罪而以罪辭書 甚漢也〕"≪書法≫

"任尙이 永初 원년(107)부터 鄧騭과 함께 征討의 임무를 받았는데 다음 해에 '임상이 羌族과 싸워 대패했다.'고 썼으니, 곧바로 군대를 패배시킨 것에 대한 주벌을 받아야 하나 끝내 주벌을 행함이 없었던 것은 등즐이 그로 하여금 싸우게 하였기 때문이다. 3년에 이르러 임상이 羌族을 격파한 功이 있다고 썼으나 아직도 예전의 잘못을 만회하지 못하였고, 오래지 않아 三輔 지역에 군대를 주둔하여 다시 鄧遵과 함께 零昌을 격파하였으니, 功이 자못 드러났다. 前年(116)에 '임상이 연창을 공격하여 그 처자를 죽였다.'고 썼고, 지난해(117) 가을에 '임상이 羌族들을 모집하여 연창을 죽였다.'고 썼고, 또다시 '先零을 대파하여 羌族들을 항복시키고 隴右를 평정했다.'고 썼으니, 그 공이 비로소 칭할 만한 것이 있었다. 이때에 이르러 여러 羌族이 와해되어서 다시는 침략하는 警報가 없었는데, 임상이 마침내 소환되어 棄市됨은 어째서인가. 등준이 오로지 그 공을 차지하려 하였는데, 임상이 권세가 누구에게 있는지를 알지 못하고 미련하게 그와 더불어 다투었으니, 그가 顚覆(죽음)을 자초함이 당연한 것이다. 이때를 당하여 鄧太后가 臨朝하여 스스로 어진 德이 남보다 낫다고 생각하였으나 형벌과 賞은 국가의 큰일인데, 마땅히 형벌해야 할 사람을 형벌하지 않고 마땅히 상 줄 사람을 상 주지 않았으니, 공정한 道라고 말하는 것이 옳겠는가. 〈임상을 棄市하여〉 여러 사람과 함께 그 시신을 버렸는데도 그 죄를 쓰지 않았으니, 權貴가 또한 두려워할 만한 것이다.〔任尙自永初元年 與鄧騭俱受征討之任 次年書尙與羌戰大敗 宜卽僨軍之誅 然迄無所行者 騭使之戰故也 至三年 書尙有破羌之功 猶未足以補前失 未幾屯兵三輔 復與鄧遵擊破零昌 功頗著矣 前年書尙擊零昌 殺其妻子 去秋書尙募羌殺零昌 又書大破先零 降種羌 平隴右 其功始有可稱 至是諸羌瓦解 無復寇警 而尙乃召還棄市 何耶 鄧遵專有其功 尙不知權勢所在 懵與之爭 宜其自取顚覆也 方是之時 鄧后臨朝 自以賢德過人 然刑賞國之大柄 當刑不刑 當賞不賞 謂之公道 可乎 與衆棄之 不書其罪 權要亦可畏也哉〕"≪發明≫

自羌叛으로 十餘年間에 軍旅之費 凡用二百四十餘億이요 死者不可勝數라 并, 涼二州 遂至虛耗러니 及零昌, 狼莫死에 諸羌이 瓦解하니 三輔, 益州無復寇警이어늘 詔封鄧遵爲武陽侯①하다 遵以太后從弟故로 爵封優大러니 任尙이 與遵爭功이라가 檻車徵棄市하다

① 東郡에 東武陽, 泰山郡에 南武陽이 있다. 〈武陽은〉 ≪後漢書≫ 〈鄧騭傳〉에는 또 舞陽으로 되어 있다.
東郡有東武陽, 泰山郡有南武陽. 鄧騭傳, 又作舞陽.

【綱】 지진이 있었다.

地震하다

己未年(119)

【綱】 漢나라 孝安皇帝 元初 6년이다. 봄 2월에 지진이 있었다.

六年이라 春二月에 地震하다

【綱】 여름 4월에 큰 바람이 불고 우박이 내렸다.

◑夏四月에 大風, 雨雹하다

【綱】 가뭄이 들었다.

◑旱하다

【綱】 가을 7월에 鮮卑가 馬城의 변경을 침략하자, 鄧遵이 南單于를 거느리고 가서 격파하였다.

◑秋七月에 鮮卑寇馬城塞이어늘 鄧遵이 率南單于하여 擊破之①하다

① 馬城縣은 代郡에 속하였다.
馬城縣, 屬代郡.

【綱】 겨울 12월 초하루에 개기일식이 있었다.

◑ 冬十二月朔에 日食旣하다

【綱】 지진이 있었다.

◑ 地震하다

【綱】 豫章에 芝草(靈芝)가 났다.

◑ 豫章에 芝草生하다

【目】 豫章에 芝草가 나자, 太守 劉祗가 이것을 올리려 하여 郡의 사람인 唐檀에게 묻자, 당단이 말하기를 "지금 외척이 강성하며 군주의 道가 미약하니, 어찌 이것이 아름다운 상서이겠는가." 하니, 유지가 마침내 중지하였다.

豫章에 有芝草生이어늘 太守劉祗欲上之하여 以問郡人唐檀한대 檀曰 方今에 外戚豪盛하고 君道微弱하니 斯豈嘉瑞乎아하니 祗乃止하다

【綱】 益州의 夷族이 항복하였다.

益州夷降하다

【目】 益州刺史 張喬가 從事 楊竦(양송)을 보내어 군대를 거느리고 가서 封離 등을 공격하여 대파하고 3만여 명의 수급을 베자, 봉리 등이 항복을 청하였다. 양송이 이들을 후대하여 위로하고 받아들이니, 그 나머지 36개의 종족이 모두 와서 항복하여 귀속하였다. 양송이 인하여 長吏 중에 간사하고 교활하여 蠻夷를 침범한 자 90명을 아뢰어서 모두 減死[19]로 논죄하였다.

益州刺史張喬 遣從事楊竦하여 將兵擊封離等하여 大破之하고 斬首三萬餘級한대 封離等이 乞降이어늘 竦이 厚加慰納하니 其餘三十六種이 皆來降附라 竦이 因奏長吏姦猾侵犯蠻夷者九十人하여 皆減死論하다

19) 減死 : 死罪를 지은 사람에 대해 형벌의 등급을 감하여 死刑을 면해주는 것을 이른다.

【綱】敦煌이 관리를 파견하여 伊吾에 주둔하니, 車師(거사)와 鄯善이 다시 항복하였다.

敦煌이 遣吏屯伊吾하니 車師, 鄯善이 復降[20]하다

【目】처음에 西域의 여러 나라가 이미 漢나라와 관계를 끊었다. 北匈奴가 다시 군대의 위엄으로 이들을 예속하여 부려서 함께 변경을 침략하니, 敦煌太守 曹宗이 이것을 걱정하여 마침내 上奏하고 行長史 索班(삭반)을 보내어 천여 명의 병력을 거느리고 가서 伊吾에 주둔하여 이들을 불러서 어루만져 위로하였다. 이에 車師前王과 鄯善王이 다시 와서 항복하였다.

初에 西域諸國이 旣絶於漢이라 北匈奴復以兵威로 役屬之하여 與共爲邊寇①어늘 敦煌太守曹宗이 患之하여 乃上遣行長史索班하여 將千餘人하고 屯伊吾하여 以招撫之②하니 於是에 車師前王及鄯善王이 復來降하다

① "役屬之"는 사역하여 신하로 예속시킴을 이른다.
役屬之, 謂役使而臣屬之也.

② "上遣"은 上奏하고서 보낸 것이다. 行長史는 長史의 일을 임시로 대행하였을 뿐, 참으로 직책이 長史가 된 것은 아니다. ≪漢書≫ 〈百官公卿表〉에 "郡守의 아래에 丞이 있고, 邊郡에 또 長史가 있어서 兵馬를 관장했다." 하였다. 索은 蘇各의 切이니 姓이다.
上遣者, 上奏而遣之也. 行長史者, 行長史事, 未爲眞也. 百官表 "郡守之下, 有丞·邊郡, 又有長史, 掌兵馬." 索, 蘇各切, 姓也.

庚申年(120)

【綱】漢나라 孝安皇帝 永寧 원년이다. 봄 3월에 北匈奴와 車師後王이 함께 漢

20) 敦煌遣吏屯伊吾 車師鄯善復降 : "伊吾盧를 이때에 모두 5번 썼다. 처음에는 '伊吾盧의 땅을 점령했다.'고 썼고, 다음에는 '이오로에 주둔했던 군대를 파했다.'고 쓰고는 뒤이어 '匈奴가 다시 이 지역을 차지했다.'고 썼으며, 세 번째에는 '竇憲이 다시 이오로의 땅을 점령했다.'고 쓰고는 뒤이어 '車師에서 아들을 들여보내 入侍하게 하였다.'고 썼고, 네 번째에는 '이오로의 屯田을 파하였다.'고 쓰고는 뒤이어 '西羌이 다시 배반했다.'고 썼으며, 여기에서는 '관리를 파견하여 伊吾에 주둔했다.'고 쓰고는 뒤이어 '車師와 鄯善이 다시 항복하였다.'고 썼으니, 합쳐서 살펴보면 이 지역이 중요한 곳이 됨이 분명하다.〔伊吾盧於是凡五書矣 初書取伊吾盧地 次書罷伊吾盧屯兵 則繼書匈奴復守其地 三書竇憲復取伊吾盧地 則繼書車師遣子入侍 四書罷伊吾盧屯田 則繼書西羌復叛 此書遣吏屯伊吾 則繼書車師鄯善復降 合而觀之 其爲要地明矣〕" ≪書法≫

나라 관리를 살해하였으므로 詔令을 내려 다시 都護를 설치하여 군대를 주둔시켰다.

永寧元年이라 **春三月**에 **北匈奴, 車師後王**이 **共殺漢吏**어늘 **詔復置都護屯兵**하다

【目】北匈奴가 車師後王 軍就를 거느리고 와서 함께 索班을 살해하고 車師前王을 공격하여 패주시키고는 北道를 차지하였다. 曹宗이 군대를 출동하여 흉노를 공격해서 보복하고 인하여 다시 西域을 점령할 것을 청하니, 公卿들이 대부분 玉門關을 폐쇄해야 한다고 하였다. 太后는 軍司馬 班勇이 아버지 班超의 유풍이 있다는 말을 듣고 불러서 그에게 계책을 물었다.

北匈奴率車師後王軍就하여 共殺索班하고 擊走前王하고 略有北道[①]라 曹宗이 請出兵擊匈奴以報之하고 因復取西域하니 公卿이 多以爲宜閉玉門關이어늘 太后聞軍司馬班勇이 有父風하고 召問之[②]하다

① 軍就는 車師後王의 이름이다.
   軍就, 車師後王名.
② 班勇은 班超의 아들이다.
   勇, 超之子也.

【目】班勇이 다음과 같이 의논을 올렸다.

"옛날에 孝武皇帝께서 西域을 개통하시자, 이에 대해 의논하는 자들이 匈奴의 府藏(창고)을 빼앗고 그 오른팔을 끊은 것이라고 말했었는데, 光武帝가 中興함에 변방 밖의 일을 돌아볼 겨를이 없었습니다. 그러므로 흉노가 여러 나라를 몰아가니, 河西의 성문이 낮에도 닫혔습니다. 孝明皇帝는 廟策(朝廷의 계책)을 깊이 생각하시어 장수를 명하여 출정하게 하시니, 그런 뒤에야 흉노가 멀리 도망해서 변경이 편안하게 되었습니다. 근자에 羌族이 반란함에 西域의 길이 다시 끊기니, 北匈奴가 마침내 사신을 여러 나라에 보내어서 그동안 逋欠된 조세를 갚으라고 책망하되 그 값을 높이고 기한을 엄격히 정하니, 鄯善과 車師가 모두 분하고 원망하는 마음을 품고서 기꺼이 漢나라를 섬기려고 하였으나, 이렇게 할 방법이 없었습니다.

이제 曹宗이 한갓 흉노에게 보복하여 설욕하고자 하면서 출병한 故事를 찾지 않고 있으니, 荒服 밖의 먼 곳에서 功을 구하고자 하면, 만에 하나라도 성공할 리가 없고, 兵禍

가 이어지면 후회해도 늦을 것입니다. 더구나 지금 창고가 아직 채워지지 못하고 뒤이을 만한 군대가 없으니, 어리석은 臣은 허락해서는 안 된다고 여깁니다. 마땅히 敦煌에다가 진영의 병사 300명과 護西域副校尉를 다시 설치하고, 長史를 파견하여 500명을 거느리고 가서 樓蘭에 주둔하게 해야 합니다. 그리하여 서쪽으로는 焉耆와 龜茲의 지름길을 막고 남쪽으로는 鄯善과 于窴의 마음과 담력을 강하게 하며 북쪽으로는 흉노를 막고 동쪽으로는 敦煌과 가까이하면 이미 胡虜를 통제하게 될 것이고 또 漢人들이 침해하고 소요함을 금할 수 있으니, 이와 같이 하는 것이 진실로 편리합니다."

勇이 上議曰 昔에 孝武皇帝 開通西域하시니 論者以爲奪匈奴府藏하여 斷其右臂러니 光武中興에 未遑外事라 故로 匈奴驅率諸國하니 河西城門이 晝閉①하니이다 孝明皇帝 深惟廟策하사 命將出征하시니 然後에 匈奴遠遁하여 邊境得安②이러니 間者羌亂에 西域復絶하여 北虜遂遣責諸國逋租호되 高其價直(치)하고 嚴以期會③하니 鄯善, 車師皆懷憤怨하여 思樂事漢이나 其路無從이라 今曹宗이 徒欲報雪匈奴而不尋出兵故事④하니 要功荒外하면 萬無一成이요 兵連禍結하면 悔無所及⑤이라 況今府庫未充하고 師無後繼하니 臣愚는 以爲不可許也라하노이다 宜於敦煌에 復置營兵三百人及護西域副校尉하고 遣長史하여 將五百人하고 屯樓蘭하여 西當焉耆, 龜茲徑路하고 南彊鄯善, 于窴心膽하고 北扞匈奴하고 東近敦煌이면 旣爲胡虜節度요 又禁漢人侵擾리니 如此誠便이니이다

① ≪資治通鑑≫에 "永平 연간에 이르러 오랑캐들이 다시 敦煌과 河西의 여러 郡을 공격해서 성문이 낮에도 닫혔다." 하였다.
通鑑 "及至永平, 再攻敦煌・河西諸郡, 城門晝閉."

② 惟는 생각함이다. 옛날에는 장군을 파견할 적에 반드시 廟堂에서 하였는데, 이때에 '적을 제압하여 승리할 계책'을 먼저 정하였으므로 이를 일러 廟策이라 한 것이다.
惟, 思也. 古者遣將必於廟, 先定制勝之策, 故謂之廟策.

③ 〈"間者羌亂……嚴以期會"는〉 西域이 漢나라에 소속된 뒤에는 다시 말 등의 가축과 毛氈을 匈奴에게 실어다 바치지 않았는데, 漢나라와 끊기게 되자 흉노가 다시 사신을 보내어 그동안 逋欠한 것을 갚으라고 책망하였다. 逋(빚, 결손)는 欠이다.
西域屬漢之後, 不復以馬畜旃罽(전계)輸匈奴, 及與漢絶, 匈奴復遣使, 責其積年所逋. 逋, 欠也.

④ "報雪"은 伊吾의 戰役을 보복하고 索班이 죽은 치욕을 씻음을 이른다.
報雪, 謂報伊吾之役, 雪索班之恥也

⑤ 荒外는 荒服[21]의 밖을 이른다.
荒外, 謂荒服之外也.

21) 荒服 : 五服 중의 하나로, 王畿와의 거리가 2,000리에서 2,500리 사이의 먼 지역을 가리킨다.

【目】 公卿들이 힐난하기를 "예전에 西域을 포기한 이유는 유익함이 없고 〈병력과 물자를〉 공급하기 어렵기 때문이었는데 이제 다시 통하고자 하니, 班將軍이 북쪽 오랑캐가 변방의 해가 되지 않는다고 보장할 수 있겠소?" 하니, 班勇이 다음과 같이 대답하였다.

"지금 州牧을 설치하여 도적을 금하고 있는데, 만약 州牧이 도적이 일어나지 않음을 보장할 수 있다면 臣 또한 원컨대 腰斬으로 匈奴가 변방의 해가 되지 않을 것임을 보장하겠습니다. 이제 西域과 통하면 오랑캐의 형세가 반드시 약해져서 우리에게 해를 끼침이 적을 것이니, 어찌 저들에게 府藏(창고)을 돌려주고 잘려나간 오른팔을 이어주는 것보다 낫지 않겠습니까. 만약 서역을 버리고 관리를 세우지 않는다면 서역이 절망하여 머리를 굽히고 북쪽 오랑캐에게 나아갈 것이니, 河西의 성문이 반드시 낮에도 닫히는 경계가 다시 있을까 염려됩니다. 이제 조정의 은덕을 크게 열어 넓히지 않고, 군대를 주둔하여 수자리하는 비용에 구애되니, 이것이 어찌 변경을 안정시키는 장구한 계책이겠습니까."

公卿이 難曰[①] 前所以棄西域者는 以其無益而難供也어늘 今欲通之하니 班將이 能保北虜不爲邊害乎[②]아 勇이 對曰 今置州牧하여 以禁盜賊이니 若州牧이 能保盜賊不起者면 臣亦願以要斬으로 保匈奴之不爲邊害也하노이다 今通西域이면 則虜勢必弱하여 爲患微矣리니 孰與歸其府藏하여 續其斷臂哉리오 若棄而不立이면 則西域望絶하여 屈就北虜하리니 恐河西城門이 必須復有晝閉之儆矣라 今不廓開朝廷之德하고 而拘屯戍之費하니 豈安邊久長之策哉리잇가

① 難(힐난하다)은 去聲이다.
難, 去聲.

② 將(장수)은 子亮의 切이니, 班勇을 軍司馬로 삼았으므로 將이라고 말한 것이다.
將, 子亮切. 以勇爲軍司馬, 故以將言之.

【目】 힐난하는 자가 또 말하기를 "西域이 사신을 보내어 요구하고 바라기를 끝없이 하니, 〈만약 西域의 여러 나라가〉 하루아침에 匈奴에게 핍박받아서 마땅히 다시 구원해주기를 바란다면 戰役이 클 것이다." 하니, 班勇이 다음과 같이 대답하였다.

"지금 만일 서역을 흉노에게 돌려주어서 흉노가 大漢을 은덕으로 여겨 노략질과 도둑질을 하지 않으면 좋지만, 만일 그렇지 않으면 원수의 재물을 풍부하게 해주고 사나운 오랑캐의 형세를 증가시키는 것입니다. 또 西域에서 오는 자들은 우리가 창고를 열어 먹여주기를 바람에 불과하니, 지금 만약 이것을 거절하면 형세상 서역이 북쪽으로 흉노에게 복속되어서 힘을 합하여 幷州와 涼州를 침략할 것입니다. 이렇게 되면 中國의 비

용이 10억 錢에 그치지 않을 것이니, 副校尉를 설치하는 것이 참으로 편리합니다."

이에 반용의 의논을 따라 진영의 군대를 회복하고 부교위를 배치해서 敦煌에 거주하게 하였다. 비록 이로써 서역을 羈縻(기미)하였으나 또한 〈반용의 계책처럼〉 군대를 내어 樓蘭에 주둔시키지 못했는데, 그 뒤에 흉노가 과연 여러 번 車師와 함께 침입하여 노략질하니, 河西 지역이 그 폐해를 크게 입었다.

難者又曰 西域遣使하여 求索無猒하니 一旦에 爲匈奴所迫하여 當復求救면 則爲役大矣리라 勇對曰 今設以西域歸匈奴하여 而使其恩德大漢하여 不爲鈔盜면 則可矣어니와 如其不然이면 則是富仇讐之財하고 增暴夷之勢니이다 且西域來者는 不過稟食(름사)①니 今若拒絶이면 勢歸北屬夷虜하여 幷力以寇幷涼하리니 則中國之費 不止十億이니 置之誠便②이니이다 於是에 從勇議하여 復(복)營兵하고 置副校尉하여 居敦煌하다 雖以羈縻西域이나 然亦未能出屯③이러니 其後에 匈奴果數(삭)與車師入寇하니 河西大被其害하니라

① 稟은 공급함이다. 食(먹이다)는 飤로 읽는다.
稟, 給也. 食, 讀曰(飮)〔飤〕22).

② "勢歸北屬夷虜"는 그 사세(형세)의 귀추가 반드시 북쪽으로 匈奴에게 복속될 상황임을 말한 것이다.
勢歸北屬夷虜, 言其事勢所歸, 必至北屬匈奴.

③ 〈"未能出屯"은〉 능히 班勇의 계책처럼 나가 樓蘭의 서쪽에 주둔하지 못함을 이른다.
謂未能如勇計, 出屯樓蘭西也.

【綱】 沈氐(심저)와 當煎, 燒當의 羌族이 들어와 침략하였다.

沈氐, 當煎, 燒當羌이 入寇①하다

① 羌族 중에 上郡의 西河에 있는 자들을 沈氐라 이름하였다. 當煎은 동쪽 羌族의 명칭이니, 뒤에 혹 煎當이라고도 썼다.
羌在上郡西河者, 號沈氐. 當煎, 東羌種名, 後或作煎當.

【綱】 여름 4월에 아들 劉保를 세워 皇太子로 삼았다.

◑夏四月에 立子保爲皇太子하다

---

22) (飮)〔飤〕: 저본에는 '飮'으로 되어 있으나, 《資治通鑑》 註에 의거하여 '飤'로 바로잡았다.

【綱】 校尉 馬賢이 羌族을 토벌하여 격파하였다.

◑ 校尉馬賢이 討羌하여 破之하다

【綱】 가을 7월 초하루에 일식이 있었다.

◑ 秋七月朔에 日食하다

【綱】 홍수가 졌다.

◑ 大水하다

【綱】 楊震을 司徒로 삼았다.

◑ 以楊震爲司徒하다

【綱】 遼西의 鮮卑가 항복하였다.

◑ 遼西鮮卑降하다

【綱】 지진이 있었다.

◑ 地震[23] 하다

【綱】 越騎校尉 鄧康을 면직하여 封國(封地)으로 내보내었다.

---

23) 地震 : "鄧后가 臨朝함으로부터 지진의 變異를 史書에 끊임없이 썼다. 땅의 道는 고요함을 주장하니 마땅히 고요해야 하는데 진동함은, 또한 부인이 정사를 다스려서 땅의 道에 위배되었기 때문이다. 그러므로 자주 진동하여 그 응험을 드러낸 것이다. 이때를 당하여 홍수와 우박과 가뭄과 황충과 일식 등의 災異가 간간이 나타나고 층층이 나왔으나 유독 지진이 더욱 많았으니, 天道가 어찌 매우 분명하지 않은가. 비록 두려워하여 행실을 닦고 삼갔다고 말했으나 요컨대 큰 근본이 바르지 못하면 끝내 또한 일에 도움이 없는 것이다. ≪資治通鑑綱目≫에서 이것을 쓸 적에 혹은 한 해에 두 번 나타내어 永初 원년(107)부터 이때에 이르기까지 14년 동안에 모두 15번이나 되니, 이는 모두 징조가 부응하는 형상을 보이고 陰의 道가 잘못됨을 드러내어 후세의 감계로 삼은 것이다.〔自鄧后臨朝 地震之異 史不絶筆 夫以地道主靜 宜靜而動 亦由婦人治事 反地之道 故數數震動 以著其應爾 當是之時 大水雨雹旱蝗日食 災異之衆 間見層出 然獨地震尤多 天道豈不甚明 雖曰恐懼修飭 要之大本不正 終亦無補於事 綱目書之 或一歲再見 自永初初元 至是十四年間 凡十有五 皆所以示證應之形 著陰道之失 爲後世鑑也〕" ≪發明≫

免越騎校尉鄧康官하여 **遣就國**[24)]하다

【目】 太后의 從弟인 鄧康이 太后가 오랫동안 臨朝하고 宗門(宗族)이 강성하고 가득하다 해서 여러 번 글을 올려 간하였는데, 말이 매우 간절하고 지극하였으나 太后가 따르지 않았다. 鄧康이 병으로 사직하고 조회하지 않자, 太后가 크게 노하여 등강을 면직시키고 封國으로 내보내어 돌아가게 하고 屬籍을 끊었다.[25)]

太后從弟康이 以太后久臨朝政하고 宗門盛滿이라하여 數(삭)上書諫하여 言甚切至[①]호되 太后不從이라 康이 謝病不朝한대 太后大怒하여 免康官하고 遣歸國하고 絶屬籍[②]하다

① 從弟는 마땅히 從兄이 되어야 한다.
從弟, 當作從兄.
② 鄧康이 永初 연간(107~113)에 세습하여 夷安侯에 봉해졌다.
康, 永初中, 紹封夷安侯.

辛酉年(121)

【綱】 漢나라 孝安皇帝 建光 원년이다. 봄 3월에 皇太后 鄧氏가 崩하니, 鄧騭을 봉하여 上蔡侯로 삼고 和熹皇后(鄧太后)를 장례하였다.

---

24) 免越騎校尉鄧康官 遣就國 : "安帝가 大統을 이었을 적에 春秋가 13세였는데, 鄧太后가 臨朝하여 이때 15년이 지났는바, 합쳐서 말하면 황제의 나이가 또한 30이 다 되었으니, 어린 군주라고 말할 수 없는 것이다. 鄧氏가 오랫동안 大權에 연연하여 조금도 정권을 돌려줄 뜻이 없었는데, 온 조정의 신하들이 입을 다물고 감히 말하지 못하였다. 鄧康은 태후의 친족으로서 국가가 전복될까 우려해서 자주 간언을 올렸다. 태후가 만일 빨리 잘못을 뉘우치고 깨달을 수 있었다면 오히려 말년에 만회할 수 있었을 터인데, 도리어 위엄과 노여움을 크게 내고 배척해 쫓아내서 封國으로 내보내었다. 등강이 행동을 고상하게 하고 멀리 떠나가서 官爵과 封邑을 받들어 올리고 田里로 물러가지 못한 것이 애석하다. 그리고 만일 太后의 노여움을 저촉하고 죽었더라도 얻은 바가 많았을 것이다. 建光 연간(121)에 鄧氏 한 가문이 거의 다 죽임을 당하고 유배되었는데 등강이 화를 벗어남이 겨우 털끝과 같았을 뿐이었으니, 이 또한 다행인 것이다. '면직시켰다.'고 쓰고 그의 죄를 말하지 않았으며, '봉국으로 내보냈다.'고 쓰고 그 屬籍이 끊어짐을 말하지 않은 것은 또한 등강을 인정하되 다 인정하지 않은 것이니, 아! 그 뜻이 은미하다.〔安帝繼統 春秋十三 鄧后臨朝 至是歷十五載 合而言之 蓋亦年垂三十矣 謂之幼君不可也 鄧氏久戀大權 略無還政之意 擧朝噤嘿 莫敢出聲 鄧康以后族之親 慮貽顚覆 數數進諫 太后倘能翻然悔悟 猶可收之桑楡 而乃奮發威怒 斥逐就國 惜乎 康未能高擧遠引 奉還爵邑 退歸田里 政使觸忿而死 所得多矣 建光之際 鄧氏一門 誅竄殆盡 康之得脫 僅若毫芒 蓋亦幸爾 書免官而不言其罪 書就國而不言其絶 亦予之而不盡予者也 嗚呼微矣〕" ≪發明≫

25) 屬籍을 끊었다 : 이는 鄧康의 이름을 屬籍에서 지웠다는 뜻으로, 종실(外戚)의 권한을 박탈한 것이다. '屬籍'은 宗室이나 外戚의 계통을 기록한 문서이다.

建光元年이라 **春三月**에 **皇太后鄧氏崩**하니 **封鄧騭爲上蔡侯**하고 **葬和熹皇后**하다

【目】太后가 臨朝한 이후로 水災와 旱害가 10년 동안 이어졌고, 사방 오랑캐가 밖에서 침략하고 도적이 안에서 일어나니, 태후가 매번 백성들이 굶주린다는 말을 들을 적에 혹 밤새도록 잠을 자지 못하고 몸소 스스로 음식을 줄이고 악기를 철거하여 災厄을 구제하였다. 그러므로 天下가 다시 평안하고 年事가 이어 풍년이 들었다.

일찍이 濟北王 劉壽와 河間王 劉開의 아들딸로 5세 이상이 된 40여 명과 鄧氏의 가까운 친족 자손 30여 명을 불러서 이들을 위하여 邸第(書塾)를 열고 經書를 가르치되, 태후가 몸소 직접 감독하고 시험하였으며 從兄인 鄧豹와 鄧康 등에게 詔命을 내려 이르기를 "末世에 貴戚으로 국록을 먹는 집안들이 따뜻하게 옷을 입고 배불리 먹으며 견고한 수레를 타고 좋은 말을 몰되, 학식은 담장에 얼굴을 대한 것과 같아서 옳고 그름을 알지 못하니, 이 때문에 災禍와 敗亡이 발생하는 것이다." 하였다.

太后自臨朝以來로 水旱十載요 四夷外侵하고 盜賊內起하니 每聞民饑에 或達旦不寐하고 躬自減徹하여 以救災戹이라 故로 天下復平하고 歲仍豐穰①이러라 嘗徵濟北, 河間王子男女五歲以上四十餘人과 及鄧氏近親子孫三十餘人하여 爲開邸第하고 教以經書호되 躬自監試②하고 詔從兄豹, 康等하여 曰 末世에 貴戚食祿之家 溫衣美食하며 乘堅驅良호되 而面牆術學하여 不識臧否(장비)하니 斯故禍敗所從來也③라하니라

① "減徹"은 음식을 줄이고 악기를 철거하는 따위를 이른다.
減徹, 謂減膳徹樂之類.
② 濟北王 劉壽와 河間王 劉開는 모두 和帝의 아우이다.
濟北王壽·河間王開, 皆和帝弟.
③ 堅은 좋은 수레를 이르고 良은 좋은 말을 이른다. ≪書經≫ 〈周書 周官〉에 "배우지 않으면 담장에 얼굴을 대고 서 있는 것과 같다." 하였으니, 이는 바로 담장을 마주하고 서 있어서 눈에 보이는 바가 없음을 말한 것이다.
堅, 謂好車. 良, 謂善馬也. 書曰 "不學墻面." 言正墻面而立, 無所見也.

【目】그러나 이때 황제의 나이가 이미 장성하였는데도 太后가 오랫동안 정권을 돌려주지 않았다. 潁川 사람 杜根이 일찍이 글을 올려 이것을 말하자, 太后가 크게 노하여 비단 주머니에 그를 넣고 쳐 죽여서 수레에 실어 城 밖으로 내보냈는데, 두근이 소생하여 도망가 宜城의 산중에서 술집의 머슴〔保〕이 되어 15년을 지냈다. 平原 사람 成翊世 역

시 太后가 정권을 돌려주지 않음을 간하다가 죄를 받게 되었는데, 이때에 尙書 陳忠이 이들을 천거하니, 황제는 두근을 侍御史로, 성익세를 尙書郎으로 제수하였다.

혹자가 두근에게 묻기를 "지난번 화를 만났을 적에 스스로를 괴롭게 하기를 어찌하여 이렇게까지 하였는가?" 하니, 두근이 대답하기를 "민간에서 周旋(왕래)함은 발자취를 끊는 것이 아니니, 뜻하지 않게 발각되면 화가 親知들에게 미칠 것이므로 하지 않았다." 하였다.

然이나 帝已年長호되 久不還政이라 潁川杜根이 嘗上書言之한대 太后大怒하여 盛以縑囊(겸낭)하여 撲殺之하여 載出城外러니 得蘇逃竄하여 爲宜城山中酒家保하여 積十五年[①]이라 平原成翊世 亦坐諫太后不歸政이라가 抵罪러니 至是하여 尙書陳忠이 薦之[②]하니 帝拜根侍御史, 翊世尙書郎하다 或이 問根曰 往者遇禍에 何至自苦如此오 根曰 周旋民間은 非絶跡之處니 邂逅發露면 禍及親知라 故로 不爲也[③]라하니라

① 宜城縣은 南郡에 속하니, 이 지역에서 좋은 술이 생산된다. 保는 사역한다는 뜻이니, 남에게 품팔이하여 保任(담보, 인질)이 되어서 사역함을 말한 것이다.
宜城縣, 屬南郡, 其地出美酒. 保, 使也, 言爲人傭力, 保任而使也.

② 陳忠은 陳寵의 아들이다.
忠, 寵之子也.

③ "邂逅"는 기약하지 않고 만남이니, 뜻밖에 나옴을 이른다.
邂逅, 不期而會, 謂出於意料之外也.

【綱】 淸河孝王을 추존하여 孝德皇이라 하고 皇妣를 孝德后라 하였다.[26)]

◑ 追尊淸河孝王曰孝德皇이라하고 皇妣曰孝德后라하다

【綱】 여름에 高句驪와 鮮卑가 遼東을 침략하니, 太守 蔡諷이 戰歿하였다.

◑ 夏에 高句驪, 鮮卑寇遼東하니 太守蔡諷이 戰歿하다

【目】 掾吏인 龍端과 公孫酺(공손포)가 몸으로 蔡諷을 막다가 모두 진영에서 죽었다.

掾龍端, 公孫酺以身扞諷이라가 俱歿於陳[①]하다

① 陳(진영)은 陣으로 읽는다.

---

26) 淸河孝王을……하였다 : 淸河孝王은 安帝의 생부인 劉慶이고 孝德后는 그 부인 左氏를 말한다.

陳, 讀曰陣.

【綱】〈安帝의〉 嫡母 耿姬[27]를 높여 甘陵大貴人이라 하였다.

尊嫡母耿姬하여 **爲甘陵大貴人**[①28]하다

① 李賢이 말하기를 "甘陵은 孝德皇后의 陵이다. 능호를 따라 縣으로 삼았으니, 지금 貝州 淸河縣의 동쪽이다." 하였다.
賢曰 "甘陵, 孝德皇后之陵也, 因以爲縣, 今貝州淸河縣東也."

【綱】詔令을 내려 道가 있는 선비를 천거하게 하였다.

◑**詔擧有道之士**[29]하다

【目】尙書 陳忠은, 詔書를 내려 이미 諫爭의 길을 열어놓았으니, 일을 말하는 자들이 반드시 激切함이 많아서 황제에게 용납되지 못하게 될 것을 우려하고는 마침내 上疏하여 미리 황제의 뜻을 다음과 같이 넓게 하였다.

"臣이 듣건대, 어진 군주가 큰 山과 湖澤처럼 도량을 넓히고 간절하고 정직한 계책을 받아들이면 충신이 直諫하는 절개를 다하여 군주의 귀에 거슬려서 해를 당함을 두려워하지 않는다 하였습니다. 지금 밝은 詔書로 허물을 자신에게 돌리셔서 몸소 신하들에게 자문하시니, 여러 관리 중에 말하는 자들이 杜根과 成翊世 등이 새로 표창을 받고 錄用되어서 현달하여 두 臺에 나열됨을 보고는 반드시 敎化를 받들어 호응해서 다투어 간절하고 정직하게 말할 것입니다. 아름다운 도모와 기이한 계책은 마땅히 바로 채용하여야 하지만, 만일 대롱이나 구멍과 같은 좁은 소견을 가지고 함부로 비난하고 풍자함이 있어서 비록 입에 쓰고 귀에 거슬리고 사실에 맞지 않더라도 우선 우대하고 寬容하시어 聖朝에서 忌諱함이 없는 아름다움을 보이소서."

황제가 이 말을 따랐다.

---

27) 嫡母 耿姬 : 본서 255쪽 참조.

28) 尊嫡母耿姬爲甘陵大貴人 : "이미 嫡母라고 말하고 마침내 높여서 甘陵大貴人이라 하였으니, 이는 도대체 무슨 명칭인가. 곧바로 이것을 책에 썼으니, 그 잘못이 저절로 드러난다.〔旣曰嫡母矣 而乃尊之爲甘陵大貴人 此何等稱謂也 直書于冊 其失自見〕" ≪書法≫ 이는 嫡母를 后라 하지 않고 生母를 后라 한 것을 비판한 것이다.

29) 詔擧有道之士 : "詔令을 내려 道가 있는 사람을 천거하라고 한 것은 ≪資治通鑑綱目≫이 끝날 때까지 이때 한 번 썼을 뿐이다.〔詔擧有道 終綱目 一書而已〕" ≪書法≫

尙書陳忠이 以詔書旣開諫爭하니 慮言事者 必多激切하여 致不能容이라하여 乃上疏하여 豫廣帝意曰 臣은 聞仁君이 廣山藪之大하고 納切直之謀①하면 忠臣이 盡謇諤(건악)之節하여 不畏逆耳之害②라하나이다 今明詔引咎하사 克躬諮訪하시니 群吏言者 見杜根, 成翊世等이 新蒙表錄하여 顯列二臺하고 必承風響應하여 爭爲切直하리니 嘉謀異策은 宜輒納用③이어니와 如其管穴로 妄有譏刺(자)하여 雖苦口逆耳하고 不得事實이라도 且優游寬容하사 以示聖朝無諱之美하소서 從之④하다

① ≪春秋左氏傳≫에 "川澤은 汚水를 받아들이고, 山과 湖澤은 毒蟲을 숨겨주어 살게 하며, 아름다운 玉〔瑾瑜〕도 瑕疵를 숨기고 있으니, 國君도 恥辱을 참는 것이 하늘의 常道이다." 하였다.
左傳 "川澤納汚, 山藪藏疾, 瑾瑜匿瑕, 國君含垢, 天之道也."

② 謇은 謇과 통하니 말하기 어려워하는 것이다. 정직한 말로 諫言을 올림은 자기(신하)가 말하기 어렵고 군주 역시 듣기 어렵다. 그러므로 그 말을 냄이 쉽지가 않아서 말을 잘하지 못하는 것〔謇吃〕과 같은 것이다. 諤은 직언을 하는 것이다.
謇, 與謇通, 難於言也. 直詞進諫, 己所難言, 而君亦難聽, 故其言之出, 有不易者, 如謇吃然也. 諤, 直言也.

③ "顯列二臺"는 杜根이 侍御史가 되고 成翊世가 尙書郞이 된 것을 이른다. 漢나라의 제도에 尙書와 御史를 모두 臺라 하였다.
顯列二臺, 謂根爲侍御史, 翊世爲尙書郞也. 漢制, 尙書·御史皆曰臺.

④ 〈≪史記≫ 〈扁鵲列傳〉에〉 扁鵲이 말하기를 "대롱으로 하늘을 엿보고 틈〔隙〕으로 무늬를 보는 것과 같다." 하였으니, 隙은 바로 구멍이다. 여기에서 "如其管穴"이라 한 것은, 일을 말하는 자의 소견이 원대하지 못하고 말한 바가 혹 허탄하고 망령됨을 이른다.
扁鵲曰 "若以管窺天, 以隙視文." 隙, 卽穴也. 此云如其管穴, 謂言事者, 所見不遠大, 而所言或誕妄也.

【綱】 薛包를 侍中으로 삼았으나, 관직을 받지 않았다.

以薛包爲侍中한대 不拜[30)]하다

【目】 처음에 汝南 사람 薛包가 어려서부터 지극한 행실(효행)이 있었는데, 아버지가 後妻를 얻고는 설포를 미워하여 분가시켜 내보내니, 설포가 밤낮으로 울부짖으며 떠나가지 못하였다. 회초리와 채찍으로 얻어맞음에 이르러서는 부득이 집 밖에 여막을 치고

30) 以薛包爲侍中 不拜 : "이것을 쓴 것은 薛包를 인정해준 것이니, '不拜'라고 쓴 것이 이때 처음 시작되었다. ≪資治通鑑綱目≫에 '不拜'를 쓴 것이 3번이고 '不受'라고 쓴 것이 19번이다.〔書 予之也 書不拜始此 綱目書不拜三 書不受十有九〕" ≪書法≫

아침에 들어와 물 뿌리고 청소하였는데, 아버지가 노하여 또다시 내쫓았다. 설포는 마침내 里門에 여막을 치고서 昏定晨省의 禮를 그치지 않았는데, 1년여 동안 이렇게 하자 부모가 부끄러워하여 그를 돌아오게 하였다.

부모가 별세하여 조카들이 재물을 나누어 각각 따로 살 것을 요구하자, 설포가 이것을 저지하지 못하여 마침내 그 재물을 나눌 적에 노비 중에 늙은 자를 고르면서 말하기를 "나와 함께 일한 지가 오래이다. 너희들이 제대로 부리지 못한다." 하였고, 밭과 집 중에 황폐하고 쓰러진 것을 취하면서 말하기를 "내가 소싯적에 가꾸던 곳이니, 마음속으로 연연해한다." 하였고, 器物 중에 노후하고 부서진 것을 취하면서 말하기를 "내가 평소 사용하고 먹던 것이니, 몸과 입에 편안한 바이다." 하였다. 아우의 아들들이 자주 가산을 탕진하자, 그때마다 다시 구휼해주었다.

황제가 그의 명성을 듣고는 公車로 특별히 徵召해서 京師에 이르자 侍中에 제수하였는데, 설포가 죽음으로써 辭職을 청하니, 詔令을 내려 고향으로 돌아가도록 허락해주고, 예우하기를 毛義와 같이하였다.[31)]

初에 汝南薛包 少有至行이러니 父娶後妻而憎包하여 分出之어늘 包日夜號泣하여 不能去러라 至被毆扑(구복)하여는 不得已廬於外하여 旦入洒(쇄)掃러니 父怒하여 又逐之한대 乃廬於里門하여 昏晨不廢[①]하더니 積歲餘에 父母慙而還之하니라 及父母亡하여 弟子求分財異居어늘 包不能止하여 乃中分其財할새 奴婢를 引其老者하고 曰 與我共事久라 若이 不能使也[②]라하고 田廬를 取其荒頓者하고 曰 吾少時所治니 意所戀也[③]라하고 器物을 取朽敗者하고 曰 我素所服食이니 身口所安也라하더니 弟子數(삭)破其産이어늘 輒復賑給하니라 帝聞其名하고 令公車特徵하여 至에 拜侍中[④]이러니 包以死自乞이어늘 有詔賜告歸하고 加禮如毛義하다

① "毆扑"은 회초리와 채찍〔敲扑〕으로 때리는 것이다. 外는 집의 밖이다. "昏晨不廢"는 昏定晨省의 禮를 그치지 않음을 이른다.
毆扑, 以敲扑毆之也. 外, 舍外也. 昏晨不廢, 謂不廢定省之禮也.

② 若은 너〔汝〕라는 뜻이다.
若, 汝也.

③ 荒은 황폐함이니 이로움이 없는 田地를 이른다. 頓은 본음대로 읽으니 廢와 같은바, 쓰러지고 무너진 집을 이른다.
荒, 蕪也, 謂無利之田. 頓, 如字讀, 猶廢也, 謂頓壞之屋.

④ 特은 홀로이니, 홀로 부름은 당시에 그와 더불어 비견할 자가 없는 것이다.

---

31) 예우하기를……같이하였다 : 毛義는 훌륭한 행실로 鄕里에서 칭송받았던 인물이다. 자세한 내용이 본서 167쪽에 보인다.

特, 獨也. 獨徵之, 當時無與竝者.

【綱】鄧騭을 옮겨 봉하여 羅侯로 삼아서 封國으로 내보내었는데 등즐이 자살하였고, 平原王 鄧翼을 폄출하여 都鄕侯로 삼았다.

徙封鄧騭爲羅侯하여 **遣就國**하니 **騭**이 **自殺**하고 **貶平原王翼**하여 **爲都鄕侯**[32]하다

【目】황제가 어렸을 적에는 총명하다고 이름났으므로 鄧太后가 그를 세웠는데, 장성함에 미쳐 不德함이 많아서 차츰 太后의 마음에 들지 못하였다. 太后가 濟北王과 河間王의 아들을 불러 京師에 이르게 해서 河間王의 아들 劉翼을 平原懷王 劉勝의 後嗣로 삼고 京師에 머물게 하였다. 황제의 유모 王聖은 황제를 폐하고 새 황제를 세울까 염려해서 항상 中黃門 李閏, 江京과 좌우에서 살피고 정탐하면서 함께 〈황제에게〉 太后를 헐뜯으니, 황제가 매번 분하게 여기고 두려워하였다.

---

32) 徙封鄧騭……爲都鄕侯 : "이때 鄧騭을 옮겨 봉하고 封國으로 내보내자 먹지 않고 죽었는데, 어찌하여 자살했다고 썼는가. 이는 그를 보낸 자(황제)를 심하게 여긴 것이다. 등즐이 어진 신하가 되어서 폄출당하고 핍박받음이 이러한 지경에까지 이르니, ≪資治通鑑綱目≫에서 깊이 애석하게 여겼다. 그러므로 西平侯 鄧廣宗 등이 자살했을 때에는 쓰지 않았으나 '詔令을 내려 등즐의 返葬을 허락함.'은 쓴 것이다.〔於是騭徙封就國 不食而死 則曷爲以自殺書 甚遣之者也 騭爲賢臣 貶迫至此 綱目之所深惜也 故西平侯廣宗等自殺不書 詔許鄧騭還葬則書〕" ≪書法≫

"安帝가 어렸을 적에는 총명하다고 이름났었는데 장성해서는 不德함이 많았으니, 鄧太后가 차츰 마음에 들지 않게 생각함은 또한 천하를 위하여 염려한 것이다. 이제 살펴보면 황제가 親政한 뒤로부터 정치하는 방도와 설치한 것을 대략 또한 볼 수 있다. 황제가 스스로 돌이켜 반성하지 못하고, 마침내 뒤늦게 鄧氏의 행위에 노하여 外戚들을 견책해서 귀양 보내고 도륙해서 재산을 몰수함에 이르고도 노여움이 오히려 그치지 아니하여 반드시 모두 死地에 둔 뒤에야 그만두려고 하였다. 그러므로 등즐이 자살했을 적에 '옮겨 봉했다.'고 쓰고 '봉국으로 내보냈다.'고 써서 핍박하여 쫓아낸 뜻을 나타냈으니, 황제는 또한 은혜가 적은 자라고 이를 만하다.

그러나 등즐 이하로 죽은 자가 매우 많은데, ≪資治通鑑綱目≫에서 모두 삭제하고 쓰지 않음은 어째서인가. 太后가 조정을 통제했을 때에 여러 사람이 마음속으로 울분을 느꼈으니, 鄧氏 중에 만일 훌륭한 사람이 있었더라면 마땅히 大義를 깊이 밝혀서 정권을 돌려줄 것을 강력히 아뢰었어야 할 것이다. 그리고 만약 태후가 자기 말을 따라주지 않거든 翩然히 멀리 떠나가 산림에서 자취를 감추었더라면 오히려 혹 스스로 화를 면할 수 있었을 것이다. 그런데 이미 이렇게 하지 못하고 마침내 관작과 지위를 탐하여 머뭇거리고 떠나가지 못하였으니, 하루아침에 태후가 崩하면 다시 누구를 믿겠는가. 史冊에 쓰지 않은 것은 이를 생략한 것이고, 생략한 것은 천하게 여긴 것이니, 그 뜻이 은미하다.〔安帝少號聰明 長多不德 鄧后稍不可意 亦爲天下慮爾 由今觀之 帝自親政之後 治道施設 大略亦可覩矣 帝既不能自反 乃追怒鄧氏 譴責竄戮 至於沒入貲産 而怒猶未息 必欲盡置死地而後已 故騭之自殺 書徙封 書遣就國 以見迫逐之意 帝亦可謂少恩者 然自騭而下 死者甚衆 綱目皆削而不書何哉 太后制朝 衆情忿鬱 鄧氏苟有人焉 自當深明大義 力陳歸政 如其言不見聽 則翩然遠引 屛迹山林 猶或可以自免 既不能然 乃貪於爵位 遲回不去 一旦太后棄朝 復何恃耶 不書於冊 蓋略之也 略之者 賤之也 其旨微矣〕" ≪發明≫

帝少號聰明이라 故로 鄧太后立之러니 及長에 多不德하여 稍不可太后意[①]라 太后徵濟北, 河間王子하여 詣京師하여 以河間王子翼으로 爲平原懷王勝後하여 留京師[②]하다 帝乳母王聖이 慮有廢置하여 常與中黃門李閏, 江京으로 候伺左右하여 共毁短太后하니 帝每忿懼러라

① 〈"稍不可太后意"는〉 太后가 마음속으로 좋게 여기지 않음을 말한 것이다.
言意不以爲可也.

② 平原懷王 劉勝이 薨하였는데 자식이 없었다. 鄧太后가 樂安夷王 劉寵의 아들 劉得을 세워 平原王으로 삼아서 劉勝의 후사를 받들게 하니, 이가 哀王이다. 劉得이 薨하였는데 자식이 없자, 太后가 또다시 河間王 劉開의 아들 劉翼을 세워서 平原王의 후사로 삼았다.
平原懷王勝薨, 無子. 鄧太后立樂安夷王寵子得, 爲平原王, 奉勝後, 是爲哀王. 得薨, 無子. 太后又立河間王開子翼, 爲平原王嗣.

【目】 그러다가 太后가 崩하였는데, 宮人 중에 태후의 친정 오라비들인 鄧悝(등회)와 鄧弘, 鄧閶(등창)이 平原王을 옹립할 것을 도모했다고 誣告하는 자가 있자, 황제가 노하여 有司로 하여금 등회 등이 대역무도하다고 아뢰게 하였다. 그리하여 마침내 그의 아들 西平侯 鄧廣宗 등을 폐하여 庶人으로 삼고, 鄧騭은 모의에 참여하지 않았다 하여 羅侯로 옮겨 봉하여 封國으로 내보냈으며, 종족들은 파면하여 고향으로 돌아가게 하고 재산을 적몰하니, 두광종 등은 모두 자살하고 등즐은 음식을 먹지 않고 죽었다.

鄧康을 불러서 太僕으로 삼고 平原王 劉翼을 폄출하여 都鄕侯로 삼아 河間으로 보내 돌아가게 하니, 유익이 빈객을 사절하고 문을 닫아걸어 스스로 지켜서 이 때문에 화를 면하게 되었다.

及太后崩에 宮人이 有誣告太后兄弟悝, 弘, 閶이 謀立平原王이라한대 帝怒하여 令有司로 奏悝等大逆無道하여 遂廢其子西平侯廣宗等하여 爲庶人[①]하고 騭은 以不與謀라하여 徙封羅侯하여 遣就國[②]하고 宗族은 免官歸故郡하고 沒入貲産[③]하니 廣宗等은 皆自殺하고 騭은 不食而死하다 徵鄧康爲太僕하고 貶平原王翼爲都鄕侯하여 遣歸河間하니 翼이 謝絶賓客하고 閉門自守하여 由是得免하다

① 西平縣은 汝南郡에 속하였다. 西平侯 鄧廣宗은 ≪後漢書≫ 〈鄧騭傳〉에 西平侯 鄧廣德으로 되어 있으니, 등광덕은 鄧弘의 아들이다.
西平縣, 屬汝南郡. 西平侯廣宗, 鄧騭傳, 作西平侯廣德. 廣德, 弘之子也.

② 羅縣은 長沙郡에 속하였다.
羅縣, 屬長沙郡.

③ 鄧氏는 본래 南陽郡 사람이다.
鄧氏, 故南陽人.

【綱】 詔令을 내려 鄧騭의 還葬(返葬)[33]을 허락하였다.

詔許鄧騭還葬[34]하다

【目】 처음에 鄧后가 皇后로 섰을 적에 三公이 함께 아뢰어서 鄧后의 아비 鄧訓을 追封하고자 하였으나, 司空 陳寵이 先代에 이러한 故事가 없다 하여 따르지 않았다. 이 때문에 진총의 아들 陳忠은 鄧氏가 집권했을 때에 뜻을 얻지 못하였다. 〈그 뒤 등씨가 失勢하고 진충이 尙書가 되자〉 여러 번 글을 올려 誣陷해서 鄧騭의 죄악을 이루었다.

大司農 朱寵이 등즐의 무죄를 애통하게 여겨서 마침내 웃통을 벗고 棺을 수레에 싣고서 다음과 같이 上疏하였다.

"和熹皇后(鄧太后)가 聖스럽고 善한 德으로 漢나라의 文母가 되었으며, 형제들이 충성스럽고 효성스러워서 한마음으로 나라를 걱정하다가 功이 이루어지자 몸이 물러나서 나라를 사양하고 지위를 사양하였으니, 역대의 외척 중에 견줄 만한 자가 없었습니다. 그런데도 거짓말을 잘하는 자들이 무함해서 도리어 국가를 어지럽혀 마침내 등즐 등으로 하여금 이렇게 잔혹한 禍害에 걸리게 하였으니, 天理를 거스르고 人心을 의혹시켜 온 천하가 기운을 잃었습니다. 마땅히 그 시신을 거두어서 先塋〔冢次〕으로 돌아가 장례하고, 은총을 내려 남은 아들을 세워서 血祀를 받들게 하여 죽은 영혼을 위안해야 합니다."

주총은 인하여 스스로 廷尉에게 나아갔다. 진충이 주총을 탄핵하여 파면시켰는데, 여러 사람이 대부분 등즐을 위하여 억울하다고 하였다. 황제가 마음속으로 크게 깨닫고서 마침내 등즐 등을 還葬하게 하고, 등즐의 종형제들을 모두 京師로 돌아오게 하였다.

初에 鄧后之立也에 三公이 欲共奏追封后父訓호되 司空陳寵이 以無故事라하여 不從이라 故로 寵子忠이 不得志于鄧氏러니 數(삭)上疏하여 陷成其惡이러라 大司農朱寵이 痛騭無罪하여 乃肉袒輿櫬(츤)하여 上疏曰① 和熹皇后聖善之德이 爲漢文母요 兄弟忠孝하여 同心憂國이라가 功成身退하여 讓國遜位하니 歷世外戚이 無與爲比어늘 而利口傾險하여 反亂國家하여 遂令騭等으로 罹此酷濫하니 逆天惑人하여 率土喪氣라 宜收還冢次하고 寵樹遺孤하여 奉承血祀하여 以謝亡靈②이니이다하고 因自致廷尉하다 忠이 劾寵免官이러니 衆庶多爲騭稱枉者라 帝意頗悟하여 乃

---

33) 還葬(返葬) : 他地에서 죽은 자의 시신을 가지고 고향에 돌아와 장사 지내는 것을 이른다.

34) 詔許鄧騭還葬 : "'許還葬'이라고 쓴 것은 어째서인가. 황제가 후덕한 뜻을 남겨둠을 허여한 것이다. ≪資治通鑑綱目≫이 끝날 때까지 '許還葬'이라고 쓴 것이 〈鄧騭과 郭崇韜〉 두 번뿐이다.〔書許還葬何 予存厚也 終綱目 書許還葬二〕" ≪書法≫

還葬騭等하고 諸從昆弟를 皆得歸京師하다

① 櫬은 初覲의 切이니, 시신을 가까이하는 관(內棺)이다. 〈"輿櫬"은〉 관을 수레에 싣고 자신을 따르게 해서 장차 죽음을 받겠다는 뜻을 보임을 말한 것이다.
櫬, 初覲切. 親身棺也. 言輿棺從之, 示將受死也.

② "血祀"는 종묘에 제사할 적에 희생을 잡아 피를 취해서 神에게 고함을 이른다.
血祀, 謂祭廟, 殺牲取血以告神也.

【綱】 耿寶로 하여금 羽林軍의 騎兵을 감독하게 하고, 宋楊(安帝의 外曾祖父)의 네 아들과 宦者 江京과 李閏을 봉하여 모두 列侯로 삼았다.

以耿寶監羽林車騎하고 封宋楊四子及宦者江京, 李閏하여 皆爲列侯[35]하다

【目】 황제가 〈嫡母인〉 耿貴人의 친정 오라비 耿寶로 하여금 羽林軍의 騎兵을 감독하게 하고, 〈祖母 宋貴人의 일족인〉 宋氏들을 侯로 봉하고 卿과 校, 侍中으로 삼은 자가 10여 명이었다. 閻后(安帝의 皇后)의 친정 오라비들인 閻顯과 閻景, 閻耀가 모두 禁兵을 주관하고 江京과 李閏이 다 列侯로 봉해지니, 中常侍 樊豐, 劉安, 陳達과 王聖, 왕성의 딸 伯榮과 함께 내외를 선동해서 사치스러움과 포학함을 다투어 행하고, 〈특히 백영은〉 궁중에 출입하여 간악한 자들과 내통하고 뇌물을 전달하였다. 이에 司徒 楊震이 다음과 같이 上疏하였다.

"臣이 듣건대, 政事는 賢者를 얻는 것을 근본으로 삼고, 治國은 더러움을 제거함을 급선무로 삼는다 하였습니다. 현재 九德[36]을 갖춘 사람이 정사를 행하지 못하고 총애받

35) 以耿寶……皆爲列侯 : "일은 반드시 貶斥을 기다린 뒤에야 惡이 비로소 드러나는 경우가 있고, 또한 貶斥을 기다리지 않고도 惡이 저절로 드러나는 경우가 있다. 鄧后가 별세한 뒤로부터 이때까지 겨우 4개월이 지났는데, 安帝가 처음 정사에서 시행한 바가 이와 같았다. ≪資治通鑑綱目≫에서 宋楊의 네 아들을 봉하고 환관을 봉한 일을 쓴 것을 보면 그 不德의 실제를 분명하게 알 수 있으니, 이것이 바로 이른바 '貶黜을 기다리지 않고도 惡이 저절로 드러난다.'는 것이다. 황제의 행하는 바가 이와 같으면서도 오히려 鄧氏에게 뒤늦게 노여움을 펴고자 하였으니, 또한 잘못이 아니겠는가?〔事必有待貶斥而惡始見者 亦有不待貶斥而惡自見者 自鄧后卽世 至是僅四閱月 而安帝初政所行乃爾 觀綱目所書封宋楊四子及宦者之事 則其不德之實 曉然可知 此正所謂不待貶黜而惡自見者 帝之所爲若此 而猶欲追怒鄧氏 不亦繆乎〕" ≪發明≫

36) 九德 : 옛적에 賢人이 갖추어야 할 아홉 가지의 덕목을 말한 것으로, 책마다 그 내용이 다르다. ≪書經≫ 〈虞書 皐陶謨〉에는 皐陶가 "사람의 행실을 총괄하여 말할 경우 아홉 가지 德이 있다.〔亦行有九德〕"라고 말하며, 九德에 대해 "너그러우면서도 장엄하며 유순하면서도 꼿꼿이 서며 삼가면서도 공손하며 다스리면서도 공경하며 익숙하면서도 굳세며 곧으면서도 온화하며 간략(소탈)하면서도 모나며 剛健하면서도 독실하며 强(용맹)하면서도 義를 좋아하는 것이다.〔寬而栗 柔而立 愿而恭 亂而敬

는 小人들이 조정에 가득합니다. 미천한 왕성이 일찍이 聖上의 몸을 받들어서 비록 성상을 마른자리에 누이고 자신은 진자리에 거처한 수고로움이 있으나 앞뒤로 내린 상과 은혜가 노고를 보답함에 너무 과한데, 밖으로 사람들과 사귀어 청탁을 해서 깨끗한 조정의 권위를 손상시키고 욕보이고 있습니다. 마땅히 속히 阿母(왕성)를 내보내시어 궁 밖의 집에 거처하게 하고 백영을 斷絶하여 왕래하지 못하게 해야 합니다."

帝以耿貴人兄寶로 監羽林車騎①하고 宋氏封侯하고 爲卿, 校, 侍中者十餘人이러라 閻后兄弟顯, 景, 耀竝典禁兵하고 江京, 李閏이 皆封列侯②하니 與中常侍樊豐, 劉安, 陳達과 及王聖, 聖女伯榮으로 扇動內外하여 競爲侈虐하여 出入宮掖[37]하고 傳通姦賂라 司徒楊震이 上疏曰 臣은 聞政以得賢爲本하고 治以去穢爲務라하니이다 方今九德未事하고 嬖倖(폐행)充庭③하니이다 王聖賤微得奉聖躬하여 雖有推(퇴)燥居濕之勤이나 前後賞惠 過報勞苦어늘 而外交屬託하여 損辱淸朝④하니 宜速出阿母하여 令居外舍하고 斷絶伯榮하여 莫使往來⑤니이다

① 劉攽이 말하기를 "살펴보건대, ≪後漢書≫ 〈百官志〉에 '羽林左監과 羽林右監은 각각 羽林左騎와 羽林右騎를 감독한다.' 하였으니, '車'자가 있어서는 안 된다." 하였다.
劉攽曰 "案百官志 '羽林左右監, 監左右騎.' 不合有車字."

② 江京은 都鄕侯, 李閏은 雍鄕侯가 되었다.
京爲都鄕侯, 閏爲雍鄕侯.

③ "九德未事"는 九德을 갖춘 사람을 임용하여 정사를 행하게 하지 않음을 말한 것이다.
九德未事, 言不任用九德之人行事也.

④ 推(밀다)는 通回의 切이고 燥(마른 물건)는 先到의 切이니, ≪孝經援神契≫[38]에 이르기를 "어미가 자식에 대해 기르기를 간곡하게 해서 자식을 마른자리에 누이고 자신은 진자리에

擾而毅 直而溫 簡而廉 剛而塞 彊而義]"라고 하였고, ≪春秋左氏傳≫ 昭公 28년(B.C. 514) 조에는 晉나라 大夫 成鱄이 魏子에게 九德에 대해서 말해주기를 "마음으로 헤아려 事宜에 맞게 制定하는 것을 '度(탁)'이라 하고, 德이 公正하여 상대가 應答하는 것을 '莫'이라 하고, 사방을 비추는 것을 '明'이라 하고, 부지런히 베풀되 사사로움이 없는 것을 '類'라 하고, 가르치기를 게을리하지 않는 것을 '長'이라 하고, 賞을 주어 경사롭게 하고 형벌을 주어 두렵게 하는 것을 '君'이라 하고, 인자하고 온화하여 모두가 복종하는 것을 '順'이라 하고, 善을 가려 따르는 것을 '比'라 하고, 하늘을 날줄로 삼고 땅을 씨줄로 삼는 것을 '文'이라 한다.[心能制義曰度 德正應和曰莫 照臨四方曰明 勤施無私曰類 敎誨不倦曰長 賞慶刑威曰君 慈和徧服曰順 擇善而從之曰比 經緯天地曰文]"라고 하였다. 또한 ≪逸周書≫ 〈常訓解〉에는 忠, 信, 敬, 剛, 柔, 和, 固, 貞, 順을 九德이라고 하였다.

37) 出入宮掖 : ≪資治通鑑≫에는 "伯榮出入宮掖"으로 되어 있다.

38) 孝經援神契 : ≪孝經緯≫의 한 가지로 原書는 일실되었으며 明나라 孫瑴(1585~1643)이 편찬한 ≪古微書≫에 輯本이 실려 있다. '緯書'는 儒家의 七經에 대응하여 讖緯, 瑞應 및 占의 응험 따위를 견강부회한 책이다. 주로 인간의 길흉화복과 치란흥망에 관한 내용을 담고 있으나 고대의 천문・역법・지리와 신화・전설 등도 실려 있다. 前漢 말기에 일어나 後漢代에 성행하다가 南朝 宋代에 금지하기 시작하여 隋代에 모두 불태워졌다.

거처하며 量이 적은 것은 자신이 먹지 않고 자식에게 주며 단 음식을 나누어준다." 하였는 바, "推燥"는 자식을 마른자리로 나아가게 함을 이른다. 屬(부탁하다)은 之欲의 切이다.
推, 通回切. 燥, 先到切. 孝經援神契曰"母之於子也, 鞠養殷勤, 推燥居濕, 絶少分甘也." 推燥, 謂進於乾處也. 屬, 之欲切.

⑤ 阿母는 보살펴주어 의지하는 어미이니, 乳母 王聖을 이른다.
阿母, 阿倚之母, 謂乳母王聖.

【目】 황제가 이 상소문을 王聖 등에게 보여주자 모두 분노하였다. 그런데 伯榮이 故 朝陽侯 劉護의 從兄 劉瓌와 사통해서 유괴가 마침내 侍中이 되어 유호의 작위를 세습하게 되었다. 이에 楊震이 다음과 같이 上疏하였다.

"나라를 다스리는 떳떳한 제도에 아버지가 죽으면 자식이 계승하고 형이 죽으면 아우가 계승하니, 이는 찬탈을 방지하기 위해서입니다. 故 朝陽侯 劉護의 同母弟인 劉威가 지금도 여전히 살아 있는데, 그의 再從兄 유괴로 하여금 작위를 세습하여 侯가 되게 하였습니다. 또한 天子는 제후를 封할 수 있는 권한이 있어서 功이 있는 자를 봉하고, 제후는 벼슬을 내릴 수 있는 권한이 있어서 德이 있는 자에게 벼슬을 내립니다. 그런데 유괴는 별다른 공로와 덕행이 없고 다만 阿母의 딸과 배필이 된 이유로 이미 관직이 侍中에 이르렀고 또 侯로 봉해지기까지 하였으니, 이는 옛 제도를 상고하지 않은 것이고 經의 뜻에 부합하지 않는 것입니다. 폐하께서는 마땅히 지나간 일을 거울로 삼으시어 제왕의 법칙을 순히 따르셔야 합니다."

帝以疏示聖等하니 皆忿恚(에)라 而伯榮이 通故朝陽侯劉護從兄瓌(괴)하여 瓌遂爲侍中하여 得襲護爵①하다 震이 上疏曰 經制에 父死子繼하고 兄亡弟及은 以防簒也라 故朝陽侯劉護同産弟威今猶見(현)在어늘 而以其再從兄瓌로 襲爵爲侯하니이다 且天子는 專封하여 封有功하고 諸侯는 專爵하여 爵有德이니이다 瓌無他功行이요 但以配阿母女로 旣位侍中하고 又至封侯하니 不稽舊制요 不合經義라 陛下宜鑑旣往하사 順帝之則이니이다

① 朝陽縣은 南郡에 속하였다. 劉護는 泗水王 劉歙(유흡)의 從曾孫이다.
朝陽縣, 屬南郡. 護, 泗水王歙之從曾孫.

【目】 尙書 翟酺(적보)가 다음과 같이 上疏하였다.

"옛날 竇氏와 鄧氏의 총애가 사방을 진동하여 온갖 높은 관직을 겸하고 금은보화를 가득히 쌓아놓았는데, 그들이 실패하여 무너짐에 미쳐서는 머리와 이마가 땅에 떨어졌

으니, 한 마리의 새끼 돼지가 되기를 원하나 어찌 될 수가 있었겠습니까? 무릇 순서를 따라 점진적으로 얻은 존귀함이 아니면 틀림없이 갑작스럽게 잃어버리고, 正道를 통해 얻은 관작이 아니면 반드시 빠르게 殃禍를 받습니다. 지금 외척이 받는 은총과 사랑은 어느 누구도 견줄 자가 없어서 祿이 公室(皇室)을 떠나고 정권이 私人의 가문으로 옮겨가니, 전복된 수레의 바퀴 자국을 다시 따름에 어찌 무너지지 않을 수 있겠습니까.

옛날 文帝께서 절약과 검소를 몸소 행하셨는데 이것을 비난하는 자가 있자, 文帝께서 말씀하시기를 '朕은 천하를 위해 재화를 지킬 뿐이니, 내가 어찌 재화를 함부로 쓰겠는가.'라고 하셨습니다. 이제 천하의 재화를 거두어서 공로가 없는 신하의 집에 쌓아놓아 國庫가 고갈되고 백성의 물건이 손상되고 있으니, 창졸간에 예상치 못한 변고가 발생하면 위태로움과 혼란함을 당장 기다릴 수 있을 것입니다.

원컨대 폐하께서는 충성스럽고 정직한 신하를 힘써 구하시고, 말을 잘하고 아첨하는 자를 주벌하고 멀리하시며, 情欲을 제거하고 사사로운 즐거움을 없애시어 망한 나라가 실패한 이유를 마음속에 기억하시고 功業을 일으킨 왕이 성공한 이유를 자세히 살펴보소서. 이렇게 하신다면 거의 재해를 그치게 할 수 있고 풍년을 불러올 수 있을 것입니다."

글을 아뢰었는데, 모두 살펴보지 않았다.

尙書翟酺 上疏曰 昔에 竇, 鄧之寵이 傾動四方하여 兼官重紱(불)하고 盈金積貨①러니 及其破壞에 頭顙墮地하니 願爲孤豚이나 豈可得哉②잇가 夫致貴無漸이면 失必暴(폭)하고 受爵非道면 殃必疾이니이다 今外戚寵幸이 未有等比하여 祿去公室하고 政移私門하니 覆車重尋에 寧無摧折③이리오 昔에 文帝躬行節儉이러시니 有譏之者어늘 帝曰 朕이 爲天下守財耳니 豈得妄用之哉④리오하시니이다 今斂天下之財하여 積無功之家하여 帑(탕)藏單(탄)盡하고 民物凋傷하니 卒有不虞면 危亂을 可待⑤니이다 願陛下는 勉求忠貞하고 誅遠佞諂하며 割情欲하고 罷宴私하사 心存亡國所以失之하고 鑑觀興王所以得之하시면 庶災害可息이요 豐年可招矣리이다 書奏에 皆不省하다

① 重(거듭하다)은 直龍의 切이니 아래도 같다.
重, 直龍切, 下同.

② ≪史記≫ 〈莊子列傳〉에 "楚나라 威王이 莊周가 어질다는 말을 듣고는 사신을 보내어서 많은 폐백으로 맞이하여 그를 재상으로 삼을 것을 허락하자, 장주가 웃으며 使者에게 이르기를 '千金은 중한 이익이고 卿相은 높은 지위이나 그대는 유독 郊祭에 쓰는 희생의 소를 보지 못하였는가. 몇 년 동안 잘 길러서 무늬가 있고 수놓인 옷을 입혀 太廟로 들어가 잡으려 하니, 이때를 당하여 비록 한 마리의 새끼 돼지가 되고자 하나 어찌 될 수 있겠는가? 그대

는 속히 떠나서 나를 더럽히지 말라.' 했다." 하였다.

史記莊子傳 "楚威王聞莊周賢, 使使厚幣迎之, 許以爲相, 周笑謂使者曰 '千金重利, 卿相尊位也, 子獨不見郊祭之犧牛乎. 養食之數歲, 衣以文繡, 以入太廟. 當是時, 雖欲爲孤豚, 豈可得乎. 子亟去, 無汚我.'"

③ "覆車重尋"은 전복된 수레의 바퀴 자국을 다시 따른다고 말한 것과 같다.

覆車重尋, 猶言再蹈覆轍.

④ 爲(위하다)는 去聲이다.

爲, 去聲.

⑤ 單(다하다)은 殫과 같다. 卒(갑자기)은 猝로 읽는다. 虞는 헤아림이니, "不虞"는 事變이 예상 밖에서 나옴을 이른다.

單, 與殫同. 卒, 讀曰猝. 虞, 度也, 不虞, 謂事變出於虞度之外者也.

【綱】가을 8월에 燒當羌 麻奴가 들어와 침략하므로 馬賢이 뒤쫓아가서 격파하였다.

秋八月에 燒當羌麻奴入寇어늘 馬賢이 追擊破之하다

【綱】劉愷를 太尉로 삼았다.

◑ 以劉愷爲太尉하다

【目】居延都尉 范邠(범빈)이 贓物罪를 범하자, 법을 맡은 관리들이 죄를 의논하면서 加重하여 아버지와 아들 두 代를 禁錮하고자 하였는데, 劉愷가 말하기를 "≪春秋≫의 의리에 善을 칭찬할 적에는 자손에게까지 미치고 惡을 비난할 적에는 당사자에 그치니,[39] 이는 사람을 善으로 나아가게 한 것입니다. 지금 가벼운 죄를 가지고 무거운 형벌을 시행하면 善한 사람까지도 두렵게 만드니, 이는 先王이 형벌을 자세히 살펴 신중히 행한 뜻이 아닙니다." 하니, 詔令을 내려 그의 말을 따랐다.

---

39) 春秋의……그치니 : ≪春秋≫ 昭公 20년(B.C. 522)에 "여름에 曹나라 公孫會가 鄸(몽)에서 宋나라로 出奔하였다.〔夏曹公孫會自鄸出奔宋〕"라고 하였는바, 이는 曹나라 大夫 공손회가 반란을 일으킨 사실을 기록하지 않은 것이다. 이에 대해 ≪春秋公羊傳≫에는 "군자가 善을 칭찬할 적에는 길게 하고 惡을 비난할 적에는 짧게 한다. 惡을 비난할 적에는 당사자에 그치고, 善을 칭찬할 적에는 자손에게까지 미치니, 공손회는 현자인 公子 喜時의 자손이기 때문에 군자가 그를 위하여 반란한 사실을 避諱한 것이다.〔君子之善善也長 惡惡也短 惡惡止其身 善善及子孫 賢者子孫 故君子爲之諱也〕"라고 설명하였다.

居延都尉范邠이 犯贓罪어늘 吏議欲增錮二世①한대 劉愷以爲 春秋之義에 善善은 及子孫하고 惡惡(오악)은 止其身하니 所以進人於善也라 今以輕從重이면 懼及善人하니 非先王詳刑之意也라하니 詔從之②하다

① 황제가 居延屬國都尉[40]를 설치하여 별도로 居延 한 城을 거느려서 涼州에 속하게 하였다. "二世"는 아버지와 아들이 모두 금고됨을 이른다.
帝置居延屬國都尉, 別領居延一城, 屬涼州. 二世, 謂父子俱禁錮.

② 詳은 자세히 살핌이다.
詳, 審察也.

【綱】鮮卑가 居庸關을 침략하여 雲中太守를 죽였다.

鮮卑寇居庸關하여 殺雲中太守①하다

① 居庸關은 上谷郡의 경계에 있다. 鮮卑가 먼저 居庸關을 침략하였다가 마침내 雲中郡의 경내로 쳐들어온 것이다.
居庸關, 在上谷界. 蓋鮮卑先寇居庸關, 遂入雲中界也.

【綱】황제가 衛尉 馮石(풍석)의 府(官舍)에 가서 머물며 열흘 동안 술을 마셨다.

◑帝幸衛尉馮石府하여 留飮十日[41]하다

---

40) 居延屬國都尉 : 屬國은 漢나라 때 귀부한 이민족을 안치하기 위한 행정구역이다. 이는 漢나라 북·서·동쪽의 변경에 설치되었으며, 특히 天水·上郡·西河·五原·金城·北地·犍爲·張掖·居延·遼東 등에 설치되었다. 속국에는 屬國都尉, 屬國長史 등을 두었다.

41) 帝幸衛尉馮石府 留飮十日 : "특별히 쓴 것이니, 이 일을 곧바로 씀에 폄하하는 뜻이 저절로 드러났다. 그러므로 '머물며 열흘 동안 술을 마셨다.〔留飮十日〕'라고 쓴 것은 安帝의 설만함을 기록한 것이고, '열흘 만에 환궁했다.'고 쓴 것은 蜀漢 後主(劉禪)의 荒淫함을 기록한 것이다. ≪資治通鑑綱目≫이 끝날 때까지 군주가 신하들의 집에 감을 쓴 것이 5번이고, 그 府에 감을 쓴 것이 2번이고, 酒宴을 벌임을 쓴 것이 2번인데, 이처럼 머물러 떠나가지 않은 경우는 있지 않았으니, 〈元嘉 원년(151)에〉 桓帝가 微服으로 潛行하여 梁胤의 府舍에 간 것은 여기에 끼지 못한다.〔特筆也 直書其事 而貶義自見矣 故書留飮十日 所以志安帝之褻 書旬日而還 所以志後主之荒 終綱目書君幸諸臣之家五 幸其府二 其書飮宴者二 未有留連如此者矣 而微行梁胤府舍不與焉〕" ≪書法≫
"諸侯가 문병하거나 弔喪한 경우가 아닌데 신하들의 집에 들어가면 이를 일러 '군주와 신하가 戱謔질한다.'고 하는 것이니, 자신이 萬乘의 군주가 되어서 도리어 간사하게 아첨하는 신하의 처소로 직접 찾아가 머물며 술을 마시기를 열흘 동안 한 자가 어디에 있겠는가. 이것을 史策에 크게 쓴 것은 그 악함을 심하게 여긴 것이다.〔諸侯非問疾弔喪 而入諸臣之家 是謂君臣爲謔 烏有身爲萬乘之主 而乃臨幸佞臣之居 留飮至于十日者哉 大書于冊 甚其惡也〕" ≪發明≫

【目】 馮石이 당세의 사람들에게 환심을 샀으므로 황제에게 총애를 받은 것이다.

石이 能取悅當世라 故로 爲帝所寵①이러라

① 馮石은 陽邑侯 馮魴의 손자이다. 아버지 馮柱가 顯宗의 딸인 獲嘉公主에게 장가드니, 풍석이 공주의 작위를 세습하여 獲嘉侯가 되었다.
石, 陽邑侯魴之孫也. 父柱尙顯宗女獲嘉公主, 石襲公主爵, 爲獲嘉侯.

【綱】 큰비가 내렸다.

雨水하다

【綱】 겨울 11월에 지진이 있었다.

◑冬十一月에 地震하다

【綱】 大臣이 三年喪을 행하는 것을 다시 중단하였다.

◑復斷大臣行三年喪[42)]하다

【目】 尙書令 祋諷(대풍) 등이 아뢰기를 "孝文皇帝께서 約禮하는 제도를 정하시고 光武帝께서 告寧[43)]하는 법도를 없애서 만세에 법을 남기셨으니, 진실로 고쳐서는 안 됩니다. 大臣이 三年喪을 행하는 것을 마땅히 다시 금해야 합니다." 하였다. 이에 陳忠이 다음과 같이 上疏하였다.

---

42) 復斷大臣行三年喪 : "이는 祋諷(대풍)이 청한 것이다. 앞서 '三年喪을 행하는 것을 처음으로 허락했다.〔初聽行三年喪〕'고 썼는데, 이때까지 겨우 6년이 지났을 뿐이다. 비록 陳忠이 간절히 간하였으나 환관이 하고자 하지 않는 것을 빼앗지(어기지) 못하였으니, 사람의 마음이 몹시도 불초하다. 이것을 써서 애석하게 여긴 것이다. ≪資治通鑑綱目≫이 끝날 때까지 '三年喪을 행함을 다시 중단하였다.〔復斷行喪〕'고 쓴 것이 두 번이니, '喪을 끝까지 마치도록 허락했다.〔聽終〕' 쓰고 '다시 끊었다.〔復斷〕'고 쓰지 않은 경우는 오직 北魏 孝文帝일 것이다.〔祋諷請也 前書初聽行三年喪 至是纔歷六年耳 雖以陳忠之切諫 不能奪宦官之所不欲 人心之不肖 甚哉 書惜之也 終綱目書復斷行喪二 書聽終 不書復斷者 其惟魏孝文乎〕" ≪書法≫
"元初 3년(116)에 '大臣이 三年喪을 행하는 것을 처음으로 허락했다.'고 썼는바, 이때까지 겨우 6년이 되었을 뿐인데, 또다시 이를 금함은 어째서인가. 小人은 나쁜 풍속에 익숙해서 禮典의 파괴됨이 이보다 더 심한 것이 없다. 다른 때에 이미 회복하였다가 또다시 중단해서 紛紛하여 그치지 않음을 번갈아 史冊에 쓴 것은 모두 비난한 것이다.〔元初三年 書初聽大臣行三年喪 至是纔六載爾 而又禁之 何哉 小人狃於弊俗 禮典廢壞 莫此爲甚 他時旣復又斷 紛紛不已 迭書于冊 皆譏之也〕" ≪發明≫

43) 告寧 : 관원이 휴가를 얻어 부모의 喪을 가는 일을 말한다.

"高祖께서 제도를 처음 만드셨을 때에 대신이 告寧하는 규정이 있었는데, 光武帝의 建武 초년에 정사가 簡易한 데로 나아가서 禮義의 방도가 실로 훼손되었습니다. 孟子께서 말씀하시기를 '나의 父兄을 공경하여 남의 부형에게까지 미치며, 나의 子弟를 사랑해서 남의 자제에게까지 미친다면, 천하를 손바닥에 놓고 움직일 수 있을 것이다.' 하셨습니다. 臣은 원컨대, 폐하께서는 높은 곳에 올라가 북쪽을 바라보시면서 甘陵(安帝 嫡母의 陵)을 그리워하는 생각으로 臣子들의 마음을 헤아리소서. 그러면 海內가 모두 제자리를 얻을 것입니다."

이때에 환관들이 이를 불편하게 여겨서 끝내 진충의 아룀을 받아들이지 않았다.

尙書令祋諷等이 奏[①]호되 孝文이 定約禮之制하시고 光武絶告寧之典하사 貽則(칙)萬世하시니 誠不可改니 宜復斷大臣行三年喪[②]이니이다 陳忠이 上疏曰 高祖創制에 大臣이 有寧告之科러니 建武之初에 政趣簡易하여 禮義之方이 實爲彫損[③]이라 孟子有言호되 老吾老以及人之老하고 幼吾幼以及人之幼하면 天下를 可運於掌이라하시니 臣은 願陛下登高北望하사 以甘陵之思로 揆度(규탁)臣子之心하시면 則海內咸得其所[④]하리이다 時에 宦官이 不便之하여 竟寢忠奏하다

① 祋는 丁外・丁活의 두 切이니, 사람의 姓이다.
祋(대), 丁外・丁活二切, 姓也.

② 約禮는 喪期의 달수를 날수로 침을 이른다. 〈告寧은〉 休謁(휴가)의 이름이니, 길사에는 告라 하고 흉사에는 寧이라 한다.
約禮, 謂以日易月也. 休謁之名, 吉曰告, 凶曰寧.

③ 趣(향하다)는 七喩의 切이다.
趣, 七喩切.

④ 李賢이 말하기를 "甘陵은 安帝의 어머니의 陵이니, 陵이 淸河縣에 있으므로 '북쪽을 바라본다.'라고 말한 것이다." 하였다.
賢曰 "甘陵, 安帝母陵, 陵在淸河, 故言北望也.

【目】 袁宏이 다음과 같이 평하였다.

"옛날 帝王이 교화를 돈독하게 하고 풍속을 아름답게 해서 백성을 이끌어 善을 행하게 할 적에 그 자연스러움을 따르고 그 情을 빼앗지 않았는데도 백성 중에는 오히려 미치지 못하는 자가 있었으니, 하물며 禮를 무너뜨리고 슬픔을 저지하여 그 天性을 훼멸함은 더 말해 무엇하겠는가."

袁宏曰 古之帝王이 所以篤化美俗하여 率民爲善에 因其自然而不奪其情이라도 民猶有不及

者어든 而況毁禮止哀하여 滅其天性乎아

【綱】12월에 高句驪王 高宮(太祖王)이 玄菟를 포위하자 州郡이 토벌하여 격파하니, 고궁이 죽었다.

十二月에 高句驪王宮이 圍玄菟어늘 州郡이 討破之하니 宮이 死하다

【目】高句驪王 高宮이 죽자, 玄菟太守 姚光이 上言하기를 "그의 喪을 기회로 삼아 군대를 출동시켜 공격하고자 합니다." 하니, 陳忠이 다음과 같이 아뢰었다.

"고궁이 예전에 흉포하고 교활할 적에 요광이 토벌하지 못하였으니, 죽은 뒤에 공격함은 義가 아닙니다. 마땅히 사신을 보내어 조문하고 이를 통해 옛 죄를 책망하고서 용서하여 주벌을 가하지 않아서 훗날의 좋은 보답을 취해야 합니다."

황제가 그의 말을 따랐다.

高句驪王宮이 死어늘 玄菟太守姚光이 上言호되 欲因其喪하여 發兵擊之하노이다 陳忠曰 宮前桀黠에 光不能討하니 死而擊之는 非義也라 宜遣使弔問하고 因責讓前罪하여 赦不加誅하여 取其後善이니이다 帝從之하다

壬戌年(122)

【綱】漢나라 孝安皇帝 延光 원년이다. 여름 4월에 우박이 내렸다.

延光元年이라 夏四月에 雨雹하다

【目】우박이 큰 것은 말〔斗〕만 하였다.

大者如斗하다

【綱】遼東都尉 龐奮(방분)이 위조한 詔書를 받들고 玄菟太守 姚光을 참수하였는데, 불려와 처벌받았다.

遼東都尉龐奮이 承僞詔하고 斬玄菟太守姚光이어늘 徵抵罪[44]하다

---

44) 遼東都尉龐奮……徵抵罪 : "위조한 詔書를 만드는 자는 간악한 도적이다. 그러나 한 郡의 太守가 大

【目】 玄菟太守 姚光과 幽州刺史 馮煥이 자주 간악함을 규찰하여 적발하였는데, 원망하는 자가 옥새가 찍힌 조서를 위조해서 풍환과 요광을 견책하여 歐刀를 하사하고 또 龐奮에게 명을 내려서 신속히 형을 집행하게 하니, 방분이 즉시 요광을 참수하고 풍환을 체포하였다. 풍환이 자살하려 하자, 그의 아들 馮緄(풍곤)이 詔書의 글에 이상한 점이 있음을 의심하여 저지하였다. 풍환이 마침내 上書하여 스스로 변명하자, 방분을 불러와 처벌하였다.

玄菟太守姚光과 幽州刺史馮煥이 數(삭)糾發姦惡이러니 怨者詐作璽書하여 譴責煥, 光하여 賜以歐刀①하고 又下龐奮하여 使速行刑하니 奮卽斬光하고 收煥하다 煥이 欲自殺한대 其子緄이 疑詔文有異하여 止之②라 煥이 乃上書自訟하니 徵奮抵罪하다

① 歐는 一口의 切이니, 歐刀는 사람을 형벌하는 칼이다. 일설에 "歐는 烏侯의 切이니, 옛날 歐冶子가 검을 잘 만들었으므로 검을 일러 歐刀라 한다." 하였다.
歐, 一口切. 歐刀, 刑人之刀也. 一說"歐, 烏侯切, 古歐(治)〔冶〕[45]子善作劍, 故謂劍爲歐刀."
② 緄은 古本의 切이다.
緄, 古本切.

【綱】 가을 7월에 지진이 있었다.

秋七月에 地震하다

【綱】 高句驪王 高遂成(次大王)이 항복하였다.

◑ 高句驪王遂成이 降①하다

① 遂成은 宮의 아들이다.
遂成, 宮之子也.

【目】 이후로 동쪽 변방에 일이 적어졌다.

故(큰 잘못)가 있지 않으면 어찌 갑자기 殺戮을 행할 수 있겠는가. ≪資治通鑑綱目≫에서 자세히 이것을 쓴 것은 龐奮이 詔書를 자세하게 살피지 않은 죄를 나타낸 것이다. 그러나 淸明한 태평성세에는 이러한 일이 없으니, 이것이 또 ≪자치통감강목≫의 글 안에 숨어 있는 뜻이다.〔爲僞詔者 姦惡盜賊也 然郡太守非有大故 烏可遽行殺戮 綱目詳而書之 所以見龐奮不審之罪 雖然 淸明盛世 則無是事 此又綱目言外之意〕" ≪書法≫

45) (治)〔冶〕: 저본에는 '治'로 되어 있으나, ≪資治通鑑≫ 註에 의거하여 '冶'로 바로잡았다.

是後로 東垂少事러라

【綱】虔人羌이 上郡의 胡族과 함께 배반하니, 변경의 군대가 이들을 격파하였다.

虔人羌이 與上郡胡反하니 邊兵이 擊破之하다

【綱】9월에 지진이 있었다.

◑九月에 地震하다

【綱】겨울에 鮮卑가 변경을 침략하였다.

◑冬에 鮮卑寇邊하다

【目】鮮卑가 이미 여러 차례 쳐들어와 郡守를 죽이고 배짱과 의욕이 더욱 왕성해져서 활을 당기는 기병이 수만이었다. 雁門과 定襄, 太原을 침략하였다.

鮮卑旣累殺郡守하고 膽意轉盛하여 控弦이 數萬騎라 寇雁門, 定襄, 太原하다

【綱】麻奴가 항복하였다.

麻奴降하다

【綱】큰비가 내렸다.

◑雨水하다

【綱】宦者와 乳母 王聖의 딸 伯榮을 보내어서 甘陵에 나아가게 하였다.

◑遣宦者及乳母王聖女伯榮하여 詣甘陵[46]하다

46) 遣宦者……詣甘陵 : "살펴보건대, ≪資治通鑑≫에서는 '황제가 여러 번 黃門常侍와 中使 伯榮을 보내어 甘陵에 왕래하게 했다.'고 썼는데, ≪資治通鑑綱目≫에서는 '환관과 유모 왕성의 딸 伯榮'이라고 크게 써서 그 말한 뜻이 다소 다름은 어째서인가. '黃門常侍와 中使'라고 말하면 이 일이 숨겨져서 밝혀지기 어렵고 '환관과 乳母 王聖의 딸'이라고 말하면 그 잘못이 분명하여 보기가 쉬운 것이다. 安

【目】 尙書僕射 陳忠이 다음과 같이 上疏하였다.

"삼가 듣건대, 使者가 지나는 곳에 위엄이 郡縣에 진동하여 王, 侯와 二千石(州의 刺史와 郡의 太守)이 심지어는 伯榮을 위해 수레 아래에서 홀로 절을 하며, 길을 닦고 亭을 수선하여 부역에 한도가 없고 使者의 하인들에게 뇌물을 주어서 사람마다 비단이 수백 匹이며 백영의 위엄이 陛下보다 중하다고 합니다. 폐하의 정권이 臣妾에게 있으니, 水災가 일어남은 반드시 이 때문일 것입니다. 옛날 韓嫣(한언)이 副車를 탄 것에 의탁하여 달려 나아가 〈사냥할 짐승을〉 살펴보는 사명을 받았다가 江都王이 잘못 한 번 절하여 한언이 歐刀의 주벌을 받았습니다. 臣은 원컨대 현명하신 성상께서 天元의 높음을 엄격하게 하시고 乾剛의 지위를 바로잡으시어, 다시는 女使로 하여금 萬幾를 간섭하게 해서는 안 될 것입니다."

글을 아뢰었으나 살피지 않았다.

尙書僕射陳忠이 上疏曰 竊聞使者所過에 威動郡縣하여 王, 侯, 二千石이 至爲伯榮하여 獨拜車下①하며 修道繕亭하여 徵役無度하고 賂遺僕從하여 人數百匹②하여 伯榮之威 重於陛下라하니이다 陛下之柄이 在於臣妾하니 水災之發은 必起於此리이다 昔에 韓嫣이 託副車之乘하여 受馳視之使라가 江都誤爲一拜하여 而嫣이 受歐刀之誅③하니 臣은 願明主嚴天元之尊하시고 正乾剛之位④하사 不宜復令女使(千)〔干〕[47] 錯萬幾니이다 書奏에 不省하다

① 爲(위하다)는 去聲이니, 아래의 "誤爲"의 爲도 같다.
爲, 去聲, 下誤爲同.

② 〈匹은〉 비단을 이른다.
謂縑帛也.

③ 韓嫣이 武帝에게 총애를 받아 항상 무제와 함께 눕고 일어나곤 하였다. 江都王(劉非)이 入朝하여 上을 따라 上林苑에서 사냥하게 되었는데, 天子의 車駕가 淸道〔趩道〕[48]하느라 출발

帝가 親政한 지 겨우 1년이 넘었는데 행하는 바의 잘못됨이 왕왕 이와 같으니, ≪자치통감강목≫에서 특별히 쓰면서 말이 번잡하나 줄이지 않은 것은 바로 그의 惡을 드러내고 심하게 여겨서 후세의 경계로 삼으려고 한 것이다. 아, 東漢의 정치가 이로부터 날로 더욱 혼란해졌으니, 황제에게 무슨 비판할 것이 있겠는가.〔按通鑑載帝數遣黃門常侍及中使(시)伯榮 往來甘陵 而綱目大書宦者及乳母王聖女伯榮 其詞旨稍異何哉 蓋謂之黃門常侍及中使 則其事隱而難明 謂之宦者及乳母王聖女 則其失曉然易(이)見 夫以安帝親政 僅踰一載 而所爲舛繆 往往若此 綱目所以特筆書之 詞繁而不殺(쇄)者 正以著其惡而甚之 爲後世戒爾噫 東漢之治 自是日益亂矣 於帝乎何譏〕" ≪發明≫

47) (千)〔干〕: 저본에는 '千'으로 되어 있으나, ≪資治通鑑≫에 의거하여 '干'으로 바로잡았다.

48) 淸道〔趩道〕: '趩道'는 ≪史記≫ 권125 〈佞幸列傳〉에 '蹕道'로 되어 있는바, 이는 제왕이나 고위 관료가 행차할 적에 앞장서서 길을 트고 행인을 물리치는 것으로, 일종의 辟除(벽제)이다. '趩'과 '蹕'은 통용된다.

하지 못하자 먼저 한언으로 하여금 副車를 타고 수십에서 백 정도 되는 기병을 거느리고 달려 나아가 사냥할 짐승을 살펴보게 하였다. 이때 강도왕이 멀리서 이들을 바라보고 天子가 오는 것이라 여겨서 시종하는 자들을 물리치고 길가에 엎드려 알현하였는데, 한언은 곧장 말을 몰아 그를 보지 못하였다. 한언이 지나간 뒤에 강도왕이 노하여 太后에게 울면서 "제 封國을 황상께 돌려드리고 宮에 들어와 宿衛하여 한언과 같아지기를 청합니다." 하였다. 太后가 이로 말미암아 한언에 대해 원한을 품고, 마침내 그를 誅殺하였다.[49)]

韓嫣, 有寵於武帝, 常與帝共臥起. 江都王入朝, 從上獵上林中, 天子車駕蹕通未行, 先使嫣乘副車, 從數十百騎, 馳視獸. 江都王望見, 以爲天子, 辟(벽)從者, 伏謁道傍, 嫣驅不見. 旣過, 江都王怒, 爲太后泣 "請得歸國入宿衛, 比韓嫣." 太后由此銜嫣, 遂誅嫣.

④ 天元은 乾元과 같다.
天元, 猶乾元也.

【目】 이때에 국가의 기무를 오로지 尙書에게 맡겼으나 재변이 있을 때에 번번이 三公을 파면하니, 陳忠이 다음과 같이 上疏하였다.

"漢나라 법의 故事에 丞相이 청하는 것을 君主가 들어주지 않음이 없었는데, 지금의 三公은 비록 삼공이라는 명칭을 담당하고 있으나 그 실제가 없어서, 인재를 선발하고 천거하며 관리를 주벌하고 상 주는 것을 모두 상서가 관장하고 있습니다. 그런데도 근래에 災異 때문에 삼공을 엄히 꾸짖으시니, 臣 진충은 항상 홀로 불안해합니다. 상서가 일을 결단함이 대부분 옛 法에 어긋나고 罪에 대한 형벌에 일정한 準例가 없어서 남을 무함하고 속이는 것을 우선으로 삼으니, 마땅히 무시하여 듣지 마시고 위로 국가의 법전을 순히 따르시어 네모진 것과 둥근 것을 規矩(그림쇠와 曲尺)에 맡겨두고 가벼움과 무거움을 衡石(저울대와 추)으로 살피심이 진실로 국가의 훌륭한 제도이고 만세의 법입니다."

時에 機事를 專委尙書로되 而災變에 輒免三公이라 忠이 上疏曰 漢典舊事에 丞相所請을 靡有不聽이러니 今之三公은 雖當其名이나 而無其實하여 選擧誅賞을 一由尙書어늘 近以災異로 切讓三公하니 臣忠은 常獨不安하노이다 尙書決事 多違故典하고 罪法無例하여 詆欺爲先하니 宜割而勿聽하고 上順國典하사 置方圓於規矩하고 審輕重於衡石①이 誠國家之典이요 萬世之法也니이다

① 〈"上順國典"은〉 일을 결단함을 마땅히 떳떳한 典法을 따라야 함을 말한 것이다.
此言決事, 當依典法也.

49) 韓嫣이……誅殺하였다 : 이 내용을 포함하여 韓嫣에 관한 제반의 이야기는 ≪史記≫ 권125 〈佞幸列傳〉에 보인다.

【綱】汝南 사람 黃憲이 卒하였다.

汝南黃憲이 卒[50]하다

【目】汝南太守 王龔(왕공)은 정사를 시행함에 온화함을 숭상하며 인재를 좋아하고 賢士를 아껴서 袁閬(원랑)을 功曹로 삼고 黃憲과 陳蕃 등을 이끌어 나아오게 하니, 황헌은 절개를 굽히지 않았고 진번은 관리가 되었다. 원랑은 특별한 節操를 닦지 않았으며, 진번은 성품과 기질이 高明하였다.

황헌은 집안이 대대로 가난하고 천하여 아버지가 牛醫(소의 병을 치료하는 의원)가 되었다. 황헌이 14세였을 때에 潁川 사람 荀淑이 황헌을 여관에서 만났는데, 순숙이 竦然히 기이하게 여겨 揖하고서 더불어 말을 하되 한참이 지나도록 자리를 떠나지 못하고 황헌에게 이르기를 "그대는 나의 師表이다." 하였다. 〈이윽고〉 순숙이 앞으로 나아가 원랑을 만나보고는 미처 위로하고 안부를 묻기도 전에 먼저 말하기를 "그대의 고을〔國〕에 顔子가 있으니, 그대는 알고 있는가?" 하니, 원랑이 말하기를 "우리 叔度(黃憲)를 보았는가?" 하였다.

汝南太守王龔이 政崇溫和하고 好才愛士하여 以袁閬爲功曹①하고 引進黃憲, 陳蕃等하니 憲은 不屈하고 蕃은 就吏②하다 閬은 不修異操하고 蕃은 性氣高明이러라 憲이 世貧賤하여 父爲牛醫러니 憲年十四에 潁川荀淑이 遇於逆旅에 竦然異之하여 揖與語하여 移日不能去하고 謂曰 子는 吾之師表也③라하다 前見袁閬하고 未及勞問에 逆曰 子國에 有顔子하니 寧識之乎④아하니 閬曰 見吾叔度邪⑤아하니라

① 閬은 음이 浪이다.
閬, 音浪.
② "就吏"는 辟召에 나아가서 관리가 됨을 이른다.

---

50) 汝南黃憲卒 : "布衣 중에 '卒'이라고 쓴 경우가 있지 않았는데, 黃憲에 대해 卒이라고 쓴 것은 어진 이를 애석하게 여긴 것이다. 포의에 대해 卒이라고 쓴 것은 ≪資治通鑑綱目≫이 끝날 때까지 〈黃憲과 管寧〉 두 사람뿐이다.〔布衣未有書卒者 卒黃憲 惜賢也 布衣書卒 終綱目二人而已矣〕" ≪書法≫
"黃憲은 한 명의 布衣였는데도 史冊에 써서 지금까지도 사람들로 하여금 감탄하여 우러러보는 마음이 있도록 하였으니, 이는 어찌 그의 남모르는 德과 드러나지 않은 광채가 매몰될 수 없기 때문이 아니겠는가. 그러나 이때에 여러 소인이 지위에 있고 어진 이와 재주 있는 이가 초야에 은둔해 있어서 賢者를 초빙하는 예가 그들에게 미치지 아니하여 부쳐서 나타낼 곳이 없어서 반드시 卒함에 이르러야 썼으니, 이는 또 당시의 사람들을 부끄럽게 한 것이다.〔憲一布衣也 而得書于冊 至今使人有歎仰之心者 豈非潛德幽光 不可得而泯沒故耶 雖然 于時群小在位 而賢才沈於草萊 聘召不及 無所附見 必至於卒而書之 又所以愧當時也〕" ≪發明≫

就吏, 謂就辟而爲吏也.

③ 逆은 맞이함이니, 館舍을 설치하여 손님을 맞이하기 때문에 "逆旅"라 한 것이다.
逆, 迎也. 設館舍以迎客, 故曰逆旅.

④ ≪資治通鑑≫에는 "이윽고 앞으로 나아가 袁閬의 처소에 이르렀는데, 미처 위로하고 안부를 묻기도 전에"라고 되어 있다. "逆曰"은 맞이하자 먼저 곧바로 말함을 이른다. 袁閬은 汝南郡 汝陽縣 사람이다.
通鑑 "旣而前至袁閬所, 未及勞問." 逆曰, 謂迎先便說. 閬, 汝南汝陽人.

⑤ 叔度는 黃憲의 자이다.
叔度, 憲字.

【目】 같은 고을의 戴良이 재주가 뛰어나 거만하였으나 黃憲을 보면 용모를 단정히 하지 않은 적이 없었고, 돌아와서는 망연자실하여 잃어버린 바가 있는 듯하였다. 그 어머니가 묻기를 "네가 또 牛醫의 아들(黃憲)을 따라 놀다가 왔느냐?" 하니, 대답하기를 "제가 叔度를 보기 전에는 스스로 미치지 못하는 것이 없다고 여겼으나, 이미 그를 만나 본 뒤에는 바라봄에 앞에 있다가 홀연히 뒤에 있어서 진실로 측량하기가 어렵습니다." 하였다.

陳蕃과 周擧가 항상 서로 이르기를 "한 철이나 한 달 동안 黃生(황헌)을 보지 않으면 비루하고 부끄러운 생각이 다시 마음속에 생긴다." 하였다.

同郡戴良이 才高倨傲로되 而見憲에 未嘗不正容하고 及歸에 罔然若有失也어늘 其母問曰 汝復從牛醫兒來邪아 對曰 良이 不見叔度면 自以爲無不及이러니 旣覩其人하면 則瞻之在前하고 忽然在後하여 固難得而測矣라하고 陳蕃, 周擧 常相謂曰 時月之間에 不見黃生이면 則鄙吝之萌이 復存乎心矣[①]라하니라

① 초하루부터 그믐까지를 한 달〔月〕이라 하고, 3개월을 한 철〔時〕이라 한다. 일을 함에 낮고 천하게 여길 만한 것을 鄙라 이르고, 일을 함에 부끄럽고 한스러워할 만한 것을 吝이라 이른다.
自朔至晦, 爲一月. 三月爲一時. 作事可卑賤者, 謂之鄙. 作事可羞恨者, 謂之吝.

【目】 太原 사람 郭泰가 젊어서 汝南에서 노닐 적에 袁閬을 방문했을 때에는 留宿하지 않고 그대로 물러나오고, 黃憲을 따라 노닐 때에는 며칠이 지나서야 비로소 돌아왔다. 혹자가 곽태에게 그 이유를 묻자, 곽태가 말하기를 "奉高(袁閬)의 器局은 비유하면 옹달샘이 비록 맑지만 측량하기 쉬운 것과 같다. 그러나 叔度는 넓디넓은 千頃의 물결과 같아

서 맑게 해도 맑아지지 않고 흐리게 해도 흐려지지 않아 측량할 수가 없다." 하였다.

황헌이 처음에 孝廉으로 천거되고 또 公府에서 辟召하자 벗들이 벼슬할 것을 권하니, 황헌이 잠시 京師에 이르렀다가 곧바로 돌아갔는데, 48세에 별세하였다.

太原郭泰 少游汝南할새 過袁閬엔 不宿而退하고 從憲累日乃還이어늘 或問之한대 泰曰 奉高之器는 譬之氿濫(궤함)이 雖淸而易挹①이요 叔度는 汪汪若千頃陂하여 澄之不淸이요 淆之不濁하여 不可量也②라하니라 憲이 初擧孝廉하고 又辟公府어늘 友人이 勸其仕한대 憲이 暫到京師라가 卽還이러니 年四十八에 終하다

郭泰(≪古聖賢像傳略≫)

① 奉高는 袁閬의 자이다. 氿는 음이 軌이고 濫은 음이 檻이니, 곁에서 나오는 것을 氿泉이라 하고 샘물이 곧바로 나오는 것을 濫泉이라 한다.
奉高, 閬字. 氿, 音軌. 濫, 音檻. 側出曰氿泉, 正出曰濫泉.

② 淆(효)는 혼탁하게 함이다.
淆, 混也.

【目】 范曄이 다음과 같이 평하였다.

"黃憲의 언론과 風旨는 세상에 전하여 알려진 것이 없으나 선비와 君子 중에 그를 만나 본 자들은 그의 深遠함에 감복하여 자신의 잘못과 인색한 마음을 버리지 않는 이가 없었다. 그러므로 나의 曾祖이신 穆侯(范汪)는 말씀하시기를 '黃憲은 유순하여 순함에 처하고[51] 마음이 깊어 道와 같았으니[52], 만약 孔氏(孔子)의 문하에 이르렀다면 〈顔回처럼〉 거의 道에 가까웠을 것이다.' 하셨다."

范曄曰 黃憲의 言論風旨 無所傳聞①이로되 然士君子見之者 靡不服深遠, 去玼(자)吝②이라

51) 유순하여……처하고 : 원문의 '頹然'은 ≪資治通鑑≫ 및 ≪後漢書≫에 '隤然(퇴연)'으로 되어 있다. 이는 ≪周易≫ 〈繫辭傳〉에 "坤은 순하니 사람에게 간략함으로써 보여 준다.〔夫坤隤然 示人簡矣〕"라고 보이는 바, 隤는 유순한 모양이다.

52) 마음이……같았으니 : "淵乎"는 ≪老子≫에 "깊어서 마치 만물의 으뜸인 듯하다.〔淵乎似萬物之宗〕"라고 보이는바, 이는 마음이 깊어서 헤아릴 수 없음을 이른다.

故로 余曾祖穆侯 以爲 憲이 頹然其處順하고 淵乎其似道하니 若及門於孔氏면 其殆庶(子)〔乎〕③[53]인저하시니라

① 風은 標致를 이르고, 旨는 意趣를 이른다.
風, 謂標致. 旨, 謂意趣也.

② 玼(잘못)는 음이 此이다. 마땅히 疵가 되어야 하니, 玼로 쓴 것은 古字에 통용된 것이다.
玼, 音此, 當爲疵. 作玼者, 古字通也.

③ 范曄의 증조 范汪은 晉나라 簡文帝 때에 安北將軍이 되었으니, 시호가 穆이다. 범왕은 范寗을 낳고 범녕이 范泰를 낳고 범태가 범엽을 낳았다. "頹然"은 유순한 모양이고, "淵乎"는 깊어서 측량할 수 없음을 말한 것이다. 殆는 가까움이다. ≪周易≫ 〈繫辭傳 下〉에 "顏氏의 아들(顏回)은 거의 道에 가까울 것이다." 하였다.
曄曾祖汪, 晉簡文時, 爲安北將軍, 諡曰穆. 汪生寗, 寗生泰, 泰生曄. 頹然, 柔順貌. 淵乎, 言深而不可測也. 殆, 近也. 易繫辭 "顏氏之子, 其殆庶幾乎."

癸亥年(123)

【綱】 漢나라 孝安皇帝 延光 2년이다. 여름 4월에 乳母 王聖을 봉하여 野王君으로 삼았다.

二年이라 夏四月에 封王聖하여 爲野王君[54]하다

【綱】 班勇을 西域長史로 삼아 군대를 거느리고 가서 柳中에 주둔하게 하였다.

◑ 以班勇爲西域長史하여 將兵屯柳中하다

---

53) (子)〔乎〕: 저본에는 '子'로 되어 있으나, ≪資治通鑑≫ 및 ≪後漢書≫에 의거하여 '乎'로 바로잡았다.

54) 封王聖爲野王君 : "王聖은 누구인가. 황제의 乳母이다. 宣帝로부터 처음으로 阿保에게 은혜를 미루었으나 물건을 하사할 뿐이고, 작위를 봉해준 적은 있지 않았다. 그런데 이때에 이르러 君으로 봉했으며 桓帝의 시절에는 그 자식을 다시 侯로 삼았고 아래로 元魏(北魏)에 이르러서는 마침내 높여서 皇太后로 삼았으니, 너무 심하다. ≪資治通鑑綱目≫이 끝날 때까지 乳母를 봉함을 쓴 경우가 두 번이고, 乳母의 자식을 봉함을 쓴 경우가 한 번이고, 높여서 皇太后로 삼음을 쓴 경우가 두 번이다.〔王聖 何 乳母也 自宣帝始推恩阿保 賜物而已 未有封也 至是而封君矣 桓帝之世 復侯其子焉 下及元魏 乃尊爲皇太后 甚哉 終綱目書封乳母二 封乳母子一 書尊爲皇太后二〕" ≪書法≫
"이(王聖)는 乳母인데, 어찌하여 유모라고 게시하여 쓰지 않았는가. 이미 앞에서 나왔기 때문이다. 유모로서 작위에 나열하여 封地를 받았으므로 책에 크게 썼으니, 漢나라의 정치가 비록 쇠퇴하지 않고자 하나 어찌 될 수 있겠는가.〔此乳母也 何不揭而書之 蓋已見之於前矣 夫以乳媼而列爵受封 大書于冊 漢治雖欲不衰 其可得乎〕" ≪發明≫

【目】北匈奴가 연이어 車師(거사)와 함께 河西 지역을 침략하니, 의논하는 자들이 玉門關과 陽關을 다시 폐쇄하여 오랑캐에 대한 근심을 끊고자 하였다. 이에 敦煌太守 張璫이 다음과 같이 上書하였다.

"臣도 京師에 있을 적에는 西域을 마땅히 버려야 한다고 생각하였습니다. 그런데 지금 직접 이 지역에 와보니, 西域을 버리면 河西가 자연 보존될 수 없음을 비로소 알게 되었습니다. 삼가 세 가지 계책을 아뢥니다. 북쪽의 오랑캐인 呼衍王이 항상 蒲類와 秦海의 사이에 展轉하여 자기 마음대로 西域을 통제해서 함께 침입하여 노략질을 하고 있습니다. 이제 酒泉屬國 관리와 병사 2천여 명을 昆侖塞에 집결하여 먼저 呼衍을 공격해서 그 근본을 끊고, 인하여 鄯善의 병력 5천 명을 동원해서 車師의 後部를 위협하는 것이 바로 上策입니다. 軍司馬를 설치하여 5백 명의 병력을 거느리되 네 郡에서 밭을 가는 소와 곡식을 제공하고 〈關塞를〉 나가서 柳中을 점거하는 것이 바로 中策입니다. 交河城을 버리고 鄯善 등을 거두어서 모두 關塞 안으로 들어오게 하는 것이 바로 下策입니다."

조정(황제)이 그의 의논을 내려 토론하게 하니, 陳忠이 敦煌에다가 다시 校尉를 설치하고 네 郡의 屯兵을 증가시켜서 여러 나라를 어루만질 것을 청하였다. 이에 다시 班勇을 西域長史로 삼아 5백 명의 병력을 거느리고 〈關塞를〉 나가서 柳中에 주둔하게 하였다.

北匈奴連與車師寇河西하니 議者欲復閉玉門, 陽關하여 以絶其患이어늘 敦煌太守張璫이 上書曰 臣在京師에 亦以爲西域宜棄러니 今親踐其地하니 乃知棄西域이면 則河西不能自存이라 謹陳三策하노이다 北虜呼衍王이 常展轉蒲類, 秦海之間하여 專制西域하여 共爲寇鈔①하니 今以酒泉屬國吏士二千餘人으로 集昆侖塞하여 先擊呼衍하여 絶其根本하고 因發鄯善兵五千人하여 脅車師後部 此上計也②요 置軍司馬하여 將士五百人호되 四郡이 供其犂(리)牛穀食하고 出據柳中이 此中計也③요 棄交河城하고 收鄯善等하여 悉使入塞 此下計也④니이다 朝廷이 下其議하니 陳忠이 請於敦煌에 復置校尉하고 增四郡屯兵하여 以撫諸國하다 於是에 復以班勇爲西域長史⑤하고 將兵五百人하여 出屯柳中하다

① 大秦國(로마)이 西海[55]의 서쪽에 있으므로 秦海라 하였다. 西海는 넓고 멀어서 北匈奴의 군대의 위엄이 일찍이 이들을 예속시켜 부리지 못하였으니, "展轉二海間"이라고 말한 것은 다만 당시에 上書한 자가 과장해서 말했을 뿐이다.

---

55) 西海 : 본서 241쪽에 보이는 西海는 지금의 靑海를 가리키나 여기의 西海는 학자마다 의견이 다르다. 본서 231쪽 訓義 ①의 西海도 이와 같다.

大秦國在西海西, 故曰秦海. 西海廣遠, 北匈奴兵威所未嘗役屬, 言展轉二海間, 特當時上書者張言之耳.

② ≪漢書≫에 "敦煌郡 廣至縣에 昆侖障이 있으니, 宜禾都尉가 거주하는 곳이다." 하였다.
前書 "敦煌郡廣至縣有昆侖障, 宜禾都尉居也."

③ "四郡"은 武威, 酒泉, 張掖, 敦煌이다.
四郡, 武威・酒泉・張掖・敦煌.

④ 李賢이 말하기를 "≪漢書≫를 살펴보건대, 車師前王이 交河城에 거처하였는바, 河水가 나뉘어 흘러서 城 아래를 둘러싸므로 '交河'라 이름하였다. 長安과는 8,100里 떨어져 있으니, 옛 城은 지금의 西州 交河縣에 있다." 하였다.
賢曰 "前書, 車師前王居交河城, 河水分流, 繞城下, 故號交河. 去長安八千一百里, 故城在今西州交河縣."

⑤ 李賢이 말하기를 "〈西域長史는〉 西域都護의 長史이다." 하였다. 胡三省이 말하기를 "내가 살펴보건대, 班超는 아직 都護가 되지 않았으니, 이는 또한 將兵長史가 된 것이다." 하였다.
賢曰 "西域都護之長史也." 胡三省曰 "余按班超未爲都護, 亦爲將兵長史."

【綱】 가을 7월에 丹陽山이 무너졌다.

秋七月에 丹陽山이 崩하다

【綱】 큰비가 내렸다.

◑雨水하다

【綱】 겨울에 楊震을 太尉로 삼았다.

◑冬에 以楊震爲太尉하다

【目】 耿寶가 宦子 李閏의 형을 楊震에게 천거하며 말하기를 "李常侍(이윤)는 國家에서 중하게 여기는 분이니, 公으로 하여금 그의 형을 辟召하도록 하고자 합니다. 저는 오직 上의 뜻을 전달할 뿐입니다." 하였다. 양진이 말하기를 "이와 같다면 마땅히 尙書의 칙령이 있어야 한다." 하니, 경보가 크게 원한을 품고 떠나갔다. 閻顯이 또한 친한 사람을 천거하였으나 양진이 또 따르지 않았는데, 司空 劉授가 이 말을 듣고 〈양진에게 거절당한〉 그들을 辟召하니, 양진이 더욱 원망을 받게 되었다.

耿寶薦李閏兄於震曰 李常侍는 國家所重이라 欲令公辟(벽)其兄하니 寶唯傳上意耳①로라 震曰 如此면 則宜有尙書勅이라한대 寶大恨而去하다 閻顯이 亦薦所親이로되 震이 又不從이러니 司空劉授聞而辟之하니 震이 益見怨②이러라

① 〈"寶唯傳上意耳"는〉 자기의 본심이 아니고 윗자리에 계신 황제의 뜻을 전달함을 말한 것이다.
言非己本心, 傳在上之意.
② ≪資治通鑑≫에 "이 두 사람을 辟召하였다."라고 하였다.
通鑑 "辟此二人."

【目】 이때 詔令을 내려서 使者를 보내어 王聖을 위해 크게 집을 수리하고 樊豐, 周廣, 謝惲(사운) 등이 조정을 뒤흔들었다. 이에 楊震이 다음과 같이 上疏하였다.

"현재 災害가 더욱더 심하여 백성들은 빈곤에 허덕이고 세 변경 지역은 위태로워서 國庫가 고갈되었는데도 阿母를 위하여 집을 수리하는 공사를 일으키니, 그 비용이 億으로 헤아릴 정도입니다. 주광과 사운 형제가 군주의 측근에 있는 倖臣들을 의지하여 그들과 더불어 위엄을 나누어서 州郡에 청탁하고 大臣을 두렵게 하며, 海內의 탐욕스럽고 더러운 사람들을 불러들여서 그들의 재화와 뇌물을 받고 다시 顯官과 要職에 등용하니, 흑백이 뒤섞여서 온 천하가 시끄럽게 떠듭니다. 臣이 듣건대, 여러 사람들이 원망하는 말을 하는 것은 윗자리에 있는 사람(황제)이 자초한 것이라고 하였으니, 백성들은 재물이 다하면 원망하고 힘이 다하면 배반합니다[56]. 백성들 중에 원망하고 배반하는 사람은 다시 부릴 수 없으니, 부디 폐하께서는 이 점을 헤아리소서."

上이 이 말을 듣지 않았다.

時에 詔遣使者하여 大爲王聖修第하고 樊豐, 周廣, 謝惲等이 傾搖朝廷이어늘 震이 上疏曰 方今災害滋甚하여 百姓空虛하고 三邊震擾하여 帑藏匱乏이어늘 而爲阿母起第하니 爲費巨億①이라 廣, 惲兄弟 依倚近倖하여 與之分威하여 屬(촉)託州郡하고 傾動大臣하며 招徠海內貪汙之人하여 受其貨賂하고 復得顯用하니 白黑溷淆(혼효)하여 天下讙譁(훤화)②라 臣은 聞師言은 上之所取③라하니 財盡則怨하고 力盡則叛이라 怨叛之人을 不可復使니 惟陛下度(탁)之하소서 上이 不聽하다

① "三邊"은 동쪽, 서쪽, 북쪽이다.[57]

56) 재물이……배반합니다 : ≪春秋≫ 莊公 31년(B.C. 663) 조에 "가을에 秦에 臺를 쌓았다.〔秋 築臺于秦〕"라고 하였는데, 이에 대한 ≪春秋穀梁傳≫에 "재물이 다하면 원망하고, 힘이 다하면 한스러워한다.〔財盡則怨 力盡則懟〕"라고 보인다.

三邊, 東·西·北也.

② ≪資治通鑑≫에는 "심지어는 장물죄로 禁錮되어 세상 사람들에게 버림받은 무리들이 다시 顯官과 要職에 등용되었다."라고 하였다.
通鑑 "至有臧錮棄世之徒, 復得顯用."

③ "師言"은 여러 사람들의 말이다.
師言, 衆言也.

【綱】12월에 지진이 있었다.

十二月에 地震하다

【綱】處士 周燮과 馮良을 초빙하였는데, 오지 않았다.

◑聘處士周燮, 馮良이러니 不至하다

【目】陳忠이 汝南 사람 周燮과 南陽 사람 馮良은 학문이 깊고 행실이 순수하면서 은거하여 벼슬하지 않는다고 천거하니, 황제는 새끼 양과 폐백을 가지고 이들을 초빙하였다. 주섭의 종족들이 그에게 권하기를 "德을 닦고 행실을 세움은 나라를 위해서인데, 그대는 어찌하여 홀로 東岡의 비탈밭을 지키는가?[58)]" 하니, 주섭이 대답하기를 "道를 닦는 자는 때를 기다려 動하니, 動하여 때에 맞지 않으면 어찌 형통할 수 있겠는가." 하였다. 주섭은 풍량과 함께 모두 스스로 수레를 타고 가까운 縣에 이르러 병을 칭탁하고 돌아갔다.[59)]

陳忠이 薦汝南周燮과 南陽馮良이 學行深純하여 隱居不仕라하니 帝以羔幣聘之①하다 燮宗族이 勸之曰 夫修德立行은 所以爲國②이니 君獨何爲守東岡之陂乎③아 燮曰 夫修道者는 度(탁)時而動하나니 動而不時면 焉得亨乎④리오 與良으로 皆自載至近縣하여 稱病而還하다

① 董仲舒의 ≪春秋繁露≫에 "무릇 폐백은, 卿은 새끼 양을 사용하니, 새끼 양이 뿔이 있으나 사용하여 치받지 않음은 仁者와 유사하고, 붙잡아도 울지 않고 죽여도 소리를 지르지 않음은 의리에 죽는 자와 유사하고, 새끼 양이 그 어미에게서 젖을 먹을 적에 반드시 무릎을

57) 三邊은……북쪽이다 : 구체적으로 幽州, 幷州, 涼州를 가리킨 것으로 보인다.

58) 東岡의……지키는가 : 벼슬에 나아가지 않고 물러나 은둔하는 것을 의미한다.

59) 풍량과……돌아갔다 : 이는 주섭과 풍량 두 사람이 직접 자기의 수레를 타고 근방에 있는 縣의 관아에 나아가 부름에 응하지 않는 이유를 설명한 것이다. 漢나라 때에는 公府의 부름에 아무런 이유 없이 응하지 않을 경우 不敬罪로 처벌받았기 때문이다.

跪음은 禮를 아는 자와 유사하다. 그러므로 이것을 폐백으로 삼는다." 하였다.

董仲舒春秋繁露曰 "凡贄, 卿用羔, 羔有角而不用, 類仁者, 執之不鳴, 殺之不嘷, 類死義者, 羔飮其母, 必跪, 類知禮者, 故以爲贄."

② 爲(위하다)는 去聲이다.

爲, 去聲.

③ 周爕은 汝南郡의 安城에 거주하였는데, 先人의 草廬가 산등성 언저리에 지어져 있고 그 아래에 비탈밭이 있어서 주섭이 항상 부지런히 농사를 지어 자급자족하였다.

爕居汝南安城, 有先人草廬, 結于岡畔, 下有陂田, 常肆勤以自給.

④ 亨은 통함이다.

亨, 通也.

甲子年(124)

【綱】 漢나라 孝安皇帝 延光 3년이다. 봄 정월에 班勇이 車師(거사)에서 수렵하는 匈奴를 공격하여 패주시키니, 西域의 길이 다시 통하였다.

三年이라 春正月에 班勇이 擊走匈奴田車師者하니 西域이 復通하다

【目】 班勇이 樓蘭에 이르러 鄯善이 歸附했다 해서 특별히 三綬를 하사하니, 龜玆王 白英이 마침내 姑墨과 溫宿을 거느리고 스스로 포박하여 반용에게 와서 항복하였다. 반용은 이를 인하여 그의 병력을 징발해서 車師前王의 조정에 이르러 匈奴를 伊和谷에서 공격하여 패주시켰다. 이에 前部(車師前王國)의 길이 비로소 다시 개통되자, 반용이 군대를 돌려 돌아와 柳中에서 屯田을 하였다.

班勇이 至樓蘭하여 以鄯善歸附라하여 特加三綬[①]하니 龜玆王白英이 乃率姑墨, 溫宿하고 自縛詣勇[②]이어늘 因發其兵하여 到車師前王庭하여 擊走匈奴於伊和谷하다 於是에 前部始復開通이어늘 還하여 屯田柳中하다

① 三綬는 세 관직을 겸하여 여러 개의 印綬를 차는 것을 이른다. 혹자는 이르기를 "三綬는 마땅히 王綬(王의 印綬)가 되어야 할 듯하다." 하였다.

三綬, 謂兼三官累印綬而服之也. 或云 "三綬, 疑當作王綬."

② 白英은 龜玆王의 이름이다.

白英, 龜玆王之名.

【綱】2월에 황제가 동쪽으로 순행하였다가 3월에 돌아올 적에 미처 宮에 들어가기도 전에 策書를 내려 太尉 楊震의 印綬를 거두고 옛 郡으로 보내어 돌아가게 하니, 양진이 자살하였다.

二月에 帝東巡이라가 三月에 還할새 未入宮에 策收太尉震印綬[60]하고 遣歸故郡하니 震이 自殺하다

【目】樊豐 등은 楊震이 연달아 諫하였으나 황제가 따르지 않음을 보고는 염려하고 꺼리는 바가 없어서 마침내 詔書를 조작하여 大司農이 관장하는 돈과 곡식, 將作大匠이 현재 관장하는 工人들과 재목을 징발하여 각각 齋室〔冢舍〕과 園池를 조성하였다. 양진이 다시 다음과 같이 上疏하였다.

"臣이 외람되게도 台輔〔三公〕의 인원수를 채우고는 있으나 陰陽을 조화롭게 하지 못하여 지난해 12월 4일에 京師의 땅이 진동하였는데, 그날의 일진은 戊辰인바, 이 세 가지가 모두 土입니다. 그 위치가 中宮[61]에 있으니, 이는 中臣(內臣, 宦官)과 近臣이 권력을 잡고 用事하는 象입니다. 폐하께서는 변경이 아직 편안하지 못하다 하시어 몸소 봉양하시기를 박하게 하여 궁전의 담장과 지붕이 기운 것을 겨우 기둥으로 지탱하게 할

---

60) 未入宮 策收太尉震印綬 : "'미처 宮에 들어가기도 전에'라는 것은 무엇인가. 이는 급함을 나타낸 말이니, 황제가 참소를 믿음이 과감하였다. 그러므로 특별히 이것을 쓴 것이다. 이 때문에 '12월 그믐에 魏其侯 竇嬰을 죽였다.'고 쓴 것은 武帝의 잔인함을 드러낸 것이고, '미쳐 宮에 들어가기도 전에 策書를 내려 太尉 楊震의 印綬를 거두었다.'고 쓴 것은 安帝의 급함을 드러낸 것이다.〔未入宮 何 急辭也 帝之信讒果矣 故特筆書之 是故書十二月晦 殺魏其侯竇嬰 所以志武帝之忍 書未入宮 策收太尉震印綬 所以志安帝之急〕" ≪書法≫

"楊震이 어둡고 용렬한 군주를 섬겨서 기미를 보고 떠나가지 못하였으니, 그가 죽임을 당한 것은 마땅하다. 비록 그렇지만 이것은 양진의 입장에서 말한 것이고, 만약 漢나라 조정의 입장에서 말한다면 당시에 청렴결백하며 충성스럽고 정직함이 양진보다 더 나은 자가 없었는데, 마침내 간쟁하다가 황제의 총애를 받는 신하에게 거슬려 죽임을 당하였다. 이때 安帝가 여러 원숭이(小人輩)를 보호하고 사랑하기를 心腹을 보호하듯이 하였으니, 양진이 비록 충성을 바치고 절개를 다하고자 하더라도 될 수 없는 것이다. ≪資治通鑑綱目≫에 '황제가 돌아올 적에 미쳐 宮에 들어가기도 전에 策書를 내려 印綬를 거두었다.'고 쓴 것은 황제가 양진을 죽이기를 급히 함이 이와 같음을 나타낸 것이다. 혼란함에 임한 군주는 小人이 있는 것만 알고 君子가 있음을 알지 못하여 행여 좋은 곡식이 잡초를 해칠까 두려워하듯이 하니, 슬프다.〔楊震事昏庸之主 不能見幾而作 其死宜矣 雖然 此爲震言也 若夫自漢朝言之 則當時淸白忠正 無出震右 乃以諫諍忤嬖倖而死 是時安帝保愛群狙 如護心腹 震雖欲納忠效節 不可得已 綱目書帝還 未入宮 策收印綬 所以見帝急於殺震如此 臨亂之君 知有小人而不知有君子 惟恐嘉穀之害稂莠也 哀哉〕" ≪發明≫

61) 中宮 : 이는 九宮 중에 中央에 위치한 宮을 가리킨다. 아홉 개의 方位라는 뜻의 九宮은 洛書의 수에 근본을 둔 것으로, 중앙의 수 5는 五行의 土에 해당한다.

뿐인데, 가까이 있는 倖臣들이 교만하고 방자하여 법도를 넘으니, 부디 폐하께서는 乾剛의 德을 떨쳐 교만하고 사치한 신하들을 버리시어 皇天의 경계를 받드소서."

양진의 말이 더욱 간절하니, 황제가 이미 不平하였고 번풍 등은 분노하고 원망하였다.

樊豐等이 見楊震連諫不從하고 無所顧忌하여 遂詐作詔書하여 調發司農錢穀, 大匠見(현)徒材木하여 各起冢舍, 園池①라 震이 復上疏曰 臣備台輔나 不能調和陰陽하여 去年十二月四日에 京師地動하니 其日은 戊辰이니 三者皆土라 位在中宮하니 此는 中臣近官持權用事之象也②니이다 陛下以邊境未寧이라하사 躬自菲薄하사 宮殿垣屋傾倚를 枝拄而已어시늘 而親近倖臣이 驕溢踰法③하니 唯陛下는 奮乾剛之德하여 棄驕奢之臣하사 以承皇天之戒하소서 震言이 轉切하니 帝既不平이요 而豐等憤怨이러라

① 見(현재)은 形甸의 切이다. 徒는 요역에 제공된 자이다.
見, 形甸切. 徒, 供徭作者.

② 天干인 戊와 地支인 辰이 모두 土이고[62], 아울러 땅이 진동하였기 때문에 '세 가지'라고 말한 것이다.
戊干・辰支, 皆土也, 并地動, 故言三者.

③ 倚는 기욺이다. 拄(지탱하다)는 竹柱의 切이다.
倚, 斜也. 拄, 竹柱切.

【目】이때 마침 趙騰이 上書하여 政事의 득실에 대해 지적하자 황제가 노하여 조등을 죽이고자 하였는데, 楊震이 그를 구원하면서 아뢰기를 "殷나라와 周나라의 명철한 왕은 小人(백성)들이 원망하고 꾸짖으면 도리어 스스로 그 德을 공경하였습니다.[63] 바라건대, 조등의 목숨을 온전히 하여 꼴 베고 나무하는 평범한 백성들까지도 말을 다할 수 있도록 유도하소서." 하였다. 그러나 황제는 그의 말을 듣지 않고 끝내 조등을 죽였다.

황제가 동쪽으로 순행할 적에 太尉部의 掾吏인 高舒가 樊豐 등이 거짓으로 꾸며서 내린 詔書를 얻고는 사건의 情狀을 章奏에 자세히 갖추어 쓰고서, 행차가 돌아오기를 기

---

62) 天干인……土이고 : 天干・地支와 五行에 있어 甲・乙과 寅・卯는 木으로 위치가 東方에 해당하고, 丙・丁과 巳・午는 火로 위치가 南方에 해당하고, 戊・己와 丑・辰・未・戌은 土로 위치가 中央에 해당하고, 庚・辛과 申・酉는 金으로 위치가 西方에 해당하고, 壬・癸와 亥・子는 水로 위치가 北方에 해당한다.

63) 殷나라와……공경하였습니다 : ≪書經≫ 〈周書 無逸〉에 周公이 成王에게 "혹시라도 고하기를 '소인들이 너를 원망하고 너를 꾸짖는다.' 하거든 크게 스스로 德을 공경하여, 원망하는 잘못을 짐의 잘못이라 하소서.〔厥或告之曰 小人怨汝詈汝 則皇自敬德 厥愆曰 朕之愆〕"라고 한 말에 보인다.

다려 章奏를 올리려고 하니, 번풍 등이 몹시 두려워하였다.

마침 太史가 '별에 災變이 있어서 逆行한다.'고 말하자, 번풍 등은 마침내 함께 양진을 참소하여 말하기를 "양진은 조등이 죽은 뒤로부터 원망하는 마음을 깊이 품었고 또한 鄧氏의 옛 관리로서 분하고 한스러워하는 마음이 있다." 하니, 황제는 그 말을 옳게 여겼다. 황제가 京師로 돌아와 太學에서 吉時를 택할 적에 곧바로 그날 밤에 使者를 보내어 策書를 내려 양진에게 太尉 印綬를 거두게 하니, 양진이 이에 문에 섶나무를 쌓아놓고 빈객들을 사절하였다.

會에 趙騰이 上書하여 指陳得失한대 帝發怒하여 欲誅騰이어늘 震이 救之曰 殷, 周哲王은 小人怨詈(리)면 則還自敬德[①]하니 乞全騰命하여 以誘芻蕘(추요)輿人之言[②]하소서 帝不聽하고 竟殺之하다 及帝東巡에 太尉部掾高舒 得豐等所詐下詔書하고 具奏하여 須行還上之하니 豐等이 惶怖[③]러라 會에 太史言星變逆行이라하니 遂共譖震云 自趙騰死後로 深懷怨懟하고 且鄧氏故吏로 有恚(에)恨心이라한대 帝然之[④]러니 及還京師에 便時太學[⑤]할새 即其夜에 遣使者하여 策收震太尉印綬하니 震이 於是에 柴門絶賓客[⑥]하다

① 還은 도리어이다.
還, 反也.

② 輿는 무리이다.
輿, 衆也.

③ 漢나라 公府에 諸曹의 掾吏가 각각 部署에 나누어 있었다. 須는 기다림이다. 行은 본음대로 읽으니, 〈"須行還上之"는〉 車駕의 행차가 돌아오기를 기다려서 이 일을 上言함을 이른다.
漢公府諸曹掾, 各有分部. 須, 待也. 行, 如字. 謂待車駕行還, 上言其事.

④ 楊震을 처음에 鄧騭이 辟召하였기 때문에 '〈鄧氏의〉 옛 관리'라고 한 것이다.
震初鄧騭辟之, 故曰故吏.

⑤ "便時"는 日時의 편함을 취한 것이다. 우선 太學에서 吉時를 기다린 뒤에 宮에 들어가므로 '便時'라 한 것이다.
便時, 取日時之便. 且於太學, 待吉時而後入也. 故曰便時.

⑥ "柴門"은 섶나무를 쌓아 그 문을 막은 것이다.
柴門, 柴塞其門也.

【目】 樊豐 등은 다시 楊震을 미워하여 耿寶로 하여금 '양진이 분노하고 원망한다.'고 아뢰게 하니, 詔令을 내려 양진을 옛 郡으로 보내어 돌아가게 하였다. 양진은 雒陽城의 서쪽 几陽亭에 이르러 마침내 비분강개하여 여러 아들과 문인들에게 이르기를 "죽음이

라는 것은 선비의 떳떳한 분수이다. 내가 은혜를 입고 上司에 있으면서 간신들의 교활함을 미워하였으나 주벌하지 못하고, 황제의 총애를 받는 여인들이 나라를 망치고 혼란하게 함을 미워하였으나 금지하지 못하였으니, 무슨 면목으로 다시 해와 달을 보겠는가. 이 몸이 죽는 날에 雜木으로 棺을 짜고 베로 만든 홑이불로 염습하되 형체만 감쌀 정도로 재단해서 선영으로 돌아가 장례하지 말고 제사 지내지 말라." 하고는 인하여 毒을 마시고 죽었다.

弘農太守 移良이 양진의 상여를 강제로 머물게 하여 棺을 길가에 드러나게 하고, 양진의 아들들을 처벌해서 驛吏를 대신하여 文書를 돌리게 하니, 도로에 행인들이 모두 그들을 위하여 눈물을 흘렸다.

太僕 來歷은 말하기를 "경보가 간신에게 기울어져서 忠良한 신하를 상해하니, 禍가 장차 이를 것이다." 하였다.

豐等이 復惡(오)之하여 令耿寶로 奏震恚望①이라한대 有詔遣歸故郡이러니 至城西几陽亭②하여 乃慷慨謂其諸子門人曰 死者는 士之常分이니 吾蒙恩居上司하여 疾姦臣狡猾而不能誅하고 惡嬖(폐)女傾亂而不能禁하니 何面目復見日月이리오 身死之日에 以雜木爲棺하고 布單被로 裁足蓋形하여 勿歸冢次하고 勿設祭祀하라하고 因飮酖(짐)而卒하다 弘農太守移良이 留停震喪하여 露棺道側하고 謫震諸子하여 代郵行書하니 道路皆爲隕涕(운체)③러라 太僕來歷曰 耿寶傾側姦臣하여 傷害忠良하니 禍將至矣라하니라

① 望은 원망함이다.
望, 怨也.

② 楊震은 弘農郡 華陰縣 사람이다. "城西"는 雒陽城의 서쪽이다. 양진의 本傳에는 '几'가 '夕'으로 되어 있다.
震, 弘農華陰人. 城西, 雒陽城西也. 本傳, 几作夕.

③ 移는 姓이다. 郵는 경계의 근처에 文書를 돌리는 집이다. 이는 楊震의 아들들로 하여금 驛吏를 대신하여 文書를 돌리게 함을 말한 것이다. 〈"爲隕涕"의〉 爲(위하다)는 去聲이다.
移, 姓也. 郵, 境上行書舍也. 此言使震諸子, 代驛吏, 傳行文書也. 爲, 去聲.

【目】 胡氏(胡寅)가 다음과 같이 평하였다.

"安帝의 三公 중에 楊震보다 더 뛰어난 자가 없었다. 그러나 大臣은 道로써 군주를 섬겨서 道가 맞으면 머물고 道가 어긋나면 떠나가야 하는데, 양진은 존귀한 三公으로서 한 乳母에 대해 두 번이나 아뢰었으나 군주의 마음을 감동시키지 못하였으니, 떠나가야

한 지가 오래되었다. 그런데 이때에 이르러 지극히 말하여 마침내 몸을 죽이는 禍를 자초하였다. 충성스럽기는 충성스러우나 이치를 봄이 밝지 못하고 義에 처함이 정밀하지 못하였으니, 또한 칭찬할 만한 것이 못 된다."

胡氏曰 安帝三公이 無出震之右者라 然大臣이 以道事君하다가 合則留하고 違則去하나니 震以三公之尊으로 兩奏一乳媼而不能動하니 宜去久矣[①]라 至是極言하여 遂取殺身之禍하니 忠則忠矣나 然其燭理不明而處義不精하니 亦不足稱也已로다

① "乳媼"은 바로 황제의 유모인 王聖이다.
乳媼, 卽帝乳母王聖也.

【綱】 여름 4월에 閬中縣의 山이 무너졌다.

夏四月에 閬中山이 崩[①]하다

① 閬中縣은 巴郡에 속하니, 閬中水에 임하였으므로 인하여 縣의 이름으로 삼은 것이다.
閬中縣, 屬巴郡, 臨閬中水, 因以爲名.

【綱】 가을 8월에 耿寶를 大將軍으로 삼았다.

◑ 秋八月에 以耿寶爲大將軍하다

【綱】 9월에 太子 劉保를 폐위하여 濟陰王으로 삼았다.

◑ 九月에 廢太子保하여 爲濟陰王하다

【目】 王聖과 江京, 樊豐 등이 太子의 乳母인 王男과 廚監(음식 관리인)인 邴吉 등을 참소하여 죽이니, 태자가 탄식하였다. 강경과 번풍이 두려워하여 마침내 閻后와 함께 태자를 참소하니, 황제가 노하여 公卿들을 불러서 태자의 폐위에 대해 의논하였는데, 耿寶 등이 모두 마땅히 폐위해야 한다고 하였다.

太僕 來歷이 太常 桓焉과 廷尉 張皓와 함께 의논을 올리기를 "經書에 말하기를 '나이가 아직 15세가 되지 않았으면 잘못과 죄악이 그 몸에 있지 않다.' 하였고, 또한 왕남과 병길의 모의를 皇太子가 알지 못할 수도 있으니, 마땅히 忠良한 사람을 선발하여 태자의 保傅로 삼아서 禮義로써 보필해야 할 것입니다. 태자를 廢置하는 것은 중대한 일이

니, 이는 진실로 聖恩에 있어서 마땅히 정지해야 할 것입니다." 하였으나, 따르지 않고 마침내 태자를 폐위하여 濟陰王으로 삼아서 德陽殿 서쪽 鍾이 매달려 있는 아래에 거처하게 하였다.

王聖, 江京, 樊豐等이 譖太子乳母王男, 廚監邴吉等하여 殺之①하니 太子歎息이라 京, 豐이 懼하여 乃與閻后로 讒太子하니 帝怒하여 召公卿하여 議廢太子한대 耿寶等이 皆以爲當廢라하다 太僕來歷이 與太常桓焉, 廷尉張皓로 議曰② 經說에 年未滿十五면 過惡이 不在其身이라하고 且男, 吉之謀를 皇太子容有不知리니 宜選忠良保傅하여 輔以禮義요 廢置事重하니 此誠聖恩所宜宿留③라호되 不從하고 遂廢太子하여 爲濟陰王하여 居德陽殿西鍾下④하다

① 王男은 乳母의 姓名이다. 廚監은 음식을 주관하는 자이다.
王男, 乳母之姓名. 廚監, 主飮食.
② 桓焉은 桓郁의 아들이다.
焉, 郁之子也.
③ "宿留(정지하다)"는 停留와 같다.
宿留, 猶停留也.
④ 德陽殿은 北宮의 掖庭 안에 있다. "西鍾下"는 서쪽 행랑 아래에 鍾을 매달아놓은 곳을 이른다.
德陽殿, 在北宮掖庭中. 西鍾下, 謂西廂下懸鍾之所也.

【目】來歷이 마침내 光祿勳 祋諷(대풍), 宗正 劉瑋, 將作大匠 薛皓, 侍中 閭丘弘, 陳光, 趙代, 施延, 太中大夫 朱倀 등 10여 명과 결합하여 함께 鴻都門에 나아가서 太子가 허물이 없음을 증명하였는데, 황제는 中常侍를 시켜 詔令을 내리기를 "아비와 자식은 한 몸으로 이는 天性의 자연스러움이다. 내가 의리로써 은혜를 베어냄은 천하를 위한 것인데, 내력과 대풍 등이 국가의 큰 법을 알지 못하고 함께 시끄럽게 떠들어서 밖으로는 충직함을 나타내고 안으로는 후일의 福을 바라고 있다. 조정이 언로를 크게 열고 있기 때문에 우선 모두 다 용서하노니, 만약 혼미한 마음을 고집하고서 되돌리지 않으면 마땅히 분명하게 국법에 따라 懲治하겠다." 하였다.

설호가 먼저 머리를 조아리며 말하기를 "진실로 마땅히 밝은 詔令대로 하겠습니다." 하니, 내력이 怫然히 성을 내며 조정에서 설호를 질책하기를 "근일에 서로 약속하여 함께 들어가 간언을 올리기로 한 것이 어떠한 내용이기에 지금 다시 배반하는가. 大臣이 조정의 수레를 타고 國事를 처리함에 진실로 번복하기를 이와 같이 해도 되는

가." 하였다.

마침내 각자 차츰차츰 몸을 일으켜 떠나갔으나 내력은 홀로 궁궐을 지키며 여러 날을 계속하여 떠나가려고 하지 않았다. 尙書令 陳忠이 내력 등을 탄핵하여 아뢰니, 황제는 마침내 내력 형제의 관직을 파면하고 封國의 조세를 삭감하며 내력의 어머니인 武安公主(明帝의 딸)를 축출하여 宮에 들어와 進見(진현)하지 못하게 하였다. 내력은 來歙(내흡)의 손자이다.

來歷이 乃要結光祿勳祋諷과 宗正劉瑋와 將作大匠薛皓와 侍中閭丘弘, 陳光, 趙代, 施延과 太中大夫朱倀等十餘人하여 俱詣鴻都門하여 證太子無過[①]한대 帝使中常侍로 詔曰 父子一體라 天性自然이니 以義割恩이 爲天下也어늘 歷, 諷等이 不識大典하고 而共爲讙譁(훤화)하여 外見(현)忠直而內希後福[②]이라 朝廷이 廣開言路故로 且一切假貸하노니 若懷迷不反이면 當顯明刑書호리라 皓先頓首曰 固宜如明詔호리이다한대 歷이 怫然廷詰皓曰[③] 屬(촉)通諫何言이완대 而今復背之[④]오 大臣이 乘朝車하여 處國事에 固得輾轉若此乎[⑤]아하다 乃各稍自引起호되 歷이 獨守闕하여 連日不肯去어늘 尙書令陳忠이 劾奏歷等하니 乃免歷兄弟官하고 削國租하고 黜歷母武安公主하여 不得會見(현)하니 歷은 歙之孫也[⑥]라

① 閭丘는 複姓이고, 施는 姓이다. 倀은 丑良의 切이다. 鴻都門은 문 이름이다.
閭丘, 複姓. 施, 姓也. 倀, 丑良切. 鴻都, 門名.

② 見(드러내다)은 賢遍의 切이다.
見, 賢遍切.

③ "怫然(불연)"은 분함과 답답함이 얼굴빛에 나타난 것이다.
怫然, 憤鬱之見於色者.

④ 屬(촉)은 之欲의 切이니 가까움이고, 通은 함께함이다. 〈"屬通諫何言 而今復背之"는〉 '근일에 서로 결합하여 함께 들어가 간언을 올리기로 한 것이 어떠한 내용이기에 지금 마침내 이전의 약속을 배반하느냐.'라고 이른 것이다.
屬, 之欲切, 近也. 通, 同也. 謂近日相要結而同入進諫者, 所言如何, 而今乃違背前約.

⑤ "輾轉"은 번복함을 말한다.
輾轉, 言其反覆也.

⑥ "削國租"는 征羌國의 조세를 삭감함을 이른다. 光武帝는 來歷의 증조 來歙이 羌과 隴을 평정한 功이 있다 하여, 汝南郡 當鄕縣을 고쳐 征羌國으로 삼아 그를 封하였다. 武安縣은 魏郡에 속하였다. 公主는 顯宗(明帝)의 딸이다.
削國租, 謂削其征羌國租也. 光武以歷曾祖歙, 有平羌隴之功, 改汝南當鄕縣, 爲征羌國以封之. 武安縣, 屬魏郡. 公主, 顯宗女也.

【綱】 이달 그믐에 일식이 있었다.

是月晦에 日食하다

【綱】 지진이 발생하고 홍수가 지고 우박이 내렸다.

◑ 地震, 大水, 雨雹하다

乙丑年(125)

【綱】 漢나라 孝安皇帝 延光 4년이다. 봄 2월에 황제가 남쪽 지역으로 순행하였다.

四年이라 春二月에 帝南巡하다

【綱】 3월 초하루에 일식이 있었다.

◑ 三月朔에 日食하다

【綱】 황제가 葉(섭)에서 崩하니, 환궁하여 國喪을 발표하였다.

◑ 帝崩于葉하니 還宮發喪①[64]하다

① 향년이 32세였다.
壽三十〔二〕[65].

【目】 황제가 乘輿에서 崩하니, 閻皇后는 閻顯 兄弟와 江京, 樊豐 등과 모의하기를 "濟陰王(劉保)이 안에 있으니, 公卿들이 그를 세울까 두렵다." 하였다. 그리하여 마침내 거짓

64) 帝崩于葉 還宮發喪 : "賀善의 贊에 말하였다. '安帝가 즉위함으로부터 國喪을 발표함에 이르기까지 綱에다가 쓴 행위가 177가지 일이다. 그런데 그중 羌夷와 盜賊 때문에 쓴 것이 56번이고 災變 때문에 쓴 것이 70번이니, 당시의 世道를 알 만하다. 한갓 아첨하는 臣下를 친압하고 保母를 후대하며 忠賢을 미워했다고 알려졌을 뿐이니, 재앙을 막고 혼란을 평정하기를 바라더라도 오히려 될 수 있었겠는가.'〔賀善贊曰 安帝卽位 至發喪 所書一百七十七事耳 爲羌夷盜賊書者五十六 爲災變書者七十 世道可知矣 徒聞狎佞臣 厚保母 疾忠賢 望其弭災靖亂 尙可得乎〕" ≪書法≫

65) 〔二〕 : 저본에는 '二'가 없으나, ≪資治通鑑≫에 의거하여 보충하였다.

으로 "황제의 병환이 위중하다." 하고는 〈황제의 시신을〉 臥車로 옮겨 모시고 급히 〈수레를 몰아〉 달려서 돌아온 지 나흘 만에 洛陽에 이르렀다.

帝崩于乘輿①하니 皇后與閻顯兄弟, 江京, 樊豐等謀호되 以濟陰王在內하니 恐公卿立之라하여 乃僞云 帝疾甚이라하고 徙御臥車하여 馳歸四日에 至洛陽②하다

① 天子는 四海를 집안으로 삼기 때문에 다니는 것을 '乘輿'라 하고, 머물러 있는 것을 '行在'라 한다.
天子以四海爲家, 故行曰乘輿. 止曰行在.

② 葉縣으로부터 洛陽까지 6백여 리이다.
自葉至洛陽, 六百餘里.

【綱】 皇后를 높여서 皇太后라 하였다. 閻太后가 臨朝하여 閻顯을 車騎將軍 儀同三司로 삼고서 北鄕侯 劉懿를 맞이해 들여와 즉위하게 하였다.

尊皇后曰皇太后라하다 太后臨朝하여 以閻顯爲車騎將軍儀同三司하고 迎北鄕侯懿하여 入卽位[66)]하다

【目】 太后가 오랫동안 국정을 專斷하고자 해서 나이 어린 황제를 옹립할 것을 탐하여 閻顯 등과 함께 사사로이 계책을 정하고 章帝의 손자이자 濟北惠王의 아들인 北鄕侯 劉懿를 맞이하여 후사로 삼았다.

濟陰王은 폐출되었기 때문에 殿에 올라와 梓宮에 직접 哭하지 못하고 슬피 울부짖으며 음식을 먹지 않으니, 내외의 여러 신료가 그를 가엾게 여기지 않는 이가 없었다.

太后欲久專國政하여 貪立幼年하여 與顯等定冊하고 迎章帝孫濟北惠王子北鄕侯懿하여 爲嗣①하다 濟陰王이 以廢黜로 不得上殿親臨梓宮하고 悲號不食하니 內外群僚 莫不哀之②러라

① 惠王은 이름이 壽이다. 北鄕은 郡의 이름이니, 濟北 지역에 있다.
惠王, 名壽. 北鄕, 郡名, 在濟北地.

② 臨(곡하다)은 力鴆의 切이다.

---

66) 尊皇后曰皇太后……入卽位 : "≪資治通鑑綱目≫에 '皇后를 높여서 皇太后라 하였다.'고 쓴 경우가 많으나 위에 반드시 '즉위하였다.'라고 쓴 것이 있었는데, 이때 北鄕侯가 아직 황제에 즉위하지 않았으니, 그렇다면 누가 황후를 높인 것인가. 황후가 스스로 높인 것이니, 명칭이 바르면 臨朝할 수 있는 것이다. ≪資治通鑑綱目≫이 끝날 때까지 '卽位'를 쓰지 않고 '높여서 皇太后라 하였다.'라고 쓴 경우는 두 번뿐이니, 모두 臨朝한 太后들이다.〔綱目書尊皇后爲皇太后多矣 上必有書卽位者也 於是 北鄕未立 則孰尊之 自尊也 名號正 則可以臨朝矣 終綱目 不書卽位 書尊爲皇太后者二而已 皆臨朝〕" ≪書法≫

臨, 力鴆切.

【綱】 樊豐 등은 하옥되어 옥에서 죽었고 耿寶는 자살하고 王聖과 伯榮은 雁門으로 귀양 보냈다.

樊豐等은 **下獄死**하고 **耿寶**는 **自殺**하고 **王聖, 伯榮**은 **徙雁門**[67]하다

【目】 閻顯이 樊豐과 耿寶를 시기하고 有司에게 넌지시 말해서 경보를 탄핵하여 亭侯로 좌천시켜 封國으로 내보내자고 아뢰게 하니 경보는 자살하였고, 번풍과 謝惲, 周廣은 하옥되어 옥에서 죽었고, 王聖 모녀는 雁門으로 귀양 보냈다. 염현의 아우 閻景 등을 卿과 校尉로 삼으니, 모두 권력의 요지에 처하여 위엄과 복을 마음대로 행사하였다.

閻顯이 **忌樊豐, 耿寶**하여 **風有司**하여 **奏貶寶爲亭侯**하여 **遣就國**하니 **寶**는 **自殺**①하고 **豐及謝惲, 周廣**은 **下獄死**하고 **聖母子**는 **徙雁門**하고 **而以弟景等爲卿校**하여 **竝處權要**하여 **威福自由**하니라

① 耿寶를 封하여 牟平侯로 삼았다.
寶封爲牟平侯.

【綱】 황제(安帝)를 恭陵에 장례하였다.

葬恭陵①하다

① 李賢이 말하기를 "恭陵은 지금의 洛陽 동북쪽 27리 지점에 있다." 하였다.
賢曰 "恭陵, 在今洛陽東北二十七里."

【綱】 가을 7월에 班勇이 車師後王 軍就와 匈奴의 使者를 공격해서 참수하였다.

◑ **秋七月**에 **班勇**이 **擊斬車師後王軍就及匈奴使者**하다

【綱】 겨울 10월에 越嶲郡의 山이 무너졌다.

◑ **冬十月**에 **越嶲山**이 **崩**하다

---

67) 王聖伯榮徙雁門 : "'徙'라는 말에는 네 가지 경우가 있으니, '徙某某(아무를 귀양 보냈다.)', '廢某徙(아무를 폐하고 귀양 보냈다.)', '貶某徙(아무를 폄하하고 귀양 보냈다.)'라고 쓴 것은 죄가 없다는 말이고 '某徙(아무가 귀향 갔다.)'라고 쓴 것은 죄가 있다는 말이다.〔徙辭有四 書徙某某 廢某徙 貶某徙 無罪之辭也 書某徙者 有罪之辭也〕" ≪書法≫

【綱】 北鄕侯(劉懿)가 薨하였다.

◑北鄕侯 薨[68]하다

【目】 閻顯이 太后에게 아뢰어 國喪을 숨겨 발표하지 않고 다시 왕자들을 불러 궁문을 닫고는 군대를 주둔하여 스스로 지켰다.

閻顯이 白太后하여 秘不發喪하고 而更徵諸王子하여 閉宮門하고 屯兵自守하다

【綱】 11월에 지진이 있었다.

十一月에 地震하다

【綱】 中黃門 孫程 등이 濟陰王 劉保를 맞이해 들여와 즉위시켜서 閻顯 등을 주살하고 太后를 離宮으로 옮기고 孫程 등 19명을 封하여 列侯로 삼았다.

◑中黃門孫程等이 迎濟陰王保하여 入卽位하여 誅閻顯等하고 遷太后於離宮하고 封程等十九人하여 爲列侯[69]하다

---

68) 北鄕侯薨 : "北鄕侯에 대해 '卽位'라고 쓸 적에 비판한 내용이 없었는데, 어찌하여 다만 '北鄕侯가 薨하였다.'라고 썼을 뿐인가. 그를 군주로 인정하지 않았기 때문이다. 군주로 인정하지 않은 것은 어째서인가. 太后가 사욕을 부렸기 때문이다. 태후가 나이 어린 황제를 옹립하여 그 권력을 오랫동안 누리고자 하였는데, 또 황제가 1년을 넘기지 못하였다. 그러므로 그를 군주로 인정하지 않은 것이다. 그러므로 皇子 劉辯(少帝)은 바른 자리였는데 1년을 넘기지 못하고 폐위되자 '帝'라고 칭하였고, 北鄕侯는 바른 자리가 아니었는데 1년을 넘기지 못하고 薨하자 侯라고 칭한 것이다.
≪資治通鑑綱目≫에서는 王과 侯의 죽음에 대해서 '卒'이라고 썼는데, 여기에서 〈北鄕侯에게〉 '薨'이라고 쓴 것은 어째서인가. 일찍이 황제에 즉위하였기 때문이다. ≪資治通鑑綱目≫에서 '나누어 왕노릇 한 것〔分王〕' 외에는 薨이라고 쓴 例가 일곱 가지인데, 不成君이거나 폐위된 황제나 폐위된 后가 아니면 시호를 올려 帝라 하고 后라고 한 경우이고, 그렇지 않으면 황제의 어머니이거나 公主 중에 큰 功이 있는 자이니, 이것을 빼고는 薨이라고 쓰는 방도가 없는 것이다. 唐나라 會昌 연간 이후로 方鎭(절도사)과 宰相 중에 薨이라고 쓴 경우가 있는데, 이것은 잘못이다.〔北鄕侯書卽位無譏矣 曷爲止書北鄕侯薨 不成乎君也 其不成乎君 何 太后私也 貪立幼君以久其權 而又不能以踰年 故不成之也 故皇子辯正也 未踰年而廢 則稱帝 北鄕侯非正也 未踰年而薨 則稱侯 綱目王侯書卒 此其書薨 何 嘗卽位也 綱目自分王外書薨之例七 非不成君 廢帝廢后 則諡爲帝爲后者也 不然則帝母也 公主有大功者也 舍是無薨道矣 唐會昌以後 方鎭宰相 有書薨者誤也〕" ≪書法≫
"北鄕侯에 대해서 이미 卽位라고 썼는데 崩이라고 쓰지 않은 것은 그를 군주로 인정하지 않았기 때문이다. 군주로 인정하지 않았는데 薨이라고 쓴 것은 이미 大寶의 지위에 임하여 뭇 신하들과는 다르기 때문이니, 이는 경중의 척도이다.〔北鄕旣書卽位而不書崩者 不成乎君也 不成乎君而書薨者 旣臨大寶 異乎群臣也 此輕重之權衡也〕" ≪發明≫

69) 中黃門孫程等……爲列侯 : "西漢의 篇(高皇后 呂氏 8년)에 '大臣들이 代王 劉恒(文帝)을 맞이해 세웠

【目】 처음에 北鄕侯의 병이 위독하자 孫程 등 19명은 濟陰王을 옹립할 것을 도모했었는데, 이때에 이르러 밤중에 禁門에 들어가 江京과 劉安, 陳達을 만나 이들을 참살하고, 李閏이 오랫동안 권세를 누려서 宮內가 그에게 복종한다 하여 이윤을 협박해서 함께 제음왕을 맞이해 황제의 지위에 오르게 하니, 당시 황제의 나이가 11세였다. 尙書令 이하를 불러서 輦(연)을 수행하게 하여 南宮으로 행차하니, 황제는 雲臺에 올라서 公卿과 百僚를 소집하고 虎賁과 羽林의 衛士들로 하여금 南宮과 北宮의 모든 문에 주둔하게 하였다.

閻顯은 이때 禁中에 있으면서 근심하고 절박하여 어찌할 바를 알지 못하고 있었는데, 小黃門 樊登이 염현에게 권해서 太后의 詔令으로 越騎校尉 馮詩를 불러 군대를 거느리고 平朔門에 주둔하게 하였다. 또한 〈태후가 풍시에게 사람을 보내〉 印符를 주면서 말

다.'고 썼었는데, 이때에 '中黃門이 濟陰王 劉保를 맞이해 들여와 즉위시켰다.'고 썼으니, 大臣들의 무모함을 책할 만하고 漢나라가 장차 쇠망하게 됨을 슬퍼할 만하다. 그러므로 아래에 '司空 劉授가 策免되었다.'고 썼으니, 이는 그를 죄준 것이다. '遷'이라는 말은 두 가지가 있으니, '太后遷(태후가 옮기다.)'이라고 쓴 것은 좋게 여긴 말이고, '遷太后(태후를 옮기다.)'라고 쓴 것은 道理를 거스른 말이다. 閻后가 참소하여 太子를 폐위시켜 그 죄가 큰데, 도리를 거스른 말로 쓴 것은 어째서인가. 이는 도리를 거스른 말이 아니고 죄주는 말인 것이다. ≪資治通鑑綱目≫이 끝날 때까지 '太后를 某宮으로 옮겼다.'고 쓴 것이 6번인데, 오직 漢나라의 閻氏와 唐나라의 武氏에 대해서만 죄주는 말이 된다.〔西漢之篇 書諸大臣迎立代王恒 於是而書中黃門迎濟陰王保入卽位 大臣之無謀可責矣 漢氏之將衰可悲矣 故(不)〔下〕書司空劉授策免 罪之也 遷辭有二 太后遷者 善辭也 遷太后者 逆辭也 閻后譖廢太子 其罪大矣 其以逆辭書之何 非逆辭也 罪辭也 終綱目書遷太后于某宮六 惟漢閻氏唐武氏爲罪辭〕" ≪書法≫ ≪御批資治通鑑綱目≫에는 '故不書'라고 되어 있으나 아래 綱에 '司空劉授策免'이라고 보이므로 이에 의거하여 '不'을 '下'로 바로잡았다.

"濟陰王은 명분상의 바른 자리의 儲貳(太子)인데 마침내 아무런 죄 없이 폐출되니, 사람과 신명이 함께 분노하였다. 閻后가 나이 어린 황제를 옹립할 것을 탐하여 大權을 멋대로 행사할 것을 도모하였는데, 하늘이 그 마음을 유도한 덕분에 北鄕侯가 곧바로 죽어서 大寶의 자리가 비게 되었다. 그러므로 孫程 등이 계책을 정하고서 順帝를 맞이해 즉위시켰다. 이로 말미암아 大統이 비로소 바름을 얻게 되었으니 다행이라고 이를 만하다. 그러나 漢나라의 정치가 끝내 또한 진작되지 못한 것은 큰 계책이 廟堂에서 나오지 않고 옹립한 것이 실로 환관들에게 연유하였기 때문이다. 歐陽脩가 ≪新唐書≫를 찬수할 적에 말하기를 '唐나라는 穆宗 이래로 8代인데, 환관에게 옹립된 군주가 일곱 명이다. 그 근본과 시초가 바르지 못하니, 이로써 천하를 바로잡고자 하나 어찌 될 수가 있겠는가.' 하였다. 순제가 즉위함은 불행히 이와 유사하니, 비록 총명하고 지혜로운 자품이 있더라도 장차 측근의 환관에게 제재를 받아서 훌륭한 일을 할 수 없었을 터인데, 더구나 또 어리석고 용렬하며 잔약한 자이겠는가. '中黃門 손정 등이 제음왕을 맞이해 들여와 즉위시켰다.'고 썼으니, 漢나라의 쇠망함을 이를 통해서 알 수 있다. 천하와 국가를 소유한 자들이 이를 거울로 삼지 않을 수 있겠는가.〔濟陰正位儲貳 乃以無罪廢黜 人神共憤 閻后貪立孩孺 圖擅大權 賴天誘其衷 北鄕尋殞 大寶虛位 故孫程等 得以定謀 迎立順帝 由是大統始得其正 可謂幸矣 然而漢治卒亦不振者 大策不出於廟堂 而扶立實由於閹宦故也 歐陽脩贊唐史 謂唐自穆宗以來八世而爲宦官所立者七君 其本始不正 欲以正天下 其可得乎 順帝之立 不幸類是 雖有聰明睿智之資 猶將制於近習 而不得有爲 況又昏庸孱弱者乎 書中黃門孫程等 迎濟陰王入卽位 則漢氏之衰 從可知矣 有天下國家者 可不監諸〕" ≪發明≫

하기를 "능히 濟陰王을 잡는 자가 있으면 萬戶侯에 封하겠다."라고 하니, 풍시가 모두 이를 허락하였으나 병력이 적다고 변명하였다. 염현이 풍시로 하여금 번등과 함께 관리와 군사들을 문 밖에서 맞이하게 하였는데, 풍시가 이를 틈타 번등을 맨손으로 쳐서 죽이고 진영으로 돌아와 주둔하여 지켰다.

初에 北鄕侯病篤이어늘 孫程等十九人이 謀立濟陰王이러니 至是에 夜入省門하여 遇江京, 劉安, 陳達하여 斬之①하고 以李閏積爲省內所服②이라하여 脅與俱迎濟陰王하여 卽皇帝位하니 時年十一이라 召尙書令以下하여 從輦幸南宮하니 登雲臺하여 召公卿百僚하고 使虎賁, 羽林士로 屯南北宮諸門하다 閻顯이 時在禁中하여 憂迫不知所爲③러니 小黃門樊登이 勸顯以太后詔로 召越騎校尉馮詩하여 將兵屯平朔門하고 且授之印하고 曰 能得濟陰王者던 封萬戶侯④라하니 詩皆許諾호되 辭以衆少⑤라 顯이 使與登으로 迎吏士于門外한대 詩因格殺登⑥하고 歸營屯守⑦하다

① 省門은 바로 禁門이다.
省門, 卽禁門也.
② 積은 오램이고, 평소이다.
積, 久也, 素也.
③ 閻顯이 이때 北宮에 있었다.
顯蓋在北宮.
④ ≪資治通鑑≫에는 詩 아래에 "虎賁中郞將閻崇" 일곱 글자가 있다. 平朔門은 ≪後漢書≫ 〈宦者列傳〉에 朔平門으로 되어 있으니, 北宮의 북쪽 문이다.
通鑑, 詩下有虎賁中郞將閻崇七字. 平朔門, 宦者傳, 作朔平門. 北宮北門也.
⑤ ≪資治通鑑≫에는 詩 아래에 等자가 있다.
通鑑, 詩下有等字.
⑥ 여기서 句를 뗀다.
句.
⑦ 格은 본래 挌으로 쓰니 공격함이다. 〈"格殺"은〉 병기[器械]를 사용하지 않고 맨손으로 쳐서 죽임을 이른다.
格, 本作挌, 擊也. 謂不用器械而白手殺之.

【目】 閻顯의 아우 閻景이 外府로 돌아와 병력을 수습하였는데, 孫程이 詔令을 전달하여 尙書들을 불러 염경을 체포해서 廷尉의 옥으로 보내게 하니, 염경은 그날 밤에 죽었다. 다음 날에 使者를 보내어 궁중에 들어가서 황제의 玉璽와 印綬를 빼앗고 마침내 염현과 그의 아우 閻耀, 閻晏을 체포하여 주살하고 家率을 모두 멀리 比景(비영)으로 귀양 보냈으며 太后를 離宮으로 옮겼다. 또 다음 날에 궁문을 열어 주둔병을 해산시키고 손정 등

을 봉하여 모두 列侯로 삼으니, 이들을 十九侯라 하였다. 손정을 발탁하여 騎都尉로 삼았다.

顯弟景이 還外府하여 收兵[①]이러니 孫程이 傳召諸尙書하여 使收送廷尉獄하니 卽夜死[②]하다 明日에 遣使者入省하여 奪得璽綬하고 乃收顯及其弟耀, 晏하여 誅之하고 家屬을 皆徙比景하고 遷太后於離宮[③]하다 又明日에 開門罷屯兵하고 封程等하여 皆爲列侯하니 是爲十九侯라 擢程爲騎都尉[④]하다

① 外府는 衛尉府이다.
外府, 衛尉府也.

② "傳召"는 詔令을 전하여 부른 것이다. 일설에 "傳은 株戀의 切이다. ≪爾雅≫ 〈釋名〉에 '傳은 돌림〔轉〕이다.' 하니, 轉轉하여 서로 전해서 부르는 것이다." 하였다.
傳召, 傳詔召之也. 一說 "傳, 株戀切, 釋名 '傳, 轉也.' 轉轉相傳而呼召之也."

③ 比는 庇蔭(덮어서 가림)의 庇로 읽고, 景은 影으로 읽는다. 比景은 縣의 이름이니, 日南郡에 속하였다. 해가 중천이 되어 사람의 머리 위에 있으면 해 그림자가 자신의 아래에 있으므로 이름을 比景이라 한 것이다.
比, 讀爲庇蔭之庇. 景, 讀曰影. 比景, 縣名, 屬日南郡. 日中於頭上, 景在己下, 故名之.

④ 孫程은 浮陽侯, 王康은 華容侯, 王國은 酇侯, 黃龍은 湘南侯, 彭愷은 西平昌侯, 孟叔은 中廬侯, 李建은 復陽侯, 王成은 廣宗侯, 張賢은 祝阿侯, 史汎은 臨沮侯, 馬國은 廣平侯, 王道는 范縣侯, 李元은 褒信侯, 楊佗는 山都侯, 陳予는 下嶲侯, 趙封은 析縣侯, 李剛은 枝江侯, 魏猛은 夷陵侯, 苗光은 東阿侯가 되었다.
孫程爲浮陽侯, 王康爲華容侯, 王國爲酇侯, 黃龍爲湘南侯, 彭愷爲西平昌侯, 孟叔爲中廬侯, 李建爲復陽侯, 王成爲廣宗侯, 張賢爲祝阿侯, 史汎爲臨沮侯, 馬國爲廣平侯, 王道爲范縣侯, 李元爲褒信侯, 楊佗爲山都侯, 陳予爲下嶲侯, 趙封爲析縣侯, 李剛爲枝江侯, 魏猛爲夷陵侯, 苗光爲東阿侯.

【目】처음에 閻顯이 崔瑗을 辟召하여 관리로 삼았는데, 최원은 北鄕侯를 옹립한 것이 바르지 못하기 때문에 염현이 장차 실패할 것임을 미리 알고는 염현을 설득하여 江京을 체포하고 少帝를 폐위시켜 濟陰王을 세우려고 하였으나, 염현이 날마다 크게 취하여 만나볼 수가 없었다. 이에 長史 陳禪에게 말하여 함께 염현을 만나보고 말하고자 하니, 진선이 망설이며 감히 그 말을 따르지 못하였다.

이때 마침 염현이 실패하자 최원이 염현의 관리라 하여 배척받으니, 門生 蘇祇가 上書하여 情狀을 말하고자 하였으나, 최원이 급히 만류하였다. 진선이 그에게 이르기를 "다만 소지가 上書하는 것을 그대로 따르라. 내가 한번 증명해주겠다." 하니, 최원이 말하기를 "이는 비유하건대 어린아이와 妾들이 숨겨지고 감춰진 곳에서 서로 은밀하게 말

한 것과 같을 뿐이다. 다시는 발설하지 않기를 바란다." 하고는 마침내 사직하고 고향으로 돌아가 다시는 州郡에서 부르는 命에 응하지 않았다.

初에 閻顯이 辟崔瑗爲吏[①]러니 瑗以北鄕侯立不以正이라하여 知顯將敗하고 欲說(세)令收江京, 廢少帝하여 而立濟陰王이나 而顯이 日沈醉하여 不得見이라 乃告長史陳禪하여 欲與共求見言之하니 禪이 猶豫未敢從하다 會顯敗에 瑗이 坐斥[②]하니 門生蘇祇 欲上書言狀한대 瑗이 遽止之어늘 禪이 謂曰 弟聽祇上書하라 禪請爲證[③]호리라 瑗曰 此譬猶兒妾屛語耳라 願勿復出口하라하고 遂辭歸하여 不復應州郡命[④]하니라

① 崔瑗은 崔駰의 아들이니, 瑗은 于願의 切이다.
瑗, 駰之子也. 瑗, 于願切.

② 〈"坐斥"은〉 죄에 걸려서 배척되고 축출됨을 이른다.
謂坐罪而被斥逐也.

③ 弟는 第와 통하니 다만이다. 聽은 平聲이니 따름이다.
弟, 與第通, 但也. 聽, 平聲, 從也.

④ 屛은 必郢의 切이니, "屛語"는 숨겨지고 감춰진 곳에서 서로 은밀하게 말함을 이른다.
屛, 必郢切. 屛語, 謂於隱屛之處, 相與私語也.

【綱】 北鄕侯를 장례하였다.

葬北鄕侯하다

【目】 諸侯王의 禮로 장례하였다.

以諸王禮하다

【綱】 司空 劉授는 策書로 면직되었다.

司空劉授 策免하다

【目】〈劉授가〉 惡하고 반역하는 무리에게 아부하여 바르지 않은 사람을 천거하였기 때문이다.

以阿附惡逆하여 擧非其人也[①]라

① "擧非其人"은 일이 위의 2년(123) 조에 보인다.[70)]

擧非其人, 事見上二年.

【綱】故 太尉 楊震을 改葬하고 中牢(양과 돼지)로써 제사하였다.

改葬故太尉楊震하고 祠以中牢[71)]하다

【目】詔令을 내려 楊震의 두 아들을 郎官으로 삼고 백만 錢을 하사하여 禮로써 개장하게 하였는데, 개장하던 날에 길이가 한 길〔丈〕이 넘는 큰 새가 양진의 빈소 앞에 내려앉으니, 郡에서 이 내용을 보고하였다. 황제는 양진의 충직함에 감격하고 詔令을 내려 다시 中牢의 제수를 갖추어 제사하게 하였다.

詔以楊震二子爲郎하고 贈錢百萬하여 以禮改葬①이러니 葬日에 有大鳥高丈餘가 集震喪前하니 郡以狀上하다 帝感震忠直하고 詔復以中牢具祠之하다

① 楊震의 묘는 華陰縣 潼亭에 있다.
墓在華陰潼亭.

---

70) 擧非其人은……보인다 : 劉授는 楊震이 李閏의 형과 閻顯의 지인을 천거하지 않았다는 말을 듣고, 그들을 불러 등용하였다.

71) 改葬故太尉楊震 祠以中牢 : "신하를 장례함은 쓰지 않았는데, 여기에서는 어찌하여 썼는가. 賢者를 예우함을 가상히 여긴 것이다. ≪資治通鑑綱目≫에서는 후덕함을 보존함을 인정하였다. 그러므로 詔令을 내려 鄧騭의 返葬을 허락한 것을 썼고, 故 太尉 楊震을 개장한 것을 썼다. ≪資治通鑑綱目≫이 끝날 때까지 신하에 대해 '改葬'을 쓴 것이 두 번이니, 宋나라의 路太后와 唐나라의 息隱王은 여기에 들지 못한다. ○ 신하에게 제사 지냄은 쓰지 않았는데, 여기에서는 어찌하여 썼는가. 賢者를 예우함을 가상히 여긴 것이다. 그러므로 樊豐이 망한 뒤에야 양진에게 제사 지냈고 환관이 망한 뒤에야 陳蕃과 竇武에게 제사 지냈고, 〈唐나라 太宗은〉 遼水에서 패한 뒤에야 魏徵에게 제사 지냈고, 〈唐나라 玄宗은〉 安祿山이 배반한 뒤에야 張九齡에게 제사 지냈으니, 모두 事後에 그리워한 것이다. ≪자치통감강목≫이 끝날 때까지 신하에게 제사 지냄을 쓴 것이 6번이다.〔葬臣不書 此何以書 嘉禮賢也 綱目予存厚 故詔許鄧騭還葬書 改葬故太尉楊震書 終綱目臣書改葬二 宋路太后唐息隱王不與焉 ○ 祭臣不書 此何以書 嘉禮賢也 故樊豐敗而後祠楊震 宦官敗而後祭陳竇 遼水敗而後祀魏徵 祿山反而後祭九齡 皆事後之思也 終綱目書祭臣六〕" ≪書法≫

思政殿訓義 資治通鑑綱目 제11권 상

漢 順帝 永建 원년(126)~漢 順帝 永和 6년(141)

≪資治通鑑綱目≫ 제11권은 丙寅年 漢나라 順帝 永建 원년(126)부터 시작하여 丙午年 漢나라 桓帝 延熹 9년(166)까지이니, 모두 41년이다.

起丙寅漢順帝永建元年하여 盡丙午漢桓帝延熹九年이니 凡四十一年이라

丙寅年(126)

【綱】 漢나라 孝順皇帝 永建 원년이다. 봄 정월에 황제가 太后를 東宮에서 朝見하였다.

孝順皇帝永建元年이라 春正月에 帝朝太后於東宮[72]하다

【目】 처음에 議郎 陳禪이 말하기를 "閻太后는 황제와 母子간의 은혜가 없으니, 마땅히 別館으로 옮겨서 朝見을 끊어야 한다." 하였다. 周擧가 司徒 李郃(이합)에게 말하기를 "瞽瞍가 일찍이 舜을 죽이고자 하였는데 舜이 고수를 섬기기를 더욱 삼갔고, 鄭나라 莊公과 秦나라 始皇이 어머니를 원망하여 격리시켰는데 뒤에 潁考叔과 茅焦의 말에 감동하여 다시 자식의 道理를 닦으니,[73] 書傳(옛 책)에서 이것을 찬미하였습니다. 지금 太

---

72) 帝朝太后於東宮 : "'朝太后'라고 쓴 것은 어째서인가. 황제가 厚德한 마음을 보존하고 있음을 허여한 것이다. 이 때문에 일반적으로는 '朝太后'라고 쓰지 않았는데, 順帝 때에는 이해에 쓰고 靈帝 때에는 建寧 4년(171)에 썼으니, 모두 궁을 옮긴 태후이고, 또 모두 얼마 지나지 않아서 사망한 태후를 쓴 것이다.〔書朝太后 何 予存厚也 是故朝太后不書 順帝書是年 靈帝書建寧四年 皆遷后也 皆不久而以喪書者也〕" ≪書法≫

73) 瞽瞍가……닦으니 : 瞽瞍가 舜을 죽이려 한 일은 ≪書經≫ 〈堯典〉과 ≪孟子≫ 〈萬章 上〉에 보이며, 鄭나라 莊公의 일은 ≪春秋左氏傳≫ 隱公 원년 조에 보인다. 秦나라의 始皇帝는 원래 呂不韋의 자식이라고 한다. 시황제의 아버지인 莊襄王이 왕자의 신분으로 趙나라에 인질로 가 있을 적에, 여불위와 살던 趙나라의 여인이 임신 중이었는데, 장양왕이 그녀를 보고 여불위에게 달라고 하자 여불위가 거짓으로 노한 체하며 주었고, 그녀가 낳은 아들이 바로 시황제라고 한다. 장양왕은 여불위의

后가 離宮에 유폐되어 있으니, 만약 슬퍼하고 근심한 나머지 병이 나서 하루아침에 갑자기 별세한다면, 主上이 장차 어떻게 천하를 호령하겠습니까. 마땅히 은밀히 表文을 올려 여러 신하들을 거느리고 朝見하기를 청하십시오." 하였다. 이합이 즉시 上疏하자 황제가 이를 따르니, 태후의 마음이 비로소 편안해졌다.

初에 議郎陳禪이 以爲 閻太后與帝無母子恩하니 宜徙別館하여 絶朝見(현)이라한대 周擧謂司徒李郃曰 瞽瞍常欲殺舜이어늘 舜이 事之逾謹하고 鄭莊公과 秦始皇이 怨母隔絶이러니 後感潁考叔茅焦之言하여 復修子道하니 書傳美之①라 今太后幽在離宮하시니 若悲愁生疾하여 一旦不虞하면 主上이 將何以令於天下리오 宜密表하여 請率群臣朝覲하라 郃이 卽上疏한대 帝從之하니 太后意乃安이러라

① 鄭나라 莊公이 어머니 姜氏를 城潁에 留置하고 맹세하기를 "黃泉(地下)에 가기 전에는 만나보지 않겠다." 하였는데, 潁考叔이 고기를 먹지 않고 자기 어머니에게 드리겠다는 말로 감동시켜서, 마침내 莊公의 母子間이 처음과 같게 되었다.[74]
鄭莊公置姜氏於城潁, 而誓之曰 "不及黃泉, 無相見也." (穎)〔潁〕[75]考叔以舍肉遺母感之, 遂爲母子如初.

【綱】 皇太后 閻氏가 崩하였다.

皇太后閻氏崩하다

주선으로 황제에 즉위하고 여불위를 중용하였는데, 장양왕이 죽고 어린 시황제가 즉위하자 태후는 여불위와 사통을 계속하였다. 시황제가 차츰 장성하자 여불위는 이 사실이 발각될까 우려하여 太陰人(음경이 큰 사람)인 嫪毒(노애)를 거짓으로 환관에 추천하여 태후를 모시게 하니, 노애는 태후와의 사이에 두 아들까지 두었다. 시황제 즉위 9년(B.C. 238) 이 사실이 발각되어 노애는 삼족이 멸망당하고 두 아들은 모두 죽었으며 태후는 雍 땅으로 옮겨졌다. 시황제는 뒤에 齊나라 사람 茅焦의 간언을 받아들여 태후를 다시 甘泉宮으로 모셔오게 되었다.(≪史記≫ 권85 〈呂不韋列傳〉)

74) 鄭나라……되었다 : 鄭 莊公은 武公의 아들로 이름이 寤生이다. 장공의 어머니인 武姜은 큰아들인 장공을 미워하고 작은아들인 共叔段을 사랑하여, 무공이 살아 있을 때에는 공숙단을 후계자로 삼으려 하였다. 장공이 즉위하자 무강이 공숙단에게 큰 고을을 봉해줄 것을 요구하였는데, 공숙단의 세력이 커지자 함께 반란을 도모하였으나 결국 토벌되었다. 이에 장공은 어머니 무강을 城潁에 유치하고 맹세하기를 "내가 죽어서 지하에 가기 전에는 어머니를 만나지 않겠다." 하였다. 潁 땅의 封人인 潁考叔이 이 말을 듣고 장공을 설득하려고 찾아가서는 장공이 하사한 고깃국을 먹지 않고 밥상에서 내려놓았다. 장공이 그 이유를 묻자 영고숙은 "저에게는 노모가 계신데, 이 고깃국을 갖다 드리려는 것입니다." 하였다. 장공은 효성이 지극한 영고숙을 보고 감동하여 "자네는 어머니가 계시니 좋겠다." 하였다. 영고숙은 장공의 일을 모르는 체하며 "임금님도 어머니가 계시지 않습니까?" 하고 되물었다. 이에 장공이 그동안의 경위와 자신이 맹세한 말을 하자, 영고숙은 "이 일을 해결하기는 쉽습니다. 지하도를 파서 두 분이 만나시면 됩니다." 하였다. 장공은 그의 말을 따라 어머니와 다시 만나고 예전처럼 잘 지내게 되었다.(≪春秋左氏傳≫ 隱公 元年)

75) (穎)〔潁〕 : 저본에는 '穎'으로 되어 있으나, ≪資治通鑑≫에 의거하여 '潁'으로 바로잡았다.

【綱】 2월에 安思皇后(閻太后)를 장례하였다.

◑ 二月에 葬安思皇后하다

【綱】 隴西의 鍾羌이 배반하자, 馬賢이 격파하여 항복시켰다.

◑ 隴西鍾羌이 反이어늘 馬賢이 擊降之하다

【目】 馬賢이 臨洮에서 싸워 천여 명의 수급을 베자, 鍾羌이 동족들을 거느리고 와서 항복할 것을 청하니, 이로부터 涼州가 아무 일이 없이 편안하였다.

戰於臨洮하여 斬千餘級한대 請率種人降하니 自是로 涼州 無事하다

【綱】 가을 7월에 來歷을 車騎將軍으로 삼았다.

秋七月에 以來歷爲車騎將軍하다

【綱】 司隷校尉 虞詡를 下獄하였다가 얼마 후 사면하고 出獄시켜 尙書僕射로 삼고, 左雄을 尙書로 삼았다.

◑ 下司隷校尉虞詡獄이라가 尋赦出之하여 以爲尙書僕射하고 左雄爲尙書[76] 하다

【目】 司隷校尉 虞詡가 관청에 부임한 지 수개월 만에 太傅 馮石과 太尉 劉熹를 아뢰어 罷免시키고, 또 中常侍인 程璜과 陳秉, 孟生, 李閏 등을 탄핵하니, 百官들이 두려워하여 눈을 똑바로 보지 못하였다. 三公이 탄핵하기를 "우후가 한여름에 죄 없는 사람을 구속하여 관리와 백성들에게 폐해를 끼치고 있다." 하니, 우후가 上書하여 다음과 같이 자책하였다.

"法禁은 세속의 제방이요, 刑罰은 백성의 재갈과 고삐입니다. 지금 州에서는 郡에게 맡겼다 하고 郡에서는 縣에게 맡겼다 하여 번갈아 서로 책임을 떠넘기니, 백성들이 원망하고 곤궁하여, 구차하게 세상에 용납되는 것을 賢能하다 하고 충절을 다하는 것을

76) 下司隷校尉虞詡獄……左雄爲尙書 : "'사면하고 출옥시켰다.[赦出]'고 쓴 것은 많지만 제대로 起用한 적은 없었다. 그런데 여기에서 虞詡를 僕射로 삼았다고 쓰고 또 左雄을 尙書로 삼았다고 썼으니, 황제가 善을 잘 따랐다고 이를 만하다.[書赦出之多矣 未有能起用之者 於是書以爲僕射 又書左雄爲尙書 帝可謂能從善矣]" ≪書法≫

愚昧하다 합니다. 臣이 적발한 장물죄는 한두 가지가 아닙니다. 三府(三公)에서는 臣이 자기들의 죄를 아뢸까 두려워하여 마침내 臣을 무함하여 죄를 가하니, 臣은 장차 史魚를 따라 죽어서 바로 屍身으로 간하겠습니다."

司隷校尉虞詡 到官數月에 奏太傅馮石, 太尉劉熹하여 免之하고 又劾中常侍程璜, 陳秉, 孟生, 李閏等하니 百官이 側目이라 三公이 劾詡盛夏에 拘繫無辜하여 爲吏民患이라하니 詡上書自訟曰 法禁者는 俗之隄防이요 刑罰者는 民之銜轡①니 今州曰任郡이요 郡曰任縣이라하여 更相委遠하니 百姓怨窮하여 以苟容爲賢하고 盡節爲愚②라 臣所發擧臧罪非一③이라 三府恐爲臣所奏하여 遂加誣罪하니 臣이 將從史魚死하여 卽以尸諫耳④니이다

① 銜은 말의 굴레이고, 轡는 말의 고삐이다.
 銜, 馬勒也. 轡, 馬轡也.
② 遠(멀리하다)은 于愿의 切이다.
 遠, 于愿切.
③ 臧(뇌물)은 옛날에 贓자와 통용하였다.
 臧, 古贓字通.
④ ≪韓詩外傳≫에 "衛나라 大夫 史魚가 병이 들어 죽으려 할 적에 그의 아들에게 이르기를 '내 蘧伯玉의 어짊을 자주 말하였으나 등용하지 못하였고, 彌子瑕가 不肖한데도 물리치지 못하였다. 신하가 되어 살아서 어진 이를 등용하지 못하고 불초한 자를 물리치지 못했으니, 내가 죽으면 正堂에서 喪을 치러서는 안 된다. 방에 나의 殯所를 마련하면 충분하다.' 하였다. 衛나라 군주(靈公)가 조문 가서 정당에 빈소를 설치하지 않은 이유를 묻자, 사어의 아들이 아버지의 말씀을 아뢰니, 衛나라 군주는 당장 거백옥을 불러 귀하게 하고 미자하를 물리쳐 물러나게 하였으며, 사어의 빈소를 正堂으로 옮겨서 禮를 이룬 뒤에 떠나갔다." 하였다.
 韓詩外傳曰 "衛大夫史魚, 病且死, 謂其子曰 '我數(삭)言蘧伯玉之賢而不能進, 彌子瑕不肖而不能退. 爲人臣, 生不能進賢退不肖, 死不當治喪正堂, 殯我於室, 足矣.' 君問其故, 子以父言聞, 君乃立召蘧伯玉而貴之, 斥彌子瑕而退之, 徙殯於正堂, 成禮而後去."

【目】虞詡가 또 中常侍 張防의 죄를 탄핵하였으나, 황제가 여러 번 밀쳐두고 답을 내리지 않으니, 우후가 분을 이기지 못하여 마침내 스스로 廷尉의 獄에 갇히고 글을 올려 아뢰기를 "옛날 樊豐이 거의 社稷을 망하게 할 뻔하였는데,[77] 이제 장방이 다시 황제의

77) 樊豐이……뻔하였는데 : 樊豐(?~125)은 後漢 安帝 때의 환관으로, 建光 원년(121)에 안제가 親政을 하게 되자, 외척 耿寶에게 빌붙어 환관 江京, 황제의 유모 王聖 등과 함께 국사를 농단하고, 황태자 劉保(順帝)를 폐하여 濟陰王으로 강등시켰다. 建光 4년(125)에 안제의 巡幸을 陪從하였는데, 도중에 안제가 죽자, 京師로 돌아온 뒤에 하옥되어 사형에 처해졌다.(≪後漢書≫ 권5 〈安帝紀〉)

위엄과 권세를 희롱하니, 신은 차마 장방과 한 조정에 있을 수가 없어서 삼가 스스로 옥에 갇혀 아룁니다." 하였다. 글을 아뢰자, 우후는 이 일로 인하여 논죄를 당하고 左校로 수송되어 이틀 사이에 네 번이나 심문을 받았다.

又案中常侍張防호되 屢寢不報하니 詡不勝憤하여 乃自繫廷尉하여 奏言曰 昔에 樊豐이 幾亡社稷이러니 今張防이 復弄威柄하니 臣不忍與防同朝하여 謹自繫以聞하노이다 書奏에 坐論輸左校하여 二日之中에 傳考四獄[①]하다

① 論은 法을 의논함이다. 將作大匠의 屬官에 左校令이 있으니 左工徒를 관장하였다. "輸左校"는 면직하고 工徒로 삼아서 左校에 보내 부역하게 하는 것이다. 傳(돌려가다)은 株戀의 切이다.
論, 議法也. 將作大匠屬官, 有左校令, 掌左工徒. 輸左校者, 免官爲徒, 輸作左校也. 傳, 株戀切.

【目】浮陽侯 孫程 등이 황제를 뵈올 것을 청하며 말하기를 "陛下께서 처음 臣 등과 擧事하실 적에는 항상 姦臣들을 미워하시어 그들이 나라를 전복시킴을 아셨습니다. 그런데 지금 즉위하셔서는 다시 스스로 前轍을 답습하시니, 어떻게 先帝(安帝)를 비난할 수 있겠습니까. 虞詡가 충성을 다하다가 다시 구속을 당하고, 張防은 장물죄가 분명하게 밝혀졌는데 도리어 忠良한 사람을 모함하였습니다. 지금 客星이 羽林을 지키고 있는데, 이에 대한 점괘는 宮中에 姦臣이 있다 하였으니, 마땅히 급히 장방을 체포하여 옥으로 보내서 하늘의 변고를 막아야 합니다." 하였다.

이때 장방이 황제의 뒤에 있었는데, 손정이 장방을 꾸짖어 殿 아래로 내려보내고 아뢰기를 "폐하께서 급히 장방을 체포하고 그로 하여금 阿母(宋娥)에게 구원을 청하지 못하게 하소서." 하니, 이에 장방은 죄에 걸려 변방으로 귀양을 가고 우후는 즉시 사면하여 출옥시켰다.

손정이 다시 上疏하여 우후가 功이 있다고 아뢰었는데 그 말이 매우 激切하니, 황제가 감동하여 깨닫고서 우후를 불러 議郎을 제수하였다가 數日 만에 다시 僕射로 승진시켰다.

浮陽侯孫程等이 乞見(현)曰[①] 陛下始與臣等造事之時에 常疾姦臣하여 知其傾國[②]이러시니 今者即位而復自爲하시니 何以非先帝乎잇가 虞詡盡忠이라가 更被拘繫하고 張防이 臧罪明正이어늘 反構忠良하나이다 今客星이 守羽林하니 其占이 宮中有姦臣[③]이니 宜急收防送獄하여 以塞天變이니이다 時에 防이 在帝後어늘 程이 叱防下殿하고 奏曰 陛下急收防하고 無令從阿母求請[④]하소서 於是에 防이 坐

徙邊하고 卽赦出詡하다 程이 復上疏하여 云詡有功이라하여 語甚激切하니 帝感寤하여 徵拜議郎이라가 數日에 遷僕射하다

① 浮陽侯國은 勃海郡에 속하였다. 見(뵙다)은 賢遍의 切이다
浮陽侯國, 屬勃海郡. 見, 賢遍切.

② "造事之時"는 順帝가 〈太子로 있을 적에〉 폐출을 당하자 孫程 등이 다시 세울 것을 도모한 때를 이른다.
造事之時, 謂帝被廢程等謀立之時也.

③ 客星은 바로 彗星과 孛星의 다른 이름이다. ≪史記≫ 〈天官書〉에 "虛宿와 危宿 남쪽에 여러 별들이 있으니, 羽林이라 한다." 하였고, ≪晉書≫ 〈天文志〉에 "羽林의 45개의 별이 營室星 남쪽에 있다." 하였다. 占은 조짐을 보고 길흉을 묻는 것이다.
客星, 只是彗孛變名也. 史記天官書 "虛危南, 有衆星, 曰羽林." 晉書天文志 "羽林四十五星, 在營室南." 占, 視兆問也.

④ 阿母는 황제의 乳母인 宋娥이니, 〈"無令從阿母求請은"〉 張防으로 하여금 송아에게 요구하고 청탁하게 해서는 안 된다는 말이다.
阿母, 帝乳母, 宋娥也. 謂不可使防從宋娥, 干求請託.

【目】 虞詡가 다음과 같이 上疏하였다.

"지금 公卿 이하가 대체로 팔짱을 끼고 침묵하는 경우가 많아서 남에게 은혜를 베푸는 것을 어짊으로 여기고, 충절을 다하는 것을 어리석다 하여 심지어는 서로 경계하기를 '흰 벽옥처럼 결백해서는 안 되니, 남들과 화합하고 용납해야 후일에 복이 많다.'라고 합니다. 엎드려 보건대 議郎 左雄은 나라가 어려울 때 바른말하는 王臣의 절개[78]가 있습니다. 마땅히 喉舌의 관직(尙書)에 발탁해두어야 하니, 이렇게 하면 반드시 군주를 바로잡고 보필하는 유익함이 있을 것입니다."

황제는 이로 말미암아 좌웅을 尙書로 임명하였다.

詡上疏曰 方今公卿以下 類多拱默하여 以樹恩爲賢하고 盡節爲愚하여 至相戒曰 白璧不可爲니 容容多後福①이라하니이다 伏見議郎左雄이 有王臣蹇蹇之節하니 宜擢在喉舌之官이니 必有匡弼之

78) 나라가……절개 : 王臣은 志意가 올바른 왕실의 신하를 의미한다. '바른말하는 절개〔蹇蹇之節〕'에 대한 내용은 ≪周易≫ 蹇卦 六二爻辭에 "王臣이 蹇蹇함이 자신의 연고가 아니다.〔王臣蹇蹇 匪躬之故〕"에 보인다. 이에 대한 程子의 ≪易傳≫을 살펴보면 "이는 中正한 사람이 中正한 군주에게 신임을 받는 것이다.……뜻이 군주를 蹇難(어려움)의 가운데에서 구제함이 있으니, 그 어려움에 어려운 것은 자신을 위한 연고가 아니다. 비록 〈그 어려움을〉 감당하지 못하더라도 뜻과 義가 가상히 여길 만하다.〔是中正之人 爲中正之君所信任……志在濟君於蹇難之中 其蹇蹇者 非爲身之故也 雖使不勝 志義可嘉〕" 하였다.

益이리이다 由是로 拜雄尙書②하다

① "容容"은 和同과 같으니, 〈"白璧不可爲 容容多後福"은〉 홀로 깨끗한 白玉이 되어서는 안 되니, 마땅히 여러 사람과 화합하고 용납해야 함을 말한 것이다.
容容, 猶和同也. 言不可獨爲白玉之淸潔, 當與衆人和同也.

② 東都(後漢)에서는 尙書를 일러 喉舌의 官이라 하였으니, 王命을 출납하기 때문이다.79)
東都, 謂尙書, 爲喉舌之官, 以其出內(납)王命也.

【綱】 孫程 등 十九侯를 보내 封國으로 나아가게 하였다.

遣孫程等十九侯하여 就國하다

【目】 孫程 등이 표문을 가지고 궁전에 올라 功을 다툰 일에 연루되자, 면직하여 먼 縣으로 봉지를 옮기고 인하여 十九侯를 보내어 봉국으로 나아가게 할 적에 시기를 재촉하여 보냈다.

司徒의 掾吏인 周擧가 司徒 朱倀에게 말하기를 "朝廷(황제)이 손정 등이 아니었으면 즉위하지 못하셨을 터인데, 지금 큰 은덕을 잊고 작은 허물만 기억하고 계십니다. 만일 이들이 道路에서 요절한다면 上께서 功臣을 죽였다는 비난을 받게 될 것이니, 마땅히 급히 표문을 올려야 합니다." 하자, 주창이 대답하기를 "上의 뜻이 한창 노여워하고 계시니, 말을 올리면 반드시 견책을 입을 것이다." 하였다.

이에 주거가 "明公은 나이가 80이 넘었고 지위가 台輔(三公)에 계신데, 이때 충성을 다하여 국가에 보답하지 않고 무엇을 바라고자 합니까. 간하다가 죄를 얻더라도 忠貞한 이름은 남을 것입니다. 만약 제 말이 채택할 만하지 않다면, 저는 이로부터 하직하고 떠나기를 청합니다." 하였다. 주창이 이에 표문을 올려 간하니, 황제가 그의 말을 따라서 손정 등의 옛날 관작과 토지를 회복시켰다.

程等이 坐懷表上殿爭功하여 免官하여 (徒)〔徙〕80)封遠縣하고 因遣十九侯就國할새 促期發遣이러니 司徒掾周擧 謂司徒朱倀曰 朝廷이 非程等이면 不立①이어시늘 今忘大德하고 錄小過하시니 如道路夭折이면 使上有殺功臣之譏니 宜急表之니이다 倀曰 詔指方怒하니 言必獲譴이리라 擧曰 明公이 年踰八十하고 位居台輔하니 不於此時에 竭忠報國하고 欲以何求오 諫而獲罪라도 猶有忠貞之

79) 尙書를……때문이다 : 喉舌은 사람의 목구멍과 혀로, 목구멍과 혀는 공기를 호흡하고 말을 내는 기능을 담당하므로 왕명을 출납하는 관직을 가리키게 되었다. 조선조의 承政院이 이에 해당한다.

80) (徒)〔徙〕 : 저본에는 '徒'로 되어 있으나, ≪後漢書≫에 의거하여 '徙'로 바로잡았다.

名이리이다 若擧言이 不足采면 請從此辭하노이다 佷이 乃表諫하니 帝從之하여 復故爵土하다

① 東都(後漢)에서는 天子를 일러 國家라 하고 또 朝廷이라 하였다.
東都, 謂天子爲國家, 又謂爲朝廷.

【綱】 변방에 병력을 더 배치하여 주둔하게 하였다.

增置緣邊兵屯하다

【目】 朔方 서쪽의 障堡 중에는 무너진 곳이 많았다. 鮮卑들이 이를 틈타 南匈奴를 자주 침략하니, 單于가 근심하고 두려워하여 漢나라에 글을 올려서 장보를 수리할 것을 청하였다. 이에 黎陽의 營兵에게 詔令을 내려서 변방에 나가 中山의 북쪽 경계에 주둔하게 하고, 변방의 郡으로 하여금 步兵을 더 배치해서 장보 아래에 나열하여 주둔시켜서 전투하는 방법과 활 쏘는 법을 가르쳐 익히게 하였다.

朔方以西에 障塞多壞라 鮮卑因此數(삭)侵南匈奴하니 單于憂恐하여 上書乞修復障塞한대 詔黎陽營兵하여 出屯中山北界①하고 令緣邊郡으로 增置步兵하여 列屯塞下하여 教習戰射하다

① 南部(남흉노)를 멀리서 지원한 것이다.
爲南部聲援也.

【綱】 班勇이 여러 나라에 군대를 징발해서 北匈奴의 呼衍王을 공격하여 패주시켰다.

班勇이 發諸國兵하여 擊匈奴呼衍王하여 走之하다

丁卯年(127)

【綱】 漢나라 孝順皇帝 永建 2년이다. 봄 2월에 鮮卑가 遼東을 침략하자, 遼東郡의 군대가 격파하였다.

二年이라 春二月에 鮮卑寇遼東이어늘 郡兵이 擊破之하다

【綱】 3월에 가뭄이 들었다.

◑ 三月에 旱하다

【綱】 여름 6월에, 황제가 生母인 李氏를 추존하여 恭愍皇后라 하였다.

◑ 夏六月에 追尊母李氏하여 爲恭愍皇后하다

【目】〈閻太后에 의해 독살당한〉 황제의 생모 李氏가 都城의 북쪽에 묻혀 있었으나, 황제는 처음에 이 사실을 알지 못하였다. 이때에 이르러 左右 신하들이 아뢰니, 황제는 감동하여 깨닫고 애도하는 의식을 거행하였으며, 친히 묻힌 곳에 가서 다시 황후의 禮를 따라 殯하고서 恭陵(安帝의 능)의 북쪽에 장례하였다.

帝母李氏 瘞(예)城北①이어늘 帝初不知러니 至是하여 左右白之하니 感悟發哀하고 親到瘞所하여 更以禮殯②하여 葬恭陵北하다

① 瘞는 於計의 切이니, 땅에 묻는 것이다.
瘞, 於計切, 幽埋也.
② 〈"更以禮殯"는〉 皇后의 禮를 따라 殯한 것이다.
殯用皇后禮.

【綱】 敦煌太守 張朗을 보내 班勇과 함께 焉耆를 토벌해서 항복시켰는데, 반용을 불러 下獄하여 파면하였다.

遣敦煌太守張朗하여 與班勇討焉耆하여 降之러니 徵勇下獄免[81]하다

【目】 西域이 모두 복종하였으나 오직 焉耆王 元孟이 항복하지 않았는데, 班勇이 그를 공격할 것을 아뢰었다. 이에 敦煌太守 張朗을 보내 河西 4郡의 군대를 거느리고 반용과 함께 여러 나라의 군대를 징발해서 두 길로 출격하게 하였다. 장랑은 먼저 지은 죄가 있었기 때문에[82] 功을 세워 스스로 속죄하고자 해서 마침내 약속한 시기보다 먼저 爵

81) 遣敦煌太守張朗……徵勇下獄免 : "〈焉耆를 토벌해서〉 항복시킨 것은 張朗인데, 班勇을 함께 쓴 것은 어째서인가. 장랑이 약속한 시기보다 먼저 도착했기 때문이다. ≪資治通鑑綱目≫에서는 한 사람이 功을 독차지하는 것을 싫어하기 때문에 두 이름을 함께 쓴 것이다. 장랑이 약속한 시기보다 먼저 도착한 것을 벌하지 않고 도리어 반용이 늦게 왔다고 죄를 주었으니, 漢나라에 법도가 없음이 심하다.〔降之者 張朗也 書與班勇 何 朗先期也 綱目惡專功 故幷書之 朗不以先期罰 而勇反以後期罪 漢之無章 甚矣.〕" ≪書法≫

離關에 이르렀는데, 元孟이 항복을 청하므로 장랑이 들어가 항복을 받고 돌아왔다. 반용은 시기에 뒤늦었다 하여 불러 下獄시키고 파면하였다.

西域이 皆服호되 唯焉耆王元孟이 未降이라 班勇이 奏攻之한대 於是에 遣敦煌太守張朗하여 將河西四郡兵하고 與勇發諸國兵하여 兩道擊之하다 朗이 先有罪러니 欲徼功自贖하여 遂先期至爵離關①하니 元孟이 乞降이어늘 朗이 入受降而還하니 勇이 以後期로 徵下獄免하다

① "先期"의 先(먼저)은 悉薦의 切이다. ≪釋氏西域記≫에 "龜茲國의 북쪽 40리 지점의 산 위에 雀離大淸淨이라는 이름의 절이 있다." 하였다.
先期之先, 悉薦切. 釋氏西域記 "龜茲國北四十里山上, 有寺名雀離大淸淨."

【綱】 가을 7월 초하루에 日食이 있었다.

秋七月朔에 日食하다

【綱】 許敬을 司徒로 삼았다.

◑ 以許敬으로 爲司徒하다

【目】 許敬은 和帝와 安帝 사이에 벼슬하면서 竇氏와 鄧氏, 閻氏의 외척이 번성한 시대를 당하여 굽히거나 흔들린 바가 없었다. 또 세 집안이 무너진 뒤에도 士大夫들 중에 외척 세력들에게 오염된 자가 많았으나 비방하는 말이 유독 허경에게 미치지 않으니, 이 때문에 당세 사람들이 그를 귀하게 여겼다.

敬이 仕於和, 安之間하여 當竇, 鄧, 閻氏之盛하여 無所屈撓러니 三家旣敗에 士大夫多染汙者로되 獨不及敬하니 當世以此貴之하니라

---

82) 장랑은……때문에 : 張朗이 焉耆 토벌에 앞서 지은 죄가 있었으므로, 이를 만회하기 위해 戰功을 독차지 하고자 하였다. 장랑이 지은 죄는 ≪資治通鑑≫과 ≪資治通鑑綱目≫에 실려 있지 않기 때문에 情狀을 자세하게 파악할 수 없으나, 그 대략을 ≪後漢書≫ 〈天文志〉에 나타나 있다. "順帝 永建 2년(127)……8월 乙巳에 熒惑이 輿鬼로 들어갔다. 太白星이 낮에 보였으니, 신하의 세력이 강성하다는 의미이다. 熒惑은 凶兆가 되고, 輿鬼는 喪事가 생기고 質星은 誅戮이 발생한다. 이때에 中常侍 高梵과 張防, 將作大匠 翟酺, 尙書令 高堂芝, 僕射 張敦, 尙書 尹就, 郎 姜述과 楊鳳 등이 兗州刺史 鮑就, 使匈奴中郎將 張國, 金城太守 張篤, 敦煌太守 張郎과 함께 서로 교류하면서 비밀을 누설하였다. 그러므로 尹就와 姜述은 棄市되었고, 高梵・張防・翟酺・高堂芝・張敦・楊鳳・鮑就・張國은 모두 죄에 저촉되었다."

【綱】 處士 樊英을 초빙하여 五官中郎將으로 삼았다.

聘處士樊英하여 以爲五官中郎將하다

예로 은거하는 賢人을 초빙하다(≪養正圖解≫)

【目】 처음에 南陽의 樊英이 젊어서부터 높은 학문과 행실을 지니고서 壺山의 남쪽에 은거하였는데, 州郡에서 예우하여 초청하고 公卿들이 賢良으로 道가 있는 자라고 천거하고 安帝가 策書를 하사하여 불렀으나, 모두 나아가지 않았다.

이해에 황제가 다시 策書와 玄纁(검은 비단과 붉은 비단)으로 禮를 갖추어 부르자, 번영은 병이 위독하다고 굳이 사양하였다. 그러나 황제가 윤허하지 않으니, 번영이 부득이하여 서울에 이르렀으나 병을 칭탁하다가 억지로 수레를 타고 궁전으로 들어갔으나, 여전히 禮에 맞게 굽히지 못하였다. 황제는 마침내 壇을 설치하고 안석과 지팡이를 하사하여 師傅의 예로 대하고, 맞이하여 政事의 得失을 묻고는 五官中郎將을 제수하였다.

수개월 만에 번영이 병이 위독하다고 하자, 황제는 조령을 내려 光祿大夫로 삼고 휴가를 주어 돌아가게 하고는, 그가 사는 郡縣으로 하여금 곡식을 보내고 歲時에 소와 술을 전달하게 하였다.

初에 南陽樊英이 少有學行하여 隱於壺山之陽①이러니 州郡이 禮請하고 公卿이 擧賢良有道하고 安帝賜策書徵호되 皆不赴하다 是歲에 帝復以策書玄纁(훈)으로 備禮徵之②한대 英이 固辭疾篤이어늘 不聽하니 英이 不得已到京이나 稱疾하여 彊輿入殿호되 猶不能屈③이라 帝乃設壇賜几杖하여 待以師傅之禮하고 延問得失하고 拜五官中郎將하다 數月에 英이 稱疾篤이어늘 詔以爲光祿大夫하여 賜告

歸할새 令在所送穀하고 以歲時致牛酒하다

① 李賢이 말하기를 "壺山은 지금의 鄧州 新城縣 북쪽에 있다." 하였다.
賢曰 "壺山, 在今鄧州新城縣北."
② 玄은 검은색이고 纁은 옅은 붉은색이니, "玄纁"은 하늘과 땅의 바른 색이다.
玄, 黑色. 纁, 淺絳色. 玄纁者, 天地之正色.
③ 彊(억지로)은 其兩의 切이다.
彊, 其兩切.

【目】樊英이 처음 詔命을 받았을 적에, 사람들은 모두 그가 반드시 뜻을 낮추지 않을 것이라 하였고, 南郡 사람 王逸은 편지를 보내서 초빙에 응하여 나아갈 것을 권하였다. 그런데 번영이 출사한 뒤에 황제와 應對함에 있어서 기이한 지모와 깊은 계책이 없으니, 말하는 자들이 失望하였다. 河南 사람 張楷가 번영에게 다음과 같이 말하였다.

"天下에 두 가지 방도가 있으니, 출사와 은둔이다. 내 이전에는 그대가 출사하여 능히 우리 군주를 보필하고 우리 백성을 구제할 것이라고 여겼는데, 그대가 처음 〈황제를 알현할 때에는〉 헤아릴 수 없이 귀중한 몸으로 萬乘의 군주를 노엽게 하였고, 爵祿을 받고서는 또 나라를 바로잡는 방법이 있다는 말을 듣지 못하였으니, 〈그대의 처사는〉 출사든 은둔이든 의거할 데가 없다."

英이 初被詔命에 衆皆以爲必不降志라하고 南郡王逸이 與書하여 勸使就聘이러니 及後應對에 無奇謀深策하니 談者失望이라 河南張楷 謂曰① 天下에 有二道하니 出與處也라 吾前以子之出로 能輔是君也하고 濟斯民也러니 而子始以不訾之身으로 怒萬乘之主②하고 及其享受爵祿에 又不聞匡(求)〔救〕[83]之術하니 進退無所據矣로다

① 楷는 苦駭의 切이다
楷, 苦駭切.
② 訾는 음이 貲이니 헤아림이다. "不訾之身"은 몸과 목숨이 헤아릴 수 없을 정도로 지극히 소중함을 말한 것이다. 살펴보건대 ≪後漢書≫ 〈樊英傳〉에 "樊英이 억지로 수레를 타고 궁전으로 들어갔으나 여전히 예에 맞게 굽히지 못하자, 황제가 노여워했다." 하였다.
訾, 音貲, 量也. 不訾之身, 言身命至重, 不可量也. 按英傳 "英彊輿入殿, 猶不以禮屈, 帝怒."

【目】司馬公(司馬光)이 다음과 같이 평하였다.

83) (求)〔救〕: 저본에는 '求'로 되어 있으나, ≪資治通鑑≫에 의거하여 '救'로 바로잡았다.

"옛날 君子들은 나라에 道가 있으면 벼슬하고 나라에 道가 없으면 은둔하였으니, 은둔은 君子가 하고자 하는 바가 아니다. 그러나 자기를 알아주는 이가 없어서 道를 행할 수 없고, 여러 간사한 자들과 함께 조정에 처하여 害가 장차 자기에게 미치겠기에 깊이 은둔하여 피하는 것이다. 王者가 逸民(隱逸)을 천거하고 미천한 이를 등용하는 것은 진실로 그가 국가에 유익하기 때문이요, 世俗의 귀와 눈이 좋아하는 것을 따르려는 것이 아니다.

이 때문에 〈군자가〉 충분히 군주를 높일 수 있는 道德이 있고 충분히 백성을 비호할 수 있는 지모와 재능이 있는데도, 짧은 갈옷을 입고 玉을 품고서 깊이 은둔하여 재주를 자랑하지 않으면, 왕자가 마땅히 예를 다하여 招致하고 몸을 굽혀 낮추고, 마음을 비워 방문하고 자기의 利慾을 이겨 따르는 것이니, 그런 뒤에야 이익과 은택이 四海에 베풀어지고 功烈이 上下(天地)에 이르는 것이다.

司馬公曰 古之君子 邦有道則仕하고 邦無道則隱하니 隱은 非君子之所欲也라 人莫已知而道不得行하고 群邪共處而害將及身이라 故로 深藏以避之라 王者擧逸民하고 揚側陋는 固爲其有益於國家요 非以徇世俗之耳目也라 是故로 有道德足以尊主하고 智能足以庇民이로되 被褐懷玉하여 深藏不市하면 則王者當盡禮以致之하고 屈體以下之하고 虛心以訪之하고 克己以從之니 然後에 利澤이 施於四海하고 功烈이 格於上下①라

① 褐은 짧은 옷이다. 聖人은 갈옷을 입고 玉을 품고 있으니, 玉은 지극한 보배인데 짧은 갈옷을 입고 옥을 품고 있는 것은 진기한 아름다움을 겉으로 드러내지 않음을 비유한 것이다. 훌륭한 장사꾼은 〈좋은 물건을〉 깊이 감추어 없는 것처럼 하고, 장사꾼은 좋은 보화가 있으면 깊이 감추어 마치 가진 것이 없는 것처럼 하여 좋은 값을 얻지 못하면 팔지 않으니, 이는 모두 道를 간직하고 재주를 품은 선비를 비유한 것이다.
褐, 短衣也. 聖人被褐懷玉, 玉至寶也, 被褐而懷之, 喩珍美不外見也. 良賈深藏若虛, 賈有善貨深藏, 若無所(了)〔有〕[84]者, 不得善價, 則不售, 此皆以喩抱道懷才之士.

【目】혹 군주의 禮가 구비되고 뜻이 간절한데도 나오지 않으면, 군주가 우선 안으로 자신을 살펴보아 감히 그 사람을 억지로 招致하지 않고서 말하기를 '아마도 내 德이 부족하여 사모할 만하지 못한가. 정사가 혼란하여 보필할 수 없는가. 여러 소인들이 조정에 있어서 감히 나올 수 없는가. 나의 誠心이 지극하지 못하여 자신의 말이 쓰이지 못할까 근심하는가. 어찌하여 賢者가 나를 따르지 않는가.' 하니, 이 몇 가지가 없다면 어찌 군

84) (了)〔有〕: 저본에는 '了'로 되어 있으나, ≪資治通鑑≫ 註에 의거하여 '有'로 바로잡았다.

주가 부지런히 구하는데도 나오지 않는 자가 있겠는가.

혹 어떤 군주는 현자를 초치하지 못하는 것을 부끄러워해서 마침내 높은 지위로 유혹하고 엄한 형벌로 위협하니, 만일 저 초빙하려는 자가 진실로 君子라면 지위는 탐하는 바가 아니고 형벌은 두려워하는 바가 아니다. 〈높은 지위와 엄한 형벌로〉 오게 할 수 있는 자는 바로 지위를 탐하고 형벌을 두려워하는 사람일 뿐이니, 어찌 귀하게 여길 것이 있겠는가?

其或禮備意勤而不起면 則姑內自循省而不敢强致其人하여 曰 豈吾德之薄而不足慕乎아 政之亂而不可輔乎아 群小在朝而不敢進乎아 誠心不至而憂其言之不用乎아 何賢者之不我從也오하나니 無是數者면 則安有勤求而不至者哉리오 或者恥不能致하여 乃誘之以高位하고 脅之以嚴刑하니 使彼誠君子耶인댄 則位非所貪이요 刑非所畏니 其可致者는 乃貪位畏刑之人耳라 烏足貴哉리오

【目】 선비가 만약 효도하고 공경하고 삼가고 청렴하여 벼슬에 구차히 나아가지 않으며, 자기 몸을 깨끗이 하고 분수를 편안히 여겨 한가로이 노닐며 한 해(일생)를 마친다면, 이런 자는 비록 군주를 높이고 백성을 비호하지는 못하더라도 이 또한 깨끗하게 수행하는 吉한 선비이다. 王者는 마땅히 표창하여 우대하고 편안히 길러서 그로 하여금 뜻을 이루게 하여 孝昭帝가 韓福을 대우하고 光武帝가 周黨을 대우한 것[85]처럼 하여 廉恥를 장려하고 風俗을 아름답게 해야 옳으니, 진실로 范升과 같이 훼방해서도 안 되고 또 張楷와 같이 책망해서도 안 된다.

거짓으로 꾸며서 명예를 구하고 기이한 이름을 얻어 세속을 놀라게 하여, 군주의 녹봉을 먹지 않으면서 짐승을 도살하고 술을 파는 이익을 다투고, 작은 관직은 받지 않고 卿相의 지위를 엿보아서 이름이 실제와 상반되고 마음이 행적과 어긋나는 자로 말하면, 바로 華士와 少正卯의 부류로 聖王의 주벌을 면하는 것도 다행일 것이니, 어찌 초빙하여 부를 것이 있겠는가?"

若乃孝弟謹廉하여 仕不苟進하고 潔己安分하여 優游卒歲하면 雖不足以尊主庇民이라도 是亦淸修之吉士也라 王者當褒優安養하여 俾遂其志하여 若孝昭之待韓福과 光武之遇周黨하여 以勵廉

85) 孝昭帝가……것 : 韓福은 漢나라 涿郡 사람으로, 孝悌의 행실이 있다 하여 昭帝가 조정으로 불렀는데, 도중에 병이 나자 비단 50필을 하사하여 돌려보내고, 여생을 향리에서 교화에 힘쓰도록 허락하였다. 周黨은 處士로 范升이 황제를 뵐 때 보였던 그의 무례함을 들어 탄핵하자, 光武帝가 詔令을 내려 "伯夷・叔齊는 周나라의 곡식(녹봉)을 먹지 않고, 太原에 사는 주당은 朕이 내린 작록을 받지 않으니, 또한 각각 뜻을 지녔다." 하고는, 비단 40필을 하사하여 향리로 돌려보냈다.

恥하고 美風俗이 斯亦可矣니 固不當如范升之詆毁요 又不可如張楷之責望也①라 至於僞飾以邀譽하고 釣奇以驚俗하여 不食君祿而爭屠沽之利하고 不受小官而規卿相之位하여 名與實反하고 心與迹違하면 斯乃華士, 少正卯之流니 其得免於聖王之誅幸矣라 尙何聘召之有哉②리오

① 光武帝 建武 5년(29)에 范升이 處士 周黨 등이 방자하고 교만하고 사나워서 화려한 이름을 취한다고 아뢰었다.
光武建武五年, 范升奏處士周黨等, 偃蹇驕悍, 釣采華名.

② ≪韓非子≫에 말하였다. "太公을 齊나라에 봉했을 적에, 東海 가에 任矞(임율)과 華士 형제 두 사람이 있었는데 태공이 이들을 죽였다. 周公이 급히 파발마를 보내어 묻기를 '두 사람은 모두 賢人인데, 이들을 죽인 까닭이 무엇입니까?' 하자, 太公이 대답하였다. '이들 형제가 의논을 세우기를 「天子에게 신하 노릇 하지 않겠다.」 하였으니 이는 내가 신하로 삼을 수 없는 것이요, 「諸侯들과 벗하지 않겠다.」 하였으니 이는 내가 벗으로 삼을 수 없는 것이요, 「밭을 갈아 먹고 땅을 파 물을 마셔서 남에게 바라는 바가 없다.」 하였으니 이는 내가 상과 벌로써 권하고 금할 수 없는 것입니다. 또 聖王이 사람을 부릴 적에 관작과 상이 아니면 형벌을 사용하였는데, 지금 네 가지로 부릴 수가 없다면 내 어찌 군주 노릇을 하겠습니까? 이 때문에 죽인 것입니다.' 하였다."

≪荀子≫에 말하였다. "孔子가 魯나라 정승이 되어 7일 만에 少正卯를 주살하시자, 門人이 나아가 묻기를 '저 소정묘는 魯나라의 명망 있는 사람인데, 夫子께서 정사를 하시면서 첫 번째로 그를 주살하시니, 잘못하신 것이 아닙니까?' 하자, 공자가 말씀하시기를 '악행이 다섯 가지가 있는데 도둑질은 여기에 들지 않는다. 첫 번째는 마음이 사리에 통달했으나 음험한 것이고, 두 번째는 행실이 편벽되면서 굳센 것이고, 세 번째는 거짓을 말하면서 말재주가 좋은 것이고, 네 번째는 기괴한 일을 기억하면서 널리 퍼뜨리는 것이고, 다섯 번째는 잘못을 따르면서 꾸미는 것이니, 이 다섯 가지 중에 한 가지라도 있는 사람은 君子의 주살을 면치 못하는데, 소정묘는 다섯 가지를 겸하여 소유했다.' 하였다."

韓非子曰 "太公封於齊, 東海上有任矞·華士昆弟二人, 太公殺之. 周公急傳而問曰 '二子皆賢人, 殺之, 何也.' 太公曰 '是昆弟立議曰「不臣天子.」是望不得而臣也.「不友諸侯.」是望不得而友也.「耕而食之, 掘而飮之, 無求於人.」是望不得以賞罰勸禁也. 且聖王所以使人, 非爵賞則刑罰也. 今四者, 不足以使之, 則望誰爲君乎. 是以誅之也.'" 荀子曰 "孔子爲魯相七日而誅少正卯, 門人進問曰 '夫少正卯魯之聞人也, 夫子爲政而始誅之, 得無失乎.' 孔子曰 '其有惡者五而盜竊不與焉. 一曰心達而險, 二曰行僻而堅, 三曰言僞而辯, 四曰記醜而(悖)〔博〕[86], 五曰順非而澤, 此五者有一於人, 則不得免於君子之誅, 而少正卯兼有之.'"

【綱】 處士 楊厚와 黃瓊을 議郞으로 삼았다.

86) (悖)〔博〕 : 저본에는 '悖'로 되어 있으나, ≪荀子≫ 〈宥坐〉편에 의거하여 '博'으로 바로잡았다.

以處士楊厚, 黃瓊爲議郞하다

【目】이때 황제가 또다시 楊厚와 黃瓊을 불렀는데, 양후가 와서 漢나라에 350년의 困厄이 있다고 미리 아뢰어 경계하니, 그에게 議郞을 제수하였다. 황경이 막 도착할 때쯤, 李固가 미리 편지를 보내 다음과 같이 말하였다.

"伯夷는 편협하고 柳下惠는 공손하지 못하였으니,[87] 백이처럼 하지 않고 유하혜처럼 하지 않고서 可와 否의 사이에 있는 것이, 聖賢이 처신함에 귀하게 여기는 바입니다.[88] 生民이 있은 이래로 善한 정사는 적고 어지러운 풍속은 많으니, 반드시 堯舜과 같은 성군이 나타나기를 기다려 출사하고자 한다면, 이는 선비가 자신의 뜻을 행할 때가 끝내 없게 될 것입니다. 속담에 이르기를 '높디높은 것은 무너지기 쉽고, 희고 깨끗한 것은 더렵혀지기 쉽다.' 하였으니, 성대한 명성 아래에서는 그 실제가 부응하기 어렵습니다.

근래에 魯陽 사람 樊君(樊英)이 부름을 받고 처음 왔을 때에는 조정(황제)이 壇席[89]을 베풀어서 神明을 대하듯 하였습니다. 그런데 비록 크게 기이한 재주는 없었으나 말과 행실로 지키는 바는 흠잡을 것이 없었는데, 그를 향한 훼방이 사방으로 유포되어서 곧바로 명성이 훼손되었으니, 이는 어찌 보고 듣는 사람들의 바람이 커서 名聲이 너무 성대해진 때문이 아니겠습니까. 이 때문에 세속의 의논이 모두 '處士들은 순전히 헛된 명성을 도둑질한다.'라고 말하니, 원컨대 先生은 이 큰 계책을 넓혀서 여러 사람들로 하여금 歎服하게 하여 이 말이 잘못되었음을 분명히 밝혀주시기 바랍니다."

황경이 오자 議郞을 제수하였는데 차츰 승진하여 尙書僕射가 되었고, 여러 번 글을 올려 일을 말하니 上이 자못 그의 말을 채택하여 썼다.

---

87) 伯夷는……못하였으니 : 이 내용은 ≪孟子≫ 〈公孫丑 上〉에 보이는바, 伯夷는 시골의 무식한 사람들과 거처할 적에 상대가 쓰고 있는 冠만 바르지 않아도 뒤를 돌아보지 않고 떠나갔으므로 편협하다 하였고, 柳下惠는 백이와 반대로 사람들이 곁에서 옷을 모두 벗고 있어도 "너는 너이고 나는 나이니, 네가 어찌 나를 더럽히겠는가." 하여 예법을 무시하는 면을 보였으므로 공손하지 못하다고 한 것이다.

88) 백이처럼……바입니다 : 이 내용은 ≪論語≫ 〈微子〉에 "逸民은 伯夷, 叔齊, 虞仲, 夷逸, 朱張, 柳下惠, 少連이었다. 孔子가 말씀하시기를 '그 뜻을 굽히지 않고 그 몸을 욕되게 하지 않은 것은 백이와 숙제일 것이다.' 하였다. 유하혜와 소련을 평하시기를 '뜻을 굽히고 몸을 욕되게 하였으나 말이 의리에 맞으며 행실이 〈올바른〉 思慮에 맞았으니, 이뿐이다.' 하였다. 우중과 이일을 평하시기를 '숨어 살면서 말을 함부로 하였으나 몸은 깨끗함에 맞았고 벼슬하지 않음은 權道에 맞았다. 나는 이와 달라서 可한 것도 없고 不可한 것도 없다.'〔逸民 伯夷叔齊虞仲夷逸朱張柳下惠少連 子曰 不降其志 不辱其身 伯夷叔齊與 謂柳下惠少連 降志辱身矣 言中倫 行中慮 其斯而已矣 謂虞仲夷逸 隱居放言 身中淸 廢中權 我則異於是 無可無不可〕"라고 한 말씀을 인용한 것이다.

89) 壇席 : 단을 쌓아 좌석을 설치하는 것으로, 禮遇가 융숭함을 이른다.

時에 又徵楊厚, 黃瓊[①]하니 厚至에 豫陳漢有三百五十年之戹(액)하여 以爲戒하니 拜議郎[②]하다 瓊이 將至에 李固以書逆遺之曰 伯夷는 隘하고 柳下惠는 不恭하니 不夷不惠하여 可否之間이 聖賢居身之所珍也라 自生民以來로 善政少而亂俗多하니 必待堯舜之君이면 此爲士行其志 終無時矣라 語曰 嶢(요)嶢者易缺이요 皦皦者易汙[③]라하니 盛名之下에 其實難副라 近魯陽樊君이 被徵初至[④]에 朝廷이 設壇席하여 猶待神明하니 雖無大異나 而言行所守 亦無所缺이로되 而毁謗布流하여 應時折減者는 豈非觀聽望深하여 聲名太盛乎[⑤]아 是故로 俗論이 皆言處士純盜虛聲이라하니 願先生은 弘此遠謨하여 令衆人歎服하여 一雪此言耳어다 瓊이 至에 拜議郎하여 稍遷尙書僕射하여 數(삭)上疏言事하니 上이 頗采用之러라

① 黃瓊은 黃香의 아들이다.
瓊, 香之子也.

② <"漢有三百五十年之戹"은> ≪春秋命歷序≫에 "400년 사이에 사방의 문을 닫고 있으나 외부의 환란을 그대로 두어서 여러 災異와 도적이 함께 일어나니, 관청에는 요망한 신하가 있고 州에는 兵亂이 있어서 五七이 약해져서 점점 나쁜 효험이 드러난다." 하였는데, 註에 이르기를 "五七은 350년이니, 順帝 때를 당하여 점점 나라가 쇠약해져서 四方에 逆賊이 많은 것이다." 하였다.
春秋命歷序曰 "四百年之間, 閉四門, 聽外難, 群異幷賊, 官有孽臣, 州有兵亂, 五七弱, 暴漸之效也." 註云 "五七, 三百五十歲, 當順帝漸微, 四方多逆賊也."

③ 嶢(높다)는 倪幺의 切이다. "嶢嶢"은 산이 높음이고, "皦皦"는 옥과 돌이 흰 것이다.
嶢, 倪幺切. 嶢嶢, 山之高也. 皦皦, 玉石之白也.

④ 樊英은 南陽 魯陽縣 사람이다.
樊英, 南陽魯陽縣人.

⑤ 折(꺾이다)은 食列의 切이니, <"折減"은> 그 명예가 훼손됨을 말한 것이다. "觀聽望深"은 處士의 명성이 성대하여 평소 사람들의 耳目을 動하였기 때문에 그에게 바라는 바가 깊음을 말한 것이다.
折, 食列切. 言其名譽折減也. 觀聽望深, 言其聲名之盛, 素動人之觀聽. 故所望者深也.

【目】 李固는 李郃의 아들이다. 어려서부터 학문을 좋아하였는데, 이합이 司徒가 되자 이고는 자신의 姓名을 바꾸고는 채찍을 잡아 나귀를 몰고서 책상자를 짊어지고 천 리를 멀다 여기지 않고 스승을 따랐다. 太學에 갈 때마다 은밀히 公府(三公府)에 들어가서 저녁에는 부친의 잠자리를 정해드리고 새벽에는 문안을 하였으나, 학업을 함께하는 여러 생도로 하여금 자신이 이합의 아들임을 알지 못하게 하였다.

固는 郃之子也라 少好學이러니 郃爲司徒에 固改姓名하고 杖策驅驢하여 負笈從師하여 不遠千

里[①]러라 每到太學에 密入公府定省호되 不令同業諸生으로 知其爲郃子也[②]러라

① 笈은 極曄의 切이니, 책 상자이다.
笈, 極曄切, 書箱也.
② ≪禮記≫ 〈曲禮〉에 "자식은 어두우면 잠자리를 정해드리고 새벽에는 문안을 살펴, 부모님의 잠자리를 편안히 정해드리고 安否가 어떠한지를 살펴 묻는다." 하였다.
記 "昏定而晨省, 定安其牀衽也, 省問其安否何如."

戊辰年(128)

【綱】 漢나라 孝順皇帝 永建 3년이다. 봄 正月에 地震이 있었다.

三年이라 春正月에 地震하다

【綱】 여름 6월에 가뭄이 들었다.

◑ 夏六月에 旱하다

【綱】 가을 9월에 鮮卑가 漁陽을 침략하였다.

◑ 秋九月에 鮮卑寇漁陽하다

己巳年(129)

【綱】 漢나라 孝順皇帝 永建 4년이다. 봄 正月에 황제가 冠禮를 행하였다.

四年이라 春正月에 帝冠하다

【綱】 여름 5월에 桂陽에서 큰 진주를 바치자, 황제가 돌려주었다.

◑ 夏五月에 桂陽이 獻大珠한대 還之하다

【目】 詔令을 다음과 같이 내렸다.

"海內에 자못 災異가 있어서 정사를 닦고 반찬의 수를 줄이고 진기한 보물을 올리지 않는데, 桂陽太守 文礱(문롱)이 멀리서 큰 진주를 바쳐 총애와 사랑을 구하니, 지금 돌려주라."

詔曰 海內頗有災異하여 修政減膳하고 珍玩不御①어늘 而桂陽太守文礱이 遠獻大珠하여 以求幸媚하니 今以還之②하라

① 御는 올림이다.
御, 進也.
② 礱은 力公의 切이다.
礱, 力公切.

【綱】 큰비가 내렸다.

雨水하다

【綱】 가을 9월에 詔令을 내려서 安定과 北地와 上郡을 회복하게 하였다.

◑ 秋九月에 詔復安定北地上郡①하다

① 安帝 永初 5년(111)에 세 郡에 있는 백성들을 內地로 옮겼었다.
安帝永初五年, 三郡內徙.

【目】 虞詡가 다음과 같이 아뢰었다.

"安定과 北地와 上郡은 山川이 험하고 비옥한 들이 천 리나 됩니다. 토질은 목축업을 하기에 적합하고 물은 灌漑하고 漕運할 수가 있는데, 지난번 羌族의 난리를 만나서 郡縣이 兵禍로 황폐된 지가 20여 년이 되었습니다. 비옥한 토양의 풍요로움을 버리고 自然의 재물을 버리는 것은 국가의 이익이라고 할 수 없고, 山河의 험준함을 잃고 險地가 없는 곳을 지키는 것은 견고함이 되기 어렵습니다. 지금 세 郡이 회복되지 못하여 園陵이 외롭게 밖에 있는데, 公卿들이 나약하여 비용을 계산하느라 그 편안함을 도모하지 못하니, 마땅히 聖上의 귀를 열어서 좋은 말을 상고하여 행해야 합니다."

황제가 그의 말을 따라서 謁者로 하여금 內地로 옮겼던 자들을 감독하여 각기 本縣으로 돌아가게 해서, 城郭을 수리하고 候驛[90]을 설치하고 또 溝渠(구거)를 준설하고 屯田

90) 候驛 : 候塢와 驛站의 준말로, 후오는 변경 지역에서 적의 동태를 감시하는 土堡(보루)이고, 역참은

하게 하니, 줄어든 비용이 해마다 1억 錢이 넘었다. 마침내 여러 郡으로 하여금 곡식을 저축하여 몇 년을 지탱하게 하였다.

虞詡言 安定, 北地, 上郡이 山川險阨하고 沃野千里라 土宜畜牧하고 水可溉漕[①]어늘 頃遭羌亂하여 郡縣兵荒이 二十餘年이라 夫棄沃壤之饒하고 捐自然之財는 不可謂利요 離河山之阻하고 守無險之處는 難以爲固[②]니이다 今三郡未復하여 園陵單外어늘 而公卿이 選懦(선연)計費하여 不圖其安하니 宜開聖聽하여 考行所長[③] 이니이다 從之하여 使謁者로 督徙者하여 各歸本縣하여 繕城郭, 置候驛하고 又浚渠屯田하니 省(생)費歲一億許라 遂令諸郡으로 儲粟周數年하다

① 〈"水可溉漕"는〉 농지에 물을 댈 수 있고, 또 漕運을 통할 수 있음을 말한 것이다.
言旣可溉田, 又可通漕也.

② 離(잃다)는 去聲이다.
離, 去聲.

③ 懦(유약하다)는 而掾의 切이니, "選懦"는 유약하고 겁내는 것이다. "計費"는 〈변방의 요새를 유지하는 데〉 들어갈 비용을 계산하는 것이다.
懦, 而掾切. 選懦, 柔怯也. 計費, 計所費也.

【綱】 겨울에 鮮卑가 朔方을 침략하였다.

冬에 鮮卑寇朔方하다

庚午年(130)

【綱】 漢나라 孝順皇帝 永建 5년이다. 여름 4월에 가뭄과 蝗蟲의 재해가 있었다.

庚午五年이라 夏四月에 旱蝗하다

【綱】 定遠侯 班始가 棄市를 당하였다.

◑ 定遠侯班始 棄市[①]하다

① 漢中郡 南鄭縣의 西鄕 1,000호를 班超에게 封하여 定遠侯로 삼았다. 班始는 반초의 손자이다.

驛馬를 바꾸어 타던 곳이다.

以漢中郡南鄭縣之西鄉千戶, 封班超, 爲定遠侯. 始, 超之孫也.

【目】班始가 황제의 고모인 陰城公主에게 장가들었는데, 공주가 교만하고 음탕하고 無道하였다. 반시가 분노를 이기지 못하여 그녀를 죽이니, 반시는 이 죄에 걸려 腰斬刑을 당하고, 동복형제들도 모두 棄市를 당하였다.

始尙帝姑陰城公主①러니 主驕淫無道어늘 始積忿殺之하니 坐腰斬하고 同產이 皆棄市하다

① 陰縣은 南陽郡에 속하였다. 公主는 淸河孝王(劉慶)의 딸이다.
陰縣, 屬南陽郡. 公主, 淸河孝王之女.

辛未年(131)

【綱】漢나라 孝順皇帝 永建 6년이다. 봄 2월에 沈景을 河間王(劉政)의 相으로 삼았다.

六年이라 春二月에 以沈景爲河間相하다

【目】河間王 劉政이 오만하고 사나워 법을 받들지 않자, 황제는 侍御史 沈景이 강직하고 재능이 있다 하여 그를 발탁하여 河間王의 相으로 삼았다. 심경이 하간왕의 나라에 가서 왕을 뵈었는데, 왕은 정식 복식을 갖추지 않은 채 궁전 위에서 두 다리를 뻗고 걸터앉아 있었다.

侍郞이 심경을 인도하여 절하게 하였으나, 심경은 꼿꼿이 서서 禮를 하지 않고 왕이 어디에 있느냐고 물었다. 虎賁이 대답하기를 "이분이 왕이 아닙니까." 하였다. 심경이 말하기를 "왕이 정식 복식을 갖추지 않았으니, 보통 사람과 무엇이 다르겠는가. 지금 相이 王을 뵈려 하는 것이니, 어찌 無禮한 자에게 절하고 뵙겠는가." 하였다.

王이 부끄러워하고 의복을 바꿔 입은 뒤에야 심경이 절하고 궁문을 나와서 王의 傅를 청하여 책망하기를 "내 지난번 京師에서 출발할 적에 황제를 뵙고 詔令을 받았는데, 王의 不恭하다 하여 나로 하여금 조사하고 감독하게 하셨다. 諸君은 하는 일 없이 爵祿만 받고 일찍이 왕을 훈도한 의리가 없다." 하고는 인하여 간사한 사람들을 체포해서 그 죄를 살펴 처벌할 것을 奏請하고, 억울하게 옥에 갇혀 있는 100여 명을 출옥시키니, 유정이 마침내 절조를 바꾸고는 과오를 뉘우치고 스스로 행실을 닦았다.

河間王政이 傲狠不奉法①이어늘 帝以侍御史沈景이 有彊能이라하여 擢爲河間相②하다 景이 到國謁王한대 王이 不正服하고 箕踞殿上이어늘 侍郎이 贊拜호되 景이 峙不爲禮하고 問王所在③ 하니 虎賁曰 是非王耶아 景曰 王不正服하니 常人何別이리오 今相이 謁王하니 豈謁無禮者耶아 王이 慙而更(경)服④이어늘 景이 然後拜하고 出請王傅하여 責之曰⑤ 前發京師에 陛見(현)受詔⑥하니 以王不恭이라하여 使相檢督이라 諸君이 空受爵祿하고 曾無訓導之義라하고 因捕諸姦人하여 奏案其罪하고 出冤獄百餘人하니 政이 遂改節하여 悔過自修하다

① 劉政은 河間孝王 劉開의 아들이다.
政, 孝王開之子.
② 侍御史는 秩이 六百石이었는데, 발탁하여 王國의 相으로 삼으니 秩이 二千石이다.
侍御史, 秩六百石, 擢爲王國相, 秩二千石.
③ 峙은 丈里의 切이니, 꼿꼿이 서 있는 것이다.
峙, 丈里切, 立也.
④ 更(바꾸다)은 工衡의 切이다.
更, 工衡切.
⑤ 漢나라의 여러 왕국에 太傅가 있었는데, 成帝 때에 이르러 傅로 이름을 바꾸었다.
漢諸王國, 有太傅, 至成帝時, 更曰傅.
⑥ 見(뵙다)은 賢遍의 切이다.
見, 賢遍切.

【綱】 3월에 다시 伊吾司馬를 두고 屯田을 개설하였다.

三月에 復置伊吾司馬[91]하고 開屯田하다

【目】 황제는 伊吾의 토지가 기름지고 곁에 西域과 가까우니, 匈奴가 이를 믿고서 노략질하고 포악한 짓을 한다고 생각하여, 다시 屯田을 開設하고 司馬 한 사람을 두었다.

帝以伊吾膏腴하고 傍近西域하니 匈奴資之하여 以爲鈔暴라하여 復令開設屯田하고 置司馬一人①하다

① ≪資治通鑑≫에는 "다시 屯田을 開設하게 하여 永元 연간(89~104)의 일과 같게 했다." 하였다.
通鑑復令開設屯田, 如永元時事.

---

91) 復置伊吾司馬 : "이때까지 伊吾를 6번 썼다.〔於是 六書伊吾矣〕" ≪書法≫
伊吾는 현재 중국의 新疆 지방인데 要害處이기 때문에 綱에 자주 쓴 것이다.

【綱】 가을 9월에 太學을 일으켰다.

秋九月에 起太學[92)]하다

【目】 처음에 安帝가 藝文을 하찮게 여겨서 博士들이 다시는 講習하지 않으니, 생도들이 태만하여 해이하고 學舍(학교)가 무너져서 끝내 채소밭이 되었다. 將作大匠 翟酺(적포)가 글을 올려서 다시 학사를 수리하여 後學들을 유도해서 나오게 할 것을 청하자 황제가 그 말을 따르니, 모두 240개의 房(집)에 1,850개의 室(방)을 만들었다.

初에 安帝薄於藝文이라 博士不復講習하니 朋徒怠散하고 學舍頹敝하여 鞠爲園蔬라① 將作大匠翟酺 上疏하여 請更修繕하여 誘進後學한대 帝從之하니 凡造二百四十房에 千八百五十室하다

① 鞠은 窮(끝내)이다.
鞠, 窮也.

壬申年(132)

【綱】 漢나라 孝順皇帝 陽嘉 元年이다. 봄 正月에 貴人 梁氏를 세워 皇后로 삼았다.

陽嘉元年이라 春正月에 立貴人梁氏하여 爲皇后하다

【目】 황제가 皇后를 세우고자 하였으나, 貴人 중에 총애하는 자가 네 명이었다. 누구를 황후로 세워야 할지를 알지 못하자, 의논하여 籌(산대)를 더듬어 정하고자 하였다.

僕射 胡廣 등이 간하기를 "神을 믿고 占에 맡기면 반드시 賢淑한 자를 만난다는 보장이 없고, 가령 현숙한 자를 만난다고 하더라도 덕으로 선발한 것이 아닙니다. 마땅히 양갓집 자제를 살펴보고 덕이 있는 자를 선발하되, 덕이 똑같으면 나이가 많은 사람을 취하고 나이가 똑같으면 용모가 나은 사람을 취하여, 떳떳한 경전에 상고하고 성상의 생각으로 결단하여야 합니다." 하니, 황제가 그의 말을 따랐다.

帝欲立后로되 而貴人有寵者 四人이라 莫知所建하여 議欲探籌以定①이어늘 僕射胡廣等이 諫曰

92) 起太學 : "〈綱에〉 쓴 것은 인정해준 것이니, ≪資治通鑑綱目≫이 끝날 때까지 太學을 세웠다고 쓴 것이 7번이다.〔書 予之也 終綱目 書立太學七〕" ≪書法≫

恃神任筮면 不必當賢이요 就値其人이라도 猶非德選이니 宜參良家하고 簡求有德하되 德同以年하고 年鈞以貌하여 稽之典經하고 斷之聖慮니이다 帝從之하다

① 探은 취함이니, 〈"探籌以定"은〉 네 사람의 姓氏를 산대에 쓰고, 神에게 기도한 다음 산대를 손으로 더듬어서 뽑으면 그 사람을 皇后로 선발되는 것이다.
探, 取也. 書四人姓氏於籌, 禱之於神而探之, 得之爲入選.

【目】 恭懷皇后의 친정 아우의 자식(조카)인 乘氏侯(승지후) 梁商의 딸이 貴人으로 선발되어 항상 특별히 황제를 引御[93]하였는데, 조용히 사양하기를 "陽(남자)은 널리 베푸는 것을 恩德으로 삼고, 陰(여자)은 독차지하지 않는 것을 의리로 삼으니, 원컨대 陛下께서는 雲雨가 萬物을 똑같이 적셔주는 것을 생각하셔서 小妾이 죄를 면하게 하소서." 하였다. 황제가 이로 말미암아 梁貴人을 어질게 여겨서 황후로 삼았다.

恭懷皇后弟子乘氏侯商之女 選爲貴人①하여 常特被引御러니 從容辭曰 夫陽以博施爲德하고 陰以不專爲義하나니 願陛下는 思雲雨之均澤하사 小妾이 得免於罪하소서 帝由是賢之하여 立以爲后하다

① 恭懷皇后는 和帝의 어머니 梁貴人이다. 乘氏縣은 濟陰郡에 속하였다.
恭懷皇后, 和帝母梁貴人也. 乘氏縣, 屬濟陰郡.

【綱】 가뭄이 들었다.

旱하다

【綱】 3월에 揚州의 요망한 賊인 章河 등이 난을 일으켜 長吏(令長)를 살해하였다.

◑ 三月에 揚州妖賊章河等이 作亂하여 殺長吏하다

【綱】 여름 4월에 梁商을 執金吾로 삼았다.

◑ 夏四月에 以梁商爲執金吾하다

---

93) 引御 : 妃嬪 등이 황제의 부름을 받고 侍寢하는 것이다.

【綱】 겨울에 護烏桓校尉 耿曄(경엽)이 烏桓을 보내 鮮卑를 공격하게 해서 선비의 무리를 크게 사로잡았다.

◑ 冬에 護烏桓校尉耿曄이 遣烏桓하여 擊鮮卑하여 大獲[①]하다

① 曄은 曅과 같다.
曄, 與曅同.

【綱】 孝廉을 선발할 적에 나이를 제한하고 課試하는 法을 세웠다.

◑ 立孝廉限年 課試法[94)]하다

【目】 尙書令 左雄이 다음과 같이 上疏하였다.

"백성을 편안히 하는 방도는 반드시 현자를 등용함에 있고, 현자를 등용하는 방도는 반드시 성적을 고과하여 관작을 올려주고 내침에 달려 있으니, 관리들이 자주 바뀌면 아랫사람이 생업을 편안히 하지 못하고 관리들이 그 일을 오래 담당하면 백성들이 敎化에 복종합니다. 지금 풍속이 점점 피폐해져서 교묘한 거짓이 더욱 싹트는데, 100리의 城을 주관하고 있는 令長들의 이동이 잦은 까닭에 각자 구차하게 하루하루 임시변통하려는 마음만 품고 長久한 것을 생각하지 않습니다. 그리하여 세금을 가혹하게 거두고 장부를 잘 정리하는 것을 賢能하다고 여기고, 자기 몸을 다스리고 백성을 편안하게 하는 것을 용렬하다고 여겨서, 백성 보기를 원수처럼 여기고 세금 거두기를 시랑과 호랑이처럼 가혹하게 합니다.

監司가 앞뒤로 돌아보면서 똑같이 이러한 병통을 간직하여 잘못을 보고도 조사하지 않고 악행을 듣고도 살피지 아니하여, 亭傳[95)]을 꾸며놓은 것을 가지고 정사를 관찰하고 1년의 성공을 책임하여 善을 말함에 德에 걸맞지 않고 功을 논함에 실제에 근거하지 않습니다. 그리하여 虛誕한 자가 명예를 얻고, 분수를 지키고 몸을 단속하는 자가 비난을 받습니다. 혹은 罪를 짓고 은둔하여 명성을 구하는데도 州의 宰(刺史)가 살피지 못하고 다투어 함께 이들을 辟召해서, 간사하고 교활하고 부정한 자들로 하여금 去就를 가

94) 立孝廉限年課試法 : "비난한 것이니, 어째서 비난하였는가. 청렴한 자를 일으키고 효행이 있는 자를 천거하면서 나이로 제한하고, 또 家法을 시험하고 牋奏로 시험하는 것은 처음에 〈孝廉을 만들 때의〉 취지가 아니기 때문이다. 아래에 '더하여 네 개의 科를 만들었다.'고 쓴 것은 매우 비난한 것이다.〔譏也 其譏 何 興廉擧孝而限之年 且試家法課牋奏 非初意矣 下書增爲四科 甚譏之〕" ≪書法≫

95) 亭傳 : 나그네나 공문을 전달하는 사람에게 제공되는 길가의 숙소를 이른다.

볍게 하게 하고 있습니다. 鄕官과 部吏(刺史府의 관리)는 직책이 낮고 녹봉이 적어서 〈그들이 사용하는〉 수레와 말과 衣服이 일체 백성들이 내는 세금에서 나오고, 수령을 제수하기를 물 흐르듯 쉽게 하여, 관원을 전송하고 맞이함에 번거롭고 비용이 많이 들어서 정사를 해치고 백성들에게 손해를 끼치니, 和氣가 흡족하지 못하고 재앙이 사라지지 않는 것은 잘못이 모두 여기에 있습니다.

尙書令左雄이 上疏曰 寧民之道는 必在用賢이요 用賢之道는 必存考黜이니 吏數(삭)變易則下不安業하고 久於其事則民服敎化니이다 今俗浸彫敝하여 巧僞滋萌하니 典城百里 轉動無常하여 各懷一切하고 莫慮長久①라 謂聚斂整辨爲賢能하고 以治己安民爲劣弱하여 視民如寇讐하고 稅之如豺虎②로되 監司項背相望하여 與同疾疢③하여 見非不擧하고 聞惡不察하여 觀政亭傳하고 責成朞月④하여 言善不稱德하고 論功不據實이니이다 虛誕者獲譽하고 拘檢者離毁⑤하며 或因罪戾하여 引高求名⑥호되 州宰不覆하고 競共辟召하여 使姦猾枉濫으로 輕忽去就⑦하니이다 鄕官部吏 職賤祿薄하여 車馬衣服이 一出於民[96]하고 拜除如流하여 送迎煩費하여 損政傷民하니 和氣未洽하고 災眚不消 咎皆在此하니이다

① "一切"는 苟且이니 權宜(임시방편)란 말과 같다.
一切, 苟且也, 猶言權宜.

② "稅之"는 세금을 가혹하게 거둠을 이른다.
稅之, 謂聚斂也.

③ 背(등)는 음이 輩이니, "項背相望"은 앞뒤로 서로 돌아봄을 말한 것이다. 疢(병통)은 丑刃의 切이니, "與同疾疢"은 똑같이 이 병통이 있음을 말한 것이다.
背, 音輩. 項背相望, 謂前後相顧也. 疢, 丑刃切. 與同疾疢, 言同有此病也.

④ "觀政亭傳"은 郡縣의 長吏가 亭傳을 잘 꾸며서 과시하고, 길 가는 使臣과 監司 또한 이것을 가지고 군현의 정사가 어떠한가를 살펴봄을 말한 것이다. 朞는 두루이니, 〈"朞月"은〉 1년을 이른다.
觀政亭傳, 言郡縣長吏飾亭傳以夸過, 使客監司亦以是觀政也. 朞, 匝也. 謂一歲.

⑤ 離는 罹와 같으니 만남이다. 毁는 비방함이다.
離, 與罹同, 遭也. 毁, 謗也.

⑥ 〈"或因罪戾 引高求名"은〉 죄를 짓고 은둔해서 高尙한 이름을 구함을 이른다.
謂因罪潛遁, 以求高尙之名也.

⑦ 覆은 살핌이다.
覆, 審也.

---

96) 鄕官部吏……一出於民 : ≪資治通鑑≫에는 이 뒤에 "廉者取足 貪者充家(청렴한 자는 충분할 정도만 취하고 탐욕한 자는 집안이 가득할 정도로 취한다.)"라는 말이 덧붙어 있다.

【目】 어리석은 臣은 생각하건대, 守·相과 長吏 중에 드러나게 효험을 보인 자에게는 나아가 秩을 더해주고 轉任시키지 말며, 관리들이 父母의 喪이 아니면 관직을 떠날 수 없게 해야 합니다. 만약 탄핵을 받고 도망하여 법을 따르지 않는 자는 가족을 변방의 郡으로 귀양 보내고, 鄕·部에서 백성을 직접 대하는 관리는 모두 儒生 중에 청렴결백하여 정사에 종사할 만한 자를 등용해서 밀린 조세와 부역을 경감해주고 그 秩과 祿을 더해주며, 관리를 임용해서 한 해가 꽉 차면 비로소 정식으로 辟召해야 합니다. 이와 같이 하면 虛僞의 단서가 끊어지고 관리를 맞이하고 전송하는 일이 줄어들어서 백성들이 각각 있는 자리를 편안히 여길 것입니다."

황제는 그의 말을 모두 따르라고 詔令을 내렸으나, 宦官들이 편하게 여기지 않아서 끝내 시행되지 못하였다.

臣愚는 以爲守相, 長吏 有顯效者를 可就增秩하고 勿移徙하며 非父母喪이면 不得去官하고 若被劾奏하여 亡不就法者는 徙家邊郡하고 其鄕部親民之吏를 皆用儒生淸白任從政者하여 寬其負算하고 增其秩祿하고 吏職滿歲어든 乃得辟擧①니 如此면 虛僞之端이 絶하고 迎送之役이 損하여 而民各寧其所矣리이다 帝詔悉從之호되 而宦官이 不便이라하여 終不能行하다

① 任은 人林의 切이니, 감당함이다. 負는 逋欠이다. 算은 口錢(인구세)이니, 〈"寬其負算"은〉 儒生은 〈아직 벼슬하지 않아서〉 品秩이 없으므로 〈조세와 부역을〉 경감해준 것이다.
任, 人林切, 堪也. 負, 欠也. 算, 口錢也. 儒生未有品秩. 故寬之.

【目】 左雄이 또 다음과 같이 말하였다.

"孔子께서는 '40세에 不惑하였다.' 하셨고, ≪禮記≫에는 '〈40세에〉 강하여 벼슬한다.' 하였으니, 청컨대 지금부터 孝廉은 나이가 40이 되지 않았으면 천거해서는 안 되고, 모두 먼저 三公府에 나오게 해서, 諸生은 家法으로 시험하고, 文吏(법조문을 따지는 관리)는 牋奏(箋表와 章奏)로 시험하여, 副本(寫本)을 端門에 보내서 그 虛實을 가리고, 만약 뛰어난 재주와 특별한 행실이 있거든 자연 年齒에 구애받지 말아야 합니다."

황제가 그의 말을 따랐다. 이에 胡廣이 다음과 같이 반박하였다.

"選擧는 재주(능력)를 위주로 하고 일정한 제도에 구애받지 아니하여, 前代 이래로 혹시라도 이를 바꾸거나 개혁하지 않았으니, 百官들에게 명령을 내려서 그 同異를 참고하게 해야 합니다." 하였다.

雄이 又言 孔子曰 四十不惑이라하시고 禮稱强仕①하니 請自今으로 孝廉年不滿四十이면 不可察

擧하고 皆先詣公府하여 諸生은 試家法하고 文吏는 課牋奏[②]호되 副之端門하여 練其虛實[③]하고 若有茂才異行이어든 自可不拘年齒니이다 帝從之하다 胡廣이 駁曰 選擧因才요 無拘定制하여 前世以來로 莫或回革하니 可宜下百官하여 參其同異니이다

① ≪禮記≫ 〈曲禮〉에 "40세를 彊而仕(힘이 강하여 벼슬한다.)라고 한다." 하였다.
曲禮 "四十曰彊而仕."

② 儒家는 一家의 학문이 있으므로 家法이라 칭하였다. "文吏課牋奏"는 文法을 관장하는 관리를 牋表와 章奏로 시험함을 이른다.
儒有一家之學, 故稱家法也. 文吏課牋奏, 謂掌文法之吏課試牋表・奏章也.

③ 宮의 正南門을 '端門'이라 하니, 尙書가 이곳에서 天下의 章奏를 받았다. 천거된 자로 하여금 먼저 三公府에 나아가 시험을 치르게 하고, 副本을 端門에 바치면 尙書가 살펴 조사하였다.
宮之正南門曰端門, 尙書於此, 受天下章奏. 令擧者, 先詣公府課試, 以副本納之端門, 尙書審覈之.

【目】 황제는 끝내 左雄의 주청을 따라서, 郡國으로 하여금 孝廉을 천거하기를 나이 40세 이상으로 제한하게 하되, 諸生은 章句에 통달하고 文吏는 牋奏를 잘하여야 비로소 선발에 응할 수 있게 하고, 그중에 뛰어난 재주와 특별한 행실이 顔淵과 子奇와 같은 자가 있거든 나이에 구애받지 않도록 하였다. 좌웅 또한 공정하고 정직하고 정밀하고 밝아서 〈인재를 천거함에〉 진실과 거짓을 자세히 살피어 뜻을 결단하여 행하였다.

얼마 후 胡廣이 외직으로 나가 濟陽太守가 되어서 여러 郡守 10여 명과 함께 모두 잘못 천거한 죄에 걸려 면직되어 축출을 당했다. 〈천거한 사람 중에〉 오직 汝南 사람 陳蕃과 潁川 사람 李膺과 下邳 사람 陳球 등 30여 명만 〈고과 성적이 좋아〉 郎中에 제수되니, 이로부터 州牧과 郡守들이 두려워하여 감히 가볍게 사람을 천거하지 못하였다. 그리하여 永嘉 연간(145)에 이르기까지 인재를 천거하는 일이 청백하고 공평해서 적임자를 많이 얻었다.

帝卒用雄奏하여 令郡國擧孝廉을 限年四十以上호되 諸生이 通章句하고 文吏能牋奏라야 乃得應選하고 其有茂才異行이 若顔淵, 子奇어든 不拘年齒[①]하다 雄亦公直精明하여 能審覈眞僞하여 決志行之러라 頃之요 胡廣이 出爲濟陽太守하여 與諸郡守十餘人으로 皆坐謬擧免黜호되 唯汝南陳蕃과 潁川李膺과 下邳陳球等三十餘人이 得拜郎中하니 自是로 牧守畏慄하여 莫敢輕擧하니 迄于永嘉히 察選淸平하여 多得其人이러라

① 子奇는 齊나라 사람이다. 살펴보건대 劉向의 ≪新序≫에 이르기를 "자기의 나이 18세에 齊나라 군주가 東阿를 주관하여 다스리게 하였는데, 東阿가 크게 교화되었다." 하였다.
子奇, 齊人也. 按劉向新序曰"子奇年十八, 齊君使主東阿, 阿縣大化."

【目】袁宏이 다음과 같이 평하였다.
"옛날 40세에 벼슬한다는 것은 반드시 이 나이에 벼슬한다고 말한 것이 아니라 다만 그 큰 한계를 들어서 말했을 뿐이다. 또 顔淵과 子奇는 오랜 세대에 한 번 있는 자들인데, 이들로써 표준을 삼고자 하니 편벽되지 않은가."

袁宏曰 古者四十而仕는 非謂仕必是年也요 特擧其大限以爲言耳라 且顔淵, 子奇는 曠代一有어늘 而欲以斯爲格하니 不亦偏乎아

【綱】윤12월에 恭陵(安帝의 陵)에 있는 百丈廡에 화재가 났다.

閏十二月에 恭陵百丈廡災하다

癸酉年(133)

【綱】漢나라 孝順皇帝 陽嘉 2년이다. 봄 正月에 郎顗(낭의)를 불러 郎中을 삼았는데 관직에 나아가지 않았다.

二年이라 春正月에 徵郎顗하여 以爲郎中이러니 不就하다

【目】上이 郎顗를 불러 災異에 대해 묻자, 낭의가 글을 올려 다음과 같이 말하였다.
"三公은 위로 台階에 응하고 아래로 元首(군주)와 함께하니, 政事가 그 도리를 잃으면 춥고 음산함이 시절과 반대가 됩니다. 지금 지위에 있는 자들이 고원함과 허황함에 다투어 의탁해서 많은 녹봉을 받지만 천하를 근심하는 가음이 없어서 한가로이 노닐고 편안하게 쉬면서 身病을 조리한다는 이유로 안일하게 지내다가, 策文을 받고 하사하는 돈을 얻으면 곧바로 다시 나와서 벼슬하니, 어쩌면 이리도 쉽게 병들고 신속하게 낫는단 말입니까. 이런 사람들을 데리고서 災異를 사라지게 하고 태평성세를 이루려고 하면, 어찌 될 수 있겠습니까.

지금 州牧과 郡守를 선발할 적엔 三府에 委任하나 長吏(令長)들이 선량하지 못하면

州郡을 허물하니, 州郡에 잘못이 있으면 어찌 이들을 천거한 자(三公)에게 책임을 돌리지 않을 수 있겠습니까. 그런데도 陛下께서는 이들을 높여 더욱 우대하시니, 아래에서는 더욱 일을 태만히 할 것입니다. 이는 이른바 큰 그물은 엉성하고 작은 그물은 촘촘하다는 것입니다.

上이 召郎顗하여 問以災異①한대 顗上章曰 (王)〔三〕[97]公은 上應台階하고 下同元首하니 政失其道하면 則寒陰反節②이니이다 今之在位 競托高虛하여 納累鍾之奉이나 亡(무)天下之憂하여 棲遲偃仰하고 寢疾自逸③이라가 被策文하고 得賜錢하면 即復起矣니 何疾之易而愈之速고 以此消伏災眚하고 (與)〔興〕[98]致升平이면 其可得乎잇가 今選牧守에 委任三府④로되 長吏不良하면 既咎州郡하니 州郡有失이면 豈得不歸責擧者리오마는 而陛下崇之彌優하시니 自下慢事愈甚이라 所謂大網疏하고 小網數(촉)也⑤로이다

① 郎은 姓이다. 顗는 魚豈의 切이다.
郎, 姓也. 顗, 魚豈切.

② ≪春秋元命包≫에 "魁(北斗七星의 첫 번째 별) 아래 여섯 별이 둘씩 서로 나란히 있는 것을 三台라 한다." 하고, 또 ≪黃帝泰階六符經≫에 "泰階는 하늘의 三階이니, 上階는 天子가 되고 中階는 諸侯와 公·卿·大夫가 되고 下階는 士庶人이 된다. 三階가 고르면 陰陽이 조화롭고 風雨가 제때에 내린다." 하였고, ≪書經≫에 "군주는 元首가 되고 신하는 股肱이 된다." 하였으니, 〈"上應台階 下同元首"는〉 三公은 위로 하늘의 台階를 형상하고 아래로 人君과 더불어 體를 함께함을 말한 것이다.
春秋元命包曰 "魁下六星兩兩而比曰三台." 又黃帝泰階六符經曰 "泰階者, 天之三階也, 上階爲天子, 中階爲諸侯公卿大夫, 下階爲士庶人. 三階平則陰陽和, 風雨時." 書曰 "君爲元首, 臣作股肱." 言三公上象天之台階, 下與人君同體也.

③ 〈"累鍾"에서〉 6斛 4斗를 鍾이라 한다. 奉(녹봉)은 俸과 같다. 亡(무)는 無의 古字이다.
六斛四斗曰鍾. 奉, 與俸同. 亡, 古無字.

④ 三府는 三公이다.
三府, 三公也.

⑤ 數은 趨玉의 切이니 촘촘함이다. 〈"大網疏 小網數"은〉 三公에게는 느슨하고 州郡에는 박절함을 이른다.
數, 趨玉切, 密也. 謂緩於三公, 切於州郡也.

【目】 이어서 便宜에 따라 7가지 일을 조목조목 아뢰겠습니다. 첫 번째는 陵園의 火災이

97) (王)〔三〕: 저본에는 '王'으로 되어 있으나, ≪資治通鑑≫에 의거하여 '三'으로 바로잡았다.
98) (與)〔興〕: 저본에는 '與'로 되어 있으나, ≪資治通鑑≫에 의거하여 '興'으로 바로잡았다.

니, 마땅히 百姓들의 수고로움을 생각해서 陵園을 수리하는 부역을 파해야 합니다. 두 번째는 立春 이후에 날씨가 음산하고 추워 기후가 절기에 맞지 않으니, 마땅히 훌륭한 신하를 采納하여 聖上의 교화를 돕게 해야 합니다. 세 번째는 今年이 少陽이라서 봄에는 가물고 여름에는 홍수가 있을 것이니, 마땅히 節約을 힘써야 합니다. 네 번째는 지난해 8월에 熒惑星이 軒轅에 出入하였으니 마땅히 宮女들을 선발하여 내보내야 합니다. 다섯 번째는 지난겨울에 흰 기운(구름)이 西方의 天苑으로부터 參宿의 왼발로 몰려와서 玉井으로 들어갔으니, 羌族의 침략이 있을 듯한바 마땅히 이에 대비해야 합니다. 여섯 번째는 근래에 흰 무지개가 해를 관통하였으니 마땅히 안팎의 官司로 하여금 모두 立秋가 지난 뒤에 일을 탄핵하게 해야 합니다. 일곱 번째는 漢나라가 일어난 이래로 339년이 되었습니다. 시기상 三朞[99)]가 되었으니, 마땅히 크게 法令을 줄여서 변경하는 바가 있어야 합니다. 王者의 法은 비유하면 江河와 같으니, 마땅히 피하기 쉽고 犯하기 어렵게 해야 합니다."

因條便宜七事하니 一은 園陵火災니 宜念百姓之勞하여 罷繕修之役이니이다 二는 立春以後에 陰寒失節하니 宜采納良臣하여 以助聖化니이다 三은 今年少陽이라 春旱夏水리니 宜務節約①이니이다 四는 去年八月에 熒惑이 出入軒轅하니 宜簡出宮女②니이다 五는 去冬에 有白氣從西方天苑하여 趨參左足하여 入玉井하니 恐有羌寇니 宜爲備禦③니이다 六은 近者에 白虹貫日하니 宜令中外官司로 幷須立秋然後考事④니이다 七은 漢興以來三百三十九歲라 於(詩)〔時〕[100)]三朞니 宜大蠲(견)法令하여 有所變更⑤이니이다 王者之法이 譬猶江河하니 當使易避而難犯이니이다

① ≪資治通鑑≫에 "今年은 少陽의 해이니, 봄에는 반드시 가물고 여름에는 반드시 홍수가 있을 것이다."라고 되어 있다.
通鑑 "今年, 少陽之歲, 春當旱, 夏必有水."

② ≪晉書≫ 〈天文志〉에 "軒轅 17星은 黃帝의 神이고 黃龍의 體이니, 后妃가 宮女의 직분을 주관하는 것이다." 하였다.
晉書天文志 "軒轅十七星, 黃帝之神, 黃龍之體也, 后妃之主女職也."

③ ≪晉書≫ 〈天文志〉에 "天苑 16星은 昴宿와 畢宿의 남쪽에 있는데, 天子의 동산으로 짐승을 기르는 곳이다. 參宿 10星은 白虎의 體인데, 그 가운데 세 별이 가로로 나열되어 있으니, 세 장수이다. 동북쪽을 왼쪽 어깨라 하는데 左將軍을 주장하고, 서북쪽을 오른쪽 어깨라 하는데 右將軍을 주장하고, 동남쪽을 왼발이라 하는데 後將軍을 주장하고, 서남쪽을 오른발이라 하는데 偏將軍을 주장한다. 玉井의 네 별은 參宿 왼발 아래에 있는데 물과 漿을 주

99) 三朞 : 朞는 100년으로, 300년을 뜻한다.

100) (詩)〔時〕: 저본에는 '詩'로 되어 있으나, ≪資治通鑑≫에 의거하여 '時'로 바로잡았다.

관하여 부엌에 공급한다." 하였다.

晉書天文志 "天苑十六星, 在昴・畢南, 天子之苑囿養獸之所也. 參十星, 白虎之體, 其中三星橫列, 三將也. 東北曰左肩, 主左將, 西北曰右肩, 主右將, 東南曰左足, 主後將軍, 西南曰右足, 主偏將軍. 玉井四星, 在參左足下, 主水漿以給廚."

④ 무릇 흰 무지개는 온갖 재앙의 근본으로, 뭇 혼란이 여기에서 기인한다. 흰 무지개가 해의 중앙을 꿰뚫었다는 것은 太陽을 침범한 것이다. 考는 탄핵함이다.

凡白虹者, 百殃之本, 衆亂所基. 貫日中者, 侵太陽也. 考, 劾也.

⑤ ≪後漢書≫ 〈郎顗傳〉에 '三朞'의 아래에 "高祖는 亥仲 2년에 일어났고, 지금은 戍仲 10년에 있다."[101] 하였는데, 李賢이 말하기를 "三朞의 法으로 추측한 것이다. ≪詩氾歷樞≫[102]에 말하기를 '무릇 그 수를 미룰 때에는 모두 亥의 仲으로부터 시작하니, 이는 하늘과 땅이 정해진 위치이다. 陰과 陽의 기운이 두루 순환하여 다시 시작하고 萬物이 죽었다가 다시 소생하니, 大統의 시작이다. 그러므로 王命 1節이 10년이 된다.' 했다." 하였다.

顗傳三朞下云 "高祖起亥仲二年, 今在戌仲十年." 賢曰 "謂以三朞之法推之也. 詩氾歷樞曰 '凡推其數, 皆從亥之仲起, 此天地所定位. 陰陽氣周而復始, 萬物死而復蘇, 大統之始, 故王命一節, 爲之十歲也.'"

【目】 左雄은 다시 글을 올려서 黃瓊과 李固를 천거하고, 또 다음과 같이 말하였다.

"겨울부터 봄에 이르기까지 내내 비가 흡족하게 내리지 않으니, 조정(황제)이 노심초사하여 널리 기도하고 있습니다. 臣이 듣건대 '皇天은 물건에 감동하되 거짓에 감동하지 않고, 災變은 사람에 따라 응하되 요점은 군주가 자기 몸을 책함에 있다.' 하였으니, 만약 비를 청하여 내리게 할 수 있고 홍수를 기도하여 그치게 할 수 있다면, 해마다 가뭄이나 홍수가 없어서 천하가 곧 태평해질 것입니다. 그러나 〈기도를 계속하고 있는 지금〉 災害가 그치지 않는 것은 근심이 여기에 있지 않기 때문입니다."

글을 아뢰자 특별히 郎中을 제수하였는데, 병으로 사양하고 나아가지 않았다.

復上書하여 薦黃瓊, 李固하고 又言 自冬涉春히 訖無嘉澤하니 朝廷이 勞心하여 廣爲禱祈니이다 臣聞 皇天感物호되 不爲僞動하고 災變應人호되 要在責己①라하니 若令雨可請降이요 水可禳止면 則歲無隔幷하여 太平可待②리이다 然而災害不息者는 患不在此也③니이다 書奏에 特拜郎中하니 辭

101) 高祖는……있다 : 자세하지 않다. ≪後漢書≫에는 ≪詩氾歷樞≫를 인용하여 "卯・酉는 革政이 되고 午・亥는 革命이 되며, 神이 天門에 있어 출입하며 善惡을 살핀다." 하였는데, 注에 "神은 陽氣이니 군주의 象이다. 天門은 戌・亥의 사이이니 乾이 점거한 방위이다." 하였으며, "王命 1節이 10歲가 된다." 하였으나 亥仲과 戌仲 및 이에 대한 자세한 내용이 보이지 않는바 緯書가 없어졌기 때문에 알 수 없는 것으로 보인다.

102) 詩氾歷樞 : ≪詩經≫의 緯書 중 하나로, 지금은 전하지 않는다.

病不就하다

① 爲(위하다)는 去聲이다.
爲, 去聲.

② 隔은 막힘이요, 幷은 자주함이다. ≪書經≫ 〈周書 洪範〉에 이르기를 "〈비와 햇볕과 따뜻함과 추위와 바람의 다섯 가지 중에〉 한 가지가 지극히 구비되어도 凶하고, 한 가지가 지극히 없어도 凶하다." 하였다.
隔, 否隔也, 幷, 頻幷也. 書曰 "一極備凶, 一極無凶."

③ 〈"患不在此也"는〉 재앙의 有無가 祈禱에 달려 있지 않음을 말한 것이다.
謂不在祈禱.

【綱】 乳母 宋娥를 封하여 山陽君으로 삼았다.

封乳母宋娥하여 爲山陽君[103]하다

【目】 황제가 즉위할 적에 宋娥가 그 계책에 참여하였으므로 그녀를 〈山陽君에〉 봉하고, 또 梁商의 아들 梁冀를 봉하여 襄邑侯로 삼았다. 左雄이 封事를 올려 말하기를 "高皇帝의 약속에 功이 있는 자가 아니면 侯를 삼지 않는다' 하였으니, 작은 은혜를 追錄하여 큰 법전을 훼손해서는 안 됩니다." 하였으나, 황제가 듣지 않았다.

帝之立也에 娥與其謀라 故로 封之하고 又封梁商子冀하여 爲襄邑侯①한대 左雄이 上封事曰 高皇帝約에 非有功이면 不侯하니 不宜追錄小恩하여 虧失大典이니이다 帝不聽하다

① 襄邑縣은 陳留郡에 속하였다.
襄邑縣, 屬陳留郡.

---

103) 封乳母宋娥爲山陽君 : "順帝가 儲貳(동궁)에 있을 때에 억울하게 廢黜을 당하였는데, 비록 나이가 한창 어렸으나 반드시 마음을 격동시키고 성질을 참아서 그 부족한 바를 더하였을 것이다. 이 때문에 大統을 이은 초기에는 환관들이 功을 믿고 조정을 擅斷하는 일이 없지 않았으나 政事가 크게 전도되고 잘못됨이 없었으니, 이 또한 그 淸明한 천성이 심히 더렵혀지지 않았기 때문이었다. 그런데 어찌하여 이때에 이르러서 春秋가 이미 18세가 되었는데, 乳母를 封爵하여 친히 잘못된 전철을 밟아서 ≪資治通鑑綱目≫의 기록에 자세히 보이는 것은 어째서인가. 황제는 타고난 자품이 높지 못해서 장성할수록 어두워졌다. 그러므로 음악과 여색과 嗜慾에 미혹되고, 총애하고 아첨하는 무리들에게 빠져서 흘러가 돌아올 것을 잊고 스스로 알지 못한 것이다. 아! 왕의 처소는 薛居州와 같이 善한 사람이 있는 곳이 아니고 임금의 곁에는 子思와 같은 聖賢이 없었으니, 비록 밝고 지혜로운 군주라도 뜻을 확립함이 있지 못할 터인데, 하물며 순제임에랴![順帝在儲貳之時 橫罹廢黜 雖年方沖幼 亦必動心忍性 增益其所未能 由是 繼統之初 非無閹宦挾功擅朝 然政事無大顚錯者 亦其淸明之天 未甚澒汨爾 夫何至是春秋已十有八 乃使封爵乳母 親尋覆轍 備見於綱目之所書 何哉 蓋帝天資不高 浸長浸昏 故爲聲色嗜慾之所惑 便嬖佞倖之所移 流而忘返 不自知也 嗚呼 王所非居州 君側無子思 雖明智之君 且不能有立 況順帝乎]" ≪發明≫

【目】 左雄이 다시 다음과 같이 諫하였다.

"臣이 들으니, 人君이라면 누구나 다 충성스럽고 정직한 사람을 좋아하고, 참소하고 아첨하는 자를 미워한다고 합니다. 그러나 歷代의 환란이 충성스럽고 정직함으로써 罪를 얻고 참소하고 아첨함으로써 총애를 입지 않는 경우가 없었던 것은, 충성스러운 자의 말은 따르기 어렵고 아첨하는 자의 말은 따르기 쉽기 때문입니다. 형벌은 人情에 매우 싫어하는 바이고 총애는 人情에 매우 바라는 바이니, 이 때문에 時俗에 충성스러운 자가 적고 아첨을 잘하는 자가 많은 것입니다. 그러므로 군주로 하여금 자신의 좋은 점을 자주 듣고 자신의 과오를 아는 것이 드물어서, 미혹되어 깨닫지 못하여 결국 위태로움과 멸망에 이르게 합니다.

臣이 살펴보건대, 尙書의 故事에 乳母에게 爵邑을 내리는 제도가 없고, 오직 先帝(安帝) 때에 王聖이 野王君이 되었습니다.[104] 그런데 왕성은 남을 참소하여 해쳤으며 군주를 廢하고 세우는 禍를 만들어서, 살아서는 天下 사람들에게 저주를 받았고 죽어서는 海內가 기뻐하였습니다. 지금 阿母는 몸소 儉約함을 실천하여 자신이 아랫사람들의 모범이 되고 있는데 왕성과 같이 爵號를 받았으니, 본래의 지조에 어긋날까 두렵습니다. 바라건대 예전의 의논과 같이하여, 해마다 천만 錢을 阿母에게 녹봉으로 지급하면 관리와 백성들이 괴이하게 여기지 않을 것입니다. 梁冀를 봉하는 것은 긴급을 요하는 일이 아니니, 마땅히 災戹의 運이 지나간 뒤에 可否를 공평히 의논해야 할 것입니다."

이에 梁商이 양기의 封爵(襄邑侯)을 사양하고 되돌려주었다.

雄이 復諫曰 臣聞人君이 莫不好忠正而惡(오)讒諛나 然而歷世之患이 莫不以忠正得罪하고 讒諛蒙幸者는 蓋聽忠難하고 從諛易일새니이다 夫刑罪는 人情之所甚惡요 貴寵은 人情之所甚欲이니 是以로 時俗에 爲忠者少하고 而習諛者多라 故로 令人主數(삭)聞其美하고 稀知其過하여 迷而不悟하여 以至於危亡이니이다 臣案尙書故事에 無乳母爵邑之制①하고 惟先帝時에 王聖이 爲野王君이러니 聖이 造生讒賊廢立之禍하여 生爲天下所咀嚼하고 死爲海內所懽快②하니이다 今阿母躬蹈儉約하여 以身率下어늘 而與聖同爵號하니 懼違本操라 乞如前議하여 歲以千萬으로 給俸阿母하시면 可不爲吏民所怪③요 梁冀之封은 事非機急이니 宜過災戹之運然後에 平議可否니이다 於是에 商이 讓還冀封하다

① 漢나라의 故事는 모두 尙書가 주관하였다.

---

104) 先帝(安帝)……되었습니다 : 王聖은 安帝의 乳母로, 鄧太后로부터 안제를 보호하여 즉위에 공을 세운 인물이다. 그러나 안제가 즉위한 후 딸 伯榮과 함께 내외를 선동하고 사치스러움과 포악함을 부리다가 閻顯에 의해 여러 환관들과 함께 축출되었다.

漢故事, 皆尙書主之.

② 咀(씹다)는 在呂의 切이니, "咀嚼"은 맛을 음미하며 씹는 것이다.
咀, 在呂切. 咀嚼, 含味而噬嚙也.

③ "乞如前議"는 左雄이 예전에 이미 이러한 의논을 올렸었기 때문에 황제로 하여금 행하기를 청한 것이다.
乞如前議, 蓋雄先已有此議, 令乞行之也.

【綱】 여름 4월에 京師에 地震이 있자, 公卿들에게 詔令을 내려서 直言을 하게 하고 돈후하고 질박한 선비를 천거하게 하였다.

夏四月에 **京師地震**이어늘 **詔公卿直言**하고 **擧敦樸之士**하다

【目】 左雄이 다음과 같이 上疏하였다.

"先帝(安帝)가 王聖을 野王君으로 봉하자 漢陽에 地震이 있었는데, 지금 阿母를 山陽君으로 봉하자 京城에 다시 地震이 있으니, 政事를 마음대로 하는 권력이 陰(여자)에게 있으면 그 재앙이 더욱 큰 것입니다. 臣이 前後로 瞽言[105]을 올려 封爵이 너무 중하다고 하였는데 지금 梁冀가 이미 높이 拱手하고 사양하였으니, 山陽君 또한 마땅히 자신의 본래의 節操를 높여야 합니다."

좌웅의 말이 간절하고 지극하니 宋娥 또한 두려워하여 사양하였으나, 황제가 끝내 봉하였다.

左雄이 復上疏曰 先帝封野王君에 漢陽이 地震①이러니 今封山陽君에 而京城復震하니 專政在陰이면 其災尤大라 臣이 前後瞽言封爵至重이러니 今冀已高讓하니 山陽君이 亦宜崇其本節이니이다 雄言이 切至하니 娥亦畏懼辭讓이나 而帝卒封之하다

① 安帝 延光 2년(123)에 王聖을 봉하였는데, 이해에 京師와 郡國의 세 곳에 地震이 있었으니, 漢陽은 그중의 하나이다.
安帝延光二年, 封王聖, 是歲, 京師及郡國三地震, 漢陽, 蓋其一也.

【目】 이때에 大司農 劉據가 관직의 일로 견책을 당하여 尙書로 불려 올 적에, 傳呼(돌려가며 큰소리로 호령함)하여 걸음을 재촉하고 게다가 몽둥이로 치기까지 하였다. 左雄이 上言하기를 "九卿과 大臣은 길을 감에 佩玉의 절도가 있었는데, 孝明皇帝가 처음 때리는

105) 瞽言 : 사리를 분변하지 못하는 말로, 자신의 말에 대한 겸사이다.

벌을 두셨으니, 이는 옛 법이 아닙니다." 하자, 황제가 그의 말을 받아들였다.

是時에 **大司農劉據 以職事被譴**하여 **召詣尙書**할새 **傳呼促步**하고 **加以捶撲**①이어늘 **雄**이 **上言**호되 **九卿大臣**이 **行有佩玉之節**②이러니 **孝明皇帝 始有撲罰**하시니 **非古典也**니이다 **帝納之**하다

① "促步"는 재촉하여 빨리 걸어가게 하는 것이다. "捶撲"은 몽둥이로 치는 것이다.
促步, 催使速行也. 捶撲, 以杖擊也.

② 九卿은 지위가 三事(三公) 다음이고 大臣의 반열에 있다. 佩物은 玉으로 만드니 인끈으로 꿰었다. ≪禮記≫ 〈玉藻〉에 "옛날 君子들은 반드시 玉을 차서, 종종걸음으로 나아갈 때에는 〈采薺〉의 가락에 맞추고 걸어갈 때에는 〈肆夏〉의 가락에 맞췄으며, 나아가면 고개를 숙이고 물러가면 고개를 들었으니, 그런 뒤에 玉 소리가 쟁쟁히 울렸다." 하였다.
九卿, 位亞三事, 班在大臣. 佩, 以玉爲之, 貫以組綬. 記曰"古之君子, 必佩玉, 趨以采薺, 行以肆夏, 進則揖之, 退則揚之, 然後玉鏘鳴也."

【綱】 京師에 땅이 갈라지니, 詔令을 내려서 돈후하고 질박한 선비를 데려다가 對策하게 하였다.

京師地拆하니 **詔引敦樸士**하여 **對策**106)하다

【目】 洛陽 지역 宣德亭의 땅이 85丈이 갈라지자, 황제가 公卿들이 천거한 돈후하고 질박

---

106) 京師地拆……對策 : "京師에 地震이 있을 적에 ≪資治通鑑綱目≫에 '京師'라고 쓰지 않은 것은 地道의 變함이 遠近이 다르지 않기 때문인데, 여기에서 京師를 두 번 쓴 것은 어째서인가. 같은 달에 지진이 나고 땅이 갈라졌으니, 경계함이 지극한 것이다. 그리하여 代 땅에 지진이 나고 땅이 갈라짐에(B.C. 231) 趙나라가 이 때문에 망하였고, 京師에 지진이 나고 땅이 갈라짐에(B.C. 8) 漢나라가 이 때문에 쇠한 것이다. ≪資治通鑑綱目≫에 지진이 났을 때 '京師'라고 쓴 것이 2번인데, 順帝 때 같은 달에 지진이 나고 땅이 갈라졌을 때(이해) '京師'를 썼고, 獻帝 때 한 달에 두 번 지진이 났을 때(194) '京師'를 썼으니, 모두 큰 災異이다. ≪資治通鑑綱目≫이 끝날 때까지 돈후하고 질박한 선비를 천거하게 했다고 쓴 것이 2번(B.C. 43년과 이해)이다.〔京師地震 綱目不書京師 地道之變 遠近不異也 此其再書京師 何 震坼同月也 警戒至矣 是故代地震坼而趙以亡 京師震坼而漢以衰 綱目地震書京師二 順帝以同月震坼書京師 獻帝以一月再震書京師 皆大異也 終綱目擧敦樸二〕≪書法≫
"順帝 初年에 환관들이 조정에 가득하였는데도 큰 災異가 없었던 것은 황제가 한창 어린 나이라서 하늘이 기다려주는 뜻이 있었던 듯하다. 그러나 이때에 이르러서는 제법 장성하였는데도 소행이 날로 더욱 법도에 어긋났으므로 하늘이 꾸짖고 경고하여 그가 알아서 깨우치기를 바란 것이다. ≪資治通鑑綱目≫에 위에서 유모에게 封爵했다고 쓰고 아래에서 京師에 지진이 나고 京師에 땅이 갈라졌다고 썼으며, 分注(目)에 〈돈후하고〉 질박한 선비의 對策을 기록하면서도 먼저 이 하늘의 변고를 언급하였다. 그렇다면 사람의 말이 명백하지 않은 것이 아닌데 황제는 오히려 편안히 여겨 깨닫지 못하였으니, 저 昏愚한 황제와 더불어 말할 수 있겠는가.〔順帝初年 閹宦滿朝 然無大變異者 時方幼沖 天意若有待也 至是年已浸長 所爲日益乖錯 故上天譴告 以冀其知悟爾 綱目上書封爵乳母 下書京師地震 京師地坼 而分注載樸士對策 亦首及此天變 人言非不明白 帝猶恬然不寤 彼昏不知 尙可與之言乎〕" ≪發明≫

한 선비를 인견하여 對策하게 하였는데, 李固가 다음과 같이 對策하였다.

"漢나라가 일어난 이래로 300여 년에 어질고 성스러운 군주가 서로 이어져 18명의 군주가 있었으니, 어찌 阿母(유모)의 은혜가 없을 것이며 어찌 귀한 작위의 은총이 없었겠습니까. 그러나 위로는 하늘의 위엄을 두려워하고 아래로는 經典을 상고하여 義理에 不可함을 알았기 때문에 작위를 봉하지 않은 것입니다.

지금 宋阿母(宋娥)가 비록 공로가 있으나, 賞賜만 더하더라도 충분히 그 공로에 보답할 수 있으니, 땅을 나누어 나라를 열어주는 것은 실로 옛 법에 어긋납니다. 듣건대 아모가 본성이 謙虛하다 하니, 반드시 겸손하여 사양하는 마음이 있을 것입니다. 陛下께서는 마땅히 아모가 나라를 사양하는 높은 절개를 허여하시어 만 번 편안한 복을 누리게 하셔야 할 것입니다.

역대 后妃의 집안에 完全한 자가 적은 이유는 어찌 天性이 當然해서이겠습니까. 다만 爵位가 높고 현달하여 권세의 자루를 자기 마음대로 총괄해서, 天道가 가득함을 미워하는데도 스스로 덜어낼 줄을 알지 못하기 때문에 顚覆됨에 이른 것입니다. 지금 〈皇后의 宗族인〉 梁氏의 子弟와 여러 從兄弟들에게 영화와 현달을 아울러 베푸시니, 永平과 建初[107]의 故事는 자못 이와 같지 않습니다. 마땅히 그들을 黃門의 관직[108]으로 돌려보내서 권세가 外戚의 손에서 떠나고 정권이 국가로 돌아오게 해야 합니다.

洛陽宣德亭이 地拆八十五丈①이어늘 帝引公卿所擧敦樸士對策한대 李固對曰 漢興以來三百餘年에 賢聖相繼 十有八主②니 豈無阿乳之恩이며 豈無貴爵之寵이리오 然이나 上畏天威하고 俯案經典하여 知義不可故로 不封也하시니이다 今宋阿母 雖有功勤이나 但加賞賜라도 足酬其勞니 裂土開國은 實乖舊典이라 聞阿母體性謙虛라하니 必有遜讓이니 陛下宜許其辭國之高하사 使成萬安之福이니이다 夫妃后之家 所以少完全者는 豈天性當然이리오 但以爵位尊顯하여 顓總權柄하여 天道惡(오)盈이어늘 不知自損故로 至顚仆③니이다 今梁氏子弟群從이 榮顯兼加④하니 永平, 建初故事는 殆不如此라 宜令還居黃門之官하여 使權去外戚하고 政歸國家니이다

① 宣德亭은 平城門 밖에 있다.
宣德亭, 蓋在平城門外.

② 高帝, 惠帝, 文帝, 景帝, 武帝, 昭帝, 宣帝, 元帝, 成帝, 哀帝, 平帝, 光武帝, 明帝, 章帝, 和帝, 殤帝, 安帝로부터 황제(順帝)에 이르기까지 모두 18명의 군주이다.

107) 永平과 建初 : 영평은 明帝 때의 연호로 58년부터 75년까지이며, 건초는 章帝 때의 연호로 76년부터 83년까지이다.

108) 黃門의 관직 : 黃門은 宮中과 宮名 또는 內侍(환관)를 가리키나 여기서는 무엇을 지칭했는지 자세하지 않다.

高・惠・文・景・武・昭・宣・元・成・哀・平・光・明・章・和・殤・安, 至帝凡十八主.

③ 顓(오로지)은 專과 같다.
顓, 與專同.

④ 從(동종의 친척)은 才用의 切이다.
從, 才用切.

【目】 또 옛날 詔書로 侍中, 尙書와 中臣의 子弟를 관리가 되지 못하고 孝廉에 천거되지 못하게 금지한 이유는, 이들이 위엄과 권세를 쥐고 있어서 請託할 수 있기 때문입니다. 그런데 中常侍는 해와 달(황제와 황후)의 곁에 있으면서 명성과 권세가 天下를 진동하여 이들 子弟의 녹봉과 임용이 일찍이 끝이 없었습니다. 아첨하고 거짓된 무리들이 권세를 보고서 그의 자제들을 등용하고 천거하니, 이제 일정한 法禁을 만들어서 중조의 신하[109]와 똑같게 하여야 합니다. 長水司馬 武宣과 開陽城門候 羊廸(양적)은 다른 功德이 없는데도 처음 벼슬에 임명됨에 〈守를 거치지 않고〉 곧바로 眞이 되었으니, 이는 비록 작은 잘못이지만 〈이러한 일이 반복되면〉 점점 옛 법을 파괴하게 됩니다. 先聖의 法度는 마땅히 굳게 지켜야 하니, 政敎가 한 번 잘못되면 100년이 되어도 회복하지 못합니다.

又詔書所以禁侍中, 尙書, 中臣子弟 不得爲吏, 察孝廉者는 以其秉威權하여 容請託故也라 而中常侍在日月之側하여 聲勢震天下하여 子弟祿任이 曾無限極이라 諂僞之徒 望風進擧①하니 今可爲設常禁하여 同之中臣②이니이다 長水司馬武宣과 開陽城門候羊廸은 無他功德이로되 初拜便眞③하니 此雖小失이나 而漸壞舊章이라 先聖法度를 所宜堅守니 政敎一跌이면 百年不復이니이다

① 〈"望風進擧"는〉 州郡들이 宦官에게 아첨하고 사사로이 하여 환관의 子弟를 등용하고 천거함을 이른다.
謂州郡阿私宦官, 進擧其子弟也.

② 〈"可爲設常禁"의〉 爲(위하다)는 去聲이다. 여기(同之中臣)의 中臣은 中朝의 신하를 이른다.
爲, 去聲. 此中臣, 謂中朝臣也.

③ 長水校尉는 그 관속에 司馬가 있어서 長水胡騎를 관장하였다. 雒陽城은 12개의 문이 있는데 문마다 候를 한 명씩 두었는바, 開陽門은 巳方에 위치하였다. 관직을 제수하는 것을 拜라 하니, 처음 제수되었을 때 곧바로 眞의 명을 얻어서 守를 거치지 않음을 말한 것이다. 漢나라 제도에 처음 관직에 제수되면 守라고 하고, 1년이 되어야 眞이 되었다.

---

109) 中朝의 신하 : 中朝는 內朝와 같은 말로 중조의 신하는 앞에서 언급한 侍中과 尙書를 이르는바 이들은 황제의 측근 신하들로 중앙 최고 정책을 결정하였다. 이와 반대로 外朝는 三公과 九卿을 가리킨다. 내조와 외조의 구분은 漢 武帝 때부터 형성되었다.

長水校尉, 其屬有司馬, 掌長水胡騎. 雒陽城十二門, 每門, 候一人, 開陽門, 位在巳. 除官曰拜, 謂初除, 便得眞命, 不試守也. 漢制, 初拜官稱守, 滿歲爲眞.

【目】陛下에게 尙書가 있는 것은 하늘에 北斗星이 있는 것과 같습니다. 북두성은 하늘의 喉舌(목구멍과 혀)이 되고 상서 또한 陛下의 후설이 되니, 북두성은 元氣를 가늠하여 四時를 고르게 운행하고 상서는 王命을 출납하여 四海에 정치를 폅니다. 그 권세가 높고 중하여 모든 책임이 귀결되는 자리이니, 마땅히 적임자를 택하여 聖上의 정사를 보좌하게 해야 합니다.

지금 陛下와 더불어 천하를 함께 다스리는 자는 밖으로 公卿과 尙書이고 안으로 常侍와 黃門이니, 비유하자면 한 가문의 안에 한 집안의 일이 편안하면 그 福과 경사를 함께하고 위태로우면 그 禍와 실패를 함께하는 것과 같습니다. 刺史와 二千石은 밖으로는 직무를 통괄하고 안으로는 조정의 法則(지시)을 받습니다.

겉이 굽은 것은 그림자도 반드시 기울고, 근원이 깨끗한 물은 흐르는 물도 반드시 깨끗한 법이니, 나무를 두드리면 온갖 가지가 다 움직이는 것과 같습니다. 이로 말미암아 말씀드리건대 本朝(조정)의 號令을 어찌 蹉跌이 있게 할 수 있겠습니까?

陛下之有尙書는 猶天之有北斗라 斗爲天喉舌이요 尙書亦爲陛下喉舌이니 斗斟酌元氣하여 運平四時①하고 尙書出納王命하여 賦政四海하나니 權尊勢重하여 責之所歸니 宜擇其人하여 以毗聖政②이니이다 今與陛下共天下者 外則公, 卿, 尙書요 內則常侍, 黃門이니 譬猶一門之內에 一家之事 安則共其福慶하고 危則通其禍敗니이다 刺史, 二千石은 外統職事하고 內受法則하나이다 夫表曲者는 影必邪하고 源淸者는 流必潔하나니 猶叩樹木하면 百枝皆動也라 由此言之컨대 本朝號令을 豈可蹉跌③이리잇가

① ≪晉書≫ 〈天文志〉에 "북두성은 황제의 수레가 되어 중앙을 운행하고 사방을 굽어보며 통제한다." 하였으니, 陰陽을 나누고 四時를 세우고 五行을 고르게 하고 節度를 옮기고 여러 기강을 정하는 것이 모두 북두성에 관계되어 있다.
天文志曰 "斗爲帝車, 運乎中央, 臨制四方." 分陰陽, 建四時, 均五行, 移節度, 定諸紀, 皆繫於斗.

② 毗(비)는 도움이다.
毗, 輔也.

③ 蹉跌은 발을 잘못 디딘 모양이다.
蹉跌, 足失措貌.

【目】 人君에게 정사가 있는 것은 물에 제방이 있는 것과 같으니, 제방이 완전하면 비록 장마를 만나더라도 變故가 되지 못하고, 政教가 한 번 확립되면 잠시 凶年을 만나더라도 근심이 될 수 없습니다. 지금 제방이 비록 견고하나 점점 구멍이 뚫리고 있습니다. 한 사람의 몸에 비유하면 本朝는 心腹이요 州郡은 四肢이니, 심복이 아프면 사지를 제대로 들지 못합니다. 그러므로 臣이 염려하는 것은 심복의 병에 있고, 사지의 병이 아닙니다. 만일 제방을 견고히 하고 政教를 힘써서 먼저 심복을 편안히 하고 本朝를 정돈하여 다스린다면, 비록 도적과 水害와 旱害의 변고가 있더라도 介意할 것이 못 되고, 그렇지 않으면 비록 수해와 한해의 재앙이 없더라도 천하가 진실로 근심할 만합니다."

夫人君之有政은 猶水之有隄防이니 隄防完全하면 雖遭霖潦나 不能爲變이요 政教一立이면 暫遭凶年이나 不足爲憂니이다 今隄防雖堅이나 漸有孔穴[①]하니 譬之一人之身컨대 本朝者는 心腹也요 州郡者는 四支也니 心腹痛則四支不擧라 故로 臣之所憂는 在心腹之疾이요 非四支之患也니이다 苟堅隄防하고 務政教하여 先安心腹하고 整理本朝하면 雖有寇賊水旱之變이나 不足介意요 不然則雖無水旱之災나 天下固可憂矣니이다

① 〈"孔穴"은〉 군주가 총애하는 門을 비유한 것이다. 이때를 당하여 漸(점점)이라고 말할 수 없었으나, 다만 그 말을 완곡히 했을 뿐이다.
諭嬖倖之門也. 當此之時, 不可以言漸矣, 固特婉其辭耳.

【目】 또 마땅히 宦官들을 罷하여 물리쳐서 그 막중한 권세를 제거하고 인원을 줄이되, 方直하고 德이 있는 常侍 두 사람은 군주의 좌우에서 일을 살펴보게 하고, 재주와 지혜가 있으며 침착하고 고상한 小黃門 다섯 사람은 궁중에서 일을 보게 하여야 하니, 이와 같이 하면 비난하는 자들이 굴복하여 태평성세를 이룩할 수 있을 것입니다."

又宜罷退宦官하여 去其權重하고 裁置호되 常侍二人方直有德者는 省事左右하고 小黃門五人才智閑雅者는 給事殿中이니 如此면 則論者厭塞(엽색)하여 升平可致也[①]리이다

① 厭은 益涉의 切이니 굴복함이다.
厭, 益涉切, 伏也.

【目】 扶風의 功曹인 馬融은 다음과 같이 對策하였다.

"지금 科條(법조문)의 品制(등급과 규정)와 四時의 禁令은 하늘의 뜻을 받들고 백성들의 마음을 순응하는 것이 완비되고 자세하니, 이보다 더할 수가 없습니다. 그런데도 하

늘에 화평하지 못한 징험이 있고 백성들에게 한탄하는 원망이 있는 것은, 백성들이 국가에서 은택을 내린다는 소리는 자주 들으나 은혜롭고 온화한 실제를 보지 못했기 때문입니다.

옛날에 백성을 풍족하게 한 자는 집집마다 넉넉하고 사람마다 풍족하게 한 것이 아니요, 財用을 헤아려서 制度를 만들었기 때문이었습니다. 그러므로 딸을 시집보내고 아들을 장가보내는 禮가 검소하면 혼인하는 자가 제때에 혼인을 하고, 喪制의 禮가 간소하면 죽은 자가 잘 묻히고, 농사철을 빼앗지 않으면 농부가 이롭게 됩니다. 妻子로 그 마음을 묶어두고 產業(생업)으로 그 뜻을 重(견고)하게 하면, 이것을 버리고서 非行을 하는 자는 많지 않을 것입니다."

扶風功曹馬融이 對曰[①] 今科條品制와 四時禁令이 所以承天順民者 備矣悉矣니 不可加矣니이다 然而天猶有不平之效하고 民猶有咨嗟之怨者는 百姓이 屢聞恩澤之聲而未見惠和之實也일새니이다 古之足民者는 非能家贍而人足之요 量其財用하여 爲之制度라 故로 嫁娶之禮儉이면 則婚者以時矣요 喪制之禮約이면 則終者掩藏矣요 不奪其時면 則農夫利矣라 夫妻子以累其心하고 產業以重其志하면 舍此而爲非者 必不多矣[②]리이다

① 馬融은 馬嚴의 아들이다.
融, 嚴之子也.

② 累(묶다)는 力瑞의 切이다.
累, 力瑞切.

【目】太史令 張衡은 다음과 같이 對策하였다.

"처음 孝廉을 천거한 뒤로부터 지금까지 200년 동안은 모두 孝行을 먼저 하였으며 이 효행을 행하고서 餘力이 있어야 비로소 文法(법조문)을 배웠습니다. 그런데 辛卯日 詔書에는 章句와 奏案(주청하는 文案)을 잘하는 것으로 한정하여, 아무리 지극한 효행이 있더라도 孝廉科에 應하지 못하게 하니, 이는 근본을 버리고 말단을 취하는 것입니다. 曾子가 효행에는 뛰어났으나 실로 魯鈍하여, 文學은 子游와 子夏만 못하였고 政事는 冉有와 季路만 못하였는데, 지금 한 사람에게 이것을 다 겸비하게 하시니, 만일 밖에 볼만한 것이 있으면 안에 반드시 부족한 것이 있을 것입니다."

太史令張衡이 對曰 自初擧孝廉으로 迄今二百歲에 皆先孝行하고 行有餘力이라야 始學文法[①]이러니 辛卯詔書에 以能章句奏案爲限하여 雖有至孝나 猶不應科하니 此는 棄本而取末也[②]라

曾子長於孝나 然實魯鈍하여 文學이 不若游, 夏하고 政事不若冉, 季어늘 今欲使一人兼之하시니 苟外有可觀이면 內必有闕矣리이다

① 武帝 元光 원년(B.C. 134)에 처음 孝廉을 천거하였으니, 이때까지 모두 207년이다.
武帝元光元年, 初擧孝廉, 至是凡二百七年.
② "辛卯詔書"는 지난해(132) 겨울 11월 辛卯日의 詔書이다.
辛卯詔書, 去年冬十一月辛卯詔書也.

【目】 上이 여러 사람의 對策을 보고 李固를 第一로 뽑아서 즉시 阿母를 내보내 집으로 돌려보내자, 여러 常侍들이 모두 머리를 조아리고 사죄하니, 조정이 숙연해졌다. 이고를 議郞으로 삼으니, 아모와 환관들이 모두 그를 미워하여 익명의 글을 날조하여 그를 罪에 빠뜨렸다. 이 사건이 尙書를 경유하지 않고 곧바로 궁중에서 회부되니, 大司農 黃尙과 僕射 黃瓊이 그를 구원하였으나, 오랜 뒤에야 풀려나서 외직으로 나가 雒令이 되었다가 관직을 버리고 漢中에 거주하였다.

上이 覽衆對하고 以李固爲第一하여 卽時出阿母還舍한대 諸常侍悉叩頭謝罪하니 朝廷이 肅然하니라 以固爲議郞하니 而阿母, 宦者 皆疾之하여 詐爲飛章하여 以陷其罪라 事從中下①하니 大司農黃尙과 僕射黃瓊이 救之호되 久乃得釋하여 出爲洛令이라가 棄官居漢中②하다

① "飛章"은 바로 飛書(익명의 글)이다. '從中下'는 尙書를 경유하지 않은 것이다.
飛章, 卽飛書也. 從中下者, 不經尙書.
② 洛은 雒이 되어야 하니, 雒縣은 廣漢郡에 속하였다.
洛, 當作雒. 雒縣, 屬廣漢郡.

【目】 張衡은 當世에 재주가 뛰어났으나 남에게 교만하고 우월해하는 마음이 없었으며, 六藝[110]를 貫通하고 특히 天文과 陰陽, 역법과 산수에 생각을 지극히 하여 渾天儀를 만들고 ≪靈憲≫[111]을 저술하였다. 성품이 편안하고 담박하여 당세에 등용되는 것을 사모하지 않으니, 재직한 관청마다 여러 해가 되어도 옮겨가지 않았다.

阿母는 뒤에 끝내 간악한 짓을 꾸미고 황제를 속인 죄에 걸려서, 印綬를 바치고 고향

110) 六藝 : 여섯 가지 기예로 禮·樂·射·御·書·數를 가리키며, 때로 유교의 경전인 ≪詩經≫·≪書經≫·≪易經≫·≪禮經≫·≪樂經≫·≪春秋經≫을 가리키기도 한다.

111) 靈憲 : 고대의 천문학자 張衡이 지은 천문학 도서로, 수년간의 실천과 이론 연구를 거듭하여 천지의 생성, 우주의 변화, 천지의 구조, 日月星辰의 본질과 운동 등을 상세히 기술하였다. 또한 '渾天說'을 발전시켜 해·달·지구의 위치에 따라 일식과 월식이 발생한다는 것을 처음으로 입증하였다.

집으로 돌아갔다.

衡이 才高於世而無驕尙之情①하여 通貫六藝하고 尤致思於天文陰陽歷算하여 作渾天儀하고 著(저)靈憲②하다 性恬憺하여 不慕當世하니 所居之官에 輒積年不徙③하다 阿母後竟坐構姦誣罔하여 收印綬還里舍하다

① 驕는 재주를 믿고 남에게 교만한 것이요, 尙은 재주를 믿고 남에게 우월해하는 것이다.
驕者, 以才驕人也. 尙者, 以才尙人也.

② 致는 지극히 함이다. 思(생각하다)는 相吏의 切이다. 하늘의 形狀은 새의 알과 같아서 땅이 그 가운데에 있고 하늘이 땅의 밖을 싸고 있는데, 마치 알이 노른자를 싸고 있어서 둥근 彈丸과 같으므로 渾天이라 하였으니, 그 形體가 뒤섞여 있음을 말한 것이다. 著는 陟慮의 切이니 紀述함이다. ≪靈憲≫의 序文에 "옛날 先王이 하늘의 길을 걷고자 하여 日月星辰이 운행하는 길(궤도)을 정하여 本元의 실마리를 찾을 적에 먼저 渾體에 기준하였으니, 이것을 바른 의식이라 한다. 그러므로 ≪靈憲≫이 일어났다." 하였다.
致, 極也. 思, 相吏切. 天之形狀, 似鳥卵, 地居其中, 天包地外, 猶卵之裹黃, 圓如彈丸. 故曰渾天, 言其形體渾渾然也. 著, 陟慮切, 紀述也. 靈憲序曰"昔在先王, 將步天路, 用定靈軌, 尋緖本元, 先準之于渾體, 是謂正儀, 故靈憲作興."

③ 恬은 편안함이다. 憺은 杜覽의 切이니, 고요함이다.
恬, 安也. 憺, 杜覽切, 靜也.

【綱】 가을 7월에 太尉 龐參이 면직되었다.

秋七月에 太尉龐參이 免하다

【目】 太尉 龐參은 三公 가운데 가장 충성스럽고 정직하다고 이름났다. 황제의 左右 측근들에게 자주 비방을 받았는데, 司隷校尉가 황제 측근들의 뜻에 영합하여 그의 죄를 조사하자, 방참이 병을 핑계하였다. 廣漢 지역의 上計掾인 段恭이 다음과 같이 上疏하였다.

"엎드려 보건대, 道路의 行人과 農夫와 길쌈하는 부인들이 모두 말하기를 '太尉 방참은 충성과 절개를 다하고 마음을 굽히지 못하여 여러 간사한 신하들 가운데 孤立되어서 스스로 中傷을 당하는 자리에 처했다.' 합니다. 참소하고 말 잘하는 자가 충성스럽고 정직한 자를 중상하고 훼방하는 것은, 하늘과 땅이 크게 금하는 것이요, 군주가 지극히 경계하는 것입니다. 나라는 어진 자 때문에 다스려지고 군주는 충성스러운 자 때문에 편안합니다. 지금 천하 사람들은 모두 陛下에게 이처럼 충성스럽고 어진 자가 있음을

기뻐하니, 원컨대 끝까지 총애하고 重用하시어 社稷을 편안하게 하소서.”

글을 아뢰자, 詔令을 내려 小黃門을 보내 방참의 병을 살피게 하고 羊과 술을 하사하였다. 뒤에 방참의 부인이 前妻의 자식을 미워하여 살해하니, 雒陽令이 방참의 죄를 아뢰었다. 방참이 끝내 〈가을에〉 災異가 있었다는 이유로 면직되었다.

太尉龐參이 在三公中에 最名忠直이라 數(삭)爲左右所毁하니 司隷乘風案之한대 參이 稱疾[①]하다 廣漢上計掾段恭이 上疏曰 伏見 道路行人, 農夫, 織婦皆曰 太尉參이 竭忠盡節하고 不能曲心하여 孤立群邪之間하여 自處中傷之地라하니이다 夫以讒佞傷毁忠正은 此天地之大禁이요 人主之至誡也라 國以賢治하고 君以忠安하나니 今天下咸欣陛下有此忠賢하니 願卒寵任以安社稷하소서 書奏에 詔遣小黃門하여 視參疾하고 致羊酒하다 後에 參夫人이 疾前妻子하여 殺之하니 雒陽令이 奏參罪하여 竟以災異免[②]하다

① “乘風”은 ≪資治通鑑≫에는 “承風”으로 되어 있으니, 황제 측근들의 風指(뜻)에 영합함을 이른다. “乘風”으로 써도 또한 통하니, 기세를 탔다는 말과 같다.
乘風, 通鑑作承風, 謂承望風指也. 作乘風亦通, 猶言乘勢也.

② 龐參이 평소 雒陽令 祝良과 화평하지 못하였다.
參, 素與雒陽令祝良不平.

【綱】 鮮卑가 馬城을 침략하였다.

鮮卑寇馬城하다

【目】 그 뒤에 其至鞬이 죽으니, 鮮卑의 노략질과 도둑질이 다소 뜸해졌다.

是後에 其至鞬이 死하니 鮮卑抄盜差稀[①]하다

① 其至鞬은 鮮卑族 우두머리의 이름이다.
其至鞬, 鮮卑種帥之名.

甲戌年(134)

【綱】 漢나라 孝順皇帝 陽嘉 3년이다. 여름 4월에 車師後部가 北匈奴를 격파하고 單于의 어미를 사로잡았다.

三年이라 夏四月에 車師後部 擊破北匈奴하고 獲單于母하다

【綱】 5월에 가뭄이 들었다.

◑ 五月에 旱하다

【目】 上이 德陽殿 동쪽 행랑의 한데 앉아서 비를 청하고, 尙書 周擧에게 재변을 사라지게 하는 방법을 묻자, 주거가 다음과 같이 대답하였다.

"臣이 들으니, 陰과 陽이 닫히고 막히면 두 기운이 否塞(비색)하여 바람과 비가 때에 맞지 않아서 水害와 旱害가 재앙을 이룬다고 하였습니다. 陛下께서는 文帝와 光武帝의 法을 버리고 망한 秦나라의 사치한 탐욕을 따라서, 안으로는 원망하는 여자가 쌓여 있고 밖으로는 홀아비가 있습니다. 가뭄이 든 이래로 여러 해를 지났으나, 陛下께서 허물을 고치신 효험을 듣지 못하고, 다만 至尊께서 공연히 수고롭게 露宿하며 바람과 먼지를 맞고 계시니, 진실로 유익함이 없습니다. 마땅히 신실함을 미루어 정사를 개혁하고 道를 높여 의혹된 것을 분변하시며, 後宮 중에 모시지 않는 여자를 내보내고 太官[112)]의 지나치게 많은 반찬의 비용을 없애며, 신중하게 사람을 등용하고 탐욕스럽고 아첨하는 자를 제거해야 합니다."

황제가 묻기를 "탐욕스럽고 아첨하는 자가 누구인가?" 하자, 주거가 대답하기를 "臣은 下州[113)]로부터 갑자기 높이 機密의 자리에 올랐기 때문에 여러 신하들을 잘 분별하지 못합니다. 그러나 公卿과 大臣 중에 자주 直言을 하는 자는 충성스럽고 바른 자요, 아첨하여 구차히 용납되려는 자는 간사한 자입니다." 하였다.

上이 露坐德陽殿東廂하여 請雨①하고 問尙書周擧以消變之術한대 擧對曰 臣聞 陰陽閉隔이면 則二氣否塞하여 風雨不時하여 水旱成災라하니이다 陛下廢文帝光武之法而循亡秦奢侈之欲하사 內積怨女하고 外有曠夫하니이다 自枯旱以來로 彌歷年歲호되 未聞陛下改過之效요 徒勞至尊暴露風塵하시니 誠無益也라 宜推信革政하고 崇道變惑하여 出後宮不御之女하고 除太官重膳之費하며 愼官人하고 去貪佞②이니이다 帝曰 貪佞者爲誰乎오 對曰 臣從下州하여 超備機密하니 不足以別群臣③이니이다 然이나 公卿大臣이 數(삭)有直言者는 忠貞也요 阿諛苟容者는 佞邪也니이다

① "露坐"는 장막을 설치하지 않고 露天(한데)에 앉음이다. 廂은 夾室이고 행랑이다. 正寢의 동

112) 太官 : 秦漢時代에 있었던 관직으로, 황제의 음식을 마련하고 연향하는 일을 관장하였다.
113) 下州 : 자신이 부임해 있었던 州에 대한 겸사로 冀州刺史를 의미한다.

쪽과 서쪽에 있는 방을 모두 廂이라 하니, 상자의 모양과 같음을 말한 것이다.
露坐, 不設帷帳而坐也. 廂, 序也, 廡也. 正寢東西室皆曰廂, 言如箱篋之形.

② 重은 중첩됨이고, 膳은 음식을 장만함이다. 庖人(궁중의 요리사)이 조리를 하면 반드시 맛이 더 좋아지므로 '膳'이라 한 것이다.
重, 疊也. 膳, 具食也. 庖人和味, 必加善. 故曰膳.

③ 〈"臣從下州 超備機密"은〉 周擧가 冀州刺史로부터 불려와 尙書에 임명된 것이다.
擧自冀州刺史, 徵拜尙書.

【目】張衡 또한 다음과 같이 말하였다.

"지난해 京師에 地震이 있고 땅이 갈라졌으니, 갈라진 것은 위엄이 나뉨이요, 진동하는 것은 백성들이 소요할 조짐입니다. 원컨대 陛下께서는 옛날을 상고하고 옛 법을 따라서 형벌과 德의 여덟 가지 자루가 오로지 天子에게서만 나오게 할 방도를 생각하소서. 그런 뒤에야 神의 바람이 진실로 충족되어서 재앙이 사라져 다시는 이르지 않을 것입니다."

張衡이 亦言 前年京師에 地震土裂하니 裂者는 威分이요 震者는 民擾也라 願陛下는 思惟所以稽古率舊하사 勿令刑德八柄으로 不由天子하소서 然後에 神望允塞하여 災消不至矣[①]리이다

① 德은 恩惠와 같고 柄은 그릇에 자루가 있는 것과 같으니, 〈"勿令刑德八柄 不由天子"는〉 형벌과 德이 天子로부터 나와서 신하가 간여할 수 없게 함을 말한 것이다. ≪周禮≫ 〈天官〉에 "王은 여덟 가지 자루(權柄)로 여러 신하들을 어거한다. 첫 번째는 爵이니 이로써 그 貴함(높은 신분)을 어거하고, 두 번째는 祿이니 이로써 그 富를 어거(통제)하고, 세 번째는 予(줌)이니 이로써 그 총애를 어거하고, 네 번째는 置이니 이로써 그 행실을 어거하고, 다섯 번째는 生(길러줌)이니 이로써 그 福을 어거하고, 여섯 번째는 奪이니 이로써 가난함을 어거하고, 일곱 번째는 廢이니 이로써 그 罪를 어거하고, 여덟 번째는 誅이니 이로써 그 허물을 어거한다."[114] 하였다. 爵·祿·予·置·生 다섯 가지는 德이고, 奪·廢·誅 세 가지는 형벌이다.
德, 猶恩惠也. 柄, 猶器之有柄. 言刑德由天子出, 非人臣所得預也. 周禮 "王以八柄馭群臣.

---

114) 王은……어거한다 : 爵은 公·侯·伯·子·男의 작위를 이르며, 祿은 祿俸이다. 予는 말과 행실이 우연히 善에 부합하면 총애하고 물건을 하사하여 後日을 권장하는 것이며, 置는 훌륭한 행실이 있으면 높은 지위에 두는 것이다. 生은 養과 같은바, 신하 중에 큰 功이 있는 자에게는 자손으로 하여금 잘 봉양하게 하는 것이니, 이 다섯 가지는 바로 福으로 도와주는 것이다. 奪은 신하 중에 큰 죄가 있으면 집안의 재물을 빼앗아 가난하게 하는 것이며, 廢는 벼슬자리에서 추방하는 것이니, 신하 중에 큰 죄가 있을 경우 차마 형벌하거나 죽일 수 없으면 먼 곳으로 귀양을 보내 죄를 다스리는 것이며, 誅는 견책으로, 신하 중에 잘못이 있으면 言語로 견책함을 이른다. '馭(어거하다)'는 여러 신하들을 몰아서(통제하여) 善에 들어가게 함을 이른다.

一曰爵, 以馭其貴. 二曰祿, 以馭其富. 三曰予, 以馭其幸. 四曰置, 以馭其行. 五曰生, 以馭其福. 六曰奪, 以馭其貧. 七曰廢, 以馭其罪. 八曰誅, 以馭其過." 爵・祿・予・置・生五者, 德也, 奪・廢・誅三者, 刑也.

【目】張衡은 또 漢나라가 中興한 이래 儒者들이 다투어 圖緯를 배운다 하여 다음과 같이 上疏하였다.

"圖讖說은 哀帝, 平帝의 사이에서 이루어졌는데, 모두 허황되고 거짓된 무리들이 세상에 등용되고 명성을 얻기를 바라서 군주를 欺罔함이 분명한데도 국가에서 이것을 살펴 禁하지 않습니다. 또 律歷과 卦候, 九宮과 風角은 자주 징험과 효험이 있는데도 세상에서는 이것을 배우려 하지 않고, 점을 치지 못하는 책인 圖讖書를 다투어 칭찬합니다. 이는 비유하면 畵工이 개와 말을 그리는 것을 싫어하고 귀신과 도깨비를 그리기를 좋아하는 것과 같으니, 진실로 실제의 일은 형용하기가 어렵고 虛僞는 무궁무진하게 행할 수 있기 때문입니다. 마땅히 圖讖書를 다시 거둬 감춰서 일절 금해야 하니, 이렇게 하면 붉은색과 자주색[115]이 사람의 눈을 현혹시키는 일이 없고 典籍에 하자가 없어질 것입니다."

衡이 又以中興之後로 儒者爭學圖緯①라하여 上疏言호되 圖讖이 成於哀平之際하니 皆虛僞之徒以要世取資하여 欺罔이 較然호되 莫之糾禁하니이다 且律歷, 卦候, 九宮, 風角이 數(삭)有徵效어늘 世莫肯學하고 而競稱不占之書②하니 譬猶畵工이 惡(오)圖犬馬而好作鬼魅니 誠以實事難形而虛僞不窮也③라 宜(改)〔收〕[116]藏圖讖하여 一禁絶之니 則朱紫無所眩하고 典籍無瑕玷矣④리이다

① 緯는 七緯를 이른다. 漢나라 말기에 夏賀良의 무리가 이것을 만들면서, '經書가 있으면 반드시 緯書가 있다.'고 하였다. 七緯는 《易經》의 緯書인 《稽覽圖》・《乾鑿度》・《坤靈圖》・《通卦驗》・《是類謀》・《辯終備》, 《書經》의 緯書인 《璇璣鈐》・《考靈耀》・《刑德放》・《帝命驗》・《運期授》, 《詩經》의 緯書인 《推度災》・《氾歷樞》・《含神霧》, 《禮經》의 緯書인 《含文嘉》・《稽命徵》・《斗威儀》, 《樂經》의 緯書인 《動聲儀》・《稽耀嘉》・《汁國徵》, 《孝經》의 緯書인 《援神契》・《鉤命決》, 《春秋經》의 緯書인 《演孔圖》・《元命包》・《文耀鉤》・《運斗樞》・《感精符》・《合誠圖》・《考異郵》・《保乾圖》・《漢含孳》・《佑助期》・《握誠圖》・《潛潭巴》・《說題辭》이다. 緯, 謂七緯也. 蓋漢末, 夏賀良之徒爲之, 以爲有經必有緯也. 七緯者, 易緯, 稽覽圖・乾鑿

115) 붉은색과 자주색 : 붉은색은 正色으로 正을, 자주색은 間色으로 邪를 비유하는 말로 쓰인다. 《論語》〈陽貨〉에 "자주색이 붉은색을 빼앗는 것을 싫어한다.〔惡紫之奪朱也〕"라고 한 孔子의 말씀이 보인다.

116) (改)〔收〕: 저본에는 '改'로 되어 있으나, 《資治通鑑》에 의거하여 '收'로 바로잡았다.

度・坤靈圖・通卦驗・是類謀・辯終備也, 書緯, 璇璣鈐・考靈耀・刑德放・帝命驗・運期授也, 詩緯, 推度災・氾歷樞・含神霧也, 禮緯, 含文嘉・稽命徵・斗威儀也, 樂緯, 動聲儀・稽耀嘉・汁國徵也, 孝經緯, 援神契・鉤命決也, 春秋緯, 演孔圖・元命包・文耀鉤・運斗樞・感精符・合誠圖・考異郵・保乾圖・漢含孳・佑助期・握誠圖・潛潭巴・說題辭也.

② 黃帝가 명하여 伶倫에게 律管을 불게 하고 大橈에게 甲子를 짓게 하고 容成에게 책력을 짓게 하여[117] 律曆의 학문이 전하게 되었다. 〈卦候는〉 京房이 64卦를 나누어 번갈아 날짜를 맡아 用事하게 하여 風・雨・寒・溫을 氣候로 삼은 것이다. ≪周易≫의 緯書인 ≪乾鑿度≫에 "太一은 그 數를 취하여 九宮을 운행한다." 하였는데, 鄭玄의 註에 "太一은 北辰의 神의 이름이다. 아래로 八卦의 宮을 운행하는데, 매번 네 번째가 되면 마침내 中央(中宮)으로 돌아오니, 中央은 北辰(北斗星)이 거처하는 곳이므로 이것을 九宮이라 한다. 하늘의 數는 크게 나뉘어 陽에서 나오고 陰으로 들어가니, 陽은 子(坎)에서 시작하고 陰은 午(离)에서 시작한다. 이 때문에 太一 아래에 九宮이 坎宮(子)을 따라 시작하는 것이다. 이로부터 坤宮을 따르고, 또 이로부터 震宮을 따르고, 또 이로부터 巽宮을 따르니, 이는 半을 따르는 것이다. 다시 中央의 宮으로 돌아와 쉬고 난 다음 또 이로부터 乾宮을 따르고, 또 이로부터 兌宮을 따르고, 또 이로부터 艮宮을 따르고, 또 이로부터 离宮을 따르니, 이렇게 하면 一周를 하는 것이다. 위로는 太一의 별에서 노닐며 쉬다가 紫微宮으로 돌아온다. 운행은 坎宮으로부터 시작하여 离宮에서 끝난다."[118] 하였다. 角은 모퉁이니, "風角"은 四方의 네 모퉁이의 바람을 살펴서 吉凶을 점침을 이른다. "不占之書"는 圖讖書가 이것이다.

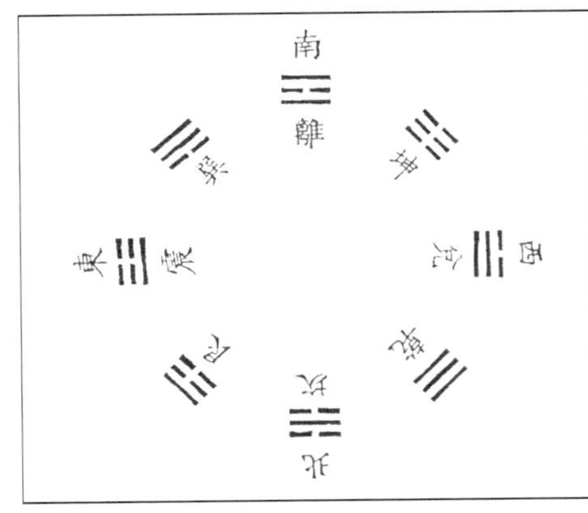

文王八卦方位地圖

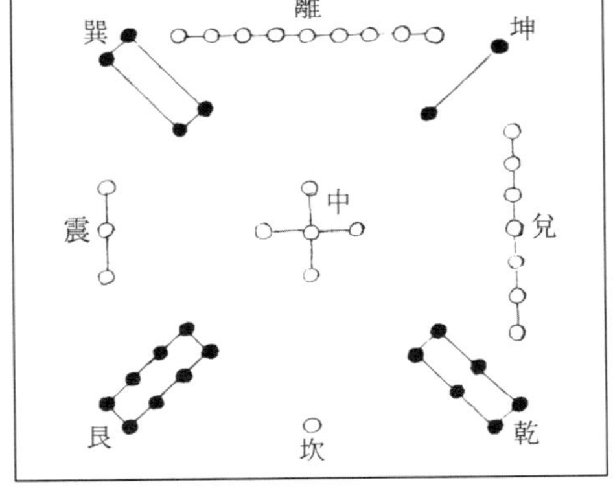

洛書之圖

117) 黃帝가……하여 : 伶倫은 黃帝 때의 樂官으로 ≪呂氏春秋≫에 "옛날 황제가 영륜에게 명하여 律을 만들게 하였다."라고 보이며, 大橈는 황제 때의 史官으로 ≪呂氏春秋≫에 "황제가 대요를 스승으로 삼았다."라고 보이는데, 高誘의 注에 "대요가 甲子(궁중의 일을 기록한 日曆)를 지었다." 하였다. 容成 또한 황제 때의 大臣이다.

118) 아래로……끝난다 : ≪周易≫의 八卦의 方位는 伏羲의 先天과 文王의 後天에 차이가 있는바, 이것은 後天을 따른 것이다. 九宮은 八卦의 방위에다가 중앙의 中宮을 더한 것이다. 九宮은 禹王이 洛水書에서 나온 거북의 등에 黑白의 반점이 있는 것을 보고 그렸다는 洛書와 동일하다.

黃帝命伶倫吹律, 大橈作甲子, 容成造曆, 而律曆之學傳矣. 京房分六十四卦, 更直日用事, 以風・雨・寒・溫爲候. 易乾鑿度曰"太一, 取其數以行九宮." 註云"太一者, 北辰神名也. 下行八卦之宮, 每四乃還於中央, 中央者, 北辰之所居, 故謂之九宮. 天數大分, 以陽出, 以陰入, 陽起于子, 陰起於午. 是以太一下九宮從坎宮始. 自此而從於坤宮, 又自此而從於震宮, 又自此而從於巽宮, 所以從半矣, 還息於中央之宮. 旣又自此而從於乾宮, 又自此而從於兌宮, 又自此而從於艮宮, 又自此而從於离宮, 行則周矣. 上遊息於太一之星, 而反紫宮. 行起從坎宮始, 終於离宮也. 角, 隅也. 風角, 謂候四方四隅之風, 以占吉凶也. 不占之書, 讖書是也.

③ 魅(도깨비)는 音이 媚이니, 오래된 精靈한 물건이다. ≪韓非子≫에 "客 가운데 齊王을 위하여 그림을 그리는 자가 있었는데, 齊王이 묻기를 '무엇을 그리는 것이 가장 어려운가?' 하니, 대답하기를 '개와 말이 가장 어렵습니다.' 하였다. '무엇을 그리는 것이 쉬운가?' 하니, 객이 대답하기를 '귀신과 도깨비가 가장 쉽습니다. 개와 말은 사람이 아는 것이므로 그리기가 어렵고, 귀신과 도깨비는 형체가 없으므로 그리기 쉽습니다.'" 하였다.
魅, 音媚, 老精物也. 韓子曰"客有爲齊王畫(화)者, 問'畫孰難.' 對曰'狗馬最難.' '孰易.' 曰'鬼魅最易. 狗馬, 人所知也, 故難. 鬼魅, 無形, 故易也.'"

④ 〈"瑕玷"의〉 瑕는 玉이 조금 붉은 것이다. 玷은 玉의 흠이다.
瑕, 玉小赤也. 玷, 玉病也.

【綱】가을 7월에 鍾羌이 隴西와 漢陽을 침략하자, 겨울 10월에 校尉 馬續이 이들을 격파하였다.

秋七月에 鍾羌이 寇隴西, 漢陽이어늘 冬十月에 校尉馬續이 擊破之하다

【綱】11월에 司徒 劉琦와 司空 孔扶가 면직되었다.

◑ 十一月에 司徒劉琦와 司空孔扶 免하다

【目】이는 周擧의 말을 따른 것이다.

用周擧之言也라

乙亥年(135)

【綱】漢나라 孝順皇帝 陽嘉 4년이다. 봄 2월에 처음으로 中官(환관)이 養子에

게 爵位를 세습하는 것을 허락하였다.

四年이라 **春二月**에 **初聽中官得以養子襲爵**[119)]하다

【目】 御史 張綱이 다음과 같이 上書하였다.

"삼가 살펴보건대, 文帝와 明帝 두 황제는 德化가 매우 성대하시어 常侍로 부리는 中官이 두 사람에 불과하였고 가까이하고 총애하는 자에게 내린 賞賜가 겨우 數金에 이르렀으니, 이는 비용을 아끼고 백성을 소중히 여긴 것입니다. 이 때문에 집집마다 넉넉하고 사람마다 풍족하였습니다. 그런데 지난번 〈환관과 유모를 封한〉 이래로 功이 없는 小人이 모두 관직과 작위를 소유하고 있으니, 백성을 사랑하고 器物을 소중히 여기며 하늘의 뜻을 받들고 道를 順히 하는 방법이 아닙니다."

글을 올렸으나, 황제는 살펴보지 않았다.

御史張綱이 **上書曰**① **竊尋文, 明二帝 德化尤盛**하사 **中官常侍 不過兩人**이요 **近倖賞賜 裁滿數金**하니 **惜費重民**이라 **故**로 **家給人足**이러니 **而頃者以來**로 **無功小人**이 **皆有官爵**하니 **非所以愛民重器, 承天順道也**니이다 **書奏**에 **不省**②하다

① 張綱은 張浩의 아들이다.
綱, 浩之子也.

② 器는 수레와 의복을 이른다.
器, 謂車服也.

---

119) 初聽中官得以養子襲爵 : "'〈和帝가〉 鄭衆을 封하여 鄛鄉侯로 삼았다.'고 쓴 뒤로부터 中官에게 작위를 封하였는데, 順帝가 이때 養子로 작위를 세습하도록 허락하였으니, 이는 황제가 환관들이 자신을 황제로 옹립한 것을 은덕으로 여겼기 때문이니, 사사로이 함이 너무 심하다. '初'라고 썼으니, 이는 漢나라를 나쁘게 여긴 것이다.〔自書封鄭衆爲鄛鄉侯 而中官封爵矣 於是聽以養子襲爵 則德其立己故也 私已甚矣 書曰初 病漢也〕" ≪書法≫

"'開府(府를 개설할 수 있는 大官)의 品階에 있는 자는 진실로 자식을 蔭職으로 삼을 수 있지만, 謁者는 太監(환관)이니, 어떻게 자식을 둘 수 있겠는가.' 하였으니, 이는 唐나라 사람 李中敏이 判決書에 쓴 말이나, 그 근원이 이미 漢나라에서 시작되었음을 알지 못하였다. 하늘의 형벌을 받은 사람(환관)은 嗣續(後嗣)을 전할 만한 실제가 있지 않은데, 順帝가 처음으로 그들에게 양자로 작위를 세습하도록 허락하였다. 황제가 환관들을 사랑하고 후대한 것은 그들에게 은택을 베풀어 자손들이 번성하기를 바란 것이니 간절한 마음이 또한 지극하였다. 그러나 漢나라 국운이 점점 쇠약해지고 멸망한 것은 어찌하겠는가. 이것을 곧바로 책에 썼으니, 황제의 잘못이 저절로 드러난다.〔開府階 誠宜蔭子 謁者監 何由有兒 此唐人李中敏書判之語也 而不知其源已始於漢 夫以天刑之人 非有嗣續可傳之實 而順帝乃始聽其以養子襲爵 帝之愛厚宦者 欲其流澤蕃衍 勤亦至矣 其如漢祚浸微浸滅何 直書于冊 失自見矣〕" ≪發明≫

【綱】 가뭄이 들었다.

旱하다

【綱】 謁者 馬賢을 보내 鍾羌을 공격해서 大破하였다.

◑ 遣謁者馬賢하여 擊鍾羌하여 大破之하다

【綱】 여름 4월에 梁商을 大將軍으로 삼았다.

◑ 夏四月에 以梁商爲大將軍하다

【目】 梁商이 병을 칭탁하고 出仕하지 않은 지가 거의 1년이 되었는데, 황제가 使者를 보내 策書를 받들고 집에 가서 즉시 양상을 大將軍에 제수하게 하니, 마침내 양상이 대궐에 나와 命을 받들었다.

양상은 젊어서부터 經傳을 통달하였으며, 겸손하고 공손하고 선비를 좋아하여 李固를 천거하여 從事中郎으로 삼았다. 이고는 양상이 유순하고 온화하여 스스로 절조를 지키나 다스려 결단하는 바가 있지 못하다고 생각하여, 마침내 다음과 같이 奏記하였다.

"수년 이래로 재앙과 괴변이 여러 번 나타났습니다. 孔子가 말씀하시기를 '지혜로운 자는 변고를 보면 형벌을 생각하고, 어리석은 자는 괴이함을 보면 이름을 숨긴다.(이름 나기를 꺼려한다.)' 하였습니다. 그리고 天道는 특별히 친애하는 사람이 없으니,[120] 공경하고 두려워할 만합니다. 진실로 王者의 기강이 한 번 정돈되어서 道가 행해지고 충성이 확립되면, 明公이 伯成子高의 높은 자취를 뒤따르고 不朽의 명예를 온전히 할 것이니, 그렇다면 어찌 이 영화를 탐하고 지위를 좋아하는 용렬한 外戚의 무리들과 동일선상에서 논할 수 있겠습니까."

그러나 양상은 이고의 말을 채용하지 못하였다.

商稱疾不起 且一年이러니 帝遣使하여 奉策就第하여 卽拜商하니 乃詣闕受命하다 商이 少通經傳하고 謙恭好士하여 辟李固하여 爲從事中郎하니 固以商柔和自守로되 不能有所整裁라하여 乃奏記

120) 天道는……없으니 : 이와 유사한 내용이 ≪書經≫ 〈商書 太甲 下〉와 〈周書 蔡仲之命〉에 보인다. 〈태갑 하〉에는 "하늘은 특별히 친애하는 사람이 없어서 능히 공경하는 자를 친애한다.〔惟天無親 克敬惟親〕"라고 하였고, 〈채중지명〉에는 "皇天은 특별히 친애하는 사람이 없어서 德이 있는 사람을 도와준다.〔皇天無親 惟德是輔〕"라고 하였다.

曰 數年以來로 災怪屢見(현)하니이다 孔子曰 知者는 見變思形하고 愚者는 覩怪諱名①이라하시니 天道無親하니 可爲祗畏라 誠令王綱一整하여 道行忠立이면 明公이 踵伯成之高하고 全不朽之譽②하리니 豈與此外戚凡輩耽榮好位者로 同日而論哉리잇가 商이 不能用하다

① 范曄의 ≪後漢書≫ 〈李固傳〉에 形은 刑으로 되어 있으니, 〈"知者見變思刑 愚者覩怪諱名"〉 이 두 말은 또한 緯書에 근본한 듯하다.
范書李固傳, 形作刑, 此二語, 蓋亦本之緯書.

② ≪莊子≫에 "堯임금이 天下를 다스릴 적에 伯成子高를 諸侯로 세웠는데, 요임금이 천하를 舜임금에게 물려주고 순임금이 禹임금에게 물려주자, 백성자고가 제후의 자리를 사양하고 농사를 지었다." 하였다.
莊子 "堯治天下, 伯成子高立爲諸侯, 堯授舜, 舜授禹, 伯成子高辭爲諸侯而耕."

【綱】 가을 윤8월 초하루에 일식이 있었다.

秋閏八月朔에 日食하다

【綱】 겨울 10월에 烏桓이 雲中을 침략하였다.

◑ 冬十月에 烏桓이 寇雲中하다

【綱】 12월에 地震이 있었다.

◑ 十二月에 地震하다

丙子年(136)

【綱】 漢나라 孝順皇帝 永和 元年이다. 겨울 12월에 王龔을 太尉로 삼았다.

永和元年이라 冬十二月에 以王龔爲太尉하다

【目】 王龔은 宦官들이 권력을 독차지하는 것을 미워하여 글을 올려서 그 내용을 자세히 말하니, 여러 黃門이 客으로 하여금 무함하여 왕공의 罪를 아뢰게 하였다. 上이 왕공에게 命하여 빨리 죄를 자수하게 하자, 李固가 梁商에게 다음과 같이 奏記하였다.

"王公(王龔)이 꼿꼿하고 바른 지조 때문에 참소하고 아첨하는 자들에게 억울하게 무함을 당하여 죄를 얻게 되니, 여러 사람들이 이 사실을 들어 알고는 탄식하고 두려워하지 않는 이가 없습니다.

三公은 지위가 높고 책임이 중하여 獄官에 나아가 억울함을 호소하는 의리가 없으니, 조금이라도 意氣에 감동(분개)하여 절개를 세우면 영원히 生과 결별하게 됩니다. 이 때문에 옛 법에 三公에게 큰 罪가 있지 않으면 重하게 심문하지 않았으니, 王公에게 갑자기 다른 변고가 생기면, 朝廷(황제)은 賢者를 살해했다는 오명을 얻고, 여러 신하들은 현자를 구원하고 보호하는 충절이 없게 될 것입니다. 속담에 이르기를 '善人이 환란에 있으면 굶주려도 미처 밥을 먹지 못하고 달려가 구원한다.' 하였으니, 지금이 바로 그때입니다."

양상이 즉시 이 일을 아뢰니, 일이 비로소 해결되었다.

龔이 疾宦官專權하여 上書極言其狀하니 諸黃門이 使客으로 誣奏龔罪한대 上이 命龔亟自實①하다 李固奏記於梁商曰 王公이 以堅貞之操로 橫爲讒佞所構하니 衆人聞知에 莫不歎慄②이니이다 夫三公尊重하여 無詣理訴冤之義하니 纖微感概에 輒引分決③이라 是以로 舊典에 不有大罪면 不至重問④하니 王公이 卒有他變이면 則朝廷獲害賢之名하고 群臣無救護之節矣⑤리이다 語曰 善人在患이면 飢不及餐이라하니 斯其時也⑥니이다 商이 卽言之하니 事乃得釋하다

① 亟은 빠름이다. "自實"은 자기의 罪를 自首하는 것이다.
亟, 疾也. 自實, 自首其罪也.

② 橫(억울하다)은 胡孟의 切이다.
橫, 胡孟切.

③ 理는 獄官이다. "詣理"는 法司에 가서 변론하고 대답함을 이른다. "感概"는 意氣에 감동하여 節概를 세움을 이른다. 引은 깂이요, 分 또한 결단함이다. 決은 訣과 통하니, "引決"은 영원히 이 세상과 이별한다는 뜻이다. 혹자는 말하기를 "'自裁(自決)'라는 말과 같으니, 生死를 결단함을 이른다." 하였다.
理, 獄官也. 詣理, 謂往法司辯對也. 感概, 謂感意氣而立節概也. 引, 長也. 分, 亦決也. 決, 通作訣. 引決, 長別之義. 或曰 "猶言自裁, 謂裁決生死也."

④ 大臣의 獄事는 사안이 중하기 때문에 '重問'이라 한 것이다. 成帝 때 丞相 薛宣과 御史大夫 翟方進이 罪가 있자, 上이 다섯 명의 二千石으로 하여금 모여 審理하게 하였다.
大臣獄重, 故曰重問. 成帝時, 丞相薛宣・御史大夫翟方進有罪, 上使五二千石雜問.

⑤ 卒(갑자기)은 猝로 읽는다.
卒, 讀曰猝.

⑥ "飢不及餐"은 마땅히 속히 구원해야 함을 말한 것이다.

飢不及餐, 言當速救之也.

【綱】 梁冀를 河南尹으로 삼았다.

以梁冀爲河南尹[121] 하다

【目】 梁冀는 술을 좋아하고 방탕하게 놀아서, 관직에 있을 적에 방종하고 포악하였다. 장사하는 나그네인 呂放이 이 사실을 梁商(양기의 父)에게 고하여 꾸짖게 하니, 양기가 사람을 보내 여방을 죽이고는 여방의 원수에게 의심을 떠넘겨서 그 종족과 賓客 100여 명을 체포하여 멸족하였다.

冀嗜酒逸遊하여 居職縱暴어늘 商客呂放이 以告商하여 讓之하니 冀遣人殺放하고 而推(퇴)疑放之怨仇하여 捕滅其宗親賓客百餘人①하다

① 推(밀치다)는 通回의 切이다. 惡行은 梁冀가 저질렀는데 죄를 他人에게 전가하고자 하였다. 그러므로 그 말을 가탁하여 呂放의 원수가 죽였다고 의심하게 한 것이다.
推, 通回切. 惡自冀出, 欲嫁之他人, 故託其辭, 疑放之怨仇爲之.

【綱】 武陵의 蠻族이 배반하였다.

武陵蠻이 反하다

【目】 처음에 武陵太守가 말하기를 "蠻夷들이 무리를 서로 거느리고 와서 복종하니 조세와 부역을 더 올릴 수 있다." 하자, 虞詡가 아뢰기를 "예로부터 聖王은 풍속이 다른 오랑캐를 신하로 삼지 않으셨습니다. 先帝의 옛 법에 貢稅의 많고 적음이 由來가 있은 지 오래되었으니, 지금 갑자기 공세를 올리면 오랑캐들이 반드시 원망하여 배반하는 일이 있을 것입니다. 계산해보건대, 얻는 것이 잃는 것을 보상하지 못할 것이니, 반드시 후

121) 以梁冀爲河南尹 : "〈앞에서 '以王龔爲太尉'라고 썼는데〉 여기에서 다시 '以'라고 쓴 것은 어째서인가. 王龔을 梁冀와 구별한 것이니, ≪資治通鑑綱目≫에서 어진 자와 불초한 자를 구별한 것이 엄격하다. 西漢의 세대에는 '京兆尹'을 쓴 것이 8번인데, 黃霸 이외에는 모두 엄격하고 유능한 자들이었다. 東漢은 雒陽에 도읍한 지 100여 년에 河南尹 중에 알려진 자가 없었는데, 이때 처음으로 梁冀兄弟를 썼으니, 楊秉과 朱儁이 아니라면 거의 훌륭한 사람이 없었을 것이다. 東漢이 끝날 때까지 '河南尹으로 삼았다.'고 쓴 것이 3번이요, 사건을 통해서 나타낸 것이 3번이다.〔再書以 何 殊龔於冀也 綱目之別賢不肖嚴矣 西漢之世 書京兆尹八 自黃霸外皆嚴能者也 東漢都雒百有餘年 河南尹無聞焉 於是 始書梁冀兄弟 微楊秉,朱儁 幾無人矣 終東漢 書以爲河南尹三 因事見者三〕" ≪書法≫

회하게 될 것입니다." 하였으나, 황제가 그의 말을 따르지 않았다.

이때에 과연 蠻族이 공물로 바치는 삼베의 양이 옛 약속과 다르다고 다투고는 마침내 鄕吏를 죽이고 모든 종족이 배반하였다.

初에 武陵太守言 蠻夷率服하니 可增租賦[①]라한대 虞詡曰 自古聖王이 不臣異俗하시니이다 先帝舊典에 貢稅多少 所由來久矣니 今猥增之하면 必有怨叛이라 計其所得이 不償所費니 必有後悔리이다 帝不從이러니 至是에 蠻이 果爭貢布非舊約이라하여 遂殺鄕吏하고 擧種反[②]하다

① "率服"은 서로 거느리고 와서 복종함을 말한다.
率服, 言相率而來服.

② "貢布"는 공물로 바치는 賨布(종포)이다. 漢나라가 일어나자 武陵의 여러 蠻族들로 하여금 매년 大人(성인)은 삼베 한 匹을 바치고, 小口(미성년자)는 두 丈(반 필)을 바치게 하였는데, 이것을 賨布라 하였다. 賨은 徂宗의 切이니, 賨이란 그들이 소유하고 있는 것을 대강 징수하고 각박하게 요구하지 않는 것이다.
貢布, 貢獻賨布也. 漢興, 歲令武陵諸蠻, 大人輸布一匹, 小口二丈, 謂之賨布. 賨, 徂宗切. 賨者, 摠率其所有, 不切責之也.

丁丑年(137)

【綱】漢나라 孝順皇帝 永和 2년이다. 봄에 李進을 武陵太守로 삼아 蠻族을 토벌하여 평정하였다.

二年이라 春에 以李進爲武陵太守하여 討平之하다

【目】李進이 훌륭한 관리(令長)를 잘 선발하고 蠻夷들을 어루만지니, 武陵郡의 경계가 마침내 편안해졌다.

進이 簡選良吏하고 撫循蠻夷하니 郡境이 遂安하다

【綱】여름 4월에 地震이 있었다.

夏四月에 地震하다

【綱】象林의 蠻族이 배반하였다.

◑ **象林蠻**이 **反**하다

【目】 象林의 蠻族인 區憐 등이 縣寺(縣의 官舍)를 공격하여 長吏(令長)를 살해하자, 交趾刺史 樊演이 交趾와 九眞의 병사 만여 명을 징발하여 〈象林을〉 구원하게 하였는데, 兵士들은 먼 지역으로 부역 나가기를 꺼려하여 도리어 그 郡府를 공격하였다. 郡府에서는 비록 배반한 자들을 격파하였으나, 蠻族의 형세는 더욱 盛하였다.

象林蠻區憐等이 **攻縣寺**(시)하여 **殺長吏**①어늘 **交趾刺史樊演**이 **發交趾九眞兵萬餘人**하여 **救之**러니 **兵士憚遠役**하여 **反攻其府**하니 **府雖擊破反者**나 **而蠻勢轉盛**하다

① 象林은 縣의 이름이니, 日南郡에 屬하였다. 區憐은 蠻族의 姓名이다.
象林, 縣名, 屬日南郡. 區憐, 蠻姓名也.

【綱】 겨울 10월에 황제가 長安에 가서 處士 法眞을 불렀으나, 오지 않았다.

冬十月에 **帝如長安**하여 **徵處士法眞**호되 **不至**하다

【目】 扶風 사람 法眞이 內學과 外學을 널리 통달하고 隱居하여 벼슬하지 않았는데, 황제가 그를 초치하고자 하여 네 번 불렀으나 뜻을 굽히지 않았다. 친구인 郭正이 그를 칭찬하기를 "법진은 이름은 들을 수 있어도 모습은 보기 어렵다. 명성에서 도망하려 하는데도 명성이 자신을 따르고 명성을 피하려 하는데도 명성이 자신을 좇으니, 百世의 스승이라고 이를 만한 자이다." 하였다.

扶風法眞이 **博通內外學**하고 **隱居不仕**①어늘 **帝欲致之**하여 **四徵不屈**하다 **友人郭正**이 **稱之曰 眞**은 **名可得聞**호되 **身難得見**이라 **逃名而名我隨**하고 **避名而名我追**하니 **可謂百世之師者矣**로다

① 法眞은 法雄의 아들이다. 東都의 여러 儒者들은 七緯를 內學이라 하고 六經을 外學이라 하였다.[122]
眞, 雄之子也. 東都諸儒, 以七緯爲內學, 六經爲外學.

【綱】 **地震**이 있었다.

---

122) 東都의……하였다 : 七緯는 407쪽 訓義 ①에서, 六經은 402쪽 역주 110)에서 자세한 내용이 보인다.

地震하다

【目】太尉 王龔은 中常侍 張昉 등이 국가의 권력을 독점하고 농단한다 하여 황제에게 아뢰어 죽이고자 하였는데, 宗親 중에 楊震의 일[123]로 諫하는 자가 있으므로 왕공이 마침내 중지하였다.

太尉王龔이 以中常侍張昉等이 專弄國權이라하여 欲奏誅之①러니 宗親이 有以楊震事諫之者어늘 龔이 乃止하다

① 昉은 分兩의 切이다.
昉, 分兩切.

【綱】12월에 황제가 還宮하였다.

十二月에 還宮하다

戊寅年(138)

【綱】漢나라 孝順皇帝 永和 3년이다. 봄 2월에 地震이 있었고, 金城과 隴西에 山이 무너졌다.

三年이라 春二月에 地震하고 金城, 隴西山崩하다

【綱】여름 윤4월에 지진이 있었다.

◑夏閏四月에 地震하다

---

123) 楊震의 일 : 楊震은 延光 2년(123)에 太尉가 되어 安帝를 보필한 신하이다. 안제가 太子로 있을 때 鄧太后의 마음에 들지 않자 차기 황제로 즉위하기 힘든 상황이었는데, 乳母인 王聖과 中官 樊豐 등의 도움으로 황제에 오를 수 있었다. 안제가 즉위한 후 번풍 등은 국정을 좌우하며 사치스러운 생활을 하였는데, 안제가 이를 제어하지 않자 양진이 번풍 등의 惡行을 자주 諫하였다. 그러나 안제는 간언을 듣지 않았고, 결국 延光 3년(124) 번풍 등의 참소로 양진은 태위의 印綬를 빼앗기고 자살하였다. 이후 안제의 뒤를 이은 北鄕侯의 병이 위독한 틈을 타 孫程 등이 반란을 일으켜서 順帝가 즉위하였고, 양진은 당시 참소를 받아 자살하였던 억울함과 간언하였던 충직함을 인정받아 延光 4년(125)에 詔令을 내려 改葬하고 中牢로써 제사하였다.

【綱】祝良을 九眞太守로 삼고 張喬를 交趾刺史로 삼아서 침략한 蠻族들을 불러 항복시키니, 嶺外(嶺南)가 모두 평정되었다.

◑ 以祝良爲九眞太守하고 張喬爲交趾刺史하여 招降蠻寇하니 嶺外悉平하다

【目】侍御史 賈昌이 州郡과 함께 〈蠻族인〉 區憐 등을 토벌하였는데, 1년이 넘도록 승리하지 못하였다. 황제가 百官을 불러 方略을 묻자, 모두 의논하기를 大將軍을 보내 荊州, 揚州, 兗州, 豫州의 병력 4만 명을 징발해서 달려가게 해야 한다고 하였다. 이에 李固가 다음과 같이 논박하였다.

"荊州와 揚州의 盜賊이 굳게 뭉쳐 흩어지지 않아서 長沙와 桂陽 지역의 백성들이 여러 번 징발을 당했으니, 만일 다시 소란스럽게 징발한다면 반드시 다시 환란이 생길 것이며, 兗州와 豫州의 백성들에게 멀리 만 리 길을 달려가게 하여 詔書로 압박하고 독촉하면 반드시 배반하여 도망할 것입니다. 남쪽 지역은 기후가 덥고 게다가 瘴氣가 있으니 死亡에 이르는 자가 10명 중에 반드시 4, 5명이 될 것이요, 멀리 만 리 길을 가면 士卒들이 피로하여 嶺南에 도착했을 때에는 더 이상 전투할 수 없을 것입니다.

侍御史賈昌이 與州郡으로 討區憐等하여 歲餘不克이라 帝召百官하여 問以方略한대 皆議遣大將하여 發荊, 揚, 兗, 豫四萬人赴之라하니 李固駁曰 荊, 揚盜賊이 磐結不散하여 長沙, 桂陽이 數被徵發이라 如復擾動이면 必更(갱)生患①이요 兗, 豫之人이 遠赴萬里하여 詔書迫促하면 必致叛亡이니이다 南州溫暑하고 加有瘴氣하니 致死亡者 十必四五②요 遠涉萬里하면 士卒疲勞하여 比至嶺南에 不復堪鬪③니이다

① 長沙郡은 荊州에 속하였다.
長沙郡, 屬荊州.
② 嶺을 넘어 남쪽으로 가면 瘴氣가 매우 심하니, 瘴氣는 찌는 듯한 더위에 증발한 기체가 모여 만들어낸 것인데, 장기에 걸린 자는 번번이 죽었다.
度嶺而南, 瘴氣甚重, 炎熱蒸鬱之所生也, 中之者, 輒死.
③ 比는 미침이다.
比, 及也.

【目】군대는 하루에 30리를 행군하는데, 兗州와 豫州는 日南과 거리가 9,000여 리이니, 출동한 지 300일이 지나야 비로소 도착할 것입니다. 또 사람마다 쌀 5升을 지급하는 것으로 계산하면 60만 斛의 쌀이 필요한데, 여기에 장수와 관리와 나귀와 말의 먹이는

계산하지 않은 것입니다. 설령 군대가 日南에 도착한다 하더라도 死亡하는 자가 반드시 많아서 이미 敵을 막을 수 없어서, 마땅히 다시 징발해야 될 것입니다. 그렇게 되면 이는 心腹을 도려내서 四肢를 보충하는 것과 같습니다. 九眞과 日南은 거리가 1,000리이니, 그곳의 관리와 백성을 징발하여도 〈병사와 군량을〉 감당할 수가 없는데, 하물며 어찌 네 州의 병졸을 괴롭게 하여 만 리의 어려운 길을 가게 한단 말입니까?

예전에 中郎將 尹就가 益州의 배반한 羌族들을 토벌하였는데, 익주의 백성들 속담에 "오랑캐들이 쳐들어오는 것은 그래도 괜찮지만, 윤취가 오면 우리를 죽일 것이다." 하였습니다. 뒤에 윤취는 부름을 받아 경사로 돌아오고, 刺史 張喬에게 토벌하는 병력을 맡겼습니다. 장교는 그 장수와 관리를 그대로 인솔하여 한 달 내에 오랑캐들을 격파하여 섬멸하였으니, 이는 장수를 출동하는 것이 無益하다는 증거이고 州郡에게 맡길 만하다는 증험입니다."

軍行이 日三十里어늘 而兗, 豫去日南九千餘里니 三百日乃到하여 計人稟(름)五升이면 用米六十萬斛이니 不計將吏驢馬之食[①]이니이다 設軍所在라도 死亡必衆하여 旣不足禦敵하여 當復更發이니 此爲刻割心腹하여 以補四支[②]니이다 九眞, 日南이 相去千里니 發其吏民이라도 猶尙不堪이어든 何況乃苦四州之卒하여 以赴萬里之艱哉잇가 前中郎將尹就 討益州叛羌이러니 益州諺曰 虜來尙可어니와 就來殺我라하더니 後就徵還하고 以兵付刺史張喬하니 喬因其將吏하여 旬月之間에 破殄寇虜하니 此發將無益之效요 州郡可任之驗也니이다

① 稟은 지급함이다. 옛날 되[升]가 작았기 때문에 〈한 사람이 하루에 먹는 쌀이〉 5升이라 한 것이다.
稟, 給也. 古升小故, 曰五升也.

② ≪後漢書≫ 〈南蠻傳〉에는 "設軍" 아래에 到자가 있다.
南蠻傳, 設軍下有到字.

【目】 마땅히 다시 용맹과 지략이 있고 인자하고 은혜로워 장수가 될 만한 자를 선발해서 刺史와 太守로 삼고, 日南의 관리와 백성들을 內地로 옮겨서 북쪽으로 交趾를 의지하게 하고, 다시 蠻夷들을 모집해서 자기들끼리 서로 공격하게 하고, 金과 비단을 수송하여 그 밑천으로 삼게 해야 합니다. 또 反間을 잘하여 적의 우두머리를 데려오는 자가 있으면 侯로 封하고 땅을 나눠주는 賞을 허락해야 합니다. 옛 幷州刺史인 祝良은 성품이 용맹스럽고 결단력이 있으며, 張喬는 예전에 오랑캐를 격파한 功이 있으니 모두 任用할 만합니다."

四府에서 모두 李固의 의논을 따르니, 즉시 축량을 제수하여 九眞太守로 삼고 장교를 交趾刺史로 삼았다.

장교가 교지에 부임하여 誠心을 보여주어 鎭撫하고 招誘하니, 오랑캐들이 모두 항복하고 흩어졌다. 또 축량이 구진에 부임하여 한 대의 수레로 賊中에 들어가서 方略을 세워 위엄과 신의로 오랑캐를 招誘하니, 항복한 자 수만 명이 모두 축량을 위하여 府의 官舍를 건축하였다. 이로부터 嶺外(嶺南)가 다시 편안해졌다.

宜更選有勇略仁惠任將帥者하여 以爲刺史, 太守[①]하고 徙日南吏民하여 北依交趾하고 還募蠻夷하여 使自相攻하고 轉輸金帛하여 以爲其資하며 有能反間致頭首者어든 許以封侯裂土之賞[②]이니이다 故幷州刺史祝良은 性多勇決하고 張喬는 前有破虜之功하니 皆可任用이니이다 四府悉從固議하니 卽拜良爲九眞太守하고 喬爲交趾刺史[③]하다 喬至하여 開示慰誘하니 幷皆降散하고 良到九眞하여 單車入賊中하여 設方略하여 招以威信하니 降者數萬人이 皆爲良하여 築起府寺(시)라 嶺外復平하다

① 任은 音이 壬으로 감당함이니, 〈"任將帥者"는〉 재주가 뛰어나 將帥가 될 만함을 이른다.
任, 音壬, 堪也. 謂材堪爲將帥.

② "頭首"는 여러 오랑캐들의 渠帥(우두머리)를 이른다.
頭首, 謂諸蠻渠帥也.

③ "四府"는 三公府와 大將軍府이다.
四府, 三公府及大將軍府.

【綱】 가을 9월에 詔令을 내려 武藝에 능하고 용맹하여 將帥를 맡길 만한 자를 천거하게 하였다.

秋九月에 詔擧武猛任將帥者하다

【目】 처음에, 左雄이 周擧를 천거하여 尙書로 삼았다. 이때 좌웅이 司隷校尉가 되어 馮直을 장수가 될 만하다고 천거하였는데, 풍직이 일찍이 장물죄에 걸려 罪를 받은 적이 있으므로 주거가 이를 들어 좌웅을 탄핵하여 아뢰었다. 이에 좌웅이 말하기를 "詔書에서는 무예에 능하고 용맹한 자를 선발하게 한 것이지, 청렴하고 고상한 자를 선발하게 한 것이 아니다." 하자, 주거가 "詔書에서는 君으로 하여금 무예에 능하고 용맹한 자를 선발하게 한 것이지, 君으로 하여금 탐욕스럽고 더러운 자를 선발하게 한 것이 아닙니다." 하였다.

좌웅이 말하기를 "내가 그대를 등용한 것은 바로 나를 해롭게 한 것이다." 하니, 주거가 말하기를 "옛날에 趙宣子가 韓厥을 신임하여 司馬를 삼았는데, 한궐이 조선자의 종을 죽이자 조선자가 여러 大夫들에게 이르기를 '나에게 축하할 만한 일이다.' 하였습니다. 지금 君이 저를 재주가 없다고 여기지 아니하여 잘못 조정에 올리셨으니, 제가 감히 君에게 아첨하여 君의 수치가 될 수 없었습니다. 그런데 君의 뜻이 조선자와 다를 줄은 깨닫지 못했습니다." 하였다.

좌웅이 기뻐하면서 사죄하기를 "이는 나의 잘못이다." 하니, 天下 사람들이 이 때문에 더욱 그를 어질게 여겼다.

初에 左雄이 薦周擧爲尙書러니 至是에 雄이 爲司隷校尉하여 擧馮直任將帥하니 直이 嘗坐臧受罪라 擧以此劾奏雄한대 雄曰 詔書使選武猛이요 不使選淸高니라 擧曰 詔書使君選武猛이요 不使君選貪汙也니이다 雄曰 進君은 適所以自伐也로다 擧曰 昔에 趙宣子任韓厥爲司馬어늘 而厥이 戮其僕한대 宣子謂諸大夫曰 可賀我矣라하니 今君이 不以擧之不才라하여 誤升諸朝하시니 不敢阿君以爲君羞러니 不寤君之意與宣子殊也로이다 雄이 悅하여 謝曰 是吾過也라하니 天下益以此賢之하니라

【目】 이때에 宦官들이 다투어 권세를 믿고 사사로이 은혜를 베풀었으나, 오직 大長秋[124] 良賀는 청백하고 검소하며 謙讓하고 厚重하였는데, 조서를 내려 무용이 있는 자를 천거하게 했을 적에 양하만 홀로 아무도 천거하지 않았다.

황제가 그 이유를 묻자, 대답하기를 "臣은 초야에서 태어나 궁중에서 자랐으니, 사람을 알아보는 지혜가 없고 또 일찍이 士類들과 사귀어 알고 지내지 못했습니다. 옛날 衛鞅[125]이 환관인 景監을 통하여 황제를 알현하자 식견이 있는 자들은 그가 끝을 잘 마치지 못할 것을 알았으니, 지금 臣의 천거를 얻는 자는 영광이 아니라 바로 치욕일 것입니다. 이 때문에 감히 천거하지 않은 것입니다." 하였다.

是時에 宦官이 競賣恩勢①호되 唯大長秋良賀 淸儉退厚②러니 及詔擧武猛에 賀獨無所薦이어늘 帝問其故한대 對曰 臣이 生自草茅하여 長於宮掖하니 旣無知人之明이요 又未嘗交知士類③니이다

124) 大長秋 : 황후를 가까이에서 모시는 환관의 직책으로, 漢나라 때에 설치하였다. 주로 황후의 旨意를 전달하거나 황후궁의 일을 관장하였다.

125) 衛鞅 : 전국시대 衛나라 사람으로, 公孫鞅 또는 商鞅이라고도 한다. 일찍부터 刑名學을 좋아하였으며 秦나라의 환관인 景監을 통하여 秦 孝公에게 등용되어 부국강병의 계책을 세워 다방면의 개혁을 단행하여 秦나라가 천하를 통일할 수 있는 기반을 마련하였다. 재상으로 있을 때 엄격한 법치주의를 단행하여 관리와 백성들 모두에게 원망을 샀는데, 효공 사후 반대파에 의해 車裂刑에 처해졌다.(≪史記≫ 권68 〈商君列傳〉)

昔에 衛鞅이 因景監以見(현)이어늘 有識이 知其不終하니 今得臣擧者 匪榮伊辱이라 是以不敢이니이다

① 〈"競賣恩勢"는〉 권세를 믿고 은혜를 베풀어 사람들의 환심을 얻고 이로써 스스로 자랑한 것이다.
挾勢市恩, 以此自鬻也.

② 良은 姓이다. "退厚"는 무리들과 進趣를 다투거나 浮薄함을 다투지 않는 것이다.
良, 姓也. 退厚者, 不與儕輩爭進趣, 競浮薄也.

③ 초야에 있는 자를 '草茅之臣'이라 하니, 선비가 貧賤하여 풀집과 띠 지붕 아래 거처하므로 이렇게 말한 것이다. 長(성장하다)은 知兩의 切이다.
在野曰草茅之臣, 士貧賤, 居於草舍茅屋之下故云. 長, 知兩切.

【綱】 겨울 10월에 燒當羌인 那離가 金城을 침략하자, 校尉 馬賢이 격파하였다.

冬十月에 燒當羌那離 寇金城이어늘 校尉馬賢이 擊破之하다

【綱】 12월 초하루에 일식이 있었다.

◑ 十二月朔에 日食하다

己卯年(139)

【綱】 漢나라 孝順皇帝 永和 4년이다. 봄 正月에 中常侍 張逵 등이 伏誅되었다.

四年이라 春正月에 中常侍張逵等이 伏誅[126]하다

【目】 梁商은 小黃門 曹節 등이 궁중에서 用事한다 하여 아들 梁冀를 보내 이들과 사귀게 하였는데, 中常侍 張逵 등은 양상이 은총을 받는 것을 시기하여 도리어 함께 梁商과 曹騰, 孟賁이 황제를 廢하고 새 군주를 세울 것을 도모한다고 참소하였다. 황제가 말하기를 "반드시 이런 일이 없을 것이니, 다만 너희들이 함께 양상을 질투할 뿐이다." 하였다.

이에 장규가 두려워하고 詔令을 위조하여 조등과 맹분을 체포하여 포박하자, 황제가

126) 中常侍張逵等伏誅 : "宦者에게 '伏誅'라고 쓴 것이 이때 처음 시작되었으니, ≪資治通鑑綱目≫이 끝날 때까지 宦者에게 伏誅라고 쓴 것이 10번이다.〔宦者書伏誅 始此 終綱目 宦者書伏誅十〕" ≪書法≫

노하여 장규 등을 하옥하여 伏誅하였다. 그들이 진술한 내용이 大臣에게까지 연루되자, 이에 양상이 다음과 같이 上疏하였다.

"春秋의 의리에 의하면, 功은 元帥에게 있고 罪는 惡의 괴수에게 그칩니다. 큰 옥사가 한 번 일어나면 무고하게 연루되는 자가 많아지고 사형수가 오랫동안 옥에 갇혀 있으면 작은 일이 큰일이 되니, 봄철에 和氣를 順히 맞이하여 정사를 화평하게 하고 교화를 이루는 방법이 아닙니다. 마땅히 빨리 옥사를 끝마쳐서 체포하는 번거로움을 그쳐야 합니다."

황제가 그의 말을 받아들였다.

梁商이 以小黃門曹節等이 用事於中이라하여 遣冀與交러니 而中常侍張逵等이 忌其寵하여 反共譖商及曹騰,孟賁이 圖廢立이라한대 帝曰 必無是니 但汝曹共妒(투)之耳[①]니라 逵懼하여 矯詔收縛騰,賁한대 帝怒하여 收逵等하여 下獄伏誅하니 辭所連染이 延及大臣이라 商이 上疏曰 春秋之義는 功在元帥요 罪止首惡[②]이니이다 大獄一起하면 無辜者衆하고 死囚久繫하면 纖微成大[③]하니 非所以順迎和氣, 平政成化也라 宜早訖竟하여 以止逮捕之煩[④]이니이다 帝納之하다

① 妒(질투하다)는 妬와 같다
妒, 與妬同.

② ≪春秋左氏傳≫에 "晉나라 郤克이 군대를 거느리고 나가서 齊나라 군대를 鞌(안) 지역에서 패퇴시켰는데, 군대가 돌아올 적에 范文子가 뒤늦게 들어오면서 말하기를 '군대가 功을 세워서 國人들이 기뻐하여 맞이하는데, 내가 먼저 들어오면 반드시 耳目이 나에게 집중될 것이니, 이는 장수를 대신하여 승리한 명예를 취하는 것이다. 그러므로 내가 감히 이렇게 하지 못하는 것이다.' 하였다." 하였고, 虞나라 군대와 晉나라 군대가 下陽을 멸망하였는데, ≪春秋公羊傳≫에 "虞나라는 작은 나라인데 어찌하여 〈經에 쓸 때〉 큰 나라인 晉나라의 위에 서열하였는가? 虞나라를 惡의 우두머리로 삼으려 하였기 때문이다." 하였다.
春秋左氏傳 "晉郤克帥師, 敗齊師于鞌, 師歸, 范文子後入曰 '師有功, 國人喜以逆之, 先入, 必屬耳目焉, 是代帥受名也, 故不敢.'" 虞師·晉師滅下陽, 公羊傳曰 "虞, 微國也, 曷爲序于大國之上. 使虞首惡也."

③ 〈"死囚久繫 纖微成大"는〉 사형수가 옥에 오랫동안 갇혀 있으면 작은 일이 서로 엮여서 큰일이 됨을 말한 것이다.
言久繫, 則細微之事引牽而成大也.

④ 〈"順迎和氣 平政成化"는〉 孟春의 달에는 마땅히 경사로운 賞賜를 행하고 은혜를 베풀어서 天地가 물건을 낳는 마음을 順히 하여 和氣를 맞이해야 하고, 獄事가 이어지게 해서는 안 됨을 말한 것이다.
謂孟春之月, 當行慶施惠, 順天地生物之心, 以迎和氣, 不宜使獄事枝蔓.

【綱】 3월에 地震이 있었다.

三月에 地震하다

【綱】 여름 4월에 馬賢이 那離 등을 공격하여 참수하였다.

◑ 夏四月에 馬賢이 擊那離等斬之하다

【綱】 가을 8월에 太原 지방이 가물었다.

◑ 秋八月에 太原이 旱하다

庚辰年(140)

【綱】 漢나라 孝順皇帝 永和 5년이다. 봄 2월에 地震이 있었다.

五年이라 春二月에 地震하다

【綱】 南匈奴인 吾斯와 車紐(차뉴)[127] 등이 배반하자, 여름 5월에 度遼將軍 馬續에게 詔令을 내려서 그들을 불러 항복하게 하였다.

◑ 南匈奴吾斯, 車紐等이 反이어늘 夏五月에 詔度遼將軍馬續하여 招降之하다

【目】 南匈奴인 吾斯와 車紐 등이 배반하여 西河를 침략할 적에 右賢王을 불러 유인해서 군대를 연합하고 美稷을 포위해서 長吏를 살해하자, 馬續 등이 군대를 징발하여 습격해서 격파하였다. 天子가 사신을 보내 單于를 책망하니, 선우는 본래 이 모의에 관여하지 않았는데도 모자를 벗고 장막을 피하여 謝罪하였다. 中郎將 陳龜가 아랫사람을 제대로 통제하지 못했다 하여 선우를 압박해서 自殺하게 하니, 항복한 자들이 마침내 다시 의심하였다. 진구는 이 죄에 걸려 면직되었다.

南匈奴吾斯車紐(뉴)等이 反하여 寇西河할새 招誘右賢王하여 合兵圍美稷하여 殺長吏①어늘 馬續

127) 車紐(차뉴) : 일반적으로 車紐를 '거뉴'로 읽고 있으나, ≪資治通鑑≫ 胡三省의 音註에 車는 尺遮의 翻으로 되어 있다.

等이 發兵掩擊破之하다 天子遣使責讓單于하니 單于本不預謀라 乃脫帽避帳하여 謝罪러니 中郎將陳龜 以單于不能制下라하여 迫令自殺하니 降者遂更狐疑라 龜坐免하다

① 吾斯와 車紐는 두 王의 이름이다.
吾斯·車紐, 二王名.

【目】大將軍 梁商이 다음과 같이 말하였다.

"馬續은 평소 지모가 있고 변방을 맡은 지 오래되어서 병법의 요점에 매우 밝으니, 마땅히 마속으로 하여금 해자를 깊이 파고 보루를 높이 쌓고서, 은혜와 신의로 저들을 불러 항복하게 하고 현상금을 걸고서 분명히 약속하게 해야 하니, 이와 같이 하면 흉악한 무리들을 복종시킬 수 있고 國家에는 아무 일이 없을 것입니다."

황제는 마침내 마속에게 詔令을 내려서 배반한 오랑캐들을 불러 항복하게 하였다.

大將軍商曰 馬續이 素有謀謨하고 典邊日久하여 深曉兵要하니 宜令續으로 深溝高壘하여 以恩信招降하고 宣示購賞하여 明爲期約이니 如此면 則醜類可服이요 國家無事矣[①]리이다 帝乃詔續招降畔虜하다

① "醜類"는 흉악한 무리를 이른다.
醜類, 謂凶醜之黨類也.

【目】梁商은 또다시 馬續 등에게 다음과 같은 편지를 보내었다.

"中國이 편안하여 전투를 잊은 지 오래되었다. 뛰어난 騎兵들이 들에서 合戰하여 칼날과 화살을 마주해서 당장의 승리를 다투는 것은 戎狄의 장점이고 中國의 단점이며, 강한 弓弩 부대로 城을 타고서 진영을 견고히 하고 굳게 지켜서 적이 쇠퇴하기를 기다리는 것은 中國의 장점이고 戎狄의 단점이다. 마땅히 되도록 우리의 장점을 우선 사용하여 저들의 변화를 관찰하고 현상금을 내걸어서 오랑캐들을 불러 항복을 권하는 뜻을 보여주어 마음을 되돌려 후회하는 마음을 내게 할 것이요, 작은 功을 탐하여 큰 계책을 어지럽히지 말라."

이에 右賢王의 部族인 13,000명이 모두 마속에게 나와 항복하였다.

商이 又移書續等曰 中國이 安寧하여 忘戰日久라 良騎野合하여 交鋒接矢하여 決勝當時는 戎狄之所長而中國之所短也요 彊弩乘城하여 堅營固守하여 以待其衰는 中國之所長而戎狄之所短也니 宜務先所長하여 以觀其變하고 設購開賞하여 宣示反(번)悔요 勿貪小功以亂大謀[①]하라 於是에

右賢王部萬三千口 皆詣續降하다

① 先(먼저 하다)은 悉薦의 切이다. 反은 音이 幡이니, "宣示反悔"는 오랑캐들을 불러 항복을 권하는 뜻을 보여주어서 마음을 되돌려 후회하는 마음을 열어줌을 이른다.
先, 悉薦切. 反, 音幡. 宣示反悔, 謂宣示招降之意, 以開其反悔之心.

【綱】 이달 그믐에 일식이 있었다.

是月晦에 日食하다

【綱】 且凍羌과 傅難羌이 三輔 지방을 침략하자, 馬賢을 征西將軍으로 삼아서 토벌하게 하였다.

◐ 且(저)凍傅難種羌이 寇三輔어늘 以馬賢爲征西將軍하여 討之①하다

① 且는 子余의 切이다. 且凍은 西羌의 種族 이름이다.
且, 子余切. 且凍, 西羌種名.

【目】 처음에 那離 등이 평정되자 朝廷에서는 來機와 劉秉을 幷州와 涼州의 刺史로 임명하였는데, 내기 등이 포악하고 각박하여 羌族을 소요시키고 징발하는 바가 많으니, 강족이 마침내 다시 배반하였다.

初에 那離等이 旣平이어늘 朝廷이 以來機, 劉秉爲幷, 涼刺史러니 機等이 虐刻하여 多所擾發하니 羌遂復反하다

【綱】 羌族이 武都를 침략하여 隴關을 불태웠다.

羌이 寇武都하여 燒隴關①하다

① 羌族은 바로 且凍羌이다. 李賢이 말하기를 "隴關은 隴山의 관문이다. 지금의 이름은 大震關이니, 지금 隴州 汧源縣 서쪽에 있다." 하였다.
羌, 卽且凍羌也. 賢曰 "隴關, 隴山之關也. 今名大震關, 在今隴州汧源縣西."

【綱】 南匈奴 吾斯가 車紐(차뉴)[128]를 세워서 單于로 삼고 烏桓과 羌族, 胡族을

128) 車紐(차뉴) : 南匈奴 14대 單于로 그 선조는 미상이다.

이끌고서 변방을 침략하였다. 겨울 12월에 中郞將 張耽을 보내어 군대를 거느리고 공격하게 해서 항복시켰다.

◑ 匈奴吾斯 立車紐爲單于하고 引烏桓, 羌, 胡하여 寇邊이어늘 冬十二月에 遣中郞將張耽하여 將兵擊降之하다

辛巳年(141)

【綱】 漢나라 孝順皇帝 永和 6년이다. 봄 正月에 馬賢이 羌族과 싸우다가 패하여 戰歿하였다. 東羌과 西羌이 마침내 크게 연합하고, 윤달에 鞏唐羌이 三輔 지방을 침략하여 園陵을 불태웠다.

六年이라 春正月에 馬賢이 與羌戰이라가 敗沒하니 東西羌이 遂大合하고 閏月에 鞏唐羌이 寇三輔하여 燒園陵①하다

① 羌族 중에 安定, 北地, 上郡, 西河에 거주하는 자들을 '東羌'이라 하고, 隴西와 漢陽에서 金城의 변방 밖에까지 걸쳐 거주하는 자들을 '西羌'이라 한다. 鞏唐은 西羌의 種族이다.
羌居安定・北地・上郡・西河者, 謂之東羌, 居隴西・漢陽, 延及金城塞外者, 謂之西羌. 鞏唐, 西羌種也.

【目】 처음에 上이 馬賢에게 명하여 西羌을 토벌하게 하자, 大將軍 梁商이 "마현은 늙어서 太中大夫 宋漢만 못합니다." 하였으나 황제가 따르지 않았다. 마현이 군대에 도착하여 지체하며 전진하지 않자, 武都太守 馬融이 다음과 같이 上疏하였다.

"지금 여러 羌族들이 돌려가며 서로 노략질하고 도둑질하니, 이들이 미처 연합하지 않았을 때에 서둘러 군대를 깊이 들여보내서 그들의 支黨을 격파하여야 하는데, 마현 등은 곳곳마다 지체하고 있습니다. 羌族, 胡族들은 100리 밖에서도 먼지를 바라보고 1,000리 밖에서도 소리를 듣고 〈자기들을 공격해 옴을 아니,〉 이제 도망하여 숨어 있던 강족들이 마현을 피해 빠져나와 뒤에 있으면, 반드시 三輔 지방을 침략하고 도둑질하여 백성들의 큰 폐해가 될 것입니다.

臣은 원컨대, 마현이 사용하지 않은 關東의 병력 5,000명을 청하여 部隊라는 칭호를 임시로 사용해서 힘을 다해 병사들을 거느리고 장려하여 대오의 앞에서 굳건히 지키면서 뒤로 물러나지 않게 하고, 臣이 직접 관리와 병사들보다 앞장서서 용감히 싸우고자

하오니, 이렇게 하면 30일 내에 반드시 적을 격파할 수 있습니다."

初에 上이 命馬賢하여 討西羌이어늘 大將軍商이 以爲 賢老하니 不如太中大夫宋漢이니이다 帝不從①이러니 賢이 到軍에 稽留不進이라 武都太守馬融이 上疏曰 今雜種諸羌이 轉相鈔盜하니 宜及其未幷하여 亟遣深入하여 破其支黨이어늘 而馬賢等이 處處留滯②라 羌, 胡는 百里望塵하고 千里聽聲하니 今逃匿避回하여 漏出其後면 則必侵寇三輔하여 爲民大害③하리이다 臣은 願請賢所不可用關東兵五千하여 裁假部隊之號하여 盡力率厲하여 埋根行首하여 以先吏士하면 三旬之中에 必克破之④하리이다

① 宋漢은 宋由의 아들이다.
漢, 由之子也.
② 幷은 합함이다. 支는 枝와 같으니, 그 黨與가 나뉘어 흩어져 있는 것이 나무에 가지가 있는 것과 같기 때문에 "支黨"이라 한 것이다.
幷, 合也. 支, 猶枝也. 謂其黨與之分散, 如木之有枝. 故曰支黨.
③ 回는 胡對의 切이니, 두름이요 굽음이다. "漏出其後"는 빠져나와 상대방의 뒤에 있음을 이른다.
回, 胡對切, 繞也, 曲也. 漏出其後, 謂脫漏在人之後.
④ "埋根"은 물러서지 않음을 말한 것이다. 行은 行伍(항오)를 이른다.
埋根, 言不退也. 行, 謂行伍也.

【目】臣이 또 들으니, 옛날 吳起는 장수가 되었을 적에 더워도 일산을 펴지 않고 추워도 갖옷을 입지 않았다고 하였습니다. 지금 馬賢은 들에 머물 적에 천막을 치고 진귀한 음식이 이것저것 많으며 아들과 侍妾도 있어, 일이 옛날과 반대됩니다.

臣은 마현 등이 오로지 한 城을 지키고 있으니, 강족들이 말로는 서쪽을 공격한다고 하면서 실제로는 동쪽을 공격할까 두렵고, 또 그의 장수와 병사들이 장차 명령을 감당하지 못해서 반드시 高克처럼 궤멸되어 배반하는 변고가 있을까 염려됩니다."

安定 사람 皇甫規도 마현이 軍事를 걱정하지 않는 것을 보고 그가 반드시 敗할 것을 알고는 글을 올려 상황을 말하였다. 그러나 朝廷(황제)이 그들의 말을 모두 따르지 않았는데, 이때에 이르러 마현이 과연 패하였다.

臣이 又聞吳起爲將에 暑不張蓋하고 寒不披裘라하니이다 今賢이 野次垂幕하고 珍肴雜遝(답)하며 兒子侍妾이 事與古反①하니 臣懼賢等 專守一城하여 言攻於西而羌出於東이요 且其將士 將不堪命하여 必有高克潰叛之變也②하노이다 安定人皇甫規 亦見賢不恤軍事하고 審其必敗하여 上書言

狀호되 **朝廷**이 **皆不從**이러니 **至是**하여 **果敗**하다

① 遝은 혹 沓으로 쓰는데 達合의 切이니, "雜遝"은 많은 모양이다.
遝, 或作沓, 達合切. 雜遝, 衆多貌.

② 春秋時代에 鄭나라 高克이 이로움을 좋아하여 군주를 돌아보지 않자, 鄭나라 文公이 고극으로 하여금 군대를 거느리고 국경에서 北狄을 막게 하였는데, 군대를 진열하고는 河水 가에서 한가하게 노닐었다. 이에 무리가 궤멸되어 돌아왔다.
鄭高克好利而不顧其君, 文公使克將兵而禦狄于境, 陳其師旅, 翺翔河上, 衆潰而歸.

【綱】2월에 孛星이 營室星에 나타났다.

二月에 **有星孛于營室**하다

【綱】武都太守 趙沖이 鞏唐羌을 격파하자, 趙沖에게 명하여 河西 4郡의 군대를 감독하게 하였다.

◑ **武都太守趙沖**이 **擊破鞏唐羌**이어늘 **詔沖督河西四郡兵**①하다

① 武都太守는 ≪後漢書≫ 〈西羌傳〉에 武威太守로 되어 있다. 趙沖이 羌族을 추격한 공로가 있어 그에게 詔令을 내려 河西의 4郡의 군대를 감독하게 하였다면, 武威太守가 옳다. 武都는 서북쪽으로 漢陽과 접하고 동북쪽으로 扶風과 접하고 남쪽으로 漢中과 접하였으니, 멀리 河西의 4郡의 군대를 감독하게 할 까닭이 없다.
武都太守, 西羌傳, 作武威太守. 沖以追羌之功, 詔督河西四郡兵, 則武威太守爲是. 武都, 西北接漢陽, 東北接扶風, 南接漢中, 無緣遠督河西四郡兵.

【目】安定의 上計掾인 皇甫規가 다음과 같이 上疏하였다.

"〈漢나라에 歸附했던〉 羌族과 戎族이 흩어져 배반한 것은 모두 변방의 장수들이 이들을 제대로 慰撫하고 통제하지 못해서입니다. 장수들은 변방이 계속 편안하면 오랑캐들을 침략하여 포악한 짓을 자행하고, 구차하게 작은 이익을 다투어 결국 큰 폐해를 초래하였으며, 또 작은 승리를 얻으면 首級을 허위로 부풀리고, 군대가 패하면 숨기고 말하지 않습니다.

軍士들이 수고로운 나머지 원망하는 마음을 품고서 교활한 관리에게 억압을 당해서, 나가서는 통쾌하게 싸워 功을 세우지 못하고 물러가서는 따뜻이 입고 배불리 먹어 생명을 온전히 보전하지 못해서 굶어 죽은 시신이 도랑에 뒹굴고 백골이 들에 버려져 있으

니, 한갓 王師가 출동하였다는 것만 보았을 뿐, 승리하고 군대를 거두어 돌아왔다는 소리는 듣지 못했습니다.

오랑캐의 酋豪들이 피눈물을 흘리면서 놀라고 두려워하여 변고를 내니, 이 때문에 변방의 편안함이 오래가지 못하고 한 번 배반하면 몇 해를 넘기는 것입니다. 원컨대, 臣에게 병영에 모여 하는 일 없이 군량미를 축내는 병사 5,000명을 빌려주소서. 臣이 적들이 예상하지 않은 곳으로 군사를 내어서 趙沖과 함께 서로 머리와 꼬리가 되어 호응하면, 方寸의 印章(관직과 작위)과 한 자〔尺〕의 비단을 번거롭게 내리지 않고서도 위로는 조정의 환란을 깨끗이 씻어버릴 수 있고, 아래로는 오랑캐로부터 항복을 받을 수 있습니다. 만약 臣이 나이가 적고 관직이 낮아서 등용하기에 부족하다고 여기신다면, 모든 패한 장수들의 관작이 높지 않았던 것이 아니고 연치가 많지 않았던 것이 아니니, 臣은 지극한 정성을 이기지 못하여 죽음을 무릅쓰고 스스로 아룁니다."

황제는 그의 말을 받아들이지 못하였다.

安定上計掾皇甫規 上疏曰 羌戎潰叛이 皆因邊將의 失於綏御하니이다 乘常守安則加侵暴①하고 苟競小利則致大害하며 微勝則虛張首級하고 軍敗則隱匿不言이라 軍士勞怨하여 困於猾吏하여 進不得快戰以徼功하고 退不得溫飽以全命하여 餓死溝渠하고 暴骨中原하니 徒見王師之出이요 不聞振旅之聲이라 酋豪泣血하여 驚懼生變하니 是以安不能久하고 叛則經年이니이다 願假臣屯列坐食之兵五千하여 出其不意하여 與趙沖共相首尾하면 可不煩方寸之印, 尺帛之賜하여 高可滌患이요 下可納降이니이다 若謂臣年少官輕하여 不足用者면 凡諸敗將이 非官爵之不高, 年齒之不邁②니 臣不勝至誠하여 沒死自陳하노이다 帝不能用③하다

① 〈"乘常守安則加侵暴"는〉 前後로 서로 이어서 羌族과 戎族을 침략하여 포악한 짓을 자행하는 것을 떳떳함으로 삼음을 말한 것이다.
言前後相乘, 以侵暴羌戎爲常也.

② 邁는 지나감이다.
邁, 往也.

③ "沒死"는 昧死라는 말과 같으니, 죽음을 무릅쓰는 것이다.
沒死, 猶言昧死也, 冒死也.

【綱】鞏唐羌이 北地를 침략하였다.

鞏唐羌이 寇北地하다

【綱】가을 8월에 大將軍 梁商이 卒하였다.

◑秋八月에 大將軍梁商이 卒[129)]하다

【目】처음에 梁商이 上巳에 賓客을 모아 雒水에서 잔치를 벌였는데, 술자리가 무르익자 薤露(해로)의 노래를 불렀다. 周擧가 이 말을 전해 듣고 탄식하기를 "이는 이른바 '슬픔과 즐거움이 때를 잃었다.'는 것이니, 輓歌를 부를 장소가 아니다. 장차 殃禍가 미칠 것이다." 하였다.

이때에 이르러 양상의 병이 위독해지자, 아들 梁冀 등에게 말하기를 "내 살아서 朝廷(황제)을 보필하여 유익하게 함이 없었으니, 죽어서 어찌 國庫의 물건을 함부로 허비하겠는가. 옷과 이불과 飯含과 玉匣과 珠貝의 등속이 썩은 뼈에 무슨 유익함이 있겠는가. 마땅히 모두 사양해야 한다." 하였다.

양상이 薨하자 여러 아들들은 그의 가르침을 따르고자 하였으나, 조정(황제)이 허락하지 않았다.

初에 商이 以上巳會賓客하여 讌于雒水①러니 酒闌에 繼以薤露之歌②어늘 周擧聞之하고 歎曰 此所謂哀樂(락)失時니 非其所也라 殃將及乎③인저하더니 至是病篤하여 勅冀等曰 吾生無以輔益朝廷하니 死何可耗費帑(탕)藏이리오 衣衾, 飯含, 玉匣, 珠貝之屬이 何益朽骨이리오 宜皆辭之④니라 薨이어늘 諸子欲從其誨한대 朝廷이 不聽하다

① 옛날 周公은 洛邑을 이루고 흐르는 물을 따라 술잔을 띄웠으며, 鄭나라 풍속에는 3월 上巳에 〈厄을 물리치기 위해〉 溱水와 洧水 두 물가에서 澤蘭을 캐고 祓除를 행하였다. 또 秦나라 昭王은 3월 3일 河曲에서 술자리를 베풀 적에 金人(金銅으로 만들어진 사람)을 만났는데, 金人이 물속의 劍을 받들어 올리며 말하기를 "임금님으로 하여금 西夏를 제압하여 소유하게 할 것입니다." 하였다. 秦나라가 마침내 諸侯의 패자가 되자, 이곳에 曲水하는 자리를 세웠는바, 漢나라 때까지 이를 인습해서 모두 성대한 모임으로 삼았다. 옛날에는 3월 上巳日(日辰에 첫 번째 巳가 든 날)을 上巳라 하였는데, 뒤에는 3월 3일을 上巳라 하였다. 讌은 모여 술을 마시는 것이다.

昔周公成洛邑, 因流水以泛酒, 鄭俗以三月上巳, 溱·洧兩水之上, 秉蘭祓除. 又秦昭王以三日置酒河曲, 見金人, 奉水心之劍曰"令君制有西夏." 乃霸諸侯, 因此立爲曲水, 至漢相沿, 皆爲盛集也. 古以三月上巳日爲上巳, 後以三月三日爲上巳. 讌, 合飮也.

② 술을 마실 적에 半은 자리를 罷하고 半은 남아 있는 것을 '闌'이라 한다. 薤는 下拜의 切이

129) 大將軍梁商卒 : "대장군에게는 岑彭 이후로 '卒'이라고 쓴 적이 없는데, 여기서 梁商에게 '卒'이라고 썼으니, 이는 그를 어질게 여긴 것이다.〔大將軍 自岑彭後 未有書卒者 於是卒梁商 賢之也〕" ≪書法≫

니 一本에는 '薤'로 되어 있다. 漢나라 高帝 때에 齊王 田橫이 自殺하자 그 門人들이 감히 哭하지 못하고 다만 靈柩를 따라 슬픈 노래를 불렀는데, '韰露蒿里'라고 이름하였다. 後代에 이것을 계승해서 상여를 끄는 자로 하여금 노래하게 하고는 挽歌라고 하였다. 武帝 때에 李延年이 이것을 나누어 두 곡조로 만들었는데, 韰露曲은 王公과 貴人을 장송할 때에 부르고, 蒿里曲은 士大夫와 庶人들을 장송할 때에 불렀다. 그 노래에 이르기를 "부추 위에 아침 이슬은 어찌 이리도 쉽게 마르는가. 이슬은 말라도 다음 날 아침에 다시 내리지만, 사람은 죽어 한 번 떠나가면 어느 때에 다시 돌아오는가. 蒿里는 누구의 집터인가. 精魄을 거둘 때에는 어진 이와 어리석은 이 구별이 없네. 鬼伯(염라대왕)은 어찌 그리 재촉하는가. 사람 목숨 잠시도 머뭇거릴 수 없네." 하였다.

飮酒, 半罷半在曰闌. 韰, 下拜切, 一作薤(해). 漢高帝時, 齊王田橫自殺, 其門人不敢哭, 但隨柩敍哀歌, 名曰韰露蒿(호)里. 後代相承, 使挽逝者歌之, 號爲挽歌. 武帝時, 李延年分爲二曲, 韰露送王公・貴人, 蒿里送士大夫・庶人. 其辭曰"韰上朝露何易晞. 露晞明朝還復落, 人死一去何時歸. 蒿里誰家地, 聚(飮)〔斂〕[130]精魄無賢愚. 鬼伯一何相催促. 人命不得少踟躕."

③ ≪春秋左氏傳≫에 "슬픔과 즐거움이 때를 잃으면, 재앙과 허물이 반드시 이른다." 하였다.
左傳"哀樂失時, 殃咎必至."

④ 含은 戶暗의 切이니, 〈"飯含"은〉 죽은 자의 입에 채우는 것이다. ≪白虎通≫에 "大夫는 玉으로 飯을 하고 자개로 含을 하며, 士는 진주로 飯을 하고 자개로 含한다." 하였다.
含, 戶暗切. 口實也. 白虎通曰"大夫飯以玉, 含以貝, 士飯以珠, 含以貝也."

【綱】梁冀를 大將軍으로 삼고 梁不疑를 河南尹으로 삼았다.

以梁冀爲大將軍하고 **不疑爲河南尹**①하다

① 梁不疑는 梁冀의 아우이다.
不疑, 冀之弟也.

【綱】周擧를 諫議大夫로 삼았다.

◑ **以周擧爲諫議大夫**하다

【目】처음에 梁商이 병이 위독하자 황제가 친히 가서 遺言을 물으니, 대답하기를 "臣의 從事中郞인 周擧가 청백하고 고상하고 충성스럽고 바르니, 重任을 맡길 만합니다." 하였다. 이 때문에 그를 등용한 것이다.

---

130) (飮)〔斂〕: 저본에는 '飮'으로 되어 있으나, ≪古今注≫에 의거하여 '斂'으로 바로잡았다.

初에 梁商이 疾篤이어늘 帝親臨幸하여 問以遺言한대 對曰 臣의 從事中郎周擧 淸高忠正하니 可重任也이니이다 由是用之하다

【綱】9월에 여러 羌族이 武威를 침략하였다.

九月에 諸羌이 寇武威하다

【綱】이 달 그믐에 일식이 있었다.

◑是月晦에 日食하다

【綱】겨울 10월에 安定과 北地郡의 백성들을 內地로 옮겼다.

◑冬十月에 徙安定北地郡①하다

① 羌族의 침략이 잦아 涼州部가 놀라고 두려워하므로, 다시 安定의 백성을 옮겨 扶風에 거주하게 하고, 北地의 백성을 옮겨 馮翊에 거주하게 하였다.
以羌寇充斥, 涼部震恐, 復徙安定居扶風, 北地居馮翊.

【綱】11월에 車騎將軍 張喬를 보내서 三輔 지방에 주둔하게 하였다.

◑十一月에 遣車騎將軍張喬하여 屯三輔하다

【綱】荊州刺史 李固를 옮겨 泰山太守로 삼았다.

◑徙荊州刺史李固爲泰山太守하다

【目】荊州에 도적 떼가 일어나서 1년이 넘어도 평정하지 못하자, 李固를 荊州刺史로 삼았다. 이고가 부임하여 관리를 보내서 境內를 위문하고 도적들이 예전에 지은 죄를 사면하여서 그들에게 새 출발을 하게 하니, 이에 賊의 우두머리가 스스로 포박하고서 귀순하여 항복하였다. 이고가 모두 용서하고 돌려보내 서로 불러오게 하니, 반년 사이에 남은 무리가 모두 항복하였다.

이고가 南陽太守 高賜 등의 장물죄 같은 추악한 행위를 아뢰니, 고사 등은 梁冀에게 많은 뇌물을 바쳤다. 양기가 그들을 위하여 매우 급히 격문(急傳)을 보냈으나, 이고가

법의 집행을 더욱 엄하게 하니, 양기는 마침내 이고를 옮겨 泰山太守로 삼았다.

이때에 泰山의 도적이 몇 년 동안 모여 주둔하고 있었는데, 郡의 常任軍 1,000명이 쫓아가 토벌하였으나 제압하지 못하였다.

이고가 부임하여 군사들을 모두 해산하여 돌려보내 농사짓게 하고, 다만 전투할 만한 자 100여 명을 선발해서 남겨두고서 은혜와 신의로써 도적들을 불러 회유하니, 채 1년이 못 되어 도적들이 모두 항복하고 해산하였다.

荊州盜起하여 彌年不定①이어늘 以李固爲刺史하다 固到하여 遣吏勞問境內하고 赦寇盜前釁하여 與之更(경)始②하니 於是에 賊帥自縛歸首③어늘 固皆原之하고 遣還相招하니 半歲間에 餘類悉降하다 奏南陽太守高賜等臧穢④하니 賜等이 重賂梁冀한대 冀爲之千里移檄而固持之愈急⑤이라 冀遂徙固爲泰山太守하니 時에 泰山盜賊이 屯聚歷年이라 郡兵常千人이 追討호되 不能制러니 固到하여 悉罷遣歸農하고 但選留任戰者百餘人하여 以恩信招誘之하니 未滿歲에 賊皆弭散⑥하다

① 彌는 마침이요, 가득함이다.
彌, 終也, 滿也.

② 釁(흔)은 죄이다.
釁, 罪釁也.

③ 首는 혼자 와서 항복하는 것이다.
首, 獨服也.

④ 臧(뇌물)은 옛날에 贓자와 통용되었다.
臧, 古贓字通.

⑤ 爲(위하다)는 去聲이다. "千里移檄"은 격문을 보낼 적에 하루에 1,000리를 가게 해서 급히 구원함을 말한 것이다.
爲, 去聲. 千里移檄, 言移檄一日行千里, 救之急也.

⑥ 任(맡다)은 음이 壬이다. 弭는 그침이다. 散은 도망하여 흩어져 감이다.
任, 音壬. 弭, 止也. 散, 逃潰而去也.

思政殿訓義 資治通鑑綱目 8 年表

年度	在位年	역문쪽수	주요 사건
52 壬子年	漢 光武帝 建武 28	13 14 17	• 東海王 劉彊에게 魯나라 땅을 보태줌. • 沛太后 郭氏 사망. • 壽光侯 劉鯉의 獄事로 여러 왕들을 封國으로 보냄. • 張佚을 太子太傅, 桓榮을 太子少傅로 삼음. 北匈奴와 和親함.
53 癸丑年	漢 光武帝 建武 29		
54 甲寅年	漢 光武帝 建武 30	22 23	• 光武帝가 동쪽으로 순행함. • 膠東侯 賈復이 사망.
55 乙卯年	漢 光武帝 建武 31		
56 丙辰年	漢 光武帝 建武中元 1	24 29 31 34	• 第五倫을 會稽太守로 삼음. 光武帝가 封禪을 행함. • 司空 張純 사망. 사면하고 改元함. 馮魴을 司空으로 삼음. 司徒 馮勤이 사망. 李訢을 사도로 삼음. • 漢 文帝의 母인 薄太后를 高皇后로 높임. • 明堂과 靈臺, 辟雍을 일으킴. 光武帝가 圖讖을 신봉하자 桓譚이 上疏함. • 南單于 比 사망, 莫(丘浮尤鞮單于)이 선우에 즉위함.
57 丁巳年	漢 光武帝 建武中元 2	35 37 38 39	• 北郊를 세우고 后土에 제사함. 光武帝 사망. • 山陽王 劉荊이 東海王 劉彊에게 반란을 사주함. • 太子 劉莊이 즉위하고 陰后를 皇太后로 높임. • 光武帝를 原陵에 장례함. • 鄧禹를 太傅, 東平王 劉蒼을 驃騎將軍으로 삼음. • 燒當羌의 반란으로 馬武 등을 파견함.

年度	在位年	역문쪽수	주요 사건
58 戊午年	漢 明帝 永平 1	40 44 46	• 明帝가 原陵에 배알함. • 太傅 高密侯 鄧禹 사망. 東海王 劉彊 사망. • 馬武 등이 羌族을 격파함. 祭肜이 烏桓을 토벌함. • 好畤侯 耿弇 사망.
59 己未年	漢 明帝 永平 2	46 52 53	• 明帝가 明堂에서 光武帝를 제사함, 辟雍에서 大射禮를 행함, 벽옹에서 養老禮를 행함. • 中山王 劉焉을 封國으로 보냄. • 明帝가 長安으로 행차하고 蕭何와 霍光에게 제사함.
60 庚申年	漢 明帝 永平 3	53 54 55 59	• 太尉 趙憙와 司徒 李訢이 면직되자, 郭丹을 司徒, 虞延을 太尉로 삼음. • 馬援의 딸 馬貴人을 세워 皇后로 삼고, 賈氏의 아들 劉炟을 皇太子로 삼음. • 雲臺에 중흥공신 28將의 화상을 그림(雲臺二十八將). • 明帝가 皇太后를 모시고 章陵縣(光武帝의 고향)에 행차함.
61 辛酉年	漢 明帝 永平 4	61 62	• 司徒 郭丹과 司空 馮魴이 면직되자, 范遷을 司徒로 삼고 伏恭을 司空으로 삼음. • 陵鄉侯 梁松이 옥사를 일으켰다가 하옥되어 죽음. • 西域에서 于窴이 莎車王 賢을 공격하여 죽임.
62 壬戌年	漢 明帝 永平 5	63 64	• 驃騎將軍 劉蒼이 사직하고 藩國으로 돌아감. • 北匈奴가 五原과 雲中을 침략하였으나 南匈奴가 격퇴함. • 安豐侯 竇融 사망.
63 癸亥年	漢 明帝 永平 6	65	• 明帝가 祥瑞가 내린 것에 대해 칭송하는 상소를 尙書에게 살피지 말게 함.
64 甲子年	漢 明帝 永平 7	66 67	• 陰太后가 사망. 光烈皇后(陰太后)를 장례함. • 北單于가 互市를 요구하여 이를 허락함. • 宗均을 尙書令으로 삼음.
65 乙丑年	漢 明帝 永平 8	69	• 司徒 范遷 사망. 虞延을 司徒로 삼음. • 南北匈奴의 교통을 막기 위해 度遼將軍을 설치하고 中郎將 吳棠을 임명하여 五原의 曼柏에 주둔하게 함.

年度	在位年	역문쪽수	주요 사건
65 乙丑年	漢 明帝 永平 8	69 72 73	• 죄수를 모집하여 度遼營에 보내고, 죄를 짓고 도망한 자에게 贖罪를 허락함. 楚王 劉英이 속죄하자 황제가 속죄한 비단을 돌려주고 佛敎의 優婆塞 등을 지원하게 함. • 개기일식으로 여러 관사에 極言을 올리게 하고 이를 다시 백관에게 보임. • 鄭衆이 北匈奴에 사자를 보내지 말라는 상소를 올리자 황제가 정중을 하옥시켰다가 다시 軍司馬로 삼음.
66 丙寅年	漢 明帝 永平 9	76 78	• 詔令으로 司隷校尉와 州刺史에게 해마다 長吏의 殿最를 考課하여 상주하게 함. • 明帝가 儒學을 존승하자 황족, 대신, 공신, 외척의 자손까지 유학을 배우고, 匈奴가 자식들을 보내 입학하게 함.
67 丁卯年	漢 明帝 永平 10	78 81	• 廣陵王 劉荊이 옥사를 일으켰는데, 유형이 자살하고 나라가 없어짐. • 明帝가 南陽에 행차함. 丁鴻을 侍中으로 삼음.
68 戊辰年	漢 明帝 永平 11	82	• 東平王 劉蒼이 조회를 함.
69 己巳年	漢 明帝 永平 12	83 84 85	• 哀牢王 柳貌가 內附하자, 哀牢縣과 博南縣을 설치함. • 王景과 將作謁者 王吳에게 汴水의 제방을 수리하게 함. • 司空 伏恭이 면직하자, 牟融을 司空으로 삼음.
70 庚午年	漢 明帝 永平 13	85 86	• 큰 비용을 소모하여 汴水의 제방을 완성함. • 楚王 劉英의 옥사가 일어남.
71 辛未年	漢 明帝 永平 14	86 87 91 92	• 楚王 劉英의 옥사로 司徒 虞延이 자살함. • 邢穆을 司徒로 삼음. • 楚王 劉英이 자살함. 유영의 옥사로 尹興, 陸續 등이 연좌되어 하옥되고 뒤에 사면되고 종신토록 禁錮됨. • 楚郡太守 袁安이 劉英의 옥사에 관련된 자를 공정하게 처리함. • 壽陵을 만듦.
72 壬申年	漢 明帝 永平 15	93	• 明帝가 동쪽으로 순행하여 親耕禮를 행하고 孔子의 고택에 방문함.

年度	在位年	역문쪽수	주요 사건
72 壬申年	漢 明帝 永平 15	94 95	• 皇子 劉恭을 鉅鹿王, 劉黨을 樂成王, 劉衍을 下邳王, 劉暢을 汝南王, 劉昞을 常山王, 劉長을 濟陰王에 봉함. • 北匈奴를 정벌하기 위해 都尉 耿秉과 竇固에게 군대를 거느리고 가서 涼州에 주둔하게 함.
73 癸酉年	漢 明帝 永平 16	97 99 102 104 105	• 太僕 祭肜과 竇固 등을 보내 北匈奴를 정벌함. 두고는 伊吾盧 지역을 점령함. 채융은 逗留罪에 걸려 하옥되고 면직되었는데, 출옥 후 사망함. • 竇固의 假司馬 班超가 서역에 사신으로 가서 鄯善에서 北匈奴의 사신을 제거하고 鄯善王 廣을 굴복시킴. • 明帝가 班超를 軍司馬로 삼아서 于窴에 사신으로 보냄. 반초가 于窴王 廣德을 굴복시킴. 이에 서역의 나라들이 아들들을 보내 입시하게 함. • 淮陽王 劉延의 옥사로 司徒 邢穆이 죄에 걸려 죽자 연좌된 사람이 많음. • 王敏을 司徒로 삼음. 淮陽王 劉延을 옮겨 阜陵王으로 삼음. • 北匈奴가 雲中을 크게 침입하였으나 太守 廉范이 막음.
74 甲戌年	漢 明帝 永平 17	106 107 108 109 110	• 明帝가 光武帝의 原陵에 배알함. • 北海王 劉睦 사망. • 司徒 王敏이 사망하자 鮑昱을 사도로 삼음. • 益州刺史 朱輔의 선정으로 白狼 등이 入貢함. • 班超가 疏勒王 兜題(도제)를 사로잡고, 忠을 왕으로 세움. • 서역의 복속하자 백관들이 황제에게 祝壽함. • 竇固 등을 보내 車師 前國과 後國을 항복시키고, 西域都護와 戊·己校尉를 설치함.
75 乙亥年	漢 明帝 永平 18	112 113 115 116	• 竇固의 군대가 개선함. • 北匈奴가 車師後王 安得을 공격하여 죽였으나 戊校尉 耿恭이 격퇴함. • 明帝 사망. • 太子 劉炟이 즉위하여 馬皇后를 높여 皇太后라 하고 明帝를 顯節陵에 장례함. • 趙憙를 太傅, 牟融을 太尉로 삼아서 錄尙書事로 삼음. • 第五倫을 司空으로 삼음.

年度	在位年	역문쪽수	주요 사건
75 乙亥年	漢 明帝 永平 18	116 119	• 焉耆와 龜玆가 都護 陳睦을 공격하여 전멸시키고, 北匈奴가 關寵을 포위함. 中國이 國喪으로 구원병을 보내지 못하자 車師가 배반하여 흉노와 함께 戊校尉 耿恭을 포위하니, 酒泉太守 段彭에게 구원하게 함. • 외척인 馬廖를 衛尉, 馬防을 中郎將, 馬光을 越騎校尉로 삼자 第五倫이 반대하는 상소를 올림.
76 丙子年	漢 章帝 建初 1	121 123 125 126	• 尙書 陳寵과 第五倫의 상소로 인해 詔令을 내려 굶주린 백성을 구휼하고 二千石에게 農桑을 권장하게 하고 인재 등용을 신중히 하고 冤獄을 다스리게 함. • 關寵이 패몰함. 段彭이 車師를 공격하니, 匈奴가 달아나고 거사가 다시 항복함. 都護 및 戊·己校尉의 관직을 파함. 班超가 疏勒에 주둔함. • 上林苑의 못과 禁苑을 가난한 백성들에게 주게 함. • 哀牢王이 배반하니, 永昌, 越巂, 益州의 군대가 이를 격파하고 애뢰왕을 참수함.
77 丁丑年	漢 章帝 建初 2	126 127 134	• 詔令을 내려 貴戚들의 불법행위를 규찰하게 함. • 伊吾盧의 군대를 파하니, 匈奴가 이 지역을 차지함. • 楚王과 淮陽王의 옥사로 귀양 갔던 400여 가호를 돌아오게 함. • 馬太后가 외척인 馬氏들의 封爵을 반대함. • 燒當羌이 배반하자 將軍 馬防과 校尉 耿恭을 파견함.
78 戊寅年	漢 章帝 建初 3	135 136 137 138	• 明堂에 높여 제사함. • 馬防과 耿恭이 羌族을 대파하였으나 마방의 경공에 대한 원한으로 경공이 죄에 걸려 하옥되었다가 면직됨. • 竇貴人을 皇后로 삼음. • 謁者 鄧訓의 上言으로 明帝 시절부터 진행해온 虖沱河와 石臼河의 치수를 중지함. • 馬防을 車騎將軍으로 삼음. • 有司가 왕들을 封國으로 보낼 것을 주청하였으나 허락하지 않음.
79 己卯年	漢 章帝 建初 4	138	• 太尉 牟融이 사망. • 宋楊의 딸 宋貴人의 아들 劉慶을 세워 皇太子로 삼음.

年度	在位年	역문쪽수	주요 사건
79 己卯年	漢 章帝 建初 4	138	• 외척인 馬廖 등을 봉하여 列侯에 봉하고 特進官으로 삼음.
		139	• 鮑昱을 太尉, 桓虞를 司徒로 삼음.
			• 馬太后 사망.
		140	• 明德皇后(馬太后)를 장례함.
			• 詔令으로 儒子들을 모아 白虎觀에서 五經의 同異를 의논하게 함.(白虎觀會議)
80 庚辰年	漢 章帝 建初 5	142	• 일식으로 직언하고 극간하는 자를 천거하게 함.
			• 직언하는 선비를 비어 있는 外官에 보임하게 함.
		143	• 太傅 趙憙 사망.
			• 班超의 上疏로 弛刑과 義從을 西域으로 파견함.
81 辛巳年	漢 章帝 建初 6	145	• 太尉 鮑昱 사망, 鄧彪를 태위로 삼음.
			• 廉范을 蜀郡太守로 삼음.
82 壬午年	漢 章帝 建初 7	146	• 沛王 劉輔 등이 조회함.
		147	• 여러 왕이 封國으로 돌아갈 적에, 詔令을 내려 東平王 劉蒼을 京師에 남아 있게 함.
			• 太子 劉慶을 폐하여 淸河王으로 삼고, 梁貴人의 아들 劉肇를 세워 皇太子로 삼음.
		148	• 東平王 劉蒼이 封國으로 돌아감.
		150	• 蕭何의 末孫인 蕭熊을 酇侯에 봉함.
83 癸未年	漢 章帝 建初 8	150	• 東平王 劉蒼 사망.
		151	• 외척인 竇氏가 梁貴人의 父인 梁竦을 모함하여 죽임. 양귀인이 근심으로 사망.
		152	• 죄로 인해 외척 馬廖, 馬防을 면직하여 봉국으로 보냄.
		153	• 馬氏의 권세가 쇠하자 외척 竇氏가 번성하니 第五倫이 상소를 올림. 竇憲이 沁水公主의 전지를 강탈하자 章帝가 전지를 돌려주게 함.
		156	• 章帝가 雒陽令 周紆가 외척인 馬氏와 竇氏를 단속하자 하옥시켰다가 용서함.
			• 班超를 西域 將兵長史로 삼음. 衛候 李邑이 烏孫의 사자를 호송하다가 반초를 참소하였으나 章帝가 이읍을 꾸짖음.
		158	• 鄭弘을 大司農으로 삼음.

年度	在位年	역문쪽수	주요 사건
84 甲申年	漢 章帝 元和 1	158 160 162 164 167 168	• 郡國에서 貢擧하는 법을 의논하게 하자, 大鴻臚 韋彪가 상소함. • 詔令을 내려 참혹하게 옥사를 다스리는 것을 금함. • 太尉 韋彪가 사직하자, 鄭弘을 太尉로 삼음. • 章帝가 남쪽 지역을 순행함. 臨淮太守로 활약한 朱暉를 尙書僕射로 삼음. • 太學生 孔僖가 漢 武帝를 비난했다고 고발을 당하자 상소하니, 章帝가 그를 蘭臺令史로 삼음. • 詔書로 행실이 뛰어난 毛義와 鄭均을 표창함. • 요망한 말로 禁錮된 자들의 죄를 詔令으로 면제함.
85 乙酉年	漢 章帝 元和 2	169 171 172 173 174 175	• 詔令으로 임신한 여자들에게 胎養穀을 내림. • 詔令으로 겉모습을 거짓으로 꾸미는 자를 경계함. • 四分曆을 시행함. • 章帝가 동쪽으로 순행하여 東郡太守 張酺에게 사제의 예를 갖추고, 사직한 鄭均에게 尙書의 봉록을 하사함. • 章帝가 定陶에서 親耕禮를 행하고 泰山에 제사하고 魯에서 孔子에게 제사함. • 章帝가 東平에서 東平獻王의 陵에 제사함. • 詔令으로 刑律을 정하여 11, 12월에 죄를 논하여 판결하지 말게 함. • 南匈奴가 北匈奴를 격파함. 武威太守 孟雲이 남흉노가 노략질한 것을 북흉노에게 돌려줄 것을 上言하자 朝臣들에게 의논하게 함. 남흉노에게 사로잡은 포로를 북흉노에 돌려주게 하고 남흉노에는 그에 따른 보상을 함.
86 丙戌年	漢 章帝 元和 3	177 178 179 180 181	• 詔令으로 친속이 없는 어린아이와 자식이 있어도 기르지 못하는 자에게 곡식을 주도록 함. • 章帝가 북쪽으로 순행하여 懷에서 親耕禮를 행함. • 太尉 鄭弘이 竇憲의 권세를 여러 번 말하자 두헌의 무리가 정홍을 무함하여 정홍의 인수를 거둠. 정홍이 옥에서 나와서 상서를 올리고 병으로 사망함. • 宋由를 太尉로 삼음. • 司空 第五倫이 사직함. • 袁安을 司空으로 삼음. • 燒當羌의 迷吾와 號吾 형제가 배반하였다가 해산함.

年度	在位年	역문쪽수	주요 사건
86 丙戌年	漢 章帝 元和 3	181	• 疏勒王 忠이 거짓으로 항복하자 班超가 참수함. • 侍中 曹褒에게 詔令을 내려 漢나라 禮를 정하게 함.
87 丁亥年	漢 章帝 章和 1	182 183 184 185	• 護羌校尉 傅育이 羌族을 공격하다가 패하여 죽음. • 司徒 桓虞가 면직되자 袁安을 司徒, 任隗를 司空으로 삼음. • 鮮卑가 北匈奴를 공격하여 優留單于를 참살함. • 護羌校尉 張紆가 燒當羌의 추장 迷吾를 참살하니, 그의 아들 迷唐이 大小楡谷을 점거하고서 배반함. • 改元함. • 北匈奴 58개 부락이 항복함. • 曹褒가 撰한 制度를 아룀. • 班超가 于窴 등의 병력 2만을 징발하여 莎車를 공격하여 항복시킴.
88 戊子年	漢 章帝 章和 2	185 188 189 191 192 193 196	• 濟南王 劉康과 中山王 劉焉이 와서 조회함. 尙書 宋意가 왕들을 封國으로 돌려보낼 것을 상소함. • 章帝 사망. • 太子 劉肇가 즉위함. • 竇皇后를 높여 皇太后로 삼음. 章帝를 敬陵에 장례함. • 竇太后가 臨朝함. • 鄧彪를 太傅 錄尙書事로 삼았으나 국정은 竇憲이 장악함. • 여러 왕이 封國으로 나아감. • 章帝의 遺詔로 鹽鐵에 대한 禁令을 파함. • 侍中 竇憲이 都鄕侯 劉暢을 죽이니, 太后가 두헌을 車騎將軍으로 삼아서 北匈奴를 정벌하여 속죄하게 함. • 燒當羌의 迷唐이 小月氏를 압박함. 鄧訓을 護羌校尉로 삼음. 등훈이 소월지를 옹호하고 羌族들을 불러오자 號吾가 항복함. 이에 등훈이 迷唐을 격파함.
89 己丑年	漢 和帝 永元 1	198 199 200	• 鄧訓이 迷唐을 재차 격파함. • 竇憲의 출정에 대해 袁安, 任隗, 侍御史 魯恭 등이 반대 상소를 올림. • 和帝가 竇篤과 竇景의 저택을 짓게 하자 侍御史 何敞이 반대 상소를 올림.

年度	在位年	역문쪽수	주요 사건
89 己丑年	漢 和帝 永元 1	199 202 203	• 竇憲이 자신의 청탁을 거절한 尙書僕射 郅壽를 비방죄로 모함하여 옥리에게 회부하게 하였는데, 何敞의 상소로 사형을 면하자 유배 가기 전에 자살함. • 竇憲이 北匈奴를 공격하여 대파하고 燕然山에 비석을 세우고 돌아옴. • 竇憲을 大將軍으로 삼음. 竇氏의 전횡에 封事를 올린 何敞을 濟南王 劉康의 太傅로 보냄.
90 庚寅年	漢 和帝 永元 2	206 207 208	• 竇憲이 군대를 보내 伊吾 지역을 점령하니, 車師에서 아들을 入侍하게 함. • 月氏가 副王 謝에게 군대를 거느리고 班超를 공격하게 하였는데, 반초가 이를 격파하자 월지가 해마다 공물을 바침. • 齊武王(劉縯)의 후손인 劉無忌를 봉하여 齊王으로 삼고, 劉威를 北海王으로 삼음. • 北匈奴가 변방에 와서 조회할 것을 청하자 竇憲이 使者를 보내 맞이하고 다시 군대를 보내 북흉노를 습격함.
91 辛卯年	漢 和帝 永元 3	209 210 212	• 和帝가 冠禮를 행함. • 竇憲이 군대를 보내 金微山에서 北匈奴를 공격하여 대파하니, 單于가 도주하다가 사망함. • 竇憲이 전횡을 하자, 尙書僕射 樂恢가 상소하고 사직하였는데, 두헌이 악회를 독살함. • 龜玆와 姑墨, 溫宿이 항복함. • 班超를 西域都護 騎都尉로 삼음.
92 壬辰年	漢 和帝 永元 4	213 215 216 217 220 223 224	• 北匈奴 於除鞬이 사자를 보내 화친을 요구함. 竇憲이 그를 單于로 세울 것을 청하자 袁安 등이 반대하였으나 두헌의 의견에 따름. • 司徒 袁安이 사망하자 丁鴻을 사도로 삼음. • 丁鴻이 일식으로 상소하여 외척의 전횡을 비판함. • 竇氏와 鄧疊, 鄧磊, 郭擧, 郭璜 등이 반란을 도모하려 하는데, 和帝가 宦官 鄭衆, 淸河王 劉慶 등과 함께 반란을 진압하고 大將軍 竇憲, 竇篤 등을 자살하게 함. • 竇憲 빈객이었던 班固가 옥중에서 죽음. • 환관 鄭衆을 大長秋로 삼음. • 太尉 宋由를 면직하자 자살함.

年度	在位年	역문쪽수	주요 사건
92 壬辰年	漢 和帝 永元 4	224	• 司空 任隗가 사망하자, 尹睦을 太尉 錄尙書事로 삼고, 劉方을 司空으로 삼음. • 護羌校尉 鄧訓이 卒하니, 迷唐이 다시 반란을 일으킴.
93 癸巳年	漢 和帝 永元 5	225 226 227 228	• 太傅 鄧彪 사망. • 北單于 於除鞬이 竇憲이 주살되자 배반하였는데, 漢나라가 토벌하여 어제건을 참수하고 멸망시킴. • 鮮卑가 北匈奴의 땅을 점거함. • 太尉 尹睦이 사망하자 張酺를 太尉로 삼음. • 梁王 劉暢이 죄를 지으니, 食邑 두 縣을 삭감함. • 護羌校尉 貫友가 迷唐을 패주시킴. • 南匈奴單于 屯屠何가 죽으니, 單于 宣의 아우 安國(9대 南單于)이 즉위하고 左賢王 師子를 죽이려고 하자 사자가 五原의 경계에서 거주함.
94 甲午年	漢 和帝 永元 6	229 230 231	• 使匈奴中郎將 杜崇 등이 安國을 죽이고 師子(10대 南單于)를 單于로 세움. • 司徒 丁鴻이 사망하자 劉方을 司徒, 張奮을 司空으로 삼음. • 班超가 서역 8개국의 군대를 동원하여 焉耆를 토벌하고 焉耆王 廣을 참수함. • 北匈奴 사람들이 屯屠何의 아들 逢侯를 위협하여 변방 밖으로 도망함. • 陳寵을 廷尉로 삼음.
95 乙未年	漢 和帝 永元 7		
96 丙申年	漢 和帝 永元 8	232	• 陰貴人을 皇后로 삼음.
97 丁酉年	漢 和帝 永元 9	232 233 234	• 蟲害로 인해 田租와 山澤稅를 면제함. • 竇太后 사망. • 章德皇后(竇太后)를 장례함. • 迷唐이 隴西를 침략하자 將軍 劉尙을 보내 토벌함. • 司徒 劉方이 策書로 면직되자 자살함.

年度	在位年	역문쪽수	주요 사건
97 丁酉年	漢 和帝 永元 9	234	• 和帝의 생모 梁貴人을 추존하여 恭懷皇太后라 하고 西陵에 장례함. • 呂蓋를 司徒로 삼음. 司空 張奮이 사직하니, 韓稜을 司空으로 삼음.
98 戊戌年	漢 和帝 永元 10	235 236	• 司空 韓稜이 사망하자, 巢堪을 司空으로 삼음. • 劉尙이 羌族을 두려워한 죄에 걸려서 면직되고 謁者 耿譚이 현상금을 내거니, 羌族의 여러 종족들이 귀순함. 이에 迷唐이 두려워하여 마침내 항복함. • 劉愷를 郎官으로 삼음. • 南單于 師子가 죽고 6대 單于 長의 아들 檀(11대 南單于)이 선우로 즉위함.
99 己亥年	漢 和帝 永元 11	236	• 使者를 보내 순행하여 창고의 곡식을 대여함.
100 庚子年	漢 和帝 永元 12	237	• 太尉 張酺가 면직되니, 張禹를 太尉로 삼음. • 迷唐이 金城으로 들어와 거주하였는데, 이들을 변방으로 나가게 하니 배반함.
101 辛丑年	漢 和帝 永元 13	238 239 240	• 和帝가 東觀에 행차하여 魯丕, 賈逵, 黃香 등 유생을 만나보니, 노비가 상소함. • 迷唐이 金城을 공격하였으나 격파됨. • 詔令으로 邊郡에서 孝廉을 천거하게 함. • 鮮卑가 右北平과 漁陽을 침입함. • 司徒 呂蓋가 致仕하니, 魯恭을 司徒로 삼음. • 巫縣의 蠻族이 배반하여 南郡을 침략함.
102 壬寅年	漢 和帝 永元 14	241 242 243 244 245 247	• 燒何羌이 배반하자 멸망시키고 西海郡을 설치함. • 荊州의 군대가 巫縣의 蠻族을 토벌함. • 陰皇后가 투기하다가, 폐위되어 죽음. • 班超가 西域에서 돌아옴. • 鄧貴人을 皇后로 삼음. • 司空 巢堪이 파직되니, 徐防을 司空으로 삼음. 서방의 상소로 博士弟子들에게 射策으로 시험하게 함. • 宦者 鄭衆을 鄛鄉侯로 봉함.

年度	在位年	역문쪽수	주요 사건
103 癸卯年	漢 和帝 永元 15	249	• 太官에게 외국이 올린 진귀한 음식을 받지 않게 함.
104 甲辰年	漢 和帝 永元 16	251	• 司徒 魯恭이 면직되니 張酺를 司徒로 삼았는데, 장포가 사망하자 徐防을 司徒로 삼고 陳寵을 司空으로 삼음. • 北匈奴가 화친을 청하였으나 답하지 않고 상만 내림.
105 乙巳年	漢 和帝 元興 1	251	• 高句麗가 遼東을 침략함. • 和帝가 사망하자, 鄧皇后가 민간에서 화제의 아들인 劉隆을 즉위시킴. 鄧皇后가 스스로 皇太后가 되어 臨朝함. 洛陽令 王渙 사망.
106 丙午年	漢 殤帝 延平 1	253 254 255 256 257 258 260 261	• 張禹를 太傅로, 徐防을 太尉로 삼고 錄尙書事를 겸하게 함. 殤帝의 형인 劉勝을 平原王에 봉함. 梁鮪를 司徒로 삼음. • 和帝를 愼陵에 장례함. • 禮典에 없는 祀官을 파함. • 鮮卑가 漁陽을 침범하니, 太守 張顯이 戰死함. • 鄧騭을 車騎將軍 儀同三司로 삼음. 司空 陳寵 사망. 尹勤을 司空으로 삼음 • 災害를 입은 백성들의 전조를 면제함. • 殤帝 사망. 鄧太后가 淸河王 劉慶의 아들 劉祜를 즉위시킴. • 殤帝를 康陵에 장례함. 淸河王 劉慶 사망. • 樊準의 상소로, 隱逸을 천거하여 博士로 선발하게 함.
107 丁未年	漢 安帝 永初 1	262 263 264 265 268 269	• 司徒 梁鮪 사망. 鄧騭 등을 列侯에 봉하자 등즐이 사양함. • 魯恭을 司徒로 삼음. • 西域都護와 伊吾盧, 柳中의 屯田을 파함. • 金城, 隴西, 漢陽 3郡의 羌族이 반란을 일으킴. • 羌族의 반란으로 太尉 徐防과 司空 尹勤을 면직함. • 司空 周章이 반역을 모의하다가 발각되어 자살함. • 鄧騭과 校尉 任尙이 군대를 거느리고 羌族을 막음.
108 戊申年	漢 安帝 永初 2	269 270 272 273 275	• 鄧騭이 鍾羌을 격파함. • 公田을 나누어주고 冀州와 兗州의 유민을 구휼함. • 任尙이 先零羌 滇零에게 대패함. 龐參이 군을 지휘함. • 鄧騭을 大將軍으로 삼자, 그가 楊震, 陳禪 등을 등용함. • 先零羌 滇零이 천자를 칭하고 三輔를 침략함.

年度	在位年	역문쪽수	주요 사건
109 己酉年	漢 安帝 永初 3	276 277 278	• 安帝가 관례를 행함. 司徒 魯恭이 면직됨. 백성들 중에 錢穀을 바친 자에게 관직과 작위를 차등을 두어 하사함. • 海賊 張伯路가 沿岸의 郡을 침략함. 南匈奴가 배반하여 美稷을 포위하자 中郎將 龐雄에게 토벌하게 함. • 幷州와 涼州에 큰 기근이 듦.
110 庚戌年	漢 安帝 永初 4	280 281 285 286	• 御史中丞 王宗과 靑州刺史 法雄으로 張伯路를 토벌함. • 度遼將軍 梁慬과 遼東太守 耿夔가 南匈奴를 격파함. • 郎中 虞詡의 계책으로 涼州에 있는 州牧과 郡守의 자제들을 郎官으로 삼음. • 南匈奴가 항복함. 先零羌이 漢中을 침략함. • 張伯路가 도망하여 海島로 들어감.
111 辛亥年	漢 安帝 永初 5	288 289	• 先零羌이 河內를 침략하자 백성을 강제 이주함. 任尙을 보내 羌族을 격파함. 法雄이 張伯路를 격파하고 참수함. • 漢陽의 杜季貢이 上邽를 침략하여 함락시킴.
112 壬子年	漢 安帝 永初 6	291	• 詔令으로 建武功臣의 후손을 봉함. • 先零羌 滇零이 사망하자, 아들 零昌이 杜季貢을 장군으로 삼음.
113 癸丑年	漢 安帝 永初 7		
114 甲寅年	漢 安帝 元初 1	292 293	• 河內에 군사를 주둔시켜 羌族의 침입에 대비함. • 羌族 號多가 漢中을 침략하자 校尉 侯霸가 격파함.
115 乙卯年	漢 安帝 元初 2	294 295 296 299	• 龐參이 회유로 號多가 항복함. 零昌이 益州를 침입하자 中郎將 尹就를 보내 토벌함. 閻貴人을 皇后로 삼음. • 遼東의 鮮卑가 無慮를 포위함. 校尉 班雄이 零昌을 공격하다 대패함. 中郎將 任尙을 三輔에 주둔하게 함. • 虞詡가 武都太守가 되어 羌族을 격파함. • 鄧弘 사망.

年度	在位年	역문쪽수	주요 사건
116 丙辰年	漢 安帝 元初 3	301	• 度遼將軍 鄧遵이 南單于와 함께 零昌을 격파. 任尙이 다시 격파함.
117 丁巳年	漢 安帝 元初 4	302 303	• 任尙이 杜季貢을 죽임. • 司空 袁敞이 아들의 죄로 면직되자 자살함. • 遼西의 鮮卑가 침략함. 益州刺史 張喬가 강족을 토벌함. • 任尙이 零昌을 죽임. 越嶲의 夷族인 封離가 배반함. • 任尙이 先零羌 狼莫을 대파하고 隴右를 평정함.
118 戊午年	漢 安帝 元初 5	304	• 永昌, 益州, 蜀郡의 夷族이 배반함. 鮮卑가 上谷을 침략함. 狼莫을 죽인 鄧遵을 봉하고 任尙을 棄市함.
119 己未年	漢 安帝 元初 6	306 307 308	• 鄧遵이 南單于를 거느리고 鮮卑를 격파함. • 益州의 夷族이 항복함. • 敦煌에서 伊吾에 관리를 파견하니 車師와 鄯善이 항복함.
120 庚申年	漢 安帝 永寧 1	308 312	• 北匈奴와 車師後王 軍就가 공격하자 班勇의 계책을 바탕으로 敦煌에 副校尉의 군대를 배치함. • 劉保를 皇太子로 삼음. 校尉 馬賢이 羌族을 토벌. 楊震을 司徒로 삼음. 遼西의 鮮卑가 항복함.
121 辛酉年	漢 安帝 建光 1	314 316 317 320 323 327 328 331	• 鄧太后 사망. 鄧騭를 봉하여 和熹皇后(鄧太后)를 장례함. • 淸河王을 孝德皇으로 추존함. 高句麗와 鮮卑가 遼東을 침략함. • 嫡母 耿姬를 甘陵大貴人으로 추존함. • 安帝가 誣告로 鄧悝 등을 죽이자 鄧騭이 자살함. • 耿寶에게 羽林軍의 기병을 감독하게 하고 宋陽의 아들, 환관 江京과 李閏을 列侯로 삼음. • 燒當羌 麻奴가 침략하였으나 馬賢이 격파함. 劉愷를 太尉로 삼음. • 鮮卑가 居庸關을 침입함. 衛尉 馮石이 황제의 총애를 받음. • 高句麗王 高宮(太祖王)이 玄菟를 포위하였으나 패하여 고궁이 사망.
122 壬戌年	漢 安帝 延光 1	332 336	• 高句麗王 高遂成(次大王)이 항복함. 麻奴가 항복함. • 黃憲 사망.

年度	在位年	역문쪽수	주요 사건
123 癸亥年	漢 安帝 延光 2	339 341	• 乳母 王聖을 봉하여 野王君으로 삼음. 班勇을 西域長史로 삼아 柳中에 주둔함. • 楊震을 太尉로 삼음.
124 甲子年	漢 安帝 延光 3	344 349	• 班勇이 車師前國의 길을 엶. 樊豐 등의 무고로 楊震을 면직하니 양진이 자살함. • 耿寶를 大將軍으로 삼음. 太子 劉保를 폐위하고 濟陰王으로 삼음.
125 乙丑年	漢 安帝 延光 4	352 354 355	• 安帝 사망. 閻后가 皇太后가 되어 臨朝함. 閻顯을 車騎將軍 儀同三司로 삼고 北鄕侯 劉懿를 즉위시킴. • 樊豐, 耿寶를 죽이고 유모 王聖과 그 딸 伯榮을 유배 보냄. 安帝를 恭陵에 장례함. • 班勇이 車師後王 軍就와 匈奴의 使者를 공격하여 참수함. • 北鄕侯 劉懿 사망. 中黃門 孫程 등이 정변을 일으켜 濟陰王 劉保를 즉위시키고 閻顯을 죽이고 閻太后를 유폐함.
126 丙寅年	漢 順帝 永建 1	362 363 367 368	• 閻太后 사망. 安思皇后(염태후)를 장례함. • 隴西의 鍾羌이 배반하자 馬賢이 격파함. 來歷을 車騎將軍, 虞詡를 尙書僕射, 左雄을 尙書로 삼음. • 孫程 등 十九侯를 封國으로 보냄. • 班勇이 北匈奴 呼衍王을 패주시킴.
127 丁卯年	漢 順帝 永建 2	368 369 370 371	• 鮮卑가 요동을 침략함. 順帝의 生母 李氏를 恭愍皇后로 추존함. • 張朗과 班勇이 焉耆를 토벌함. 반용은 죄로 파면됨. • 許敬을 司徒, 處士 樊英을 五官中郞將으로 삼음. • 處士 楊厚와 黃瓊을 議郞으로 삼음.
128 戊辰年	漢 順帝 永建 3	378	• 鮮卑가 漁陽을 침략함.
129 己巳年	漢 順帝 永建 4	378 379	• 順帝가 冠禮를 행함. • 安定, 北地, 上郡을 회복함. 鮮卑가 朔方을 침략함.

年度	在位年	역문쪽수	주요 사건
130 庚午年	漢 順帝 永建 5	380	• 定遠侯 班始가 陰城公主를 죽인 죄로 棄市를 당함.
131 辛未年	漢 順帝 永建 6	381 382	• 沈景을 河間王 劉政의 相으로 삼음. • 伊吾司馬를 두어 屯田을 개설함. 太學을 일으킴.
132 壬申年	漢 順帝 陽嘉 1	383 384 385	• 梁貴人을 皇后로 삼음. • 揚州에서 章河가 반란을 일으킴. 梁商을 執金吾로 삼음. • 孝廉을 선발할 적에 나이를 제한하고 課試하는 법을 시행.
133 癸酉年	漢 順帝 陽嘉 2	389 393 396 403	• 郎顗가 災異로 상소함. 左雄이 黃瓊과 李固를 천거함. • 乳母 宋娥를 山陽君에 봉함. • 지진으로 선비들에게 對策하게 함. 李固, 馬融, 張衡 등이 대책함. • 太尉 龐參이 면직됨.
134 甲戌年	漢 順帝 陽嘉 3	404 409	• 車師侯部가 北匈奴를 격파함. • 鍾羌이 隴西와 漢陽을 침략하자 校尉 馬續이 격파함.
135 乙亥年	漢 順帝 陽嘉 4	409 412	• 中官이 養子에게 爵位를 세습하게 함. 梁商을 大將軍으로 삼음. • 烏桓이 雲中을 침략함.
136 丙子年	漢 順帝 永和 1	412 414	• 王龔을 太尉로 삼음. • 武陵의 蠻族이 배반함.
137 丁丑年	漢 順帝 永和 2	415	• 武陵太守 李進이 蠻族을 토벌함. 象林의 蠻族이 배반함.
138 戊寅年	漢 順帝 永和 3	418	• 祝良을 九眞太守, 張喬를 交趾刺史로 삼아서 象林의 蠻族들을 불러 항복시킴.
139 己卯年	漢 順帝 永和 4	422 424	• 中常侍 張逵가 梁商을 참소하였다가 복주됨. • 馬賢이 金城을 침입한 那離를 공격하여 참수함.

年度	在位年	역문쪽수	주요 사건
140 庚辰年	漢 順帝 永和 5	424 426	• 배반한 南匈奴 吾斯와 車紐를 度遼將軍 馬續이 항복시킴. • 且凍羌과 傅難羌이 三輔를 침략하자 馬賢으로 토벌하게 함. • 羌族이 武都를 침략함. 南匈奴가 車紐를 單于로 삼고 변방을 침략하자 中郞將 張耽이 항복시킴.
141 辛巳年	漢 順帝 永和 6	427 429 431 432 433	• 羌族이 馬賢을 戰死시키고, 鞏唐羌이 三輔를 침략함. • 趙沖이 鞏唐羌을 격파함. • 大將軍 梁商 사망. • 梁冀를 大將軍, 梁不疑를 河南尹, 周擧를 諫議大夫로 삼음. • 羌族이 武威를 침략함. 安定과 北地의 백성을 내지로 옮김. • 車騎將軍 張喬를 三輔에 주둔시킴.

思政殿訓義 資治通鑑綱目 8 地圖

1. 河湟 지역의 상황
2. 班超의 莎車 정벌
3. 竇憲의 北匈奴 원정
4. 南匈奴의 內亂
5. 安帝 永初 2년 羌族의 반란
6. 先零羌의 반란 진압
7. 鮮卑의 南下
8. 且凍羌・鞏唐羌의 반란

1. 河湟 지역의 상황(39쪽)

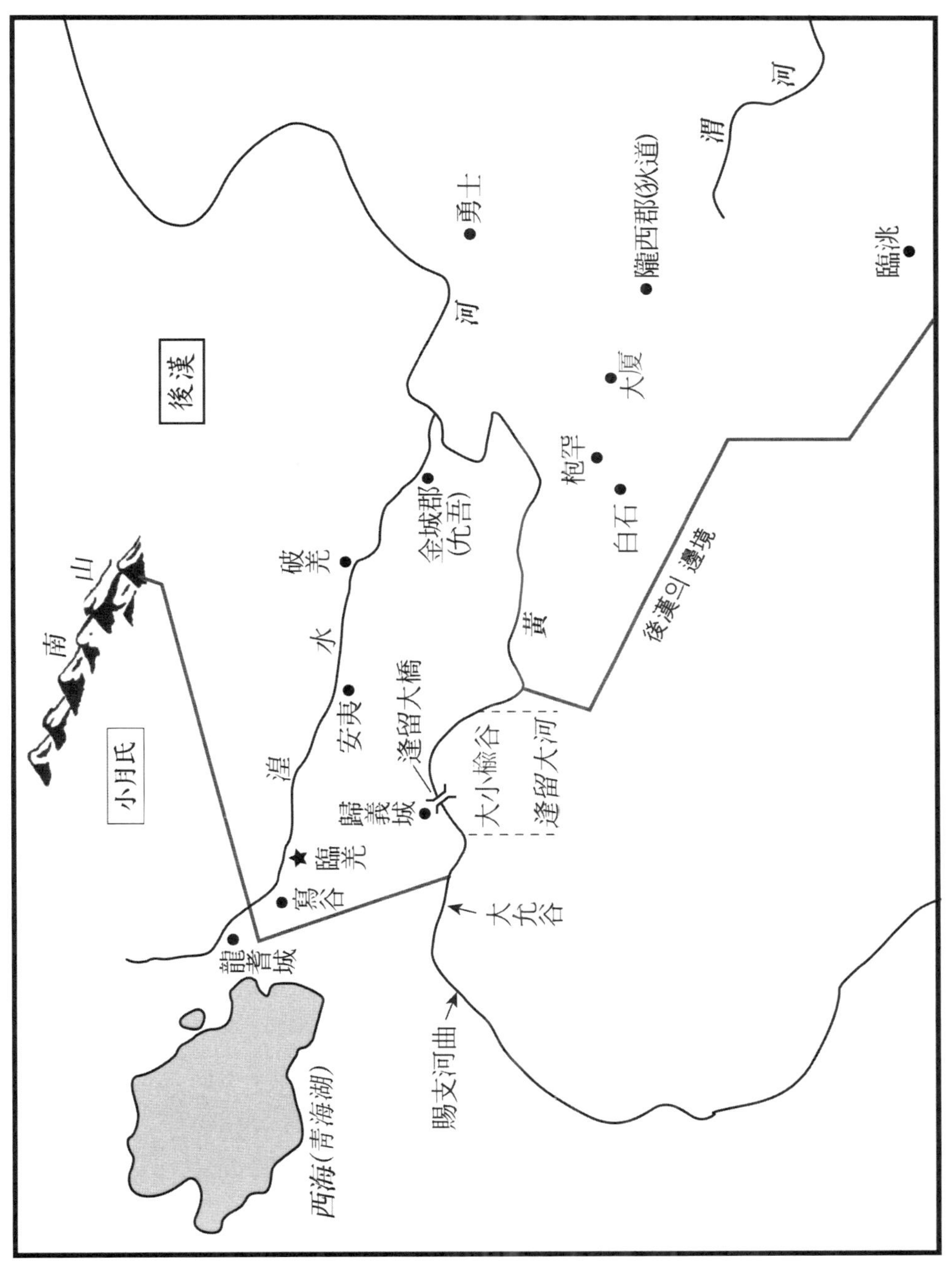

2. 班超의 莎車 정벌(185쪽)

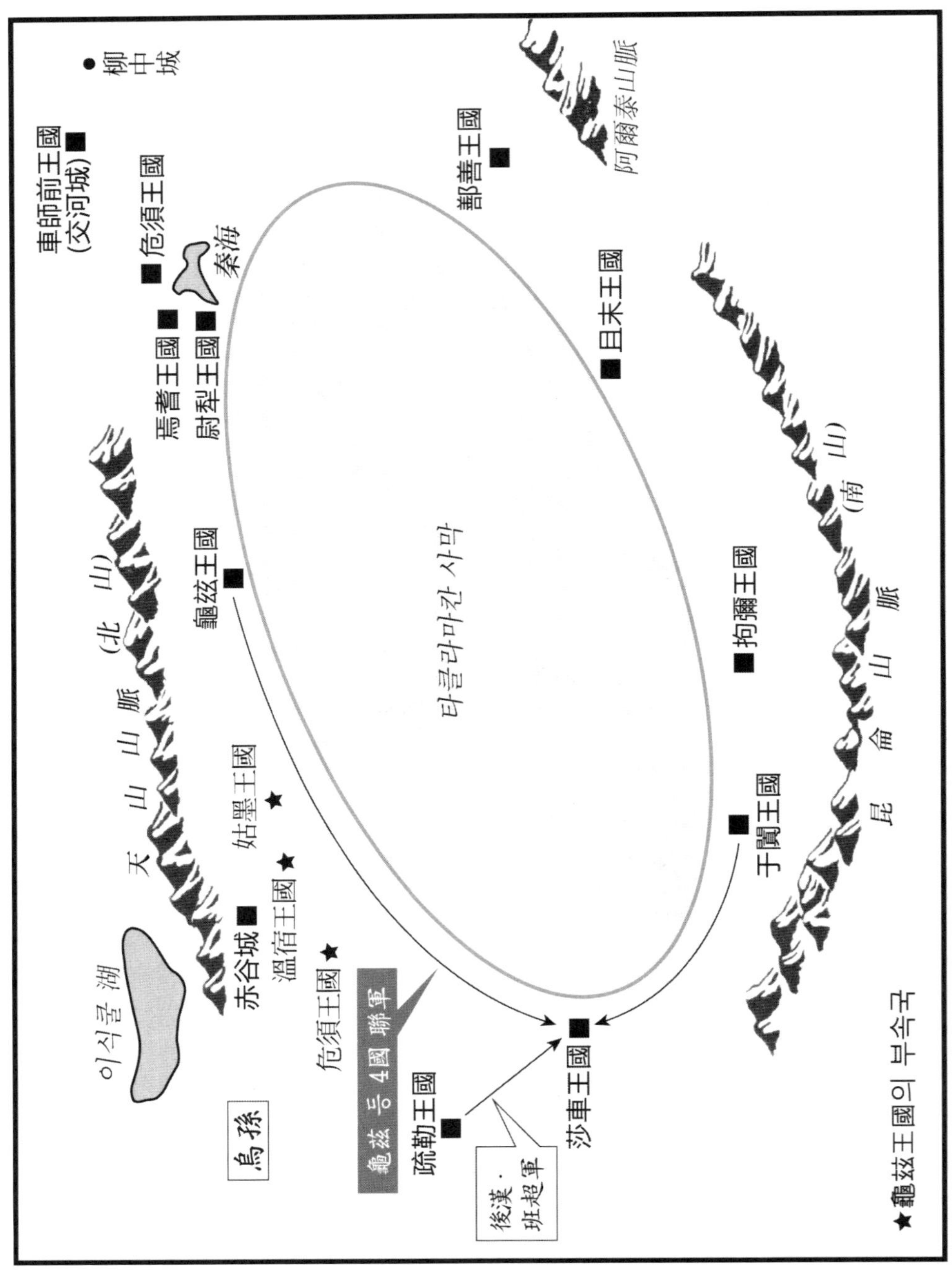

3. 竇憲의 北匈奴 원정(202쪽)

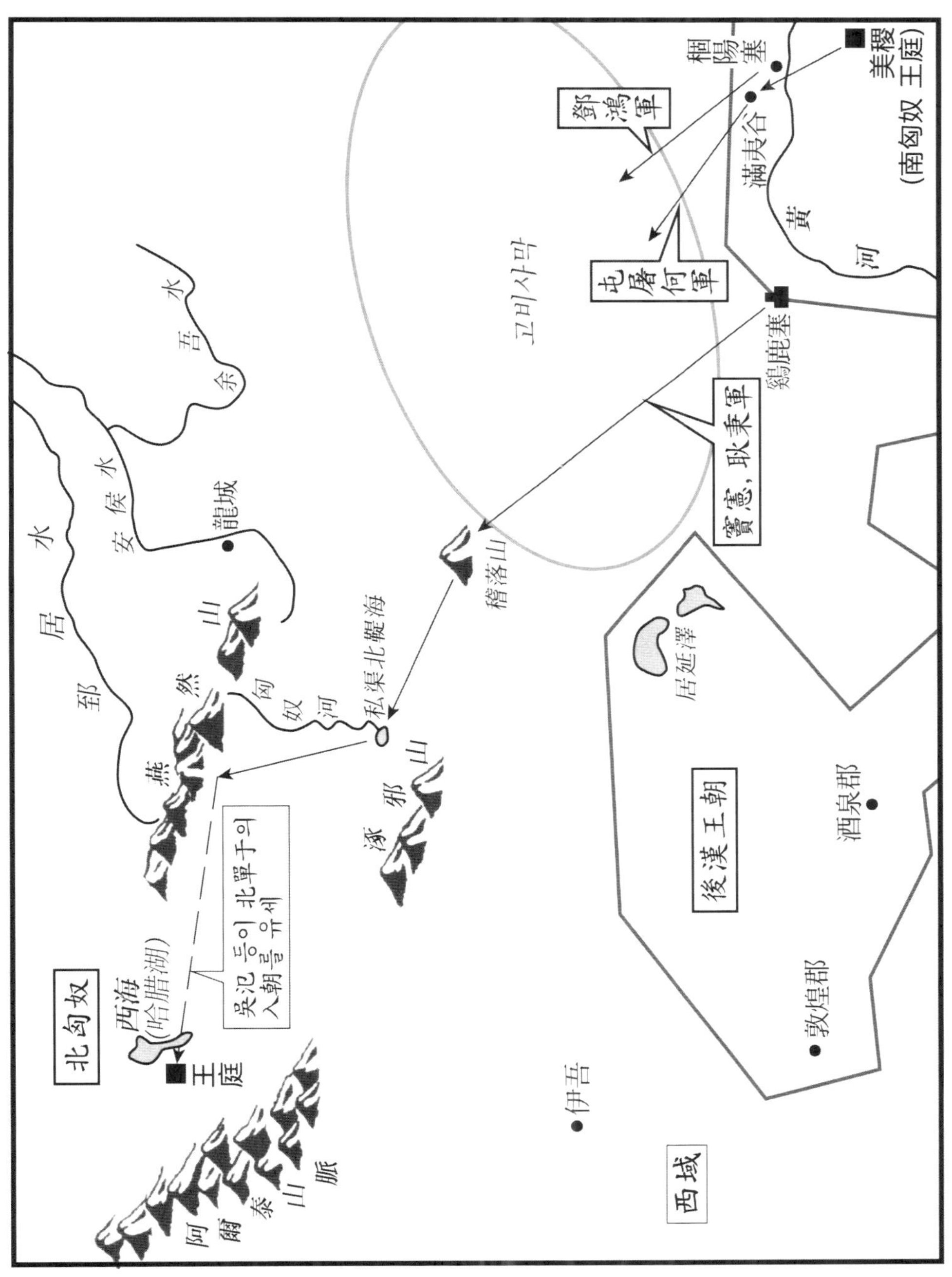

4. 南匈奴의 內亂(229쪽)

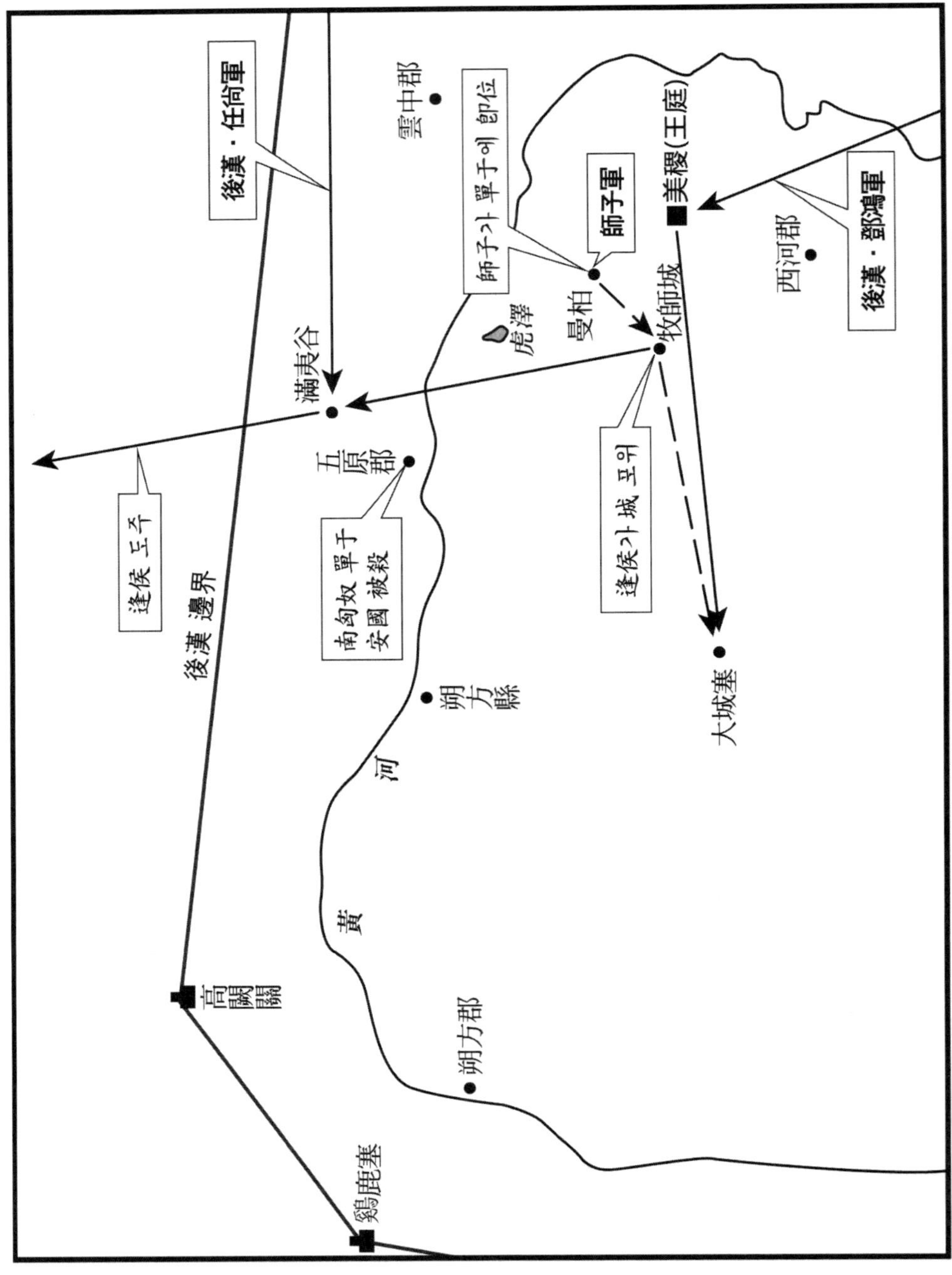

5. 安帝 永初 2년 羌族의 반란(272~275쪽)

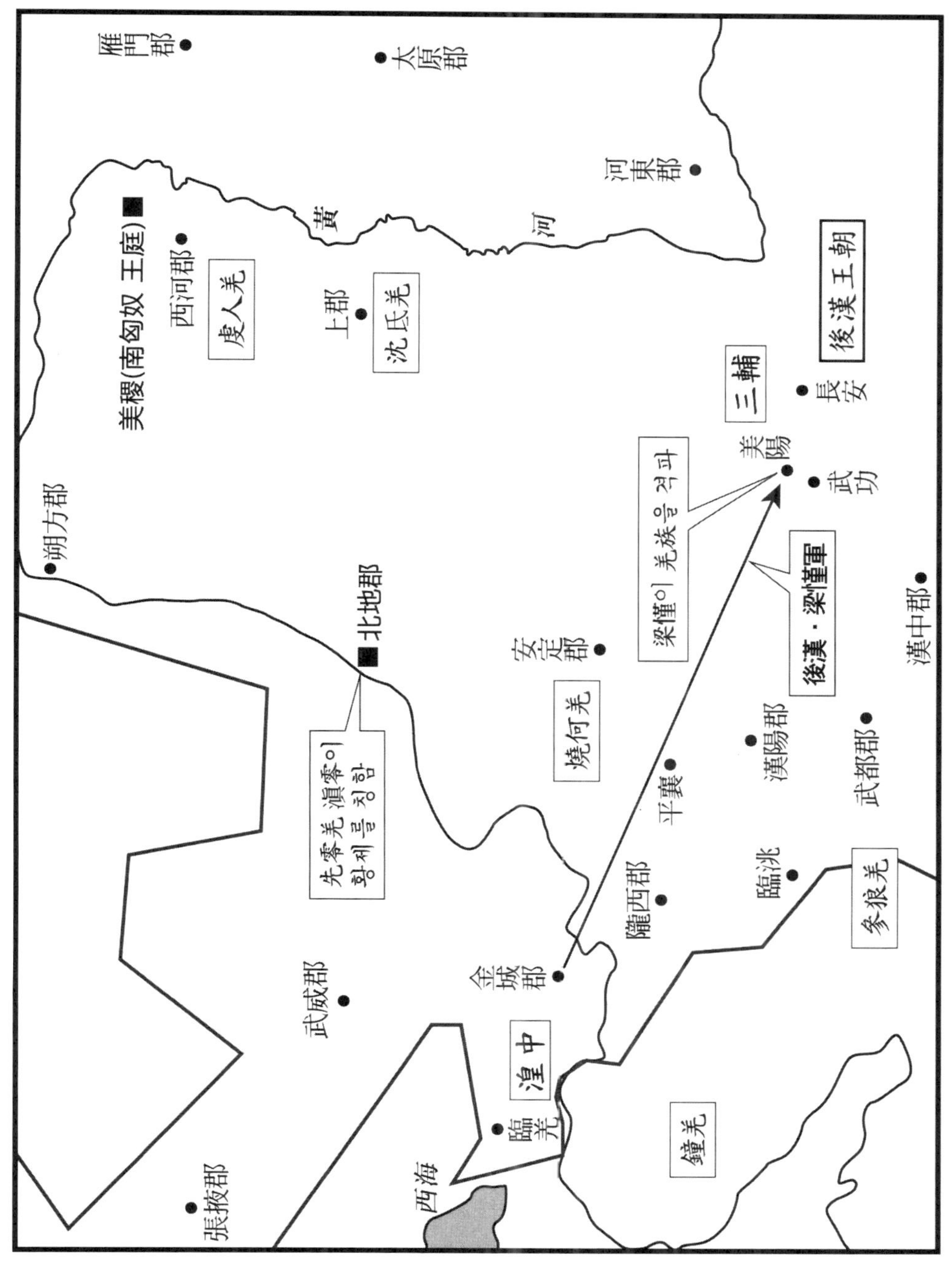

6. 先零羌의 반란 진압(296~299쪽)

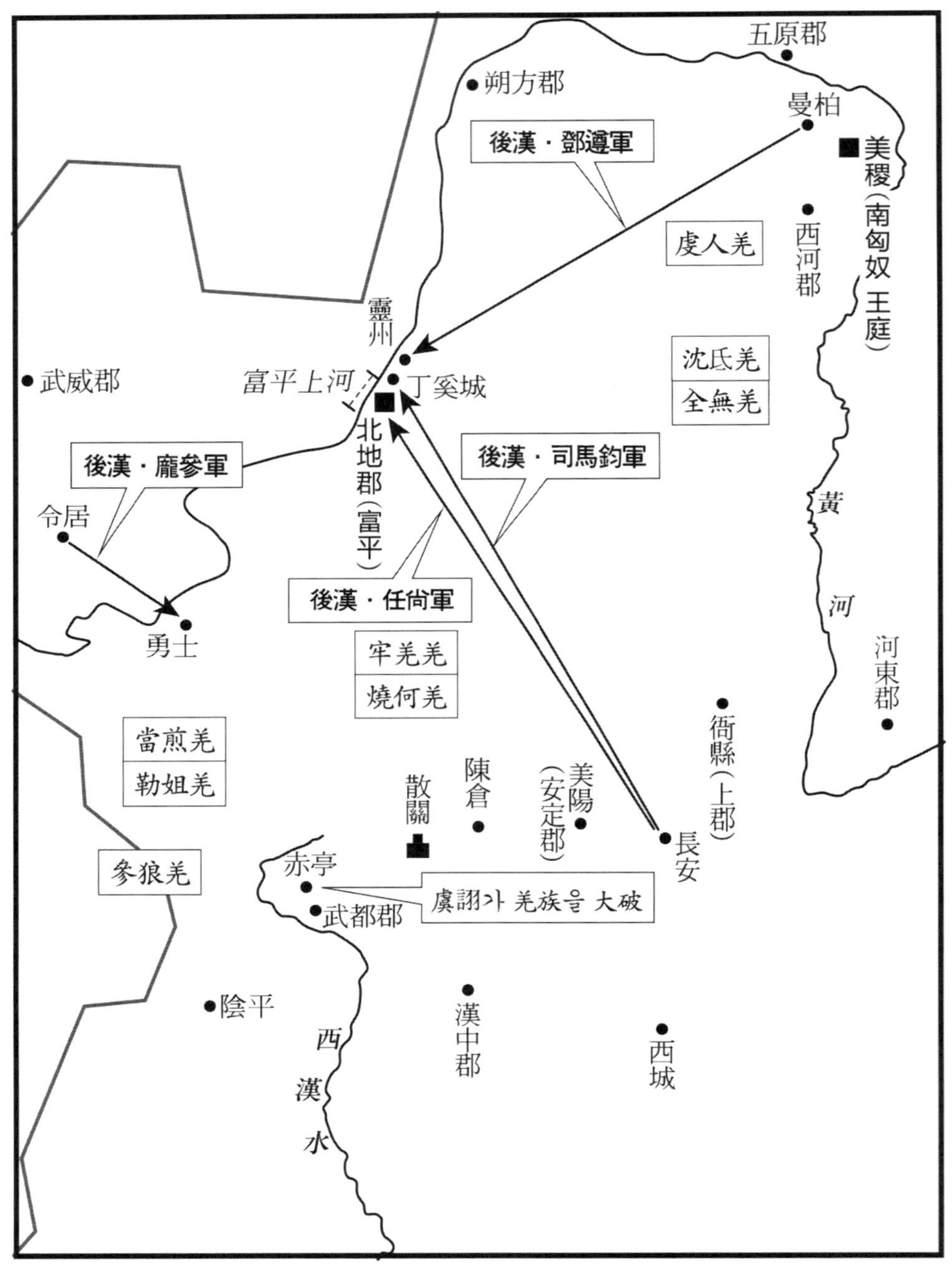

7. 鮮卑의 南下(368쪽)

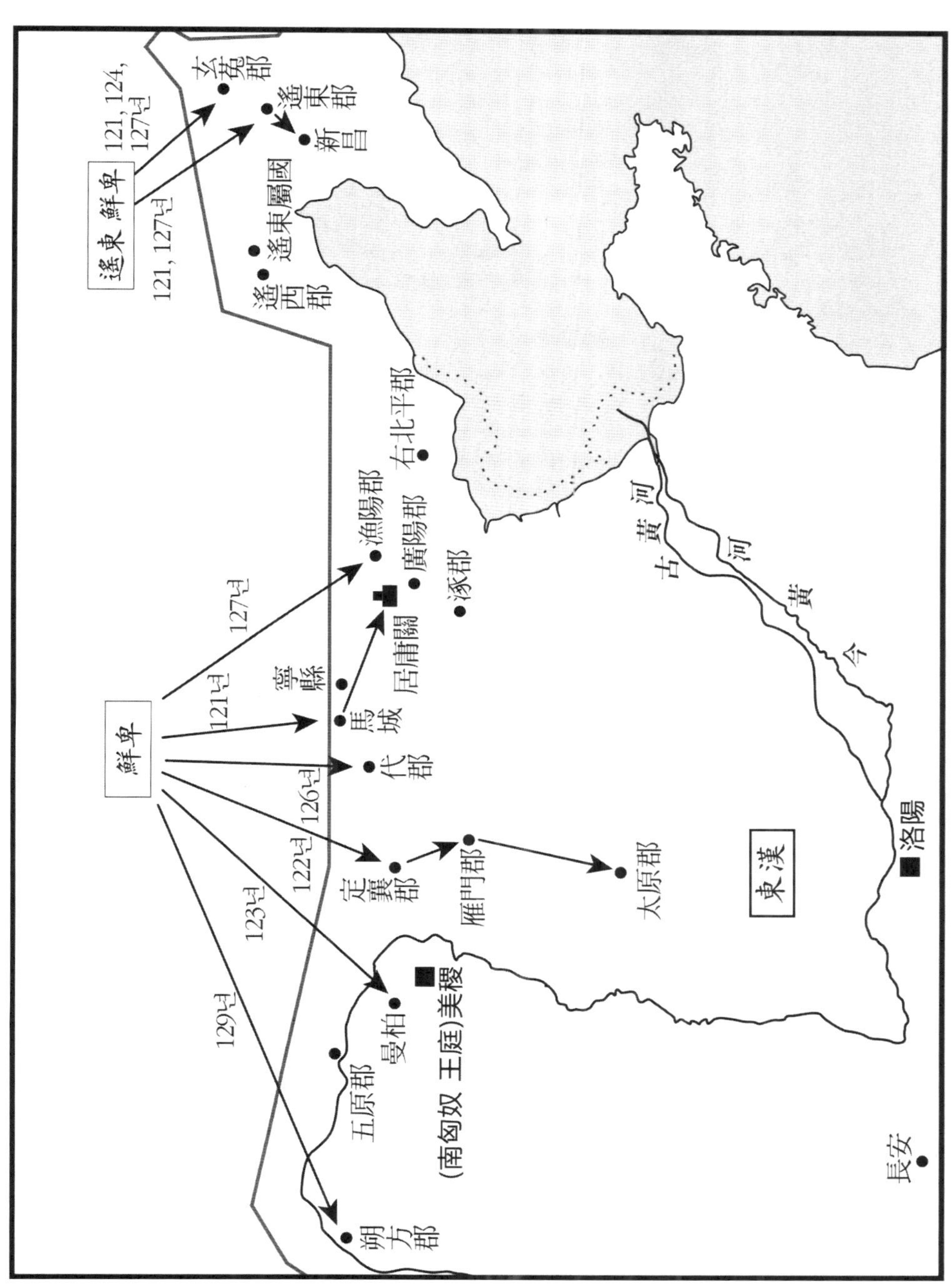

遼東 鮮卑
121, 124, 127년
121, 127년
玄菟郡
遼東郡
新昌
遼東屬國
遼西郡
右北平郡
漁陽郡
廣陽郡
涿郡
居庸關
寧縣
馬城
代郡
鮮卑
127년
121년
126년
122년
123년
129년
定襄郡
雁門郡
太原郡
東漢
洛陽
古黃河
今黃河
曼柏
五原郡
(南匈奴 王庭)美稷
長安
朔方郡

8. 且凍羌·鞏唐羌의 반란(426~433쪽)

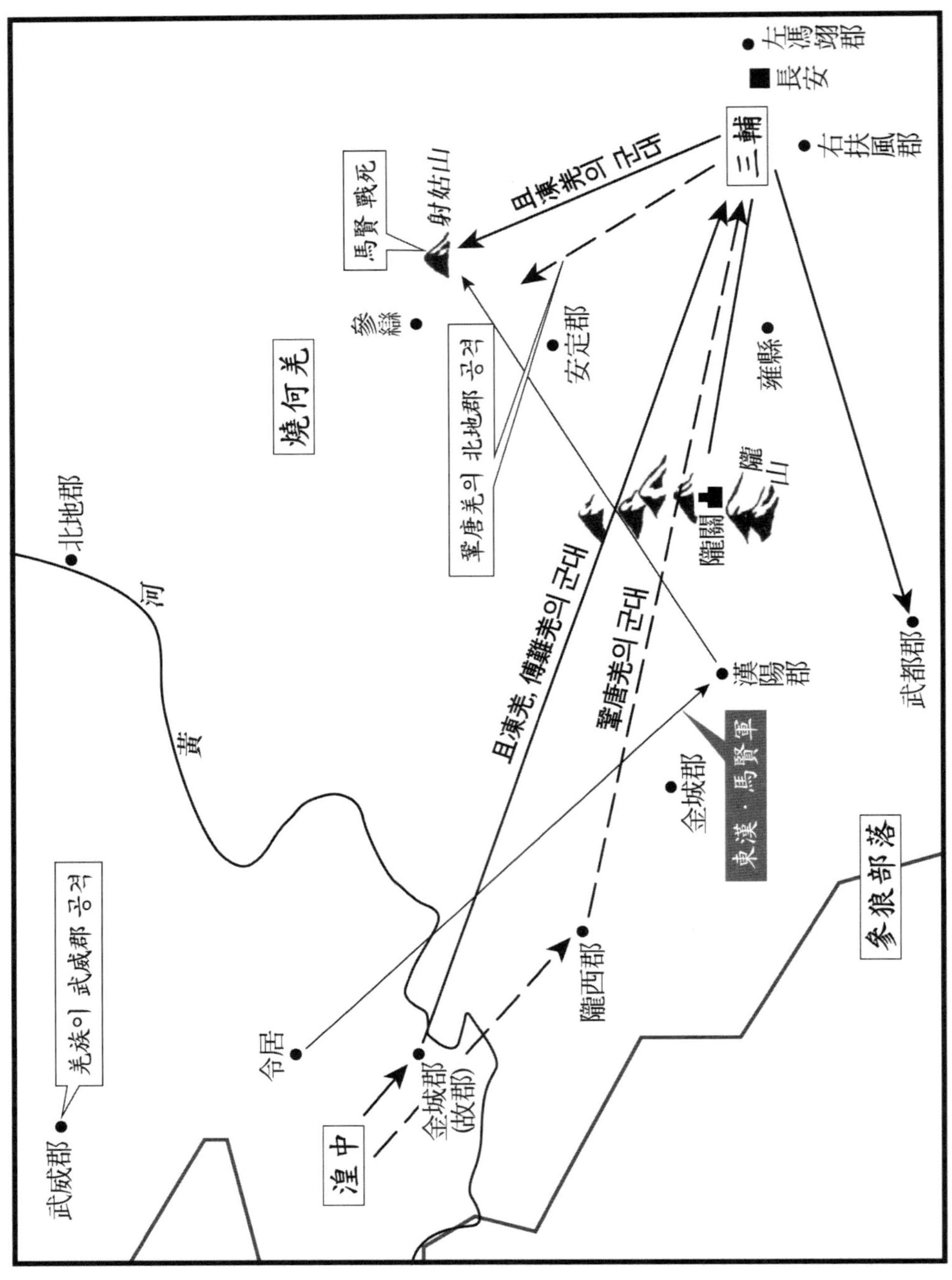

思政殿訓義 資治通鑑綱目8 後漢 世系表

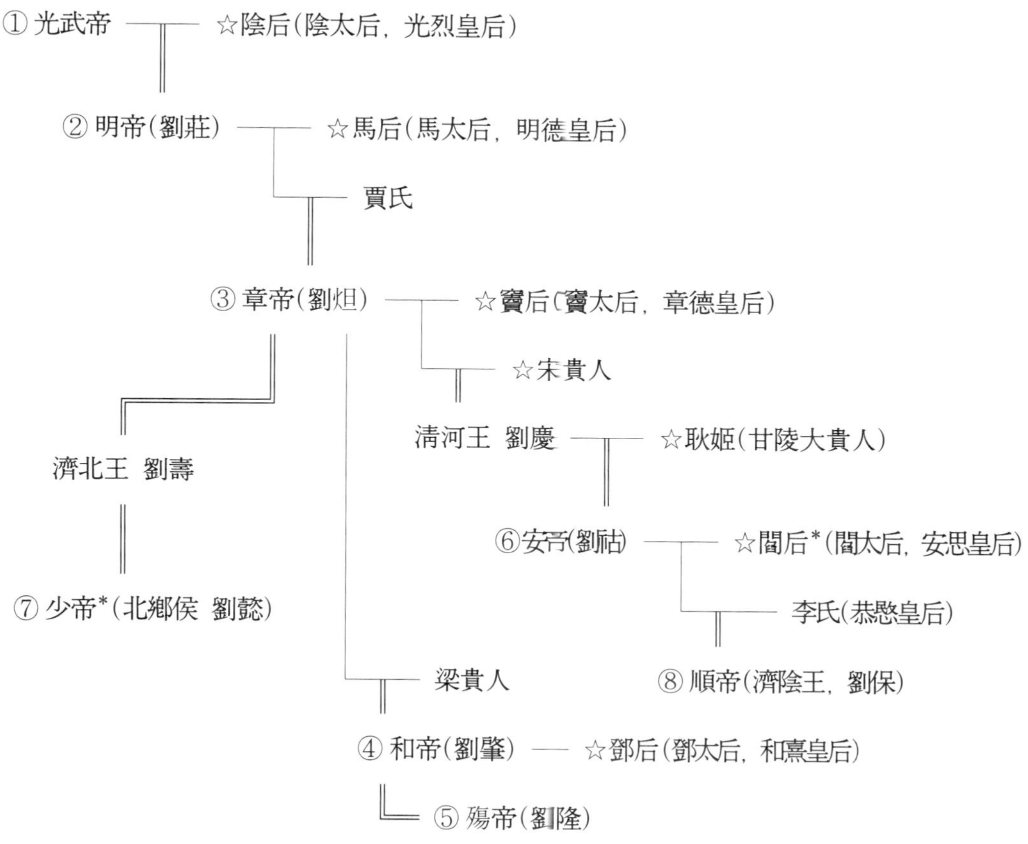

– 婚姻關係　＝ 親子關係

○ 皇帝　☆ 主要外族

* 閻后가 少帝를 황제로 세움

思政殿訓義 資治通鑑綱目 8 圖版目錄 및 參考資料

1. 圖版目錄

1) 桓榮(≪古聖賢像傳略≫) 17쪽
2) 밤중에 經書를 講하다(≪帝鑑圖說≫) 36쪽
3) 明帝(≪三才圖會≫) 38쪽
4) 尊(≪三才圖會≫) 42쪽
5) 彝(≪三才圖會≫) 42쪽
6) 辟雍에 親臨하여 養老禮를 행하다(≪帝鑑圖說≫) 48쪽
7) 황제가 수레에서 내려와 桓榮을 문병하다(≪養正圖解≫) 51쪽
8) 鄭衆(≪古聖賢像傳略≫) 62쪽
9) 塤(≪三才圖會≫) 81쪽
10) 篪(≪三才圖會≫) 81쪽
11) 袁安(≪古聖賢像傳略≫) 92쪽
12) 班超(≪古聖賢像傳略≫) 100쪽
13) 郎官의 직위를 아끼다(≪帝鑑圖說≫) 114쪽
14) 章帝(≪三才圖會≫) 115쪽
15) 班固(≪古聖賢像傳略≫) 182쪽
16) 班昭(〈千秋絶艶圖〉) 220쪽
17) 楊震(≪古聖賢像傳略≫) 274쪽
18) 郭泰(≪古聖賢像傳略≫) 338쪽
19) 예로 은거하는 賢人을 초빙하다(≪養正圖解≫) 371쪽
20) 文王八卦方位之圖 408쪽
21) 洛書之圖 408쪽

2. 參考資料

1) 思政殿訓義 資治通鑑綱目 總目次
2) 漢代 考古學 遺物, 居延漢簡

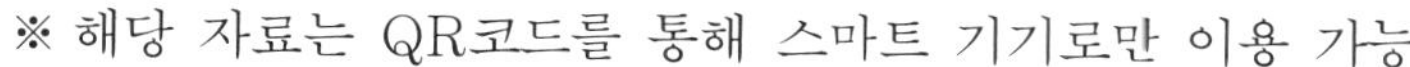

※ 해당 자료는 QR코드를 통해 스마트 기기로만 이용 가능

譯註者 略歷

成百曉

忠南 禮山 出生
家庭에서 父親 月山公으로부터 漢文 修學
月谷 黃璟淵, 瑞巖 金熙鎭 先生 師事
民族文化推進會 國譯硏修院 修了
高麗大學校 敎育大學院 漢文敎育科 修了
한국고전번역원 부설 고전번역교육원 名譽漢學敎授(現)
傳統文化硏究會 副會長(現) 해동경사연구소 소장(現)
古典國譯賞 受賞

論文 및 譯書

〈艮齋의 性理說小考〉〈燕岩의 學問思想硏究〉
四書集註 ≪詩經集傳≫ ≪書經集傳≫ ≪周易傳義≫
≪古文眞寶≫ ≪牛溪集≫ 등 數十種 國譯
≪宣祖實錄≫ ≪宋子大全≫ ≪茶山集≫ ≪退溪集≫ 등 共譯

尹銀淑

德成女子大學校 經營學科 졸업
放送通信大學校 中文學科 졸업
仁川永化女子高等學校 敎師
民族文化推進會(現 古典飜譯院) 硏修部 및 一般硏究部 卒業
海東經史硏究所 硏究委員(現)

譯書

≪思政殿訓義 資治通鑑綱目4·5·6·7≫ 등 共譯

譯註 思政殿訓義 資治通鑑綱目 8　정가 35,000원

2017년 12월 20일 초판 발행
2017년 12월 30일 초판 2쇄

責任飜譯　成百曉
共同飜譯　尹銀淑
潤文校訂　南賢熙 李孝宰 郭成龍 咸明淑
編　　輯　東洋古典飜譯編輯委員會
發 行 人　李啓晃
發 行 處　社團法人 傳統文化硏究會
서울시 종로구 삼일대로 428 낙원빌딩 411호
전화 : (02)762-8401　전송 : (02)747-0083
전자우편 : juntong@juntong.or.kr
홈페이지 : juntong.or.kr
사이버書堂 : cyberseodang.or.kr
온라인서점 : book.cyberseodang.or.kr
등록 : 1989. 7. 3. 제1-936호

인쇄처 : 한국법령정보주식회사(02-462-3860)
총　판 : 한국출판협동조합(070-7119-1750)

ISBN 979-11-5794-150-6 94910
979-11-5794-061-5(세트)

※ 이 책은 2017년도 교육부 고전문헌 국역지원사업 지원비에 의해 초판(비매품) 간행.

전통문화연구회 도서목록

基礎漢文教材 - 懸吐完譯 成百曉 譯

四字小學 / 習字教本 7,000원/4,000원
推句 · 啓蒙篇 / 習字教本 6,000원/4,000원
明心寶鑑 8,000원
童蒙先習 · 擊蒙要訣 14,000원
註解千字文 11,000원

東洋古典國譯叢書

論語集註 - 개정증보판 成百曉 譯註 25,000원
孟子集註 - 개정증보판 成百曉 譯註 28,000원
大學 · 中庸集註 - 개정증보판 成百曉 譯註 10,000원
詩經集傳 上 · 下 成百曉 譯註 28,000원
書經集傳 上 · 下 成百曉 譯註 28,000원
周易傳義 上 · 下 成百曉 譯註 38,000원
小學集註 成百曉 譯註 28,000원
古文眞寶 後集 成百曉 譯註 28,000원

東洋古典譯註叢書

春秋左氏傳1~8 鄭太鉉 譯註 18,000원~35,000원
莊子1~4 安炳周 · 田好根 共譯 25,000원~29,000원
古文眞寶 前集 成百曉 譯註 28,000원
禮記集說大全1 辛承云 譯註 25,000원
心經附註 成百曉 譯註 35,000원
近思錄集解1~3 成百曉 譯註 25,000원/30,000원
通鑑節要1~9 成百曉 譯註 18,000원~30,000원
唐詩三百首1~3 宋載卲 外 譯註 28,000원/30,000원/25,000원
東萊博議1~2 鄭太鉉 · 金炳愛 譯註 25,000원
說苑1~2 許鎬九 譯註 25,000원
顔氏家訓1~2 鄭在書 · 盧瞁熙 譯註 22,000원/25,000원
大學衍義1~4 辛承云 外 譯註 22,000원/26,000원/30,000원
貞觀政要集論1~4 李忠九 外 譯註 25,000원~32,000원
荀子集解1~3 宋基采 譯註 30,000원/25,000원
老子道德經注 金是天 譯註 30,000원
韓非子集解1 許鎬九 外 譯註 32,000원
唐宋八大家文抄 韓愈1~2 鄭太鉉 譯註 22,000원/28,000원
〃 歐陽脩1~4 李相夏 譯註 25,000원~30,000원
〃 王安石1~2 申用浩 · 許鎬九 共譯 25,000원
〃 蘇洵 李章佑 外 譯註 25,000원
〃 蘇軾1~5 成百曉 譯註 22,000원
〃 蘇轍1~3 金東柱 譯註 20,000원/22,000원
〃 曾鞏 宋基采 譯註 25,000원
〃 柳宗元1~2 宋基采 譯註 22,000원

十三經注疏
論語注疏1~3 鄭太鉉 · 李聖敏 譯註 25,000원/30,000원
尙書正義1~4 金東柱 譯註 25,000원/30,000원
周易正義1~3 成百曉 · 申相厚 譯註 32,000원
毛詩正義1 朴小東 譯註 32,000원
禮記正義 中庸 · 大學 李光虎 · 田炳秀 譯註 20,000원

武經七書直解
孫武子直解 · 吳子直解 成百曉 · 李蘭洙 譯註 35,000원
六韜直解 · 三略直解 成百曉 · 李鍾德 譯註 26,000원
尉繚子直解 · 李衛公問對直解 成百曉 · 李蘭洙 譯註 26,000원
司馬法直解 成百曉 · 李蘭洙 譯註 26,000원

思政殿訓義 資治通鑑綱目1~8 辛承云 外 譯註 18,000원~35,000원

漢字漢文教育叢書

형성자 중심 한자교육시험백과 金鐘赫 著 35,000원
漢字部首 解說 李忠九 編著 15,000원
漢字漢文教育論叢 上 · 下 鄭愚相 著 25,000원
◆ 教授用 指導書 四字小學 咸賢贊 著 10,000원
〃 推句 · 啓蒙篇 咸賢贊 著 10,000원
〃 註解千字文 李忠九 著 15,000원
〃 明心寶鑑 李明洙 著 10,000원
〃 擊蒙要訣 咸賢贊 著 15,000원
◆ 袖珍本 懸吐 기초한문교재 10,000원
〃 論語 · 大學 · 中庸 10,000원
〃 孟子 10,000원
〃 詩經 · 周易 12,000원
〃 小學 · 孝經 13,000원
〃 古文眞寶 後集 13,000원

東洋古典新譯

당시선 송재소 · 최경렬 · 김영죽 편역 22,000원
손자병법 성백효 역주 14,000원
장자 안병주 · 전호근 · 김형석 역주 13,000원

동양문화총서

고금소총古今笑叢 유화수 · 이월영 편역 16,000원
동양사상 해설과 원전 정규훈 外 저 22,000원
화합의 길 - ≪중용≫ 읽기 금장태 저 20,000원

문화문고

논어 · 대학 · 중용/맹자 조수익 · 박승주 공역 10,000원
100자에 담긴 한자문화 이야기 김경수 저 9,000원
한자한문전통교재 조수익 · 이성민 공역 10,000원
소학 박승주 · 조수익 공역 10,000원
목민심서 이계황 엮음 10,000원
고문진보散文選 신용호 · 조수익 공역 10,000원
士小節 선비 집안의 작은 예절 이동희 편역 10,000원
名說과 字說 신용호 편역 10,000원
儒學이란 무엇인가 이동희 저 10,000원
대한민국 국무총리 이재원 저 10,000원
경전으로 본 세계종교 이슬람 김영경 편역 10,000원
한문문법 이상진 저 10,000원
우리 설화1~2 김동주 편역 10,000원
경전으로 본 세계종교 그리스도교 이정배 편저 10,000원
경전으로 본 세계종교 도교 이강수 편역 10,000원
당시선 송재소 · 최경렬 · 김영죽 편역 10,000원
현대인, 동양고전에서 길을 찾다 이동희 저 10,000원
경전으로 본 세계종교 천도교 윤석산 · 홍성엽 편저 10,000원
무경칠서 손자병법 · 오자병법 성백효 역 10,000원
무경칠서 육도 · 삼략 성백효 역 10,000원
무경칠서 사마법 · 울료자 · 이위공문대 성백효 역 10,000원
경전으로 본 세계종교 힌두교 길희성 편역 10,000원
경전으로 본 세계종교 유교 이기동 편저 10,000원
경전으로 본 세계종교 불교 김용표 편저 10,000원